DELIUS KLASING

Luca Dal Monte

Enzo

Das Leben des Ferrari-Gründers

DELIUS KLASING VERLAG

Für Lodovica und Nicolò

INHALT

KAPITEL 1

Modena

Das exakte Geburtsdatum von Enzo Ferrari ist bis heute umstritten. Laut offizieller Dokumente ist er am 20. Februar 1898 zur Welt gekommen, doch Ferrari behauptete immer, es sei der 18. Februar gewesen – der Tag, an dem ihm seine Mutter bis zu ihrem Tod im Jahr 1965 stets ein Geburtstagstelegramm schickte, das mit den Worten »Deine dich liebende Mutter« schloss.[1] In seiner Autobiografie führte er die Diskrepanz von zwei Tagen zwischen seiner Geburt und deren Eintragung auf besonders starke Schneefälle zurück, die seinen Vater daran gehindert hätten, das Standesamt in Modena zu erreichen.[2] Diese Version wurde zu Ferraris Lebzeiten von allen akzeptiert.

Wenn man sich allerdings Unterlagen anschaut, werden für diesen Zeitraum nirgends starke Schneefälle in Modena erwähnt. Die Wetteraufzeichnungen der Stadt beschreiben den 18. Februar als »kalt und regnerisch«, erwähnen aber keinen Schnee. Tatsächlich war der Winter 1898 einer der wenigen des 19. Jahrhunderts, in dem in Modena überhaupt kein Schnee fiel.[3]

Und dann ist da noch die Tatsache, dass Enzos Vater das Standesamt der Stadt niemals erreichte. Die Geburt von Enzo Anselmo Giuseppe Maria Ferrari wurde von der Hebamme

Teresa Allegretti angemeldet. Dass die Registrierung erst am frühen Nachmittag des 24. Februar anstatt in den ersten Stunden nach seiner Geburt stattfand, ist die wahrscheinlichste Ursache für den Datierungsfehler.[4]

Die echte Frage muss also lauten, warum die Registrierung, mangels starker Schneefälle, erst sechs Tage nach Enzos Geburt erfolgte, obwohl die Gesetze eine Eintragung unverzüglich nach der Geburt vorschrieben. Die Antwort findet sich direkt auf der Geburtsurkunde – handschriftlich vom Standesbeamten verfasst und über viele Jahre von allen übersehen. Nachdem er »die Geburt überprüft« hatte, befreite er die Hebamme davon, »mir das Kind wegen seines Gesundheitszustands zu zeigen«.[5] Der kleine Enzo wurde erst sechs Tage nach seiner Geburt registriert, weil sein Überleben bis dahin ungewiss war. Zu dieser Zeit starb in Italien jedes vierte Kind vor seinem fünften Geburtstag und der Tod von Neugeborenen in den ersten Stunden oder Tagen nach der Geburt war nicht ungewöhnlich.

Die Geschichte vom schweren Schneefall klingt so, als hätten die liebevollen Eltern sie erfunden, um ihren Sohn vor der nackten Wahrheit zu schützen, warum er seinen Geburtstag am 18. Februar feiert, während in den offiziellen Papieren der 20. Februar steht. Möglicherweise hat Enzo irgendwann die Wahrheit erfahren, doch zu diesem Zeitpunkt war die Geschichte vom Schneefall mit ihren romantischen Verwicklungen und den zwei Geburtsdaten bereits Teil seiner Legende, sodass er es vielleicht einfach vorzog, die Dinge so zu belassen, wie sie waren.

Wenn also im amtlichen Dokument der Zeitpunkt seiner Geburt mit 3 Uhr morgens am Sonntag, dem 20. Februar 1898, angegeben ist, können wir davon ausgehen, dass Enzo Ferrari bereits am Freitag, dem 18. Februar, frühmorgens zur Welt kam.

Enzo wurde unweit seines Elternhauses in der kleinen Kirche Santa Caterina, auf der anderen Seite der Bahngleise, getauft.[6] Er erhielt den Namen Enzo Anselmo, doch der zweite Name wird in Italien selten erwähnt und taucht normalerweise nur in offiziellen Papieren auf. Anselmo Chiarli war sein Patenonkel, ein Freund seines Vaters, der zusammen mit seinen Brüdern ein erfolgreiches Weingut in Modena bewirtschaftete.[7]

Enzos Vater Alfredo war ein Schlosser aus dem benachbarten Städtchen Carpi, wo Enzos Großvater unter der Kolonnade des Portico del Grano mit Blick auf den zentralen Platz eine kleine Drogerie führte.[8] Alfredo wurde am 15. Juli 1859 geboren[9], in dem Jahr, in dem Modena ins Königreich Italien aufgenommen wurden. Nachdem er eine Lehre in einer Schlosserei in Carpi beendet hatte, heiratete er und zog nach Modena, um in der Gießerei Rizzi bald zum technischen Direktor aufzusteigen. Mit mühsam erspartem Geld eröffnete er einige Jahre vor Enzos Geburt eine eigene Schlosserei.[10]

Alfredo achtete auf seine Kleidung und trug einen großen Schnurrbart, wie es damals üblich war. Obwohl er viel Aufmerksamkeit in seine Arbeit steckte, lud er seine Familie gern ins Theater ein und fand auch an der Musik Geschmack. In seiner Jugend hatte er Cello gespielt und im Haus gab es ein Klavier.[11] »Er pflegte eine gute Kultur«,[12] schrieb an seine Geschäftspartner Briefe in klarer, fester Handschrift, mit der er teilweise die Literatur des gerade zu Ende gegangenen Jahrhunderts nachahmte. So schrieb er beispielsweise »7mber« statt »September« (»sieben« heißt auf Italienisch »sette«, im römischen Kalender war der September der siebte Monat).[13]

Bei Enzos Geburt war Alfredo ein wohlhabender mittelständischer Unternehmer, der Brücken und Überdachungen für die Eisenbahn baute. Vierzig Jahre nach der Vereinigung des Königreichs Italien wuchs das staatliche Eisenbahnnetz rapide an und Alfredo Ferrari, ein rastloser Arbeiter und sorgfältiger Verwalter, profitierte davon. Sein Unternehmen beschäftigte je nach Auftragslage zwischen zehn und dreißig Arbeiter.[14]

Die direkt neben dem Wohnhaus der Familie erbaute Schlosserei war etwa 90 Meter lang und mit einem Wellblechdach geschützt.[15] An der Backsteinfassade war ein Schild angebracht: *Costruzioni Meccaniche Alfredo Ferrari*. Ein paar große Türen führten in einen begrünten Innenhof und zwei Fensterreihen ließen Tageslicht in die ansonsten unbeleuchtete Werkstatt.

Alfredo erledigte alle Aufgaben, die in seinem Unternehmen anfielen: als Manager, Konstrukteur, Buchhalter, Schreibkraft ...[16] Enzo sollte diese Lektion niemals vergessen: Wichtig ist, »die Dinge zu ordnen [und] über alles sorgfältig Buch zu führen«.[17] Für den jungen Enzo war sein Vater ein lebendes Beispiel für Pflichterfüllung und starken Individualismus – vor allem als Geschäftsmann. Alfredo zog es vor, allein und vollständig autonom zu arbeiten statt in Partnerschaften, auch wenn dadurch das Risiko genauso geteilt würde wie der Gewinn. Seine Philosophie wurde durch das geschäftliche Credo unterstrichen, das Enzo erlernte und niemals vergessen würde: Um erfolgreich zu sein, sollte man keinem Partner Rechenschaft ablegen müssen, sondern unabhängig sein. Als er seine eigene Firma gründete, erinnerte sich Enzo daran, was ihn sein Vater gelehrt hatte – in lustiger Abwandlung, aber mit ernsten Absichten: Die Anzahl der Partner in jeder Firma muss immer eine ungerade Zahl sein – und möglichst »weniger als drei«. Damit war genau das gemeint, was sein Vater gemeint hatte: Keine Geschäftspartner!

Seine Mutter Adalgisa war eine geborene Bisbini. Eine wunderschöne Frau mit langem, dunklem Haar und markanten Gesichtszügen. Sie war freundlich und charmant und erweckte auch nach ihrer Hochzeit mit Alfredo Aufmerksamkeit bei anderen Männern.[18] Sie wurde am 3. Juni 1872 im Dorf Marano sul Panaro, etwa 20 Kilometer südlich von Modena geboren.[19]

Adalgisa lehrte Enzo einfache Lebensweisheiten: »Ein Mensch, der gesund ist, ist reich, ohne es zu wissen.«[20] Vor allem aber vermittelte sie ihm die festen Grundsätze, niemals aufzugeben, in der Arbeit stets einen Schutz vor den Rückschlägen des Lebens zu finden und im morgigen Tag immer einen neuen Anfang zu sehen.[21] Es sollte auch eine schwierige und turbulente Beziehung werden, aber 67 Jahre lang war seine Mutter Enzos wahrer Bezugspunkt.

Das Familienleben war alles andere als harmonisch. Der Altersunterschied von fast dreizehn Jahren zwischen Alfredo und Adalgisa sorgte für ständige Tumulte innerhalb und außerhalb des Hauses. Beide waren mit ausgeprägten und starken Persönlichkeiten gesegnet und sie stritten sich oft und heftig – über nahezu alles und auf theatralische Art und Weise. Enzo gab selbst zu, dass die ständigen Streitigkeiten und unflätigen Ausdrücke einen großen Einfluss auf sein Wesen und seine Persönlichkeit hatten.[22]

Enzos Bruder Alfredo – genannt »Dino« – war eineinhalb Jahre älter als er. Die beiden Brüder teilten sich einen ungeheizten Schlafraum im zweiten Stock des Hauses neben der Werkstatt. Im Erdgeschoss befand sich ein großer Lagerraum für Werkzeuge und andere wichtige Dinge, darüber die Wohnung mit vier Zimmern. Trotz seiner Lage am Rande einer norditalienischen Stadt mit 50.000 Einwohnern hatte das Grundstück noch immer ein stark ländliches Flair. Hinsichtlich des Grundrisses und der Möblierung war das Haus spartanisch. Der einzige Luxus, den sich Alfredo, abgesehen von seinem geliebten Klavier, leistete, war eine Treppe aus rotem Marmor. Die Erinnerung an die »rosa« Marmortreppe sollte Enzo stets in Erinnerung bleiben.[23]

Enzo war keineswegs ein »schwieriger Junge«, allerdings bei Weitem nicht so diszipliniert und gehorsam wie sein Bruder. So zeigte er weder Interesse noch Geduld beim sonntäglichen Schulbesuch, den er wie alle Katholiken zur Vorbereitung auf die Sakramente der Erstkommunion und der Firmung leisten musste.

Der alte Pater Morandi, der Enzo im Pfarrhaus der Gemeindekirche Santa Caterina unterrichten sollte, ärgerte sich jedenfalls über dessen mangelnde Aufmerksamkeit.[24] Adalgisa war von einer tiefen, aufrichtigen Religiosität beseelt (obwohl in Modena bereits die ersten Anzeichen sozialistischer Skepsis zu spüren waren, die bald die gesamte Region Emilia-Romagna erfassen sollte) und es fiel ihr schwer, Enzo zu nötigen, den Vorbereitungskurs zu beenden, damit er seine Erstkommunion empfangen und gefirmt werden konnte. Am Ende schaffte sie es und Enzo wurde am Pfingstsonntag 1903 von Monsignore Natale Bruni, der seit vier Jahren Bischof von Modena war, zur Erstkommunion und Firmung geführt.[25] Die Brüder Enzo (5) und Dino (7) waren am Vortag zur Beichte gegangen – laut Enzo zumindest für ihn das erste und letzte Mal in seinem Leben. In der Gewissheit, nichts befürchten zu müssen, hatte Enzo arglos alle Schwächen gebeichtet, die er als Junge, der zum ersten Mal mit den Geheimnissen der Religion in Berührung kam, für Sünden gehalten hatte. Der Priester legte ihm jedoch eine dermaßen harte Buße auf, dass Enzo in Zukunft kein weiteres Bedürfnis mehr nach Beichte verspürte.[26]

Jeden Morgen gingen die beiden Brüder zur nahe liegenden Grundschule in der Via Camurri. Die Direktorin war eine alte, kleine, weißhaarige Dame, die Enzo ständig für seine Unaufmerksamkeit tadelte. Sie konnte nicht verstehen, wie zwei Brüder, die fast gleich alt waren und so sehr aneinander hingen, in der Schule dermaßen unterschiedlich sein konnten. Enzo saß gelangweilt an seinem Tisch und warte auf die Glocke, die das Ende des Unterrichts ankündigte. Dick, die riesige Deutsche Dogge, stand dann bereits vor der Schule, um die beiden Brüder abzuholen.[27]

Unter den vielen Sportarten, die Enzo ausübte, gefiel ihm Leichtathletik am besten, die dank der modernen Olympischen Spiele (seit 1896) in Italien sehr populär geworden war. Dino und Enzo hatten ihr eigenes Sportgelände und sie luden ihre Schulfreunde ein, darauf zu trainieren. Das Haus der Ferraris, das an der Via Camurri zwischen Feldern und Bahnlinie lag, war über einen ca. 180 Meter langen Feldweg erreichbar, der an einem mit Bäumen gesäumten Graben entlangführte. Mithilfe eines Maßbands aus der väterlichen Schlosserei wurde eine Strecke von 100 Metern exakt abgemessen und die Start- und Ziellinie mit Holzpfählen markiert.

Die Ferrari-Brüder hatten sich auf den Feldwegen zum Weingut der Familie Chiarli auch eine private Langstrecke eingerichtet. Dino besiegte seinen kleinen Bruder sowohl auf der Kurz- als auch auf der Langstrecke mit Leichtigkeit.

Enzo war nur in einer einzigen Sportart besser als alle anderen, sogar besser als sein geliebter Bruder. Er war besser als seine Freunde, zu denen auch Peppinoi, der Sohn des Lebensmittelhändlers zählte, ein weiterer Enzo, Sohn des Schulhausmeisters, Luciano, der beste Schüler seiner Klasse, und Carlo, der Sohn des Friseurs: Enzo war Meister im Tontaubenschießen. Nach langem Drängen hatte er seinen Vater davon überzeugen können, ihm ein Flobert-Gewehr zu kaufen, mit dem er auf Tonröhrchen schoss. Mehr Spaß hatten Enzo und Dino allerdings daran, auf Ratten schießen, die den Graben neben ihrem Haus bevölkerten.

Bald erkannte sein Vater, dass Enzos Interesse am Tontaubenschießen ihn dazu bringen könnte, mehr für die Schule zu tun, und er entwarf einen Plan, der Enzo je nach Schulnote eine bestimmte Anzahl von Patronen zusprach. Ohne die freundliche Vermittlung des 14-jährigen Toni, der sowohl als Schlosserlehrling in väterlichen Werkstatt arbeitete als auch die Jungen zu betreuen hatte, wäre Enzos Munitionierung deutlich schmaler ausgefallen.[28]

Die bei allen möglichen Sportarten gegeneinander kämpfenden Brüder Dino und Enzo verbündeten sich bei einer Aktivität, die aufgrund des zu jener Zeit rudimentären Kommunikationswesens in Mode war: der Taubenzucht. Ihr Vater hatte den beiden die Betreuung seiner Brieftauben übertragen. Während Dino sie trainierte, organisierte der zehnjährige Enzo die Teilnahme der Vögel an Wettbewerben in Modena und Umgebung.[29] Im Nachhinein ist es einfach, in dieser organisatorischen Tätigkeit den Keim für Enzos spätere Berufung zu erkennen, die zunächst zur Scuderia Ferrari und später zur Firma führen sollte, die seinen Namen trug.

In Enzos Leben gab es vielleicht nicht genug zu lernen, aber er trieb viel Sport, hatte eine Leidenschaft für das Tontaubenschießen entwickelt und ein wachsendes Interesse am Organisieren. Er liebte auch Musik, genauer gesagt: musikalische Aufführungen. Trotz der Tatsache, dass sein Vater in der Jugend Cello und später zu Hause Klavier spielte, erlernte keiner seiner Söhne jemals ein Instrument. Doch liebten es beide, am Samstagabend mit den Eltern ins Theater zu gehen.

Enzo hatte eine Leidenschaft für Operetten, die traditionell im Teatro Storchi vor der Porta Bologna aufgeführt wurden: *Die lustige Witwe*, *Die Geisha*, *Eva*, *Die Dollarprinzessin*. In seinem Herzen hoffte er, ein berühmter Tenor zu werden. Mehr als von der Musik war der junge Enzo allerdings von der »extravaganten und törichten Welt« der darstellenden Künste begeistert – und vor allem von den Künstlerinnen.[30] Tatsächlich waren es die »Showgirls, die neben den eingängigen Melodien der Grund« für seine Liebe zur Operette darstellten.[31] Allerdings beendeten eine »schwache Stimme und mangelndes Talent« seine Karriere, bevor sie überhaupt beginnen konnte.[32]

Nach dem Theater ging die Familie gern auswärts essen. Oft führte es sie in ein kleines, familiengeführtes Restaurant im hinteren Teil des Lebensmittelgeschäfts Giusti in der Innenstadt von Modena, »wo das Essen köstlich war«.[33] Obwohl sein Vater es nie erwähnt hatte, vermutete Enzo, dass die Wahl eines von einem Händler geführten Restaurants für ihn eine sentimentale Entscheidung gewesen war, weil es ihn daran erinnerte, dass er selbst Sohn eines Händlers aus Carpi war.[34]

Nach allem, was bekannt ist, verlief Enzos Leben im ersten Jahrzehnt des 20. Jahrhunderts recht ruhig. Obwohl er nicht besonders privilegiert war, hatte Enzo sicherlich ein komfortableres Leben als die meisten seiner Zeitgenossen in Modena und dem Rest Italiens. Sein Vater Alfredo arbeitete jeden Tag von Sonnenaufgang bis weit nach Sonnenuntergang, machte aber samstags früher Schluss, um Zeit mit der Familie zu verbringen. Enzo schrieb ein halbes Jahrhundert später: »Es waren glückliche Zeiten, die nie zu enden schienen.«[35]

KAPITEL 2

Der Zündfunke

Im Jahr 1903 florierten die Geschäfte von Alfredo Ferrari und er kaufte sich sein erstes Auto.[1] Er wählte ein sehr frühes Einzylindermodell des größten Automobilherstellers der Welt – De Dion-Bouton – aus dem Jahr 1898. Enzo und sein Bruder, beide von der Mutter in identische kurzen Hose samt Hosenträgern, gestreifte Hemden und dünne Jacken gesteckt, saßen neben dem Vater und erlebten gewaltige Gefühlsausbrüche.[2] Der De Dion-Bouton von Alfredo Ferrari war das 28. in der Provinz Modena angemeldete Auto und das erste, das der damals fünfjährige Enzo aus der Nähe sah.

Drei Jahre vor Enzos Geburt war am 24. September 1895 in Modena das erste Automobil gesichtet worden[3]: »Ein automatischer Wagen von Benz« hatte vom 180 Kilometer entfernten Mailand aus seinen Weg in die Stadt gefunden. Vier *Modenesi* durften damit ins 13 Kilometer westlich gelegene Rubiera fahren. Auch wenn die Fahrt nur eine halbe Stunde dauerte, sollte das Echo darauf den ganzen Herbst und Winter unzählige Gespräche füllen.

Ohne es zu ahnen, dass Modena eines Tages als Stadt des Sportwagens gelten würde, gewöhnten sich die Einwohner nach und nach an diese neuen Verkehrsmittel.

Am 6. September 1908 nahm sein Vater den zehnjährigen Enzo mit zu seinem ersten Autorennen. Dies erzeugte in seinem Herzen einen unauslöschlichen Funken.[4] Diese frühe Begeisterung entfachte in ihm ein ewiges Feuer, eine Leidenschaft, der Enzo sein ganzes Leben widmen sollte. Später erinnerte sich Ferrari an ein besonders spannendes Rennen, die Coppa Florio, die in der Umgebung von Bologna auf unbefestigten Straßen unweit der berühmten alten Römerstraße Via Emilia ausgetragen wurde. Dort beobachtete der junge Enzo die eingestaubten Rennwagen von Felice Nazzaro und Vincenzo Lancia, die durch die Landschaft inmitten von Pappelalleen rasten und er begann, davon zu träumen, eines Tages auch seinen Namen auf den Autos zu lesen.

1908 war der italienische Motorsport in sein zweites Jahrzehnt eingetreten, aber es war immer noch ein sehr rauer Sport. Die Straßen waren nicht asphaltiert und die Rennen wurden zumeist über mehrere Stunden ausgetragen – meistens zu viele für die Zuverlässigkeit der Autos und die körperliche Ausdauer der Fahrer. Die bestenfalls abgesperrten Regional- und Provinzstraßen boten keinerlei Sicherheitsvorkehrungen (erst 1922 sollte in Monza die erste permanente Rennstrecke Italiens entstehen). Der Begriff »Rundkurs« wurde nur deshalb verwendet, weil die Fahrer die bis zu 60 Kilometer langen Strecken mehrmals hintereinander durchfahren mussten.

Für die Zuschauer, deren Anzahl von Jahr zu Jahr zunahm, gab es ebenfalls keine Schutzmaßnahmen. Seltsamerweise war es das Fehlen dieser rudimentären Sicherheitsmaßnahmen, die Enzo nach dem ersten Rennbesuch in Erinnerung blieb.

In der schwierigsten Kurve hatten die Organisatoren der Coppa Florio den Randbereich der Straße etwa 25 Zentimeter hoch mit Wasser geflutet. Die Idee war, damit von der Strecke abkommende Autos abzubremsen und so die (vermutlich auf trockenem Boden stehenden) Zuschauer, die sich in 30 bis 40 Meter Entfernung aufhielten, zu schützen. Der zehnjährige Enzo war fasziniert von der »harmlosen Aufregung durch das unerwartete Bespritzen von Zuschauern und Fahrern«.[5]

Enzo nahm aber auch sportliche Informationen auf. Der Sieger dieses ersten Rennens, das er sah, war Felice Nazzaro, der die

533 Kilometer lange Strecke nach acht Stunden mit einer Durchschnittsgeschwindigkeit von 130 km/h beendet hatte. Vincenzo Lancia, der gerade seine eigene Autofabrik begründet hatte, fuhr die schnellste Runde.

1909 hatte Enzo sein zweites Rennen besucht, das ihn endgültig überzeugte. Er musste lediglich die Bahnlinie hinter dem Wohnhaus überqueren und 3,5 Kilometer über die Felder laufen, um die scheinbar endlose Gerade von Navicello zu erreichen, wo ein lokales Rennen mit dem großspurigen Namen *Record del Miglio* (Meilenrekord) abgehalten wurde.

Lancia und Nazzaro, die besten Fahrer der Coppa Florio von 1908, waren im ersten Jahrzehnt des 20. Jahrhunderts bekannte Namen des italienischen Motorsports, doch die Teilnehmer des *Record del Miglio* waren weit weniger berühmt. Und obwohl Fahrer wie Ceirano, Gioia, Scipioni, Carminati und Da Zara längst vergessen sind, haben sie mit ihrer Teilnahme an diesem besonderen Rennen die Welt des Motorsports indirekt mehr beeinflusst, als sie sich je hätten vorstellen können.

Das Organisationskomitee, die *Associazione Modenese Automobilistica* (AMA), hatte dreißig Anmeldungen erhalten, die Stadt war in Aufregung, die Begeisterung spürbar. Am Montag, dem 7. Juni 1909, kamen Männer aus Mailand, um die lange Strecke zu walzen, auf der am folgenden Sonntag das Rennen stattfinden sollte. Die ganze Woche über besuchten die Bürger von Modena den Sitz der AMA und die Geschäfte von Stanguellini und Palmieri, um Eintrittskarten für das Rennen zu kaufen. Am Samstag beobachtete die gesamte Stadt die Abnahme der einzelnen Fahrzeuge.

Am Sonntagmorgen begann es ein paar Stunden vor dem Rennen zu regnen. Dies hielt jedoch den aufgeregten Enzo nicht davon ab, das Haus bereits am frühen Morgen zu verlassen, um nach Nonantolo zu laufen und das zweite Autorennen seines Lebens nicht zu verpassen. Etwas später starteten auch Modenas Autobesitzer, um bis zur Streckensperrung um 13 Uhr den Ort des Geschehens zu erreichen. Wer, wie die allermeisten Einwohner der Stadt, kein Auto besaß und nicht, wie Enzo und sein Bruder, zu Fuß gehen wollte, konnte gegen eine moderate Gebühr von einer Lira die Kutschen der Organisatoren nutzen.

Der Regen hörte bald wieder auf und die Straße trocknete rasch wieder, sodass sie teilweise wieder benässt werden musste, um den Staub zu binden.

Das Durchschnittstempo des Siegers lag bei 145 km/h – es schien so, als ob die Fahrt jedes einzelnen Teilnehmers nur einen Wimpernschlag dauern würde. Da Zara legte die Meile bei seinem besten Versuch in 41 Sekunden zurück. Bei Enzo löste das Rennen heftige Emotionen aus, die nur noch von der Intensität der Spannung übertroffen wurden.

Nach diesem Rennen wurde Modena vom Rennsportfieber erfasst. Alle Einwohner erwarteten sehnlich das Rennen von 1910 – noch mehr, als bekannt wurde, dass der berühmte Felice Nazzaro unter den Teilnehmern sein sollte.[6] Trotz seiner kurzen Geschichte – bisher nur ein einziges Rennen – war der *Record del Miglio* mangels anderer internationaler Rennen zu einem der wichtigsten Ereignisse des italienischen Motorsports geworden. Die wichtigsten Tageszeitungen schickten ihre Reporter nach Modena, um über den zweiten Durchgang zu berichten.[7]

Enzos Aufregung muss riesig gewesen sein: Nazzaro, der größte Rennfahrer Italiens und Sieger des ersten Rennens, das er zwei Jahre zuvor besucht hatte, sollte jetzt erneut vor seinen Augen vorbeirasen. Genauso Vincenzo Lancia, ein anderer großer Name des jungen Sports, den er bereits beim Rennen in Bologna im September 1908 gesehen hatte. Auch wenn er keine Aufzeichnungen darüber hinterlassen hat, kann Enzo den zweiten Durchgang des *Record del Miglio* nicht verpasst haben. Leider sollte das Rennen von 1910 auch das letzte seiner Art in Nonantolo sein.

Ein Unfall, in den zwei Fahrer und ihre Mechaniker verwickelt waren, beendete eine Veranstaltung, die in kürzester Zeit so viel Begeisterung ausgelöst hatte.

Im folgenden Jahr wurde in Modena ein bescheidener Gleichmäßigkeitslauf ausgerichtet, bei dem nicht der Schnellste gewinnen sollte, sondern derjenige, der einer im Voraus festgelegten Zeit am nächsten kam. Alle fünf Läufe wurden in der Stadt gestartet und beendet, der erste am 23. April 1911 und der letzte am 29. April. 25 Fahrer waren an den Start gegangen, darunter jedoch niemand von nationalem Ruhm. Lediglich Ernesto Ceirano erinnerte die Modenesi an den *Record del Miglio*.

Während seine Leidenschaft für Autos und Rennen wuchs, fiel es Enzo in der Schule immer schwerer, sich zu konzentrieren. Er hatte einfach kein Interesse am Lernen. Seine Leistungen in der Grundschule waren schon schlecht, doch am *Istituto tecnico*, wo er drei Jahre blieb, wurde es noch schlimmer. Für einen Jungen, der verzweifelt seinem Vater nacheifern wollte, doch so sehr er sich auch anstrengte, nicht so sein konnte wie sein Bruder, fühlte sich Schule wie Zeitverschwendung an.

Papà Alfredo und *Mamma* Adalgisa hatten ihm immer wieder gesagt, wie wichtig ein Studium für das Leben sei, aber es hatte nichts genützt. Sein Vater, mit dem Enzo sich mit zunehmendem Alter immer mehr stritt, drängte ihn unablässig, sein Studium abzuschließen, was Alfredo selbst nie geschafft hatte. Er wollte, dass Enzo Ingenieur wird und zusammen mit seinem Bruder das Familienunternehmen weiterführt. Leider war ausgerechnet Mathematik Enzos schlechtestes Fach. Für Geografie interessierte er sich nur oberflächlich, aber Geschichte mochte er, zudem liebte er es, Aufsätze und Abhandlungen zu schreiben. Obwohl er nie eine spezielle Ausbildung im Schreiben erhalten hatte, meinte er, dass er »gar nicht so schlecht darin« sei.[8] Weil er echte Freude an der Literatur hatte, begann Enzo, sich halbprofessionell journalistisch zu betätigen – es sollte die zweite seiner jugendlichen Leidenschaften werden.

Als im Sommer 1914 in weiten Teilen Europas ein Krieg ausbrach, begann der 16-jährige Enzo, der inzwischen die städtische Berufsschule besuchte, nachmittags ein Praktikum bei der konservativer Tageszeitung *Provincia di Modena*. Die Zeitung war einige Jahre zuvor von Luciano Zuccoli geleitet worden, der mit seiner Doppelkarriere als Schriftsteller und Journalist Enzos Fantasie so sehr angeregt hatte, dass er davon träumte, eines Tages Chefredakteur seiner Lokalzeitung zu werden.

Im letzten Friedensjahr verbrachte Enzo immer mehr Zeit in der Zeitungsredaktion, wo er die Techniken der Berichterstattung erlernen wollte. Er trug keine große Verantwortung, da er kaum mehr als ein Laufbursche war – aber es war ein Anfang.

Selbst wenn er die Chance erhielt, eine Geschichte zu schreiben, wurde ihm nie die Ehre zuteil, eine Schlagzeile zu erschaffen.

Im November 1914 erschien sein Name schließlich doch noch – in der Mailänder Sportzeitung *La Gazzetta dello Sport.* Tatsächlich hatte der junge Enzo es in diesem Monat geschafft, gleich drei Artikel unter seinem Namen zu veröffentlichen. Alle drei waren Berichte über die sonntäglichen Fußballspiele der oberen Liga in Modena. Die erste Geschichte wurde am Montag, dem 2. November, gedruckt, die anderen erscheinen am 16. und 23. November.

Nachdem er sich zunächst hoffnungslos in den Autorennsport und den Nervenkitzel der Geschwindigkeit verliebt hatte und dann Journalismus auf seine Interessenliste gepackt hatte, begann Enzo nun damit, anderen, eher gewöhnlichen Attraktionen seine Aufmerksamkeit zu schenken. Wie sein Freundeskreis hatte er das andere Geschlecht entdeckt. Mit 16 verliebte er sich in eine 14-jährige, doch trotz Enzos Bemühungen wollte das Mädchen nichts von ihm wissen. Wenn er ihr begegnete, schaute sie nicht einmal auf. Sie sprachen nie miteinander. Sämtliche Annäherungsversuche stießen auf Gleichgültigkeit – laut Enzo »die schrecklichste alle Waffen«.[9]

In einer Sommernacht machte sich Enzo – trotz Mückenplage – erstmals Hoffnungen auf das wahre Leben.[10] Es war der Sommer 1915 und Enzo war 17. Er war bei seinem alten Freund Peppino, dem Sohn des Lebensmittelhändlers, der in einem schönen Haus hinter der väterlichen Werkstatt lebte. Die beiden standen an der Stadtgrenze im flackernden Licht einer Gaslaterne und Peppino fragte Enzo, was er später einmal machen wolle. Ferrari gestand ihm, was bis dahin nur seine geheime Leidenschaft war.

Enzo hielt ihm die Seite 9 der seit 1901 in Turin erscheinenden Wochenillustrierten *La Stampa Sportiva* hin, die dazu beigetragen hatte, die sportlichen Ambitionen von Enzo und Dino zu fördern.

In seiner Hand hatte er die Nummer 26 vom 27. Juni 1915 und etwa in der Mitte war auf dem kleinsten von drei Fotos der in Italien praktisch unbekannte Ralph DePalma zu sehen. Das Magazin berichtete, dass er der Gewinner des diesjährigen Indianapolis 500 sei, einem Autorennen auf einem 2,5 Meilen (ca. 4 km) langen Oval im US-Bundesstaat Indiana.

»Ich werde Rennfahrer«,[11] beantwortete Enzo die Frage seines Freundes und zeigte auf das kleine Foto von DePalma, der mit Hemd und Krawatte hinter dem Lenkrad eines Rennwagens zu sehen war. Was Enzo für sich behielt, waren die Gedanken, die hinter seiner Überzeugung standen: »Wenn DePalma das kann, warum sollte ich es nicht können?«[12]

»Gut«, sagte sein Freund. »Wenn du es schaffst, wird es ein wunderbarer Job sein.«

Es war der Sommer 1915. Italien hatte am 23. Mai Österreich-Ungarn den Krieg erklärt, eine Woche vor DePalmas Sieg in Indianapolis. Das Land wurde von einer starken nationalistischen Leidenschaft erfasst.

Enzo schien es nicht besonders reizvoll zu finden, auf dem Schlachtfeld Ruhm zu erlangen, doch von seinem Bruder konnte dies nicht behauptet werden. Zu Hause gab es bald Diskussionen zwischen Dino und seinem Vater, wobei die Mutter als Friedensstifterin auftrat und verzweifelt versuchte, ihn davon abzuhalten, Soldat zu werden. Doch Dino setzte sich durch und trat in die Armee ein.[13]

Dank Alfredos drittem Auto, einem aus Turin stammenden Diatto mit Dreiliter-Vierzylinder-Motor wurde Dino dem Korps des Roten Kreuzes zugeteilt. Er pendelte mit dem zum Krankentransporter umgebauten Wagen zwischen der Front und den Lazaretten im Hinterland hin und her.

Enzos Alter (17) schützte ihn vorerst vor der Einberufung zum Militär. Doch wenn der Krieg nicht bald zu Ende gehen würde (damals glaubten nur wenige, dass er länger als ein paar Monate dauern würde), würde er im folgenden Jahr eingezogen werden.

Nachdem er die dritte Klasse im *Istituto tecnico* nicht abgeschlossen hatte, war seine Schulzeit endgültig vorbei.[14] Im Oktober fand er dank der Erfahrungen, die in der Firma seines Vaters gesammelt hatte, einen Job in der Werkstatt der Feuerwehr von Modena. Er wurde als Ausbilder eingestellt, um diejenigen zu unterrichten, die eingezogen worden waren, aber »aufgrund ihres Alters, wenn sie in einer wichtigen Werkstatt beschäftigt waren, vom Militärdienst befreit werden konnten«.[15] Jeder Kurs dauerte drei Monate. Danach wurden sie zur Munitionsfabrik in Modena geschickt, einem der zahlreichen Unternehmen, die für die Kriegsproduktion umgerüstet worden waren.

Einen Tag vor dem Jahreswechsel legte sich Alfredo Ferrari mit hohem Fieber ins Bett. Es begann als Bronchitis, entwickelte sich aber rasch zu einer schweren Lungenentzündung.[16] Am 2. Januar 1916 verstarb Alfredo mit gerade einmal 56 Jahren.

Durch den Tod seines Vaters verlor Enzo einen wichtigen Bezugspunkt. Ohne Vorwarnung war Alfredo schwer erkrankt und rasch verstorben – etwas mehr als einen Monat vor Enzos 18. Geburtstag.

Der plötzliche Verlust seines Vaters war der erste große Schmerz in Enzo Ferraris Leben – der erste von vielen und vielleicht derjenige, der den Mann formen sollte, der er einmal werden würde. Diese Erinnerungen – nicht nur an seinen Vater, sondern auch an dessen plötzlichen Tod – sollten ihn nie wieder verlassen.

Bevor das Jahr 1916 zu Ende ging, wurde Enzo von einer weiteren Tragödie erschüttert. Am 16. Dezember verstarb sein Bruder Dino in Sondalo (Provinz Sondrio). Nach einem Jahr Krieg hatte er sich ebenfalls eine Lungenentzündung zugezogen, die aufgrund der prekären Lebensumstände der Soldaten auch bei ihm rasch zum Tod führte.[17] Dino wurde nur 20 Jahre alt.

In weniger als zwölf Monaten hatte sich Enzos Leben auf den Kopf gestellt. Sein Vater und sein Bruder waren von ihm gegangen. Der plötzliche Tod seines Vaters drohte – unter anderem – das Wohlergehen der Familie Ferrari zu gefährden. Seine Mutter und er konnten nicht von dem kleinen Einkommen leben, das Enzo als Ausbilder für die Waffenproduktion verdiente. Darüber hinaus waren Präzisionsmaschinen aus der Werkstatt seines Vaters von der Armee für die Kriegsproduktion beschlagnahmt worden.

Fünf Monate vor dem Tod seines Bruders hatte Enzo im Juli 1916 seinen lang ersehnten Führerschein erhalten. Es war eine der wenigen Freuden in diesem tragischen Schicksalsjahr. Inmitten von so viel Elend und Ängsten ermöglichte ihm die Fahrlizenz mit der Nummer 1363 wenigstens das Vergnügen, von Zeit zu Zeit am Lenkrad des Scacchi (ebenfalls aus Turin) zu sitzen, den sein Vater gekauft hatte, nachdem Dino mit dem Diatto in den Krieg gezogen war. Vielleicht war dies der Moment, in dem Enzo Ferrari begann, das Auto als Mittel zur Freiheit zu erkennen – nicht nur zur Bewegungsfreiheit, sondern auch zur Freiheit von Unsicherheiten und Lebensängsten.

An einem wunderschönen Sommertag im Jahr 1917 fuhr Enzo mit seinem Scacchi die Berge des Apennin hinauf. Als er im Städtchen Sestola ankam, entschied er, sich zu prüfen und die Fahrzeit bis zum ca. 20 Kilometer entfernt liegenden Dorf Pavullo zu stoppen. Die anspruchsvolle Strecke führt durch endlose enge Kurven mit einigen schnellen Geraden dazwischen – schwierig, aber auch spaßig. Er war 19 Jahre alt und trotz des Krieges und der Verluste von Vater und Bruder war seine Leidenschaft für den Motorsport nicht erloschen. Das Leben konnte immer noch schön sein.

Als er in Pavullo ankam, versammelten sich ein paar Männer und Jungen um das Auto und seinen Fahrer. Enzo sah fast so elegant aus wie ein Chauffeur aus der Stadt, aber nicht wie ein Rennfahrer, wie die Helden seiner Kindheit – Nazzaro und Lancia. Dieser Moment wurde von einem Fotografen festgehalten. Enzo mit der Fliegerbrille auf der Mütze ließ den Stolz erkennen, einer der wenigen glücklichen und talentierten Menschen zu sein, die ein Automobil beherrschten – ein Gerät, das für die meisten immer noch ein Mysterium darstellte. Auf der Rückseite notierte Enzo:

Sestola – Pavullo
Nach dem Überfall

Hinzugefügt sind die Länge der Strecke und die Eigenschaften des »Kurses« sowie die dafür benötigte Zeit. Die Straße war demnach »26 Kilometer und 475 Meter lang mit Steigungen von bis zu 12 Prozent«. Die Fahrzeit notierte er mit »36 Minuten und 12 Sekunden«.[18] Als Datum ist Donnerstag, der 19. Juli 1917, angegeben.

Enzo diente weiterhin als Ausbilder in der Feuerwehrschule von Modena. Der Krieg hatte sich festgefahren und schien kein Ende zu nehmen. Dann durchbrachen in der Nacht zum 24. Oktober die Österreicher die Front in der Nähe von Caporetto (heute: Kobarid, Slowenien). Was zu einem anstrengenden Eindämmungskrieg geworden war, wurde plötzlich zu einem Kampf um die Zurückdrängung der Angreifer.

Die Generalmobilmachung erreichte noch nie dagewesene Ausmaße. Alle 1899 geborenen jungen Männer wurden zu den Waffen gerufen. Auch diejenigen, die in den vorangegangenen drei Jahren aus verschiedenen Gründen nicht eingezogen wurden, mussten zur Armee. Außerdem wurden strengere Maßnahmen bei den Musterungen erlassen. Viele, die bisher weit entfernt von der Front in irgendwelchen kriegswichtigen Einrichtungen gearbeitet hatten, wurden zudem in die Kampfgebiete verlegt.

Enzo wurde aufgefordert, seinen Posten aus Ausbilder aufzugeben und der Armee beizutreten. Einzufinden hatte er sich im dritten Regiment der Alpen-Artillerie im Val Brembana nördlich von Bergamo – und damit weit weg von der Front bei Caporetto. Trotz seiner rudimentären Fähigkeiten als Mechaniker und seines (zu dieser Zeit noch seltenen) Führerscheins wurde er als Hufschmied für Maultiere eingesetzt.[19] Dies war vielleicht nicht die passendste Beschäftigung entsprechend seiner Fähigkeiten, aber es ersparte ihm das Elend der Schützengräben. Nach einigen Monaten erkrankte er an der spanischen Grippe und aus Angst, er würde wie sein Vater und sein Bruder enden, schaffte er es, sich umgehend in ein Militärkrankenhaus in Brescia einweisen zu lassen. Dank seiner Mutter, die nicht noch ihr letztes Familienmitglied verlieren wollte, kam er bald in ein Krankenhaus in Bologna, unweit von Modena. Zwar war er von den Kämpfen und der psychischen und physischen Zermürbung der Schützengräben verschont geblieben, aber die lange Rekonvaleszenz in zwei Hospitälern hatte ihn tief getroffen. Sein Überleben war lange Zeit nicht sicher, umgeben von hoffnungslosen Fällen verbrachte er »schreckliche Tage« und fürchtete, dass sein Ende nahe war.[20]

Das Umfeld, in dem Enzo um sein Leben kämpfte, ähnelte dem aus dem Roman *In einem anderen Land* von Ernest Hemingway, nur fehlte ihm die Poesie und Sinnlichkeit von dessen Prosa.

Enzo erinnerte sich später: »Es gab eine schattige Allee, die ich von meinem Fenster aus sehen konnte: Die Menschen und die ganze Welt da draußen schien mir so weit weg und unerreichbar zu sein.«[21] So war es tagsüber; nachts hörte er die in den Gängen des Krankenhauses widerhallenden harten Schläge. Vielleicht kannte er die Antwort bereits, traute sich aber lange Zeit nicht nachzufragen, woher diese Geräusche genau kamen. Dann fasste er sich ein Herz. Die Krankenschwester, eine junge Kriegswitwe, die ihn pflegte, gab zunächst nur ausweichende Antworten, doch bald sagte sie ihm die Wahrheit: Was er Nacht für Nacht hörte, war der Klang der Hämmer, mit denen die Holzsärge zusammengenagelt wurden, in denen die an diesem Tag verstorbenen Kameraden beigesetzt werden sollten.[22]

Erst nach zwei Operationen und einer langen Erholungszeit kehrte Enzo nach Modena zurück. Ein unvergessliches Erlebnis.

KAPITEL 3

Ein Traum wird wahr

Der Erste Weltkrieg – *la grande guerra* – endete in Italien am 4. November 1918.

Seit endlich wieder Frieden herrschte, fand das Automobil rasch viele Liebhaber. Wer vom Krieg profitiert hatte und nun reich war, sehnte sich nach dem neuen Transportmittel. Die Jugend betrachtete es als Symbol der Modernität. Während des Krieges hatten mehr als 100.000 Männer Kontakt zu Pkw, Lkw und Krankenwagen gehabt – als Fahrer, Mechaniker oder Techniker. Sie hatten die Kriegsschauplätze mit tiefer Abscheu vor Gräueltaten, aber auch mit großer Zuneigung zum Automobil verlassen. Auf ihre Art waren sie die Protagonisten des Beginns einer neuen Ära – dem Zeitalter des Verbrennungsmotors. Jetzt suchten alle nach einer Arbeit in Friedenszeiten, die es ihnen ermöglichte, sich weiterhin mit Autos zu beschäftigen. Die Wagemutigsten von ihnen dachten darüber nach, Rennfahrer zu werden.[1]

Einer von ihnen war Enzo Ferrari.

Im Herbst 1918 war Enzo bereit für einen Neustart. Der Krieg hatte seiner Familie einen hohen Blutzoll abgefordert: Sein Vater und sein Bruder waren tot. Das Familienunternehmen war fast vernichtet. Nur noch seine liebevolle, aber auch vereinnahmende Mutter war ihm geblieben. Es dauerte nicht lange, bis er erkannte, dass trotz seiner Liebe zu ihr und seiner Zuneigung zu Modena seine Zukunft woanders liegen würde.

Ausgerechnet seine Mutter war es, die ihm ein Vorstellungsgespräch mit Diego Soria, dem kaufmännischen Direktor bei Fiat in Turin, ermöglichte.[2] Bereits vor dem Krieg hatte Fiat 4.000 Mitarbeiter, nach Kriegsende hatte sich die Belegschaft mehr als vervierfacht.[3] Mit etwas Glück würde auch Enzo dort eine Stelle finden.

Um ihn daran zu hindern, Rennfahrer zu werden – Enzo hatte einmal die Absicht geäußert, das Haus der Familie zu verkaufen, um ein Rennauto zu finanzieren –, war seine Mutter zu allem bereit, um ihm den Zugang zu einem Automobilhersteller zu verschaffen. Sie war davon überzeugt, dass Enzo jede Stelle in der Autoindustrie annehmen würde. Enzo nahm die Hilfe seiner Mutter an und setzte sich in den Zug nach Turin, denn er hatte die Hoffnung, eine Stelle als Testfahrer zu bekommen. Seine Intuition sagte ihm, dass dies der erste Schritt zu einer Karriere als Rennfahrer sein würde. Immerhin besaß er einen Führerschein und grundlegendes Wissen über die Technik eines Automobils.

Im November 1918 war der Krieg erst seit wenigen Wochen zu Ende.

In Turin wurde Enzo vom *Ingegner* (Ingenieur) Diego Soria im Fiat Hauptgebäude in der Corso Dante empfangen. »Voller Hoffnung«[4] ging er in das Gespräch. Soria war einer der wichtigsten Führungskräfte bei Fiat. Sein Büro war mit Holzmöbeln und grünen Vorhängen ausgestattet. Der Mann selbst trug kurzes, rotes Haar. Noch ein halbes Jahrhundert später erinnerte sich Enzo an jedes Detail dieses verhängnisvollen Gesprächs.[5]

So herzlich das Gespräch auch war, es endete mit einer totalen Enttäuschung. Soria teilte Enzo höflich mit, dass Fiat leider nicht alle Kriegsveteranen einstellen könne.[6] Statt Enzo heuerte Fiat tatsächlich Carlo Salamano an, der kurz darauf in den Fiat-Rennstall aufgenommen wurde, was Enzos Intuition bestätigte.[7]

Enzo hatte ehrlich, wenn auch etwas naiv, gehofft, bei Fiat Arbeit zu finden. Darum ließ ihn die höfliche, aber ablehnende Antwort von Soria verzweifeln. Er hatte kein Geld, keinen Job und nicht vor, nach Modena zurückzukehren. Während er durch den Parco del Valentino am Ufer des Po entlangspazierte, war er so überwältigt, dass er den Schnee von der Parkbank fegte, sich setzte und weinte.[8] Obwohl dies in seinem Leben ein seltener Moment echter Verzweiflung war, entschloss er sich, nicht aufzugeben und in der italienischen Automobilmetropole zu bleiben.

Das erste Weihnachtsfest in Friedenszeiten seit vier Jahren verbrachte Enzo in Turin und lebte von seinen immer kleiner werdenden Ersparnissen. Anfang Januar 1919 fand er Arbeit in einer Werkstatt in der Via Ormea in Turin. Ein Mann namens Giovannoni, ein Bekannter von Enzos Vater, der selbst aus Bologna nach Turin gekommen war, hatte hier eine kleine Reparaturwerkstatt eröffnet, in der ein paar Leute die Fahrgestelle kleiner Militärlastwagen so umgestalteten, dass darauf Pkw-Karosserien montiert werden konnten.

Enzos Aufgabe war die Feinabstimmung der umgebauten Fahrgestelle, die er dann persönlich zum Karosseriebauer *Carrozzeria Italo Argentina* in Mailand bringen musste. Obwohl die Verhältnisse in der Werkstatt in der Via Ormea nicht mit dem Umfeld und der Motivation vergleichbar waren, die Enzo bei Fiat vorgefunden hatte, war er bei Giovannoni glücklich. Von Anfang an hatte er erkannt, dass die »Rolle des Arbeitnehmers alles in allem gar nicht so schlecht« war. Und auch wenn ihm die Kälte, das geringe Wissen und die bescheidene Entlohnung »manchmal körperliche und emotionale Schmerzen« bereiteten, stelle sich Enzo all dem mit Enthusiasmus entgegen, da er erkannte, dass dies die Art von Arbeit war, die er »schon immer machen wollte«.

Enzo verbrachte seine Tage von nun an zwischen Turin und Mailand. Wegen der spanischen Grippe, die in jenen Wintermonaten immer noch täglich 450 Todesopfer forderte, waren in Italien sämtliche Bars und Cafés geschlossen. In Turin waren die beiden Kaffeehäuser, in denen sich vor dem Krieg Automobilenthusiasten getroffen hatten – das Burrello und das Allaria – ebenfalls geschlossen. Nur die Bar del Nord nahe des Bahnhofs Porta Nuova war überfüllt. Hier trafen sich Motorsportfans aus der ganzen Stadt, um ihrer gemeinsamen Leidenschaft zu frönen. Enzo wurde Stammgast. In der Gesellschaft von Vorkriegsrennfahrern und Fliegerassen aus dem Krieg fühlte er sich in seinem Element. Er hatte sogar die Gelegenheit, Felice Nazzaro, den Helden seiner Jugend und Sieger des ersten Rennens, das er sich angeschaut hatte, sowie dessen Bruder Biagio kennenzulernen.[9]

Die Nachmittage und Abende in der Bar del Nord fesselten und faszinierten Enzo. Aufgrund seiner Leidenschaft und seiner Kompetenz war auch seine Meinung bald gefragt und geschätzt. In den lebhaften Diskussionen schien der Schritt vom umgebauten Fahrgestell zum Rennwagen nur sehr klein zu sein und Enzos Freunde fragten sich bald, wann wieder Motorsportaktivitäten aufgenommen würden. Sein Traum, Rennfahrer zu werden, den er seinem Freund Peppino im ersten Kriegssommer verraten hatte, gewann jetzt, im ersten Winter nach dem Krieg, neue Kraft. Immer, wenn er ein umgebautes Fahrgestell an die *Carrozzeria Italo Argentina* in Mailand auslieferte, kehrte Enzo dort in die zentral gelegene Bar Vittorio Emanuele ein, wo die Kundschaft aus Sportlern bestand. Einige von ihnen waren vor dem Krieg sogar Rennfahrer gewesen. Eines Tages traf er den ehemaligen Radrennfahrer Ugo Sivocci, dessen Bruder Alfredo immer noch aktiver Radsportler war. Ugo, inzwischen Motorsportler, hatte 1913 bei der *Targa Florio* den sechsten Platz belegt (Felice Nazzaro hatte gewonnen). Er war jetzt Angestellter von CMN *(Costruzioni Meccaniche Nazionali)*, einer frisch gegründeten, kleinen Autofirma. Unmittelbar nach Kriegsende hatte CMN die Automobilfabrik von De Vecchi übernommen, für die Sivocchi bei der *Targa Florio* gestartet war. Weil er von Enzos sachkundigem Enthusiasmus begeistert war, sprach Ugo mit seinem Chef, dem jungen Ingenieur Piero Combi, über ihn. Rasch wurde ein Vorstellungsgespräch vereinbart, woraufhin Enzo eine Stelle angeboten wurde.

So verließ Enzo kurz vor Ostern 1919 Turin und zog nach Mailand. Der Lohn war mit fast 400 Lire pro Monat gut und das Doppelte eines normalen Mechanikerlohns. Mit dieser Anstellung nahmen sein »Hungerprobleme« ein Ende.[10]

Bei CMN wurden Komponenten des Autobauers Isotta Fraschini sowie Dreilitermotoren auf nagelneue Fahrgestelle montiert. Die Vierzylinder-Monoblock-Triebwerke waren die ersten, die Enzo aus der Nähe sah, und so begann seine dauerhafte Leidenschaft für Motoren.[11] Combi wollte nicht nur Autos aus Bauteilen anderer Hersteller zusammensetzen, sondern auch eine eigene CMN-Baureihe starten, um die steigende Nachfrage nach Autos zu befriedigen.[12]

In den ersten Junitagen herrschte im Café große Aufregung – das erste Indianapolis 500 nach Kriegsende war vom französischen Autobauer Peugeot gewonnen worden. Es war einst der Sieg von DePalma in Indianapolis gewesen, der Enzos Interesse an Autorennen geweckt hatte. Nur vier kurze Jahre waren seit dem Sommer 1915 vergangen, als er seinem Freund Peppino das Foto gezeigt hatte.

Zur Enttäuschung aller Stammgäste des Cafés waren in Italien immer noch keine Autorennen geplant; Gleiches galt für den größten Teil des kriegsgebeutelten Europas. Im Sommer wurde bekannt, dass das kleine und vom Krieg verschonte Dänemark das erste Nachkriegsrennen in Europa ausrichten wollte – es war für den 24. August auf der Nordseeinsel Fanø angesetzt. Keine Zeitung hatte darüber berichtet, doch die Kunden des Cafés erfuhren es direkt von Ferdinando Minoia, einem der Stammgäste, der als einziger Italiener zu diesem Rennen eingeladen worden war – und es am Steuer eines 130 PS starken Fiat gewinnen sollte.[13]

Angestachelt von Minoias Sieg spürte Enzo, der mit Sivocci zusammenarbeitete, »zum ersten Mal frühe Symptome einer kleinen Berufung«[14] für den Motorsport. Er kaufte den ersten Rennwagen von CMN zu einem günstigen Preis. Als Sicherheit verpfändete er sein Gehalt für die nächsten Monate. Als sich in Modena die Nachricht verbreite, dass Enzo sein ganzes Geld für ein Rennauto ausgegeben hatte, nannten ihn die Leute »verrückt«, was sich erst nach einigen Jahren ändern sollte. Der CMN 15/20 entwickelte aus einem 2,3-Liter-Vierzylindermotor 36 PS, die immerhin für eine Höchstgeschwindigkeit von 80 km/h gut waren.[15] Nicht gerade ein Ausbund an Leistung, aber immerhin ein Anfang.

Im September kam die Nachricht, auf die Enzo und seine Cafékollegen gewartet hatten: Das erste Nachkriegsrennen Italiens war für den 5. Oktober angesetzt – als Bergrennen von

Parma nach Poggio di Berceto. Alle italienischen Autohersteller, Rennfahrer und angehenden Rennfahrer – auch Enzo – hatten einen persönlichen Brief vom Sekretär des Organisationskomitees enthalten. Weil die kriegsbedingten Einschränkungen noch nicht aufgehoben waren, war es Herstellern weiterhin untersagt, an Rennen teilzunehmen, doch das Verbot galt nicht für einzelne Fahrer, die sich selbst anmeldeten.[16]

Enzo war verständlicherweise aufgeregt. Sein Traum sollte in Erfüllung gehen. Er war 21 Jahre jung und sollte bald das erste Rennen seines Lebens bestreiten. Was ihm an Erfahrung fehlte, wollte er durch Kenntnisse wettmachen. Parma liegt nur 40 Kilometer von Modena entfernt und die kurvigen Straßen den Apennin hinauf unterschieden sich nicht sonderlich von denen, die südlich von Modena in die Berge führten.

Das Bergrennen *Parma – Poggio di Berceto* von 1919 war das dritte seit seiner Premiere im Jahr 1913, als es im Rahmen der Feierlichkeiten zum 100. Geburtstag des Opernkomponisten Giuseppe Verdi ausgetragen wurde. Italiens Presse bezeichnete die Neuauflage hochtrabend als »automobile Wiedergeburt« der Nation.[17] Insgesamt 38 Fahrer meldeten sich an – darunter Enzo. In einem ausführlichen Bericht über das Rennen nannte die größte Sportzeitung Italiens Enzo Ferrari einen Favoriten seiner Klasse – erstaunlich, weil er ja ein Neuling war.[18]

Am Rennsamstag trainierten die Fahrer bei starkem Regen. Am Sonntagmorgen hatte der Regen aufgehört, aber es war kalt und nebelig. Trotz des Wetters bevölkerten Tausende Fans die 53 Kilometer lange Rennstrecke zwischen Parma und Berceto, um ihre Helden zu bewundern. Die lange Unterbrechung des Motorsports hatte ihren Appetit noch verstärkt. Manche waren Hunderte Kilometer angereist, über 500 Autos parkten ordentlich auf beiden Seiten der Rennstrecke.[19]

Als erster Fahrer startete Carlo Alberto Conelli um 8:30 Uhr mit seinem Aquila. In der Zwischenzeit hatte im südlichen Teil der Strecke ab Fornovo wieder Regen eingesetzt. Enzo ging um 10:55 Uhr an den Start. Sein CMN in »nicht identifizierbarer Farbgebung« trug auf dem Kühlergrill und den Motorhauben die aufgepinselte Startnummer 22.[20]

Enzos Leistung war nicht überragend, aber für einen 21-jährigen Amateur bei seinem ersten Renneinsatz durchaus akzeptabel. Neben ihm saß Nino Berreta, ein ihm völlig fremder Zuschauer, der sich freiwillig bereit erklärt hatte, die Beifahrerrolle des »mitfahrenden Mechanikers« zu übernehmen, wie es das Reglement vorsah.[21] Enzo fuhr seinen CMN auf den fünften Platz seiner Klasse (bis 3.000 cm^3 Hubraum) und wurde Gesamtzwölfter. Nachdem ein Fahrer disqualifiziert worden war, rutschte er jeweils um einen Platz nach vorn.

Das kleine Preisgeld für seinen vierten Platz brachte ihm auch ein wenig den Segen seiner Mutter ein, um seine Rennsportbemühungen fortzusetzen. Gesamtsieger des Rennens war wie vorhergesagt Antonio Ascari im Fiat S 57/14B geworden.

In den Zeitungsberichten des folgenden Tages wurden Enzos Leistungen mit keinem Wort erwähnt. Ignoriert von der Presse, aber offenbar inspiriert von seiner eigenen Leistung und begierig darauf, sein Talent auf höherem Niveau zu testen, nahm Enzo rasch eine Einladung zur Teilnahme an der berühmten *Targa Florio* an, die für den 23. November geplant war.[22]

Enzo reiste dazu am Steuer seines Rennwagens nach Sizilien. In der Tasche hatte er gerade einmal 450 Lire. Mit einem weiteren CMN nahm sein Freund und Kollege Ugo Sivocci an der Reise teil, begleitet wurden die beiden von ihren Mechanikern Nino Conti und Ripamonti.

Die vier Männer fuhren auf der Via Emilia nach Rimini, um von dort die Adriaküste entlangzufahren. Ab Pescara überquerten sie den Höhenzug der Abruzzen nach Westen. Als sie auf der Hochebene von Cinquemiglia eines Nachts im Schnee feststeckten, entdeckten sie ein Rudel hungriger Wölfe. Bevor ihnen Ranger mit Schusswaffen und Fackeln zur Hilfe kommen konnten, gab Enzo Schüsse aus seiner stets unter dem Fahrersitz mitgeführten Pistole ab, um die Tiere zu vertreiben.[23] Offensichtlich war seine jugendliche Leidenschaft für das Tontaubenschießen gepaart mit einem tief empfundenen Sicherheitsbedürfnis im unruhigen Nachkriegsitalien.

Sie erreichten Neapel gerade noch rechtzeitig, um auf die Fähre Città di Siracusa zu gelangen.[24] Nach einer stürmischen Nacht auf See kamen die vier Männer mit ihren zwei Rennwagen in Palermo an, wo die *Targa Florio* ihr Hauptquartier hatte. Enzo und seine Begleiter wurden in dem eigens für das Rennen errichteten Dorf Floriopolis bei Cerda, etwa 65 Kilometer südöstlich von Palermo, untergebracht.[25]

Die *Targa Florio* 1919 war die zehnte Ausgabe des erstmals 1906 ausgetragenen Langstreckenrennens. Weil sie sowohl für die Fahrer wie auch die Autos viele Herausforderungen bereithielt, hatte sie sich schnell einen Namen gemacht. Lange bevor die heute berühmte *Milli Miglia* ins Leben gerufen wurde, hatte die *Targa Florio* einen in Italien einzigartigen Status erreicht. Die schillernde Persönlichkeit des Organisators Vincenzo Florio sorgte zudem dafür, dass die besten Fahrer mit den stärksten Rennwagen begeistert daran teilnahmen.

Am Morgen vor dem Renntag fuhr Enzo erstmals mit seinem CMN auf den schwierigen Kurs in Sizilien. Allerdings wurde sein einziger Trainingstag nach der Hälfte der ersten Runde abrupt abgebrochen, weil ein heftiger Regenschauer einsetzte.

Der Herbst kann in Sizilien warm und sonnig sein, aber dieses Jahr war er kalt und nass. Die Vorhersage für Sonntag versprach noch mehr Regen.[26] Samstagnacht störte ein anhaltendes Gewitter den Schlaf aller Fahrer. An der Küste regnete es und in den Bergen fiel Schnee. Als der Sonntagmorgen anbrach, wehte ein starker Wind vom Meer her. Als Enzo erwachte, wurde er von dunklen Wolken und aufgeweichten Straßen begrüßt. Sivocci, der hier bereits gefahren war, wusste, dass die Fahrer auf den Straßen der Madonie-Berge Regen, Nebel und Schlamm ausgesetzt sein würden.[27]

Dennoch stellte Enzo seinen Wagen voller Vorfreude ein paar Minuten vor 8 Uhr in der Nähe der Startlinie auf. Um 7:59 Uhr sah er den Indy-Sieger André Boillot mit seinem Peugeot losfahren. Er musste an Ralph DePalma denken – und an das Bild in der Zeitschrift, das ihn davon träumen ließ, Rennfahrer zu werden. Er hatte jedoch keine Zeit, sich länger mit diesen Gedanken zu beschäftigen, denn drei Minuten später war er an der Reihe. Um 8:02 Uhr startete Enzo mit seinem Mechaniker Nino Conti zum zweiten Rennen seiner Karriere – der berühmt-berüchtigten *Targa Florio*.[28]

Vorbeirasend an uralten Zitronen- und Orangenbäumen sowie eleganten Damen, die beide Seiten der schlammigen Geraden von Cerda säumten, hatte Enzo eine monumentale Aufgabe vor sich. Sein erstes und einziges Rennen war über 53 Kilometer gegangen. Hier musste er einen bedrohlichen Kurs von 107 Kilometer viermal umrunden, sodass eine Gesamtstrecke von fast 430 Kilometer zu absolvieren war. Während das Bergrennen *Parma – Poggio di Berceto* noch ein anmutiger Anstieg war, barg bei der *Targa Florio* jede Kurve, jede Gerade, jede Bodenwelle, jede Steigung und jede Abfahrt bösartige Fallen für die Fahrer.

Enzo bekam auch bald Probleme. Nach wenigen Kilometern hatte sich sein Benzintank gelockert. Nervös behielt er ihn im Auge, bis er keine andere Wahl mehr hatte und anhalten musste. Mithilfe seines Mechanikers und eines Seils sicherte er den Tank an der Karosserie. Während dieser Arbeit vergingen 40 wertvolle Minuten und als Enzo das erste Mal über die Ziellinie fuhr, hatte seine Runde 3 Stunden, 4 Minuten und 50 Sekunden gedauert[29] – was wenig überraschend den 16. (und letzten) Platz bedeutete. Fest entschlossen, zumindest einen Teil der verlorenen Zeit wieder aufzuholen, beendete er die zweite Runde nach 2 Stunden, 18 Minuten und 34 Sekunden – und damit in der achtbesten Zeit. Trotz aller Bemühungen lag er nach der Hälfte des Rennens immer noch auf dem letzten Platz.[30]

Trotz des immer schlechter werdenden Wetters und den damit einhergehenden Verschlechterungen der Streckenverhältnisse wurde Enzo in der dritten Runde schneller. Wäre nicht das Problem mit dem Tank in der ersten Runde gewesen, hätte Enzo an diesem Tag direkt hinter den besten Fahrern gelegen. Doch wegen der 40-minütigen Panne war er jetzt in Gefahr – er musste sein Rennen innerhalb des Zehn-Stunden-Limits beenden, um nicht aus der Endwertung ausgeschlossen zu werden.[31] Also fuhr er trotz der Gefahr, hinter der nächsten Kurve in einem reißenden Fluss zu landen, mit vollem Risiko weiter. Doch alles war umsonst. Als er schließlich im Ziel ankam, war der Ort verlassen und alle waren bereits nach Palermo zurückgekehrt. Lediglich ein Carabiniere mit einer großen Uhr wartete auf ihn und notierte pflichtbewusst die Ankunftszeit, wobei er sie auf die nächste Minute aufrundete.[32] Das Zeitlimit war abgelaufen und alle Offiziellen einschließlich der Zeitnehmer hatten den letzten Zug zurück in die Stadt genommen, sodass nur der Uniformierte auf die Nachzügler wartete – und Enzo war immerhin der erste von ihnen.

Auch alle Zeitungsleute hatten sich nach Palermo begeben, um ihre Berichte an die Redaktionen in ganz Italien zu senden – folglich war in den Zeitungen wieder nichts über Enzos Leistungen zu lesen. Stattdessen drehte sich alles um den Sieger André Boillot, der das Rennen mit 7 Stunden, 51 Minuten und einer Sekunde beendet hatte.[33] Der Rest der Berichterstattung galt dem Unfall, der für Antonio Ascari das Rennen beendet hatte, sowie dem Tod eines Zuschauers, der genau in dem Moment die Zielgerade überquerte, als Boillots Peugeot heranschoss. Der Tod des Zuschauers beeindruckte Enzo, denn es war »das erste Mal, [dass er] die Gegenwart des Todes auf der Rennstrecke« verspürte.[34]

Weil der 21-jährige unbekannte Amateur aus Modena seinen Namen nicht in der offiziellen Wertung fand, beschwerte er sich am folgenden Tag beim Organisator Vincenco Florio. Der selbstbewusste und charmante 36-jährige Gentleman hörte Enzo höflich zu und fragte dann spöttisch, warum er sich beschwere: Enzo sei schmählich spät angekommen, habe nichts riskiert (!) und jetzt würde er, *Don* Vincenco Florio ihn mit einem neunten Platz in der Gesamtwertung und dem dritten Platz in seiner Klasse beglücken.[35]

Enzo ließ sich von Florios unwiderstehlichem Charme leicht überzeugen und war rasch besänftigt. Für ihn war die Aufnahme in die offizielle Wertung (die auch ein kleines Preisgeld bedeutete) ein »kleiner Erfolg«[36] und der Beginn einer langen Freundschaft mit einem der Pioniere des italienischen Motorsports.

Noch vor Jahresende sollte Enzo seinen Namen erstmals in der Zeitung finden. Am Montag, dem 8. Dezember 1919, berichtet das Sportmagazin *Paese Sportivo* samt Foto über seine beiden ersten Rennerfolge. Die Überschrift lautete: »Der jüngste Überlebende der *Targa Florio*«. Enzo war noch keine 22 und hatte sein Talent in einem Rennen bewiesen, das als anspruchsvoll und gefährlich galt.

Das Profil von Enzo war kurz, aber schmeichelhaft umschrieben: »Er ist ein junger Mann aus Modena, der eine glänzende Karriere im Motorsport vor sich hat«, prophezeite die Zeitschrift. »Der 1898 geborene, große und kräftige, kühne und selbstsichere Fahrer Ferrari, der vom Pech verfolgt war, hat sowohl die *Targa Florio* als auch das Bergrennen *Parma – Poggio di Berceto* erfolgreich bestritten.«[37] Geschmeichelt von dieser medialen Aufmerksamkeit und zufrieden mit seiner Leistung in so kurzer Zeit, begann Enzo, sich nach einem leistungsfähigeren und zuverlässigeren Auto als seinem CMN umzusehen. Bald erregte der exotische und irgendwie aristokratisch klingende Name einer ebenfalls in Mailand ansässigen Firma seine Aufmerksamkeit: Isotta Fraschini (IF).

Enzo erfuhr, dass sich drei der sechs von Isotta Fraschini vor dem Krieg produzierten Grand-Prix-Wagen immer noch in Italien befanden. Die drei anderen waren in die USA gegangen und relativ erfolglos in Indianapolis eingesetzt worden. Rasch kam er zu dem Schluss, dass ein solches Auto die Karriere eines immer noch jungen Rennfahrers beschleunigen könne. Ein Wagen mit einem 7-Liter-Motor, der 100 PS produziert und eine Höchstgeschwindigkeit von über 145 km/h erreicht, könnte ihm zu mehr Anerkennung und Ruhm verhelfen.

Ohne nennenswertes Barvermögen und nur mit seinem alten CMN 15/20 zum Eintauschen machte sich Enzo auf den Weg zum Hersteller, um sich den Isotta Fraschini 100/110 IM Corsa in *Cliente*-Konfiguration anzuschauen (»Cliente« stand für »Kundenfahrzeug«, es gab auch vom Hersteller eingesetzte »Werksrennwagen«). Der Wagen war wirklich kraftvoll, aber auch schon sieben Jahre alt (weil 1913 gebaut). Enzo wusste, dass viele Autobauer bald neue Rennwagen vorstellen würden und alle Vorkriegswagen damit obsolet sein würden. Sein Freund Guglielmo Carraroli unterstützte ihn finanziell[38], denn er wollte Enzos Rennmechaniker werden. Enzo setzte seinen ganzen Charme ein und nach einigen Verhandlungen hatte er den IF-Mitarbeiter davon überzeugt, dass dieses Auto bald keinen potenziellen Käufer mehr finden würde, sodass sie im Wesentlichen ihre Autos tauschten.[39]

Für Enzo war es ein großer persönlicher Sieg. Natürlich darf man nicht vergessen, dass die Beziehung zwischen Isotta Fraschini und CMN schon lange eng war und dass Enzo für IF-Führungskräften, mit denen er verhandelte, kein Unbekannter war.

Nachdem er ohne den Segen seiner Mutter das neue Auto gekauft hatte (sie hielt ihm dies im Laufe ihres langen Lebens immer wieder vor)[40], konnte er gerade noch die 150 Lire Startgebühr für das am 30. Mai stattfindende Bergrennen *Parma – Poggio di Berceto* zusammenbringen, mit dem er die Saison 1920 beginnen wollte. Neben einem neuen Wagen hatte Enzo mit Carraroli auch einen neuen Rennmechaniker, dem sogar das halbe Auto gehörte.[41]

Giuseppe Campari gewann das Rennen mit vier Sekunden Vorsprung vor dem Grafen Giulio Masetti. Enzo war 2 Minuten und 21 Sekunden langsamer als Campari, aber immerhin zehn Minuten schneller als ein Jahr zuvor. Er fuhr die drittschnellste Zeit des Tages und die zweitschnellste in seiner Klasse.[42] Es war seine erste Podiumsplatzierung. Am Steuer eines konkurrenzfähigen Autos und trotz Problemen mit den Reifen im zweiten Abschnitt des Rennens hatte Enzo gezeigt, dass er zu den Spitzenfahrern gehören konnte.

Seltsamerweise war Enzo nach dem Rennen der Einzige, der mit seiner Leistung nicht zufrieden war. Vielleicht spürte er, dass er besser hätte sein können, stieg aus dem Auto und weinte.[43] Natürlich war die Presse vor allem von Camparis erstem Platz angetan, doch auch Enzos dritter Platz wurde aufmerksam zur Kenntnis genommen: »Tapfer und unglücklich« sei er gewesen, stand am folgenden Tag in der Zeitung.[44]

Nach dem Abklingen der Emotionen war auch Enzo von seiner großartigen Leistung elektrisiert und meldete sich für das nächste Rennen auf dem *Circuito del Mugello,* das für den 13. Juni angesetzt war. Die Nenngebühr war enorm, aber ein Teil der 500 Lire sollte einem guten Zweck dienen – einen Fond für den Wiederaufbau der Dörfer im Mugello, die im Jahr zuvor unter einem schweren Erdbeben gelitten hatten. Auch das hohe Preisgeld von 50.000 Lire, das unter den vier besten Fahrern aufgeteilt werden sollte, lockte.[45]

Es sollte nach 1914 das zweite Rennen vor den Toren Florenz' werden, allerdings in einem anderen Format. Die Renndistanz betrug fast 320 Kilometer und es wurden vier jeweils 64 Kilometer lange Runden gefahren. Nach seinem Rennen bei Parma gehörte Enzo zu den Favoriten. Nach Angaben der Presse war er einer von fünf Fahrern, die für den großen Preis infrage kamen. Die anderen vier waren Giuseppe Campari, Guido Meregalli, Gastone Brilli-Peri und ein gewisser Osella.[46]

Der erste Fahrer startete um 7:04 Uhr, Ascari fuhr um 7:29 Uhr los, Brilli-Peri um 7:56 Uhr und Enzo um 8:02 Uhr. Von den 30 angemeldeten Fahrern waren 24 am Start angetreten. Nur fünf beendeten das Rennen. Die schwierige Strecke hatte ihren Tribut gefordert. Die meisten Fahrer waren mit technischen Problemen liegen geblieben. Es gab aber auch mehrere Unfälle, so mussten Ascari und sein Mechaniker ins Krankenhaus gebracht werden.[47]

Mit seinem Freund Guglielmo Carraroli an seiner Seite fuhr Enzo ein »wunderschönes und sehr ruhiges« Rennen, aber auch er schaffte es nicht bis ins Ziel. Am Ende der vierten Runde lag er an dritter Position, aber eine durchgebrannte Sicherung sorgte dafür, dass sein letzter Angriff auf Masetti und Campari nicht stattfinden konnte. Seine erste Reaktion war Wut und Frustration und ihm stiegen wieder die Tränen in die Augen.[48] Dann nutzte der die Gelegenheit, stellte sein Auto an den Straßenrand und sah sich den Rest des Rennens an, dabei diskutierte er freundlich mit anderen Zuschauern, die sich um ihn geschart hatte.[49] Weil der Führende Masetti mit einem geplatzten Reifen von der Strecke abkam, wurde erneut Campari zum Sieger erklärt.[50]

Bereits eine Woche später war in der Toskana ein weiteres Rennen angesetzt und Enzo blieb gleich in der Gegend, um sich besser darauf vorbereiten zu können. Die Coppa della Consuma war eine der ältesten Rennveranstaltungen Italiens und mit einer Streckenlänge von nur 16 Kilometer auch eine der kürzesten.

Als Enzo am Sonntag, dem 20. Juni, an den Start ging, hatte bereits Regen eingesetzt. Wie schon vor einer Woche war Graf Masetti beeindruckend schnell – so schnell, dass er den 1904 von Vincenzo Lancia aufgestellten Streckenrekord einstellte. Doch während er bereits als Sieger bejubelt wurde, konnte ihn Marquis

Niccolini um vier Sekunden unterbieten. Jetzt hätten nur noch Campari und Enzo Niccolini den Sieg nehmen können. Doch während Regen auf den letzten Kilometern Campari einen Strich durch die Rechnung machte, warteten im Ziel die Zuschauer und die Rennleitung vergeblich auf das Auftauchen von Enzo. Ein Reifenschaden hatte ihn am ersten Teil des Anstiegs zu einem Radwechsel gezwungen, anschließend musste er aufgrund eines Motorschadens das Rennen ganz aufgeben.[51]

Die ersten Rennen der Saison 1920 hatten Enzo zwei Lektionen gelehrt: Am Steuer eines ordentlichen Autos war er fast genauso schnell wie die Besten der Besten. Doch so leistungsfähig der Isotta Fraschini zweifellos war, so unzuverlässig war er auch. Enzo war inzwischen davon überzeugt, dass er eine Zukunft im Rennsport haben könnte, aber er würde auch nie vergessen: Auch der beste Fahrer hat keine Chance auf den Sieg, wenn er nicht am Steuer des besten Autos sitzt.

Und es dauerte nicht lange, bis Enzo Ferrari anerkannte, dass die derzeit besten Autos bei Alfa Romeo in Mailand hergestellt wurden.

KAPITEL 4

Erste Liebe

Dank des Erfolgs und des guten Rufs von Antonio Ascari und Giuseppe Campari erfreute sich Alfa Romeo im Sommer 1920 großer Beliebtheit bei gut situierten Amateurrennfahrern. Im August verabredete sich Enzo Ferrari, inzwischen zu den besten Amateuren zählend, mit dem Verkaufs- und Rennleiter von Alfa Romeo, Giorgio Rimini.[1]

Enzo wurde am Unternehmenssitz im Mailänder Vorort Portello herzlich empfangen. Rimini, der Enzos Potenzial erkannte und von dessen Entschlossenheit beeindruckt war, wollte ihm eine Chance geben und stellte ihn neben den beiden besten italienischen Profirennfahrern Antonio Ascari und Giuseppe Campari als dritten Werksfahrer ein.[2] Nach nur fünf Rennen und einem einzigen Podiumsplatz bot sich Enzo also eine Chance, die noch zwölf Monate zuvor völlig unmöglich schien.

Bei diesem ersten greifbaren Erfolg seiner Rennfahrerkarriere spielte Talent sicher auch eine Rolle, denn ansonsten hätte Rimini ihm einfach ein Auto verkauft, ihn aber nicht eingestellt. Die entscheidenden Faktoren waren jedoch Enzos Ausdauer, sein hartnäckiger Glaube an sich selbst und sein unstillbarer Durst nach Erfolg – nicht nur im Rennsport, sondern in seinem ganzen Leben.[3] All dies waren Qualitäten, die Enzo nie im Stich ließen und die ihn schließlich zu einem Automobilgiganten machen sollten.

Nach und nach brachte Enzo sein Leben in Ordnung. CMN war ein Sprungbrett gewesen. Weil er jetzt offizieller Alfa-Romeo-Rennfahrer war, gab er seinen alten Job jedoch ohne großes Bedauern auf. Die CMN-Vertretung, die er einige Zeit zuvor für seine Heimatregion Emilia-Romagna erhalten hatte, führte er jedoch weiter.

Und er hatte mehr im Sinn. In der Via Jacopo Barozzi 5, etwas außerhalb des mittelalterlichen Stadtzentrums von Modena, eröffnete Enzo im August desselben Jahres die *Carrozzeria Emilia* – sein erstes eigenes Unternehmen. Offensichtlich war die *Carrozzeria Emilia* lediglich ein CMN-Ausstellungsraum. Aber Enzos großer Plan war, daraus einen unabhängigen Karosseriebaubetrieb zu machen.

Neben dem Verkauf von CMN-Modellen sowie der Reparatur und Lackierung von Autos aller Marken plante er also (wie viele Betriebe seiner Zeit) Karosserien für jene Kunden anzubieten, die ihre Fahrgestelle, Motoren, Kühler und Armaturenbretter bei großen Fabriken kauften und dann einen Karosseriebauer mit der Fertigstellung des Wagens beauftragten.[4] Die Idee war natürlich nicht revolutionär, denn es war genau das, was die *Carrozzeria Italo Argentina* in Mailand mit den Fahrgestellen getan hatte, die Enzo persönlich aus Giovannonis Werkstatt in Turin angeliefert hatte. Doch es war eine Demonstration dafür, das Enzo schnell gelernt hatte und seinen Horizont erweitern wollte.

Enzo Ferrari war »Generaldirektor« der *Carrozzeria Emilia*. Um sie finanzieren zu können, hatte er das Haus in der Villa Santa Caterina sowie die Reste der väterlichen Schlosserei und seines Erbes verkaufen müssen.[5] Mit 37.500 Lire hielt er 75 Prozent des Firmenkapitals von 50.000 Lire – den Rest hatte Pietro Casalegno beigesteuert, den Enzo ein Jahr zuvor in Turin kennengelernt hatte.

Casalegno wurde »Chefkonstrukteur« und die *Carrozzeria Emilia E. Ferrari & C.* wurde am Sonntag, dem 1. August 1920, in Beisein des Rechtsanwalts Camillo Donati gegründet. Casalegnos Aufgabe war es, die Karosserien zu entwerfen und zu bauen, die zu den Fahrgestellen passten, welche die Kunden bei CMN oder anderen Herstellern gekauft hatten. Enzo übernahm den kommerziellen Bereich, die Werbung und die Verwaltung. Rechtlich war Enzo Ferrari für die *Carrozzeria Emilia* »uneingeschränkt verantwortlich«. Das Unternehmen wurde am 6. August registriert und der Vertrag sollte bis zum 31. Dezember 1926 laufen.[6] Nach weniger als zwei Jahren in der automobilen Welt war Enzo Ferrari der Meinung, er wüsste jetzt genug, um sein eigenes Unternehmen zu gründen. Dank seiner Rennsportaktivitäten – vor allem, seit er für Alfa Romeo fuhr – rechnete er damit, genügend Kontakte zu haben, um Kunden zu finden.

Seine Mutter war gegen diesen kühnen Schritt gewesen. Wie viele Menschen ihrer Zeit verstand sie das enorme Potenzial des Automobils noch nicht und hielt es für unsinnig, fast den gesamten Familienbesitz zu verkaufen, um die *Carrozzeria Emilia* zu gründen. Weil jedoch Enzo alles war, was ihr in ihrem Leben geblieben war, konnte sie nicht anders, als diese Entscheidung mitzutragen.

Enzos erster Einsatz für Alfa Romeo war die *Targa Florio*. Wieder wurden die Teilnehmer in Sizilien von Kälte und Regen empfangen. Unter dickem Schlamm versteckte spitze Steine stellten sich als große Gefahren für die 16 Teams und ihre Autos heraus. Beim Training kollidierte der Alfa Romeo von Campari mit einem solchen Stein, das Rad brach ab und verschwand in einer Schlucht.[7]

Am Renntag war das Wetter genauso schlecht wie in den Tagen zuvor, und Giuseppe Merosi hatte in weiser Voraussicht die drei Alfa Romeos mit Gazegittern und Schmutzfängern ausgestattet. Der erste Fahrer ging Punkt 7 Uhr auf die Strecke, die nächsten nach jeweils sechs Minuten. Campari startete um 7:06 Uhr als Zweiter, und Enzo, der einen Schal trug, den ihn seine Mutter als Glücksbringer mitgegeben hatte[8], war genau eine Stunde später dran.[9]

Bei seiner ersten Zielüberquerung wurde Enzo darüber informiert, dass er mit acht Minuten Rückstand hinter dem Führenden Airoldi (im Itala) an fünfter Stelle lag. Er hatte eine Sekunde Vorsprung vor seinem Teamkollegen Campari, der die gesamte Runde Probleme mit dem Motor hatte, weil Wasser an den Zündkerzen dafür sorgte, dass er zeitweise nur auf drei Zylindern lief.[10] Später stellte sich heraus, dass Enzo von seiner Mannschaft falsch informiert worden war: Obwohl er mehr als acht Minuten hinter dem Führenden zurücklag, war er tatsächlich Zweiter und nicht Fünfter.[11]

Das Wetter verschlechterte sich weiter und die Strecke wurde immer schlammiger. Nach wenigen Kilometern in der zweiten Runde musste Campari aufgeben und Enzo blieb die letzte Hoffnung für Alfa Romeo. Trotz aller Umstände fuhr er mit der zweitschnellsten Zeit des Tages eine hervorragende zweite Runde und sicherte sich hinter dem neuen Führenden Meregalli im Nazzaro den zweiten Platz.[12] Zwar begann sich die Sonne am Anfang der dritten Runde zu zeigen und die Strecke teilweise zu trocknen, doch nach 225 Kilometer im Regen waren die meisten Fahrer erschöpft. Meregalli war zwei Minuten langsamer als in der zweiten Runde und Enzo verlor sogar drei Minuten. Am Anfang der vierten und letzten Runde lag Enzo elf Minuten und 26 Sekunden hinter Meregalli.

Auf halber Strecke wurde Meregalli plötzlich deutlich langsamer. Die Herausforderungen hatten ihr Tribut gefordert und völlig übermüdet kämpfte er darum, sein Fahrzeug auf der Straße zu halten.[13] Enzo spürte, dass der Führende Probleme hatte, und er wusste trotz seiner eigenen Müdigkeit, dass der Moment gekommen war, um alles zu geben. Mit »unerhörtem Tempo«[14] schaffte er es gekonnt, Meregallis Vorsprung um sieben Minuten zu verringern. Trotz der schnellsten Runde reichte es am Ende nur für den zweiten Platz.[15]

Obwohl das Ergebnis für einen 22-Jährigen in einem neuen Auto hervorragend war, wäre es vielleicht noch besser ausgefallen, wenn Enzo am Ende der ersten Runde erfahren hätte, dass er tatsächlich an zweiter und nicht an fünfter Stelle liegt. Dann hätte er seinen Angriff auf Meregalli wahrscheinlich früher und mit besseren Chancen gestartet.[16] Das Gefühl, eine große Chance knapp verpasst zu haben, für die er nicht direkt verantwortlich war, frustrierte Enzo so sehr, dass er weinte »wie ein Kind« und etwas vorlaut schwor, er würde »nie wieder ein Rennen fahren«.[17]

Einem Reporter gegenüber berichtete Enzo nach dem Rennen von »Tieren und Bäumen und großen Steinen, die auf der Strecke verstreut waren«, sodass er Tempo rausnehmen musste. Etwas hämisch teilte derselbe Reporter seinen Lesern mit, dass Enzo wohl eher durch Camparis rücksichtsloses Fahren geschädigt worden sei als durch die Hindernisse vor seinem Auto. Weil Campari trotz beschädigtem Auto das Rennen nicht aufgegeben habe, schrieb der Journalist, habe Campari nur Meregallis Spiel mitgespielt und Enzos Chancen, ihn einzuholen, zunichtegemacht.[18]

Am Abend war Enzos Wut verflogen. Geschmeichelt von den Reportern, beglückwünscht vom Alfa-Romeo-Teamchef, bejubelt von den Zuschauern und erfreut über die 12.000 Lire Preisgeld für den zweiten Platz wurde ihm das Ausmaß seiner Leistung doch noch bewusst – und sein Versprechen, nie wieder Rennen zu fahren, war fast vergessen.[19]

Enzo kehrte nicht nur mit dem beträchtlichen Preisgeld von Sizilien zurück, sondern auch mit etwas Wertvollerem: dem ersten Keim einer lang anhaltenden Freundschaft mit seinem Teamkollegen Giuseppe Campari. Dieser großzügige und talentierte Mann, der sich nie richtig entscheiden konnte, ob er lieber Profirennfahrer oder Operntenor werden sollte, spielte bald eine wichtige Rolle bei Enzos Aufstieg in der Automobilfirma Alfa Romeo. Enzo seinerseits revanchierte sich mit bedingungsloser Zuneigung und unerschütterlicher Bewunderung für den Champion.

Die *Targa Florio* war das letzte wichtige Rennen der Saison. Dennoch meldete Alfa Romeo seine Werksfahrer für die am 14. November in Gallarate stattfindende Geschwindigkeitsprüfung *Chilometro Lanciato* an. Campari startete in der »Rennwagen«-Klasse, Antonio Ascari und Enzo sollten in der »Serienwagen«-Kategorie antreten.[20]

Enzo fuhr die schnellste Zeit seiner Klasse. Mit einer Geschwindigkeit von 120 km/h war er schneller als Ascari, der am Steuer eines nagelneuen Typs 20-30 ES Sport saß, der erst 1921 in den Verkauf gehen sollte. Obwohl es eine eher unkonventionelle Veranstaltung war, konnte Enzo seinen ersten Klassensieg verbuchen. Die junge Zweitbesetzung lernte schnell.

Auch Campari siegte in seiner Klasse, doch es war Andrea Sivani, der am Steuer eines V12-Packard mit einer beachtlichen Geschwindigkeit von 158 km/h das Rennen gewann. Enzo war von dem Siegerauto – und vor allem von dessen Zwölfzylindermotor – schwer beeindruckt. Er hatte schon während des Kriegs US-Offiziere mit »Twin-Six«-Packards herumfahren sehen und war neugierig auf deren V12-Motor geworden. Nun war aus seiner Neugier ein ernsthaftes Interesse geworden, das bald zu einer ungeahnten Besessenheit werden sollte.[21]

Bei der *Targa Florio* war er Campari das erste Mal begegnet, in Gallarate sollte er einen anderen Giganten des Motorsports besser kennenlernen: Antonio Ascari. Ihre Freundschaft begann etwas holprig, als Enzo auf der nachmittäglichen Rückfahrt nach Mailand im dichten Nebel auf Ascaris Wagen auffuhr, weil dieser an einem Bahnübergang anhielt. Beide Männer fuhren wie damals üblich mit ihren Rennwagen zurück. Vielleicht verärgert, weil Enzo beim *Chilometro Lanciato* schneller gewesen war, wurde Ascari gegenüber seinem jungen und peinlich berührten Teamkollegen sichtlich und lautstark gereizt.[22] Doch glücklicherweise war der kleine Unfall bald vergessen und zwischen Ferrari und Ascari entwickelte sich eine aufrichtige Freundschaft.

⌘ ⌘ ⌘

Am 18. Februar 1921 wurde Enzo Ferrari 23 Jahre alt.

In etwas mehr als zwei Jahren hatte er sein Leben in eine Richtung gelenkt, von der er seit seiner Kindheit geträumt hatte. Mit der Gründung der *Carrozzeria Italo Argentina* besaß er eine Firma, mit der er an den wirtschaftlichen Erfolg seines Vaters anzuknüpfen hoffte. Dank Giorgio Rimini hatte er seinen Jugendtraum verwirklicht, Rennfahrer zu werden – und zwar ein guter, wie sein zweiter Platz bei der *Targa Florio* bewies. Hinzu kam, dass er nun mit Helden wie Ascari und Campari zusammenarbeitete, um alle Geheimnisse dieser Branche zu ergründen.

Am 8. Mai 1921 starte er zum dritten Mal in Folge beim Bergrennen *Parma – Poggio di Berceto*. Während Campari den modifizierten Alfa Romeo Grand Prix von 1914 fuhr, wurden

Ascari, Sivocci und Enzo mit den aktuellen Typen 20-30 ES Sport betraut. Für Enzo war der direkte Vergleich mit drei identischen Autos auf dieser ihm bekannten Strecke eine große Chance, der Alfa-Romeo-Leitung seine Fähigkeiten zu beweisen. Doch während Ascari und Sivocci ihre Klasse dominierten und Campari Gesamtzweiter wurde, endete Enzos Fahrt auf halber Strecke in Fornovo, weil sein Auto liegen geblieben war.[23]

Nach drei Wochen trat Enzo erneut bei der *Targa Florio* an. Das schlechte Herbstwetter bei den Rennen der letzten zwei Jahre hatte Vincenco Florio davon überzeugt, das Rennen wie bereits vor dem Krieg besser im Frühjahr durchzuführen.

Campari kämpfte erneut mit dem Grand Prix (1914) um den Gesamtsieg, während Enzo und Sivocci versuchten, mit ihren 20-30 ES Sport die 4,5-Liter-Klasse zu gewinnen.[24]

Das Rennen gewann Giulio Masetti im Fiat, gefolgt von Max Seiler im Mercedes und trotz einer fantastischen vierten Runde errang Campari nur den dritten Gesamtplatz. Wirklich gute Erfolge für Alfa Romeo erzielten jedoch Sivocci und Enzo, die in ihrer Klasse die Plätze eins und zwei belegten und in der Gesamtwertung Vierter und Fünfter wurden – und damit nach drei Rennwagen die ersten Serienfahrzeuge über die Ziellinie brachten.

Mit seinen soliden Leistungen war Enzo inzwischen fast schon ein Rennveteran. Nach einer nicht besonders brillanten ersten Runde unterbot er im zweiten Durchgang seine Rundenzeit deutlich. In der dritten Runde fuhr er die drittschnellste Zeit des Rennens und rückte auf den vierten Gesamtplatz vor. Nachdem eine Reifenpanne Sivocci zu einem Radwechsel gezwungen hatte, war Enzo Gesamtdritter und Erster seiner Klasse. Als die beiden Alfas nach über 320 Kilometer letztmalig der Startlinie in Cerda überquerten, lagen sie ganze sechs Sekunden auseinander.

In der letzten Runde konnte Sivocci dank Erfahrung und vielleicht auch schierem Können die verlorene Zeit wieder aufholen und Enzo, der seinen bisherigen Rundenrekord um weitere 24 Sekunden unterbot, dennoch mehr als zwei Minuten hinter sich lassen. Enzo hatte nichts zu bereuen und obwohl sich Sivocci deutlich durchgesetzt hatte, war Enzo fast genauso brillant und zuverlässig wie sein erfahrener Teamkollege gewesen.

Für den 23-jährigen Enzo schien alles gut zu laufen. Er war nicht nur bei Alfa Romeo sehr geschätzt, sondern stieg auch in der Riege der Nachkriegsrennfahrer rasch auf. Zu guter Letzt war er auch noch verliebt.

Ab dem Sommer 1921 sah man fast ständig eine junge und attraktive Blondine an seiner Seite. Laura Domenica Garello und Enzo hatten sich bereits kurz nach seiner Ankunft Anfang 1918 in Turin kennengelernt, nachdem er ihr eines Abends bei einem Spaziergang unter den Arkaden in der Nähe des Bahnhofs Porta Nuova begegnet war.

Sie war »ein schönes Mädchen – blond, elegant, lebhaft, zierlich«,[25] so schrieb Ferrari später in seiner Autobiografie. Und sie hatte zauberhafte Augen.[26] Weil er sich nach etwas Wärme und Gesellschaft sehnte, fühlte Enzo sich sofort zu der jungen Frau hingezogen. Ihre Beziehung litt jedoch zunächst am Widerstand von Lauras Eltern und dann an Enzos Umzug nach Mailand, wo er die Stelle bei CMN angenommen hatte.[27] Aber die Liebe hielt und im Sommer 1921 zog Laura zu Enzo in dessen kleine Wohnung in Modena.[28]

Das junge, unverheiratete Paar lernte bald, mit den subtilen Vorurteilen einer Kleinstadt und vor allem mit dem offenen Widerstand von Enzos Mutter zurechtzukommen. Die von Natur aus überfürsorgliche Adalgisa reagierte äußerst eifersüchtig auf die Freundin ihres Sohns. Diese Eifersucht führte rasch zu täglichen und manchmal heftigen Auseinandersetzungen zwischen den beiden Frauen, in deren Mittelpunkt Enzo stand, der nicht in der Lage war, Partei zu ergreifen – oder es einfach nicht wollte. Er befand sich wohl noch in jener kompromisslosen Phase seines Lebens, in der man glaubt, die Liebe könne jedes Hindernis überwinden.[29] Zudem gab es in Modena noch andere, die Laura als das schönste Mädchen der Stadt ansahen.[30]

Vielleicht auch um möglichst weit weg von Adalgisa zu sein, begann Laura, Enzo überallhin zu begleiten. Mitte Juli fuhr sie mit ihm nach Mugello, wo Alfa Romeo im Vorfeld des Rennens am 24. Juli ein paar Trainingstage angesetzt hatte. In der Gesellschaft seiner hübschen 21-jährigen Freundin waren dies glückliche Tage für Enzo – vielleicht die glücklichsten seines ganzen Lebens.

Weil Ascari in der letzten Runde ausschied und auch Sivocci aufgeben musste, belegten Campari und Enzo in Mugello die ersten zwei Plätze. In der Presse wurden seine Leistung und »sein großartiges konstantes Tempo« gelobt.[31]

Enzo gewann auch den *Targa Masetti*-Pokal, der traditionell an den besten Fahrer in der Kategorie Serienfahrzeuge ging.[32] Für Enzo war dies ein großer persönlicher Erfolg. Für Alfa Romeo, die mit Campari auch den Grand Prix gewonnen hatten, war es eine besondere Ehre, mit der die Dominanz des Rennens besiegelt wurde.

Die Unrentabilität der *Carrozzeria Italo Argentina* war jedoch ein Problem, das eine ansonsten perfekte Zeit für Enzo eintrübte, denn er lernte auf die harte Tour, dass Karosseriebauer nicht improvisieren konnten. Mangels eines Geschäftsplans hatte er seinen Teilhaber Pietro Casalegno die technischen Aspekte der Firma übertragen. Weil seine Rennaktivitäten und Reisen ihn immer wieder für Tage aus Modena wegführten, war klar, dass Enzo nicht die Zeit und Aufmerksamkeit hatte, um dieses komplexe Geschäft zu leiten.

Der Sommer 1921 war heiß. Mit dem Blick auf die Rennwoche von Brescia im September fuhr Enzo Anfang August nach Mailand, um den neuen Alfa Romeo 20-30 ES entgegenzunehmen, den er beim *Coppa delle Alpi* einsetzen wollte.[33]

Bei diesem ziemlich ungewöhnlichen Wettbewerb wurde an neun Tagen in fünf Etappen von Turin nach Mailand gefahren – natürlich nicht über den kürzesten Weg (ca. 140 km), sondern über mehr als 2.300 Kilometer durch die gesamten italienischen Alpen. Derjenige Fahrer, der über die gesamte Strecke dem vorgegebenen Durchschnittstempo von 48 km/h am nächsten kam, sollte der Sieger sein.[34]

24 Fahrer starteten am frühen Morgen des 7. Augusts am Turiner Stadion. Für Enzo wurde um 6:05 Uhr die Startflagge geschwenkt. An den folgenden neun Tagen lenkte er seinen Alfa Romeo 20-30 ES über die schönsten Passstraßen des Piemont und der Lombardei.

Am Ende war er einer von sieben Fahrern, die überhaupt in Mailand ankamen. Wer den geforderten 48 km/h Durchschnittstempo am nächsten kam, musste durch ein kompliziertes Regelwerk, das die Endergebnisse der fünf Etappen plus mögliche Strafpunkte durch die Fahrer auf der Strecke plus Bonuspunkte für weniger leistungsstarke Autos beinhaltete, ermittelt werden. Enzo wurde zunächst Sechster. Allerdings verweigerte Max Sailer eine genaue Untersuchung seines Mercedes und wurde disqualifiziert, sodass Enzo am Ende den fünften Platz belegte.[35]

Die Zeitungen waren erneut von Enzos Fähigkeiten beeindruckt, doch notierten einige böswillige Journalisten, dass der »sehr junge Fahrer aus Modena manchmal in seiner Fahrweise zu ungeduldig« sei.[36]

Zwei Wochen später erreichte Enzo beim Bergrennen *Aosta – Gran San Bernardo* erneut den fünften Gesamtplatz und wurde Sieger in seiner Klasse. So ereignislos das Rennen an diesem letzten Augustsonntag für ihn in sportlicher Hinsicht war, so wichtig war sein Zusammentreffen mit einem jungen Debütanten aus Turin, der 30 Jahre später eine wichtige Rolle in Enzos Entwicklung zur Autolegende spielen sollte. Sein Name war Battista »Pinin« Farina. Wie Enzo wollte er sich einen Namen als Rennfahrer machen – und genau wie Enzo sollte seine gigantische Rolle in der Automobilwelt nicht aus eigenen sportlichen Erfolgen herrühren.[37]

Am 4. September sollte in Brescia der erste Grand Prix von Italien stattfinden. Weil sie keinen der Alfa Romeos für das Rennen qualifizieren konnten, mussten die Werksfahrer auf den Tribünen Platz nehmen. Allerdings sollten Enzo und seine Kollegen in Brescia bei zwei anderen Veranstaltungen nach dem Grand Prix teilnehmen. Die erste war die Geschwindigkeitsprüfung *Chilometro Lanciato,* deren Qualifikationsrunde für das *Gran Premio Gentlemen*-Rennen direkt nach dem Rennen am Sonntag stattfinden sollte. Das eigentliche Rennen war für Mittwochmorgen, den 7. September, auf einer eine Meile (1,6 km) langen unbefestigten Geraden nahe dem Dorfe Montichiari außerhalb von Brescia angesetzt.

Enzo fuhr gut. Er wurde Fünfter in der Gesamtwertung und Vierter in seiner Klasse – und der beste Alfa-Fahrer.[38]

Weil er die Möglichkeiten spürte, hatte sich Enzo entschieden, in den wenigen Tagen vor dem Rennen besonders hart zu trainieren. Doch als er am Freitagmorgen mit hohem Tempo eine scheinbar staubtrockene Straße entlangraste, trottete plötzlich eine entlaufene Kuhherde über die Strecke. Enzo berechnete kühl die Situation, bremste hart und schaltete die Gänge herunter. Er reduzierte das Tempo seines Alfa Romeo drastisch, konnte den Wagen dabei jedoch nicht auf der Straße halten. Das Auto rutschte in einen Graben und kippte zur Seite, dabei wurden Enzo und sein Mechaniker Fugazza herausgeschleudert. Erstaunlicherweise kamen beide mit kleinen Schrammen davon. Das Fahrzeug sah jedoch ganz anders aus: Teile davon lagen im großen Umkreis auf die Straße und im Graben herum. Wieder auf den Beinen und glücklich, am Leben geblieben zu sein, war Enzo sofort klar, dass kein Mechaniker in der Lage sein würde, das Auto bis Sonntag wieder startklar zu bekommen.[39]

Alles, was er tun konnte, war, gegen die gefährlichen Umstände zu demonstrieren, unter denen man die Fahrer trainieren ließ. Also suchte er umgehend den Rennorganisator Arturo Mercanti auf. Enzo war dermaßen außer sich, dass er mit Schimpfworten nicht sparsam umging. Der verbale Angriff war so heftig, dass er nicht nur offiziell von diesem Rennen ausgeschlossen wurde, sondern lebenslang für alle Autorennen Italiens gesperrt wurde. Es erforderte schließlich der persönlichen Intervention des Präsidenten des italienischen Automobilclubs, diesen Bann wieder rückgängig zu machen.[40]

Trotz allem wurde Enzo kurz darauf zu einem von vier offiziellen Alfa-Romeo-Werksfahrern für die Saison 1922 ernannt – neben Ascari, Campari und Sivocci. Obwohl er wahrscheinlich der am wenigsten talentierte dieser vier Fahrer war, machte die Presse keine Unterscheidung und berichtete vom »formidablen Quartett«. Für seinen Teil hatte Enzo inzwischen ein unbescheidenes Vertrauen in seine Qualitäten entwickelt und betrachtete sich nach zwei Saisons ganz unprätentiös als Spitzenrennfahrer.[41]

KAPITEL 5

Laura

Auch wenn ihn seine Rennkarriere ein Stück weit in die richtige Richtung gelenkt hatte, konnte dies von Enzos Liebesleben nicht gerade behauptet werden. Lauras Ankunft in Modena hatte nicht für die Gelassenheit gesorgt, die sich das Paar gewünscht hatte. Die täglichen Auseinandersetzungen mit Adalgisa hatten die junge Frau bald erschöpft und dafür gesorgt, dass sie ihren Verlobten auf allen Reisen begleitete. Im Herbst geriet Laura jedoch enorm unter Druck und erlitt einen akuten Nervenzusammenbruch.

Als Erstes empfahl ihr der Arzt, sich möglichst weit von Modena und Enzos Mutter zu entfernen, also begab sich Laura zur Erholung nach Santa Margherita Ligure an der italienischen Riviera. Hier erhielt sie fast täglich lange und nachdenkliche Briefe von Enzo (mit schwarzer Tinte geschrieben – seine charakteristische violette Tinte sollte er erst später benutzen), in denen er ihr immer wieder empfahl, absolute Ruhe zu bewahren. Um sie zu beruhigen, sprach er ab Anfang Dezember sogar von einer zukünftigen Hochzeit.[1]

War vielleicht nicht die gestörte Beziehung zu Adalgisa, sondern die noch nicht vollzogene Hochzeit der Grund für Lauras Depressionen? Oder war das Versprechen einer Hochzeit nur eine Ermutigung zur Heilung – eine Art Licht am Ende des Tunnels?

Trotz ihrer schweren Depression und der Sorgen, die sie ihm bereitete, mochte Enzo Laura wirklich gern. In seinen Briefen an sie – fein säuberlich geschrieben, reich an Anekdoten, liebevollen Gedanken und Worten der Hoffnung – war er immer liebevoll.

Das Gleiche konnte man von Laura nicht behaupten, die ihm viel seltener und deutlich kürzere Briefe schrieb – und sich darin vor allem darüber beklagte, dass seine Briefe so lange bräuchten, um sie an der Riviera zu erreichen. Hinzu kam, dass ihre Briefe oft in einem negativen und manchmal sogar aggressiven Ton gehalten waren.

Lauras wirkliche Krankheit war die Eifersucht. Sie wurde vom Misstrauen verzehrt – und dafür gab es weder Medizin noch Heilung. Natürlich betrog Enzo sie – mit seinen Autos und seinem vollen Einsatz für das, was er zu diesem Zeitpunkt als seine Lebensaufgabe ansah. Frauen gehörten zu diesem Zeitpunkt einfach noch nicht primär dazu. Was Laura nicht verstand, war die komplette – *totale*, um ein bald von Enzo häufig verwendetes Wort zu gebrauchen – Hingabe, die er für Sportwagen hegte.[2]

Auf jeden Fall verbrachte das Paar die Weihnachtsfeiertage getrennt – er in Modena bei seiner Mutter, sie im Hotel Elena in Santa Margherita Ligure.

Im kalten, nebeligen Modena steckte Enzo weiterhin all seine Energie, die ihm seine stressige Fernbeziehung mit Laura ließ, in die komplexe Verwaltung der *Carrozzeria Emilia*. Obwohl Aufträge eingingen, war deren Situation nicht so gut, wie Enzo es sich wünschte.

⌘ ⌘ ⌘

Die am 2. April angesetzte 13. *Targa Florio* war das erste Rennen der Saison 1922 und strahlte ein außerordentlich internationales Flair aus: 48 Fahrer und Autos von zwölf Herstellern aus vier Ländern – Frankreich, Deutschland, Österreich und Italien – waren gemeldet.[3] Bei Alfa Romeo hatte man zunächst geplant, Enzo einen der neuen Typen RL mit Dreiliter-Sechszylinder-Motor anzuvertrauen, die hier debütieren sollten.[4] Am

Ende schickten sie allerdings nur einen RL für Augusto Tarabusi nach Sizilien, während Enzo zusammen mit seinen Teamkollegen Ascari, Sivocci, Clerici sowie Maria Antonietta Avanzo die alten, aber zuverlässigen 4,5-Liter-Typen 20-30 ES fahren sollten.[5]

Das Rennen wurde für das gesamte Team zur Enttäuschung. Enzo kam nie richtig in Fahrt und wurde am Ende weit abgeschlagen hinter dem von Giulio Masetti privat eingesetzten Mercedes Sechzehnter der Gesamtwertung. Immerhin belegten Ascari, Sivocci und er die Plätze eins bis drei ihrer Klasse. Am Ende des Rennens wurden sie mit dem *Coppa Biglia* für das beste Gesamtteam ausgezeichnet, doch die Trophäe trug nur wenig zur Verbesserung der Stimmung bei. Für Alfa Romeo war die *Targa Florio* 1922 ein totales Debakel.[6]

Auf der Mailänder Messe Mitte April hatte Enzo einen Stand für die *Carrozzeria Emilia* angemeldet. Es war das erste Mal, dass er als unabhängiger Karosseriebauer in die Öffentlichkeit ging. Die Lokalpresse von Modena bezeichnete sein Produkt als »ein Meisterstück«. Der zuständige Journalist schrieb: »Die diskrete und elegante Karosserie, die edle Verarbeitung aller Details, der raffinierte Einsatz von Klappsitzen [verbinden] zwei Qualitäten: Eleganz und Zweckmäßigkeit.«[7]

Enzo legte den Zeitungsausschnitt einem Brief an Laura vom 25. April bei. Stets besorgt um das Schicksal der *Carrozzeria Emilia*, deren wirtschaftliche Erfolge leider nicht der Beschreibung im Artikel entsprach, wollte Enzo im Lob und der Begeisterung des Journalisten ein ermutigendes Zeichen sehen. Doch sein Brief an Laura enthielt auch wieder Sorgen um die Gesundheit der jungen Frau. Laura würde nach ihrem langen Aufenthalt an der Riviera viel Aufmerksamkeit benötigen.

Anfang Mai kam Laura nach Modena zurück. Sie suchte einen Arzt auf und ging dann in die Berge. Die Heilung war sehr langwierig, vielleicht würde sie auch niemals enden.

Der Juni brachte weder Alfa Romeo noch Enzo mehr Glück.

Mitte Juli erhielt Enzo die Nachricht, dass sein Freund Biagio Nazzaro beim Großen Preis von Frankreich in Straßburg tödlich verunglückt war. Diese Nachricht war aus verschiedenen Gründen beunruhigend. Biagio war einer der Stammgäste in der Bar an der Porta Nuova in Turin gewesen, wo Enzo in den ersten Nachkriegsmonaten viele Abende verbracht hatte, und die beiden waren seitdem gute Freunde geworden.

Noch beunruhigender als der Tod eines Freundes war, dass Enzo drei Monate vorher irgendwie gespürt hatte, dass Biagios Tod unmittelbar bevorstand. Er hatte ihm bei der *Targa Florio* aus seinem umgekippten Auto herausgeholfen und dabei die klare Vorstellung, dass sein Freund an diesem Tag dem Tod entkommen war, dieser ihn aber bald holen würde – und nur drei Monate später war es tatsächlich geschehen.[8]

Der gesamte Sommer 1922 sollte für Alfa Romeo und Enzo Ferrari eine schwierige Zeit werden – während der Autobauer offensichtlich nicht in der Lage war, die Lücke zu Fiat und Mercedes zu schließen, blieb Enzo tief berührt von Nazzaros Tod.

Für zusätzliche Spannung sorgte Lauras niemals endende negative Einstellung und ihr irritierendes Misstrauen sowie ihre alles zerfressende Eifersucht.[9] Die prekäre Lage der *Carrozzeria Emilia* kam erschwerend hinzu. Die schwere Wirtschaftskrise in Italien richtete das kleine Unternehmen nach und nach zugrunde. Als Realist kam Enzo zwangsläufig zu dem Schluss, dass er seinem Freund, dem Anwalt Camillo Donati, den Auftrag erteilen musste, die Firma nötigenfalls zu liquidieren.

Dennoch blieb Enzo Optimist – vielleicht nicht hinsichtlich der Zukunft seines Karosseriebetriebs, aber in Bezug auf sein Berufsleben im Allgemeinen. An Laura schrieb er: »Wir werden da irgendwie herauskommen.«[10] Obwohl weiterhin von Nazzaros Tod erschüttert, entschied Enzo, am letzten Sonntag im Juli am Bergrennen *Aosta – Gran San Bernardo* teilzunehmen. In seiner Anmeldung an die Organisation hatte er jedoch nicht angegeben, mit welcher Automarke er starten wollte – seltsam, denn in den letzten zwei Jahren war er ausschließlich mit Alfa Romeos gefahren.[11]

Die Gerüchte und Vermutungen, zu denen dies führte, erwiesen sich als nicht ganz unbegründet. Während die Presse über seine nächsten Schritte spekulierte, arbeitete Enzo in Modena an der Abstimmung eines Autos, das von der kleinen österreichischen Firma Steyr gebaut worden war. Eigentlich wollte Enzo den Steyr bereits am Sonntag zuvor beim Bergrennen *Susa – Monceniso* einsetzen, aber ein Ventilschaden zwang ihn, sein Debüt zu verschieben. Zunächst hatte er aufgrund des umfangreichen Problems befürchtet, das Auto zurückschicken zu müssen, doch dann hatte er Mitte Juli die erforderlichen Ersatzteile aus Oberösterreich bekommen, konnte den Motor reparieren und den Wagen rechtzeitig für das Rennen startklar machen. So saß Ferrari am Morgen des Renntags am Steuer des kleinen Steyr-Rennwagens an der Startlinie des Bergrennens *Aosta – Gran San Bernardo*.

Obwohl er erst 24 Jahre alt war, gehörte Enzo Ferrari bereits zu den besten Fahrern Italiens. Für einen kleinen österreichischen Hersteller, der den italienischen Markt erobern wollte, war seine überraschende Verpflichtung eine großartige Werbung. Indem er der Leitung von Alfa Romeo zeigte, dass auch andere Hersteller an ihm interessiert waren, konnte Enzo seinerseits die unmissverständliche Botschaft vermitteln, dass er trotz aller Hingabe und Dankbarkeit nicht umsonst zu haben war.

Das Rennen wurde für Enzo allerdings wieder einmal eine große Enttäuschung. Der Wagen hatte auf der gesamten Strecke so große technische Probleme, dass Enzo nie eine echte Chance bekam. Einen Tag später kommentierte er: »Mein Rennen lief nicht so gut. Zündkerzenprobleme haben mich wertvolle Minuten gekostet.« Er wurde Achter in der Gesamtwertung und immerhin Zweiter seiner Klasse. »Das ist in Ordnung«, sagte er etwas philosophisch. »Das Wichtigste ist, dass es mir gesundheitlich gut geht.«[12] Nach Lauras Nervenzusammenbruch, dem fehlenden Glück bei seinen Rennen und der möglichen Schließung der *Carrozzeria Emilia* war seine Gesundheit das Einzige, was ihn nicht im Stich gelassen hatte.

Unmittelbar nach seiner Rückkehr nach Modena traf sich Ferrari mit seinem Rechtsbeistand Donati, um das Schicksal der *Carrozzeria Emilia* zu besprechen. Donati war ein gewiefter Anwalt, der sein Geschäft verstand, und Ende August teilte er Enzo mit, dass er eine würdige Lösung habe, um die Existenz und das finanzielle Ausbluten der Firma zu beenden.[13] Tatsächlich wurde das Unternehmen liquidiert und gehörte damit zu den zahllosen kleinen Betrieben, die die Wirtschaftskrise im

Nachkriegsitalien nicht überleben sollten. Donati hatte Renzo Orlandi, den Besitzer einer anderen Karosseriewerkstatt in Modena, davon überzeugt, Teile der Werkzeuge und des Materials aus Enzos Firma zu übernehmen.

Im Spätsommer setzte Alfa Romeo wie im Vorjahr große Hoffnungen auf den Großen Preis von Italien, der erstmals auf dem *Autodromo Nazionale* bei Monza vor den Toren Mailands stattfinden sollte. Natürlich reiste auch Enzo am Rennwochenende nach Monza und am Sonntag, dem 10. September, stand er nur wenige Meter von den acht Autos der Startaufstellung entfernt auf der Tribüne.[14] Nach fast sechsstündiger Fahrt und 800 Kilometern Renndistanz sah Pietro Bordini im Fiat als Erster die Zielflagge.[15]

Das Jahr war fast vorüber. Hinsichtlich der Rennergebnisse war 1922 nicht annähernd so positiv wie das Vorjahr geworden, doch Enzo hatte sich für die erfahrensten Mitglieder des Alfa-Romeo-Teams einmal mehr als perfekter Kollege erwiesen und die Presse hatte keine Gelegenheit ausgelassen, seine rennfahrerischen Fähigkeiten zu preisen. Die Schließung der *Carrozzeria Emilia* warf zwar einen Schatten auf ein ansonsten positives Geschäftsjahr, doch so schmerzlich die drastische Maßnahme auch gewesen war, so notwendig war sie gewesen, um weitere Verluste zu stoppen und größere Konsequenzen zu vermeiden.

Die Rückschläge dieses Misserfolgs und die Beschämung über die Hilfe von seiner Mutter waren eine grundlegende Lektion im Leben von Enzo Ferrari. Wenn es stimmt, dass negative Erfahrungen oft lehrreicher sind als positive, dann liegt in dem unbestreitbaren Desaster seines ersten unternehmerischen Experiments (das er nie vergaß, auch wenn er stets vermied, es zu erwähnen) der Schlüssel zum zukünftigen Erfolg des Unternehmens, das er eines Tages gründen sollte.

In jenem Winter verbrachte Enzo so viel Zeit wie möglich an der Seite von Ingenieuren, Technikern und Mechanikern am Hauptsitz von Alfa Romeo in Mailand, denn er war immer neugierig und begeistert, mitzuhelfen und zu lernen. Er spürte die ersten Symptome dessen, was er als ein »fast zwanghaftes Verlangen, etwas für das Automobil zu tun, diese Kreatur, die ich leidenschaftlich liebe« bezeichnete.[16]

Auf diese Weise lernte er auch die Geschäftsführung des Unternehmens besser kennen, insbesondere Giorgio Rimini und den Chefkonstrukteur Giuseppe Merosi. Enzo wollte so viel wie möglich von diesen erfahrenen Männern lernen, um nicht noch einmal ein Fiasko wie mit der *Carrozzeria Emilia* zu erleben.

Weil Rimini seine unbändige Begeisterung spürte, setzte er Enzo für immer wichtigere Aufträge ein.[17] Egal um welche Aufgabe es sich handelte, Enzo war stets bereit, vor Ort zu sein und Dinge zu tun. Enzo war zudem begeistert von Riminis »Intelligenz und Charme«.[18] Während er Merosi für dessen technisches Gespür bewunderte, beobachtete er genau Riminis Tätigkeiten, denn er wollte alle Aspekte der facettenreichen Existenz eines Rennstalls kennenlernen.[19]

Seine häufigen Besuche und längeren Aufenthalte in Mailand ermöglichten es ihm auch, seine berühmten Teamkollegen besser kennenzulernen. Enzo war jetzt einer von ihnen und wurde in den exklusiven Club der Alfa-Romeo-Rennfahrer aufgenommen. Campari begann, ihn zu Abendessen und Partys einzuladen und ihn in die gehobene Gesellschaft einzuführen.[20]

Im Laufe der Zeit lernte Enzo aber auch Antonio Ascari besser kennen. Ascari war ein sehr viel disziplinierterer Mann, wenn es um sein gesellschaftliches Leben ging, zudem war er enorm großzügig. In seiner Gesellschaft durfte Enzo fast nie das Essen bezahlen. Auch wenn ihm dies vielleicht peinlich war, wird er es nach dem finanziellen Desaster mit der *Carrozzeria Emilia* sehr geschätzt haben.[21] Bald merkte Enzo, dass er sich trotz Camparis Charme mehr zu Ascari hingezogen fühlte, den er, wie alle anderen in der Branche, *Il Maestro* nannte.[22] Ascari besaß eine kleine Werkstatt in Mailand, war seit Kurzem Alfa-Romeo-Vertreter für die Region Lombardei und nutzte seine Erfolge im Motorsport, um den Absatz anzukurbeln. Er war zudem maßgeblich an den technischen Entscheidungen des Unternehmens beteiligt und hatte eine Schlüsselrolle bei der Entwicklung des Typs 20-30 ES Sport – Alfa Romeos erstem Nachkriegsrennwagen – gespielt.

Seine Freundschaft mit Antonio Ascari sollte eine der Säulen werden, auf denen Enzo nicht nur seine eigene Rennfahrerkarriere aufbaute, sondern sie machte auch vieles von dem aus, was er als Sportler – und als Mensch – werden sollte.[23] Fasziniert von Ascaris wichtiger Rolle bei Alfa Romeo distanzierte sich Enzo ungewollt, aber schicksalhaft, von seiner eigenen Zukunft als Rennfahrer.[24]

KAPITEL 6

Sieg!

Am Freitag, dem 13. April 1923 steckte Enzo beim Training zur *Targa Florio* (dem ersten Rennen der Saison) im neuen purpurroten Alfa-Romeo-Pullover[1] und er war der schnellste Fahrer des Teams. Seine verständliche Begeisterung über dieses großartige Ergebnis verflog allerdings nach einer unerwarteten und ungewöhnlichen Bemerkung von Antonio Ascari: »Die *Targa Florio*«, so der *Maestro*, »ist ein langes und schwieriges Rennen, bei dem die Geschwindigkeit nicht unbedingt der Schlüssel zum Sieg ist.«[2]

Für den von seiner persönlichen Leistung elektrisierten Enzo waren Ascaris Worte blanker Neid. Und weil ihn die Bemerkung ärgerte, nahm er den tatsächlich wertvollen Rat nicht zur Kenntnis. Am Sonntag startete Enzo sein Rennen mit großem Eifer. Er riskierte viel und fuhr in der ersten Runde die fünftschnellste Zeit. Doch dann wurde Enzo – wie von Ascari prophezeit – zum Opfer seines Tempos.

Im Bemühen, seine von Anfang an selbst vorgegebene Geschwindigkeit zu halten, stach Enzo in der zweiten Runde viel zu schnell in eine der ersten Kurven. Glücklicherweise befand er sich noch im unteren Teil der Strecke und sein Alfa Romeo landete in einem ausgetrockneten Graben – und nicht in einer tiefen

Schlucht, wie es nur wenige Kilometer später der Fall gewesen wäre. Enzo überstand den Unfall ohne einen Kratzer, aber das Auto war völlig zerstört – unmöglich, es wieder auf die Strecke zu bringen.

Er ging zurück ins Fahrerlager und verfluchte mehr sich selbst als sein Pech. Erst jetzt verstand er die wahre Bedeutung von Ascaris Worten. Neid hatte nichts damit zu tun. Ascaris Rat war uneigennützig und loyal gewesen. Es war Enzos Arroganz, die nach drei Jahren immer noch zu Anfängerfehlern führte. Er war wütend auf sich selbst. Durch sein unverantwortliches Verhalten hatte er die Chance vertan, ein Rennen zu gewinnen, in dem er sich stets achtbar geschlagen hatte.[3]

Im Fahrerlager gewann er seine Fassung zurück, setzte die Pilotenbrille ab und bot seinem Team an, als zusätzlicher Mechaniker einzuspringen. Großzügigkeit war eine Eigenschaft, die er im Überfluss besaß. Immer wenn ein Fahrer des Alfa-Romeo-Teams hereinkam, half Enzo persönlich beim Nachtanken.[4] Als Ascari weniger als 200 Meter vor dem Ziel mit abgestorbenem Motor stehen blieb, rannte Enzo instinktiv zu seinem Kollegen, um das Auto wieder anzuschieben.

Ferrari, Ascari, sein Rennmechaniker und ein weiterer Techniker, der Enzo gefolgt war, brauchten fünf Minuten, um den Alfa Romeo wieder zum Laufen zu kriegen. Trotz des Zeitverlusts blieb Ascari weiterhin Führender. Er sprang in sein Auto und fuhr die letzten 200 Meter bis zur Ziellinie.

Pech für Ascari war, dass im Eifer des Gefechts auch die beiden Mechaniker und Enzo auf den Wagen aufgesprungen waren, um an die Boxen zurückzukehren. Die Rennleitung warnte ihn, dass er disqualifiziert würde, wenn er den Zieleinlauf nicht noch einmal nur mit seinem Rennmechaniker an Bord wiederholen würde. Ascari wendete den Wagen und fuhr zu der Stelle zurück, an der er liegen geblieben war. Weil sein Mechaniker nicht mitgekommen war, verpflichtete er kurzerhand einen Zuschauer und überquerte mit ihm ein zweites Mal die Ziellinie. Während dieser Operation war bereits Ugo Sivocci durchs Ziel gefahren. Alles, was Ascari blieb, war die Genugtuung über einen »moralischen Sieg«.[5]

Sivocci hatte endlich den ersten Sieg seiner Karriere errungen. Enzo rannte sofort zu ihm, um ihn zu umarmen.[6] Beide verband eine tiefe Freundschaft und trotz der Tatsache, dass sein eigener erster Sieg erneut verschoben werden musste, freute sich Enzo aufrichtig für seinen Freund. Während er Campari bewunderte und Ascari verehrte, war seine aus dem Hunger und den Entbehrungen der ersten Nachkriegsmonate geboren Freundschaft mit Sivocci echt. Enzo hat nie die Hilfe vergessen, die er Anfang 1919 von Ugo erhalten hatte. Und obwohl er sich 1921, als er seinem Freund die Tür zu Alfa Romeo öffnete, quasi revanchiert hatte, schätzte er Sivoccis uneigennützige Großzügigkeit noch immer.

Nach seiner Rückkehr aus Sizilien reisten Enzo und Laura nach Turin, wo sie am Samstag, dem 28. April, heirateten. Die bevorstehende Hochzeit war am 18. März in der Geburtsstadt der Braut und am 25. März in der Stadt des Bräutigams bekannt gegeben worden.[7]

Die beiden hatten – zumindest theoretisch – seit fast zwei Jahren zusammengelebt. Und obwohl die die Situation im letzten Jahr nicht gerade idyllisch gewesen war, war Enzo wohl der Meinung gewesen, dass die Hochzeit viele Dinge in Ordnung bringen würde – angefangen mit Lauras Gesundheit. Vermutlich hatte er gehofft, dass durch die Legalisierung ihrer Beziehung Lauras Eifersucht nachlassen würde. Nachdem sie »Frau Enzo Ferrari« geworden war, würde sie die Situation aus einem anderen, vernünftigeren Blickwinkel betrachten – einschließlich des komplexen Verhältnisses zu ihrer Schwiegermutter.

Doch dies war eine gewaltige Fehleinschätzung.

Die andere Frau Ferrari – *Mamma* Adalgisa – war von Anfang an gegen die Beziehung ihres Sohns gewesen und erschien nicht zur Hochzeitsfeier. Enzo war Laura die Zeremonie schuldig gewesen, aber dass ihn die Situation bedrückte, zeigte die Tatsache, dass er keinen einzigen seiner vielen Motorsportfreunde einlud[8] – nicht einmal seinen engen Freund Sivocci, der wie ein Bruder für ihn war.

Am Morgen des letzten Samstags im April 1923 erschienen Enzo und Laura um 8:35 Uhr im *Casa Comunale* (Rathaus) von Turin, um sich standesamtlich trauen zu lassen. Dann kam die

Zeit für die kirchliche Zeremonie. In einer kleinen Kirche in der Nähe des Fiat-Werks im Stadtteil Lingotto waren nicht mehr als 20 Personen versammelt – Verwandte und Freunde von Laura; Enzo blieb allein. Die Messe wurde von Pater Clerici zelebriert. Als gemeinsames Hochzeitsgeschenk bekam Laura von ihrer Familie Garello ein goldverziertes Portemonnaie überreicht.[9]

Für eine Hochzeitsreise hatte das frisch vermählte Paar keine Zeit. Die Rennsaison war schließlich in vollem Gange und Enzo inzwischen vollständig von seiner vielschichtigen Rolle bei Alfa Romeo vereinnahmt.

Am darauffolgenden Wochenende fuhren Enzo und Laura gemeinsam nach Cremona, wo Ferrari am Sonntag offiziell die Rennstrecke »eröffnete«, indem er mit seinem Alfa Romeo eine Runde darauf drehte.

Am Samstag, dem 2. Juni, fünf Wochen nach der Hochzeit, kehrte Enzo nach Turin zurück. Diesmal aus beruflichem Grund. Guglielmo Carraroli, mit dem er 1920 den Isotta Fraschini gekauft hatte, hatte ein geheimes Treffen mit dem begnadeten Fiat-Techniker Luigi Bazzi arrangiert.[10] Enzo war im Auftrag von Alfa Romeo gekommen.

Die Entwicklung des neuen Gran Premio Alfa Romeo (oder P1, wie er allgemein genannt wurde) verlief nicht so, wie Rimini es sich erhofft hatte. Der kaufmännische Direktor von Alfa Romeo hatte inzwischen erkannt, dass Merosi und Santoni (ein talentierter Konstrukteur mit einem Abschluss in Chemie) professionelle Hilfe brauchten. Merosi selbst war kein Ingenieur und gehörte mit seinen 51 Jahren einer vorautomobilen Generation an. Was Alfa Romeo brauchte, war jemand, der von Kindheit an in der Automobilwelt lebte –, jemand, der weiter gehen wollte, der mechanische Intuition mit technischem Mut verband.

Eines Abends Ende Mai betraute Rimini Enzo mit dieser heiklen Aufgabe.[11] Rimini hatte sich klar ausgedrückt: »Wo es fähige Leute gibt, musst du sie auf jede erdenkliche Art abwerben – solange du keine Gesetze brichst.«[12]

Enzo traf Luigi Bazzi in einem Café in der eleganten Corso Vinzaglio[13], verschwendete keine Zeit mit langen Vorreden und sagte, Alfa Romeo suche nach leitenden Technikern, um die

Lücke zu Fiat zu schließen. Und weil es galt, Fiat zu schlagen, war der logische Schritt, solche Talente bei Fiat selbst zu suchen. Auf die kurze Vorstellung folgte eine einfache und direkte Frage: War Bazzi an einem Umzug nach Mailand und einem Einstieg bei Alfa Romeo interessiert?[14]

Bazzi fühlte sich durch das unerwartete Angebot geschmeichelt und bat um Bedenkzeit – was Ferrari als gutes Zeichen interpretierte. Trotz der Dringlichkeit, die Rimini betont hatte – das Renndebüt des P1 war für den Großen Preis von Europa in Monza Anfang September geplant – drängte er Bazzi nicht zu einer raschen Antwort. Er solle sich Zeit nehmen und darüber nachdenken. Bazzi sollte sich bald bei Enzo melden.

Am 10. Juni starte Ferrari zum fünften Mal in Folge beim Rennen auf dem *Circuit del Mugello*. Mit einem der fünf RL-Werksrennwagen von Alfa Romeo musste er jedoch nach der ersten Runde mit Vergaserproblemen aufgeben. Am folgenden Samstag reiste Enzo nach Ravenna, wo er am Sonntag, dem 17. Juni, am ersten Lauf auf dem *Circuito del Savio* teilnehmen wollte.

Dieses Rennen sollte über fast 275 Kilometer in sechs Runden auf einer schnellen und unbefestigten Strecke zwischen Salzwiesen und Pinienwäldern entlang der Adria verlaufen. Start und Ziel befanden sich vor der Basilika *Santa Apollinare* in Classe, wenige Kilometer von Ravenna entfernt. Auf einem weißen, zwischen zwei Telegrafenmasten gespannten Tuch war mit schwarzer Farbe »Traguardo« (Ziellinie) gepinselt.

Vor dem Autorennen fand morgens ein Motorradrennen statt, an dem ein kleiner, schmächtiger Mann auf einer amerikanischen Indian teilnahm, der bald zu einem der größten Autorennfahrer der Welt werden sollte: Tazio Nuvolari. Das Autorennen wurde um 16:30 Uhr gestartet.

Bei nur schwacher Konkurrenz verlief Enzos Rennen perfekt. Sein Fahrstil begeisterte die Zuschauer, die am Ende des Rennens auf die Straße strömten, um seinen Sieg zu bejubeln. Vier Jahre lang hatte Enzo auf seinen ersten Sieg gewartet und jetzt hätte er nicht süßer schmecken können. Er erkannte an diesem Tag, dass es nichts gab, das mit einem Sieg vergleichbar war.[16] Obwohl der *Circuito del Savio* nicht zu den wichtigsten Rennen der Saison gehörte, war für einen 25-jährigen Rennfahrer mit klaren Ambitionen die Entgegennahme des Siegerpokals – und eines Schecks über 4.000 Lire Preisgeld[17] – ein riesiger Erfolg.

Der *Circuito del Savio* war eine Landstraße in der Nähe der Kleinstadt Lugo di Romagna, in der 1888 das berühmte italienische Fliegerass Francesco Baracca geboren worden war, der als einer der wenigen echten italienischen Helden des Ersten Weltkriegs galt. Seine 34 Abschüsse hatten die Fantasie seiner Landsleute beflügelt, von denen die große Mehrheit – Enzo eingeschlossen – den Ersten Weltkrieg als einen vierten Unabhängigkeitskrieg betrachtete, der das *Risorgimento* (die Bewegung im 19. Jahrhundert, die zur Einigung Italiens führte) letztendlich vollendet hatte. Als Baracca kurz vor Kriegsende abgeschossen wurde, ehrte ihn ganz Italien. Am Ende des Rennens erschien Graf Enrico Baracca, der Vater von Francesco, um Enzo zu seinem Sieg zu gratulieren.[18]

Graf Baracca war ein eleganter Gentleman, der im Nachkriegsitalien durch die Heldentaten und den tragischen Tod seines Sohnes eine gewisse Berühmtheit erlangt hatte. An diesem Nachmittag war der Graf der Ehrengast der Veranstaltung.[19] Nachdem sich der Jubel und die Aufregung endlich gelegt hatten, unterhielten sich Ferrari und der Graf angeregt. Trotz des Elends des Krieges und der plötzlichen Tode seines Vaters und seines Bruders war Enzo ein Gefühlsmensch geblieben und die Komplimente und die Aufmerksamkeit, die ihm der Vater eines großen Helden zuteilwerden ließ, werden ihm sehr gefallen haben.

Die Freude über den ersten Sieg verblasste jedoch bald angesichts der ernsten Angelegenheiten, die Ferrari in Mailand vorfand. Der Sieg in Savio war perfekt für eine Anzeigenseite in einer Sportzeitung gewesen [20], aber Alfa Romeo hatte etwas anderes im Sinn. Die in Mugello erlittene Niederlage war noch nicht verdaut und verschärfte nur die anhaltende Spannung, die aus der offensichtlichen Unterlegenheit von Alfa Romeo gegenüber Fiat resultierte. Zu allem Überfluss gab es auch noch keine Neuigkeiten von Bazzi.

Ferrari war beunruhigt. Obwohl die Entscheidung nun allein in den Händen von Bazzi lag, hatte sich Enzo in der Mission, ihn von Fiat abzuwerben, bloßgestellt. Erfolg oder Misserfolg des Auftrags würde in den Augen von Rimini unweigerlich Auswirkungen auf ihn und sein Ansehen haben.

Am 2. Juli, genau einen Monat nach dem Treffen in Turin, wurde in Tours der Große Preis von Frankreich ausgetragen. Am Ende des Rennens kam Bazzi zum Lager von Alfa Romeo und teilte Ferrari mit, dass er dessen Angebot annehmen würde.[21]

Luigi Bazzi verschwendete keine Zeit und machte sich sofort an die Arbeit, um die von Merosi begonnene Arbeit zu vollenden. In der Zwischenzeit nahm Ferrari erneut am *Coppa delle Alpi* über 3.000 Kilometer von Turin nach Monza teil, die vom 5. bis 15. August stattfand. Am Steuer eines Alfa Romeo RL Sport belegte Enzo mit einer Durchschnittsgeschwindigkeit von 49 km/h den ersten Platz in der Gesamtwertung und in der Dreiliterklasse. Nach den komplizierten Regeln des Rennens, die die weniger leistungsstarken Autos begünstigen, wurde er jedoch in der Endwertung auf den vierten Platz zurückgestuft.[22]

Am Morgen des 16. August stand der P1 in Monza zum Debüt bereit. Die drei Fahrer, die am 9. September beim Großen Preis von Europa auf dieser Strecke antreten sollten – Ascari, Campari und Sivocci –, wechselten sich am Steuer des einzigen bis dahin fertiggestellten P1 ab, der noch nicht einmal im typischen Alfa-Romeo-Rot lackiert war.[23]

Enzo Ferrari war also trotz seines jüngsten Sieges und seines Ansehens bei der Presse nicht dabei, denn er war stets der Vierte des Quartetts. Für ihn war das keine Überraschung, sondern eine ganz natürliche Schlussfolgerung, mit der er pragmatisch gerechnet hatte, denn er wusste nur zu gut, dass er nicht dasselbe Talent besaß wie seine drei Teamkollegen. Weil er zudem nicht mehr unbedingt nur hinter dem Lenkrad eines Rennwagens sitzen wollte, nahm er die Entscheidung von Alfa mit Gelassenheit hin.

Am Montag, dem 27. August, durften alle Teilnehmer des Großen Preises von Europa mit Testfahrten beginnen. Alfa Romeo brachte drei P1 nach Monza: Nummer 6 für Ascari, Nummer 12 für Campari und Nummer 17 für Sivocci. Letzterer hatte sich entschieden, das grüne, vierblättrige Kleeblatt, das ihm bei der *Targa Florio* Glück gebracht hatte, nicht auf die Motorhaube seines Wagens zu malen. Mit seiner Rennkombi über Hemd und Krawatte schlenderte Ferrari mit seinen Teamkollegen im Fahrerlager herum.

Trotz der Arbeit von Bazzi und der ermutigenden Anzeichen bei den Tests Mitte August sah der P1 nicht wie das Auto aus, das die Vorherrschaft von Fiat beenden konnte. Rimini dachte bereits insgeheim daran, dass der Große Preis von Europa das erste und letzte Rennen des P1 sein würde. Die Arbeit an einem völlig neuen Auto sollte sofort beginnen.

Der Samstag war der letzte Testtag vor dem Großen Preis. Für Alfa Romeo war es auch die letzte Chance, eine praktische Lösung zu finden, um die Vorherrschaft von Fiat zu überwinden.

Um 9:35 Uhr startete Ugo Sivocci seinen Alfa Romeo und lenkte ihn auf die Strecke. Der P1 mit der Startnummer 17 fuhr mit voller Geschwindigkeit, bis er am Ende der *Sottopassaggio*-Geraden ins Schleudern geriet, als der Fahrer nach links abbiegen wollte. Sivocci versuchte instinktiv, den Wagens wieder einzufangen, doch es gelang ihm nicht. Der Alfa Romeo kam von der Strecke ab und prallte mit hoher Geschwindigkeit im Park der Villa Reale gegen einen der alten Bäume.[24]

Enzo, der sofort über den Vorfall informiert wurde, war einer der ersten am Unfallort. Der Aufprall gegen den Baum hatte den P1 schrecklich zerdrückt. Der leblose Körper seines Freundes Ugo lag im Gras. Dann sah er Guatta, den Mechaniker, der sich bei dem Unfall nur die Schulter gebrochen hatte, aber verzweifelt neben dem toten Fahrer weinte. Obwohl ihm klar war, dass er nichts für seinen Freund tun konnte, behielt Enzo einen kühlen Kopf und setzte Ugo in das Auto eines Engländers, der an dieser Stelle das Training beobachtet hatte und Zeuge des ganzen Vorfalls geworden war. Dann fuhren sie zum Krankenhaus von Monza.

Als Nicola Romeo vom Tod Sivoccis erfuhr, beschloss er sofort, das Team aus dem Rennen zurückzuziehen.[25] Ferrari und die anderen Fahrer verbrachten das Wochenende im Krankenhaus *Umberto I* in Monza, um die Totenwache für Sivocci zu halten.

Für Enzo war der Tod von Sivocci ein schwerer Schlag. Ugo war viel mehr als nur ein Kollege gewesen – er war sein engster Freund. In gewisser Weise war es so, als würde er den Tod seines eigenen Vaters und Bruders noch einmal erleben. Für ihn war Sivocci in den letzten vier Jahren wie ein älterer Bruder gewesen. Enzo fühlte sich als Teil der Familie und tat an diesem Wochenende alles, was er konnte, um Ugos trauernde Frau Marcella und seinen Sohn Riccardo zu trösten.

Wegen Sivoccis tödlichen Unfalls in Monza hatte niemand eine klare Vorstellung vom wahren Potenzial des P1. Doch der überwältigende Erfolg von Fiat – Carlo Salamano hatte das Rennen dominiert – ließ keinen Zweifel daran, wie viel Arbeit auf die Alfa-Romeo-Ingenieure zukommen würde. Am Tag nach der Beerdigung berief Rimini eine Sitzung mit seinen engsten Mitarbeitern ein, um die Situation zu analysieren und zu entscheiden, wie es weitergehen solle.[26] Zu dem Treffen in Portello waren Merosi, Bazzi, Ascari und Campari eingeladen – und natürlich Enzo, der als persönlicher Berater des kaufmännischen Leiters mittlerweile im Mittelpunkt der Entwicklung der Unternehmensstrategien von Alfa Romeo stand.

Bei diesem Treffen wurden zwei Entscheidungen getroffen. Der eine lautete, dass für Alfa Romeo die Saison 1923 nach dem Zwischenfall in Monza beendet war und man deshalb sofort das Programm für die nächste Saison festlegen würde. Der zweite war, dass der P1 noch vor seinem Debüt ausgemustert werden sollte und sich alle auf die Entwicklung eines neuen Wagens konzentrieren sollten, der von nun an P2 genannt wurde.[27]

Laut Rimini war Bazzi aus technischer Sicht eine große Bereicherung für das Team gewesen. Aber das reichte nicht. Wenn man die Vorherrschaft von Fiat beenden wollte, musste man erneut nach Turin reisen, um noch mehr Talente zu finden – begabte Ingenieure, die nach Mailand kommen würden, um mit Bazzi zusammenzuarbeiten.

In selbstloser Ehrlichkeit schlug Bazzi den Namen eines Mannes vor, der seiner Meinung nach der beste Techniker bei Fiat war – keiner, der aus Turin kommen würde, um *für* ihn oder *mit* ihm zu arbeiten, sondern jemand, dem er selbst Bericht erstatten würde. Sein Name sei Vittorio Jano, »ein Mann von großer Qualität«, erklärte Bazzi, und bei Fiat werde er nicht für das geschätzt, was er wert sei. Bazzi schlug vor, Janos latente Unzufriedenheit auszunutzen, um ihn zum Verlassen von Fiat zu bewegen.[28] Rimini wandte sich an Enzo und bat ihn zum zweiten Mal innerhalb von drei Monaten, inkognito nach Turin zu reisen.

Abgesehen von der Genugtuung, mit einem weiteren Auftrag von höchster Wichtigkeit betraut worden zu sein, war es für Enzo eine noch intimere Befriedigung, dass er nach Turin zurückkehrte, »nicht um eine Stelle zu suchen«, wie er es im Oktober 1918 getan hatte, »sondern um [eine] anzubieten«.[29] Fünf Jahre zuvor hatte Fiat ihm brüsk eine Stelle verweigert und nun versuchte er, dem Automobilgiganten erneut einen seiner besten Männer zu entziehen. Abgesehen von den Verdiensten, die er zweifellos für Alfa Romeo erbrachte, war dies für ihn zwar keine Rache, aber etwas Ähnliches.

Der erste Kontakt mit Jano verlief allerdings etwas holprig.

Das Treffen mit Bazzi in den ersten Junitagen war von beiden Parteien vereinbart worden. Diesmal hatten Ferrari und Rimini beschlossen, ihre erste Annäherung auf das Überraschungsmoment zu stützen. Ferrari fuhr nach Turin und stieg in den dritten Stock eines Gebäudes in der Via San Massimo hinauf. Er klopfte an die Tür einer Wohnung und wurde von Janos Frau Rosina empfangen. Die Frau sah ihn verwirrt an und fragte, warum er ihren Mann sprechen wolle. Ferrari, der Vorgeplänkel nie mochte, erklärte frei heraus, dass er gekommen sei, um ihrem Mann eine Stelle als Konstrukteur bei Alfa Romeo anzubieten.[30] Die Frau knurrte. Ihre Antwort machte Enzo sprachlos: »Signore Jano ist zu sehr Piemonteser, um von Turin wegzuziehen.«[31] Zu Enzos Glück erschien Jano an der Tür und bat ihn hinein.

Obwohl die beiden sich bis dahin nicht kannten, sprachen sie lange miteinander.[32] Jano sagte, er fühle sich geschmeichelt, konnte aber eine gewisse Skepsis nicht verhehlen. Wenn Alfa Romeo ihn wirklich so sehr haben wolle, warum schickten sie dann einen jungen Fahrer, der keine bestimmte Rolle im Unternehmen hatte? Warum hatte ihn kein Manager von Alfa Romeo aufgesucht?[33]

Der in seinem Stolz verletzte Ferrari verhielt sich dennoch wie ein perfekt ausgebildeter Diplomat. Jano sagte nicht Nein. Er lehnte nicht rundweg ab, sondern schien sogar interessiert zu sein. Was Jano zu verwirren schien, war der Rang des Gesandten, ein einfacher »Vermittler« ohne Entscheidungsmacht.[34] Also erklärte Enzo geduldig, dass Alfa Romeo sich aus Angst vor einer Ablehnung, die für beide peinlich sein könnte, nicht direkt zeigen wolle. Aber wenn er tatsächlich interessiert sei, so Enzo, werde er Giorgio Rimini, dem kaufmännischen Leiter von Alfa Romeo, über das Ergebnis des Gesprächs berichten. Außerdem versicherte er ihm, dass er beim nächsten Mal von einem leitenden Angestellten von Alfa Romeo besucht werden würde.[35]

In dem anschließenden Gespräch überließ Enzo Signore Fucito, dem Vizepräsidenten von Alfa Romeo, die Bühne. Der Mann hatte zwar war weder Ahnung noch Interesse am Motorsport, aber er hatte tatsächlich den Vorschlag formuliert. Bei Fiat verdiente Jano, der ein Team von Konstrukteuren leitete, 1.800 Lire im Monat. Fucito bot ihm 3.500 Lire plus Unterkunft. Der Ingenieur musste zunächst seine Frau davon überzeugen, nach Mailand zu ziehen, akzeptierte dann aber. Als er den Vertrag in Anwesenheit von Nicola Romeo Anfang Oktober in dessen Villa formell unterzeichnen wollte, war Ferrari dabei.[36]

Nachdem Jano unterschrieben hatte, sagte Romeo zu seinem neuen Chefkonstrukteur: »Hören Sie, ich erwarte nicht, dass Sie mir ein Auto bauen, das alle besiegt, sondern ich möchte ein Fahrzeug, das einen guten Eindruck hinterlasst, das einen Stammbaum für dieses Unternehmen schafft.«[37] Für Enzo klangen diese Worte verdächtig und sie bestätigten seine persönliche Überzeugung, dass die Gründe für Romeo, ein Siegerauto zu haben, wenig mit Motorsport zu tun haben würde.

Tatsächlich hatte Enzo Grund zur Annahme, dass Romeos »Wunsch nach einem großen Triumph« eher darauf abzielte, »die Tür zu einer großen Anerkennung« seitens der Regierung zu öffnen.[38] Für einen Mann des Sports wie Enzo, für den Rennsiege ein Lebensziel waren – ein Ziel, für das einige seiner Freunde gestorben waren –, konnten diese Worte sogar beleidigend klingen.

Enzo verbrachte wie üblich den restlichen Herbst damit, zwischen Modena und Mailand hin- und herzufahren, während Laura sich, wie jeden Winter und trotz der Hochzeit, in Santa Margherita Ligure an der warmen italienischen Riviera Genesung erhoffte.

KAPITEL 7

Der Champion

Auch wenn es um seine Finanzen dank des Fiaskos mit der *Carrozzeria Emilia* (von dem außerhalb von Modena nicht viele wussten) nicht besonders rosig stand, konnte sich Enzo Ferrari Anfang 1924 als erfolgreichen Mann bezeichnen. Er war gerade 26 geworden und konnte zu Recht stolz darauf sein, was er in lediglich fünf Jahren erreicht hatte. Er war einer der berühmtesten Sportler Italiens und einer der besten Rennfahrer bei Alfa Corse, dem offiziellen Werksteam des zweitgrößten Autoherstellers des Landes.[1] Außerdem war er die rechte Hand des kaufmännischen Direktors von Alfa Romeo sowie Inhaber eines Autohauses in Modena.

Sein Privatleben war dagegen weniger heiter.

Trotz der Hochzeit stritten sich Laura und seine Mutter bei jeder Gelegenheit, zudem distanzierte sich Laura den größten Teil des Jahres von Enzo. Ihre Gesundheit verbesserte sich nicht und Enzo glaubte inzwischen, dass Lauras größtes Problem vor allem sie selbst war. Er hatte einfach das Gefühl, dass sie nicht geheilt werden wollte. Aufgrund der schweren Depressionen, in denen sie ständig lebte, begnügte sie sich damit, ihm das Leben schwer zu machen. Die medizinischen Behandlungen, die zu Beginn des Jahres 1923 zu wirken schienen, halfen ihr nicht mehr. Schlimmer noch, Laura zeigte kein echtes Interesse daran, ein gemeinsames Leben mit Enzo aufzubauen.[2]

Während Laura an der Riviera war, verbrachte Enzo in jenem Winter viel Zeit in Genf, wo er mit dem Schweizer Alfa-Romeo-Importeur Albert Schmidt zusammenarbeitete.[3] Natürlich war er von Rimini in die Schweiz entsandt worden. Es war eine der immer wichtiger werdenden Missionen, die ihm der kaufmännische Direktor von Alfa Romeo nun systematisch zuwies. Die Schweiz entwickelte sich zu einem wichtigen Automobilmarkt und Alfa Romeo wollte sich diese Chance nicht entgehen lassen. Rimini hatte daher beschlossen, den dortigen Importeur durch die Entsendung des vielseitigen Ferrari zu unterstützen.

Am 14. März 1924, dem Eröffnungstag des Genfer Automobilsalons, erschien Enzo in seinem eleganten Zweireiher, den er bei solchen Anlässen zu tragen pflegte, am Stand von Alfa Romeo. Zwei Tage später startete er beim »Fliegenden Kilometer«-Rennen, einer der Randveranstaltungen des Salons.

Mit demselben Alfa Romeo RL SS, den er bei seinem letzten Rennen 1923 benutzt hatte, erfüllte Enzo alle Erwartungen und fuhr die schnellste Zeit in der »Sport«-Klasse, in der Gesamtwertung belegte er den vierten Platz.[4] Obwohl die Veranstaltung für Enzo wenig interessant war, sollte der »Fliegende Kilometer« von Genf das einzige Rennen seiner gesamten Karriere werden, an dem Enzo Ferrari außerhalb Italiens teilnahm. Die italienische Presse lobte seine Leistung, nannte sie »bemerkenswert« und bezeichnete den Fahrer erneut als »mutig«.[5]

Am darauffolgenden Sonntag nahm Ferrari, wiederum am Steuer des zuverlässigen RL SS, an der *Coppa Verona* teil, die mit einer Geschwindigkeitsprüfung an der Torricelle-Steigung endete. In einem Rennen, das eigentlich kaum mehr als eine Trainingseinheit vor den wirklich wichtigen Rennen war, belegte Enzo den zweiten Platz in der Gesamtwertung.[6]

Am 9. April machte Enzo die Bekanntschaft von Ministerpräsident Benito Mussolini. Auf der Fahrt von Mailand nach Rom am Steuer seines neuen dreisitzigen Alfa Romeo Cabriolet machte Mussolini in Modena Halt, um sich mit Senator Vicini zu treffen, der ihn zu einem Mittagessen in Sassuolo, etwa

25 Kilometer von Modena entfernt, eingeladen hatte und aus der Anwesenheit des Regierungschefs Kapital schlagen wollte. Enzo, ein Alfa-Romeo-Werksrennfahrer von nationalem Ruhm, wurde beauftragt, Mussolinis Autokolonne anzuführen.[7]

In seinem Alfa Romeo RL SS fuhr Enzo mit dem sicheren Auftreten eines Berufskraftfahrers voraus. In der Nacht zuvor hatte es geregnet und die Straße war noch nass. Aus Sorge, den Kontakt zu Enzos Auto zu verlieren, drückte Mussolini aufs Gaspedal und kam in einigen Kurven etwas ins Rutschen, sodass es gefährlich wurde. Nachdem die Kolonne Sassuolo erreicht hatte, eilten einige Männer aus Mussolinis Gruppe zu Enzo und baten ihn, sein Tempo nach dem Mittagessen etwas zu drosseln.

Enzo nahm nicht am offiziellen Mittagessen teil, sondern aß im Nebenzimmer mit Mussolinis persönlichem Fahrer, Ercole Boratto. Am Nachmittag saß er wieder am Steuer seines Alfa Romeo und eskortierte *Il Duce* (wie Mussolini sich bereits nennen ließ) über die kurvenreichen Straßen des Apennin, dieses Mal, wie versprochen, etwas langsamer. Als sie den Abetone-Pass erreichten, trennte sich die Gruppe. Mussolini fuhr weiter nach Rom, während Enzo nach Modena zurückkehrte. Die beiden sollten sich nie wieder begegnen.

Als Nächstes stand die *Targa Florio* an. Alfa Romeo beschloss, bei der ersten großen Veranstaltung der Saison 1924 vier Autos einzusetzen, entschied sich aber neben seinen Stammfahrern Ascari und Campari für Giulio Masetti sowie den Franzosen Louis Wagner.[8] Enzo blieb nur als Ersatzfahrer im Team.[9]

Offensichtlich hatte sich in der Teamhierarchie etwas geändert. Der Tod von Sivocci hätte Enzo in den Rang des dritten Fahrers befördern sollen, doch nun hatte Alfa Romeo gezeigt, dass sie Masetti den Vorzug gaben, zudem hatte man sogar einen neuen Fahrer eingestellt. Wie schon im vergangenen Herbst, als er bei der Premiere des P1 in Monza aus dem Fahrerfeld ausgeschlossen worden war, machte Enzo auch diesmal das Beste aus der Situation. Das Fahren machte ihm nach wie vor großen Spaß, aber sein eigentliches Interesse verlagerte sich immer mehr von der Rolle des Rennfahrers zu der des Managers. Und wenn Rimini einerseits begann, Enzo mit irritierender Regelmäßigkeit von wichtigen Rennen auszuschließen, so schätzte er andererseits Ferrari immer mehr in seiner anderen Rolle – der seines persönlichen Beraters, die Enzo brillant und unermüdlich für sich entwickelt hatte.

Obwohl Laura Enzos Entscheidung, am ersten Hochzeitstag nach Sizilien zu reisen, weder schätzte noch akzeptierte, fuhr Enzo mit dem Rest des Alfa-Romeo-Teams auf die Insel.[10] Dort angekommen, verschwand die Anspannung rasch und Ferrari stellte sich lächelnd und großzügig wie immer vollkommen in den Dienst des Teams und seiner Kollegen. In einigen Rennphasen fungierte er sogar als Signalmann, indem er den Fahrern, die das Fahrerlager passierten, die Informationstafel zeigte.[11] Während dieses Aufenthalts in Sizilien entwickelte sich seine Beziehung zu Ascari zu einer echten Freundschaft.[12]

Das Rennen wurde von Christian Werner im Mercedes gewonnen. Masetti belegte den zweiten Platz, Campari den vierten. Wagner wurde mit großem Abstand Neunter. Enzo, der auf eine erfolgreiche persönliche Geschichte bei der *Targa Florio* zurückblicken konnte, hätte wahrscheinlich besser abgeschnitten als sie alle.

Auf dem Rückweg von Sizilien holte Enzo die Erlaubnis ein, die bei der *Targa Florio* eingesetzten Alfa Romeos in der Innenstadt von Modena auszustellen. Auf dem großen, rechteckigen Platz mit Blick auf die Militärakademie versammelte sich eine Schar von Fans und Schaulustigen um die noch mit Staub und Schlamm bedeckten Autos. Abgesehen vom kommerziellen Aspekt der Aktion war der Halt in Modena eine klare Botschaft an seine Frau, die aus erster Hand das Interesse und die Begeisterung für seine Arbeit sehen konnte. Aber es war auch eine ebenso persönliche und direkte Botschaft an seine Mitbürger in Modena.

Inmitten von Dutzenden Menschen, die neugierig und gleichzeitig fasziniert auf die Rennwagen mit dem grünen Kleeblattemblem blickten[13], überragte der elegante, braun gebrannte und lächelnde Enzo sie alle. Offensichtlich erinnerte er sich an das Misstrauen, das nur wenige Jahre zuvor seine Entscheidung, alles zu verkaufen, um eine Karriere in der Automobilbranche zu machen, begleitet hatte. Heute konnte er allen beweisen, dass es sich nicht um eine unverantwortliche Investition gehandelt hatte: Trotz des peinlichen Desasters mit der *Carrozzeria Emilia* wurde jetzt sein Name in der erstklassigen Welt von Alfa Romeo akzeptiert.

Die *Coppa Verona* war das 24. Rennen in Enzos Karriere. Trotz seines Ausschlusses von der *Targa Florio* war er als Rennfahrer auf dem Höhepunkt seiner Leistungsfähigkeit. Aus diesem Grund war niemand überrascht, als Ferrari am 25. Mai auf dem *Circuito del Savio*, wo er bereits im Jahr zuvor gewonnen hatte, seinen zweiten Karrieresieg errang.

Vor dem Start fand Enzo Zeit, sich einem der interessantesten aufstrebenden Talente des Motorsports vorzustellen – Tazio Nuvolari. Er hatte Tazio im Jahr zuvor beim Motorradrennen beobachtet, aber sie hatten damals nicht miteinander gesprochen.

Heute sprachen sie miteinander, wenn auch nur sehr kurz.[14] In diesem Jahr wollte Nuvolari am Steuer eines Chiribiri Monza an dem Autorennen teilnehmen. Der zweite Lauf auf dem *Circuito del Savio* begann mit einer Verspätung von 30 Minuten um 15 Uhr. Wie im Jahr zuvor starteten immer zwei Autos im Abstand von 30 Sekunden. Enzo saß am Steuer seines roten V6 Alfa Romeo RL mit der handgemalten Nummer 26 auf der Motorhaube.[15] Neben dem Kühler war wie bei allen Werks-Alfa-Romeos in dieser Saison ein weißes Dreieck mit einem grünen Kleeblatt gemalt worden – als Erinnerung an Ugo Sivocci. Eugenio Siena, der Cousin von Campari, saß zum ersten Mal als Rennmechaniker neben Enzo. Neben ihnen startete Alfieri Maserati im Isotta Fraschini mit der Startnummer 27[16] – der Gründer der zehn Jahre zuvor in Bologna eröffneten Werkstatt, in der bald mithilfe seiner drei Brüder Motorräder und Rennwagen entstanden.

Enzo war sich bewusst, dass er am Steuer eines Autos saß, das deutlich stärker war als die meisten der Konkurrenz, also kontrollierte er in den ersten Runden einfach die Situation. Im vierten Durchgang beschloss er, dass es an der Zeit war, die Kraft des Alfa zu zeigen, und er begann damit, Boden auf Emilio Materassi gutzumachen, indem er die schnellste Runde des Rennens fuhr.[17] Materassi, der über Enzos Strategie informiert war, steigerte das

Tempo ebenfalls und trieb sein Auto bis an seine Grenzen – bis es ausfiel. Von diesem Zeitpunkt an war das Rennen praktisch entschieden.

Dutzende von Menschen eilten herbei, um Ferrari zu seinem neuen Sieg zu gratulieren. Enzo war angenehm überrascht, Gräfin Paolina Baracca Biancoli zu sehen, die Mutter des gefallenen Fliegerasses. Kurz nach seinem ersten Sieg in Savio und seinem Gespräch mit dem Vater des Helden im Juni des Vorjahres war Enzo auf das Landgut des Grafen Baracca eingeladen worden. Da der Graf in diesem Jahr nicht persönlich am Rennen teilnehmen konnte, hatte er seine Frau gebeten, ihn zu vertreten.[18] In dem Jahr, das seit Enzos erstem Sieg in Savio vergangen war, hatten beide den jugendlichen, gutmütigen Fahrer aus Modena lieb gewonnen – und dieser fand häufig die Zeit, sie zu besuchen. Und aus den Händen der Gräfin erhielt Enzo den Siegerpokal.

Laura hatte Enzo nicht nach Ravenna begleitet, aber in der folgenden Woche fuhr sie mit ihm nach Rovigo, wo er den ersten Platz beim ersten *Circuito del Polesine* belegte. Zum zweiten Mal innerhalb von sieben Tagen kam Enzo Ferrari als Sieger vor Tazio Nuvolari ins Ziel.[19] Enzos Rennen, so die Presse, sei »brillant und geschmeidig« gewesen.[20]

Am folgenden Montag, dem 2. Juni, war in Portello endlich der erste P2 fertig. Campari wurde die Ehre der ersten Fahrt zuteil, die er langsam innerhalb der Fabrik absolvierte. Eine halbe Stunde später war Ascari an der Reihe und drehte eine Runde durch den Innenhof. Enzo war natürlich dabei, um mit Rimini, Bazzi und Merosi zuzusehen.

Zwei Tage später wurde der neue zweisitzige Alfa Romeo auf die Rennstrecke von Monza gebracht, wo er zum ersten Mal richtig getestet werden sollte. Bei dieser Gelegenheit drehte auch Enzo einige Runden.[21] Die Zeit drängte: Das offizielle internationale Debüt des P2 stand bereits in 60 Tagen an. Das Auto war vorhanden, aber das Alfa-Romeo-Management musste sichergehen, dass es auch bereit war, gegen Fiat und Mercedes anzutreten.

Der P2 schien gut zu funktionieren. Das Team war der Meinung, dass man nun einen härteren Test unter Rennbedingungen benötigte. Es war Donnerstagabend und nach einem kurzen Blick auf den Kalender wurde der P2 ohne großes Aufsehen für den *Circuito di Cremona* an diesem Sonntag angemeldet.

Alfa Romeo schickte einen einzigen P2 nach Cremona. In Rot lackiert und mit dem Kleeblatt von Sivocci auf der Motorhaube wurde er Antonio Ascari zugeteilt. Neben ihm saß Konstrukteur Luigi Bazzi, der sicherstellen wollte, dass alles so reibungslos wie möglich funktionierte. Am Sonntag gewann Ascari das Rennen souverän.

Ferrari war an diesem Tag natürlich mit dem Rest des Teams ebenfalls in Cremona. Wenn es darauf ankam, war er immer dabei – egal ob er Rennen fuhr oder nicht. Obwohl er nicht Teil des Grand-Prix-Projekts war, was die Fahrerbesetzung anging, war er eine der Stimmen, auf die die Verantwortlichen bei Alfa Romeo am meisten hörten. Ganz zu schweigen von der Tatsache, dass er persönlich sowohl Bazzi als auch Jano nach Mailand geholt hatte und dass sein Beitrag zu diesem Projekt alles andere als unbedeutend gewesen war.

Anfang Juli wurde Enzo eine willkommene und unerwartete Überraschung bereitet: Er sollte den P2 beim Eröffnungsrennen der Saison fahren, dem mit Spannung erwarteten und prestigeträchtigen Großen Preis von Europa, der Anfang August in Lyon ausgetragen werden sollte. Die späte und unerklärliche Entscheidung Masettis, der ursprünglich zum Quartett der von Alfa Romeo gemeldeten Fahrer gehörte, nicht teilzunehmen, hatte diese Berufung zum wichtigsten europäischen Rennen der Saison möglich gemacht[22], sodass das Team dessen Auto jetzt Enzo anbot. Die anderen drei Fahrer waren wie bei der *Targa Florio*: Ascari, Campari und Wagner.

Gerade als Enzo begonnen hatte, einen schmerzhaften Ausschluss zu verdauen – die Entscheidung von Alfa Romeo, ihn nicht zu den Fahrern des Grand-Prix-Programms zu zählen –, klopfte diese große Chance an seine Tür. Die Verantwortlichen von Alfa Romeo wussten, was sie taten. Obwohl Enzo für Rimini in letzter Zeit eher abseits der Rennstrecke von Nutzen war, war sein Renntalent allen bekannt. Außerdem war Enzo in der ersten Saisonhälfte der beste aller Alfa-Romeo-Piloten gewesen, sodass die Entscheidung für ihn nur logisch war. Seine zwei aufeinanderfolgenden Siege in Savio und Polesine hatten ebenfalls gezeigt, dass er diesen Sommer in bester Form war.

Ausgerechnet Enzo Ferrari war es, der am wenigsten von dieser Berufung überzeugt war.[23]

KAPITEL 8

Lyon

Giorgio Riminis Entscheidung, Enzo Ferrari beim kommenden Großen Preis von Europa mit dem vierten P2 zu betrauen, war brillant. Wenige Tage nach der offiziellen Mitteilung gewann Enzo die erstmals ausgetragene *Coppa Acerbo* (bei Pescara) souverän gegen dieselben Mercedes, die bei der *Targa Florio* drei Monate zuvor Alfa Romeo geschlagen hatten. Das von den Alfa-Ingenieuren als letzter P2-Test vor dem Rennen in Lyon betrachtete Rennen gewann Enzo am Steuer seines soliden 3,6-Liter-RL.[1] Antonio Ascari hatte sich vorzeitig aus dem Rennen verabschiedet und der einzige verfügbare P2 wurde von Giuseppe Campari gefahren.

Zum ersten – und einzigen – Mal in seiner Karriere war Enzo mit der Startnummer 1 an den Start gegangen. Um 7 Uhr morgens an einem bereits heißen Sonntag Mitte Juli waren Enzo und sein alter Mechaniker Eugenio Siena die ersten, die mit der gelben Flagge die Startlinie verließen.[2] Eingeteilt in verschiedene Hubraumklassen wurden die anderen 17 Wagen mit jeweils drei Minuten Abstand gestartet.

Der *Circuito di Pescara* war anspruchsvoll: Die anspruchsvolle und knapp 26 Kilometer lange Strecke bildete ein fast gleichschenkliges Dreieck mit zwei sehr langen Geraden und einem kurvigen Abschnitt.

Zu Enzos Ruhm hatten auch einige Zufälle beigetragen. Zuerst waren die Mercedes im schlechten Zustand an der adriatischen Küste eingetroffen. Der Wagen von Graf Domenico Antonelli ließ sich nicht einmal starten und Giulio Masetti musste noch vor der Hälfte der Strecke aufgeben. Und dann war natürlich die noch nicht optimale Abstimmung des P2 von Campari eine riesige Hilfe. Nachdem er die erste Runde in einer atemberaubenden Zeit absolviert hatte, verschwand Campari auf mysteriöse Weise von der Bildfläche.[3] Nach der von Rimini vor dem Rennen ausgearbeiteten Strategie sollte Enzo die Rolle des »Hasen« spielen und dann Campari und seinem P2 den Vortritt lassen, um dessen Führung zu verteidigen. Doch so angestrengt Enzo auf den beiden langen Geraden auch nach hinten blickte, er konnte seinen Teamkollegen nicht entdecken[4]. Dieser war mit einem Getriebeschaden ausgefallen und hatte sich in einer Seitenstraße versteckt, um die Gegner zu verwirren.[5] Ohne die Bedenken, Campari den Vortritt lassen zu müssen, drückte Enzo schließlich das Gaspedal durch. Nach ein paar Runden stellte sich bei ihm Optimismus ein: Nach dem Ausfall von Masetti und seinem Teamkollegen war nur noch ein Mercedes – gesteuert vom wenig erfahrenen Giovanni Bonmartini – im Rennen.

Das Duell dauerte drei Runden und wurde von den Zuschauern frenetisch bejubelt. Ferrari behielt sein »sicheres und sanftes« Tempo bei.[6] Bonmartini blieb trotz eines Zwischenstopps zum Reifenwechsel hartnäckig. Dann musste er in Runde sieben nachtanken und Enzo nutzte die Gelegenheit, »unaufhaltsam« ins Ziel zu kommen.[7]

Ferrari hatte wieder gewonnen. Es war sein dritter Sieg in den letzten drei Rennen. Auch wenn er durch die Ausfälle von Campari und Masetti begünstigt worden war, hatte er sich beim Rennen gegen Bonmartini im schnelleren Mercedes perfekt verhalten.

Im Ziel umarmten sich Ferrari und Bonmartini herzlich und posierten für Fotos. Enzo erhielt aus den Händen von Giacomo Acerbo (Staatssekretär und Schirmherr des Rennens, das in Erinnerung an dessen Bruder Tito benannt worden war) die riesige Schale, in die »Tropfen aus Lapislazuli und Malachit« eingelassen waren und deren Rand von vier silbernen Schwalben umrahmt wurde, die Geschwindigkeit symbolisierten.[8] Außerdem bekam er einen Scheck über 500 Lire und eine Goldmedaille, die der italienische König gestiftet hatte.[9]

Für Ferrari war es ein denkwürdiger Tag. Der Sieg bei der *Coppa Acerbo* – der vierte seiner Karriere und der dritte in Folge – war mehr wert als alle anderen zusammen; vielleicht sogar noch mehr. Er hatte sich gegen die Mercedes durchgesetzt und bewiesen, dass er genauso schnell und konstant war wie seine Alfa-Teamkollegen. Diese beträchtliche Leistung spiegelte sich in begeisterten Rennberichten aus ganz Italien wider. Wenig überraschend und patriotisch titelte die *Gazzetta dello Sport*: »Italienischer Sieg auf dem *Circuito dell'Aterno*«.[10]

Enzo verließ Pescara an diesen Abend mit »unvergesslichen Erinnerungen« an einen Tag, den er noch lange in all seinen Farben im Gedächtnis behalten sollte: der Strand von Pescara, der Pinienwald von Francavilla, die herzliche Gastfreundschaft der Abruzzen, der großzügige Applaus.[11]

Doch zum Ausruhen und Feiern blieb keine Zeit. Am Montag war Enzo in Modena und am Mittwoch um 11 Uhr fuhr er in Begleitung seines Freundes Ferruccio Testi nach Lyon.

Ferrari war das jüngste und unerfahrenste Mitglied des Teams, aber seine drei Siege in Folge hatten ihn in den Mittelpunkt des Interesses gerückt. Der Status von Ascari als Spitzenfahrer und die Rolle von Campari als sein ebenbürtiger Partner wurden natürlich nicht infrage gestellt. Nach Pescara sahen jedoch viele in Enzo die wahre dritte Kraft im Feld – so sehr, dass ein Journalist feststellte: »Wir glauben, dass Ferrari, wenn er einen guten Tag hat und sich in der Gesellschaft so vieler berühmter Champions nicht überfordert fühlt, wirklich gut abschneiden kann.«[12]

Am Freitag, dem 18. Juli 1924, gingen Enzo und seine drei Teamkollegen zu Fuß das kurze Stück zur Rennstrecke. Das Training begann um 4:30 Uhr – eine halbe Stunde früher als geplant. Für die Testfahrten waren vier Stunden vorgesehen. Um 8:30 Uhr endete der erste Trainingstag und die Strecke wurde wieder für den öffentlichen Verkehr freigegeben. Weil Ferraris P2 noch nicht aus Italien eingetroffen war, trainierten Ascari, Campari und

Wagner mit ihren eigenen Wagen. Ferrari setzte sich hinter das Steuer des Ersatzfahrzeugs mit der Startnummer 19 (die er auch im Rennen nutzen würde). Als er an der Reihe war, startete Enzo den Motor des roten P2, der ihm für den Tag zugeteilt worden war, und wechselte sich mit einem Teamkollegen ab, während Luigi Bazzi neben ihm saß. Aus taktischen Gründen hatte sich Alfa Romeo in Pescara nicht zu den Getriebeproblemen des P2 von Campari geäußert, aber Bazzi wollte nichts dem Zufall überlassen, sondern forderte einen direkten Beweis dafür, dass seine neue Schöpfung auch funktionierte. Auf dem Spiel stand immerhin die Vorherrschaft im europäischen Motorsport.

Nach dem ersten Training telegrafierte Giovanni Canestrini seiner Zeitung in Mailand: »Alle Fahrer haben sich heute nur mit der Strecke vertraut gemacht. Niemand wollte seine Karten aufdecken. Dennoch gab es einige bemerkenswerte Zeiten.«[13] Der schnellste Alfa-Romeo-Fahrer war Campari, gefolgt von Ascari. Enzo hatte den ersten Tag genutzt, um das Potenzial des stärksten Autos, das er je gefahren hatte, zu verstehen und die Strecke kennenzulernen.

An diesem Abend herrschte in der geräumigen Villa von Mademoiselle Lane an der Straße von Brignais nach Vourles eine entspannte Atmosphäre. Die ersten Erkenntnisse von der Strecke waren positiv. Die Fahrer und Ingenieure von Alfa Romeo konnten dem Rennen, das in zwei Wochen stattfinden sollte, mit Optimismus entgegensehen. Es blieb nur der Dienstag, der 22. Juli, als Trainingstag, aber um die begrenzte Zeit auf der Rennstrecke zu überbrücken, hatten sich die Verantwortlichen von Alfa Romeo und Fiat darauf geeinigt, sich eine lange Gerade auf einer öffentlichen Straße unweit der Villa entfernt zu teilen, um die Rennwagen beider Hersteller privat testen zu können. Nur Enzo schien sich in dieser fröhlichen Gesellschaft seltsamerweise nicht wohlzufühlen.

Unbemerkt von den anderen und trotz seines äußeren Anscheins hatte Enzo Ferrari in den letzten Tagen ein schmerzhaftes Dilemma erlebt. Er hatte die Reise nach Lyon schon lange in seinem Kalender markiert, aber er hatte erwartet, in Frankreich als Allrounder des Teams aufzutreten – nicht als offizieller

Fahrer. Bis vor Kurzem hätte er alles dafür getan, um die Chance zu bekommen, die Farben von Alfa Romeo und Italien bei einem großen internationalen Ereignis zu verteidigen. Aber jetzt hatte sich etwas geändert.

Er selbst war sich selbst nicht sicher, was genau geschehen war. Vielleicht war es der Tod von Sivocci, der die ersten Zweifel geweckt hatte – Zweifel, die sich inzwischen immer mehr als Gewissheiten bestätigt hatten. Obwohl er schon vor langer Zeit gelernt hatte, dass der Tod auf Rennstrecken immer möglich war, war seine Anwesenheit immer weit weg gewesen – bis er an Ugos Tür geklopft hatte.

Ugo Sivocci war am Steuer des P1 ums Leben gekommen, ein Auto, das zu fahren Enzo erspart geblieben war. Er hatte das Gefühl, dass dies vielleicht eine Fügung des Schicksals gewesen sei. Jetzt gab es den P2 und er war einer der Fahrer, die ihn auf die Strecke bringen sollten. Er wusste, dass er nicht das Talent von Sivocci besaß – ganz zu schweigen von Ascari und Campari. Und er hatte schon vor langer Zeit erkannt, dass seine Liebe zu den Autos – die ihn dazu brachte, sie im Rennen zu respektieren, anstatt sie zu missbrauchen, wie es seine Teamkollegen taten – ihm niemals erlauben würde, den letzten Schritt zu tun, der große Fahrer von Champions trennt. Diese Zweifel beschäftigten ihn schon seit Langem.[14] Es war die gewaltige Leistung des P2, die ihn dazu brachte, sich damit auseinanderzusetzen. Ferrari hatte versucht, die Situation rational zu erfassen, aber je rationaler er wurde, desto irrationaler erschien die Situation. Der P2 hatte eine ungeheure Kraft. Der größte Teil der Entwicklung war noch nicht abgeschlossen. Es gab Dutzende von Details, die ausfallen konnten, Dutzende von Dingen, die schiefgehen konnten. Heute hatte er das Auto nur getestet, aber am nächsten Dienstag würde er damit Rennen fahren müssen. Der zweite Trainingstag würde eine Art Generalprobe für den Großen Preis von Europa[15] sein und es gab keine Möglichkeit, sich zu verstecken.

Die Situation im Frühjahr bei Alfa Romeo, als er sowohl Masetti als auch Wagner weichen musste, hatte ihn zwar einerseits irritiert, andererseits aber auch entlastet. In der Gewissheit, den P2 nicht fahren zu müssen, hatte er die besten Leistungen seiner Karriere erbracht. Doch dann begann das Gewicht der Entscheidung auf ihm zu lasten und die Wirkung war verheerend.

Der Moment der Wahrheit war endlich gekommen.

In einem für ihn mutigen Akt der Wahrheitsfindung ging er zu Rimini und beendete seine Karriere als professioneller Rennfahrer.

⌘⌘⌘

Am folgenden Tag saß er in einem Zug, der ihn zurück nach Italien brachte – zuerst nach Mailand, dann nach Modena. Er hatte Rimini nicht gesagt, dass er sich komplett zurückziehen wollte, sondern nur darum gebeten, früher als geplant nach Hause zurückzukehren.[16] Sein Rennwagen war noch nicht fertig und vor seiner Abreise nach Lyon war bereits geplant gewesen, dass er nach Italien zurückkehren würde, um das Auto in Portello in Empfang zu nehmen und damit nach Frankreich zu fahren. Enzo würde das Training am Dienstag, dem 22. Juli, verpassen, aber er hätte genügend Zeit, um zum Rennen am Sonntag, dem 3. August, zurückzukehren. Die Presse wurde nicht informiert. Canestrini hatte Enzos Geständnis gehört, als er aus seinem P2 ausstieg, aber als Alfa-Romeo-Intimus beschloss er, dass er nicht alles schreiben müsse, was er wusste. Stattdessen schrieb er einfach: »Ferrari ist nach dem ersten Training zurück in Modena und befindet sich immer noch in Italien.«[17]

Die Leistung des P2 war zwar der Auslöser von Enzos Krise, aber es gab noch mehr – viel mehr. Mit einem ruhigen Gemüt wäre Ferrari wahrscheinlich in der Lage gewesen, sich auf das neue Auto zu konzentrieren. Als Rennfahrer kannte er sein Geschäft. In den letzten fünf Jahren hatte er ständig Autos gefahren, die immer leistungsstärker wurden. Es war sein Job. Aber er musste sich auf das konzentrieren können, was er am Steuer zu tun hatte. Er konnte es sich nicht leisten, seine kostbare Energie damit zu verschwenden, sich ständig mit seiner Frau zu streiten, die ihm immer wieder sagte, dass sie einen Ehemann mit einem weniger gefährlichen Beruf wolle, der jeden Abend pünktlich nach Hause käme, und besser einen Busfahrer statt einen Rennfahrer geheiratet hätte.[18] Vor seiner Abreise nach Lyon hatte er Laura sogar schriftlich versichert (was in ihrer intensiven privaten Korrespondenz einzigartig war), dass alles gut gehen würde.[19] Bevor er nach Pescara fuhr, hatte Laura angeordnet, nicht nach Lyon zu fahren.[20] Sie wusste, dass die Einladung zum Großen Preis von Europa die Karriere ihres Mannes vorantreiben und ihn noch weiter von Modena – und von ihr – entfernen würde. Um ihre Ablehnung von Enzos Teilnahme am Grand Prix zu bekräftigen, hatte sie ihm ein Telegramm nach Frankreich geschickt, in dem sie ihn aufforderte, nach Hause zurückzukehren.[21]

Doch im Sommer 1924 hatte Enzo Ferrari nur noch seine Rennkarriere im Kopf. Die Beziehung des Paares war kurz nach dem Beginn ihres – für die damalige Zeit – skandalösen Zusammenlebens regelrecht explodiert. Es war ein sehr anstrengendes Verhältnis geworden, in dem Enzo sich wenigstens bemühte, ihre Ängste zu verstehen, während Laura wenig oder gar nichts tat, um ihren Mann zu verstehen. Nach mehr als fünf Jahren des Zusammenlebens konnte man die *Monate*, in denen sie die Intensität und das Glück einer echten, funktionierenden Beziehung genossen hatten, an einer Hand abzählen.

Die Einmischung seiner Frau irritierte ihn und ließ ihn in Szenen ausrasten, die ebenso gewalttätig wie sinnlos waren.[22] Aber Laura hatte auf ihre Weise nicht unbedingt unrecht. In einigen Punkten wusste Enzo sogar, dass Laura recht hatte. Die ständigen Reisen zu Rennveranstaltungen und zum Alfa-Romeo-Werk in Portello hielten ihn zu lange von seinem Autohaus in Modena fern. Das Geschäft erforderte viel mehr Aufmerksamkeit und Präsenz, als er bieten konnte. Obwohl die Preisgelder genauso wie die Werbung, die sein Beruf als Rennfahrer garantierte, eine wichtige wirtschaftliche Stütze für das Autohaus waren, hatte Laura darauf bestanden, dass ihr Mann mehr Zeit für seine Tätigkeit in Modena aufwenden sollte.

Und dann waren da noch die Erinnerungen an den Fehlschlag mit der *Carrozzeria Emilia*. Eines wusste Enzo Ferrari gewiss: Die katastrophale Erfahrung, die zum Untergang seiner ersten Firma geführt hatten, sollten sich niemals wiederholen. Das war er nicht nur seiner Frau Laura und sich selbst schuldig, sondern auch seiner Mutter. Obwohl sie ihn nie öffentlich unterstützt hatte, liebte Enzo seine Mutter mehr, als er sich jemals eingestehen würde. Er vergaß nie, dass sie einige Jahre zuvor einige ihrer Möbel verkauft hatte, um die Schulden zu begleichen, die er während seiner erfolglosen Leitung der *Carrozzeria Emilia* angehäuft hatte. Dieses unternehmerische Desaster und die anschließende Demütigung, mütterliche Hilfe annehmen zu müssen, hatte neben der Wirtschaftskrise zwei besondere Ursachen: seinen völligen Mangel an Erfahrung sowie die vielen Rennverpflichtungen, die ihn weit weg von Modena und der Carrozzeria geführt hatten. Dank seiner wachsenden Aufgaben bei Alfa Romeo in den letzten zwei Jahren wusste er, dass er nun über die nötige Erfahrung verfügte. Das Wichtigste war, nicht noch einmal denselben Fehler zu machen. Er musste sein Geschäft sofort so weit wie möglich selbst führen. Die Schlussfolgerung war einfach: die Motorsportkarriere aufgeben oder zumindest so weit wie möglich einschränken. Der Große Preis von Europa war ein Bruchpunkt. Wenn er dort anträte, würde er Mitglied der offiziellen Aufstellung von Alfa Romeo auf der internationalen Bühne werden. Mit dem P2 wollte Alfa Romeo die erste Markenweltmeisterschaft erobern, die damals in Planung war und 1925 ausgetragen werden sollte. Wenn er an diesem hochrangigen Sportprojekt teilnähme, bliebe ihm nur wenig Zeit für seine eigenen unternehmerischen Aktivitäten.

Enzo brauchte Zeit, um darüber nachzudenken, was er mit seinem Leben anfangen wollte. Rennen waren ein wichtiger Bestandteil seiner Existenz, aber nicht mehr der einzige. Die Zusammenarbeit mit Rimini, die Tatsache, dass er erst Bazzi und dann Jano von Fiat abgeworben hatte, die Mitwirkung an der Entwicklung des P2 – all das hatte für Enzo einen unbestreitbaren Reiz. Die Rolle des technischen und kaufmännischen Beraters von Rimini würde es ihm ermöglichen, in einem Umfeld zu bleiben, das er liebte, ihm aber gleichzeitig die Möglichkeit geben, sich stärker seiner unternehmerischen Tätigkeit als Repräsentant von Alfa Romeo für die Emilia Romagna zu widmen.

In diesem Zustand, der von zu vielen, oft miteinander kollidierenden Ideen geprägt war, konnte Enzo nicht ein so anspruchsvolles Rennen wie den zweiten Grand Prix von Europa am Steuer eines Autos wie dem P2 bestreiten.[23] Ob er es wusste oder nicht: Er stand kurz vor dem Zusammenbruch.[24]

⌘⌘⌘

Die Spannungen, Überlegungen und Zweifel – die quälenden Erinnerungen, Ängste und Sorgen, zusammen mit seiner großen Verantwortung – waren für Enzo inzwischen eine unerträgliche Belastung. Die erneute Enttäuschung über die anhaltenden Verzögerungen mit dem P2 nach der unerwarteten Beförderung einige Wochen zuvor war wohl der letzte Strohhalm. In Lyon würde er nicht antreten, aber der emotionale Kampf beschäftigte ihn weiterhin. Er war unschlüssig, ob er sich aus dem Rennsport zurückziehen sollte. Er wusste, dass diese Frage ein für alle Mal geklärt werden musste. Weitere zweieinhalb Monate in diesem Zustand würde er nicht ertragen. Da er nicht wusste, was das Leben für ihn bereithielt, sich aber genau darüber im Klaren war, worauf er verzichtete, traf er eine schwierige und mutige Entscheidung. Er teilte Giorgio Rimini per Telegramm mit, dass er nicht nach Lyon zurückkehren würde. Er würde in Modena bleiben: »Ich fühle, nicht kommen zu können.« Die Erklärungen konnte bis zur Rückkehr Riminis aus Frankreich warten.[25]

Enzo fuhr für einige Tage in den Apennin südlich von Modena[26]. Er ging nach Sestola, um sich auszuruhen und nachzudenken, was in Lauras Nähe schwierig gewesen wäre, da sie größtenteils für das Geschehene verantwortlich war. In Sestola erfuhr Enzo auch von Camparis »überragenden« Sieg in Lyon[27]. Camparis Triumph bei einem am Ende von seinem Teamkollegen Ascari dominierten Rennen hatte den Alfa Romeo P2 zum besten Rennwagen Europas gemacht. Fiats Vorherrschaft war zu Ende gegangen. Enzo hatte viel zu diesem Ergebnis beigetragen, denn er hatte erst Bazzi und dann Jano überzeugt, Turin zu verlassen. Aber im Moment des Triumphs war er weit weg, allein mit sich und seinem Bedauern.

Zurück in Italien besuchten Ascari und Campari den immer noch in Sestola weilenden Enzo. Die Zuneigung und der Respekt, den sie für ihn empfanden, waren echt. Sie waren von seinem plötzlichen Abgang und seiner ausbleibenden Rückkehr überrascht worden und wollten sich nun persönlich vom Gesundheitszustand des Kameraden überzeugen, mit dem sie in den vergangenen vier Jahren Erfahrungen geteilt und sich auf ihre internationalen Heldentaten vorbereitet hatten. Mit einer Offenheit, die ihrer aufrichtigen Freundschaft würdig war, sagte Ascari: »Es war ein Fehler von dir, nicht nach Lyon zu kommen.« Ferrari war ebenso ehrlich: »Ich konnte nicht kommen, ich hatte nicht das Gefühl, dass ich es schaffen würde.«[28] Gleichzeitig bestätigte er, dass es sich nicht um einen vorübergehenden, sondern um einen endgültigen Rückzug handelte.

Um ihn als vierten Fahrer des Werksteams zu ersetzen, das Mitte Oktober am Großen Preis von Italien in Monza teilnehmen sollte, holte Alfa Romeo den Veteranen Ferdinando Minoia, einen der angesehensten Profis der Szene.[29] Ein dermaßen prestigeträchtiger Nachfolger muss Enzo noch mehr beunruhigt haben. Alfa Romeo hatte ein schlagkräftiges Team zusammengestellt, dem es das beste Auto Europas anvertrauen wollte – ein Team, dem er als legitimes Mitglied angehörte und das er freiwillig verließ, indem er die Aufopferung der letzten fünf Jahre und die Träume eines ganzen Lebens in den Wind schlug.[30]

Seine Ernennung zum *Cavaliere* der Krone nach dem Sieg bei der *Coppa Acerbo* Mitte Juli muss seine Moral ein wenig gestärkt haben. Vor dem Rennen hatte Giacomo Acerbo vom König das Recht erhalten, dem Sieger des Rennens, das dem Gedenken an Acerbos verstorbenen Bruder gewidmet war, den Ritterschlag zu verleihen. Innerhalb weniger Wochen wurde die Ernennung angenommen und die Ehre weitergegeben. Zu einer Zeit, als es noch selten war, Sportler für ihre Taten zu ehren, wurde der 26-jährige Enzo Ferrari einer der jüngsten Ritter des Königreichs Italien.

Am Abend des 29. August organisierten ein Dutzend Freunde und Bewunderer aus Modena ein Abendessen im Hotel San Carlo im Stadtzentrum, um die Ritterschlagung zu feiern. Es war ein

Abend voller Spaß und Freude, der durch ein respektloses Menü mit Namen von Gerichten, die sich über seine Mannschaftskameraden lustig machten, unterstrichen wurde.[31]

Es ist unklar, wie viele derjenigen, die das Abendessen organisierten, von Ferraris geplanter Zukunft wussten. Es ist gut möglich, dass Enzo selbst, während sie die Siege seines bisher besten Jahres feierten, ein Gefühl des Todes in seinem Herzen trug, da er wusste, dass diese Siege die letzten einer Karriere waren, die nur wenige Wochen zuvor noch so aussah, als würde sie gerade erst beginnen.

Anfang September war Enzo jedenfalls wieder im Alfa-Romeo-Autohaus auf der Piazza del Carmine in Modena tätig. Von nun an würde er seine ganze Energie darauf verwenden, ohne Ablenkung durch den Rennsport. Es war eine schwierige Entscheidung gewesen, aber eine notwendige. Jetzt musste er lernen, damit zu leben.

Während er wegen eines Nervenzusammenbruchs behandelt wurde, verspürte Enzo am Sonntag, dem 19. Oktober, den Wunsch (und er hatte auch die Kraft dazu), sich wieder in der Welt des Motorsports zu zeigen, die er so sehr liebte – wenn auch nur als Zuschauer. Am Wochenende des Großen Preises von Italien erschien er an den Boxen von Alfa Romeo in Monza,[32] von wo aus er das grandiose Rennen des P2 verfolgte.

Seine Freundschaft mit dem Grafen und der Gräfin Baracca hielt an und sie ließen keine Gelegenheit aus, ihn in ihre Häuser in Lugo di Romagna und San Polito einzuladen.[33] Ferrari, der den Grafen nicht nur als einen guten Kunden seines Autohauses betrachtete, sondern als den Vater eines der wenigen echten italienischen Helden des *grande guerra*, erwiderte ihre Zuneigung. Wenige Monate zuvor hatte die Gräfin ihm den Siegerpokal der zweiten Rundfahrt von Savio überreicht. Im Herbst 1924 hatte Signora Baracca ihm etwas noch Wertvolleres zu geben.[34]

Wie viele Flieger hatte Francesco Baracca als Erkennungszeichen und als Glücksbringer ein persönliches Emblem auf seinen Doppeldecker gemalt – das *Cavallino Rampante*, ein sich aufbäumendes, schwarzes Pferd.[35] Als Geste an einen geschätzten jungen Mann, dessen Ansehen wuchs (außer wenige Eingeweihte wusste niemand, warum Enzo in Lyon nicht antrat und welche persönliche Krise er danach durchmachte), und höchstwahrscheinlich auch, um das Andenken an ihren gefallenen Sohn zu bewahren, sagte Gräfin Paolina gerührt: »Ferrari, wenn Sie das Pferd meines Sohnes an Ihrem Auto anbringen, wird es Ihnen Glück bringen.«[36]

Um das Geschenk sichtbar zu machen, schenkten Baraccas Eltern Enzo ein Foto, auf dem ihr Sohn in der offiziellen Uniform der königlichen italienischen Luftwaffe vor seinem Doppeldecker posierte, wobei das schwarze Pferd auf der Seite des Flugzeugs gut zu erkennen war.[37] Der Graf und die Gräfin hatten handschriftlich auf das Foto geschrieben:

An Signor Cav. Enzo Ferrari
Die Eltern von
Francesco Baracca,
Paola und Enrico Baracca.[38]

Enzo nahm das Geschenk an und war sehr gerührt von der Freundlichkeit ihrer unerwarteten Geste. Er ahnte nicht, dass er acht Jahre später eine echte Verwendung dafür finden würde.[39]

In der Zwischenzeit war Jano aufgrund der Begeisterung, die der P2 bei seinen ersten Auftritten ausgelöst hatte, umgehend mit der Entwicklung eines Tourenwagens mit mittlerer Motorisierung betraut, der die brillanten Leistungen garantieren sollte, die die Kunden von einem Alfa Romeo erwarteten. Das Ergebnis war ein dynamisches, schnelles und leicht zu handhabendes Auto mit einem Motor, der, vor allem in den Versionen »Sport« und »Super Sport«, die besten Eigenschaften des P2 in sich vereinte. Der neue Wagen wurde auf dem Mailänder Autosalon im April 1925 unter dem Namen 6C 1500 vorgestellt. Er wurde bald ein großer Erfolg sowohl in kommerzieller als auch in sportlicher Hinsicht. Auch Enzo Ferrari, der dieses Auto in Modena verkaufte, profitierte von der kommerziellen Qualität dieses Autos.

Ebenfalls im April 1925 verlagerte Enzo Ferrari erneut den Standort seines Unternehmens, indem er den Verkaufsraum und die Werkstatt von der Piazza del Carmine in die Via Emilia Est 5 verlegte, also von innerhalb der Porta Bologna nach draußen. Der Name des Unternehmens lautete nun »*Cav. Enzo Ferrari Agente Generale Emilia e Romagna*«.[40]

KAPITEL 9

Exil

Auf Vorschlag des Königlichen Automobilclubs von Italien wurde im Februar 1925 die erste Automobilweltmeisterschaft ins Leben gerufen. Weil Alfa Romeo nun über ein Auto verfügte, das der nationalen und kontinentalen Konkurrenz überlegen war, hätte man sich nichts Besseres wünschen können, um seinen Namen auf der internationalen Bühne berühmt zu machen.

Die Weltmeisterschaft sollte in vier Durchgängen ausgetragen werden: drei in Europa und eine in den Vereinigten Staaten – vor allem um der Serie eine »globale« Dimension zu verleihen. Zusätzlich zu den Grands Prix in Frankreich, Italien und Europa (der auf der belgischen Rennstrecke von Spa-Francorchamps ausgetragen werden sollten) wurde das Indianapolis 500 in die Meisterschaft aufgenommen – obwohl von Anfang an klar war, dass weder Fahrer und Autos aus Amerika nach Europa kommen würden noch irgendwelche Europäer den Atlantik zu überqueren gedachten.

Die Hersteller konnten nur in drei der vier Rennen Punkte sammeln – ein weiteres Zeichen dafür, dass Indianapolis in Wirklichkeit eine eigenständige Veranstaltung im Rahmen einer in jeder Hinsicht europäischen Meisterschaft war. Als Tribut an die Nation, die die Serie entwickelt hatte, war die Teilnahme am Großen Preis von Italien Pflicht – wer nicht daran teilnahmen, konnte sich nicht für den Weltmeistertitel qualifizieren. Jedes Rennen sollte über eine Mindestdistanz von 800 Kilometer ausgetragen werden.

Die Punktevergabe war recht komplex und basierte auf einem Konzept, das dem des modernen Rennsports diametral entgegengesetzt war. Am Ende des Jahres gewann der Hersteller – nicht der Fahrer (!) – der die *wenigsten* Punkte gesammelt hatte. Der Sieger eines jeden Rennens erhielt einen Punkt. Für den zweiten Platz gab es zwei Punkte, für den dritten drei und den vierten vier Punkte. Wer danach oder gar nicht ankam, erhielten fünf Punkte. Die Nichtteilnahme an einem Rennen bedeutete sechs Punkte.

Mit einem zuverlässigen und leistungsstarken Auto sowie erfahrenen Piloten galt Alfa Romeo bei dieser ersten Weltmeisterschaft als der Hersteller, der zu schlagen war. Drei der Fahrer wurden für die Jagd nach dem Weltmeistertitel ausgewählt: die gefeierten Champions Antonio Ascari und Giuseppe Campari sowie Graf Gastone Brilli-Peri, der von Alfa Romeo ausgewählt wurde, um jenen dritten Fahrerplatz zu besetzen, der wenige Monate zuvor noch in Reichweite von Enzo Ferrari lag.

Während sein Rückzug aus Lyon Enzo ermöglicht hatte, sich über seine berufliche Zukunft klar zu werden, hatte er für sein Privatleben keinen echten Nutzen gebracht. Die Auseinandersetzungen, Kämpfe, Konflikte und Missverständnisse mit Laura – die auf der Suche nach der Heilung, an die wohl sonst niemand mehr glaubte, ständig getrennt von ihm lebte – gingen ununterbrochen weiter. Laura zog immer wieder von einem Genesungsort zum nächsten, je nach Jahreszeit ans Meer oder in die Berge. Ihre Aufenthalte in Modena waren kurz und wurden immer seltener. Wenn sie sich nicht in einem der inzwischen üblichen Kurorte erholte, war sie wieder in Turin bei ihrer Mutter und ihrer Schwester.

Mitte April war Enzos Geduld endgültig am Ende. Ihm wurde klar, dass das enorme persönliche Opfer, das er im Sommer gebracht hatte, als er seine Rennfahrerkarriere zum großen Teil zugunsten von Laura aufgegeben hatte, sinnlos gewesen war.

Laura war wie immer unterwegs und hatte nicht die Absicht, nach Modena zurückzukehren. Sie wohnte wieder einmal bei ihrer Mutter in Turin. Enzo nahm Stift und Papier zur Hand und beschrieb fast unbarmherzig das Verhalten seiner Frau sowie die Gründe dafür, die er sehr gut kannte. Harte Worte in einem bitteren Ausbruch – grob und doch aufrichtig. Der lange und schonungslose Brief endete unmissverständlich, um ihr keine Ausrede und keinen Ausweg zu bieten. Enzo stellte Laura ein Ultimatum von 24 Stunden, um zu ihm zurückzukehren. Sie waren Mann und Frau und das Gesetz erlaubte ihm, seine Frau so unter Druck zu setzen.[1]

Niemand weiß, ob Laura dem Ultimatum nachkam und innerhalb eines Tages nach Modena zurückkehrte. Bekannt ist jedoch, dass ein eineinhalb Monate später bei den Eheleuten Ferrari wieder Ruhe eingekehrt war.

⌘ ⌘ ⌘

Alfa Romeo nahm am ersten Durchgang der Weltmeisterschaft, der am 30. Mai in Indianapolis ausgetragen wurde, nicht teil. Als einziges europäisches Auto stand der von Pietro Bordino privat genannte Fiat am Start. Somit hatten die amerikanischen Hersteller einen Vorsprung in der WM-Wertung. Da Alfa Romeo wie viele andere Hersteller nicht teilgenommen hatte, wurden ihnen automatisch sechs Punkte »gutgeschrieben«.

Einen Monat nach Indianapolis trafen sich die europäischen Teilnehmer in Spa-Francorchamps in den Ardennen zum Großen Preis von Europa, um hier ihr Debütrennen auszutragen. Wie erwartet, wollte kein US-Hersteller in Belgien antreten. Von den zwölf gemeldeten Wagen gingen nur sieben an den Start: vier blaue Delages repräsentierten Frankreich, außerdem standen die drei roten Alfa Romeos von Ascari, Campari und Brilli-Peri bereit. Enzo Ferrari war nicht zum Rennen angereist.

Mit den Plätzen eins für Ascari und zwei für Campari wurde es ein Triumph für Alfa Romeo. Im Fahrerlager jubelte Rimini. Noch vor wenigen Jahren hatte er fast im Alleingang das gesamte Rennprogramm von Alfa Romeo aufrechterhalten, als man dort alles auf seinen Enthusiasmus gesetzt hatte. Auch dank des konkreten Beitrags seines Freundes Enzo Ferrari, der die richtigen Männer ausfindig gemacht hatte, die sich als unschätzbare Hilfe erwiesen, hatte seine Rennabteilung bewiesen, dass sie die Motorsportwelt dominieren konnte.

Mit diesem einen Punkt übernahm Alfa Romeo neben Indy-Sieger Peter DePaolo (für Duesenberg) die Führung in der Weltmeisterschaftswertung. Immerhin hatte DePaolo zugesagt, zum letzten Rennen nach Monza zu kommen. Vor diesem Hintergrund bereitete sich Alfa Romeo für das nächste Rennen in Montlhéry bei Paris vor.

Wie schon in Belgien vertraute Alfa Romeo auch in Montlhéry seine drei P2-Fahrzeuge Ascari, Campari und Brilli-Peri an. Doch dieses Mal gab es Feindseligkeiten zwischen den Fahrern. Die Meisterschaft sollte einen Hersteller und nicht einen Fahrer belohnen. Aus diesem Grund war Campari, der in den letzten beiden Rennen zwei Siege seines Teamkollegen Ascari miterlebt hatte, davon überzeugt, dass es dieses Mal an ihm war, den P2 zum Sieg zu führen was zeigt, wie sehr war man im Alfa-Romeo-Team von der Überlegenheit des von Jano entworfenen Autos überzeugt war. Ascari war natürlich anderer Meinung.

Die Situation hätte nur durch ein entschlossenes Auftreten von Rimini oder Jano gelöst werden können. Doch es kam nichts. Wäre er in Frankreich anwesend gewesen, hätte Ferrari mit seinem Fachwissen vielleicht den Ausschlag zugunsten eines der beiden Fahrer geben können. Oder er hätte zumindest Rimini und Jano von der Notwendigkeit einer – wenn auch schmerzhaften – Entscheidung überzeugt. Aber Ferrari war wieder einmal in Modena geblieben.

Als der Starter die Flagge senkte, übernahm Ascari aus der zweiten Startreihe heraus entschlossen die Rennführung. Nach etwa einem Viertel des Rennens legte der Maestro einen Tankstopp ein. Er führte mit einem guten Vorsprung vor seinen Verfolgern, Campari war Zweiter. Rimini und Jano rieten ihm, die Situation zu kontrollieren, ohne unnötige Risiken einzugehen. »Ich hoffe, dass es keine weiteren Diskussionen geben wird«, antwortet Ascari lakonisch. »Seien Sie versichert«, wurde ihm geantwortet.[2] Aber Ascari war ein verwegener Rennfahrer, der sich nicht einfach zurücklehnen und entspannen konnte. Die Rivalität mit seinem Teamkollegen Campari war real. Ascari wusste auch, dass Campari ihn trotz ihrer Freundschaft und gegenseitigen Bewunderung niemals als Kapitän des Teams anerkennen (das hatte er nur wenige Tage zuvor offen gesagt) und nicht so leicht nachgeben würde. Um jede Überraschung zu vermeiden, begann Ascari, das Rennen mit demselben Tempo fortzuführen, mit dem er seine Gegner in den ersten Runden ausgeschaltet hatte.

Dann begann es zu regnen.

In der 24. Runde kam Ascaris Wagen bei hoher Geschwindigkeit plötzlich ins Schleudern. Die Räder gerieten auf den Grünstreifen und der P2 raste mit ca. 180 km/h in den Zaun am Streckenrand, um sich anschließend zu überschlagen. Das Publikum wurde darüber informiert, dass das Auto mit der Nummer 3 einen Unfall hatte. Es wurde still an der Strecke. Bald fuhr Camparis Alfa Romeo mit der Startnummer 3 auf der Start- und Zielgeraden an der Tribüne vorbei. Der Streckensprecher korrigierte sich unverzüglich und verkündete, dass es Wagen Nummer 8 gewesen sei, der einen Unfall hatte – der Alfa Romeo von Ascari. Der Fahrer sei aus dem Fahrzeug herausgeschleudert worden und verletzt.

Antonio Ascari lag bewusstlos und hilflos eine halbe Stunde neben seinem umgekippten P2 am Streckenrand. Lediglich ein italienischer Zuschauer schaffte es, sich ihm zu nähern. Als endlich die Rettung eintraf, leistet ihm der Arzt Erste Hilfe, konnte allerdings kaum etwas tun. Ascari wurde in den Rettungswagen verfrachtet und starb dort weniger als einen Kilometer von der Unfallstelle entfernt. Der Ansager teilte bald den Zuschauern entlang der gesamten Rennstrecke mit, dass Antonio Ascari tot sei. Einem kollektiven Impuls folgend, erhoben sich 30.000 Menschen – Männer zogen ihre Hüte als Zeichen des Respekts und Frauen umklammerten ihre Taschentücher.[3]

Das Rennen war nicht unterbrochen worden. Auch Campari, der die Führung von Ascari geerbt hatte, fuhr zunächst weiter, gab das Rennen jedoch nach etwa der Hälfte der Gesamtdistanz auf, als er zum zweiten Mal auftanken musste und endlich informiert worden war. Als er erfuhr, was mit seinem Teamkollegen geschehen war, nahm er sofort seine Schutzbrille und den Helm ab und stieg aus dem Auto. Brilli-Peri hatte genau dies neun Runden zuvor getan.

Die Nachricht von Ascaris Tod war für Enzo ein echter Schlag in die Magengrube. Nicht einmal zwei Jahre nach dem Tod von Sivocci war es zu einer weiteren Tragödie mit all ihren düsteren Folgen gekommen. Wenn Enzo noch eine weitere Begründung für seine Flucht aus Lyon brauchte, hatte ihm das Schicksal diese gerade geliefert.

Darüber hinaus hatte Ferrari auf beängstigende Weise erneut das Gefühl, den Tod von Ascari irgendwie vorausgesehen zu haben – genau wie den von Biagio Nazzaro. Als er sich kurz vor dessen Abreise nach Montlhéry von Ascari verabschiedete, hatte Enzo instinktiv das Gefühl, dass es sich nicht um einen Abschied, sondern um ein Adieu handelte – »das Adieu an einen großen Freund«.[4]

Das zweite Mal in zwei Jahren hatte Enzo einen Freund und Kollegen verloren. Weil Enzo seit Langem von der Persönlichkeit und dem Talent Ascaris fasziniert war, hatte er ihn als sein persönliches Vorbild betrachtet. Das meiste, was Enzo in den letzten vier Jahren getan hatte, war eine Art Nachahmung dessen, was Ascari selbst erreicht hatte.

In der komplizierten Welt des Motorsports war Ascari ein einfacher, aufrichtiger, offener und großzügiger Mensch geblieben, den man sehr leicht lieb haben konnte. In der komplexen Welt des Motorsports besaß Ascari die seltene Gabe der Offenheit; er hatte keine Geheimnisse und keine Vorurteile. Ihre Freundschaft war echt gewesen – so echt, wie Enzos Schmerz jetzt war.

Enzo Ferrari hatte einen Freund und einen Bezugspunkt verloren, doch der Tod von Ascari stellte für Giorgio Rimini neben der menschlichen Tragödie auch aus sportlicher Sicht ein großes Problem dar. Paradoxerweise war Ferrari die beste Wahl, um den gefallenen Champion zu ersetzen, auch wenn er seit einem Jahr keine Rennen mehr gefahren war; es war genauso wie ein Jahr zuvor, als Enzo für den Großen Preis von Europa als Ersatzfahrer für Masetti geholt worden war. Weil aber Enzos Rückzug in Lyon und alles danach natürlich eine klare Botschaft an Rimini und das Management von Alfa Romeo gesendet hatte, formulierten sie nie (falls sie jemals überhaupt an diese Lösung gedacht hatten) ein solches Angebot.

Das hinderte Rimini jedoch nicht daran, Ferrari um Rat zu fragen, wer Ascari ersetzen sollte – ein Rat, der den Namen von Tazio Nuvolari (der inzwischen Alfa-Romeo-Vertreter für die Provinz Mantua geworden war) ins Spiel brachte. Tazio war vor allem für seine Siege bei Motorradrennen bekannt, aber Enzo respektierte ihn, weil er im Jahr zuvor auch in einigen Autorennen gegen ihn angetreten war. Weil Rimini Ferrari intuitiv vertraute, gefiel ihm die Idee sofort – verwarf sie aber wieder, als Nuvolari bei einer Testfahrt in Monza verunglückte.[5]

Letztendlich wurde Ascari durch die unwahrscheinlichste aller Entscheidungen ersetzt, nämlich durch einen amerikanischen Fahrer italienischer Abstammung, der dem europäischen Publikum völlig unbekannt war – Peter DePaolo, der im Mai das Indianapolis 500 für Duesenberg gewonnen hatte.[6]

Ohne seinem fahnenflüchtigen Werksfahrer überquerte das Duesenberg-Team den Atlantik mit wenig Hoffnung, Alfa Romeo auf deren Heimstrecke zu besiegen. Der in Indianapolis beheimatete Hersteller ging mit einem Punkt Rückstand ins Rennen. Ein Erfolg von Alfa Romeo würde den Weltmeistertitel nach Mailand holen. Ein Sieg von Duesenberg mit einem Alfa Romeo auf dem zweiten Platz würde zu einer Art »Stechen« führen, bei dem nur diese beiden Hersteller ein verkürztes Rennen über 200 Kilometer bestreiten müssten.

Dies wurde allerdings nicht nötig.

Am Sonntag, dem 6. September 1925, dominierte Alfa Romeo den Großen Preis von Italien vom Start bis ins Ziel. Das *Autodromo Nazionali* war bis auf den letzten Platz gefüllt, der italienische Thronfolger Umberto und seine Frau, Prinzessin Jolanda, saßen auf der Ehrentribüne.

Natürlich war auch Enzo in Monza. Genau wie früher war er das ganze Wochenende in den Boxen von Alfa Romeo anzutreffen und er trug sogar seine Rennkombi. Jetzt, wo Sivocci und Ascari nicht mehr da waren, war Ferrari das einzige verbliebene Mitglied der alten Garde. Auch wenn er kein Rennen fuhr, wusste er, dass seine Anwesenheit Campari trösten würde, der immer noch vom Tod Ascaris erschüttert war und sich aufgrund der Nachwirkungen eines kleinen Unfalls im Training nicht in bester körperlicher Verfassung befand.

Der Favorit Campari setzte sich direkt am Start an die Spitze. Dann verlagerte sich das Rennen unerwartet in Richtung eines Helden, mit dem niemand gerechnet hatte – Gastone Brilli-Peri, dessen Chancen von den Buchmachern zuvor mit 20 zu 1 angegeben worden waren.[7] Brilli-Peri übernahm die Führung und behielt sie bis zum Ende des fünf Stunden und 14 Minuten dauernden Marathons. Campari wurde Zweiter, Bartolomeo Costantini im Bugatti Dritter und Tommy Milton im Duesenberg Vierter.

Alfa Romeo war Weltmeister.

Das ganze Land scharte sich um Alfa Romeo, die in nur einem Jahr – ironischerweise seit Enzo Ferraris Flucht aus Lyon – zum Symbol für Arbeit und Erfolg auf italienische Art geworden waren und den Platz in den Herzen der Italiener einnahmen, den bisher Fiat innehatte.

Für Ferrari und sein Autohaus erwies sich der sportliche Erfolg von Alfa Romeo als großer Verkaufsanreiz und das Abstimmen von Autos, die einige seiner Kunden bei weniger prominenten Rennen einsetzten. Die Geschäfte bei Alfa Romeos Cavaliere Enzo Ferrari, dem exklusiven Händler für die Emilia-Romagna, liefen gut. Der siebenundzwanzigjährige Ferrari leitete inzwischen von seinem Sitz in der Via Emilia Est 5 in Modena auch das Autohaus in der Via Montegrappa 6 in Bologna. In etwas mehr als einem Jahr seit seinem Rückzug aus dem Rennsport war es Enzo gelungen, die Geister der Vergangenheit zu vertreiben und eine entscheidende Wende in seinen geschäftlichen Aktivitäten herbeizuführen, während er gleichzeitig in der Verkaufsabteilung und im Rennstall von Alfa Romeo bleiben konnte.

Doch plötzlich gab es einen Riss im schönen Apparat des Weltmeisters Alfa Romeo. Am 21. Oktober 1925, sechs Wochen nach dem Triumph von Monza, beschloss der Vorstand, sich aus dem Rennsport zurückzuziehen und das bis dahin für den Wettbewerb reservierte Budget lieber in die Entwicklung und Produktion von Straßenfahrzeugen zu investieren. Alfa Romeos auf die Rennstrecke zu bringen, sollte von nun an Sache von Privatfahrern sein, denen der Hersteller Autos über seine Händler – darunter auch Enzo Ferrari – verkaufen würde.

Kurz darauf wurde Nicola Romeo zum Rücktritt gezwungen. Mit der darauffolgenden Säuberung wurde Giorgio Rimini, der Architekt von Alfa Corse und Mentor von Enzo Ferrari in Portello, abgesetzt. Dann war Merosi an der Reihe. Und bald waren von der alten Führungsmannschaft nur noch Jano und Bazzi übrig.[8]

Enzo Ferrari verbrachte das Jahr 1926 größtenteils in Modena und hatte nur noch wenig mit dem Rennsport zu tun. Da Alfa Romeo nicht mehr offiziell Rennen fuhr, wurden seine Reisen nach Mailand seltener und dienten fast ausschließlich kommerziellen Zwecken. Stattdessen begab er sich immer häufiger nach Bologna, wo er inzwischen zum Leiter der offiziellen Alfa-Romeo-Niederlassung für die Emilia-Romagna und Marken ernannt worden war.

Der Mittelpunkt seines Lebens lag wieder in Modena, wo er keine Gelegenheit ausließ, an Sportveranstaltungen teilzunehmen oder einfach zur zuzuschauen – auch an solchen, die weit von seiner geliebten Welt der Autorennen entfernt waren. Man sah ihn bei Fußballspielen, Radrennen und in den Wintermonaten sogar beim Skisport an den Hängen des Apennins. In Modena hatte man seine glanzvolle Vergangenheit als Rennfahrer nicht vergessen und so wurde er von Zeit zu Zeit als Gaststarter zu Auto- und Motorradrennen eingeladen.

Für Enzo war das Jahr 1926, mehr noch als das vorherige Jahr, in dem er noch fast ununterbrochen mit Alfa Corse in Verbindung stand, eine Zeit intensiver Aktivität, in der er viel über verschiedene Dinge lernte. Während er als Organisator, Manager und Förderer gesehen wurde, war er immer in die Sportszene von Modena eingebunden gewesen.[9]

Während er es 1925 geschafft hatte, die Episode von Lyon hinter sich zu lassen und die meisten Dinge, die er immer getan hatte, weiter zu tun, so war Enzo jetzt gezwungen, sich fast neu zu erfinden, um eine Führungsposition bei Alfa Romeo zu behalten.

Die Jahre nach Lyon waren eine Zeit, in der Ferrari nicht nur Menschen und Situationen kennenlernte, sondern auch lernte, die Bekanntschaft derjenigen zu pflegen, die wirklich zählten und für sein Geschäft nützlich sein konnten. Die Lektion des Scheiterns der *Carrozzeria Emilia* sollte nie in Vergessenheit geraten.

In erster Linie war Ferrari jedoch ein Mann des Motorsports und als er schließlich den Tod von Antonio Ascari verkraftet hatte, wurde der Wunsch, dem Rennsport verbunden zu bleiben, immer stärker. Er musste erst mit sich selbst und dann mit seiner Frau ins Reine kommen. Doch im Frühjahr 1927 fasste er den Entschluss, zum Automobilsport zurückzukehren – wenn auch nicht in der Form und in den Kategorien, in denen er sich zwischen 1919 und 1924 einen Namen gemacht hatte.

Der erfolgreiche erste Lauf der *Mille Miglia* am 27. März 1927 trug wesentlich dazu bei, Enzo zu überzeugen, in den Rennsport zurückzukehren. Was zum Markenzeichen des italienischen Rennens werden sollte, war nicht nur ein neuer Wettbewerb – es war eine neue Art des Rennsports. Die *Mille Miglia* stand nicht Fahrzeugen wie dem P2 Grand Prix offen, sondern solchen Sportwagen, die von Serienfahrzeugen abstammten und die bei jedem Händler gekauft werden konnten, auch bei Enzo oder in einer der zahlreichen, über die Regionen Emilia-Romagna und Marken verstreuten Verkaufsstellen, koordiniert von der Alfa-Romeo-Niederlassung, die Enzo aus der Via Montegrappa 6 in Bologna leitete.[10]

Ein nicht unwichtiges Detail war die Tatsache, dass Ferrari in der jüngeren Vergangenheit bewiesen hatte, dass er wie nur wenige andere Italiener diese Sorte Autos beherrschte – weniger stark und sanfter als der P2 Grand Prix –, die zu jenen Wettbewerben zugelassen waren, denen die *Mille Miglia* neues Leben eingehaucht oder vielleicht sogar zu ihrer Entstehung beigetragen hatte.

KAPITEL 10

Die Rückkehr

Das neue Kapitel in Enzo Ferraris Rennaktivitäten begann am 15. Mai 1927 in Alessandria im Piemont. An diesem Tag nahm Ferrari nicht am Hauptrennen teil, sondern an einer Nebenveranstaltung für Sport- und *Granturismo*-Fahrzeuge.[1] Angesichts seiner Vergangenheit als Profirennfahrer mochte dies überraschend erscheinen. Aber man muss sich zwei Dinge vor Augen halten: Erstens war seine Rückkehr zum Rennsport (zu einem kleineren Teil) die Befriedigung seines angeborenen Verlangens nach Geschwindigkeit; der zweite und größere Beweggrund war, dass Ferrari von nun an vor allem Rennen fahren wollte, um Werbung zu machen und sein Kerngeschäft zu unterstützen – sein Autohausnetz. Seinen Rennfahrerfähigkeiten hatten die zweieinhalb Jahre Untätigkeit jedenfalls nicht geschadet. Im Cockpit eines Alfa Romeo RL Mille Miglia mit der Nummer 7 auf der Motorhaube fuhr Ferrari laut Presseberichten »wie ein Meister«. Er führte das »reibungslose Rennen« von Anfang bis Ende an und baute seinen Vorsprung auf die Verfolger Runde für Runde aus. Mit einer Durchschnittsgeschwindigkeit von fast 88 km/h holte er sich einen »völlig verdienten Sieg«.[2] Drei Wochen später gewann er erneut beim ersten *Circuito di Modena,* einem dieser neuen Rennen, die aus der Begeisterung für die *Mille Miglia* entstanden waren. Dieselbe Art von Autos, mit denen auf dem italienischen Stiefel Marathon gefahren wurde, kämpften hier auf einem Stadtkurs über 30 Runden gegeneinander. Die Wahl des Wagens für dieses besondere Rennen verriet – oder besser: erklärte – die kommerziellen Auswirkungen des neuen Kurses in Enzos Rennkarriere: ein 6C 1500, das zwei Jahre zuvor eingeführte, wendige Auto, mit dem Alfa Romeo seinen Absatz in Italien ankurbeln wollte. Ein Sieg in Modena, dachte Ferrari, würde mehr wert sein als ganze Anzeigenseiten in Zeitungen und Zeitschriften.

Nachdem Aymo Maggi in der fünften Runde aufgeben musste, lag Enzo nach der Hälfte des Rennens mit einer Minute Rückstand auf Pintacuda auf dem zweiten Platz. Fünf Runden später, als auch der sizilianische Adlige aufgeben musste, hatte Ferrari keine Konkurrenten mehr. Bei einsetzendem Regen blieb er bis zur Zielflagge in Führung. Mit nur einer Sekunde Rückstand kam hinter ihm der andere 6C 1500, gefahren vom Alfa-Romeo-Testfahrer Attilio Marinoni, ins Ziel.[3] Zwei Siege in zwei Rennen. Obwohl sein erstes Rennen eher ein gemütlicher Ausflug war und der zweite Sieg durch den Ausfall der beiden stärksten Gegner begünstigt wurde, war klar, dass Ferrari noch immer sein Handwerk verstand.

Im Ziel stand inmitten der Fans und Journalisten, die vom Sieg des Lokalmatadors begeistert waren, auch Laura.[4] Weil die Gefahren des professionellen Rennsports verschwunden waren, hatte sie wahrscheinlich erkannt, dass ein begrenztes Engagement ihres Mannes im Rennsport seinem Geschäft zugutekommen würde.

⌘ ⌘ ⌘

1928 wurde für Enzo Ferrari ein prägendes Jahr.

In jenem Winter wurden in Italien die ersten *Scuderie* (Rennställe) gegründet. Da das direkte Engagement der Automobilhersteller immer mehr eingeschränkt wurde, beschlossen die besten Fahrer der Szene, das Problem selbst in die Hand zu nehmen.

Tazio Nuvolari und Emilio Materassi gründeten zwei Teams, bei denen sie sowohl Fahrer als auch Besitzer waren.

Nuvolari entschied, ausschließlich mit Autos von Bugatti anzutreten. Materassi fächerte seine Investitionen weiter auf, indem er drei Talbots, zwei Bugattis, zwei Italas, einen Amilcar und sogar einen Chrysler anschaffte. Nuvolari engagierte den stärksten Rivalen aus seinen Motorradrennen, einen jungen Mann aus Galliate namens Achille Varzi, für die laut Giovanni Canestrini »kleinen Scuderia Bugatti«, um sie vom Werksteam aus Molsheim zu unterscheiden. Materassi wählte als Teamkollegen Luigi Arcangeli, der von seinen Fans »Löwe der Romagna« genannt wurde.[5]

Ferrari kannte zu dieser Zeit sowohl Nuvolari als auch Materassi ziemlich gut und sie respektierten einander. Trotz des großen Fuhrparks, der ihnen zur Verfügung standen, ließ sich Ferrari nicht von ihnen verführen. Stattdessen blieb er im Umfeld von Alfa Romeo, für die er trotz seiner nur 30 Jahre, aber mit einer Verbindung, die bereits vor acht Jahren begonnen hatte, eine Art Urgestein war.

Er hatte beschlossen, nur noch bei relativ wichtigen Veranstaltungen anzutreten, die für sein Unternehmen von Nutzen sein konnten, und seine Beziehung zu Alfa Romeo blieb fest. Tatsächlich war Enzo für den Mailänder Autobauer nicht nur der Handelsvertreter für drei italienische Regionen, sondern auch ein vertrauenswürdiger Berater der Rennabteilung.[6] Die Führungsspitze von Alfa bestand nun hauptsächlich aus vom Staat ernannten Technokraten, aber Ferraris Erfahrung und sein persönlicher Charme hatten auf die Neulinge immer noch Einfluss.

Am letzten Sonntag im April 1928 setzte sich Ferrari wieder hinter das Steuer eines Rennwagens. Gestartet wurde wieder auf dem *Circuito di Alessandria,* wo er im Frühjahr seine Rückkehr in den Rennsport gefeiert hatte. Das Rennen war Sportwagen vorbehalten, während am Sonntag zuvor die Grand-Prix-Wagen angetreten waren.

Mit seinem Alfa Romeo 6C Mille Miglia gewann Ferrari das lediglich fünf Runden (160 km) dauernde Rennen souverän. Die

Presse – schon immer Ferrari zugeneigt – nutzte die Gelegenheit, um sein unverändertes Talent hervorzuheben, indem sie direkt von den »wunderbaren Fähigkeiten des Fahrers« sprach. Sein Verhalten im Rennen wurde als »sicher, sehr konstant und beeindruckend« bezeichnet. Ferrari sei, so die Reporter, »mit bewiesener Kompetenz und Kühnheit« gefahren.

Am 20. Mai triumphierte Ferrari erneut auf heimatlichem Terrain. Den zweiten Lauf auf dem *Circuito di Modena* hatte er mit seinem Alfa Romeo 6C 1500 mit der Nummer 18 die gesamten 360 Kilometer unter Kontrolle gehabt. Seine Modeneser Mitbürger hatten den Lokalmatador vom Start weg bejubelt und zeigten am Ende unbändige Begeisterung. Ferrari, der immer von der Angst geplagt war, von den *Modenesi* nicht voll akzeptiert zu werden, war an diesem Tag »überglücklich über den Sieg und gerührt von der Begeisterung, die [ihm] die Öffentlichkeit und die Obrigkeit entgegenbrachten«.

Die Presse schätzte seine Leistung ebenso sehr. Elegant in seiner inzwischen traditionellen Rennkleidung – Jackett, Krawatte, Weste unter dem Staubmantel[7] – hatte Ferrari »seine großen Fahrkünste kühl und selbstbewusst bestätigt«.[8] Manche Journalisten betonten seinen »wunderbaren Auftritt und seinen Fahrstil im Rennen«.[9]

Peppino Verdelli[10] gab als Bordmechaniker sein Debüt an der Seite von Enzo, begleitete ihn bei den meisten seiner wenigen Rennen vor dem Ende seiner Rennkarriere und wurde einige Jahre später Enzos persönlicher Chauffeur.

Zwei Wochen später trat Enzo zum ersten Mal seit der *Coppa Acerbo* 1924 wieder gegen die besten italienischen Fahrer an. Schauplatz der Begegnung war die Rennstrecke von Mugello, die in diesem Jahr zu Ehren des drei Jahre zuvor bei der *Targa Florio* gestorben Giulio Masetti umbenannt worden war. Ferrari nutzte »seinen tadellosen Stil«,[11] der es ihm ermöglichte, nach dem Ausscheiden von Campari eine ganze Weile hinter Materassi (im Talbot) die zweite Position zu halten. Nachdem Bruno Presenti ihn in einem ähnlichen Alfa Romeo in der letzten Runde überholt hatte, wurde Enzo Dritter. Mugello war das letzte Rennen des Jahres 1928, an dem Enzo Ferrari als Fahrer teilnahm. Bei nur drei Rennen, aber mit zwei ersten Plätzen in Alessandria und Modena und einem dritten Platz in Mugello, verdiente er die respektable Summe von 45.000 Lire, was ihm neben Achille Varzi den zehnten Platz unter den 52 italienischen Fahrern einbrachte, die in dieser Saison Rennen gefahren waren. Natürlich stammte der größte Teil seines Jahresgehalts aus seiner Tätigkeit als Händler; die Rennpreise waren aber eine nette Zugabe.

Am 9. September trat Ferrari in Monza als Zuschauer beim Großen Preis von Italien auf. Vor dem Start tauschte er Witze mit seinem Freund Materassi aus, der sich bald als Fahrer zurückziehen wollte und sich auf seine neue Tätigkeit als Manager und Besitzer eines eigenen Rennstalls freute. Doch das Schicksal hatte andere Pläne. In Runde 18 hob sein Talbot auf der langen Geraden ab und flog in die voll besetzte Tribüne. Es entstand eine Tragödie von ungeheurem Ausmaß: 23 Zuschauer kamen ums Leben, 40 weitere wurden verletzt. Auch Materassi wurde getötet.[12]

Für die verschiedenen *Scuderie* war die erste Saison eine Erfahrung voller Kontraste. Organisatorische, logistische und finanzielle Probleme waren im Laufe des Jahres immer wieder aufgetreten. Die Teams von Nuvolari und Materassi waren mehrmals in Schwierigkeiten geraten und die Gründe dafür waren simpel: Trotz Enthusiasmus und Leidenschaft fehlten ihnen das Personal und die Struktur eines Automobilherstellers, außerdem hatten sie keinen Zugang zu den Mitteln, über die die Hersteller verfügten.

Ferrari, der die Entwicklung der Ereignisse mit einem intensiveren Interesse verfolgte, als viele vermuteten, erkannte von Anfang an, dass ein Rennstall in der Lage sein musste, langfristig zu planen. Dazu brauchte er Zugang zu Kapital, das nicht nur aus den Preisgeldern der Rennen bestand. Um erfolgreich zu sein, sollte ein Rennstall wohlhabende Gründungsmitglieder haben und möglichst einen Autohersteller einbeziehen, von dem sie Fahrzeuge und die notwendigen Ersatzteile kaufen konnten – vor allem aber einen direkten Draht zu ihm haben sollten.

Nuvolari finanzierte sein Team fast ausschließlich durch die Rennpreise, die der *Mantovano volante* (»fliegende Mantuaner«) selbst gewann. Eher fasziniert war Ferrari hingegen von Materassis Konzept, das auf frisches Geld reicher Florentiner Enthusiasten zählen konnte. Mit dessen Ansatz begann Enzo zu erkennen, wie Teams florieren konnten. Leider wurde Materassi getötet, bevor er Enzo recht geben konnte.

Ferrari, der die Bemühungen von Nuvolari und Materassi eine ganze Saison lang beobachtet und analysiert hatte, dachte nicht daran, diesen Beispielen zu folgen. Er hatte in der Vergangenheit mit zu viel Enthusiasmus und zu viel Annäherung schlechte Erfahrungen gemacht und eine wertvolle Lektion gelernt. Also arbeitete er weiter als Händler und lokaler Alfa-Romeo-Vertreter, verkaufte Autos an Gentleman-Fahrer, die damit sonntags Rennen bestritten, und fuhr auch selbst ab und zu Rennen. Schließlich sprach die Presse in den ersten Monaten des Jahres 1929 weiterhin von ihm als einem »großen Rennfahrer«.[13] Es überrascht daher auch nicht, dass die Sportkommission des Automobilclubs von Italien ihm für die bevorstehende Saison die internationale Lizenznummer 1 zuteilte.[14]

Das erste Rennen der neuen Saison bestritt Ferrari am 21. April 1929 in Alessandria auf der ihm gut bekannten und nun nach Pietro Bordino benannten Strecke. Ferraris Rennen lief gut; er lag auf dem vierten Platz, als sein Wagen plötzlich wegen eines geplatzten Reifens eine Betonmauer rammte. Der Aufprall war heftig, doch die Mauer stoppte das außer Kontrolle geratene Auto und verhinderte Schlimmeres. Canestrini berichtete seinen Lesern am nächsten Tag, dass Ferrari zum Zeitpunkt des Unfalls »an der Spitze kämpfte«.[15] Corrado Filippini schrieb in *Littoriale* noch begeisterter und bezeichnete Ferrari als den »besten der Verfolger«. Sein Rennen, so schrieb er, »war schön, sicher und einer guten Platzierung würdig«.[16]

Trotz der guten Presse war Enzo von seinem Rennen schwer enttäuscht.[17] Er befürchtete, dass er nicht mehr die Form und das Glück finden würde, die er einst genossen hatte. Es ging nicht nur um den Ruhm der Rennen. Für Ferrari war jetzt ein erfolgreiches Rennen aus kommerzieller Sicht wichtiger als aus sportlicher Sicht, weil er damit Werbung für sein Unternehmen machen konnte.

Laura hatte sich inzwischen erneut geografisch und emotional von ihm entfernt.

Nach dem Tod ihres Vaters war sie nach Turin gegangen, wo sie immer noch bei ihrer Schwester lebte, und hatte offensichtlich nicht die Absicht, nach Modena zurückzukehren. Um sie zu überzeugen, nach Hause zu kommen, schlug Enzo ihr vor, ihre Schwester mit nach Modena zu bringen.[18] Das Angebote schien jedoch auf taube Ohren zu stoßen.

Am ersten Sonntag im Juni hielt der *Circuito del Pozzo* in Verona weiteres Pech für Enzo bereit. Diesmal versagten seine Bremsen nach etwa der Hälfte der Strecke, während er an zweiter Stelle lag. Er kämpfte so gut er konnte und verließ sich ausschließlich auf die vorderen Bremsen, um noch als Fünfter ins Ziel zu kommen.[19]

Am folgenden Sonntag stand Enzo zum sechsten Mal in seiner Karriere beim *Circuito del Mugello* am Start. In der Gesellschaft so vieler etablierter Champions muss es ihm vorgekommen sein, als sei er in der Zeit zurückgereist. Die Gesichter mögen sich verändert haben, das Talent jedoch nicht. War er in der ersten Hälfte der 1920er-Jahre gegen Ascari, Nazzaro, Bordino, Materassi, Sivocci und Masetti angetreten, so stand er heute Nuvolari, Varzi, Borzacchini, Biondetti und sogar dem aus Deutschland angereisten »Bergkönig« Hans Stuck gegenüber.[20] Lediglich Campari und Ferrari bildeten eine Art Brücke zwischen dem Anfang und dem Ende dieses unglaublichen Motorsportjahrzehnts.

Mit seinem 6C 1750 belegte Enzo den achten Platz. Während des Rennens hatte er nie im Mittelpunkt des Geschehens gestanden, was zum Teil an den erstmals eingesetzten neuen Reifen lag, zum anderen aber auch an einer beunruhigenden Krankheit, an der er während des Rennens litt.[21] Er war jetzt 31 Jahre alt, hatte einen nicht gerade athletischen Körper und einen Beruf, der ihn ständig in Bewegung hielt. Morgens stand er regelmäßig vor Sonnenaufgang auf, um in einer der Städte mit seinen Autohäusern zu fahren und die Mitarbeiter bei deren Arbeitsbeginn zu treffen. Normalerweise ließ er das Mittagessen ausfallen, um in eine andere Stadt zu fahren oder einen anderen Kunden zu treffen. Am späten Nachmittag war er wieder in Bologna, um sich zu vergewissern, dass in der Niederlassung alles reibungslos ablief. Dann kehrte er nach Modena zurück, um in der Werkstatt zu überprüfen, ob die Arbeit des Tages erledigt worden war.[22] Und das alles Tag für Tag, Woche für Woche, Monat für Monat. An den Wochenenden besuchte er natürlich häufig Autorennen in ganz Italien, wo er, obwohl nur selten selbst startend, damit beschäftigt war, bestehende Beziehungen zu stärken und neue zu knüpfen. Seine Erkrankung wurde höchstwahrscheinlich durch die große Hitze an diesem späten Frühlingsnachmittag verursacht. Enzo verstand sie als Warnung und hielt sich für den Rest des Jahres vom Lenkrad eines Rennwagens fern.

Wie jedes Jahr verbrachte Laura die Sommermonate südlich von Modena in Sestola im Apennin, wo sie im Hotel d'Italie wohnte. Ihr Gesundheitszustand hatte sich nie wirklich verbessert. Obwohl es keiner von ihnen offen aussprach, war den Eheleuten schon lange klar, dass sie nie wieder richtig gesund werden würde.

Trotz der langen Zeit und vielen Ereignisse blieb der Briefwechsel zwischen Enzo und Laura bestehen – ein offener Austausch, in dem die Eheleute immer wieder persönliche Kontroversen austrugen, sich aber auch gegenseitig alles sagten, was sie sich erzählen konnten. Enzos wunderschön handgeschriebene Briefe waren ordentlich und in korrekter sowie wortreicher Sprache verfasst. Lauras Briefe waren oft ungeordnet, in fast unleserlicher Handschrift und mit schlechter Sprachbeherrschung.

Laura schien nicht in der Lage zu sein, ihre Missgunst und ihre ständige Angst zu überwinden – diese nahezu permanente Krankheit, mit der sie nun schon seit acht Jahren lebte und deren Ursache und Wirkung die Eifersucht war.

Enzo wiederum, der Laura nicht mehr als einzige Frau in seinem Leben sah, weigerte sich immer noch, sich von ihr zu trennen. Die Anzeichen für eine gestörte Beziehung waren seit dem Beginn ihres gemeinsamen Lebens zu erkennen gewesen. Lauras Eifersucht war nichts Neues; sie hatte sich schon lange vor der Hochzeit als grundlos erwiesen, als die junge Frau nicht verstanden hatte, dass Enzo sie nicht mit einer anderen Frau betrog, sondern mit seiner totalen Hingabe zum Auto. Enzo hätte dies verstehen und den Mut finden müssen, ihre Geschichte vor der Hochzeit zu beenden. Im Sommer 1929 lernte er in der Carrozzeria Orlandi ein deutlich jüngeres Mädchen kennen und obwohl er ein relativ ungehemmtes Liebesleben führte und an ihrem Charme nicht desinteressiert war, blieb er in gewisser Weise Lauras emotionale Geisel.

KAPITEL 11

Die Scuderia

Am Samstag, dem 5. Oktober 1929, veranstaltete der Automobilclub von Bologna ein Galadinner zu Ehren des Lokalmatadors Alfieri Maserati, dem Hersteller des 16 Zylinder Autos, das eine Woche zuvor in Cremona mit fast 248 km/h einen neuen Weltrekord über zehn Kilometer auf unbefestigten Straßen aufgestellt hatte.[1] Das Abendessen fand im *Casa del Fascio* in Bologna statt, dem Haus der faschistischen Partei. Die politischen Zeiten verlangten, dass Versammlungen dieser Größenordnung in einem Haus abgehalten wurden, das der Partei gehörte, damit sie in aller Stille unter Kontrolle gehalten werden konnten. Einige der Gäste waren Rennfahrer, die in dem zu Ende gehenden Jahrzehnt gegeneinander angetreten waren.

Partei- und Sportfunktionäre hatten die Gelegenheit ergriffen und waren in Scharen zu diesem Zusammentreffen gekommen. Es gab fünf Reden und die öffentliche Verlesung verschiedener Glückwunschtelegramme.[2] Als nach den Trinksprüchen und den Ehrungen für Maserati und seinen Fahrer Baconin Borzacchini der Jubel abflaute, äußerte Alfredo Caniato, ein Hanfhändler aus Ferrara, gegenüber seinen Tischnachbarn seine Sorge um die Zukunft des Motorsports. An seinem Tisch saß auch Enzo Ferrari. Caniato sagte, dass er trotz des Spaßes, den er in der jüngsten Vergangenheit hatte, wahrscheinlich mit dem Rennsport aufhören werde.[3] Mario Tadini, ein Bergrennenspezialist aus Bergamo, schloss sich dieser Meinung an. Der Rennsport wurde immer teurer und obwohl jedes Jahr neue Rennen ins Leben gerufen wurden, nahm die direkte Beteiligung der Automobilhersteller rapide ab und würde wahrscheinlich im neuen Jahrzehnt enden.

Beide Männer waren Ferraris Kunden, die in seinem Autohaus die Alfa Romeos gekauft hatten, mit denen sie auf den Rennstrecken Italiens unterwegs waren. Ferrari, für den der Rennsport sowohl eine persönliche Belohnung als auch eine Einnahmequelle darstellte, indem er Autos an reiche Männer, die auf der Suche nach Nervenkitzel waren, verkaufte, teilte dieselben Zweifel und Unsicherheiten hinsichtlich der Zukunft des Rennsports. Aber typischerweise sah er in der allgemeinen Notlage auch eine Chance – und ergriff sie rasch.

Wenn die Automobilhersteller ihre Investitionen und ihre Beteiligung zurückfahren, könnte die Zeit seiner Meinung nach für eine größere Rolle verschiedener *Scuderie* reif sein – den privaten und normalerweise kleinen Rennteams, die bereits in den 1920er-Jahren tätig waren, auch wenn sie nicht florierten. Er selbst war bereit, dort anzuknüpfen, wo Hersteller wie Fiat und Alfa Romeo aufgehört hatten.[4] Und obwohl frühere Versuche der beiden Topfahrer Emilio Materassi und Tazio Nuvolari gescheitert waren, war Enzo sich sicher, dass er sowohl in organisatorischen als auch in technischen Fragen genug wusste, um erfolgreich zu sein.

Caniato, Tadini und die anderen Tischnachbarn hörten Enzo mit mehr als nur höflichem Interesse zu. Wenn man es richtig anging, konnte das Experiment funktionieren. Enzo Ferraris Ruf als Organisator wurde vielleicht nur noch von seinem Charme übertroffen, wenn es darum ging, ein interessiertes Publikum zu überzeugen. Er nahm mögliche Vorbehalte gegen die Durchführbarkeit des Projekts vorweg und bot an, dass die direkte Beteiligung von Alfa Romeo an dem neuen Rennteam eine Voraussetzung sei.[5] Nach dieser Rede vor einem begeisterten Publikum ging die Gruppe an diesem Abend mit dem Versprechen auseinander, dass man bald von Enzo hören würde.[6]

Einige Tage später reiste Ferrari nach Mailand, um die Idee weiterzuverfolgen und seinen eigenen Plan auszuarbeiten, wonach Alfa Romeo Teil des entstehenden privaten Rennstalls werden sollte. Die Aufgabe hätte viele entmutigt, nicht aber Enzo Ferrari.

Enzo begab sich also ins ihm gut bekannte Werk im Mailänder Stadtteil Portello. Dort musste er sich mit einem Management auseinandersetzen, das nicht sonderlich am Rennsport oder an der weiteren Präsenz von Alfa Romeo im internationalen Wettbewerb interessiert war. Und er redete und redete.[7] Er erläuterte lebhaft seine Ideen von einem Programm, bei dem alle profitieren würden: Alfa Romeo würde weiterhin im Rennsport aktiv bleiben, um dort neue Technologien zu entwickeln, die später in Alltagsautos verwendet würden, Fahrer und Kunden könnten weiterhin Rennen fahren und die Sportwagen von Alfa kaufen und schließlich würde Italien weiterhin auf internationaler Ebene angemessen vertreten sein. Es sollte nicht das letzte Mal in den chauvinistischen Jahren der faschistischen Ära sein, dass Hinweise auf nationale Interessen dafür sorgten, dass das Management von der Mussolini-Regierung in Rom einbestellt wurde.

Aufgrund des kleineren Umfangs und geringerer Kosten, so Enzo, könne sein neuer Rennstall garantieren, was Alfa Romeo nicht einhalten konnte: Kontinuität. Er beabsichtigte, den Gentleman-Fahrern Angebote zu machen, die es in der Vergangenheit von keinem Hersteller gab. Gleichzeitig würde er den offiziellen Alfa-Romeo-Fahrern auf italienischen und kontinentalen Rennstrecken dort direkte Unterstützung anbieten, wo und wann immer die Werksrennabteilung nicht direkt teilnimmt.

Das entscheidende Argument sparte er für den Schluss auf: Weil er *seinen* Rennstall mit *ihren* Autos antreten ließ, seien es Alfa Romeos, die gewonnen hätten, aber seine Scuderia, die möglicherweise besiegt würde. Er bot Anteile an dem neuen, in Modena ansässigen Rennteam im Austausch für erstklassige technische Hilfe und logistische Unterstützung auf hohem Niveau an.[8]

Ob das Alfa-Romeo-Management nun von Enzos langfristigen Plänen und seinem persönlichen Charme überzeugt war oder von Vittorio Janos Unterstützung (die selbst ein persönlicher Sieg war) – die Resonanz war positiv. Alfa Romeo erklärte sich bereit, sich an der neuen Rennaktivität zu beteiligen, die von ihrem Handelsvertreter für die Regionen Emilia-Romagna und Marken gefördert wurde, einem brillanten und ambitionierten 31-jährigen Teilzeitrennfahrer. Die Beteiligung an dem neuen Unternehmen sollte zwar nicht mehr als fünf Prozent betragen, aber Enzo Ferrari konnte nun auf Alfa Romeo zählen – mit allem, was dies bedeutete, vor allem mit direktem Zugang zum besten Material, das im Rennsport verfügbar war.

Einige Tage später machte sich Enzo Ferrari erneut auf den Weg nach Mailand. Nachdem er Alfa Romeo gewonnen hatte, musste er auch den Reifenhersteller Pirelli überzeugen. Wie bei Alfa Romeo war Enzo nicht so sehr auf der Suche nach Kapital, denn das würde er von seinen wohlhabenden Gentleman-Fahrern bekommen, die viel eher als etablierte Unternehmen bereit waren, ihr eigenes Geld zu riskieren. Er war vielmehr daran interessiert, Pirelli ähnlich wie Alfa Romeo in das Spiel einzubeziehen, um direkten Zugang zu einem Reifenlieferanten zu erhalten, der genau daran interessiert sein würde, seine Scuderia so gut wie möglich zu bedienen.

Diese zweite Reise nach Mailand innerhalb weniger Tage war ebenfalls erfolgreich. Pirelli wollte die Hälfte der Anteile erwerben, die Alfa Romeo zu zeichnen bereit war, also waren auch sie dabei. Nun war es für Enzo an der Zeit, nach Modena zurückzukehren und die Gründung seines eigenen Rennstalls abzuschließen.[9]

Am Samstagmorgen, dem 16. November 1929, trafen sich Enzo Ferrari und einige Herren mit einer gemeinsamen Leidenschaft für den Rennsport in den geräumigen Büroräumen von Enzo Levi, einem bekannten und hoch angesehenen Rechtsanwalt aus Modena. In Anwesenheit des Notars Alberto Della Fontana, einem der Partner in Levis Kanzlei, bekräftigten sie ihre Absichten, ein Rennteam zu gründen.[10] Enzo hatte noch einen weiteren Plan im Kopf (aber nicht zu Papier gebracht). Die parallele Anstellung von Profirennfahrern, die normalerweise als offizielle Fahrer von Alfa Romeo an großen Veranstaltungen teilnahmen, musste zu diesem Zeitpunkt nicht schriftlich festgehalten werden.

Unter der Leitung von Dr. Della Fontana gründeten die Anwesenden eine Aktiengesellschaft. Es gab 200 Aktien im Wert von je 1.000 Lire – ein Gesamtkapital von 200.000 Lire stellte im Italien des Jahres 1929 eine beachtliche Summe dar. Die Brüder Alfredo und Augusto Caniato hielten mit 130 Aktien die absolute Mehrheit. Enzo Ferrari behielt 50 Aktien für sich. Alfa Romeo hatte zehn und jeweils fünf gingen an Pirelli und Ferruccio Testi, einen Tierarzt aus Modena mit einer Leidenschaft für Automobile und Fotografie.[11]

Als es an der Zeit war, dem neu gegründeten Unternehmen einen Namen zu geben, stimmten alle Anwesenden einstimmig für *Scuderia Ferrari*. Obwohl nur ein Minderheitsgesellschafter des Unternehmens, war Enzo ohne Frage die zentrale Person des ganzen Unterfangens, der Initiator und der Kopf der Operation, die Energie hinter der zukünftigen Aktivität und angesichts seiner privilegierten Beziehung zu Alfa Romeo auch die Erfolgsgarantie der Scuderia. Lediglich Enzo selbst hatte den Vorschlag gemacht, das Unternehmen *Mutina* zu nennen – dem lateinischen Namen von Modena. Es bedurfte der ganzen Überzeugungskraft von Enzo Levi, um Enzo Ferrari von dem passenden Namen für das neue Unternehmen zu überzeugen.[12] Und so wurde es die Scuderia Ferrari.

Das neue Unternehmen wurde am 29. November gerichtlich in Modena eingetragen. Der Vertrag hatte eine Laufzeit von zwei Jahren, vom 16. November 1929 bis zum 16. November 1931. Alfredo Caniato wurde zum Präsidenten und Enzo Ferrari zum Geschäftsführer ernannt.[13]

Sechs Tage vor der Eintragung der Scuderia Ferrari hatte Enzo eine Vereinbarung getroffen, die seinem Rennstall bereits eine andere Bedeutung geben sollte als die, für den er gegründet worden war – zumindest laut den juristischen Unterlagen. Weil Achille Varzi und Tazio Nuvolari noch am Anfang ihrer Rennfahrerkarriere steckten, hatte sich Enzo die Unterstützung eines Rennsportveteranen gesichert, des noch immer aktiven Giuseppe Campari.[14]

Campari war ein nationaler Champion, der eine zehnjährige Karriere hinter sich hatte, die durch mehrere Grand-Prix-Siege, zwei Triumphe in Folge bei der *Mille Miglia* 1928 und 1929 und einen Sieg bei der anstrengenden *Targa Florio* gekennzeichnet war. In den erfahrenen Augen von Enzo war Campari ein dreifacher Gewinn für die junge Scuderia Ferrari: große Publicity, höhere Startprämien von Rennveranstaltern und nicht zuletzt große und zuverlässige Siegeschancen.

Der Vertrag mit Campari war für fünf Rennen festgelegt. Sein eigener Vertrag mit Alfa Romeo als Werksfahrer aus dem Jahr 1930 sollte für weitere vier Rennen verlängert werden. Die Mehrheitsaktionäre Alfredo und Augusto Caniato waren verwundert, dass ein kleiner Rennstall, der mit dem erklärten Ziel gegründet worden war, Autos für Gentleman-Fahrer einzusetzen, einen Champion von Camparis Format engagiert hatte. Enzo erklärte ihnen lediglich, dass die Einstellung von Campari dazu diente, die Aufmerksamkeit der Presse auf das neue Team zu lenken, die leicht mehr Kunden für die Scuderia bedeuten könnte, wodurch ihr gemeinsames Geschäft auf einer hohen Ebene beginnen würde.[15]

In Wirklichkeit war der doppelte Weg, den Enzo privat für sein Unternehmen vorgesehen hatte, nur allzu klar: Zum einen war der erklärte Zweck des Unternehmens die technische Unterstützung für Gentleman-Fahrer, die Alfa Romeos bei ihrem Händler kauften, zum anderen (und ihm viel wichtiger sowie zum Teil vom ersten finanziert) war es der Aufbau eines erstklassigen Rennteams, das mit der Zeit den Platz von Alfa Romeo als Vertreter Italiens bei großen kontinentalen Motorsportveranstaltungen einnehmen würde.

Der Sitz der Scuderia Ferrari sollte zumindest anfangs in derselben Garage Gatti untergebracht werden, die Enzo seit 1925 gute Dienste geleistet hatte. Enzo stellte allerdings bald fest, dass das alte Gebäude zu klein war, um auch noch den Zweck seiner neuen Tätigkeit zu erfüllen. Er begann daher, sich nach neuen

Räumlichkeiten umzusehen, und hatte bald ein Grundstück gleich um die Ecke im Auge, einige Hundert Meter weiter in der Viale Ciro Menotti.

Dieses neue Gebäude – *Garage Italia* genannt – enthielt eine Werkstatt sowie einen Ausstellungsraum und war ideal für seine doppelte Tätigkeit als Alfa-Romeo-Händler und Rennstallleiter. Ganz zu schweigen davon, dass sich im zweiten Stock eine Wohnung mit einem Schlafzimmer befand, in die er problemlos mit Laura einziehen konnte – genauso wie es sein Vater vor der Jahrhundertwende getan hatte, als er in dem zweistöckigen, roten Backsteingebäude in der Via Camurri im Erdgeschoss die Werkstatt und im ersten Stock seine Wohnung einrichtete.

Im Januar 1930 bat Ferrari, begleitet vom stets präsenten Enzo Levi, um ein Gespräch mit dem Direktor der Banca di San Geminiano in Modena, weil er einen Kredit von einer Million Lire benötigte, einer unglaublich hohen Summe.[16] Es gehörte schon Mut dazu, um ein Darlehen dieser Größenordnung zu bitten. Enzo besaß keine Grundstücke, keine Häuser und kein Land, die er als Sicherheit hinterlegen konnte. Alles, was er hatte, waren weitreichende Pläne und einen Charme, mit dem er diese Pläne dem Leiter der Bank präsentierte. Giuseppe Casoli hörte ihm fast beiläufig zu, stellte keine Fragen und drängte auch nicht auf eine Erklärung. Enzo hatte das deutliche Gefühl, dass das Gespräch nicht zu einem guten Ergebnis führen würde,[17] bis sich Casoli plötzlich an seinen Freund Enzo Levi wandte und sagte: »Dieser junge Mann hat mir gerade eine schöne Geschichte erzählt. Was sollen wir tun, Avvocato? Sollen wir ihm die Million geben, die er verlangt?«[18]

Wenige Minuten später verließen Ferrari und Levi Casolis Büro mit der Summe, die er zu verlangen gewagt hatte. Mit diesem Geld würde er das im Jugendstil gehaltene Gebäude in der Viale Ciro Menotti und die dahinter liegende Werkstatt kaufen, wo er bald sein kühnes Abenteuer beginnen konnte. Ob der Direktor der Bank von seinen Plänen und seiner Entschlossenheit überzeugt war oder ob Levi ihm eine Art Sicherheit geboten hatte, ist nicht bekannt, aber Enzo sollte das Vertrauen, das Casoli in ihn gesetzt hatte, niemals vergessen: Für den Rest seines Lebens wandte er sich an kein anderes Geldinstitut als die Banca di San Geminiano.[19]

Im Winter kaufte Enzo die Autos, die die Scuderia Ferrari in der Rennsaison 1930 einsetzen wollte: vier Sechszylinder-Alfa-Romeos mit 1,5 und 1,7 Liter Hubraum sowie einen Achtzylinder-P2 mit 2 Liter Hubraum. Letzterer war gerade aus Südamerika zurückgeschickt worden und Enzo hatte ihn ausfindig gemacht und beschafft, damit Giuseppe Campari auf Augenhöhe mit dem offiziellen Alfa-Romeo-Werksteam antreten konnte, dem er allerdings versprochen hatte, dass es keine Konkurrenz geben würde. Die Autos befanden sich im Alfa-Romeo-Werk in Mailand, wohin auch der P2 gebracht werden sollte, sobald er in Italien ankam. Sie wurden von den Alfa-Romeo-Technikern auf den neuesten Stand gebracht und für die neue Saison vorbereitet, wobei sie ihre Zeit zwischen den Fahrzeugen des Werksteams und den vier für die Scuderia Ferrari in Modena bestimmten Fahrzeugen aufteilten.[20]

Enzo war so entschlossen wie nie zuvor in seinem Leben und er war voll konzentriert. Seine Moral war auf dem Höhepunkt – keine Kleinigkeit für jemanden, der keine sechs Monate zuvor noch am Rande eines Nervenzusammenbruchs gestanden hatte.[21] Für ihn sollte Arbeit stets die beste Medizin bleiben.

Am Samstag, dem 12. April 1930, war die Scuderia Ferrari bereit, an ihrem ersten Rennen teilzunehmen. Die *Mille Miglia*, die nun zum vierten Mal stattfand, wurde von den Italienern bereits als »Das Rennen« bezeichnet. In der Hoffnung, seine beiden Siege von 1928 und 1929 zu wiederholen, nahm Campari, der bereits in Monaco einen von der Scuderia Ferrari eingesetzten Alfa gefahren hatte, mit einem Werks-Alfa-Romeo an der *Mille Miglia* teil. Das Gleiche galt für Tazio Nuvolari und Achille Varzi.

Enzo blieb also mit seinen Gentleman-Fahrerkunden und -partnern zurück und hatte wenig Hoffnung auf ein gutes Abschneiden. Tadini/Siena, Caniato/Sozzi, Scarfiotti/Carraroli und Corelli/Lenti waren die vier Paarungen, die an der ersten Veranstaltung in der Geschichte der Scuderia Ferrari teilnehmen sollten. Tadini, Caniato und Scarfiotti saßen in 1,7-Liter-Alfas;

Corelli fuhr eines weniger leistungsstarken 1,5-Liter-Modelle. Enzo würde dieses Mal aussetzen; bei diesem ersten offiziellen Rennen seiner Scuderia hatte er beschlossen, sich auf organisatorische Seiten zu konzentrieren – wohl wissend, dass die Situation von der Seitenlinie aus besser unter Kontrolle gehalten werden konnte als hinter einem Lenkrad auf unbefestigten, staubigen Straßen durch Italien.

Drei der vier Fahrzeuge der Scuderia Ferrari konnten das Rennen nicht beenden. Für Enzo war dies verständlicherweise eine große Enttäuschung. Er wusste nur zu gut, dass seine Amateure nicht mit den besten italienischen Profifahrern des Tages mithalten konnten, aber er hatte dennoch auf ein besseres Abschneiden gehofft. Nur das schwächste der vier Paare, Corelli und Lenti, beendete das Rennen – mit einem respektablen vierten Platz in ihrer Klasse.

Doch es gab auch einige ermutigende Zeichen: Tadini war eine beeindruckende erste Hälfte des Rennens gefahren und hatte am Wendepunkt in Rom, von wo aus alle Teilnehmer wieder nach Norden fuhren, den fünften Platz in der Gesamtwertung inne. Scarfiotti hatte den größten Teil des Rennens mit den Führenden gekämpft, bevor er in Bologna, etwa 160 Kilometer vor der Zielflagge, aufgeben musste.

Auch wenn das Endergebnis enttäuschend war, so war dieser erste Test für die Scuderia Ferrari dennoch beruhigend. Während des zweitägigen, 1.600 Kilometer langen Rennens über den halben Apennin gab es keine besonderen Vorkommnisse, die das weitgehend unerprobte Unternehmen in Schwierigkeiten gebracht hätten. Alle Fahrer aus Enzos Team hatten die Gelegenheit und die Fahrt sehr genossen. Die Bilder, die der stets präsente Ferruccio Testi in der Anfangsphase des Rennens bei der Abfahrt vom zwischen Bologna und Florenz gelegenen Futapass aufgenommen hatte, zeigten alle lächelnde und winkende Scuderia-Fahrer.[22]

Auch wenn sich Enzo über die massive Überlegenheit der Werks-Alfa-Romeos ärgerte – vier Autos auf den ersten vier Plätzen in der Endwertung –, so konnte er sich doch über das Vergnügen seiner Scuderia-Mitglieder freuen. Ein zufriedener

Kunde war bereit, wiederzukommen und erneut Rennen zu fahren. Und was seinen persönlichen Plan anbelangt, mit den Werks-Alfas auf einem Niveau zu konkurrieren, so würde er bald seine neuen Karten ausspielen.

Am darauffolgenden Ostersonntag, dem 20. April, nahm die Scuderia Ferrari an ihrem zweiten Rennen auf dem *Circuito Pietro Bordino* in Alessandria teil. Am Vorabend des Rennens war Enzo nervös – wie immer vor einem Rennen.[23] Und dies war kein gewöhnliches Rennen: Zum ersten Mal ging Enzo als Fahrer seines eigenen Rennstalls an den Start. Pietro Bordino war ein talentierter Fahrer gewesen, der zwei Jahre zuvor während des Trainings auf eben diesem Kurs, der nun seinen Namen trug, ums Leben gekommen war. Am Morgen des Rennens gingen Enzo und die anderen Fahrer gemeinsam zu der Stelle, an der Bordino verstorben war, legten einen Kranz neben dem kleinen Denkmal nieder und gingen dann zurück zur Startaufstellung.[24]

Die Scuderia Ferrari hatte zwei Alfa Romeos nach Alessandria gebracht. Der 1750 war für Enzo, der weniger leistungsstarke 6C 1500 für Alfredo Caniato. Die Konkurrenz war an diesem Tag hart: Achille Varzi, der sich im offenen Krieg mit dem Management von Alfa Romeo befand, weil er der Meinung war (und dies auch offen gesagt hatte), dass Jano bei der *Mille Miglia* in der Vorwoche den Erzrivalen Nuvolari bevorzugt hatte, saß am Steuer des neuen Werks-P2, der nach der umfangreichen Überarbeitung endlich fertig geworden war. Der Belgier Georges Bouriano und der Chilene Juan Zanelli waren in zwei blauen Bugatti 2300 unterwegs. Der Sieg würde zwischen diesen drei Autos ausgefochten werden. Als er sich auf den Start vorbereitete, wusste Enzo, dass es für ihn heute praktisch unmöglich sein würde, aufs Podest zu gelangen.

Trotz des leistungsmäßigen Nachteils begann Enzo das Rennen mit seinem üblichen Elan. Am Ende der ersten Runde lag er auf dem zweiten Platz, 26 Sekunden hinter Bouriano im Bugatti und acht Sekunden vor Varzi im P2. Varzi war aus der letzten Startreihe ins Rennen gegangen und hatte beim Überholen mehrerer langsamer Autos, die vor ihm gestartet waren, Zeit verloren. Doch auch als Varzi in der zweiten Runde endlich die ungeheure Kraft seines neuen P2 freisetzen konnte, gelang es Enzo, ihn in einem respektablen Abstand zu halten.

Etwa zur Halbzeit des Rennens brachte das unbeständige Frühlingswetter einen heftigen Regenschauer zustande, sodass sich die gesamte Strecke aus staubigen, unbefestigten Straßen in Flüsse aus Wasser und Schlamm verwandelte. Jetzt machte sich Enzos Talent bemerkbar und er begann, auf die vor ihm fahrenden Autos aufzuholen. Bouriano war inzwischen aus dem Rennen ausgeschieden und Enzo machte in vier Runden eine bemerkenswerte Minute auf den anderen Bugatti von Zanelli gut.[25]

Enzo wurde schließlich Dritter in der Gesamtwertung – hinter dem P2 von Varzi und dem Bugatti von Zanelli. Es war die erste Podiumsplatzierung für die Scuderia Ferrari. Hinterher war er ein wenig müde, was er selbst auf mangelndes Training schob. Insgeheim war er jedoch stolz auf seine Leistung: Alle sagten, sein Rennen sei ziemlich gut gewesen.[26]

Caniato wurde Zehnter in der Gesamtwertung und Vierter in seiner Klasse. Beide von der Scuderia eingesetzten Autos hatten das Rennen beendet – eine große Verbesserung gegenüber ihrem ersten Rennen.

Enzo und die Scuderia Ferrari beschlossen, das nächste Rennen – die berühmte *Targa Florio* – auszusetzen. Die *Targa* gehörte zu den bedeutendsten Rennen Europas, aber sie fand wie immer in Sizilien statt, über 1.300 Kilometer von Modena entfernt – eine Entfernung, die angesichts der Autos und Fahrer, auf die Enzo hätte zählen können, die Reise nicht wert war. Vom P2 der Scuderia gab es immer noch keine Nachrichten aus Mailand. Als Alfa Romeo nach dem Rennen jedoch beschloss, seinen jüngsten Triumph beim sizilianischen Klassiker zu feiern, sorgte Enzo dafür, dass er unter den Eingeladenen war.

Er reiste nach Mailand und spielte gekonnt die Rolle des ergebenen und bewundernden Juniorpartners. Gewinner Varzi war natürlich genauso dabei wie Campari, der bald mit der Scuderia Ferrari an den Start geht sollte. Alle Spitzenmanager von Alfa Romeo waren anwesend, vom Firmenchef Prospero Gianferrari bis zum Chefmechaniker Rescalli. Aber auch der Präsident des italienischen Automobilclubs, Senator Silvio Crespi, nahm an der Veranstaltung teil.[27] Für Enzo, ein Naturtalent in der Pflege persönlicher Beziehungen, war dies eine großartige Gelegenheit, zu sehen und gesehen zu werden, zu hören und gehört zu werden.

Am 11. Mai belegte Mario Tadini in Ascoli den zweiten Platz in der Gesamtwertung, während Alfredo Caniato Vierter wurde.[28] Das Rennen *Ascoli* – Castel di Lama war nicht sehr wichtig, aber die Scuderia Ferrari lernte schnell die notwendigen organisatorischen Fähigkeiten und Tadini entwickelte sich rasch zu einem schnellen und zuverlässigen Fahrer. Der zweite Platz von Tadini wurde das bisher beste Ergebnis der Scuderia.

Eine Woche später, am 18. Mai, kam das wahre Wesen von Enzos Plan ans Licht. Endlich nahm der erste echte Champion als offizieller Fahrer der Scuderia Ferrari an einem Rennen teil. Giuseppe Campari war vorübergehend von den Verpflichtungen als Alfa-Romeo-Werksautos befreit und nun bereit, den im vergangenen Winter mit Enzo unterzeichneten Vertrag zu erfüllen.

Camparis erstes Rennen mit der Scuderia Ferrari fand auf dem *Circuito di Caserta,* unweit von Neapel, statt. Enzo selbst nahm nicht an dem Rennen teil, sondern setzte zwei Alfa Romeo 1750 GS für Campari und Tadini ein. Das Rennen lebte vom Wettbewerb zwischen etwa 30 Autos mit Motoren von 1,1 und 2,2 Liter Hubraum – und dem 7,0-Liter-Mercedes eines schweizerisch-neapolitanischen Fahrers namens Federico Caflisch.

Trotz der gewaltigen Leistung seines Wagens lag Caflisch nur auf dem zweiten Platz, als dem Maserati von Luigi Fagioli in der letzten Runde das Benzin ausging. Caflisch übernahm die Führung und behielt sie bis zum Schluss. Giuseppe Campari wurde Dritter, Tadini Sechster.[29]

Das Debüt von Campari war zwar alles andere als überragend, aber die Scuderia zeigte sich konstant und ihre Autos erwiesen sich einmal mehr als sehr zuverlässig. Für ein junges Unternehmen, das erst sein viertes Rennen bestritt, war dies ein bemerkenswerter Schritt auf der anspruchsvollen Lernkurve.

Als Nächstes stand Ende Mai der *Reale Premio* in Rom auf dem Programm, das erste Rennen mit internationalem Charakter, an dem die Scuderia Ferrari teilnehmen würde. Für das kleine

Team war es der erste Test in einer echten Grand-Prix-Umgebung. Das Rennen in der Hauptstadt des Königreichs Italien war für die faschistische Regierung von nationaler Bedeutung. Insgesamt 21 Fahrzeuge traten auf den 12 Kilometer langen und 20 Mal zu umrundenden *Tre Fontane Circuit* gegeneinander an. Maserati war mit einem beachtlichen Fahrertrio vertreten: Arcangeli, Fagioli und Nenzioni. Bugatti hatte den in Monaco geborenen Louis Chiron und den französischen Comte Guy Bouriat-Quintart eingesetzt. In den Alfa Romeo P2 starteten Achille Varzi und Tazio Nuvolari.[30] Enzo setzte erneut Campari und Tadini in die bekannten Alfa Romeo 1750 GS. Er machte sich keine Illusionen: Der Sieg würde heute ein Kampf zwischen den Maseratis, den Bugattis und den P2 sein. Er war also zum Glück nicht auf das vorbereitet, was er an diesem Tag erlebte. Zum ersten Mal, seit er sich selbständig gemacht hatte, rettete seine Scuderia den Ruf für Alfa Romeo. Sowohl Varzi als auch Nuvolari schieden aus dem Rennen aus. Der neue P2/1930 war ein sehr leistungsstarkes Auto, aber eindeutig noch nicht zuverlässig. Und Zuverlässigkeit war genau das, was die Scuderia Ferrari zu bieten hatte. Campari und Tadini kamen mit ihren kleineren 1750 GS als Fünfter und Siebter ins Ziel – weit hinter Luigi Arcangelis Maserati, aber beide hatten das Rennen beendet.[31]

Der *Reale Premio* wurde für Maserati zum ultimativen Triumph.[32] Luigi Arcangeli hatte in seinem charakteristischen weißen Overall ein Rennen gewonnen, das die endgültige Weihe für den kleinen, aber dynamischen Automobilhersteller aus Bologna bedeutete. Aber der *Reale Premio* 1930 war auch der erste Beweis für die gute, solide Arbeit, die Enzo Ferrari und seine Scuderia sich vorgenommen hatten.

Ob Zufall oder nicht, als Enzo Ferrari und sein Team aus Rom zurückkamen, erlebten sie eine angenehme Überraschung: Ihr Alfa Romeo P2 war endlich in Portello auf den neuesten Stand gebracht worden und befand sich auf dem Weg nach Modena. Es war fast sechs Monate her, dass Enzo dieses Auto unbesehen in Südamerika gekauft hatte. Nach einer langen Seereise war der Wagen bei Alfa Romeo unter der Aufsicht von Vittorio Jano vorbereitet worden. Bald würde Alfa einen neuen 8C (Achtzylinder) für seine Werksfahrer vorstellen, aber für die Scuderia Ferrari war der überarbeitete P2 ein großer Schritt nach vorn.

Außerdem sollte der P2 von einem erstklassigen Rennfahrer gefahren werden und nicht von einem der glücklichen Gentleman-Fahrer, die stets die Werkstatt der Scuderia Ferrari in Modena bevölkerten.

KAPITEL 12

Erfolg

Die Nachricht aus Modena überraschte die gesamte Motorsportwelt: Tazio Nuvolari hat bei der Scuderia Ferrari unterschrieben.

Es war ein Geniestreich. Nuvolari hatte gerade seine erste *Mille Miglia* gewonnen, nachdem er sich über das ganze Rennen hinweg (16 Stunden!) ein Duell mit Achille Varzi geliefert hatte. Es war der Beginn einer Rivalität, die noch jahrelang Italiener aller Altersgruppen und Gesellschaftsschichten entzweien sollte. Wochenlang wurde über nichts anderes gesprochen als über die Schlussphase der *Mille Miglia*, als Nuvolari angeblich die Lampen seines Alfa Romeos ausgeschaltet hatte und Varzi im Dunkeln überholte. Ob diese Geschichte nun stimmte oder nicht – Varzi hatte sie nicht bestritten. Das Rennen, das Duell und Nuvolaris Sieg waren sofort zur Legende geworden. Indem er lediglich den Namen seiner Scuderia mit dem von Nuvolari verband, würde Ferrari automatisch von diesem Interesse profitieren.

Erst Campari, jetzt Nuvolari – Ferrari hatte mit dem größten Champion der 1920er-Jahre zusammengearbeitet und jetzt hatte er sich die Dienste des zukünftigen Asses gesichert. Sechs Monate nach der Gründung seiner Scuderia setzte Enzo seinen eigenen Plan rasch in die Tat um. Enzo arbeitete nicht nur unermüdlich daran, jenen Gentlemen, die den Nervenkitzel der Geschwindigkeit erleben wollten, Autos und Unterstützung zu bieten, sondern er verschaffte auch seiner neuen Organisation einen herausragenden Platz in der nationalen Motorsportszene. In der Scuderia Ferrari würde es immer einen Platz für wohlhabende Amateure geben, aber Enzo Ferraris wahre Ziele waren jetzt allen klar.

Nuvolaris erstes Rennen mit der Scuderia Ferrari war für Mitte Juni geplant. Es handelte sich um das Bergrennen *Triest – Opicina*, das 1911 zum ersten Mal ausgetragen worden war. Es war ein anspruchsvolles Rennen, bei dem das Talent von Nuvolari am Steuer eines P2 den Unterschied ausmachen sollte. Obwohl 23 der 40 Teilnehmer die Vorjahreszeit unterboten, siegte Nuvolari haushoch. Er bewältigte den neun Kilometer langen Anstieg in 5 Minuten und 59 Sekunden mit einer Durchschnittsgeschwindigkeit von fast 100 km/h – und war damit zwei Minuten schneller als der Siegers des Vorjahres. Das Publikum konnte gerade noch hinter den Absperrungen gehalten werden, als die Lautsprecher den Namen des Siegers und seine fantastische Leistung verkündeten.[1]

Für Ferrari und seine Scuderia war es der erste Sieg – ihre erste Begegnung mit dem Erfolg. Alle vier von der Scuderia Ferrari eingesetzten Fahrzeuge hatten das Rennen beendet: Siena wurde Vierter, Caniato Zwölfter, Sozzi – einer der wenigen echten Gentleman-Fahrer, die von der Scuderia in dieser ersten Phase ihrer Tätigkeit unterstützt wurden – war Zwanzigster geworden. Aber der Held des Tages war natürlich Tazio Nuvolari. Enzo, der natürlich mit seinen Mechanikern und Technikern in Triest anwesend war, jubelte. Es hatte nur sieben Rennen gedauert, bis er seinen ersten Sieg errungen hatte. Er war zu Recht stolz auf seine Organisation und seine Vision.

Zwei Wochen später nahm die Scuderia Ferrari am nächsten Bergrennen *Cuneo – Colle della Maddalena* teil. Das Rennen war eines der härtesten in seiner Kategorie und mit mehr als 60 Kilometer auch eines der längsten. Wie in Triest vertraute Ferrari den P2 Nuvolari an, der in den Tagen vor dem Rennen die Strecke rastlos studierte. An einem einzigen Tag fuhr Tazio die Strecke zum 1996 Meter hoch gelegenen Pass zwölfmal hinauf.[2] Aber

Enzo, der nach dem ersten Sieg seiner Scuderia aufgeregt war, hatte auch Luigi Arcangeli, den Sieger des *Reale Premio* von Rom, angemeldet, weil Maserati ihn in diesem Rennen nicht einsetzen wollte. Ferrari gab Arcangeli denselben 1750 GS, mit dem Siena in Triest angetreten war.

Weil Achille Varzi weniger als 15 Kilometer vor dem Ziel aufgeben musste und Hans Stuck ebenfalls ausfiel, hatte Nuvolari keine echte Konkurrenz. Er gewann nicht nur das Rennen und bescherte Enzo und seiner Scuderia den zweiten Sieg, sondern senkte auch die Streckenzeit um zehn Minuten. Arcangeli wurde bei seinem ersten Rennen mit der Scuderia Ferrari Dritter.

Zwei Wochen später gewann Tazio Nuvolari das dritte Rennen für die Scuderia. Das Team begann, unschlagbar zu werden, zumindest bei bestimmten Rennen. Am 13. Juli dominierte Tazio das nächste Bergrennen *Vittorio Veneto – Cansiglio,* eine 15 Kilometer lange Schotterpiste, die zu den Wäldern hinaufführte, aus denen die Republik Venedig jahrhundertelang das Holz für ihre Schiffe gewonnen hatte. Nuvolari unterbot erneut die bisherige Rennzeit, die Campari zwei Jahre zuvor aufgestellt hatte.

In nur einem Monat hatte Nuvolari Enzo und seiner Scuderia drei Siege beschert. Aber alle drei Erfolge waren bei Bergrennen errungen worden – einer Form des Rennsports, die Fahrer und ihre Autos auf die Probe stellte, aber nicht den Charme und das Ansehen von Rennen auf Rundkursen und der einzigen permanenten Rennstrecke in Italien hatte.

Als nächstes Rundkursrennen war für Anfang August der zehnte *Coppa Ciano* in Livorno angesetzt. Für Enzo war die Zeit gekommen, der Welt den wahren Wert seiner Organisation zu demonstrieren. Er meldete daher drei Autos und drei außergewöhnliche Fahrer an. Luigi Arcangeli würde das Rennen am Steuer eines Alfa Romeo 1750 bestreiten. Ein zweiter Wagen dieses Typs wurde Baconin Borzacchini anvertraut. Nuvolari sollte wie üblich den stärkeren P2 fahren.[3]

Das Rennen auf dem 22,5 Kilometer langen *Circuito di Montenero* wurde von der italienischen Presse als das letzte Kapitel im endlosen Wettstreit zwischen Nuvolari und Varzi angekündigt. Seit der legendären letzten Etappe der *Mille Miglia* im April hatten zahlreiche Journalisten den Wettbewerb zwischen den beiden großen Rivalen angeheizt. Die Bedeutung des Rennens wurde dadurch verstärkt, dass die Veranstaltung den Namen der Familie Ciano trug – der mächtigsten Dynastie aus Livorno, der nun auch in ganz Italien bekannt war, weil im Frühjahr der 27-jährige Graf Galeazzo Ciano und die 19-jährige Edda Mussolini, die Lieblingstochter des *Duce*, geheiratet hatten.

Wieder einmal beschloss Ferrari, sich nicht selbst hinter das Steuer eines Rennwagens zu setzen. Er wusste, dass die Rivalität zwischen Nuvolari und Varzi zum ersten bedeutenden Sieg seiner Scuderia führen konnte, und wollte nichts dem Zufall überlassen. Nicht bedacht hatte er jedoch, dass Tazio trotz der übermenschlichen Qualitäten als Fahrer auch nur ein Mensch war und wie alle Menschen dazu neigte, Fehler zu machen, wenn die Feindschaft überwog. Sobald die Startflagge gesenkt wurde, vergaß Nuvolari jegliche Rennstrategie und stürzte sich wütend auf Varzi, ohne Respekt vor dem ihm anvertrauten Auto zu zeigen.

Das Rennen endete schließlich so, wie Ferrari es von Anfang an geahnt haben muss. Nuvolari und Varzi mussten beide wegen technischer Defekte aufgeben, die durch ihr absurdes Renntempo verursacht worden waren. Das Publikum war extrem enttäuscht, als die beiden Rivalen ohne einen klaren Sieg aus dem Rennen ausschieden. Auch die Presse brachte ihren Unmut zum Ausdruck. Zumindest für diesen Tag gab es keine Antwort auf die Frage, die sich alle italienischen Motorsportfans gestellt hatten. Am meisten enttäuscht war wohl Ferrari.

Am folgenden Sonntag, dem 10. August 1930, nahm die Scuderia Ferrari zum ersten Mal seit ihrer Gründung an zwei Veranstaltungen am selben Tag teil. Nuvolari fuhr in die Schweiz, um am Zeitfahren in Klausen teilzunehmen – übrigens das erste Rennen der Scuderia Ferrari außerhalb Italiens. Enzo und vier weitere Fahrer fuhren zum auf den Hügeln der Toskana und der Emilia liegenden *Circuito della Tre Provincie*.

Am Nachmittag zeigte Ferrari – der das letzte Mal im April ein Rennen gefahren war – eine großartige persönliche Leistung. Fünfundzwanzig Minuten nach Beginn des Rennens erreichte Arcangeli das kleine Dorf San Marcello Pistoiese, Enzo lag mit einer Minute Rückstand auf dem zweiten Platz. Bis Pievepelago hatte Borzacchini die beiden überholt und Enzo lag nun an dritter Stelle.

Die Hitze des Augustnachmittags und die Intensität des anspruchsvollen Rennens forderten jedoch bald ihre ersten Opfer. Borzacchini und Ferrari hatten technische Probleme. Bei Ersterem brach die Aufhängung des rechten Hinterrads, bei Letzterem fiel die Benzinpumpe aus.[4] Ab Sestola hatte Arcangeli keine Konkurrenten mehr und erreichte in relativer ruhiger Fahrt das Ziel im Dorf Bagni. Hinter ihm folgte Tadini, der talentierteste unter den nicht professionellen Fahrern der Scuderia Ferrari (abgesehen natürlich von Enzo selbst). Eugenio Siena, der fünfte Ferrari-Pilot, belegte den fünften Platz.

Trotz des alles andere als denkwürdigen Teilnehmerfeldes beeindruckte die Leistung der Scuderia Ferrari die Beobachter. Wären Borzacchini und Enzo nicht ausgefallen, hätte die Truppe aus Modena die ersten vier Plätze einnehmen können. Alfa Romeo konnte mit der Leistung, die Ferrari wie versprochen erbrachte, nur zufrieden sein. Ohne eine einzige Lira auszugeben und ohne einen einzigen Mitarbeiter aus Portello abzuziehen, hatte man an diesem Sonntag zwei Autos auf den ersten beiden Plätzen des wichtigsten Rennens in Italien platziert – eine Vormachtstellung, die die Presse in den Rennberichten des nächsten Tages hervorhob und lobte.

In seinem erst zweiten Rennen in dieser Saison hatte Enzo erneut sein Talent unter Beweis gestellt. Kurz vor dem Ausscheiden hatte er sowohl Borzacchini als auch Arcangeli überholt und lag einige Kilometer lang in Führung.[5] Im Alter von 32 Jahren und mit wichtigeren Projekten im Kopf hatte er bewiesen, dass er auch immer noch einer der besten Fahrer Italiens war.

Die Nachrichten, die am Abend aus der Schweiz kamen, waren nicht so gut. In Klausen war Nuvolari nicht über den siebten Platz hinausgekommen. Aber dadurch, dass die Scuderia Ferrari an ein und demselben Tag zwei Rennen in zwei verschiedenen Ländern bestritten hatte, gewann sie an Erfahrung in Sachen Organisation und damit auch an Respekt bei ihren Gegnern.

Vier Monate waren zwischen Enzos erstem und zweitem Rennen der Saison vergangen. Nun, da er sich selbst bewiesen hatte, dass er immer noch bemerkenswerte – wenn auch nicht glückliche – Leistungen erbringen konnte, meldete sich Enzo für den folgenden Sonntag zur *Coppa Acerbo* in Pescara an – dem Rennen, bei dem er 1924 den größten Triumph seiner Karriere erzielt hatte.

Aber die drei Alfa Romeos der Scuderia Ferrari konnten an diesem Sonntag wenig gegen die beeindruckenden Maseratis von Varzi, Arcangeli und Fagioli ausrichten. Und im Gegensatz zum letzten Wochenende war die Leistung von Enzo dieses Mal ziemlich mittelmäßig und gipfelte in einem Ausscheiden wegen technischer Probleme. Während Enzo ausfiel und Nuvolari Fünfter wurde, erreichte Borzacchini einen soliden dritten Platz, was Enzos Sonntag etwas weniger enttäuschend machte.

Das nächste Rennen in Monza sollte Enzos große Chance werden. Bis wenige Tage vor dem Rennen hatte die Geschäftsleitung von Alfa Romeo noch gehofft, dass die neuen Achtzylinder-Monoposti rechtzeitig fertig werden würden. Doch das Team unter der Leitung von Vittorio Jano hatte das Wunder diesmal nicht vollbracht. Da Prospero Gianferrari als Präsident von Alfa Romeo nur zu gut wusste, dass er die Teilnahme am Heimrennen nicht zurücknehmen konnte, blieb ihm nichts anderes übrig, als auf das Organisationstalent von Enzo Ferrari zu vertrauen und ihm zwei Werks-P2 zu überlassen, die das Unternehmen offiziell beim Grand Prix vertreten sollten.[6]

Der Anruf aus Mailand traf Enzo nicht unvorbereitet. Er hatte seine Leute fünf Monate lang geschult, war persönlich von Anfang an bereit gewesen und wusste, dass er nicht versagen würde. Daher nahm er das Angebot mit Begeisterung an.

Den beiden werksseitig getunten Autos stellte Enzo seinen eigenen P2 zur Seite und bildete mit den Talenten Tazio Nuvolari, Giuseppe Campari und Baconin Borzacchini ein beeindruckendes Trio. Die Chance für Ferrari war gigantisch: Monza war für die italienischen Fans kein gewöhnliches Rennen, vor allem nicht für Alfa Romeo, dessen Firmensitz keine 30 Kilometer von der permanenten Rennstrecke des *Autodromo Nazionale* entfernt lag.

Die Gegner an diesem ersten Septembersonntag waren angsteinflößend: Die Scuderia hatte es mit den leistungsstarken und zuverlässigen Maseratis von Achille Varzi und Luigi Arcangeli zu tun, die die italienische Rennszene während der gesamten Saison dominiert und sich natürlich akribisch auf diese Kraftprobe vorbereitet hatten.[7] Die Hauptattraktion des Rennens war eine altbekannte: Tazio Nuvolari gegen Achille Varzi. Aber es gab auch ein neues Thema: Scuderia Ferrari gegen Maserati, der neue Rennstall gegen den etablierten. Die Brüder aus Bologna fuhren seit 1926 Rennen, Enzos Rennstall seit weniger als sechs Monaten.

Trotz aller Erwartungen und aller Bemühungen wurde das Rennen für die Scuderia Ferrari zu einem totalen Debakel. Die Veranstaltung bestand aus drei separaten Vorläufen, gefolgt von einem Endlauf mit den besten Fahrern aus jedem Lauf. Für Nuvolari und Campari war der Große Preis von Monza nach nur sechs der vierzehn Runden im zweiten Lauf zu Ende.

Die Maseratis liefen von Anfang an geschmeidiger. Erschwerend kam hinzu, dass die Reifen der P2 sehr schnell abbauten. Am Ende der sechsten Runde waren Enzos besten Fahrer aus dem Rennen. In der folgenden Runde musste auch Borzacchini mit völlig abgefahrenen Reifen ins Fahrerlager zurückkehren. Nach sieben Runden waren keine Alfa Romeos der Scuderia Ferrari mehr auf der Strecke, um den Siegeszug von Maserati aufzuhalten.

Um den Tausenden von Zuschauern, die aus ganz Italien angereist waren, auch für den Fall, dass sich einer der beiden aus irgendeinem Grund nicht für den Endlauf qualifizieren sollte, einen Kampf zwischen Nuvolari und Varzi zu bieten, hatten die Organisatoren im Vorfeld die beliebte *Repechage*formel (Hoffnungslaufformel) vereinbart, die es allen Fahrern, die sich nicht automatisch für den Endlauf qualifiziert hatten, erlaubte, gegeneinander um einige zusätzliche Punkte zu kämpfen. Nuvolari und Campari, die in der *Repechage* den ersten und zweiten Platz belegten, wurden beide für den letzten Lauf zugelassen.[8] So hätte Enzo es nicht gewollt, aber zumindest waren hypothetisch seine beiden besten Fahrer im Rennen um den Gesamtsieg.

Der Endlauf begann um 15:45 Uhr und ging über 35 Runden, wobei die Vorläufe über jeweils 14 Runden und die Hoffnungsläufe über sieben Runden ausgetragen wurden. Am Ende der ersten Runde lag Enzos Spitzenfahrer auf dem zweiten Platz. In der dritten Runde fiel Nuvolari auf den dritten Platz zurück, was immer noch eine Podiumsplatzierung bedeutete. Zwei Runden später überholte Nuvolari Varzi und eroberte den zweiten Platz zurück. In der folgenden Runde überquerte er allerdings weit hinter dem Führungsduo die Ziellinie und nach einer weiteren Runde rollte er mit völlig verschlissenen Reifen langsam an die Box.

Von den drei Autos, die Enzo eingesetzt hatte, konnte keines das Rennen beenden. Borzacchini, Campari und Nuvolari schieden alle weit vor dem Ende der Veranstaltung aus. Monza war ein komplettes Desaster für Alfa Romeo und die Scuderia Ferrari – vor allem angesichts eines totalen Maserati-Erfolgs, bei dem Varzi, Arcangeli und Ernesto Maserati die ersten drei Plätze belegten.[9] Zwei Tage später schrieb Enzo in einem Brief an seine (weiterhin bei ihrer Schwester in Turin lebenden) Frau ohne Umschweife von der »Tragödie von Monza« und wies darauf hin, dass das Rennen »das größte Unglück« gewesen sei.[10]

Obwohl das Ergebnis sicherlich nicht das gewünschte war, war der Misserfolg in Monza auch eine Art Segen im Verborgenen. Enzo konnte dem Management von Alfa Romeo aus erster Hand zeigen, wie nützlich seine Organisation auch an schlechten Tagen – oder gerade an schlechten Tagen – sein konnte. Im vorherigen Herbst hatte er ihnen exakt dies mitgeteilt, als er sie zu überzeugen versuchte, in seinen neuen Rennstall einzusteigen.

⌘⌘⌘

Am 5. Oktober 1930 unterzeichneten Enzo Ferrari und Tazio Nuvolari einen neuen Vertrag. Mit dem Segen von Alfa Romeo schien es nur angemessen, dass Enzo sich die Dienste des Mantuaners über die wenigen Rennen hinaus sicherte, für die er Tazio Anfang des Jahres verpflichtet hatte. An diesem ersten Sonntag im Oktober setzte Enzo den Stift auf das Papier und verlängerte Nuvolaris Dienste bis zum Ende der nächsten Saison.

Offensichtlich zufrieden mit dem, was er gesehen hatte, entschied sich Nuvolari dafür, in der Alfa-Romeo-Welt zu bleiben, die Ferrari ihm garantierte. Er akzeptierte nicht nur die Möglichkeiten, die ihm die Scuderia bot, sondern auch die von Enzo vorgegebenen wirtschaftlichen Bedingungen. Tazio vertraute auf den fast fertigen 2,3-Liter-Alfa-Romeo-V8, an dem Vittorio Jano in Portello gearbeitet hatte – und auf Enzo Ferraris Qualitäten als Rennteam-Organisator.

Die erste Rennsaison der Scuderia Ferrari war offiziell zu Ende. Es war ein langer Anlauf seit Mitte April gewesen, aber unbestreitbar ein guter.

Zurück in Modena war Enzo wieder allein. Laura befand sich immer noch in Turin bei ihrer Schwester. Das Verhältnis zwischen den beiden blieb stürmisch. Enzos Geduld war an ihre Grenzen gestoßen. Die einzig mögliche Reaktion auf den Status quo war wie immer ein Brief, diesmal voller Anschuldigungen, bitterer Gedanken und mutiger Vorsätze.[11]

Der Grund für Lauras zermürbendes Verhalten war immer derselbe – diese komplexe Form von Eifersucht, gemischt mit Hass, nicht so sehr (oder zumindest nicht nur) auf die Frauen, die Enzo kannte und die er im Rennsportumfeld traf, sondern auf die Lebenseinstellung ihres Mannes. Er war immer zukunftsorientiert und offen für Lösungen, während sie stets an den Ängsten festhielt, die seit Langem ihr Leben ruinierten.

Doch dieses Mal war Enzo nicht bereit, alles passiv hinzunehmen, wie er es in der Vergangenheit zu oft getan hatte. Er blickte zurück auf die elf Jahre ihrer Beziehung und darauf, wie Lauras unberechenbares Verhalten und ihr gequältes Leben die beiden trotz seiner Bemühungen auseinandergetrieben hatten. Er schrieb ihr, dass er es nicht mehr aushalte, vor allem jetzt, da er völlig in eine Aktivität vertieft sei, die es ihm höchstwahrscheinlich ermöglichen würde, seinen Lebenstraum zu verwirklichen, ein wichtiger Akteur in der Welt des geliebten Motorsports zu werden. An diesem Punkt in seinem Leben und seiner Karriere war Enzo bereit, alles zu opfern, was für den Erfolg seiner Scuderia notwendig war – sogar seine Ehe. Die Entscheidung lag bei Laura.[12] In elf quälenden Jahren war dies unbestreitbar der

Tiefpunkt in ihrer nie einfachen Beziehung. Er stellte sie vor die Wahl: Laura konnte bei ihm bleiben oder gehen.

Sie entschied sich für den Verbleib bei Enzo, aber ihre Beziehung sollte sich nie verbessern.

Enzo gönnte sich ein paar Tage Ruhe und stürzte sich dann wieder in die Arbeit. Die Saison 1931 war nur noch wenige Monate entfernt, das erste Rennen für Mitte Februar geplant. Er musste die positiven Ergebnisse aus dem ersten Jahr seines Rennstalls ausnutzen. Pirelli, Shell und Bosch mussten an Bord gehalten und möglicherweise davon überzeugt werden, noch mehr Material und vielleicht auch Geld beizusteuern. Alfa Romeo musste umworben werden, um die Zusammenarbeit auch in der neuen Saison fortzusetzen mit den neuen Autos, denen Jano den letzten Schliff gab. Am 21. Oktober war Enzo wieder in Portello, um das Programm für die neue Saison zu besprechen.[13]

Aber die Zeiten verlangten auch nach einer Feier und weniger als einen Monat nach dem letzten Rennen der Saison lud Enzo alle, die zum ersten Jahr der Scuderia Ferrari beigetragen hatten, nach Modena ein.

Am 8. November begründete Enzo im Hotel San Carlo im Zentrum von Modena eine seiner Traditionen: das Galadinner zum Saisonende. Die Veranstaltung war so pompös, wie man es in jenen Tagen erwarten konnte, mit Regierungsbehörden und Persönlichkeiten der faschistischen Partei, die alle ein paar Minuten Ruhm beanspruchten. Vor dem Abendessen folgten Enzo und seine Gäste dem örtlichen Faschistenführer Temistocle Testa, um das kürzlich fertiggestellte Parteigebäude *Casa del Fascio* (Haus des Bundes) zu besichtigen. Jemand schlug spontan vor, dem Vorsitzenden des Italienischen Olympischen Komitees, Leandro Arpinati, und dem Chef von Alfa Romeo, Prospero Gianferrari, beides hochrangige Vertreter des Regimes, zur Feier des Tages ein Telegramm zu schicken.[14] Parteihörigkeit und Massenheuchelei waren um 1930 zu einem weit verbreiteten Syndrom geworden und Enzo konnte nicht anders, als dabei mitzuspielen.

Trotz all der vom Regime auferlegten Rhetorik war dieses Abendessen am Samstagabend in Modena für den 32-jährigen Enzo ein besonderer Abend – viel bedeutungsvoller als die Freude über die Arbeit eines Jahres. Es war die Verwirklichung einer Vision – ein persönlicher Sieg. In vielerlei Hinsicht wurde es eine private Rechtfertigung. Eine Stadt, die ihn nach dem Krieg wegen seiner blinden Liebe zur Geschwindigkeit und seiner unbändigen Anziehungskraft auf Autos als »verrückt« bezeichnet hatte, feierte ihn. Hier, in seiner Heimatstadt, hatte er an diesem Abend berühmte Rennfahrer und renommierte Ingenieure, Topmanager einiger der führenden Fahrzeugunternehmen des Landes und hochrangige Regierungsbeamte versammelt – ganz zu schweigen von einigen der einflussreichsten Reporter, die Leser in ganz Italien über die Feier informieren würden. In nur wenigen Monaten war Enzo zum Symbol der Scuderia geworden, die seinen Namen trug. Die Caniato-Brüder hielten immer noch die Mehrheit der Anteile, auch Tadini hielt an seinem Anteil fest. Niemand hatte sich von der Rechtsform des Unternehmens täuschen lassen. Alle wussten inzwischen, was sie die ganze Zeit vermutet hatten: Es gab einen unbestrittenen Anführer bei der Scuderia Ferrari. Enzo war der König. Enzo musste schmunzeln, wenn er sich an die Geschichte erinnerte, die *Il Littoriale* im Oktober des vergangenen Jahres veröffentlicht hatte, als die Nachricht über den neuen Rennstall bekannt wurde. Damals hatte der Reporter, ausgehend von den Herkunftsorten der drei Männer, die dahinter standen, den neuen Rennstall als *Scuderia Modenese-Bolognese-Ferrarese* bezeichnet.[15]

Für Enzo gab es an diesem Novemberabend in Modena Fahrer zu beglückwünschen und Siege zu feiern. Glückliche Kunden mussten umworben und Verträge verlängert werden. Es gab Sponsoren zu umwerben und Partner zu umschmeicheln. Insgesamt waren 50 Personen anwesend.[16] Enzo saß mit dem Bürgermeister von Modena sowie Konsul Testa und Senator Vicini, den extra aus Rom angereisten wichtigsten politischen Gästen, am Kopfende des Tisches. Bei ihnen saßen zwei von Enzos Scuderia-Partnern: Alfredo Caniato und Ferruccio Testi – Letzterer verantwortlich für den guten Ablauf des Abends.[17]

Die Fahrer Giuseppe Campari, Tazio Nuvolari und Luigi Arcangeli standen im Mittelpunkt des Interesses – wobei Campari, wie oft bei solchen Gelegenheiten, einige Opernarien vortrug. Auch Vittorio Jano und Luigi Bazzi, die technischen Genies von Alfa Romeo, waren anwesend, ebenso wie die Chefs von Pirelli, Bosch, Shell und Alfa Romeo selbst.[18] Es gab Reden, Trinksprüche und Preise für die Fahrer sowie für Bazzi und Jano.[19] Zudem gab es eine Bildcollage über die Saison 1930, zusammengestellt von Ferruccio Testi, der während dieser ersten Rennsaison der Scuderia Ferrari wertvolle Aufnahmen gemacht hatte. Zusammen mit Enzo hatte Testi einige Dutzend Bilder vorbereitet und auf die Menükarte gedruckt, die verschiedene Phasen der Rennen und Momente der Entspannung vor oder nach den Veranstaltungen illustrierten. Über die Bilder hatte Enzo die Logos seiner Geschäftspartner Bosch, Shell, Champion verstreut, wobei die Scuderia-Partner Alfa Romeo und Pirelli verständlicherweise im Mittelpunkt standen. Damit wollte er sich bei ihnen bedanken, sie aber gleichzeitig zur Teilnahme an der kommenden Saison 1931 locken. Enzo war die Anziehungskraft der Zeitungsleute nie entgangen und er wollte, dass die einflussreichsten Motorsportjournalisten ebenfalls auf dem Plakat abgebildet wurden.[20]

Zum Abschluss des Dinners führte Ferrari eine weitere Tradition ein. Alle sieben Partner der Scuderia – Enzo eingeschlossen – erhielten ein Paar goldene Manschettenknöpfe mit dem Alfa-Romeo-Logo, die er bei einem Juwelier in Mailand in Auftrag gegeben hatte. (Das *Cavallino Rampante* als Symbol der Scuderia sollte später kommen.) Das Geschenk wurde in einem dunkelblauen Kästchen mit gelbem Futter geliefert, auf dem die Worte *Soc. An. Scuderia Ferrari Modena* eingraviert waren.[21] Es sollte das erste einer langen Reihe von Geschenken zum Saisonende werden, die Enzo denjenigen überreichte, mit denen er das Jahr über gearbeitet hatte.

Aus der Sicht des Rennfahrers Enzo Ferrari war 1930 kein denkwürdiges Jahr gewesen, auch wenn seine Ambitionen inzwischen auf ganz andere Ziele ausgerichtet waren. Seine neuen Aufgaben als unangefochtener Leiter der Scuderia Ferrari beschäftigten ihn sehr, während er selbst wie in den beiden vorangegangenen Saisons nur drei Rennen bestritten hatte. Ein einziges Rennen hatte er beendet und dabei lediglich den fünften

Platz erreicht; bei zwei Veranstaltungen war er ausgefallen. Sein Verdienst als Fahrer war mit nur 15.000 Lire unbedeutend. Der Spitzenverdiener Achille Varzi hatte über 340.000 Lire verdient, Luigi Arcangeli fast 300.000 und das aufstrebende Ass Tazio Nuvolari immerhin noch über 200.000 Lire.[22]

Auf der anderen Seite hatte die Scuderia Ferrari mehr als 270.000 Lire an Alfa Romeo gezahlt, um die Rennwagen sowie die notwendigen Ersatzteile zu kaufen. Die erste Saison des neuen Rennstalls war von dem unermüdlichen Enzo und seiner Handvoll Angestellter tadellos geleitet worden. Seine Lektion aus dem Scheitern der *Carrozzeria Emilia* hatte er ständig im Hinterkopf, sodass sie alle seine Entscheidungen beeinflussten. Am Ende des Jahres konnte Enzo stolz sagen: »Die gesamte Verwaltung der Scuderia wurde mit guten Ergebnissen abgeschlossen.«

1930 war vor allem auch das erste Jahr seines gewagten Experiments gewesen, einen Rennstall zu leiten, und er hatte der Welt gezeigt, dass das Experiment funktionieren konnte. Mit Ausnahme von Achille Varzi waren in dieser Saison die besten italienischen Fahrer irgendwann einmal unter den Insignien der Scuderia Ferrari gestartet. Von den 22 Rennen, die 1930 ausgetragen wurden, hatten die Fahrer der Scuderia Ferrari neun gewonnen. Es gab fünf zweite Plätze und sieben Klassensiege. Bei einigen Rennen zur Saisonmitte hatte die Scuderia Alfa Romeo den Vortritt gelassen. In Monza im September hatte Enzos Team sogar offiziell Alfa Romeo vertreten – eine klare Bestätigung seiner Tätigkeit und ein Vorgeschmack auf die Zukunft.

Dieses Fest war für Enzo Ferrari ein denkwürdiger Abend.

KAPITEL 13

Das *Cavallino Rampante*

Enzo Ferrari bekräftigte in der neuen Saison 1931 die doppelte Tätigkeit, die seine Scuderia im Jahr zuvor erfolgreich ausgeübt hatte. Auf der einen Seite würde er weiterhin Autos und Unterstützung für die Gentlemen-Fahrer bereitstellen, die zumindest theoretisch die Existenz der Scuderia Ferrari rechtfertigten. Andererseits würde er weiterhin ein starkes Team aus den besten Fahrern der Szene aufstellen, um mit dem Werksteam von Alfa Romeo mitzuhalten oder es bei Bedarf zu ersetzen.[1] Weder Amateure noch Berufsfahrer erhielten ein festes Gehalt, sondern einen prozentualen Anteil an den Preis- und Renngeldern, der je nach Fahrer und Veranstaltung variierten.[2] Natürlich konnte jeder private Fahrer, der den Nervenkitzel der Geschwindigkeit genießen wollte und in der Lage war, die notwendigen Kosten zu tragen, in Ferrari und seiner Scuderia ein zuverlässiges Mittel finden, um seine Rennleidenschaft auszuleben.[3]

Immer noch unsicher über das Leistungsniveau des neuen Wagens, aber auch in dem Bewusstsein, dass sie die *Mille Miglia* nicht verpassen durften, vertrauten die Verantwortlichen von Alfa Romeo (wie schon im September zuvor) ihre brandneuen Wagen der Scuderia Ferrari an, die sie offiziell bei dem berühmtesten aller italienischen Rennen einsetzen sollten.

Am 11. April stellte Enzo Ferrari in Brescia unter den gelben und blauen Farben seiner Scuderia zwei Alfa Romeo 8C für Nuvolari/Guidotti und Arcangeli/Bonini bereit.[4] Die Scuderia Ferrari setzte außerdem acht weitere eigene Fahrzeuge ein: zwei 1500 SS für die Brüder Caniato und sechs 1750 GS für Campari, Klinger, Scarfiotti, Tadini, Severi und Borzacchini.

Der 5-Liter-Bugatti von Achille Varzi ließ den kühnen Fahrer aus Galliate bereits nach zwölf Kilometer im Stich. Doch der andere wahrscheinliche Sieger – Rudolf Caracciola im aufgeladenen Mercedes SSK – dominierte das Rennen von Anfang an. Nuvolari tat bis zum Wendepunkt in Rom alles, was er konnte. Dann verlor er aufgrund zahlreicher technischer Probleme und zehn Reifenwechseln viel Zeit und belegte am Ende den neunten Platz.[5] Arcangeli im anderen 8C hielt durch, bis seine Reifen auch ihn im Stich ließen. Trotz einer brillanten Leistung im 1750er konnte Campari nur den zweiten Platz erreichen, ganze elf Minuten hinter Caracciola.

Während der 8C die erwarteten Grenzen aufzeigte, rettete die Scuderia Ferrari Alfa Romeos Ehre, indem sie mit Campari (1.750 cm^3) und Alfredo Caniato (1.500 cm^3) zwei Klassensiege errang. Diese Leistungen brachten natürlich nicht den Glanz eines Gesamtsieges, aber die Scuderia hatte wieder einmal ihre Aufgabe erfüllt: Das Team sammelte für Alfa Romeo wertvolle Praxiserfahrungen und brachte gleichzeitig das bestmögliche Ergebnis nach Hause.

Tatsächlich hatte die Saison 1931 für das Team bereits am 15. Februar begonnen, als Tazio Nuvolari in einem 1500 GS das Rennen *Verona – Bosco Chiesanuova* gewann. Am Sonntag nach der *Mille Miglia*, dem 19. April, trat die Scuderia beim Großen Preis von Monaco mit einem einzigen Auto und dem 30-jährigen Goffredo Zehender an, einem durchaus talentierten kalabrischen Gentleman-Fahrer, der als Fünfter ins Ziel kam.

Eine Woche später nahm die Saison Fahrt auf. Das erste Rennen der italienischen Meisterschaft fand auf dem *Circuito Bordino* in Alessandria statt. Maserati und Alfa Romeo sahen diesem Rennen mit Vorfreude, aber auch mit Sorge entgegen. Der Rennstall der Gebrüder Maserati schien die Energie der vergangenen Saison verloren zu haben. Alfa Romeo kämpfte darum, zur neuen Größe zu werden. Mittendrin die Scuderia Ferrari, die fünf Autos einsetzen wollte, darunter einen 8C für Nuvolari, der erneut nach Alessandria geschickt worden war, um Erfahrungen mit dem Auto zu sammeln, das offensichtlich immer noch nicht perfekt war.[6] Nachdem der Prototyp von Alfa Romeo geliefert worden war, arbeiteten Ferraris eigene Leute in Modena daran, ihn zu optimieren.[7] Der *Mantovano volante* beendete das Rennen nicht. Tadini erlitt mit dem 1750 GS dasselbe Schicksal. Mit den anderen 1750 GS belegten Arcangeli und Boschi die Plätze fünf und zehn. Alfredo Caniato schaffte es am Steuer einer 1500 SS auf den neunten Gesamtrang. Die Maseratis schnitten ebenso schlecht ab. Die Sieger hießen Varzi und Bugatti. Alfa Romeo mühte sich ab. Die Scuderia Ferrari tat, was sie konnte.

Der Große Preis von Italien in Monza am 24. Mai (dieses Jahr ausnahmsweise im Frühjahr) änderte die Dinge – zumindest für Alfa Romeo. An diesem Tag feierte der 8C Monza, das neue von Jano entworfene Grand-Prix-Modell, sein Debüt. Das Rennen dauerte zermürbende zehn Stunden und die Fahrer arbeiteten als Paare, um sich am Steuer abzuwechseln. Campari und Nuvolari belegten am Ende den ersten Platz, Minoia und Borzacchini den zweiten.

Die Scuderia Ferrari war dieses Mal nicht am Rennen beteiligt. Enzo war als Zuschauer in Monza und musste hilflos mit ansehen, wie sein Freund Luigi Arcangeli an derselben Stelle tödlich verunglückte, an der acht Jahre zuvor Ugo Sivocci ums Leben gekommen war. Er saß am Steuer von Janos neuem Alfa Romeo Tipo A, der zwei parallel nebeneinander montierte 1.750-cm^3-Kompressormotoren besaß.

Im Juni nahmen Autos der Scuderia Ferrari an vier verschiedenen Rennen teil. Das Ergebnis waren drei Siege, darunter einer von Ferrari selbst. Er hatte am 14. Juni mit einem 8C 2300 das Bergrennen *Bobbio* – Passo del *Penice* gewonnen und damit seine gute Form bewiesen, obwohl er sich eigentlich immer mehr vom Fahren distanzierte.

Das Rennen *Bobbio* – Passo del *Penice* war zwar eine kleine Veranstaltung und der einzige prominente Fahrer war er gewesen. Aber Enzos Leistung war tadellos, wie man es von einem Geschäftsmann erwarten würde, der einst einer der besten Fahrer seiner Generation war und immer noch gern ab und zu Rennen fuhr. Die Presse, die ihn immer unterstützt hatte, lobte jedenfalls den »gekonnten Umgang« mit seinem 8C und fügte hinzu: »Die Zuschauer, die sich in den letzten Kurven des Anstiegs drängten, lobten den Stil dieses Fahrers der alten Garde.«[8]

Bei kleineren Rennen in Italien war die Scuderia Ferrari hinsichtlich der Organisation, der Qualität der Autos und der Rennfahrer konkurrenzlos stark. Was damals noch fehlte und wonach sich Enzo sehnte, war die Möglichkeit, mit den großen Teams von Maserati, Bugatti und Mercedes in der Grand-Prix-Kategorie auf Augenhöhe zu kämpfen – eine Chance, die sich ihm früher bieten sollte, als Enzo ahnte.

Alfa Romeo hatte es in diesem Jahr bisher allein geschafft, an den für den Europameisterschaftstitel wichtigen Grand-Prix-Rennen in Italien, Frankreich und Belgien – Letzteres am 12. Juli – teilzunehmen. In der darauffolgenden Woche wurde der einzige Alfa Romeo, der am Großen Preis von Deutschland teilnehmen sollte, jedoch der Scuderia Ferrari anvertraut. Der Wagen war natürlich ein 8C Monza und der Fahrer hieß Tazio Nuvolari.

Nuvolari belegte den vierten Platz, was auch auf Alfa Romeos Wahl des hannoverschen Reifenlieferanten Continental zurückzuführen war – der aus klaren kommerziellen Gründen mit Blick auf den deutschen Automobilmarkt ausgewählt wurde.[9] Für die Scuderia Ferrari war das Endergebnis trotz des verpassten Podiums mehr als akzeptabel.

Alle großen europäischen Fahrer waren bei der *Coppa Ciano* vertreten – mit Ausnahme der Deutschen, die am selben Sonntag auf der Berliner Avus antraten. Das Preisgeld war üppig, allein für den Sieger gab es einen Scheck über 100.000 Lire. Nuvolari hatte ursprünglich für das deutsche Rennen gemeldet, wurde aber später von Ferrari überredet, doch in Livorno zu starten. Hunderttausend begeisterte Italiener wurden Zeuge dieses letzten Duells zwischen Nuvolari und Varzi, das jedoch vorzeitig endete, als Varzi in der dritten von zehn Runden mit einem platten Reifen an die Box zurückkehrte. Am Ende des zwei Stunden und 20 Minuten dauernden Rennens holte Nuvolari einen wichtigen Sieg für sich selbst, für Alfa Romeo und für die Scuderia Ferrari, die außerdem Campari auf den vierten, Cortese auf den sechsten, D'Ippolito auf den siebten und Carraroli mit einem weiteren 1750 GS auf den zehnten Platz platzieren konnte – demselben Guglielmo Carraroli, der ein Jahrzehnt zuvor Enzos Rennmechaniker gewesen war.

In der Woche nach Livorno nahm Enzo Ferrari an seinem letzten Rennen als Rennfahrer teil. Seit einigen Tagen – genauer gesagt seit Juni – wusste er, dass er im nächsten Winter Vater werden würde. Laura hatte es ihm eines Abends in ihrer gewohnt schroffen Art mitgeteilt: »Ferrari, du wirst Vater!«[10] Sie kannten sich seit zwölf Jahren, lebten seit zehn Jahren zusammen und waren seit acht Jahren verheiratet. Wegen Lauras Krankheit war das Thema Kinder jedoch jahrelang nicht wirklich zur Sprache gekommen, sodass Enzo 1931 die Idee einer Vaterschaft praktisch aus seinem Kopf verbannt hatte.

Vielleicht hatte er sich mit etwas abgefunden, das er für unvermeidlich hielt, denn er glaubte, dass er mit einer Frau wie Laura niemals Kinder bekommen würden und vielleicht war das auch besser so. Jahre später schrieb er, dass »ein Mann, der von einer Leidenschaft wie der meinen beherrscht wird, mit den Risiken und der erforderlichen Zeit kein guter Ehemann und [vor allem] kein guter Vater sein kann«.[11] Wohl wahr. Aber es klingt sehr nach einer typischen für den älteren Ferrari rationalen Rechtfertigung – des Mannes, der auf seine menschliche Reise zurückblickte und versuchte, ihr eine Ordnung zu geben, die sie oft nicht besaß.

Die tragischen Schicksale von Sivocci und Ascari, die kleine Kinder hinterlassen hatten, muss ihn sehr abgeschreckt haben. »Vielleicht habe ich mich unbewusst gegen diese Idee gewehrt«, so sagte er Jahre später, »weil ich durch die Erfahrungen anderer die enorme Verantwortung, ein Kind aufzuziehen, abgeschätzt hatte, eine Verantwortung, die mich ängstigte, da ich von meiner Leidenschaft und meiner Arbeit eingenommen war.«[12]

Am 9. August startete Ferrari jedenfalls auf dem *Circuito della Tre Provincie* zu seinem zweiten Rennen der Saison 1931. Das erste war kaum mehr als ein Spaziergang gewesen. Heute war die Konkurrenz jedoch hart und bestand aus den bekannten Gesichtern von Tazio Nuvolari und Baconin Borzacchini – erstklassige Konkurrenz aus den Reihen der eigenen Scuderia. Diese setzte vier Autos ein: zwei Achtzylinder für Ferrari und Borzacchini und zwei Sechszylinder für Nuvolari und Klinger. Es sollte ein echter Kampf werden. Ferrari fuhr einen stärkeren Wagen, aber Nuvolari war inzwischen zu einem Idol geworden, von dem Generationen von Fans noch in Jahrzehnten träumen würden.

Das Rennen begann um 16:30 Uhr. Ferrari und Borzacchini setzten sich mit ihren stärkeren Autos als Erste in Bewegung. Während Nuvolari geduldig darauf wartete, an die Reihe zu kommen, ließen Ferrari und sein Beifahrer Peppino Verdelli nichts anbrennen. Sein Vorsprung auf den Zweiten – natürlich Nuvolari – betrug am ersten Kontrollpunkt 30 Sekunden. Dann schrumpfte er auf 14 Sekunden. In Sestola, im Herzen des Apennins, übernahm Nuvolari die Führung von Ferrari und fuhr eine halbe Minute Vorsprung heraus. Der nächste Kontrollpunkt zeigte jedoch, dass Ferrari seinen Rückstand wieder halbiert hatte.

Nachdem er die Ziellinie mit der schnellsten Zeit des Tages überquert hatte, wusste er noch nicht, welche Zeit Nuvolari, der noch auf der Strecke war, abspulen würde. Also wartete Enzo geduldig auf die Ankunft der übrigen Teilnehmer. Als die Nachricht kam, dass Borzacchini ausgefallen war, wusste Enzo, dass der einzige verbliebene echte Konkurrent der unberechenbare Nuvolari war – in einem weniger starken Auto als er. Trotz des revolutionären Fahrstils von Tazio war sich Ferrari ziemlich sicher, dass der Sieg für ihn in Reichweite war. Es sollten ihn jedoch eine große Überraschung und eine noch größere Enttäuschung erwarten.

Nuvolari fuhr mit einer Stunde, 58 Minuten und 46 Sekunden die schnellste Zeit des Rennens. Er schlug Enzo um 32,9 Sekunden – nichts auf einer Strecke von 128 km. Nuvolaris Beifahrer Decimo Compagnoni erzählte später, dass Ferrari bei

Tazios Zieleinfahrt fassungslos war, »er starrte immer wieder auf die Stoppuhr, als ob er seinen Augen nicht traute«.[14]

Nuvolaris Fahrstil, ungestüm und ohne Respekt vor den Gesetzen der Physik, hatte den Unterschied ausgemacht und sich gegen Ferraris Fahrstil durchgesetzt, der stets unaufgeregt und sehr respektvoll gegenüber dem Auto war. Aber das ganze Rennen hatte sich darum gedreht, dass die beiden nur gegeneinander ein Rennen fuhren. Und wenn es stimmt, dass Nuvolari mit einem weniger leistungsstarken Auto gewonnen hat, so hat der Sieger am Ende des Rennens den Zweitplatzierten aufrichtig und ehrlich gelobt. »Um dich zu schlagen, musste ich mich mehr anstrengen als je zuvor«, sagte Tazio am Nachmittag zu Enzo.[15]

Wie immer erreichte die Rennsaison mitten im Sommer ihren Höhepunkt.

Am 16. August reiste Ferrari zur *Coppa Acerbo* nach Pescara. Er war gebeten worden, Alfa Romeo offiziell zu vertreten, wofür ihm zwei Tipo A für Nuvolari und Campari anvertraut worden waren. Dazu kommen zwei eigene 8C 2300 für Borzacchini und Francesco Severi.[16] Bugatti hatte Autos für Varzi und Chiron bereitgestellt und Maserati zwei Wagen für Fagioli und Ernesto Maserati.

Campari dominierte die Anfangsphase des Rennens. Dann ging die Führung an Nuvolari über, doch als dieser wegen einer verbrannten Kopfdichtung an einem seiner beiden Motoren das Tempo drosseln musste, übernahm Campari wieder die Führung, die er bis zur Zielflagge sichern konnte. Die meisten Maseratis und Bugattis wurden durch Reifenprobleme gebremst und waren nie ganz vorn dabei. Trotz des Schadens belegte Nuvolari den dritten Platz. Zwischen den beiden Alfa Romeos kam der Bugatti von Chiron ins Ziel.

Die Überraschung des Tages war somit der Alfa Romeo Tipo A, der nach einer langen und schwierigen Entwicklung seinen ersten Sieg errang. Auf langen Geraden war der Tipo A nicht der Schnellste, aber im kurvigen Teil der Strecke war er unschlagbar. Vor allem erwies er sich als das ausgewogenste Auto, das als einziges keine ernsthaften Reifenprobleme hatte – diesmal waren alle Teilnehmer mit identischen Dunlop-Pneus unterwegs.[17] Wieder einmal hatte die Scuderia Ferrari Alfa Romeo gute Dienste geleistet, wertvolle Erfahrungen gesammelt und einen prestigeträchtigen Sieg errungen.

Noch im selben Monat beschloss das Management von Alfa Romeo, Anfang September mit seinem Werksteam am Grand Prix von Monza teilzunehmen. Ferrari besuchte das *Autodromo Nazionale* wieder einmal als Zuschauer. In der Zwischenzeit bereiteten sich seine Männer in Modena auf die verbleibenden Rennen der Saison vor.

Die Scuderia Ferrari gewann drei der verbleibenden vier Rennen der Saison und belegte am 28. Oktober beim letzten Rennen, der *Coppa Pierazzi,* einen zweiten und einen dritten Platz. Bei diesem letzten Rennen gab Baronin Maria Teresa Avanzo ihr Debüt für die Scuderia und war damit die erste Frau, die jemals für Ferrari ein Rennen fuhr.

Enzos Arbeit endete nicht mit dem letzten Rennen der Saison. Die Herbstmonate wurden dem Werben um neue Sponsoren, dem Schmeicheln der alten und den Tests von Autos und Materialien gewidmet. Zu den neuen Partnern der Scuderia gehörten von nun an eine von Edoardo Weber gegründete und geleitete Vergaserfabrik aus Bologna.[18] Weber sollte bald zu Enzos treuesten Freunden gehören.[19] Wie immer begannen Ferraris Tage früh, endeten spät am Abend und beinhalteten lange Autofahrten, bei denen er das Lenkrad nie jemand anders überließ.

Anfang November kündigte Alfa Romeo an, 1932 häufiger als in der vorangegangenen Saison in direkter Form präsent sein zu wollen. Nuvolari und Borzacchini teilten daher Ferrari mit, dass sie in der neuen Saison weniger Rennen für seine Scuderia fahren würden. Angesichts dieser Vereinbarungen äußerte sich Giovanni Canestrini in seiner Sportzeitung: »Wir kennen das Programm von Enzo Ferrari nicht genau, aber wir glauben, dass er sich ausschließlich jungen Talenten und Gentleman-Fahrern widmen wird.«[20]

Aber die Saison 1932 sollte wie die gerade zu Ende gegangene eine sehr lange sein. Und Enzo Ferrari wusste, dass ein Automobilhersteller wie Alfa Romeo trotz seiner Ankündigungen gegenüber der Presse nur an einer Handvoll Rennen teilnehmen konnte. Bei den anderen würde er unweigerlich seiner Scuderia den Vortritt lassen müssen – genau wie es 1930 und vor allem 1931 der Fall war.

In der Zwischenzeit war es wieder einmal Zeit für das Galadinner zum Jahresende, das bei seiner Premiere im Vorjahr alle Gäste verzaubert hatte. Ferrari wechselte im Herzen von Modena das Restaurant, aber nicht die Straße – die Via San Carlo.

Am Samstagabend, dem 21. November 1931, versammelten sich alle zu einem »großen und lärmenden Bankett«[21] in den »prächtigen Sälen des Restaurants Boninsegna«.[22] Auf der Einladung und der Speisekarte war das Alfa-Romeo-Emblem aufgedruckt. Die Scuderia Ferrari gab dieses festliche Abendessen »für ihre Fahrer und Mitarbeiter«. Mitarbeiter (*Collaboratori*) war das Wort, das in Enzo Ferraris Wortschatz fortan all jene bezeichnete, die innerhalb oder außerhalb der Scuderia für den Erfolg des Teams arbeiteten.

Ferrari schenkte allen Fahrern, die in der Saison 1931 mit seinen Autos gefahren waren, eine Goldkette mit einer emaillierten Plakette, auf der er ihren Namen hatte eingravieren lassen. Da er Hierarchien stets respektierte, schenkte er jedem Mechaniker von Alfa Romeo ein Paar goldene Manschettenknöpfe, während die Techniker der Scuderia Ferrari silberne erhielten. Seinen Männern überreichte er aber auch einen Prämienscheck[23], um ihnen für ihr Engagement, ihr Können und ihre Leidenschaft zu danken. Als geschickter Diplomat bat er Senator Vicini, die Auszeichnungen an seine Mitarbeiter zu überreichen.[24]

Ferrari selbst wurde mit zwei Preisen ausgezeichnet. Der erste kam vom Geschäftsführer von Alfa Romeo, Prospero Gianferrari, der ihm im Namen des Unternehmens die Ritterwürde überreichte, die ihm durch ein kürzlich erlassenes Staatsdekret für seine Tätigkeit verliehen worden war. Der zweite wurde ihm von Tazio Nuvolari überreicht: ein »wunderschönes Pergament mit den Unterschriften aller Fahrer der Scuderia für die geleistete Arbeit und als herzlicher Akt des Danks«.[25]

Aber das war noch nicht alles. Ferrari hatte ein letztes Geschenk, das er an alle Anwesenden verteilte – mindestens einhundertfünfzig Gäste,[26] darunter auch der Radrennfahrer

Costante Girardengo.[27] Mit der Hilfe und den Ratschlägen von Ferruccio Testi hatte er ein 80-seitiges »interessantes Büchlein«[28] mit dem Titel *Due anni di corse* (Zwei Jahre Rennen) vorbereitet – eine Zusammenfassung der gerade zu Ende gegangenen Saison und eine noch kürzere der Saison 1930. es war die logische Fortsetzung der Fotocollage, die in Form einer Menükarte für das Abendessen im letzten Jahr entstanden war. Auch wenn es damals noch nicht so bezeichnet wurde, sollte es das erste Jahrbuch in einer der liebsten Ferrari-Traditionen werden.

»Diese bescheidene Publikation«, so Ferrari im Vorwort, »möchte nicht nur die einflussreichen Meinungen der führenden Persönlichkeiten aus Sport, Politik und Industrie wiedergeben, die uns mit ihrem wohlwollenden Urteil ehren wollten, sondern auch den Organisatoren, Fahrern und Herstellern mitteilen, welchen Aktivitäten wir in den ersten beiden Jahren unseres Bestehens nachgegangen sind.«[29] Wie damals üblich, waren die ersten Seiten der Broschüre für die Glückwünsche der italienischen Prominenz reserviert, allen voran des Regierungschefs, der sie zwar nicht ausdrücklich Ferrari oder seiner Scuderia widmete, wie es andere auf denselben Seiten taten, aber auf Wunsch von Ferrari[30] ein Foto von sich selbst hinter dem Lenkrad eines Alfa Romeo geschickt hatte, auf dem der *Duce* eigenhändig geschrieben hatte: »Benito Mussolini – Rom, Oktober 1931 – IX«.[31]

Nach der ausführlichen Hommage an die italienischen Institutionen, die Sport-, Automobil- und Pressewelt hielt die Publikation doch noch, was Ferrari auf den ersten Seiten versprochen hatte: den Bericht über die Leistungen der Scuderia Ferrari in den ersten beiden Jahren ihres Bestehens. Porträts der Fahrer (seines erst nach dem von Nuvolari), sowie Fotos zahlreicher Alfa-Romeo-Modelle in Aktion, Bilder von Rennstrecken sowie Namen und Logos der Zulieferer von Alfa Romeo und Ferrari. Und natürlich die vollständige Liste der Veranstaltungen, an denen die Scuderia teilgenommen hatte: 22 im Jahr 1930 und eine mehr 1931.

Alle Seiten waren von gelben und blauen Mustern umrahmt – den Farben von Modena und der Scuderia Ferrari: »Gelb und Blau sind unsere Farben«, schrieb Ferrari, »die Schlange der

Familie Visconti, das Markenzeichen unserer roten Maschinen, weiß-rot-grün das Herz unserer Fahrer.«[32]

Am aufschlussreichsten war jedoch die erste Seite, auf der Enzo Ferrari kurz sein Rennfahrerleben Revue passieren ließ und den Mann beschrieb, der ihn bei der Gründung der Scuderia, die nun seinen Namen trug, inspiriert hatte: Antonio Ascari: »Das unerbittliche Schicksal kündigte seinen Tod an, als der verdiente Ruhm ihn zum Champion unter den Champions machte, aber so wie die Erinnerung an seine Taten unsterblich blieb und bleiben wird, so sollte auch das Opfer, das er für die Ehre des italienischen Motorsports in einem fremden Land brachte, nicht vergessen werden. Damals nahm in meinem Kopf die Idee Gestalt an, eine Scuderia zu gründen: eine Idee, die ich nur drei Jahre später in die Tat umsetzen konnte.«[33]

Ascaris Erbe, das Ferrari als »das geistige Erbe des *Maestro*« bezeichnete, war also die treibende Kraft hinter der Scuderia, »[welche] die Schule des Wagemuts und der Sportsaal der Kühnheit für junge Talente [sein will]; eine kluge Organisation für die Champions«.[34]

Ferrari hatte allen Grund, glücklich zu sein.

In nur zwei Jahren hatten ihn seine Anstrengungen sehr weit gebracht. Corrado Filippini schrieb damals: »Im Motorsport gibt es nur wenige Beispiele für ein so schnelles und stetiges Wachstum. Die Scuderia Ferrari hat sich selbst eine Rolle geschaffen. Sie ist die beste technische, sportliche, werbende und kommerzielle Organisation.«[35]

Filippini war ein Freund von Ferrari, aber auch ein kluger und aufmerksamer Beobachter. Er fuhr fort: »Diejenigen, die den Motorsport verfolgen, erinnern sich an die denkwürdigen Tage der Scuderia Ferrari, an die Tage also, als Autos und Fahrer des Teams aus Modena in Italien und im Ausland eine führende Rolle spielten. Die Tage von Monza 1930, von Pescara und Brünn 1931, in denen, abgesehen vom Ergebnis, die Kraft und die tadellose Organisation der Scuderia Ferrari in vollem Umfang zum Vorschein kamen, die nun in der Heimat berühmt und außerhalb ihrer Grenzen geschätzt und gefragt ist.«[36]

Vincenzo Florio, der legendäre sizilianische Aristokrat, der immer einen unwiderstehlichen Einfluss auf Ferrari ausgeübt hatte, erkannte Enzos Verdienst an, mit seiner Arbeit das Interesse am Motorsport wiederbelebt und den technischen Fortschritt vorangetrieben zu haben.[37]

Und dann war da ja noch Ferrari, der Rennfahrer, der trotz seiner bewusst eingeschränkten Aktivität weiterhin geschätzt wurde. *Auto Italiana* schrieb: »Enzo Ferrari war und ist ein wahrer Champion und ein Künstler des Motorsports. Die Leute halten ihn für einen alten Mann, weil es ihn schon gab, als er noch keinen Bartwuchs hatte, und jetzt, wo er 33 Jahre alt ist und einen Wohlstandsbauch trägt, den kein Hosengürtel verstecken kann, gibt es Leute, die ihm bei seinem Anblick nicht die geringste Chance geben würden. Aber ob mit oder ohne Bauch: Ferrari, der aufgrund seiner geschäftlichen Tätigkeit selbst nur bei zwei oder drei Rennen starten kann, gewinnt dennoch seinen Anteil an allen Rennen.«[38]

Auch wenn der Respekt vor Enzo als Rennfahrer ungebrochen blieb, genoss Ferrari den Ruf eines hervorragenden Geschäftsmannes. »Als er noch fleißig Rennen fuhr«, so *Auto Italiana* weiter, »verdiente er gutes Geld; jetzt, wo er weniger Rennen fährt, verdient er immer noch Geld. Einfach nur Glück gehabt? Er ist geschickt, ausgeglichen, taktisch klug und energisch zugleich. Ein Mann, der weiß, was er will, ein echter Organisator, ein praktischer Optimierer seiner Fähigkeiten, ein Champion, der nie von der Straße abkommt. So wie einer [der von der Straße abkommt] nie als Manager und Geschäftsmann endet.«[39]

Kein schlechtes Profil für jemanden, der Modena in sehr jungen Jahren verlassen hatte und der vielen in der Stadt noch als »der verrückte Ferrari« in Erinnerung war. Ein junger Mann, »der rücksichtslos war, wenn er hinter dem Lenkrad eines Autos saß, und der im Leben nichts anderes tun wollte, als mit seinem Auto zu fahren.«[40]

⌘⌘⌘

Das Jahr 1932 begann im Hause Ferrari mit dem glücklichsten aller Ereignisse. Am 19. Januar um 15:25 Uhr wurde im ersten

Stock der Viale Ciro Menotti 11, wo die Scuderia Ferrari seit mehr als zwei Jahren ihren Sitz hatte, ein kleiner Junge geboren. Enzo gab seinem Sohn den Namen seines Vaters und seines Bruders – Alfredo. Wie schon seinen Onkel nannten ihn bald alle Dino.

Die Geburt des Kindes überzeugte Ferrari, eine Entscheidung zu treffen, über die er seit dem vergangenen Sommer nachgedacht hatte, als Laura ihm mitgeteilt hatte, dass er Vater werden würde. Seine Analyse war einfach: »Mein Sohn konnte auf einen gewissen Komfort bauen, der das Ergebnis meiner komplexen Tätigkeit war. Aber mein Sohn hatte ein Recht darauf, noch mehr von mir zu erwarten.«[41] Genauer gesagt: einen Vater, der an seiner Seite steht, wenn er aufwächst. Den Tod von Ascari und Sivocci sowie der anderer Fahrer, die er im Laufe der Jahre hatte sterben sehen, hatte er nie vergessen.

Die Preisgelder der Rennen bildeten nur noch Bruchteile seiner Einkünfte. Ferrari war nicht nur Dreh- und Angelpunkt, Geschäftsführer und einer der Aktionäre der Scuderia, die seinen Namen trug, sondern auch der Alfa-Romeo-Vertreter für die Emilia, die Romagna und die Marken; außerdem hatte er Beraterverträge mit Alfa Romeo, Pirelli und der italienischen Ölgesellschaft Nafta.[42] Auch wenn er nicht reich war, so war er auf jeden Fall wohlhabend. Er hatte schon lange gewusst, dass er nie ein Champion sein würde, und das Alter, in dem man danach strebte, war ohnehin vorbei. Es machte ihm immer noch Spaß, ab und zu Rennen zu fahren, aber seine Interessen lagen jetzt eindeutig woanders.

Damit war die Entscheidung gefallen: Der *Circuito della Tre Provincie* im August des Vorjahres war sein letztes Rennen gewesen, das spannende Kopf-an-Kopf-Rennen mit Nuvolari sein letztes Duell. Von nun an wollte Enzo Ferrari nur noch Geschäftsmann sein, mehr und mehr ein »Beweger von Menschen und Ideen«. Vorsichtshalber verlängerte er jedoch seine Rennlizenz, um ein weiteres Jahr in Italien die Nummer 16 zu bleiben.[43]

Doch das war noch nicht alles. Nach der Geburt seines ersten Kindes und der Entscheidung, mit dem Rennsport aufzuhören, kam es zu einer Änderung in der Unternehmensstruktur der Scuderia Ferrari, denn deren Präsident Alfredo Caniato war zurückgetreten. In nur zwei Saisons war die Scuderia Ferrari eine ganz andere Organisation geworden als die, die 1929 vorgestellt worden war. Das Motto der Organisation blieb bestehen – »die Teilnahme an Autorennen in Italien und im Ausland mit Alfa Romeo Autos«[44] –, aber die immer professionellere Seite des Unternehmens war jetzt für alle offensichtlich.

Und niemandem war der Wandel deutlicher anzumerken als den Gentlemen-Fahrern, die zu den Gründungsmitgliedern der Scuderia gehörten – jenen Leuten, auf die Enzo Ferrari sich zwei Jahre zuvor verlassen hatte, um finanzielle Stabilität zu erlangen, die sich jetzt aber eindeutig fehl am Platze fühlten, wenn sie Seite an Seite mit Leuten wie Nuvolari, Campari und Borzacchini fuhren oder wenn ihr Team aufgerufen wurde, Alfa Romeo offiziell zu vertreten, was immer häufiger vorkam. Mario Tadini war schon weg. Jetzt war es für die Gebrüder Caniato Zeit zu gehen.[45]

Ferrari blieb ruhig. Er bot alle Aktien der Caniatos – 130.000 Lire, was 65 Prozent der Gesamtsumme entsprach – einem talentierten Gentleman-Fahrer aus Biella an. Graf Carlo Felice Trossi kaufte die Caniato-Aktien auf und löste Alfredo als Vorsitzenden der Scuderia Ferrari ab. Er bezahlte seine Anteile über die Banco Sella, die Familienbank.[46] Alfredo Caniato blieb Mitglied des Vorstands, ebenso wie der Marquis Antonio Brivio Sforza, Gino Malagoli und Ferruccio Testi. Enzo Ferrari wurde formell als Vorstandsvorsitzender bestätigt, mit immer mehr Vollmachten und Ambitionen, die sich immer weiter von den ursprünglich erklärten Zielen der Scuderia Ferrari entfernten.[47]

Enzo Ferrari hatte nie ein persönliches Interesse an Motorrädern gehabt, aber er hatte diese Welt immer mit großer Neugier beobachtet. Mit Blick auf Nuvolari, der auf zwei Rädern ein Champion gewesen war, bevor er auch auf vier Rädern einer wurde, glaubte er, dass der Wechsel vom Motorrad zum Auto möglich war. Am Ende der vorangegangenen Saison hatte er mit Begeisterung Piero Taruffi, einen der besten Motorradfahrer Italiens, in die Reihen seiner Fahrer aufgenommen, der mit einem

Scuderia Ferrari Alfa Romeo 8C 2.3 MM am letzten Sonntag im September die *Coppa Frigo* in Bolsena gewonnen hatte.

Ferrari hatte Taruffi seit einiger Zeit genau beobachtet und ihm im Herbst die Wahl zwischen einem Alfa Romeo 1750 und einem 2300 gelassen, um damit für die Scuderia zu fahren.[48] Weil nun auch Enzo von Taruffis Begeisterung für den Motorradsport überzeugt war und natürlich auch seinen eigenen wirtschaftlichen Vorteil sah, beschloss er, in der Scuderia Ferrari eine Motorradabteilung zu eröffnen, für die er auf Maschinen des britischen Herstellers Rudge zurückgriff. Die Motorradabteilung war denselben Räumlichkeiten in der Werkstatt in der Viale Ciro Menotti untergebracht, in der die Scuderia Ferrari seit 1930 firmierte.

In diesem Frühjahr und Sommer renovierte Ferrari einen Teil des Gebäudes. Zunächst baute er an der Vorderseite eine Vorhalle, die gleichzeitig die große Terrasse seiner Wohnung im ersten Stock bildete. Dann bat er um die Erlaubnis, das Gebäude um ein weiteres Stockwerk aufzustocken, wodurch er zwei weitere Schlafzimmer und einen Lichthof für seine Wohnung einrichten konnte. Schließlich verschönerte er die Fassade zur Viale Ciro Menotti hin im Jugendstil des Originals, auch wenn die Gestaltung des Metallgeländers der neuen Terrasse durch ihre große Schlichtheit seinen Wunsch nach Modernität verriet.

Die Motorradabteilung der Scuderia debütierte am 28. März mit einem Sieg: Guglielmo Sandri belegte auf einer Rudge den ersten Platz im *Grand Prix Primavera* von Modena. Am 3. April belegte Eugenio Siena mit einem Alfa Romeo 8C Monza 2.3 beim Großen Preis von Tunis einen alles andere als denkwürdigen vierten Platz. Aber die Gedanken von Ferrari waren, wie die aller Italiener, auf die sechste *Mille Miglia* gerichtet, die am Wochenende des 9. und 10. April stattfinden sollte.

Alfa Romeo setzte drei 8C 2300 für Nuvolari, Borzacchini und Campari ein. Das Alfa-Werksteam unterstützte auch einen vierten 8C 2300, der von dem Deutschen Rudolf Caracciola gefahren wurde. Gegen dieses beeindruckende Aufgebot setzte Ferrari fünf identische Autos ein, die weniger talentierten und erfahrenen Fahrern anvertraut wurden. Ergänzt wurde das Aufgebot der Scuderia Ferrari durch einen aufgeladenen Austin Seven, der allerdings nicht startete.[49]

Die *Mille Miglia* 1932 wurde von Borzacchini im Werks-Alfa-Romeo gewonnen. Der Mailänder Hersteller platzierte sieben Autos auf den ersten sieben Plätzen, elf auf den ersten zwölf. Obwohl sie nicht gewann, schnitt die Scuderia Ferrari nicht schlecht ab. Am Steuer eines 8C belegten Carlo Felice Trossi und Tonino Brivio den zweiten Platz in der Gesamtwertung und den ersten Platz in der Gentlemenkategorie, die in einem Land, in dem Fremdwörter aus politischen Gründen immer weniger verwendet wurden, in *Non-Esperti* umbenannt worden war. Luigi Scarfiotti und Guido D'Ippolito erreichten mit dem 1750 SS TF einen ebenso wertvollen dritten Platz in der Gesamtwertung und den ersten Platz in ihrer Kategorie (2.000 cm^3).

Wie von Enzo vorausgesehen, musste Alfa Romeo wählen, an welchen Veranstaltungen sie direkt teilnehmen würden. Nachdem Alfa die *Mille Miglia* gewonnen hatte und nun auf die großen internationalen Rennen wartete, blieb das Unternehmen der *Targa Florio* fern, wo es natürlich von der Scuderia Ferrari und den beiden besten Alfa-Fahrern – Nuvolari und Borzacchini – vertreten wurde. Ferrari übergab den beiden zwei seiner 8C-Monza-2.3-Modelle. Die anderen Wagen dieses Typs gingen an Pietro Ghersi und Tonino Brivio. Dem Marquis D'Ippolito gab er einen 1750.

Nuvolari holte sich einen leichten Sieg, Borzacchini wurde Zweiter. Für Varzi und Chiron mit den Bugattis und für alle Maseratis war die *Targa Florio* 1932 ein totales Debakel. Für Ferrari war es der erste Sieg beim sizilianischen Klassiker – einem Rennen, das für ihn, der selbst daran teilgenommen und gute Leistungen erbracht hatte, eine besondere Bedeutung behielt.

Im Laufe des Frühjahrs fuhr die Scuderia Ferrari bei kleineren Rennen eine ununterbrochene Reihe von Siegen ein. Wenn die Automobilabteilung an einem Wochenende pausierte, verfolgte Ferrari die Aktivitäten der Motorradabteilung, die ebenfalls dominierte: erster Platz mit Taruffi beim Großen Preis von Europa in Rom, erster Platz mit Mario Ghersi auf dem *Circuito*

Pietro Bordino in Alessandria, erster Platz mit Guglielmo Sandri in Bologna, erster Platz in Verona, Ferrara, Lugo di Romagna und Faenza.

Mitte Juni gewann Alfa Romeo das 24-Stunden-Rennen von Le Mans.

Beim 24-Stunden-Rennen von Spa-Francorchamps am 9. und 10. Juli wollte Alfa Romeo nicht teilnehmen und beauftragte die Scuderia Ferrari mit ihrer Vertretung. Dreiunddreißig Autos waren für das anstrengende Rennen in den Ardennen gemeldet. Das Teilnehmerfeld war zwar nicht so erstklassig wie in Le Mans, aber durchaus mit mutigen und motivierten Konkurrenten gefüllt.

Der Alfa Romeo 8C 2300 war als Sieger von Le Mans natürlich auch in Belgien der große Favorit. Zwei wurden den Teams Brivio und Siena sowie Taruffi (der für die Scuderia abwechselnd Autos und Motorräder fuhr) und Marquis D'Ippolito anvertraut. Sie kamen in dieser Reihenfolge ins Ziel, ein großer Triumph für die italienische Automobilindustrie, für Alfa Romeo und natürlich für die Scuderia Ferrari.

In Spa hatte das *Cavallino Rampante* (das tänzelnde Pferd), welches Enzo 1924 von Francesco Baraccas Mutter geschenkt bekommen hatte, seinen ersten Auftritt auf den Autos von Ferrari. »Es wird dir Glück bringen«, hatte Gräfin Paolina damals gesagt. Enzo hatte das unerwartete Geschenk angenommen und sich gefragt, ob er jemals eine Verwendung dafür finden würde.

Warum sich Ferrari nach acht Jahren für das tänzelnde Pferd entschied, ist nicht ganz klar. Sicherlich unterschied es seine Autos von den Werksautos von Alfa Romeo, die durch das vierblättrige Kleeblatt gekennzeichnet waren, das Sivocci für die *Targa Florio* 1923 entworfen hatte – ein Emblem, das die Fahrer von Alfa Corse weiter verwendeten, um ihrem verstorbenen Teamkollegen zu gedenken und das Alfa Romeo später als Symbol ihrer Rennabteilung übernahm.

Aber warum jetzt?

Ferrari war immer ein treuer und loyaler Partner von Alfa Romeo gewesen, der sich stets im Hintergrund hielt (auf Briefköpfen, Einladungen, Mitteilungen und Veröffentlichungen der

Scuderia Ferrari war das Logo von Alfa Romeo immer sehr präsent gewesen). Aber etwas hatte sich in der niemals gleichwertigen Beziehung zu Alfa Romeo geändert. In diesem Jahr forderten die Mailänder Ferrari seltener als in der vorangegangenen Saison auf, sie zu vertreten, und Enzo hatte offensichtlich keine große Freude daran, junge Talente zu fördern, während das Alfa-Werksteam bei internationalen Veranstaltungen triumphierte.

Ferrari hatte einfach einen Punkt erreicht, an dem er sich seiner eigenen Stärke bewusst wurde und beschloss, sich von der Muttergesellschaft zu distanzieren. Und obwohl das Auto in Spa debütierte, hatte das tänzelnde Pferd bereits eine Woche zuvor, am 3. Juli in Pontedera, ein Fahrzeug der Scuderia geziert: das vordere Schutzblech eines Rudge-Motorrads

Aus welchen Gründen auch immer hatte Enzo im Juli 1932 schließlich das große Geschenk des Grafen und der Gräfin Baracca angenommen. Das tänzelnde Pferd, das die Gräfin ihm 1924 geschenkt hatte, war schwarz, und schwarz blieb es auch – obwohl Baraccas Pferd wahrscheinlich ursprünglich rot war und erst nach dem Tod des Helden als Zeichen der Trauer schwarz wurde. Die königliche piemontesische Kavallerie hatte als Symbol ein weißes, silberfarbenes Pferd auf einem roten Feld. Aus irgendeinem Grund, vielleicht weil es beim Fliegen besser sichtbar und erkennbar war, hat Baracca das Farbschema umgekehrt und das Pferd in Rot gemalt.[50]

Inspiriert vom Beispiel Sivoccis, der das grüne, vierblättrige Kleeblatt in eine weiße Raute gesetzt hatte, platzierte Ferrari das Pferd vor einem gelben Schild – Gelb ist eine der beiden Farben der Stadt Modena. Über dem Schild platzierte er die drei Farben der italienischen Flagge – eine farbliche Note, die Bände über seine Ambitionen sprach.[51]

⌘⌘⌘

Während Alfa Romeo mit dem neuen P3 die wichtigsten internationalen Siege einfuhr, holte Ferrari sich mit dem 8C den Rest. Natürlich sehnte er sich danach, ebenfalls einen P3 in die Hände zu bekommen, und die Gelegenheit dazu bot sich am 14. August bei der *Coppa Acerbo*. Ferrari vertraute ihn Nuvolari an diesem Tag an, während Alfa Romeo ein ähnliches Werksauto für Caracciola einsetzte – den eleganten, deutschen Rennfahrer, der den Verantwortlichen aus Portello so gut gefallen hatte. Nach Caracciolas anfänglichem Ausbruch übernahm Nuvolari die Führung und behielt sie unbehelligt bis zur Zielflagge. Für Ferrari hatte ein Sieg in Pescara immer eine besondere Bedeutung.

Der Masaryk-Pokal in Brünn war für die Scuderia Ferrari das letzte bedeutende Rennen des Jahres 1932. In einer Saison, in der es Alfa Romeo gelungen war, alle wichtigen Rennen zu gewinnen, musste sich Ferrari mit den ihm gebotenen Möglichkeiten begnügen. Das Gleiche galt für den Einsatz von Werksfahrern, die allzu oft direkt bei Alfa Corse angestellt waren und nur in seltenen Fällen für Ferrari starten durften.

Trotz dieser Unannehmlichkeiten wurde die Scuderia Ferrari bei Fans und Profirennfahrern immer beliebter. Die Scuderia reagierte nicht nur jedes Mal, wenn Alfa Romeo sie aufforderte, sondern wurde auch zur Startrampe für viele junge, italienische Fahrer. Trossi, Brivio und Taruffi hießen die Neuen, die in aller Munde waren. Und während Trossi – reich, elegant und distanziert – in einer anderen Dimension lebte, kämpften Brivio und Taruffi mit allen Mitteln darum, der beste Fahrer der Scuderia zu werden.[52] Ferrari, der es unter Ascari, Campari und Sivocci schwer gehabt hatte, seinen Platz zu gewinnen, und dem jede Eroberung viel Schweiß gekostet hatte, ließ seine jungen Talente gegeneinander antreten, weil er wie immer davon überzeugt war, dass ein gesunder interner Wettbewerb allen Beteiligten – und natürlich auch seiner Scuderia – zugutekommen würde.[53]

Enzo Ferrari herrschte über alles und jeden. Mit 34 Jahren war er sich endlich seiner persönlichen und beachtlichen sportlichen, kommerziellen und unternehmerischen Fähigkeiten voll bewusst geworden. Für die jungen Fahrer war er ein Traum, für die älteren ein Vorbild und ein Bezugspunkt. Für die Rennveranstalter war er eine Garantie, für die Motorsportfans – jetzt auch für die Motorradfans – ein Wohltäter. Für Alfa Romeo war er ein zuverlässiger Partner und für die Institutionen war er ein Werbeinstrument, wie es nur wenige gab.

Das Jahr 1932 war für seine Scuderia nicht das beste gewesen, aber die zwiespältige Haltung von Alfa Romeo hatte das unbestreitbare Verdienst, ihm die Augen zu öffnen. Alfa Romeo würde immer einen besonderen Platz in seinem Herzen und in seinem Geschäft einnehmen, aber von nun an würde sich die Romantik in seiner Beziehung zu diesem Unternehmen auf die verblassten Erinnerungen an Antonio Ascari und Giorgio Rimini beschränken. In Portello hatte sich die Musik geändert. Ferrari, von Natur aus Pragmatiker, nahm dies zur Kenntnis und passte sich an. Im Herbst, nach dem Ende der Saison und in Ermangelung einer offiziellen Erklärung von Alfa Romeo, kam er daher allen zuvor, indem er ankündigte, dass er die Aktivitäten seiner Scuderia im Jahr 1933 ausweiten wolle. Mitte November teilte er mit, dass er den Kauf von einem oder zwei Achtzylindermodellen von Duesenberg erwäge, jener Marke, die in Indianapolis, dem unvergessenen Rennen seiner Jugend, die Nase vorn hatte. Sein erklärtes Ziel war es, amerikanische Autos »bei Hochgeschwindigkeitsrennen« einzusetzen.[54]

Natürlich war dies in erster Linie eine Botschaft an Alfa Romeo gewesen, wo man ihm 1932 den Einsatz des neuen P3 zunächst verweigert und ihn dann dazu gebracht hatte, danach zu verlangen. Da er nicht wusste, welche Entscheidungen Alfa Romeo in der kommenden Saison treffen würde, wollte Ferrari sicherstellen, dass er unabhängig genug war. Alfa Romeo blieb ein zentraler Bestandteil seines Unternehmens, war aber nicht mehr der einzige technische Partner, zumindest nicht in der Öffentlichkeit.

So war niemand überrascht, als am Samstagabend, dem 19. November, im Restaurant Boninsegna in Modena am Ende des »berühmten Jahresbanketts der Scuderia Ferrari«[55] das an alle Gäste verteilte neue Jahrbuch etwas revolutionär aussah. Auf dem von den gelben und blauen Farben Modenas dominierten Umschlag – was an sich schon eine klare Botschaft war – tänzelte das einst Baracca gehörende Pferd, eingerahmt in den drei Farben der italienischen Flagge.

Die Scuderia Ferrari verkündete ihre Unabhängigkeit. Mit 50 in Italien und außerhalb der Landesgrenzen bestrittenen

Rennen – 30 mit Autos und 20 mit Motorrädern, Letztere alle in Italien – mit ihren 26 Gesamtsiegen, ihren 25 Autorennfahrern und elf Motorradrennfahrern[56] konnte sie eine unabhängige Rolle im Motorsport anstreben. Die Vorsicht, die bis vor Kurzem noch Enzos Schritte diktiert hatte, war abgelegt worden. Das Alfa-Romeo-Emblem war zwar auch vorhanden, aber nur auf dem hinteren Umschlag.

Enzo Ferrari wurde zu Ferrari.

KAPITEL 14

Tazio und der Sheriff

Durch die strenge Prüfung der Rennen«, schrieb Enzo Ferrari Ende 1932, »konnten wir eine beträchtliche Anzahl junger Fahrer bewerten und in schwierigen Situationen ausbilden, sodass wir heute sicher sind, wenn nicht echte Asse, so doch solide Reserven geschaffen zu haben, die mehr als nur vielversprechend sind.«[1] Er meinte damit Antonio Brivio, Carlo Felice Trossi und Piero Taruffi – jene jungen Fahrer, die seine Scuderia in der vergangenen Rennsaison zwangsläufig eingesetzt hatte, da sie nicht die Möglichkeit hatte, die großen Champions zu beschäftigen, wenn Alfa Romeo sie direkt anmeldete. Es handelte sich um talentierte, junge Leute, die die Möglichkeit erhalten hatten, sich in den Reihen der Scuderia Ferrari zu entwickeln und sich einen Namen zu machen. Es war eine zutreffende Aussage, aber auch eine, die weniger Stolz und viel mehr Bitterkeit enthielt, als der zufällige Beobachter vermuten könnte. Ferrari war ernsthaft an jungen Fahrern interessiert und sei es nur als Reservoir für künftige Talente in einem Sport, der weiterhin extrem gefährlich war und in dem der Tribut, den der Sport in Form von Leben forderte, hoch blieb. Sein Hauptziel lautete, jetzt zu gewinnen, nicht morgen. Und um zu gewinnen, brauchte er zwei Dinge: das gleiche Vertrauen, das ihm Alfa Romeo 1931 geschenkt hatte, und den neuen P3 aus Portello, auf den weiterhin alle neidisch waren.

Alfa Romeo sollte bald hilfreich sein – wenn auch nicht so, wie Ferrari es sich vorstellte.

Die Neuigkeiten lagen in der Luft, aber die Bestätigung kam erst Anfang 1933. Mit den sorgfältig formulierten Worten einer offiziellen Pressemitteilung gab Alfa Romeo seinen vorläufigen Rückzug aus dem Motorsport bekannt. Alfa würde die Saison 1933 aussitzen, um sich auf das Jahr 1934 vorzubereiten, in dem die neue Gewichtsformel von 750 kg eingeführt werden würde. Zumindest teilt dies die Alfa-Romeo-Geschäftsleitung vertraulich so mit.[2] Auch die wirtschaftliche Lage Italiens hatte diese Entscheidung stark beeinflusst. Finanzielle Sorgen hatten Vorrang vor der Pflicht, die Ehre Italiens im Motorsport zu verteidigen. Dies würde von nun an von Enzo Ferrari und seiner Scuderia übernommen werden.

Diese Entscheidung von Alfa Romeo brachte jene großen Fahrer nach Modena zurück, die 1930 und 1931 und gelegentlich auch 1932 mit Ferrari gefahren waren: Baconin Borzacchini und Tazio Nuvolari. Der *Mantovano volante* hatte am 22. Januar 1933 eine Vereinbarung mit Ferrari getroffen[3] und überredete dann persönlich den zögernden Borzacchini, ebenfalls der Scuderia beizutreten. Ferrari lud die beiden in ein Restaurant in San Damaso ein, einem kleinen Dorf ein paar Kilometer von Modena entfernt, wohin er regelmäßig geschäftliche Treffen abhielt. Der sonst eher ruhige Nuvolari zählte enthusiastisch die vielen Vorteile auf, die die Scuderia Ferrari ihnen bieten konnte. Er behauptete, mit Enzo Ferrari durch eine brüderliche Freundschaft verbunden zu sein, und sagte, er sei bereit, seiner Scuderia die Treue zu schwören.[4] Angeregt durch Nuvolaris Worte unterschrieb auch Borzacchini.

Wahrscheinlich weil man bei Alfa Romeo zu diesem Zeitpunkt immer noch plante, 1934 in den Motorsport zurückzukehren (und einigermaßen sicher war, dass der 8C immer noch gegen die Maseratis und Bugattis konkurrenzfähig war), wurde beschlossen, die bei den letzten Rennen der vorangegangenen Saison dominierenden P3 trotz Enzos Drängen nicht der Scuderia Ferrari zu überlassen.[5]

Ferrari war folglich auf sich allein gestellt und gezwungen, die Flotte seiner Scuderia zu erweitern, indem er die elf 8C, die er besaß – sechs in der Monza- und fünf in der Sport-Konfiguration –, von 2.300 auf 2.600 cm^3 Hubraum vergrößerte.[6] Der restliche Fuhrpark für die Saison 1933 bestand aus zwei Alfa Romeo 1750 und – Gerüchten zufolge – einem bald eintreffenden 4,5-Liter-Duesenberg, der von Enzo und Graf Trossi, welcher kurz zuvor als Vorsitzender der Scuderia Ferrari für die Jahre 1933 bis 1934 bestätigt worden war, sehnlichst erwartet wurde.[7]

Vielleicht um Alfa Romeo zu ärgern, die ihm nicht den P3 verkaufen wollten, oder auch nur um sich für den Fall abzusichern, dass seine alten Alfas in diesem Jahr nicht mehr konkurrenzfähig waren, bestellte Ferrari in Bologna bei den Gebrüdern Maserati zwei 8CM-Modelle, die er allerdings nie kaufte.[8]

Zumindest bedankte sich Alfa Romeo im Februar bei Enzo mit der Verlängerung seines Vertrags als »Berater für Rennen und Handel«. Im Rahmen dieser Vereinbarung sollte Ferrari von Alfa Romeo monatlich 2.000 Lire erhalten.[9] Es war keine geringe Summe – das Vierfache des Durchschnittslohns und das Doppelte des Gehalts eines Managers; Geld, das zu den übrigen Einkünften aus den komplexen Aktivitäten seiner Scuderia hinzukam.

Die Saison 1933 begann am 26. März in Tunis. Während die P3 widersinnigerweise in einer Halle in Portello deponiert waren, setzte Ferrari zwei 8C Monzas für Nuvolari und Borzacchini ein. Ferrari war in Modena geblieben, während er Siena und Compagnoni nach Tunesien schickte, um seine beiden Stars zu unterstützen.[10] Die beiden Wagen der Scuderia Ferrari dominierten das Rennen vom Start bis ins Ziel – der Große Preis von Tunesien wurde von Nuvolari gewonnen, Borzacchini wurde Zweiter. Der erste Maserati kam auf den dritten Platz.

Während seine Fahrer das Rennen von Karthago gewannen, bereitete sich Ferrari auf das nächste Ereignis vor – die für das zweite Aprilwochenende geplante *Mille Miglia*. Nun, da Alfa Romeo an der Seitenlinie stand, lag die Verantwortung für die Fortsetzung der Siegesserie – vier Siege in sechs Rennen – auf Enzos Schultern. Gleichzeitig bedeutete diese Verantwortung, dass die Scuderia Ferrari zum ersten Mal eine echte Chance hatte, das beliebteste italienische Rennen zu gewinnen. Am 8. April starteten sechs Alfas der Scuderia Ferrari in Brescia.

Nuvolari holte sich den Sieg, Taruffi wurde Dritter, Zweiter wurde der ehemalige Scuderia-Fahrer Franco Cortese – ebenfalls im Alfa Romeo 8C 2300.

Nach dem Großen Preis von Tunis und der *Mille Miglia* hatte Ferrari am Sonntag, dem 23. April, die Gelegenheit, einen Sieg beim Großen Preis von Monaco zu erringen, einem Stadtkursrennen, dessen Ansehen von Jahr zu Jahr wuchs.

Der einzige 8C mit einem auf 2,6 Liter aufgebohrten Motor ging erneut an Nuvolari, der in der 99. von 100 Runden das Rennen vor Varzi im Bugatti anführte. Doch als Tazio zum letzten Mal zum Casino hinauffuhr, kollabierte sein Motor. Nuvolari stieg schnell aus und versuchte, den Wagen bis zur Ziellinie zu schieben,[11] aber alles war vergeblich. Der zweite Platz von Borzacchini rettete den Tag für die Scuderia Ferrari und Alfa Romeo teilweise. Trossi kam als Fünfter ins Ziel, auch bei Siena fiel der Motor aus.

Nuvolari, Brivio und Trossi belegten beim nächsten Rennen auf dem *Circuito Pietro Bordino* den ersten, zweiten und dritten Platz. Dann setzten sie nach Tripolis über, wo der Große Preis auf der neuen und schnellen Mellaha-Rennstrecke ausgetragen werden sollte und wo das Rennen zum ersten Mal mit einer Millionenlotterie verbunden war.

Nuvolari wurde Zweiter hinter dem Bugatti von Varzi. Borzacchini und Tadini mussten wegen technischer Defekte aufgeben. Auch bei Alfa Romeo war allen klar, dass der 8C nicht mehr das beeindruckende Auto von früher war. Trotz Ferraris unermüdlicher Bemühungen (er hatte sogar Pirelli gebeten, das Alfa-Romeo-Management zu überzeugen[12]) blieben alle P3 in Portello.

In Tripolis trat der sportliche Aspekt des Rennens gegenüber dem hohen Preisgeld, das bei der *Lotteria dei Milioni*, der mit dem Großen Preis kombinierten Millionenlotterie, in den Hintergrund. Es war kein Geheimnis, dass Nuvolari, Varzi und Borzacchini untereinander und mit den Inhabern der drei Lose, mit denen sie bei der Ziehung gepaart waren, vereinbart hatten, das Preisgeld zu teilen, unabhängig davon, wer von den dreien das Rennen gewinnen sollte. Nach dem Grand Prix gab es Skandale und sogar Denunziationen, obwohl die Absprache gegen keine Regeln verstoßen hatte.[13]

Einige Tage nach dem Rennen gab Nuvolari eine Erklärung ab, in der er versicherte, dass die Scuderia Ferrari nicht an einer Vereinbarung zwischen den Fahrern und den Losinhabern beteiligt war. Um Missverständnissen vorzubeugen, erklärte er offen, dass weder der Präsident der Scuderia, Carlo Felice Trossi, noch der Geschäftsführer, Enzo Ferrari, von der Vereinbarung gewusst oder Geld aus dem Preistopf erhalten hätten.[14]

Die technische Unterlegenheit von Ferraris aktuellen Alfa Romeos wurde am 21. Mai auf der ultraschnellen Avus-Rennstrecke in Berlin in ihrer ganzen Schande bloßgestellt. Der Rückstand lag in der Größenordnung von 15 Sekunden pro Runde – eine gewaltige Lücke. Das reichte zwar immer noch nicht aus, um das Management von Alfa Romeo davon zu überzeugen, die P3-Rennwagen freizugeben, aber es sorgte auch dafür, dass innerhalb der Scuderia Ferrari eine Rebellion ausgelöst wurde.

Die versierten Fahrer beklagten sich über den geringen Einfluss, den Ferrari im Umgang mit dem Management von Alfa Romeo zu haben schien. Die jüngeren Fahrer befürchteten, dass die mangelnde Wettbewerbsfähigkeit der Scuderia-Autos in diesem Jahr ihre Karriereentwicklung aufhalten und sie in die Rolle von Nebendarstellern drängen würde. Nuvolari und Borzacchini, die um ihren Wert wussten, waren nicht bereit, ihre Gegner so leicht gewinnen zu lassen. Das galt besonders für Tazio, dessen Karriere ein ständiges Duell mit Achille Varzi zu sein schien. Aber während die jungen Fahrer Enzo Ferrari fürchteten, hatten die älteren, die einen Teil ihres Lebens und ihrer Karriere mit ihm geteilt hatten, keine solchen Probleme.

Es war Tazio Nuvolari, der das Feuer entzündete. Der Mantuaner war sechs Jahre älter als Ferrari und hatte in der Vergangenheit gegen ihn Rennen bestritten. Sie kannten und respektierten sich, aber Nuvolari hatte keine Angst vor Ferrari. Tazio hatte ihn als Gegner auf den Rennstrecken geschätzt, aber seine Rolle als

Manager einer Organisationsmaschine wie der Scuderia Ferrari hatte er einfach nie ganz verstanden.

Mit dem Einverständnis von Borzacchini, der anderen Hälfte der alten Garde, bat Nuvolari um ein Gespräch mit Ferrari.[15] Ihr Treffen war offen und schmerzhaft. Nuvolari wollte nicht nur seine Position innerhalb der Scuderia Ferrari überdenken, sondern auch erneut über die Organisation der Scuderia[16] – angefangen beim Namen[17] – diskutieren. Nuvolari, der sich seines Ruhmes bewusst war, sehnte sich nach Unabhängigkeit, er hielt nichts von Disziplin und davon, »jemandem Bericht erstatten zu müssen, der seine Pläne und seine Tätigkeit überwacht«.[18] Er teilte Ferrari mit, dass das Team von nun an nicht anders als Scuderia *Nuvolari*-Ferrari heißen sollte. Giovanni Canestrini bemerkte viele Jahre später: »Das war keine finanzielle Angelegenheit, sondern eine Frage des Prestiges, vielleicht der Ungeduld.«[19]

Aber es war auch ein Beweis dafür, dass Nuvolari wenig oder gar nichts von der Rolle verstanden hatte, die Enzo Ferrari vier Jahre zuvor für sich selbst geschaffen hatte: immer ein prekäres, aber profitables Gleichgewicht zwischen den wechselnden Plänen von Alfa Romeo, den Extravaganzen der Fahrer, den Bedürfnissen der technischen Lieferanten, den Anforderungen der Rennveranstalter, den Wünschen der Sponsoren und dem Druck der Presse zu halten. Und dass die Rolle von Enzo Ferrari so schwer zu definieren und zu verstehen war, war ungewollt ein Beweis dafür, wie wichtig sie war.

Für Nuvolari, wie wahrscheinlich auch für die große Mehrheit der öffentlichen Meinung, war die Scuderia Ferrari lediglich ein abstraktes Gebilde, das professionellen Rennfahrern, Gentleman-Fahrern und Privatiers Autos zur Verfügung stellte, die von Alfa Romeo hergestellt oder von den Fahrern selbst in Empfang genommen wurden. Der fliegende Mantuaner verstand wie die anderen nicht die unfassbare Rolle der Scuderia Ferrari, einer Organisation, die die meisten der ihren Fahrern anvertrauten Autos kaufte und als Versuchslabor für Alfa Romeo diente; ein Unternehmen, das ein erstklassiges Team von Technikern und Mechanikern unterhielt, die es auf Rennstrecken und Rundkursen in Italien und im Ausland einsetzte, und das die gesamte Logistik für die Teilnahme an einem Rennen selbst übernahm. Dass Nuvolari zu Enzo Ferrari ging und ihn aufforderte, seine Organisation in Scuderia Nuvolari-Ferrari umzubenennen, bedeutete eindeutig, dass er den vollen Umfang der Aufgaben, die der 35-jährige ehemalige Rennfahrer aus Modena und seine Männer wahrnahmen, nicht richtig verstanden hatte.

Ferrari lehnte die Namensänderung ab, stimmte aber der Bitte Nuvolaris zu, bei einigen Rennen mit einem Maserati antreten zu dürfen.

Ferrari hatte eine Entscheidung getroffen. Um Nuvolari unterzubringen – das einzige Element, das er für den Erfolg der Scuderia für unverzichtbar hielt –, war er bereit, 13 Jahre Loyalität zu Alfa Romeo zu opfern.

Das sollte nicht reichen.

Nuvolari musste den Großen Preis von Frankreich wegen weiterer technischer Defekte aufgeben – zunächst mit seinem 2.6 8C Monza, dann mit dem identischen Wagen von Taruffi, den Tazio als Ersatz für sein Auto übernommen hatte. Nach einem weiteren Ausfall aus demselben Grund beim Grand Prix de la Marne am 2. Juli traf sich Nuvolari am selben Abend mit Ernesto Maserati im Hotel du Lion D'Or in Reims. Sie besprachen die Möglichkeit, am folgenden Sonntag mit einem Maserati 8CM beim Großen Preis von Belgien anzutreten. Am nächsten Tag unterzeichnete Nuvolari, ein offizieller Fahrer der Scuderia Ferrari, einen Vertrag mit Maserati.[20]

Der Wagen, den Nuvolari in Spa-Francorchamps fahren wollte, war ein offizieller Maserati, der dem Mantuaner von der Firma in Bologna »geliehen und anvertraut« worden war.[21] Der Wagen würde jedoch nicht von den Officine Alfieri Maserati eingesetzt werden. Nuvolari war wütend auf Ferrari, aber er wusste sehr wohl, dass er vertraglich an Enzos Organisation gebunden war. Seine Nennung für den Großen Preis von Belgien war von der Scuderia Ferrari abgegeben worden und er würde als offizieller Fahrer der Scuderia Ferrari antreten – am Steuer eines Maserati.

Gemäß dem Vertrag, den er am 3. März mit der Scuderia Ferrari unterzeichnet hatte, genoss Nuvolari »absolute Autonomie«

bei der Auswahl der Autos, die er bei den verschiedenen Rennen einsetzen würde.[22] Ferrari hatte damals natürlich nicht damit gerechnet, dass sein bester Fahrer einen Wagen wählen würde, der nicht zum Fuhrpark der Scuderia gehörte. Ein Rennen mit seinem eigenen Maserati wäre an sich schon eine große Ausnahme von der Regel gewesen[23] und ein klarer Beweis dafür, wie sehr Ferrari darauf bedacht war, ihm jeden Wunsch zu erfüllen. Die Entscheidung für einen Maserati, der direkt vom Werk in Bologna geliefert wurde, war eine Kriegserklärung an Ferrari.

Am Tag nach dem Großen Preis von Belgien schrieben Reporter, dass Nuvolari »sicherlich mit seinem Alfa Romeo antreten wollte. Doch nachdem er gestern erneut einen Maserati getestet hatte, war Nuvolari endgültig davon überzeugt, dass dieser Wagen mit einigen Modifikationen dem Alfa Romeo vorzuziehen ist«.[24] Die Presse spielte die Situation herunter; es ist nicht bekannt, ob diese Verschleierung dem faschistischen Regime, das Disharmonien auch in der Welt des Sports nicht duldete, gefallen sollte oder ob es aus Respekt vor den beiden Kontrahenten geschah. Auf jeden Fall war die Öffentlichkeit nun über die seltsame Situation informiert.

Tazio Nuvolari sollte nicht nur den Großen Preis von Belgien in einem Werks-Maserati 8CM gewinnen, sondern er und Compagnoni hatten den Wagen auch modifiziert, obwohl Ernesto Maserati dies ausdrücklich untersagt hatte. Der von der Scuderia Ferrari eingesetzte Maserati von Nuvolari war ohne das tänzelnde Pferd auf der Motorhaube angetreten.[25]

Borzacchini, der mit dem üblichen 8C Monza 2.6 angetreten war, hatte erneut Probleme und schied aus. Siena wurde mit einem ähnlichen Auto Fünfter.

Nach dem Verrat und dem Sieg in Spa war Nuvolari davon überzeugt, dass er in seinem persönlichen Krieg mit Ferrari eine vorteilhafte Position eingenommen hatte. Aber er hatte nicht mit dem neuen Enzo Ferrari gerechnet, der nicht mehr der brillante, aber folgsame und selbstzufriedene Fahrer war, den er vor Jahren gekannt hatte.

Ferrari hatte sich nie selbst belogen. Er hatte immer gewusst, dass er nicht das Talent von Nuvolari – oder vor ihm von Campari und Ascari – besaß, und er hatte immer seine Grenzen anerkannt und war nötigenfalls sogar gewissenhaft zur Seite getreten. Aber in seiner neuen Rolle als Chef der Scuderia Ferrari wusste er, dass er keine Kontrahenten hatte. Deshalb würde er auf keinen Fall Kompromisse eingehen[26]; also erteilte er Nuvolari nach Spa mehrere mündliche und schriftliche Verwarnungen und forderte ihn auf, sich an die Bedingungen seines Vertrags mit der Scuderia zu halten.[27]

Die Situation drohte zu eskalieren.

Ferrari und Nuvolari trafen sich einige Tage vor der *Coppa Ciano* in den Büros von Alfa Romeo in Mailand. Am Ende des Treffens kapitulierte Ferrari und stimmte zu, dass der Rennstall seinen Namen in Scuderia Nuvolari-Ferrari ändern würde – wenn auch nur für die nächste Saison.[28] Vielleicht wollte er Zeit gewinnen. Vielleicht wartete er aber auch nur auf einen Casus Belli – einen Kriegsgrund –, den Nuvolari ihm bald auf dem Silbertablett servieren würde.

Nachdem auf dem Mailänder Gipfel scheinbar ein Waffenstillstand geschlossen worden war, ließ Nuvolari sich von Ferrari für die *Coppa Ciano* am 30. Juli zwar mit einem Alfa Romeo anmelden. Doch Ende Juli kaufte Nuvolari von den Brüdern Maserati einen 8CM, der dem aus Belgien sehr ähnlich war. Er brachte den Maserati nach Livorno, versteckte ihn, malte die Nummer 40, die bereits auf dem Alfa Romeo der Scuderia angebracht war, auf die Motorhaube und nahm mithilfe von Compagnoni die gleichen technischen Änderungen vor, die sie beim Wagen in Spa durchgeführt hatten.[29]

Am Trainingstag stellte die Scuderia Ferrari in ihrer Box einen Alfa Romeo 8C Monza 2.6 für ihren besten Fahrer bereit. Nuvolari schob stattdessen seinen brandneuen Maserati durch die Boxengasse[30] – mit dem er das Rennen gewinnen sollte. Am Steuer eines 8C Monza 2.6 belegte Brivio den zweiten Platz. Borzacchini, der wegen eines weiteren technischen Defekts an die Box musste, stieg in den Alfa von Tadini und wurde Vierter.

An diesem Abend war die Trennung von Nuvolari und Ferrari vollzogen. Verärgert über Nuvolaris letzten Sieg und seine Täuschungen erklärte sich Ferrari von allen Verpflichtungen gegenüber Nuvolari frei. Borzacchini kündigte er ebenfalls. Der *Coup de grâce* war die Dreistigkeit einer »juristischen Ermahnung zur Einhaltung des Vertrags« gewesen, die die beiden Rennfahrer Ferrari vorgelegt hatten. Nuvolari und Borzacchini hatten ihm acht Tage Zeit gegeben, um dem nachzukommen. Ferrari wartete nicht so lange und sagte ihnen noch am selben Abend, sie sollten zur Hölle fahren.[31]

Wohl wissend, dass Nuvolari kein Fahrer wie jeder andere war, war Ferrari im Laufe des Jahres dazu übergegangen, ihm »eine fast absolute Autonomie zu gewähren, vor allem was die Rennstrategie, die Wahl des Wagens und die Teilnahme an Veranstaltungen betraf«.[32] Er war jedoch nicht bereit, abzutreten und die Leitung seiner Organisation mit anderen zu teilen. Canestrini bemerkte einige Tage später dazu: »Er konnte seine Autorität nicht so weit einschränken, dass er eine keine weiteren Vereinbarungen oder einen neuen Vertrag mehr abschließen durfte.«[33] Bis zu diesem Zeitpunkt hatte Ferrari das Beste aus einer schlechten Situation gemacht. Jetzt war er nicht mehr bereit, Nuvolaris Unverschämtheit zu akzeptieren.

Im Moment wussten nur die Mitglieder der Scuderia Ferrari von der Trennung; es wurden keine Details veröffentlicht und keine Erklärungen abgegeben. Vor der Bekanntgabe, die unweigerlich einen Aufschrei auslösen würde, wollte Enzo Ferrari eine Sitzung des Scuderia-Vorstands abhalten.[34] Er verschwendete keine Zeit. Am Montag ging er nach Portello, um seinen Fall noch einmal vorzutragen.[35] Diesmal hörte ihm die Alfa-Geschäftsleitung zu. Aus Angst vor dem Verlust des besten italienischen Rennfahrers und vielleicht auch, weil sie sich für das Geschehene verantwortlich fühlten, erklärten sie sich schließlich bereit, der Scuderia Ferrari die sechs P3 zu verkaufen, die seit letztem Herbst in der Halle einstaubten.

Ferrari kaufte auch die entsprechenden Ersatzteile und verpflichtete zudem seinen alten Bekannten Luigi Bazzi, den er im Sommer 1923 persönlich von Fiat abgeworben hatte. Nach zehn Jahren als Leiter der Versuchsabteilung von Alfa Romeo wechselte Bazzi nun nach Modena, um die Rolle des technischen Direktors der Scuderia Ferrari zu übernehmen. Attilio Marinoni ging als Testfahrer mit ihm.[36] Die gesamte Operation kostete die Scuderia Ferrari fast 1,7 Millionen Lire.[37]

Nuvolaris Trennung von der Scuderia Ferrari wurde am folgenden Freitag, dem 4. August 1933, bekannt. In einer langen Geschichte berichtete Canestrini nicht nur über die Neuigkeiten, sondern enthüllte auch einige Hintergrunddetails, darunter den Versöhnungsversuch von Alfa Romeo Ende Juli und den wahren Grund für den Streit – nämlich die Bitte des fliegenden Mantuaner, den Namen der Organisation in Scuderia Nuvolari-Ferrari zu ändern.[38] Alles, was Ferrari an diesem Tag tat, war ein kurzer Anruf bei der *Gazzetta*, um das Gerücht zu dementieren, wonach Nuvolari nach der Trennung von der Scuderia Ferrari direkt einen Alfa Romeo aus dem Werk in Portello gekauft hatte, um gegen die von der Scuderia eingesetzten Fahrzeuge anzutreten.[39]

Am darauffolgenden Montag beschloss Enzo Ferrari jedoch, in einem persönlich an die *Gazzetta dello Sport* gerichteten Brief »seine Seite der Geschichte zu erzählen«.[40] Er begann mit einer Klarstellung: »Es gab keine administrativen Unstimmigkeiten zwischen der Scuderia Ferrari und den *Signori* Nuvolari und Borzacchini; es gab keine Probleme bei der Aufteilung des Preisgeldes.« Und der Grund, so Ferrari, war ganz klar: »Nuvolari hatte am 3. März 1933 auch im Namen von Borzacchini die gesamte Liste der Rennen und des Preisgeldes für die gesamte Saison unterzeichnet.«[41] Das war eine Lektion, die er lange vorher von Rimini gelernt hatte: Ferrari las Verträge nicht nur vollständig, sondern auch mit der Absicht, sie durchzusetzen.

Nachdem er klargestellt hatte, dass die administrativen – also wirtschaftlichen – Gründe seiner Meinung nach nur ein Vorwand waren, verlagerte Ferrari seine Erklärung auf eine eher persönliche Ebene. »Der Grund für diese Unstimmigkeiten«, so erklärte er unverblümt, »war der Wille von Nuvolari, die absolute Vorherrschaft innerhalb der Scuderia Ferrari zu übernehmen«.[42] »Dies ist der wesentliche Dissens«, so Ferrari, »der zum Ausstieg und zur Ablehnung des Vertrags durch Nuvolari und Borzacchini geführt hat, ungeachtet ihrer schriftlichen Verpflichtung.«[43] Ein Vertrag, so der Geschäftsführer der Scuderia Ferrari, den Nuvolari und Borzacchini »eigenmächtig zu zerreißen beschlossen« hätten.[44]

Nuvolaris Antwort ließ nicht lange auf sich warten. Auch sie wurde einer Sporttageszeitung anvertraut, die bereits am folgenden Dienstag, dem 8. August 1933, erschien. Nuvolari und Borzacchini (die Erklärung war von beiden unterschrieben) boten den italienischen Motorsportfans ihre Sicht der Dinge an, die natürlich überhaupt nicht mit derjenigen von Ferrari übereinstimmte.

Der Vertrag sei nicht von ihnen zerrissen worden, sondern von der Scuderia Ferrari, die auf ihre Forderung reagiert habe, »indem sie alle Beziehungen zu uns abbrach und neue Fahrer einstellte«. Und natürlich war für sie der Grund für den Streit »nur administrativer und nicht sportlicher Natur«, wie von Ferrari behauptet. Sie schrieben: »Es ist nicht wahr, dass Nuvolari versucht hat, eine absolute Vormachtstellung im Unternehmen zu erlangen.«[45]

»Die reine Wahrheit ist«, so Nuvolari und Borzacchini, »dass die Scuderia Ferrari vieles von dem, was sie geworden ist, uns zu verdanken hat, [denn] mit Worten gewinnt man kein Rennen.« Der Vorwurf war direkt und gnadenlos: Während Ferrari ein Meister der Worte war, waren sie gute Rennfahrer. Aber die beiden hatten noch mehr auf Lager: »Niemand wird so naiv sein zu glauben, dass die Scuderia Ferrari wegen der Großzügigkeit und der Liberalität eines naiven und fanatischen Züchters von Rennfahrern existiert.«[46]

Niemand hatte oder würde jemals so etwas wagen! Nur Tazio Nuvolari konnte Enzo Ferrari *naiv* und *fanatisch* nennen.

Die Kontroverse wurde in den folgenden Wochen immer heftiger, bis sie die Anwälte der beiden Fahrer und der Scuderia Ferrari beschäftigte. Privat bezeichnete Nuvolari Ferrari wegen der ihm gegenüber gezeigten Unnachgiebigkeit als »Western-Sheriff«.[47]

Doch der Streit sollte bald wieder aus den Schlagzeilen verschwinden.

Der Wunsch des faschistischen Regimes, eine Kontroverse zwischen so prominenten Persönlichkeiten des öffentlichen Lebens nicht anzuheizen, war höchstwahrscheinlich der wahre Grund dafür, dass die Presse den italienischen Fans keine Einzelheiten über die Trennung und die darauffolgenden Ereignisse mitteilte. Was auch immer die Gründe waren, Enzo Ferrari – der Manager eines Rennteams und nicht der Eigentümer oder Geschäftsführer eines Automobilunternehmens wie Alfa Romeo – wurde nun implizit als gleichberechtigt mit einem der populärsten Sportler in Italien angesehen. Es war nicht unbedeutend, wie in nur drei Jahren eine (unausgesprochene) Anerkennung der Bedeutung seiner Organisation erreicht worden war.

Die Konfrontation mit dem ungemein populären Tazio Nuvolari hat Ferrari gestärkt – wahrscheinlich nicht in sportlicher Hinsicht, weil er den besten Rennfahrer seiner Generation verloren hatte, aber sicherlich in beruflicher Hinsicht, weil er ihm die Stirn geboten und seinen Forderungen nicht nachgegeben hatte.

⌘ ⌘ ⌘

In der ersten Augustwoche, noch bevor die Nachricht von der Trennung von Nuvolari bekannt wurde, hatte Ferrari Luigi Fagioli und Louis Chiron engagiert, die Ende des Monats in Marseille für die Scuderia Ferrari an den Start gehen sollten. Wenn Nuvolari beschlossen hatte, »wie ein Einzelkämpfer« anzutreten,[48] machte Ferrari weiter, als hätte es Tazio nie gegeben.[49] Und am 15. August konnte Ferrari in Pescara auch auf das Können eines seiner ältesten und liebsten Freunde zählen – Giuseppe Campari.

Zunächst schien das Duell zwischen Ferrari und Nuvolari zugunsten des Mantuaners zu verlaufen. Am 6. August hatte Tazio mit seinem Maserati den ersten Grand Prix von Nizza gewonnen. Fagioli war bei seinem Debüt in der Scuderia Ferrari nur Vierter geworden. Doch mit dem nächsten Rennen, der viel wichtigeren *Coppa Acerbo* in Pescara, begann sich das Duell entscheidend zugunsten des Rennstalls aus Modena zu wenden.

In den vergangenen Jahren hatte das Rennwochenende in den Abruzzen an Bedeutung gewonnen, da die Zahl der Rennen gestiegen war. Die Scuderia Ferrari triumphierte in diesem Jahr auf allen Strecken: mit Fagioli bei der *Coppa Acerbo*, mit Trossi bei der *Targa Abruzzo* und mit Aldrighetti beim Motorradrennen *Trofeo Acerbo*.[50]

Am folgenden Sonntag gewann Fagioli mit dem 2,6-Liter-P3 für die Scuderia Ferrari in Frankreich den Großen Preis von Comminges in Saint Gaudens. Doch der eigentliche Erfolg für Ferrari fand abseits der Rennstrecke statt. Nuvolari und Borzacchini, die bei dem Rennen starten sollten, sagten ihre Teilnahme ab. Ohne eine Organisation wie die Scuderia Ferrari im Rücken waren sie nicht in der Lage gewesen, ihre Maseratis rechtzeitig abzustimmen, um sie nach Frankreich zu schicken. Dies erregte Unmut der Organisatoren, die »das Verhalten der beiden italienischen Fahrer in ziemlich strenger Weise charakterisierten«.[51]

Am letzten Sonntag im August gewann Ferrari auch in Marseille: Chiron siegte, Fagioli wurde Zweiter. Der Monegasse Chiron, der seinen ersten Sieg mit der Scuderia Ferrari errang, hatte sich an der Spitze des Rennens mit Nuvolari abgewechselt, bis dieser in der 76. von 100 Runden wegen eines gebrochenen Kugellagers aufgeben musste.[52] Das Glück schien sich gegen Nuvolari gewendet zu haben, seit er Ferrari verlassen hatte.

Der August, der erste Monat nach der Trennung vom besten Fahrer der Szene, war also für Ferrari ein Monat großer Zufriedenheit gewesen: acht Rennen, sieben Siege. Aber die Gedanken von Ferrari waren normalerweise schon auf das nächste Rennen gerichtet: das neue Duell mit Nuvolari beim Großen Preis von Italien am 10. September in Monza. An diesem Tag fanden eigentlich zwei verschiedene Veranstaltungen statt: der Große Preis von Italien am Vormittag und der Monza Grand Prix am Nachmittag. Nuvolari nahm nur an der ersten Veranstaltung teil, aber die Scuderia Ferrari trat in beiden Rennen an.

Das erste Rennen endete mit einem weiteren Sieg für Ferrari und seine Scuderia. Nach einem Duell, das über die gesamte Renndistanz von 500 Kilometer und fast drei Stunden lang lief, gewann Fagioli in seinem 2.6 P3 vor dem Maserati von Nuvolari. Das zweite Rennen sollte sich zu einem der dramatischsten in der Geschichte dieses noch jungen Sports entwickeln, der allerdings schon viele Tragödien erlebt hatte.

Der erste Lauf des Großen Preises von Monza begann um 14 Uhr. Die Scuderia Ferrari setzte Trossi im neuen Duesenberg ein, der trotz seiner außergewöhnlichen Geschwindigkeit auf den langen Geraden des *Autodromo Nazionale* bereits in der zweiten Runde ausscheiden musste. Im zweiten Lauf, der um 15 Uhr begann, setzte die Scuderia den großen Giuseppe Campari im Alfa Romeo 2.6 P3 mit der Startnummer 22 ein. Das Auto, das es zu schlagen galt, war der 3,0-Liter-Maserati von Borzacchini. Es war der zweite Akt des Tages in einer langen Rivalität, die den Sommer und das morgendliche Rennen entflammt hatte.

Am Ende der ersten Runde waren vor den Tribünen aus nur noch drei der sieben gestarteten Fahrzeuge zu sehen. Weder der Alfa Romeo von Campari noch der Maserati von Borzacchini waren dabei. Sofort verbreitete sich das Gerücht, dass es in der extrem schnellen *Curva Sud* einen Unfall gegeben hatte, in den vier Autos verwickelt waren. Einer der Fahrer war unverletzt geblieben. Die anderen drei seien ins Krankenhaus gebracht worden, wobei es keine Angaben über ihren Zustand gab.

Das Rennen wurde fortgesetzt. Enzo Ferrari wartete mit seinen Männern bei den Boxen der Scuderia. Ein paar Minuten vergingen. Dann kam die Durchsage: Borzacchini und Campari waren tot. Ferrari beschloss sofort, sich zurückzuziehen und auf einen mögliche »Hoffnungslauf« von Trossi im Duesenberg zu verzichten.[53] Zu dieser Zeit war eine solche Entscheidung nicht selbstverständlich.

Nach einer Pause von zwei Stunden wurde der dritte Lauf ausgetragen. Dann kam das Finale, bei dem ein weiterer Unfall das Leben des französischen Grafen Czaikowski, beendete. Am Ende des Tages ging das Publikum in Monza schweigend zu der Stelle der Strecke, an der die drei Fahrer ums Leben gekommen waren.[54] Enzo Ferrari hatte die Rennstrecke schon lange vorher verlassen, um ins Krankenhaus zu fahren und den Verstorbenen die letzte Ehre zu erweisen.

Campari war ein langjähriger Freund gewesen, der einzige Überlebende seiner Alfa-Romeo-Teamkollegen. Als Enzo nach der Trennung von Nuvolari Hilfe brauchte, war Campari ihm zu Hilfe gekommen. Zwei Tage nach dem Vorfall veröffentlichtes *Littoriale* ein kurz vor dem Start des letzten Rennens aufgenommenes Foto, das Giuseppe und Enzo zeigte – lächelnd wie in alten Zeiten.[55] Und trotz ihrer Differenzen in jenem Sommer –

die größtenteils von Nuvolari inszeniert worden waren –, war Borzacchini lange einer der ersten Fahrer der Scuderia Ferrari gewesen.

Mitte September standen für diese Saison noch fünf Rennen an. Das erste, am 17. September, fand nur fünf Tage nach der Beerdigung der drei in Monza getöteten Fahrer statt. Ferrari setzte auf dem Masaryk-Kurs in Brünn drei Autos ein: zwei 2.6 P3 für Fagioli und Chiron und einen 2.6 8C Monza für Brivio. Chiron gewann und Fagioli wurde Zweiter. Das Andenken an Campari wurde auf die bestmögliche Weise geehrt.

Ferrari war in Modena geblieben und fuhr auch in der folgenden Woche nicht zum Großen Preis von Spanien nach San Sebastian. Chiron gewann erneut, sorgte aber für Aufruhr, als er die Teamanweisung ignorierte, die ihn aufforderten, Fagioli vorbeizulassen. Ohne es zu wissen, hätte der Monegasse seinem Arbeitgeber beinahe ernsthafte Probleme bereitet.

Mit Rücksicht auf die Wünsche eines wichtigen Zulieferers wie Pirelli, für die der spanische Markt von größter Bedeutung war, hatte Ferrari vor dem Rennen die Anweisung gegeben, dass Fagioli, dessen Auto mit Pirelli-Reifen ausgerüstet war, gewinnen sollte, wenn die beiden P3 in Führung lägen. Stattdessen ignorierte Chiron, dessen Auto auf belgischen Englebert-Reifen unterwegs war, die Signale aus der Box und fuhr ungerührt als Erster über die Ziellinie.

Chiron behauptete, er habe keine Anzeichen aus der Box bemerkt,[56] aber sein Verhalten brachte Ferrari in Verlegenheit, da er von Pirelli Beratungshonorare erhielt.[57]

Der Große Preis von Spanien war das letzte relevante Rennen des Jahres 1933.

Es war eine unruhige und quälende Saison mit vielen Dramen auf und neben der Rennstrecke gewesen. »Die Arbeit in diesem vierten Jahr unseres Lebens«, so Ferrari in jenem Herbst, »war nicht ohne Komplikationen; verschiedenste Probleme, neue Aufgaben, unerwartete Situationen, schmerzhafte Epilogs, die unsere Organisation« – und hier wurde der Bezug zu Nuvolaris Austritt aus der Scuderia deutlich – »mit Starrsinn und Entschlossenheit konfrontierten«.[58]

Aber es war auch und vor allem eine erfolgreiche Saison. Innerhalb und vor allem außerhalb der Grenzen Italiens wurden 26 Gesamtsiege verzeichnet. Darüber hinaus konnte die Motorradabteilung der Scuderia acht von zwölf Rennen gewinnen, obwohl die Aktivitäten auf zwei Rädern abgenommen hatten. Die Zahl der Fahrer wurde auf sechs reduziert – fünf nach dem Weggang von Taruffi – und es wurde nur noch an Rennen in Italien teilgenommen. »Die Funktion unserer Institution«, so konnte Ferrari stolz feststellen, »ist weiterhin unaufhörlich und fruchtbar.«[59]

Es war jedoch die harte Konfrontation mit Nuvolari gewesen, die Ferrari in dem zu Ende gehenden Jahr groß gemacht hatte. Indem er die Behauptungen des fliegenden Mantuaners rundweg zurückgewiesen hatte, war Ferrari in den Augen der Weltöffentlichkeit deutlich stärker geworden. Er hatte sich gewehrt, nicht nachgegeben, keine zusätzlichen Probleme verursacht und keine Reue gezeigt, als er ihn entlassen hatte. Und die Ergebnisse gaben ihm recht, denn die Fahrer, mit denen er Nuvolari ersetzte – Fagioli und Chiron –, hatten sechs von sieben Rennen gewonnen. Im Herbst 1933 war Nuvolari immer noch der beste Fahrer von allen, aber Enzo Ferrari war selbstbewusster und respektierter als je zuvor.

Es gab also mehr als genug Gründe für das übliche Galadinner zum Jahresende, das am Samstag, dem 2. Dezember, in Ferraris Lieblingsrestaurant Fratelli Boninsegna in der Via San Carlo in Modena stattfand. Die Zeiten hatten sich geändert und das festliche Bankett erhielt den männlicheren – sprich faschistischeren – Namen »Ehrenmesse«.[60] Das Wichtigste war jedoch, dass auf der Einladung endlich das *Cavallino Rampante* von Baracca zu sehen war, welches praktisch zum Symbol der Scuderia Ferrari geworden war.

Das von den drei Farben der italienischen Flagge gekrönte schwarze Pferd auf gelbem Viereck – eine kuriose Vorwegnahme des Logos, das er viele Jahre später bei der Gründung seiner Autofirma entwerfen sollte – dominierte auch das Cover des Jahrbuchs, welches Ferrari zum dritten Mal seinen Gästen überreichte. Diese Veröffentlichung zeigte »wie ein Film die erstaunliche Aktivität der Scuderia und ihre erfolgreiche Präsenz bei allen wichtigen Veranstaltungen in Europa und im Mittelmeerraum«.[61]

Gastgeber des Abends waren Ferrari, Conte Trossi und der unermüdliche Ferruccio Testi – oder, mit den Worten der ebenfalls zum Abendessen eingeladen Presse: »das Trio, dem [die Scuderia] die Stärke ihrer Grundlagen, die kühnen Entscheidungen und die Schnelligkeit der Ausführung verdankt«.[62] Mehr als zweihundert Gäste nahmen an dem Abendessen teil, für das Ferrari und »seine Partner« in den Tagen zuvor viel Zeit aufgewendet hatten.[63] Neben den Prominenten und den Profirennfahrern ließ Ferrari keine Gelegenheit aus, all jenen zu danken, die zum Erfolg seiner Organisation beigetragen hatten oder in Zukunft beitragen könnten. Dazu gehörten natürlich auch die Fahrer der kommenden und der gerade zu Ende gegangenen Saison. Wenig überraschend war, dass Nuvolari nicht eingeladen worden war.[64]

KAPITEL 15

Die Moll-Affäre

Einige Tage vor dem Weihnachtsfest 1933 sagte Enzo mit Blick auf die neue (im Februar 1934 im französischen Pau beginnende) Saison die führende Rolle der deutschen Teams voraus. Sowohl in der Öffentlichkeit als auch im privaten Bereich sprach er von einer echten »deutschen Bedrohung« und erklärte, dass die Automobilhersteller in Deutschland »schon seit einiger Zeit an der Arbeit sind und sich insbesondere angesichts der günstigen Rahmenbedingungen dafür einsetzen, dem guten Namen der deutschen Industrie alle Ehre zu machen«.[1] In der feinen diplomatischen Sprache, die Ferrari zu benutzen gelernt hatte, wenn es nötig war, bedeuteten *günstige Rahmenbedingungen* die finanzielle Unterstützung, die das neue Reich Adolf Hitlers der heimischen Automobilindustrie versprochen und zu gewähren begonnen hatte.

Ferrari fürchtete vor allem Mercedes. Von Journalisten und Insidern hatte er erfahren, dass sich die Ingenieure in Stuttgart auf die Entwicklung eines hochmodernen Fahrwerks konzentriert hatten. Über die Auto Union, das neue Konsortium aus vier kleinen sächsischen Herstellern, über das nur wenig bekannt war, wollte er nicht viel sagen. Er wusste jedoch, dass beide Unternehmen einen großen Vorteil gegenüber der Konkurrenz hatten, da sie seit mindestens einem Jahr an Autos arbeiteten, die speziell für die neue Gewichtsformel von 750 kg konzipiert waren, die mit der Saison 1934 in Kraft treten sollte.[2] Dies bedeutete eine erhebliche Verringerung der bisher bei 900 kg liegenden Grenze. Die deutschen Automobilhersteller würden völlig neue, auf die aktuellen Vorschriften zugeschnittene Fahrzeuge einsetzen, während alle anderen europäischen Hersteller ihre alten Fahrzeuge an die neue Formel anpassen müssten. Ferrari machte sich jedoch keine Sorgen um die Zukunft; am Ende der vergangenen Saison hatte er in Erwartung der Entscheidung von Alfa Romeo, ob für die Saison 1934 neue Autos gebaut werden sollten, seine Männer in der Werkstatt in Modena damit beauftragt, mindestens die Hälfte der sechs der Scuderia gehörenden P3 an die neue Gewichtsformel anzupassen.[3] »Seit dem Tag [an dem Bazzi und Marinoni hinzugekommen waren] wusste jeder, dass die Scuderia Ferrari nicht nur eine großartige sportliche Organisation ist, [sondern auch] ein erstklassiges technisches Team.«[4] Die Anpassungsarbeiten bestanden hauptsächlich aus einer gewissen Gewichtsreduzierung und einer Vergrößerung der P3-Karosserie.[5]

Am 1. Dezember kündigte Alfa Romeo offiziell den Bau von sechs neuen Fahrzeugen an, die exklusiv an die Scuderia Ferrari geliefert werden sollten.[6] Enzo hatte bereits – als Einziger in Europa – das Fahreraufgebot für die nächste Saison bestätigt. Die Anführer der neuen Formation sollten Louis Chiron und der große Achille Varzi werden.[7]

Chiron hatte am 20. November bei Ferrari unterschrieben, Varzi sogar noch früher. Angeworben wurde Varzi – der einzige große Fahrer, der noch nie für die Scuderia Ferrari gefahren war – von Graf Trossi; dieser hatte Achille im August in Pescara beim *Coppa Acerbo* angesprochen und ihn dazu gebracht, den P3 einmal auszuprobieren.[8] Keine zwei Wochen zuvor hatte Nuvolari die Tür hinter sich zugeschlagen. Ferrari schwor Rache und holte anstelle von Tazio dessen Erzrivalen in sein Team. Fünf Jahre waren seit der Gründung der Scuderia Ferrari vergangen. Wenn man Ferrari um eine Einschätzung dieser Zeit bat, umging er das Thema. Fünf Jahre? Mit einem Grinsen antwortete er:

»Die Scuderia Ferrari wurde *heute* geboren.«[9] Die bescheiden wirkende Antwort war zum Teil wahr, zum Teil von seinem Wunsch diktiert, nicht zu übertreiben, weil er in einem Land, in dem individuelle Verdienste nicht unbedingt vom Regime geschätzt wurden, keine Eifersucht wecken wollte. Die Antwort implizierte vor allem eine sehr persönliche Haltung, die Ferrari bei der Betrachtung der Errungenschaften seines Arbeitslebens einzunehmen begann, wo jeder Sieg oder jede Errungenschaft nur der Ausgangspunkt für die nächsten Schritte war.

Die *heutige* Geburt der Scuderia Ferrari erklärte er später, gestärkt durch die vielen Erfolge des Teams, so: »Hat unsere Organisation nicht Jahr für Jahr ihre Ziele geändert und ihren Horizont erweitert? Wir haben ganz leise angefangen. Heute haben wir unsere größten Hoffnungen weit übertroffen.« Mit bescheidenem Stolz fügte er hinzu: »Zum Teil ist das auf unsere Verdienste zurückzuführen.« Mit mehr Realismus als falscher Bescheidenheit sagte er aber auch: »Teilweise liegt es aber auch an den Umständen, die uns dazu geführt haben. Unser Verdienst besteht vielleicht darin, dass wir oft die richtige Interpretation aus Zeiten und Ereignissen gezogen haben.«[10]

Ganz so einfach war es natürlich nicht. Der Erfolg der Scuderia Ferrari war zu einem großen Teil seiner klarsichtigen Leidenschaft, seinem starken Willen und seiner unerschütterlichen Entschlossenheit zu verdanken. Aber wie er gern betonte, stimmte es auch, dass die Fähigkeit, Dinge vorauszusehen – und hier machte seine Intuition den Unterschied aus – ein Schlüsselfaktor für den Aufstieg der Scuderia Ferrari war. In diesem Zusammenhang erinnerte er daran, dass »als Alfa Romeo Ende 1932 seinen Rückzug aus dem Wettbewerb ankündigte, wir nicht völlig unvorbereitet waren«.[11]

Und es stimmte: Es war das Verdienst von Enzo gewesen, der das Ergebnis der Ausweichmanöver von Alfa Romeo sehr früh vorausgesehen und entsprechend gehandelt hatte.

Im Winter 1934 war Enzo Ferrari zum Referenzpunkt des italienischen Motorsports geworden. Alfa Romeo hielt sich heraus, Fiat hatte zehn Jahre lang keine Autos mehr eingesetzt und Maserati hatte den letzten Schritt nie getan, sodass die Brüder aus Bologna manchmal Autos an Privatfahrer lieferte und nur an wenigen Rennen pro Saison direkt teilnahm. Die Scuderia Ferrari hingegen war mit dem alleinigen Ziel gegründet worden, Rennen zu fahren – »eine Mischung aus technischer Erfahrung, motorsportlichen Errungenschaften und kluger Propaganda«,[12] wie Ferrari die Scuderia in der Öffentlichkeit gern bezeichnete. Und er hielt die Lücke besetzt.

Von seinem kleinen Büro aus, dem »Gehirn und Herz der Scuderia Ferrari«,[13] leitete Enzo die Tätigkeit von etwa 50 Mitarbeitern, die in zwei Geschäftsbereiche unterteilt waren: die Automobil- und die Motorradabteilung. Auch wenn es stimmt, dass die beiden Aktivitäten in der Organisation der Scuderia Ferrari und in den Überlegungen des Eigentümers nicht dasselbe Gewicht hatten, so war es doch auch wahr, dass die Bemühungen in beide Richtungen weitergingen.

War er nach außen hin ein guter Diplomat und perfekter Gastgeber, so hatte Ferrari seine Organisation inzwischen in eine absolute Monarchie verwandelt, die allerdings durch einen robusten Paternalismus gemildert wurde. Meinungsverschiedenheiten, vor allem auf technischer Ebene, gab es zuhauf und führten oft zu Ausbrüchen von Feindseligkeit. Ein wütender Ton war Teil des Modus Operandi geworden, den Ferrari in den letzten Jahren geprägt hatte, auch wenn die gezeigte und manchmal auch gewollte Aggression nie ein Selbstzweck war. Heftige Diskussionen änderten zudem nie die persönlichen und beruflichen Beziehungen zwischen dem König und seinen Untertanen, sobald der Streit beigelegt war – und in der Regel setzte sich der Standpunkt des Monarchen durch. Aber Enzo hatte auch gelernt, zuzuhören und seine Meinung zu ändern, wenn er erkannte, dass die Ansicht der anderen Partei besser war als seine.[14]

Seit vier Jahren hatte die Scuderia Ferrari ein geräumiges Gebäude einige Hundert Meter von der Via Emilia entfernt bezogen, gleich außerhalb des mittelalterlichen Zentrums von Modena. Obwohl sich die Örtlichkeit nicht verändert hatte, hatte die Scuderia tatsächlich die Adresse gewechselt, denn im Stadtplan von 1933 war der Name des Straßenabschnitts, in dem sich die Scuderia befand, von Viale Ciro Menotti zu Viale Trento Trieste geändert worden. Die Hausnummer 11 war geblieben.

Das Jugendstilgebäude war größer geworden und verfügte nun über eine große Vorhalle, in der die vier Fiat- und Lancia-Lastwagen untergebracht werden konnten, die von Cavalier Renzo Orlandi – der zwölf Jahre zuvor die Reste der *Carrozzeria Emilia* gekauft hatte – umgebaut worden waren und mit denen die Autos und Motorräder der Scuderia zu nationalen und europäischen Veranstaltungen transportiert wurden. Die Außenwände waren in jenem Pastellgelb gestrichen, das die meisten Gebäude im Stadtzentrum von Modena kennzeichnet.

Enzo wohnte mit Laura und Dino, der inzwischen zwei Jahre alt war, im oberen Stockwerk – direkt über dem Alfa-Romeo-Ausstellungsraum. Eine Reihe von Fenstern ging auf die Viale Trento Trieste hinaus, und von den hinteren Zimmern aus ging der Blick über das Dach der Werkstatt. Die Wohnung selbst war relativ klein: ein Flur, ein Esszimmer, eine Küche, ein Schlafzimmer, ein kleines Zimmer für Dino und ein Badezimmer. Die Einrichtung war bescheiden und es gab keine schönen Möbel oder wertvollen Gemälde.[15]

Das Verhältnis zwischen Enzo und Laura blieb angespannt. Die Geburt des gemeinsamen Sohnes hatte Laura nicht besänftigt. Streitereien selbst über trivialste Dinge waren an der Tagesordnung. Die Geduld und das Verständnis, die Enzo in den ersten Jahren an den Tag gelegt hatte, waren längst in Resignation umgeschlagen – was nicht bedeutete, dass er die Situation passiv hinnahm, sondern vielmehr, dass er ein relativ unabhängiges Leben außerhalb dieser Mauern hatte. Es kam nicht selten vor, dass Enzo es vorzog, im Haus seiner Mutter am Corso Canalgrande zu schlafen, zur verständlichen und schlecht verborgenen Zufriedenheit von Adalgisa, die ihre Schwiegertochter nie akzeptiert hatte.[16]

⌘ ⌘ ⌘

Die Entscheidung von Alfa Romeo, neue Autos nur noch an die Scuderia Ferrari zu liefern, hatte unerwartete internationale Auswirkungen. Vor dieser Entscheidung hatte Alfa Romeo Bestellungen von mehreren französischen und einem englischen Fahrer angenommen. Nun wurde ihnen mitgeteilt, dass sie ihre P3 nicht erhalten würden.

Bevor dies einen diplomatischen Zwischenfall auf europäischer Ebene auslösen würde, musste der neue Präsident von Alfa Romeo, Ugo Gobbato, die Situation lösen. Aber es war nicht so einfach wie die Entscheidung, neue Autos nur für die Scuderia Ferrari (also für ein italienisches Team) zu reservieren; wie zu erwarten war, gab es geopolitische Gründe. Gobbato fand geschickt einen Kompromiss – oder, um genau zu sein, zwei.

Der Engländer Brian Lewis, der im Juni beim Mannin Moar auf der Isle of Man wieder mit einem Alfa Romeo antreten wollte, würde einen P3 in der Konfiguration von 1933 nutzen können, wenn er der Scuderia Ferrari eine Nutzungsgebühr von 2.500 Lire plus 3.500 Lire für die Versicherung zahlte. Er würde den Wagen nur für ein Rennen bekommen und musste die gesamten Reisekosten (die Alfa Romeo mit zusätzlichen 250 Pfund bezifferte) übernehmen. Außerdem wurde Lewis mitgeteilt, dass seine britischen Mechaniker bei der Kommunikation mit Technikern aus Modena ausschließlich Italienisch sprechen durften.[17]

Bei den beiden Franzosen war eine andere Lösung gefragt. Lewis war der typische Gentleman-Fahrer, ein Aristokrat mit einer Leidenschaft für den Rennsport. Guy Moll und Marcel Lehoux hingegen waren talentierte Profirennfahrer. Konnte der erste Streit auf finanzieller Ebene gelöst worden, so musste die Lösung bei den beiden französischen Fahrern eine sportliche sein. Um sich aus der misslichen Lage zu befreien, zwang Alfa Romeo Enzo Ferrari, die beiden Franzosen als Werksfahrer für die Scuderia zu verpflichten.[18]

Die Zwangsverpflichtung des sehr erfahrenen Moll verstärkte ein bereits starkes Team und fügte der Klasse von Varzi und der Erfahrung von Chiron ein Talent hinzu, das Ferrari als wichtig erachtete. Allerdings ging jetzt die Anzahl der Fahrer auch über Ferraris ursprüngliche Pläne hinaus. Im Herbst hatte er die neuen italienischen Champions Luigi Fagioli und Tonino Brivio entlassen. Fagioli hatte bei Mercedes unterschrieben, von deren Plänen nur wenig bekannt war. Brivio war zu Bugatti gegangen. Auch Piero Taruffi, der wie Nuvolari 1934 als Privatier am Steuer eines Maserati fahren sollte, war nicht mehr dabei, da sich seine Meinungsverschiedenheiten zu Ferrari nicht gelegt hatten.[19]

Die Saison 1934, die am 18. Februar – Enzos 36. Geburtstag – mit dem Großen Preis von Pau eröffnet werden sollte, begann offiziell erst am 2. April. Aus finanziellen Gründen wurden in diesem Frühjahr mehrere Veranstaltungen abgesagt, darunter das Rennen in Pau und der darauf folgende Große Preis von Tunis. Das erste Rennen war daher der Große Preis von Monaco, wo die Scuderia Ferrari vollzählig anftrat.

Ferrari selbst reiste an die Côte d'Azur, obwohl er dafür einen Mitgliedsausweis der *Partito Nazionale Fascista* beantragen musste, der seit diesem Jahr für die Verlängerung des Reisepasses notwendig geworden war.[20] Die Faschistische Partei Mussolinis regierte Italien seit Oktober 1922 und die Diktatur wurde offiziell im Januar 1925 errichtet. Ferrari wurde erst 1934 Mitglied, als er durch die neuen Gesetze dazu gezwungen wurde. Wie er mussten auch alle anderen Mitglieder des Teams Parteimitglieder werden, wenn sie an europäischen Veranstaltungen teilnehmen wollten – Mechaniker, Techniker und natürlich die Fahrer.

In Monaco wurden Varzi und Trossi die frisch aus Portello eingetroffenen 2,9-Liter-P3 anvertraut.[21] Im Training waren sie die Schnellsten, doch das Rennen endete mit einer großen Überraschung, denn der Sieg ging an Guy Moll am Steuer eines alten 2,6-Liter-P3. Moll war der Scuderia von Alfa Romeo aufgezwungen worden, aber Ferrari erkannte sofort sein Talent, das sich in Monte Carlo in seiner ganzen Größe zeigte. An jenem Tag war Ferrari fasziniert von der Klasse des in Algerien geborenen Franzosen, geblendet von dem, was er als »den Stoff, aus dem die größten Asse gemacht sind«, bezeichnete.[22]

Der Große Preis von Monaco fand am Montag statt. Am folgenden Wochenende stand die *Mille Miglia* an. Nachdem er in Monte Carlo mit einem Bugatti an den Start gegangen war, tauchte Nuvolari in Brescia mit einem Alfa Romeo auf, der von der neu gegründeten Scuderia Siena eingesetzt wurde. Dies war das letzte Kapitel in der endlosen Rivalität zwischen Nuvolari und Varzi, aber auch eine neue Episode in der neueren Auseinandersetzung zwischen Nuvolari und Enzo Ferrari.

Ferrari erwartete seine Autos – fünf an der Zahl – in Imola. Das Wetter war unbeständig. Dicke, schwarze Wolken hingen über der Stadt und sie verhießen nichts Gutes. Ferrari hatte mit seinen Männern gesprochen und erfahren, dass es im Norden regnete und die Fahrer bis zum Ziel in Brescia auf nasser Fahrbahn unterwegs sein würden. Als Varzi, der mit Nuvolari um die Führung kämpfte, eintraf, gab Ferrari die Anweisung, Reifen des Typs Pirelli Stella Bianca ancorizzate zu montieren. Ferrari wusste aus Erfahrung, dass die Ancorizzate-Reifen auf nasser Fahrbahn den Unterschied ausmachen konnten.

Nachdem Varzi die Mechaniker der Scuderia die Reifen wechseln und auftanken lassen wollte, war er überrascht, dass die Ancorizzate-Reifen bereitstanden. Die Strecke war trocken und Reifen mit tiefen Rillen würden ihn unweigerlich verlangsamen. Irritiert fragte er Ferrari, was er da mache. Während die Mechaniker darauf warteten, welche Reifen sie montieren sollten, begannen Ferrari und Varzi eine hitzige Diskussion, die von den Umstehenden mit Unverständnis verfolgt wurde. Die Uhr tickte schließlich.

Beunruhigt über die offensichtliche Zeitverschwendung und verärgert über das Verhalten von Varzi gab Ferrari nach, um seine Erfolgschancen nicht zu gefährden. »Machen Sie, was Sie wollen«, sagte er wütend.[23]

An dieser Stelle verstummte Varzi plötzlich. Er schien einen Augenblick zu überlegen und änderte dann unerwartet seine Meinung. Er sah Ferrari an und sagte: »Na gut, wenn Sie meinen – geben Sie mir den Ancorizzate.«[24] Die Mechaniker machten sich sofort an die Arbeit und montierten schnell die neuen Reifen auf Varzis Auto. Kaum war Achille losgefahren, fielen auch schon die ersten Regentropfen. »Du hattest recht!«, sagte Varzi zu Ferrari, bevor er verschwand.[25]

Varzi fuhr bis nach Brescia auf nasser Straße und gewann dank Ferraris Intuition und Voraussicht seine erste *Mille Miglia*. Nuvolari – ohne *Ancorizzate* – kam acht Minuten nach ihm ins Ziel.[26]

Am Sonntag, dem 22. April 1934, belegte die Scuderia Ferrari auf dem *Circuito Pietro Bordino* in Alessandria mit Varzi und Chiron die Plätze eins und zwei. Das Rennen, das bei widrigen Wetterbedingungen stattfand, blieb jedoch wegen eines schweren Unfalls von Nuvolari in Erinnerung, der sich dabei einen doppelten Bruch des linken Beins zuzog. Nuvolari beschuldigte unverblümt zwei Ferrari-Fahrer, den Erzrivalen Varzi und den Grafen Trossi, ihn absichtlich behindert zu haben.

Nuvolari wies mit den Schuldzuweisungen auf zwei verschiedene Vorfälle hin. Die erste ereignete sich in der zweiten Runde: Beim Überholen von Varzis Alfa berührte Nuvolaris Maserati den P3 von Achille. Sein Auto schleuderte, blieb aber auf der Strecke. Kurz darauf lag Nuvolari hinter dem Alfa Romeo von Trossi, bis er heftig bremsen musste, um einen Überschlag zu vermeiden. Der Maserati schleuderte, kam von der Straße ab und prallte gegen einen Baumstamm.

Vielleicht verärgert über die Niederlagen, die er im Duell mit Varzi und in seinem persönlichen Krieg mit Ferrari kassierte, betrachtete Nuvolari das Verhalten der beiden Scuderia-Fahrer als bösartige Absicht. Wahrscheinlicher ist, dass die beiden Unfälle, wie die Presse hinterher feststellte, durch den Regen und die Tatsache verursacht wurden, dass Nuvolaris Maserati »mit für nassen Untergrund ungeeigneten Reifen ausgestattet war«. Genau wie bei der *Mille Miglia*, wo Ferrari seine Wagen seiner Scuderia mit Ancorizzate-Reifen ausgerüstet hatte, war Nuvolari auch diesmal ohne sie unterwegs.

Am 15. Mai schickte Nuvolari einen eingeschriebenen Brief an die Rennkommission des RACI (*Reale Automobile Club d'Italia*), in dem er die Ferrari-Fahrer beschuldigte, ihn behindert zu haben, »offenbar auf Anweisung der Scuderia«.[28] Trotz des leidenschaftlichen schriftlichen Protests an die nationale Behörde wurde die Kontroverse bald wieder beendet.[29] Wie in der Vergangenheit hatte die Politik Vorrang.

Während der neue Fall Nuvolari schnell wieder aus den Seiten der Sportzeitungen verschwand, zog die Kontroverse um Moll bald die Aufmerksamkeit auf sich. Auslöser waren einige Äußerungen des algerischen Fahrers in einem Gespräch mit französischen Journalisten nach dem Großen Preis von Tripolis. An diesem Tag war die Überlegenheit der Alfa Romeos von Ferrari überwältigend gewesen. Moll war hinter Varzi Zweiter geworden. Er war dem Italiener die meiste Zeit des Rennens dicht auf den Fersen gewesen und hatte versucht, ihn in der letzten Kurve zu überraschen. Es war dieselbe Taktik, die er in Monaco gegen Chiron angewandt hatte.

Nach dem Rennen äußerte Moll seine Enttäuschung gegenüber französischen Journalisten, darunter auch der einflussreiche Charles Faroux von *L'Auto*. Trotz seines jungen Alters war sich Moll seines Talents voll bewusst. In der Überzeugung, von Varzi betrogen worden zu sein, der, als er in der letzten Kurve angegriffen wurde, mit einem unorthodoxen Manöver die Straße blockiert hatte, war Moll nicht bereit, den zweiten Platz stillschweigend zu akzeptieren. Sein Aufschrei war Musik in den Ohren der französischen Journalisten und machte am nächsten Tag Schlagzeilen in den französischen Zeitungen.

Molls Worte lösten in Frankreich eine Kontroverse aus. Enzo Ferrari wurde beschuldigt, das Ergebnis des Rennens im Voraus zugunsten eines italienischen Fahrers entschieden zu haben. Einige schrieben, der 2,9-Liter-Motor in Molls P3 sei weniger stark als die ähnlichen Aggregate in den Alfas von Varzi, Chiron und Trossi. Es gab sogar Stimmen, die Ferrari vorwarfen, eine Klausel in Molls Vertrag eingefügt zu haben, die ihn verpflichtete, sich an die Anweisungen des Teams zu halten.[30] Die Kontroverse schwappte bald nach Italien herüber, wenn auch in einem anderen Ton. Zur Erklärung von »Molls mangelnder Kameradschaft mit seinen Scuderia-Kollegen, seiner individualistischen Einstellung und seine Verachtung für Disziplin«[31] machte die italienische Presse die Öffentlichkeit auf eine Angelegenheit aufmerksam, die bis dahin trotz Gerüchten geheim geblieben war. Die Presse enthüllte, dass die Scuderia Ferrari gezwungen war, Moll zu engagieren, um einen Fehler wiedergutzumachen, der Monate zuvor von Alfa Romeo begangen worden war, indem man dem französischen Fahrer zunächst einen Rennwagen verkauft und dann die Bestellung storniert hatte.

Ferrari, der in der Zwischenzeit mit Moll das Rennen auf der Avus gewonnen hatte (an diesem Tag hatte die Auto Union mit einem spektakulären Mittelmotorrennwagen ihr Debüt in der Welt des Grand Prix gegeben) und der bis dahin alle Anschuldigungen schweigend hingenommen hatte, machte sich daran, sich auf die übliche Weise zu verteidigen – nämlich durch einen Brief an die Medien. Diesmal wählte er das italienische Magazin *L'Auto Italiana* aus, wo eine Meldung erschien, in der Ferrari mit der üblichen Präzision und akribischen Bezugnahme auf offizielle Verträge das Verhalten der französischen Presse stigmatisierte.

Ferrari argumentierte: »Es steht geschrieben, dass es eine Angewohnheit der Scuderia ist, die meinen Namen trägt und der die Ehre zuteilwird, die berühmte Marke Alfa Romeo bei allen Wettbewerben zu vertreten, die Reihenfolge der Ankunft bei jedem Rennen im Voraus festzulegen und die Fahrer zu zwingen, sich an diese Reihenfolge zu halten. Das ist absolut falsch! Die Fahrer der Scuderia Ferrari sind vertraglich frei und jederzeit in der Lage, ihre Chancen zu verteidigen.« Um seiner Aussage mehr Gewicht zu verleihen, forderte er alle auf, die Verträge seiner Fahrer einzusehen. Zudem ermächtigte er die drei ausländischen Fahrer seiner Scuderia – Moll, Chiron und Lehoux –, ihre Verträge vorzulegen.[32]

»Es wurde auch geschrieben«, fuhr er fort, »dass ich in Tripolis als Sieger Varzi und Chiron als Zweiten ausgewählt hatte. Auch das ist falsch – so sehr, weil die einzigen beiden Scuderia-Wagen, die mit brandneuen Motoren ausgestattet waren, Guy Moll und Graf Trossi anvertraut wurden.« Dann erläuterte er detailliert die Rennstrategie der Scuderia Ferrari in Tripolis, als während des Rennens »Varzi und Chiron, die deutlich vor den anderen in Führung lagen, mit Bedacht angewiesen wurden, das Tempo zu drosseln«, während »Guy Moll freigestellt wurde, die bei einem unvorhergesehenen Boxenstopp verlorene Zeit wieder aufzuholen«[33].

Dabei nutzte Ferrari die Gelegenheit, um seinen neuen und talentierten Fahrer zu sticheln. Nachdem er dies im Vorjahr mit einem etablierten Champion wie Nuvolari getan hatte, bereitete ihm ein junger Mann Anfang zwanzig jetzt keinerlei Skrupel. Enzo betonte: »Es ist das Recht der Scuderia Ferrari gewesen, Signor Moll aufzufordern, sein Rennen in einer Weise zu fahren, die den Interessen der Organisation, der er angehört, besser entspricht, und ihm zu befehlen, die Risiken einer turbulenten Ankunft zu vermeiden.«[34]

Die öffentliche Reaktion von Ferrari konnte die Kontroverse um Moll quasi beenden – zusammen mit der Tatsache, dass Ferrari, nachdem er es der ganzen Welt erklärt hatte, in keiner Weise seinen jungen Fahrer zu bestrafen, ihn aus dem Rennen nahm.

Am 1. Juli 1934 fand der Große Preis von Frankreich in Montlhéry statt, wo Antonio Ascari neun Jahre zuvor gestorben war. Nach dem Großen Preis am Nürburgring Anfang Juni galt es, die neuen und leistungsstarken Wagen von Mercedes und der Auto Union zu schlagen.

Die Scuderia Ferrari startete weiterhin mit den P3, die trotz aller Bemühungen der Alfa-Romeo-Techniker letztendlich immer noch Autos waren, die bereits mehrere Jahre auf dem Buckel hatten. Drei Männer wurden ausgewählt, um sie zu fahren: Varzi, Chiron und Trossi. Ferrari übertrug Moll die Rolle des Reservisten. Der Franzose musste nicht nur für die Äußerungen gegenüber der Presse büßen, die die Kontroverse ausgelöst hatten, sondern auch dafür, dass er sich mit seinen Teamkollegen nie gut verstanden hatte.

Der Abstand der deutschen Autos zu allen anderen war schon am ersten Trainingstag offensichtlich. Besorgt über die Situation, rief der neue Teamchef der Scuderia Ferrari, Nello Ugolini, in Modena an und bat um Anweisungen. Ferrari wies ihn an, auch Moll auf die Strecke zu schicken. Trotz der Verärgerung über seine öffentlichen Äußerungen und des Problems, das sich aus seiner mangelnden Integration in das Team ergab, wusste Ferrari, dass der junge Algerier ein seltenes Talent besaß. Ugolini gehorchte, Moll setzte sich ans Steuer und begann sofort, schneller zu fahren als seine Teamkollegen. Die deutschen Autos blieben überlegen, aber Moll konnte den Rückstand deutlich verringern.

Am Ende des Tages beschloss Ferrari, Moll nicht im Rennen einzusetzen und ihn erneut als Reservisten in der Box zu belassen. Moll stieg erst in der Schlussphase des Rennens in das Auto von Trossi, nachdem der italienische Aristokrat mit einem defekten

Getriebe stehen geblieben war. Trotz der eklatanten Unterlegenheit seines Autos fuhr Moll dank seiner erstaunlichen und instinktiven Begabung schnell auf die zweite Position hinter Chiron. Trotz ihrer technischen Überlegenheit hatten die Wagen der Auto Union und von Mercedes unerwartete Schwächen gezeigt und waren alle zurückgefallen. In Frankreich sah es für die Scuderia Ferrari nun überraschend gut aus.

Ugolini befolgte die telefonischen Anweisungen von Ferrari und gab Moll das Zeichen, langsamer zu fahren und Varzi vorbeizulassen.[35] Moll gehorchte und die Alfa Romeo P3 belegten die ersten drei Plätze. Nach diesem unerwarteten Triumph für die italienische Automobilindustrie schien bei der Scuderia wieder Gelassenheit zu herrschen. Zwar war dies tatsächlich der Fall, aber Varzis gereizte Art bereitete Enzo noch mehr Probleme als die schwierige Führung des jungen Moll.[36] Die technische Überlegenheit, die sich beim Großen Preis von Frankreich gezeigt hatte, war nur zufällig. Die deutsche Bedrohung, die Enzo Ferrari im vergangenen Herbst vorausgesagt hatte, war tatsächlich eingetreten.

In den Rennen, in denen die noch nicht ausgereiften deutschen Autos ausscheiden mussten, hatte die Scuderia Ferrari keine Konkurrenz. Doch als Mercedes und die Auto Union ohne technische Probleme auf die Strecke gingen, lag die Scuderia Ferrari zurück. Auf dem Nürburgring errang die Auto Union Mitte Juli mit Hans Stuck am Steuer ihren ersten Grand-Prix-Sieg. Dahinter kam der Mercedes von Fagioli ins Ziel. Chiron wurde zwar Dritter, aber nur, weil alle anderen deutschen Autos mit mechanischen Problemen zu kämpfen hatten.

Einen Monat später stand die Scuderia Ferrari den Deutschen in Pescara gegenüber, was die italienische Presse am Vorabend des Rennens als »Kampf der Titanen« bezeichnete.[37] Bei ihrer zehnten Auflage im Jahr 1934 hatte die *Coppa Acerbo* eine Bedeutung erlangt, die der einiger etablierten internationalen Veranstaltungen fast gleichkam. Mercedes und die Auto Union reisten mit einer starken Truppe nach Pescara. Die Stuttgarter vertrauten drei Autos Fagioli, Ernst Henne und Rudolf Caracciola an. Chemnitz stellte zwei Autos für Stuck und Wilhelm Sebastian zur Verfügung. Ferrari brachte vier P3 für Varzi, Chiron, Moll und Ghersi an die adriatische Küste.

Der Kampf zwischen den Italienern und den Deutschen begeisterte das Publikum entlang der schnellen Strecke, die sich zwischen der Adriaküste und den Hügeln im Landesinneren schlängelte, wo Enzo Ferrari genau zehn Jahre zuvor den größten Erfolg seiner Rennfahrerkarriere errungen hatte. Im ersten Drittel des Rennens kämpfte Varzi im Alfa Romeo wiederholt mit Caracciola im Mercedes und Stuck im Auto Union um die Führung. Im zweiten Teil setzte sich das Duell zwischen Deutschland und Italien mit dem Kampf zwischen dem Mercedes von Fagioli und dem Alfa Romeo von Moll fort.

Der in der ersten Hälfte des Rennens durch Zündkerzenprobleme[38] gebremste Moll übernahm in der zehnten von zwanzig Runden die Führung. Nach einer weiteren Runde musste er zum Tanken an die Box. Nach seiner Rückkehr auf die Strecke begann er eine spektakuläre Verfolgungsjagd auf den inzwischen in Führung gegangenen Fagioli. In der Box verfolgte Enzo Ferrari begeistert den fantastischen Lauf seines jungen Schützlings. Der Sieg in Monte Carlo hatte ihm Vertrauen in Guy gegeben und ihn dazu bewogen, die Aufmüpfigkeit des jungen Mannes im Sommer zu tolerieren. Jetzt wusste er, dass er sich nicht geirrt hatte: Der junge Algerier hatte das Talent von Nuvolari.

Runde um Runde verbesserte Moll seine Zeit, stellte einen neuen Rundenrekord auf und verringerte den Rückstand auf Fagioli. Er fuhr wie in einer Art Renntrance, einer jener seltenen Momente in der Karriere eines Fahrers, in denen der Mensch sein Talent sublimiert und sein Auto ihn in jeder erdenklichen Weise zu unterstützen scheint. Der aufregende Fahrstil, bei dem Moll bis an seine Grenzen ging, versetzte die Zuschauer in einen kollektiven Freudentaumel. An der Boxenmauer lehnend, erkannte Ferrari die Risiken, die Molls inspirierende Fahrweise mit sich brachte. Aber er wusste auch, dass für einen Fahrer mit Molls Talent die einzige wirkliche Gefahr von unberechenbaren Kollegen ausgehen konnte.[39]

Am Ende wurde der junge Champion durch eine Windböe betrogen und nicht durch die geringere Klasse von Ernst Henne, der auf der Hochgeschwindigkeitsgeraden in Montesilvano plötzlich vor Moll auftauchte. Es war die 17. Runde und Moll hatte den Rückstand auf Fagioli weiter verkürzt. Von der Adria her wehte ein starker Wind, der den ganzen Tag über nicht nachgelassen hatte. In diesem Moment hob eine stärkere Böe den roten Alfa Romeo an oder bewegte ihn unmerklich, als Moll mit 270 km/h den Mercedes von Henne überholen wollte.

Es war Hennes erstes Rennen und die Stelle, wo Moll ihn überholen wollte, war relativ eng. Molls P3 flog von der Strecke, riss ein Dutzend Bäume um und rammte in den Erdboden. Moll wurde aus dem Cockpit geschleudert und flog auf die gegenüberliegende Straßenseite.[40] Als die Rettungskräfte eintrafen, war er bereits tot. Das plötzlich nicht mehr wichtige Rennen wurde von Fagioli gewonnen.

Mit dem tragischen Tod von Guy Moll verlor Ferrari einen Fahrer, mit dem er große Pläne für die Zukunft geschmiedet hatte. Neben seinem Talent hatte ihn Molls große »Coolness« und seine außergewöhnliche »Gelassenheit« fasziniert, seine Fähigkeit, »die Argumentation auch unter den unmenschlichen Anforderungen der Gefahr in zwei Hälften zu teilen«.[41] Ihre Zusammenarbeit dauerte nur eine einzige Saison und wurde brutal unterbrochen, aber Ferrari sollte den Enthusiasmus dieser wenigen Monate nie vergessen. In seiner persönlichen Rangliste der Rennfahrer würde Moll immer einen besonderen Platz einnehmen.[42]

Der Rest der Rennsaison ging schnell vorüber. Ein Sieg mit Varzi in Nizza, einige Siege bei Bergrennen und kleineren Rennen, ein dritter Platz in einem von Mercedes und der Auto Union dominierten Grand Prix von Italien, ein kompletter Rückschlag beim Grand Prix von Spanien ... Als der Sommer dem Herbst wich, schien der P3 nicht nur seine Wettbewerbsfähigkeit, sondern auch seine legendäre Zuverlässigkeit verloren zu haben. Chiron schien in der ersten Saisonhälfte seine fahrerische Klasse nicht gefunden zu haben und Varzi sah aus, als hätte er seine gesamte Leidenschaft verloren. Comotti, Ghersi und die anderen hatten sich einfach nicht so verbessern können, wie es sich Ferrari gewünscht hatte.

Nach dem Streit mit Nuvolari mag die Zusammenarbeit mit Varzi sinnvoll gewesen sein, aber sie hatte sich als schwierig erwiesen. Achille war stur und stolz. In seinen Beziehungen zu Ferrari war er gewitzter als Nuvolari, aber ebenso enttäuschend. Außerdem war sein Beitrag zur Entwicklung geringer als erwartet, was sich in den letzten Rennen der Saison zeigte, als der P3 sogar von Maseratis und Bugattis besiegt wurde.

Ohne großen Enthusiasmus nahm Ferrari Verhandlungen mit Varzi auf, um dessen Vertrag für die nächste Saison zu verlängern.[43] Im November kam die Nachricht, dass Achille bei der Auto Union unterschrieben hatte – Glück im Unglück. Einerseits war der Verlust von Varzi ein schwerer Schlag, andererseits konnte Ferrari aufatmen. Ende Oktober hatte er den Vertrag mit dem schnellen und zuverlässigen Chiron verlängert, Tonino Brivio zurück in der Scuderia begrüßt und Verhandlungen mit dem Franzosen René Dreyfus aufgenommen.

Um das Aufgebot zu vervollständigen, das es 1935 mit den immer konkurrenzfähigeren deutschen Autos aufnehmen sollte, fehlte ihm nun nur noch der etablierte Champion. Doch mit dem Tod von Moll und dem Weggang von Varzi gab es nur noch ein weiteres Ass im Ärmel.

KAPITEL 16

Kampf gegen die Silberpfeile

Während die Rückkehr von Tazio Nuvolari für Enzo Ferrari die natürlichste Lösung der Welt war, hatte der *Mantovano volante* andere Vorstellungen. Wie Varzi war auch Nuvolari vom Potenzial der Auto Union im Jahr 1934 sehr beeindruckt gewesen. Und wie Achille hatte auch Tazio den Sachsen seine Dienste angeboten.

Obwohl er mehr kosten sollte, als man bei der Auto Union erwartet hatte, wurden seine Forderungen als fair angesehen und akzeptiert.[1] Doch dann verdichtete sich die Sache. Erst verschoben die Deutschen das Datum für den Vertragsabschluss. Dann kam die kalte Dusche.

Am 4. Dezember wurde Nuvolari von der Leitung der Auto Union informiert, dass sich das Programm geändert hatte.[2] In einem Schreiben vom 7. Dezember teilt Nuvolari den Verantwortlichen in Chemnitz mit, dass er ihre Gründe verstehe. Und plötzlich taucht am Horizont die vertraute Gestalt von Enzo Ferrari auf.

Für Enzo Ferrari war die Rückkehr von Tazio Nuvolari lange Zeit die einzige Möglichkeit gewesen, an der Spitze zu bleiben. Der Mantuaner war der einzige Fahrer, in dem er die Talente von Antonio Ascari und dem frühen Campari wiedererkannte. Er war der Mann, der die Scuderia Ferrari in die Lage versetzen konnte, der deutschen Bedrohung, wenn schon nicht auf Augenhöhe, so doch wenigstens mit einer gewissen Chance auf den Sieg zu begegnen. Im Jahr zuvor war die persönliche Konfrontation zwischen den beiden hart gewesen. Jeder hatte den anderen beschuldigt – sowohl öffentlich als auch privat. Irgendwann hatten die Anwälte das Ruder übernommen, doch am Ende hatte die Weisheit gesiegt.

Bis in den frühen Winter hinein wurde wochenlang geduldig weiterverhandelt, aber immer ohne direkten Kontakt. Ferrari öffnete sich Tazio sehr behutsam und sagte kein einziges unnötiges Wort. Nuvolari war vorsichtig, da er neben den Verhandlungen mit der Auto Union auch auf eine mögliche Öffnung seitens Ferrari hoffte, den er sowohl liebte als auch hasste. Während sich die Zeitungen mit Gerüchten füllten, erhielt Nuvolari Briefe von Bewunderern und Anhängern, die ihn nach dem Grund für seinen angeblichen Wechsel zu einer deutschen Marke fragten.[3]

Alfa Romeo trug entscheidend dazu bei, die Verhandlungen zu einem erfolgreichen Ergebnis zu führen. Insbesondere Vittorio Jano nahm sich die Situation zu Herzen und führte »lange, mühsame und heikle Verhandlungen« mit jedem einzelnen Akteur.[4] Es ist unklar, ob die Intervention von Jano spontan war oder in irgendeiner Weise von Alfa Romeo erbeten wurde, die zuvor mit Nuvolari Kontakt aufgenommen hatten, ihm aber keinen Vertrag für mehr als zwei Rennen und einige Testfahrten anbieten konnten.[5] Es ist auch nicht klar, ob das Mailänder Unternehmen von sportlichen oder politischen Gremien Italiens zum Handeln aufgefordert wurde.

Jedenfalls konnte Jano die beiden Rivalen schließlich davon überzeugen, sich zu treffen. Es wurde ein neutraler Ort gewählt, der ungefähr in der Mitte zwischen Modena, Mantua und Mailand lag. Und so trafen sich die drei am letzten Donnerstag im Januar 1935 in Piacenza.

In Piacenza wurde das Eis bald gebrochen. Ferrari und Nuvolari mögen zwar Primadonnen gewesen sein, aber sie waren auch Pragmatiker. Es dauerte nicht lange, bis sie ihre Vorwürfe und Streitereien hinter sich ließen und ihre gemeinsame Zukunft planten. Wenn es etwas gab, das sie gemeinsam hatten, dann war es ein fast wahnsinniger Siegeswille. Trotz der Anschuldigungen der letzten 18 Monate war ihre gegenseitige Wertschätzung seit dem ersten Tag, an dem sie sich vor mehr als elf Jahren kennengelernt hatten, ungebrochen.

Bald wurde eine private Vereinbarung zwischen den Parteien aufgesetzt, die den alten Groll begraben sollte und von allen dreien unterzeichnet: Nuvolari, Ferrari und Jano. Der Text sprach eindeutig von einem Neuanfang.[6] Nach eineinhalb Jahren der Trennung hatten Enzo Ferrari und Tazio Nuvolari ihre Kräfte wieder vereint. Sie taten es im Namen des italienischen Motorsports und ihrer alten Freundschaft, mit Alfa Romeo als Sponsor und unter der Schirmherrschaft der italienischen Fans. Aber sie taten es auch, weil sie zu dem Schluss gekommen waren, dass sie zwar beide auf eigenen Füßen stehen konnten – vor allem natürlich Nuvolari –, aber nur gemeinsam wirklich überragend waren.[7]

Nachdem die Einigung erzielt war, gab Ferrari sie rasch bekannt; er diktierte eine kurze Erklärung, Tazio genehmigte sie und noch am selben Nachmittag wurde sie von Piacenza aus an die wichtigsten italienischen Medien weitergegeben.

Erwartungsgemäß löste die Vereinbarung in Italien große Begeisterung aus. Die Presse bezeichnete sie sofort als »Vertrag von Piacenza« und lobte die Tatsache, dass Ferrari und Nuvolari »ihre persönlichen Streitigkeiten gütlich beigelegt« hatten.[8]

Die Zeitungen bedienten sich der übertriebenen Rhetorik ihrer Zeit: »Das Nuvolari-Alfa-Gespann, das allen italienischen Sportlern so sehr am Herzen liegt«, schrieb Baron Guzman in der römischen Morgenzeitung, »das Duo, das uns in so vielen glühenden, galant geführten und triumphal gewonnenen Schlachten vor Freude und Begeisterung erzittern ließ, bildet sich heute dank des großen patriotischen Geistes von Tazio und dank des Scharfsinns und der Zielstrebigkeit von Enzo Ferrari, einem Rennfahrer von unschätzbarem Wert und heute einem erstklassigen Organisator, neu.«[9]

Glücklich und stolz über die Rückkehr von Nuvolari ließ Ferrari in der nächsten Ausgabe des Scuderia-Wochenblatts seinen Schreibern freien Lauf und paraphrasierte sogar Dantes *Gött-*

liche Komödie: »Dein schwarzer Schatten, der einmal gegangen ist, kommt wieder.«[10]

Der modifizierte P3, der von Nuvolari in Monza getestet wurde, war einer von zwei Wagen, die für das Eröffnungsrennen der Saison 1935 nach Pau gebracht worden waren. Den anderen P3 sollte René Dreyfus fahren, ein 29-jähriges französisches Talent, das Ferrari von Bugatti übernommen hatte. Außer ihnen standen nur noch Chiron, Trossi, Brivio und Comotti auf der Fahrerliste der Scuderia Ferrari, die alle schon aus der vorherigen Saison bekannt waren. Die Gentleman-Fahrer, die in den Anfangsjahren der Scuderia Ferrari so viel bedeutet hatten, hatten abgedankt. Trotz der von Ferrari behaupteten und propagierten Unabhängigkeit glich seine Scuderia mehr und mehr der – wenn auch externen – Rennabteilung von Alfa Romeo. Das war genau das, was Ferrari vom ersten Tag an gewollt hatte.[11]

In Pau belegten Nuvolari und Dreyfus die Plätze eins und zwei. Trotz seines Alters war der P3 ein starkes Auto und beide Fahrer hatten von Anfang an einen glorreichen Tag. Niemand ließ sich jedoch von dem großartigen Ergebnis täuschen, denn es war keinem entgangen, dass die deutschen Autos, die in Pau fehlten, weit überlegen waren und dass, sobald die Saison in vollem Gange war, Auto Union und Mercedes dominieren würden. Nichtsdestotrotz war es sowohl für Ferrari als auch für Nuvolari gut, dass ihre neue Zusammenarbeit mit einem Sieg begann.

Sieben Wochen Pause trennten den Großen Preis von Pau vom nächsten Rennen, der *Mille Miglia*, die für den 14. April angesetzt war. Während dieser langen Zeit herrschte in der Werkstatt der Scuderia Ferrari in Modena ununterbrochene Betriebsamkeit, weil Techniker und Ingenieure an dem Wagen arbeiteten, auf den Ferrari 1935 die einzige wirkliche Hoffnung setzte, um der deutschen Überlegenheit etwas entgegenzusetzen: den Alfa Romeo 16C *Bimotore* mit je einem V8-Motor vor und hinter dem Fahrer.

Die Idee, einen Wagen mit zwei Motoren zu bauen, war bei einem Treffen entstanden, das Ferrari am 16. Dezember 1934 mit seinen engsten Beratern abgehalten hatte. An jenem Sonntag wollte Ferrari die neue technische Situation analysieren, mit der man sich nach der Überlegenheit der deutschen Autos bei den Grands Prix der gerade zu Ende gegangenen Saison konfrontiert sah. Allen Anwesenden war klar, dass der Hauptgrund – oder zumindest der offensichtlichste – für die Vormachtstellung der Deutschen die großen Hubräume sowohl des Mercedes-Benz W 25 als auch des Auto Union Typ B waren.[12]

Das Problem war nicht trivial. Während Jano in Portello das neue Auto entwickelte, sollte in Modena noch eine ganze Weile mit dem alten Auto weitergefahren werden. Doch dann meldete sich der wagemutige Bazzi zu Wort und erzählte seinen Kollegen von einer alten Idee: nämlich den P3 mit zwei statt einem Motor auszustatten. Es war ein kühnes Konzept, mit dem man den Mangel an finanziellen Mitteln mit italienischem Einfallsreichtum ausgleichen wollte. Auch Ferrari hoffte, dass es funktionieren könnte, und genehmigte das Projekt.

Als dank Jano die Genehmigung von Alfa Romeo erteilt wurde, machte sich Bazzi sofort an die Arbeit.[13] Der Wagen wurde von Arnaldo Roselli entworfen und ausschließlich aus Alfa-Romeo-Komponenten zusammengebaut. Attilio Marinoni führte alle Tests durch. In der Werkstatt in der Viale Trento Trieste standen Wochen intensiver Arbeit an. Unter Werkstattchef Stefano Meazza arbeiteten die 50 Männer der Scuderia drei Monate lang praktisch rund um die Uhr in zwei Schichten[14], auch an Sonn- und Feiertagen.[15]

Am 4. April 1935 war der Bimotore bereit für seine erste Probefahrt. Der Wagen wurde auf einen Lastwagen geladen und 15 Kilometer von Modena entfernt aufs Land gefahren. Am Steuer des zweimotorigen Ungetüms fuhr Marinoni mehrmals zwischen Formigine und Maranello hin und her. Auf der schmalen, von Bäumen und Gräben gesäumten Straße trieb Bazzis erster Testfahrer den Wagen zwar nicht bis an seine Grenzen, erreichte aber immerhin mit 288 km/h eine beachtliche Geschwindigkeit.[16]

Ferrari war zufrieden. Der Bimotore war bereit für den ersten richtigen Test.[17] Sechs Tage später wurde er der Welt vorgestellt.

Ferrari lud eine Handvoll Journalisten, Alfa-Romeo-Führungskräfte, Vertreter des RACI-Rennkomiteess, Techniker von Alfa und Pirelli und natürlich auch Vittorio Jano ein. Dieser Mittwoch, der 10. April, war ein schöner Frühlingstag. An der Ausfahrt Brescia der Autostrada nach Bergamo startete Marinoni unter den wachsamen Augen von Bazzi und Meazza den Bimotore und fuhr auf der langen Geraden in Richtung Westen. Bei Kilometer 78 hielt er an und stieg aus dem Auto aus. Dann setzte sich Tazio Nuvolari ans Steuer und fuhr dieselbe Strecke wieder zurück.

Der *Mantovano volante* absolvierte die Strecke mehrmals in beide Richtungen. Die höchste erreichte Geschwindigkeit lag bei 338 km/h – 50 km/h schneller als beim ersten Test auf der Landstraße. Tazio war begeistert und prophezeite, dass der Bimotore mit einer längeren Getriebeübersetzung leicht mehr als 360 km/h schaffen könnte.

Aber da war noch etwas. Über dem Kühler, wo logischerweise das runde Logo von Alfa Romeo zu finden sein sollte, platzierte Ferrari das gelbe Schild mit dem schwarzen *Cavallino Rampante* in der Mitte. Das war eine eindeutige Aussage: Obwohl die Komponenten des Wagens fast vollständig von Alfa Romeo stammten, war der Bimotore ein Ferrari – der *erste* Ferrari.

Beflügelt von den ersten ermutigenden Leistungen des Bimotore, nahm Ferrari wenige Tage später mit großem Enthusiasmus und viel Energie die *Mille Miglia* in Angriff. Ohne die Dienste von Nuvolari, der beschlossen hatte, sich auf die Grand Prix zu konzentrieren – eine Entscheidung, die Ferrari nicht angefochten hatte –, setzte Enzo drei Autos mit Fahrern ein, die im Vergleich zu Nuvolari ein relativ bescheidenes Leistungsniveau aufwiesen. Zwei davon waren mit Alfa Romeo 6C 2300 B Limousinen unterwegs – Tourenwagen, die das Management von Portello der Scuderia Ferrari in der offensichtlichen Absicht überließ, um sie kommerziell zu vermarkten. Der dritte Wagen, der Carlo Pintacuda und Marquis Della Stufa anvertraut wurde, war ein P3 Grand Prix mit einer modifizierten Karosserie.

Ferraris Entscheidung, Nuvolaris Absage bei der *Mille Miglia* – dem zumindest für Italiener wichtigsten Rennen der Saison – nicht infrage zu stellen, zeigte den neuen Kurs, den die Beziehung zwischen den beiden nach Nuvolaris Rückkehr eingeschlagen hatte. Um den fliegenden Mantuaner bei sich zu haben, hatte

Ferrari ihm völlige Autonomie gewährt. Auch wenn die beiden von außen betrachtet als gleichwertige Partner erschienen, hatte Ferrari bereitwillig eine untergeordnete Position akzeptiert.[18]

Der als Favorit geltende Maserati von Varzi enttäuschte bald. Der Siegeszug von Pintacuda wurde im ersten Teil des Rennens von einem von der Scuderia Ferrari vorbereiteten Alfa Romeo aufgehalten. Dieser wurde jedoch von Mario Tadini als Privatier gelenkt, weil er sich gerade mit Enzo gestritten und seine Scuderia kurzzeitig verlassen hatte. Pintacuda gewann souverän.

Der Erfolg bei der *Mille Miglia* war ein willkommener Vertrauensschub. Doch die eigentliche Herausforderung begann eine Woche später in Monaco. Auto Union und Bugatti hatten zwar beschlossen, nicht nach Monte Carlo zu fahren, aber Mercedes war mit vier schnittigen 4,0-Liter-W25 vor Ort, die Caracciola, Lang, Fagioli und von Brauchitsch anvertraut wurden. Ferrari konnte versuchen, sie mit den Talenten von Nuvolari, Dreyfus, Chiron, Brivio und Trossi zu schlagen – das hieß, mit dem gesamten Aufgebot.

In Monaco galten die Alfa Romeos von Ferrari nie als Favoriten. Das gute Endergebnis spiegelte das durchwachsene Rennen kaum wider: Dreyfus auf dem zweiten Platz, Brivio auf dem dritten. Hätten der Mercedes von Caracciola und der Maserati von Etancelin das Rennen beendet, wäre die Reihenfolge ganz anders gewesen. »Es ist müßig, die Gründe für unsere Niederlage und die von Maserati zu analysieren«, sagte Ferrari bei seiner Rückkehr nach Modena. »Stattdessen ist es weise, fair und nützlich, den Grad der Effizienz der anderen zu sehen und anzuerkennen.«[19]

Enzo fühlte sich zwar allein, war aber so kämpferisch wie immer. Das Gefühl, allein gegen alle zu sein, war eine Situation, die ihn anspornte wie nur wenige andere Dinge auf der Welt.[20] »Heute gibt es Rufe nach Rache, Gerede über verlorene Vorherrschaft und andere solche Witze«, erklärte er mutig. »Aber wer außer uns hat es gewagt, nach dem Sieg in Montlhéry im Juni 1934 zu erkennen, dass die Zeit unserer Vorherrschaft vorbei war? Wer hat damals auf unseren Weckruf geantwortet?« Sein Vorwurf war detailliert und präzise: »Im Rennsport gibt es keine

Wunder; wir brauchen Techniker, Fahrer, Mechaniker, Material und vor allem die Mittel.«[21]

Nach ein paar Tagen in Modena machte sich Ferrari auf den Weg nach Palermo zur *Targa Florio*. Das Rennen war nach wie vor eines der anspruchsvollsten auf der internationalen Bühne, aber das Interesse der großen Hersteller hatte sich inzwischen auf andere Bereiche verlagert. Die Alfa Romeos der Scuderia Ferrari waren die einzigen echten Anwärter auf den Sieg.

Doch trotz seiner persönlichen Erinnerungen an den großen sizilianischen Klassiker und der Zuneigung zu Don Vincenzo Florio schickte Ferrari nur Brivio, Chiron und Pintacuda auf die Mittelmeerinsel und gönnte seinen beiden Teamschwergewichten im Hinblick auf die bevorstehende Reise nach Afrika und die dortigen Grands Prix von Tunis und Tripolis ein ruhiges Wochenende.

Chiron führte in der ersten Runde, Brivio in den verbleibenden fünf Runden. Auf der Ziellinie trennten die beiden sieben Minuten; der Monegasse hatte die Probleme der zweiten Runde tapfer überwunden und einen Teil des verlorenen Bodens zurückgewonnen, war aber nicht wirklich vorangekommen. Zwischen Chiron und dem drittplatzierten Fahrer lag ein Abstand von elf Minuten. Der erwartete Erfolg war für die Scuderia Ferrari wertvoll, was das Preisgeld anbelangt. Rein sportlich gesehen war das Ergebnis nicht viel wert und das wusste Ferrari auch.

Die beiden Rennen in Afrika, die im Abstand von sieben Tagen in der ersten Maihälfte stattfanden, stellten ein für alle Mal die Überlegenheit von Auto Union und Mercedes klar und markierten gleichzeitig den Beginn und das Ende des sehr kurzen Lebens des *Bimotore* in der Welt der Grands Prix. Varzi siegte in Tunis, Caracciola in Tripolis. Die Scuderia Ferrari kam mit Comotti in Tunis und Nuvolari in Tripolis nicht über zwei vierte Plätze hinaus. In Tunis wurde der 16C gar nicht erst eingesetzt; in Tripolis baute die Kraft der beiden Motoren die Reifen in beeindruckendem Tempo ab und zwang Nuvolari und Chiron zu einer endlosen Reihe von Boxenstopps. Tazio beendete die Tortur mit fast acht Minuten Rückstand auf den Sieger, Chiron lag mehr als zehn Minuten zurück.

Der fünfte Lauf auf der Avus am Ende des Monats wurde als eine Art letzte Chance für den Bimotore gesehen. Das Auto hatte leistungs- und fahrwerksmäßige Qualitäten, sein eigentliches Problem war der gigantische Reifenverschleiß. Die Avus war eine ungewöhnliche Rennstrecke: zwei lange Geraden, die nur durch zwei Kurven verbunden waren. Vielleicht könnte der Bimotore hier mit den deutschen Autos mithalten, von denen einige in Stromlinienform antraten, um die Aerodynamik zu verbessern.

Das Rennen gab gemischte Antworten. Dank einer umsichtigen Rennleitung und vor allem einiger Stabilitätsprobleme der schnellen, aber nicht ausgereiften deutschen Autos wurde Chiron Zweiter.[22] Nuvolari hingegen qualifizierte sich wegen eines langen Boxenstopps zum Reifenwechsel nicht einmal für den letzten Durchgang.

Schnelle Rennstrecken wie Tripolis und die Avus hatten eindeutig gezeigt, dass der Bimotore kein Grand-Prix-Auto war. Die Kraft seiner beiden Motoren pulverisierte einfach die Reifen. Der Wagen war auf den Geraden schnell, aber in den Kurven musste er ungewöhnlich langsam gefahren werden, um überhaupt auf der Strecke zu bleiben. Zu diesem Ferrari konnte mit dem Bimotore nur noch versuchen, neue Geschwindigkeitsweltrekorde auf langen Geraden aufzustellen.

Dazu wählte Ferrari denselben Streckenabschnitt, auf dem am 16. Februar der Auto-Union-Wagen von Hans Stuck den Geschwindigkeitsrekord über eine Meile gebrochen hatte, den zuvor Caracciola mit dem Mercedes im Winter auf der Avus aufgestellt hatte.[23] Und er benutzte andere Reifen, nämlich Dunlops anstelle der Pirellis, mit denen der Bimotore bis dahin ausgerüstet war.[24]

Am Morgen des 15. Juni stand zwischen Florenz und Lucca an der Autobahnausfahrt Altopascio der Bimotore bereit, dem man auf der Suche nach Höchstgeschwindigkeit hinter dem Fahrersitz eine aerodynamische Flosse verpasst hatte. Um 5 Uhr[25] hatte Enzo Ferrari höchstpersönlich das Ausladen des Wagens aus dem gelb-blauen Lastwagen der Scuderia delegiert.[26]

Unter der Aufsicht von Chefmechaniker Meazza, dessen Overall ein schwarzes Pferd auf gelbem Grund zeigt, richteten die

Mechaniker der Scuderia eine Feldwerkstatt ein. Um sie herum versammelte sich bald die übliche Menschengruppe aus Journalisten, Alfa-Romeo-Ingenieuren, Parteifunktionären, Fans und Neugierigen. Nuvolaris Vorhaben war, neue Geschwindigkeitsrekorde in der Klasse B über den fliegenden Kilometer und die fliegende Meile aufzustellen (also die Startlinie bereits mit Höchstgeschwindigkeit überquerend) und die seit 1930 bestehenden Rekorde von Michel Doré in einem Panhard zu brechen. Stuck hatte seinen Versuch aus dem Stand begonnen. Zur Feier des Tages war sogar der Herzog von Spoleto, Sohn des italienischen Königs und Vorsitzender des RACI, an den Ort des Geschehens gekommen und unterhielt sich mit Ferrari, während Bazzi und die Mechaniker das Auto vorbereiteten.[27]

Zuerst setzte sich Bazzi ans Steuer des Bimotore, um die Strecke zwischen den Autobahnausfahrten Altopascio und Lucca-Flugplatz (Kilometer 56,910 bis 58,600) abzufahren – genau die Gerade, auf der Stuck vier Monate zuvor seinen Rekord aufgestellt hatte. Um 9:50 Uhr war Nuvolari an der Reihe, in den Bimotore zu steigen. Eigentlich sollte es nur ein Probelauf sein, aber als er merkte, dass das Auto perfekt auf ihn reagierte, startete der *Mantovano volante* einen ersten Versuch.[28] Dieser bescherte ihm prompt einen neuen Weltrekord – trotz des Windes, der den Bimotore zweimal zur Seite drückte, als er von Altopascio in Richtung Meer fuhr, und trotz einer Böe, die ihn fast von der Straße hob, als er vor dem Start des Zeitfahrabschnitts die Geschwindigkeit erhöhte.

Die Summe der Zeiten, die in den auf- und absteigenden Zeitfahrstrecken gemessen wurden, bescherte dem Bimotore der Scuderia Ferrari und Tazio Nuvolari neue Weltrekorde auf dem fliegenden Kilometer und der fliegenden Meile – 11 Minuten und 0,2 Sekunden bzw. 17 Minuten und 0,93 Sekunden. Die Durchschnittsgeschwindigkeiten betrugen damit 321,428 bzw. 323,125 km/h.[29] Der Doré-Rekord war gebrochen ebenso wie der von Stuck (der allerdings einer anderen Rekordklasse angehörte und deshalb offiziell weiter Bestand hatte, obwohl er überboten worden war).[30] Die von Nuvolari erreichte Höchstgeschwindigkeit betrug 336,252 km/h. Schneller als Nuvolari und der C16 Bimotore war weltweit nur Malcolm Campbell im März mit seinem mindestens 2.300 PS starken Blue Bird (445 km/h) gewesen, dessen Design nur wenig mit einem Auto zu tun hatte, sondern eher eine geniale Mischung aus Flugzeug und Rakete war.

Die beiden Weltrekorde von Altopascio erhielten in Italien ein enormes Echo. In der Presse gab es Ruhm für alle: »Bazzi, der geniale Erfinder, Ferrari, der die Konstruktion mutig vorangetrieben hat, und Tazio Nuvolari, der sie mit großartiger Entschlossenheit zum Sieg fuhr«.[31] Auch wenn sie den technischen Rückstand gegenüber den deutschen Autos nicht ausgleichen konnten, lösten die Weltrekorde bei den Fans wahre Begeisterung und patriotischen Eifer aus – »italienische Maschine, italienischer Fahrer, die über eine vom Faschismus geschaffene Straße fliegen«.[32] Wenn es stimmt, dass die deutschen Teams sehr viel Geld investiert hatten, um dorthin zu gelangen, wo sie jetzt standen, so schienen die Erfolge von Nuvolari und der Scuderia Ferrari fast natürlich zustande gekommen zu sein, wenn auch nicht mit Leichtigkeit,[33] aber sicherlich mit einer Investition, die mehr auf Intuition, Improvisation und Schweiß als auf finanziellen Mitteln beruhte.

Obwohl Ferraris tänzelndes Pferd den Kühler des C16 zierte, überließ Ferrari Alfa Romeo die Anerkennung für das Projekt. Selbst die Journalisten, die über die Entwicklung von Bazzis Auto informiert waren, sprachen fast ausschließlich von dem »von der Scuderia Ferrari eingesetzten Alfa Romeo Bimotore«.[34] Auch in den Zeitungsanzeigen der Zubehörindustrie in den Tagen nach den Rekordfahrten wurde der C16 als Alfa-Romeo-Modell dargestellt. Und doch gab es einige, die, ohne es zu wissen, die Zukunft vorwegnahmen und von einem »Rennwagen im Zeichen des tänzelnden Pferdes von Ferrari« sprachen.[35]

Für Enzo Ferrari ging der Sommer 1935, der mit diesen Bimotore-Rekorden begonnen hatte, mit Siegen bei Rennen weiter, an denen die deutschen Teams nicht teilnahmen – und mit einem vorweggenommenen Blutbad in den (natürlich wichtigsten) Rennen, an denen die Auto Union und Mercedes teilnahmen.

Der Große Preis von Deutschland auf dem Nürburgring, der wichtigsten Veranstaltung des deutschen Motorsports, war für den 28. Juli angesetzt. Es sollte ein titanischer Kampf werden, bei dem die Auto Union und Mercedes um den Gesamtsieg kämpfen sollten, während Ferraris Alfa Romeos und einige Maseratis eine Nebenrolle spielen würden.

Wie üblich hatte Ferrari in den Wochen vor dem Rennen ein Angebot für das Startgeld erhalten. Trotz der erwarteten Anwesenheit von Nuvolari war es merkwürdigerweise niedriger als das, was die europäischen Organisatoren Ferrari normalerweise schickten, wenn Tazio für das Rennen vorgesehen war. Zunächst von dem auffallend niedrigen Angebot überrascht, dauerte es nicht lange, bis Ferrari die wahren Gründe für dieses merkwürdige Verhalten erkannte: Die Deutschen hofften, Nuvolari von der Teilnahme abhalten zu können. Die Geschichte hatte sie gelehrt, einem Fahrer wie ihm nicht zu trauen, und der Große Preis von Deutschland 1935 war für den deutschen Sport und die Propaganda der Industrie zu wichtig, als dass das Naziregime auch nur das geringste Risiko eingehen wollte, den Triumph von Mercedes oder der Auto Union zu gefährden.[36]

Nur diesmal und natürlich im Einvernehmen mit Nuvolari akzeptierte Ferrari also viel niedrigere Startgelder, als man logischerweise erwarten konnte.[37] Es ist unklar, ob Ferrari und Nuvolari hofften, im Falle eines Sieges das niedrige Startgeld durch das Preisgeld ausgleichen zu können – was angesichts ihres Abschneidens in dieser Saison sehr unwahrscheinlich war. Es ist eher anzunehmen, dass sie sich für die unbezahlbare Genugtuung entschieden haben, die Pläne der deutschen Parteibürokraten zu durchkreuzen, die sich so sehr vor ihnen fürchteten, dass sie ihre Teilnahme verhindern wollten.

Ferrari schickte drei Alfa Romeo P3 für Nuvolari, Chiron und Brivio in die Eifel. Die Deutschen hatten noch nie zwei so große und starke Teams aufgestellt: fünf Mercedes W25 für Caracciola, Lang, von Brauchitsch, Hanns Geier und Fagioli; vier Auto-Union Typ B für Stuck, Bernd Rosemeyer, Paul Pietsch und Varzi. Der Große Preis von Deutschland war für sie ein Rennen wie kein anderes. Schon der Gedanke, auf Kosten der deutschen Teams Geld zu verdienen, schien reine Utopie zu sein.

Doch Nuvolari konnte mit seinem winzigen und hoffnungslos veralteten P3 dank des massiven Reifenverschleißes bei allen deutschen Autos auf den letzten Kilometern den durch einen verlängerten Boxenstopp verlorenen Boden wieder aufholen und schließlich den Mercedes von Brauchitsch – den einzigen verbliebenen Silberpfeil des Rennens – überholen, um als Erster die Ziellinie zu überqueren. Möglicherweise war dies Nuvolaris größter Sieg seiner Karriere; sicherlich war es der prestigeträchtigste Sieg der Scuderia Ferrari.

Das sportliche deutsche Publikum zollte dem italienischen Meister den verdienten Beifall. Der Leiter des Nationalsozialistischen Kraftfahrkorps, Major Adolf Hühnlein, verließ jedoch vorzeitig das Podium, um dem Mann, der an diesem Tag – und nur an diesem Tag – die deutsche Automobilindustrie besiegt hatte, nicht gratulieren zu müssen. Ferrari, der immer wählerischer wurde, welche Rennen er besuchte, und sich entschieden hatte, in Modena zu bleiben, hatte diesen großartigen Moment verpasst.[38]

In der folgenden Woche reiste Ferrari nach Livorno zum *Circuito del Montenero*. Das Rennen, das der immer mächtiger werdenden Familie Ciano sehr am Herzen lag, war Mitte der 1930er-Jahre in Italien ein wichtiges Vorzeigeprojekt und der pragmatische Ferrari wusste, wie wichtig es war, persönlich dabei zu sein. Wenn keine deutschen Autos am Start waren, hatte die Scuderia Ferrari keine Konkurrenten und so war es auch in Livorno: vier Autos am Start, vier Autos auf den ersten vier Plätzen in der Gesamtwertung – natürlich mit Nuvolari als Sieger.

Die Musik änderte sich, wenn Deutsche an den Rennen teilnahmen. Mitte August landeten in Pescara die sechs P3 der Scuderia Ferrari allesamt hinter den unbesiegbaren Wagen der Auto Union von Rosemeyer und Varzi. Auch wenn es keine Überraschung war, war die Enttäuschung bei Ferrari und seinen Fahrern groß – doch während Enzo dies für sich behielt, machten seine Fahrer ihrem Unmut öffentlich Luft.

Ferrari reagierte umgehend. Nach seiner Rückkehr aus Pescara schickte er allen Fahrern eine firmeninterne Mitteilung, in der er sie aufforderte, sich korrekter zu verhalten und in Zukunft auf negative Äußerungen in der Öffentlichkeit zu verzichten.[39]

Trotz Nuvolaris Sieg auf dem Nürburgring war klar, dass der P3 nichts mehr zu bieten hatte. Da der Bimotore endgültig aus dem Rennen war, musste Alfa Romeo die Entwicklung des neuen von Jano konstruierten Typs C massiv beschleunigen.[40] »Eine Schwalbe macht noch keinen Sommer«, schrieb Corrado Filippini in *Littoriale* nach dem Sieg in Deutschland und gab damit Ferraris Gedanken wieder, »und um zu gewinnen, brauchen wir – jetzt mehr denn je – neue Autos.«[41]

Für den Großen Preis von Italien, der am 8. September 1935 in Monza stattfinden sollte, standen die ersten beiden 8C-35 Tipo C zur Verfügung. Ferrari vertraute sie Nuvolari und Dreyfus an. Louis Chiron, der zwei Wochen zuvor in Bern verunglückt war, durfte sich erholen.

Das Debüt des neuen 8C war, wenn noch nicht denkwürdig, so doch ermutigend. Obwohl Nuvolari gezwungen war, den bis dahin von Dreyfus gefahrenen zweiten Wagen zu benutzen, belegte er hinter Stuck, aber noch vor Rosemeyer (beide im Auto Union) einen guten zweiten Platz.

Ohne Konkurrenz durch die deutschen Autos gewann der 8C-35 Tipo C Mitte des Monats erneut in Modena und belegte Ende September in Brünn den zweiten Platz – natürlich mit Nuvolari am Steuer. Die Auto Union und Mercedes blieben vorn, aber der neue 8C zeigte großes Potenzial.

Am Sonntag, dem 6. Oktober, siegte Tonino Brivio am Steuer des P3 auf der Rennstrecke von Cosenza, dem letzten Rennen für die Scuderia Ferrari in der Saison 1935. Um den Rückstand auf die Deutschen aufzuholen, ordnete Ferrari an, sofort mit den Tests für die nächste Saison zu beginnen. Also wurden Nuvolari und Dreyfus am 29. Oktober zu einem Testtag auf der kurvenreichen *Montenero*-Rennstrecke bei Livorno beordert. Abwechselnd mit Marinoni testeten die beiden Fahrer die beiden bis zu diesem Zeitpunkt gebauten 8C-35 Tipo C – zusammen mit einem P3, der als Vergleichsfahrzeug diente.[42]

Eine weitere Saison war zu Ende gegangen – die sechste, seit die Scuderia Ferrari ihre Tätigkeit aufgenommen hatte. Am Ende des Jahre konnte Enzo Ferrari sagen: »Die Geschichte der Rennsaison 1935 hat gezeigt, dass die Scuderia sich behaupten kann und es oft versteht zu gewinnen, auch gegen ungleiche Rivalen.«[43]

Es war eine schwierige Saison gewesen, in der die Männer der Scuderia »hart arbeiten« mussten, um die Worte des Eigentümers zu zitieren, »um die anfänglich unzulänglichen Hilfsmittel zu überwinden und die fast vollständige Erneuerung der Motoren und Autos in Angriff zu nehmen, während viele ausländische Hersteller aus unterschiedlichen Gründen mehrfache und bedeutende Vorteile genossen haben«.[44]

Obwohl Bazzis C16 Bimotore keine Zukunft haben sollte, war er, wie Ferrari stolz verkündete, ein »besonders ehrenwertes Experiment und eine originelle und kühne Initiative zu einer Zeit, als es keine technische Möglichkeit zu geben schien, den anfänglichen Nachteil gegenüber den ausländischen Herstellern, die reich an Material und Mitteln waren, auszugleichen. Das hartnäckige Projekt wurde mit einer herausragenden Leistung belohnt.«[45]

Der neue Achtzylinder-Typ-C hatte einen guten Start, während Jano in Portello gleichzeitig die V12-Version entwickelte. Ferrari wusste, dass der Dreh- und Angelpunkt, um den sich die Geschicke der Scuderia Ferrari in der folgenden Saison drehen würden, Tazio Nuvolari war, den Enzo für seine zahlreichen Erfolge im Jahr 1935, ohne zu zögern, als »unsterblich« bezeichnet hatte.[46]

Mitte November schrieb Enzo einen »persönlichen und vertraulichen« Brief an Ugo Gobbato, den Geschäftsführer von Alfa Romeo, in dem er an die »gegenseitigen Interessen« appellierte und Gobbato um seine direkte Intervention bei den Verhandlungen über die Vertragsverlängerung für den *Mantovano volante* bat.[47] Die Befürchtungen von Ferrari waren nicht unbegründet, denn auch wenn Nuvolari immer noch mit der Ächtung der Auto-Union-Rennfahrer konfrontiert war, wurde er doch von Maserati umworben, die, nachdem es eine externe Finanzierung gegeben hatte, Nuvolari unbedingt in ihrem Werksteam haben wollten.[48]

»Wir wären Eurer Exzellenz aufrichtig dankbar«, schrieb Ferrari, »wenn Sie uns entweder direkt oder über Commendatore Jano helfen würden, den Commendatore Nuvolari zu einer Vertragsverlängerung für die nächste Saison zu bewegen.«[49] Es würde nicht einfach werden, denn die wirtschaftlichen Bedingungen waren zwangsläufig schlechter als in der vorherigen Saison. »Wir hoffen, dass Euer Exzellenz«, so Ferrari weiter, »ihn über die Notwendigkeit informieren werden, die Bedingungen des neuen Vertrags zum jetzigen Zeitpunkt anzupassen, da die nächste Rennsaison wahrscheinlich eine sehr eingeschränkte Aktivität mit sich bringen wird.«[50]

Obwohl er sich durch die energischen, aber höflichen Appelle von Maserati geschmeichelt fühlte, zog Nuvolari das Angebot des Teams aus Bologna nie wirklich in Betracht und verlängerte in den ersten Januartagen seinen Vertrag mit der Scuderia Ferrari für die Saison 1936.[51] In Modena atmete Enzo Ferrari am Tag der Unterzeichnung erleichtert auf. Wieder einmal hatte er sich die Dienste des größten Talents seiner Generation für die nächste Saison gesichert.

(links) Targa Florio, 1919: Der junge Enzo Ferrari am Steuer des 15/20 CMN, neben ihm Nino Berretta. In diesem zweiten Rennen, das er als Profi-Rennfahrer bestritt, erreichte er nach zehn langen und zermürbenden Stunden die Ziellinie – allerdings außerhalb des Zeitlimits.

(oben) Enzo Ferrari als Rennfahrer: »Mit Vorbildern wie dem meisterlichen Antonio Ascari, dem Stilisten Sivocci, dem ungestümen Campari, konnte Ferrari nun seinen eigenen Stil entwickeln.«

(oben) Die Eltern von Francesco Baracca schenkten Ferrari das tänzelnde Pferd, das sich auf dem Flugzeugrumpf ihres gefallenen Sohnes befand. Als offizielles Zeichen überreichten sie Ferrari ein Schwarz-Weiß-Foto, das den Helden in der Uniform der italienischen Luftwaffe neben seinem Doppeldecker zeigt.

(links) Dieses berühmte Foto zeigt Vittorio Jano, einen talentierten Designer und treuen Mitarbeiter von Enzo Ferrari aus Zeiten der Scuderia, neben einer seiner Kreationen, dem Alfa Romeo P2 Rennwagen.

(links) Mille Miglia XIV, 1947: Der erste »echte« Ferrari, den Franco Cortese fahren durfte, ein 125 S, wird für die Teilnahme an dem berühmten Rennen vorbereitet. In Fano muss er mit einer defekten Zylinderkopfdichtung aufgeben.

(rechts) Mille Miglia XV, 1948: Nuvolari belohnt das Vertrauen von Ferrari mit einer außergewöhnlichen Leistung. Er führt bis zum Kontrollpunkt Villa Ospizio, wo das Auto einen Defekt hat und Ferrari ihn zur Aufgabe überredet.

(rechts) Mille Miglia XV, 1948: Obwohl Nuvolari es nicht bis nach Brescia schafft, gewinnt Ferrari die erste Mille mit Clemente Biondetti und Giuseppe Navone auf einem 166 Berlinetta Allemano.

(rechts) Der Ferrari 250S von Bracco und Rolfo am Start der Mille Miglia 1952 – ein Rennen, das bei schrecklichem Wetter ausgetragen wurde und das die beiden Ferrari-Fahrer nach einem epischen Kampf mit dem Mercedes-Benz 300 SL von Kling und Klenkin für sich entschieden.

(oben) Alberto Ascari stirbt am 26. Mai 1955 in Monza am Steuer eines Ferrari Sport, für den sein Freund Castellotti Testfahrten machte. Sein Tod löst in ganz Italien große Bestürzung aus. Das letzte Foto vom Champion erschien auf der Titelseite der Zeitschrift *Settimo Giorno*.

(links) Mille Miglia XXI, 1954: Enzo Ferrari geht am Vorabend des Rennens über die Piazza della Vittoria in Brescia. Für den Zugang zum Boxenbereich musste er sich ironischerweise einen Mechanikerausweis besorgen, den er hier am Revers trägt.

(rechts) Ferrari und Juan Manuel Fangio hatten sich 1949 in Modena kennengelernt. In der Saison 1956 war die Beziehung zwischen den beiden alles andere als einfach und endete im selben Jahr – immerhin mit dem Gewinn der Weltmeisterschaft.

(rechts) Der Ferrari mit der Nummer 531 von De Portago/Nelson. Sie sind im Jahr 1957 die Protagonisten eines schrecklichen Unfalls, der in der Schlussphase der Mille Miglia beide Fahrer und neun Zuschauer das Leben kostet und das Aus der Traditionsveranstaltung bedeutet.

(links) Das sind die Überreste von Eugenio Castellottis Auto nach dem tragischen Unfall am 14. März 1957 auf dem Flugplatz von Modena, der ihn das Leben kostete. Für Enzo Ferrari war der Tod des jungen Fahrers aus Lodi überaus schmerzhaft.

(oben) Am nächsten Tag herrscht absolute Stille am Tisch von Ferrari und seinen Gästen. Rechts Enzos Frau Laura, links Peter Collins und seine Freundin. Die versteinerten Mienen sprechen Bände.

(unten) Am 10. Mai 1959 setzt das Team aus Maranello beim ersten Lauf der Weltmeisterschaft in Monte Carlo drei aktualisierte 246 mit Tony Brooks (Nr. 50), Jean Behra (Nr. 46) und Phil Hill (Nr. 48) ein sowie einen Dino 156 mit Cliff Allison (Nr. 52). Im Hintergrund sieht man den technischen Direktor Carlo Chiti in Hemd und Krawatte … so wie es in Monte Carlo üblich war.

(oben) Endlich: die Verleihung der Ehrendoktorwürde am Donnerstag, 7. Juli 1960. Als Ferrari gemäß dem Protokoll den Aufsatz verliest, in dem er beschreibt, was ihm die Ehrendoktorwürde eingebracht hat, herrscht absolute Stille im Saal.

(rechts) Monza 1961, Großer Preis von Italien – das entscheidende Rennen um den Titel des Fahrer-Weltmeisters: Die Entscheidung fällt zwischen von Trips (M.) oder Phil Hill (r.), hier zusammen mit Richie Ginther.

(links) Trotz der Bedeutung des Augenblicks ist es in der Ferrari-Box ruhig. Im Vordergrund unterhält sich Ingenieur Chiti (l.) mit dem jungen Pedro Rodríguez. Derweil plaudert Enzo Ferrari mit dem niederländischen Prinzen Bernhard; im Hintergrund steht Romolo Tavoni (mit Hut). Der nächste Tag ändert alles, als von Trips und mehrere Zuschauer bei einem schrecklichen Unfall ums Leben kommen. Phil Hill ist der neue Weltmeister.

(links) Die »Rote Armee« der Saison 1962, mit der die Scuderia Ferrari um Siege fahren will. Ganz vorn der Formel-1-Wagen, dann eine Reihe von Sechs- und Achtzylinder-Sportwagen und ganz am Ende eine Berlinetta, die an Gran-Turismo-Rennen teilnehmen soll. Sie hat zu diesem Zeitpunkt noch keinen Namen, gehört aber zu den schönsten Autos, die Ferrari bis dahin gebaut hat – sie wird als 250 »GTO« weltberühmt.

(links) Flugplatz von Modena, 1963: Enzo Ferrari will sich die Tests seines neuen Formel-1-Wagens 158 nicht entgehen lassen. Das Auto sollte John Surtees (Mitte rechts mit Overall und Helm) in der Saison 1964 zum Weltmeistertitel führen.

(links) Am 1. Dezember 1962 erscheint Enzo Ferraris Debüt als Autor. In der Autobiografie *Le mie gioie terribili* (»Meine schrecklichen Freuden«) erfahren die Italiener zum ersten Mal Details seines Lebens, das sie schon lange fasziniert hatte, über das aber nur wenig bekannt war.

(unten) Anfang März 1963 ist die Rennstrecke von Monza Schauplatz der Pressevorstellung des neuen Ferrari 250 P (links), der erste Ferrari mit längs eingebautem V12-Mittelmotor. Außerdem präsentierte man den 330 LMB, eine wunderschöne Berlinetta, die direkt vom GTO von 1962 abgeleitet ist. Von links: Mike Parkes, Lorenzo Bandini, Lodovico Scarfiotti, Nino Vaccarella und, an Bord des 330, Willy Mairesse.

(rechts) Hinter Enzo, in der Bildmitte, steht ein weiterer berühmter Sohn Modenas: der unvergleichliche Pressesprecher von Ferrari, Franco Gozzi.

(oben) Ferrari in den Boxen während des Trainings zum ersten Lauf des 1000-km-Rennens von Monza 1965, einem Rennen, das von seinen Autos dominiert wurde. Die Teams Parkes/Guichet und Surtees/Scarfiotti sahen als Erste und Zweite die Zielflagge. Links neben Commendatore Ferrari steht der berühmte Fotograf Bernard Cahier.

KAPITEL 17

Das Ende der Illusionen

Er ist der beliebteste Rennfahrer, den es je auf der Welt gegeben hat. Sein Name ist ein Synonym für legendäre Leistungen, die das Publikum bewegen und begeistern. Fünfzehn Jahre Erfahrung und ununterbrochene Tätigkeit haben ihn nicht zu einem Menschen gemacht, der nur Energie verbraucht und Risiken eingeht. Sie haben ihn zum stärksten Rennfahrer, den es je gab, und zum unbeugsamsten Kämpfer gemacht« – aus der Wochenzeitschrift *La Scuderia Ferrari.*[1]

Die erste Saison nach der Versöhnung mit Nuvolari hatte mehr als achtbare Ergebnisse in einer Atmosphäre guter Zusammenarbeit ohne besondere Spannungen gebracht. Die zweite Saison würde wahrscheinlich ähnlich zufriedenstellend verlaufen, auch wenn der Kampf gegen die Auto Union und Mercedes unweigerlich hart werden würde.

Vor der Verpflichtung von Nuvolari hatte Ferrari zwei Abgänge zu verzeichnen. Der erste war der von Louis Chiron. Der Monegasse hatte es abgelehnt, seinen Vertrag zu verlängern, und stattdessen bei Mercedes unterschrieben. Sein Wechsel hatte geopolitische Gründe, denn es schien sicher, dass Reichskanzler Hitler selbst grünes Licht für die Einstellung von Chiron gegeben hatte, um der französischen Regierung ein Signal der Entspannung zu senden.[2]

Dann war René Dreyfus an der Reihe. Er befürchtete, dass ihm aufgrund der internationalen politischen Lage – Italien war im Oktober 1935 in Abessinien (dem heutigen Äthiopien) einmarschiert und einige europäische Nationen drohten, das faschistische Königreich in verschiedener Form zu boykottieren – die Teilnahme an Rennen außerhalb der italienischen Grenzen verwehrt werden würde. Er hatte ein gutes Angebot von einem anderen Hersteller erhalten und beschloss, es anzunehmen. Er bat Ferrari, ihn aus seinem Vertrag zu entlassen, den dieser bereits unterzeichnet hatte. Ferrari hatte sich überrascht gezeigt, war aber entgegenkommend gewesen.

Zwei Tage nach dem Treffen mit Dreyfus Mitte Dezember führte Enzo Ferrari den Vorsitz bei der jährlichen Vorstandssitzung der *Società Anonima Scuderia Ferrari*. Während dieser Sitzung trat Graf Carlo Felice Trossi von seinem Amt als Präsident zurück, das er vier Jahre lang ausgeübt hatte. Die Entscheidung des Grafen wurde mit »persönlichen Gründen« begründet.[3] In Wirklichkeit waren die Auslöser ganz andere: Trossi war ein Gentleman-Fahrer, der sich in einer Organisation, die sich mehr und mehr der Professionalität verschrieben hatte, nicht mehr wohlfühlte.

So sehr er ihn auch schätzte und ihm etwas schuldete, hatte Ferrari die faszinierende und komplexe Persönlichkeit von Carlo Felice Trossi nie ganz verstanden. Vor allem hatte er nie dessen Fähigkeit geteilt, »wie ein Amateur zu leben, der sich damit begnügt, die Probleme nur oberflächlich zu streifen und die Leidenschaften auszukosten«.[4] Ferrari ließ sich nicht aus der Ruhe bringen. Er akzeptierte Trossis Rücktritt und das Votum des Verwaltungsrats, der ihn zum neuen Präsidenten wählte, was sofort in Kraft trat.

Nach sechs Jahren Rennsport und nachdem er zunächst das Geld von Caniato und dann das von Trossi gebraucht hatte, befand Ferrari sich endlich in einer wirtschaftlichen Situation, in der er nicht mehr auf die finanzielle Unterstützung anderer angewiesen war. Der Kreis hatte sich geschlossen: Er war nun dort, wo er seit der Idee, ein eigenes Team zu besitzen, sein wollte. Die Scuderia Ferrari gehörte ihm allein.

Ferrari war sich bewusst, dass seine Organisation in einem zunehmend politisierten Land einen guten Schutz brauchte, also ermöglichte er die Wahl von Eugenio Sillingardi[5], einem aktiven Mitglied der faschistischen Partei von Modena, in den Vorstand. Dank seiner Verbindungen würde das neue Vorstandsmitglied höchstwahrscheinlich dazu beitragen, die Scuderia Ferrari vor den Angriffen derjenigen zu schützen, die auch innerhalb von Alfa Romeo immer wieder die Rückkehr der Hersteller in den Rennsport forderten.

Als Sillingardi zwei Monate später zum Vertreter der italienischen Teams in der neuen Rennkommission des RACI ernannt wurde[6], konnte Ferraris hinter seinem skrupellosen Plan einen Haken machen.

Neben dem Monoposto von 1935, der entsprechend modifiziert und modernisiert wurde, konnte die Scuderia Ferrari in der neuen Saison den neuen Zwölfzylinder Alfa Romeo 12C-36 Tipo C einsetzen, an dem Vittorio Jano monatelang gearbeitet hatte. Ferrari war sich sicher, dass sie sich »des Ruhms ihres Schöpfers würdig erweisen würden«.[7]

Die eigentliche Variable der Saison 1936 war die Position Italiens in Europa und die mögliche Verhängung von Sanktionen gegen das Land. Im Winter war die Abtrünnigkeit von Dreyfus nur die Spitze des Eisbergs gewesen, das erste Anzeichen einer Abkehr Europas von Italien.

Aber Ferrari träumte auch davon, in den Vereinigten Staaten Rennen zu fahren – ein Unterfangen, von dem er wusste, dass der faschistische Staat es unterstützen würde.[8] Er sagte: »Seit mehreren Jahren habe ich die Idee von einer Reise nach Amerika gehegt.«[9] Dieser Traum wurde durch die Tatsache verstärkt, dass auch Tazio Nuvolari schon seit Langem beim Indianapolis 500 teilnehmen wollte. Das Problem waren immer die Vorschriften, die sich stark von denen der Rennen in Europa unterschieden. Aber irgendetwas oder irgendjemand hatte ihm gesagt, dass sich die Situation bald ändern würde. Er sagte: »Ich warte auf einen konkreten Vorschlag und wenn, wie mir gesagt wurde, das amerikanische Rennreglement Kompressormotoren zulässt, dann ist es sehr wahrscheinlich, dass wir dorthin gehen werden.«[10]

Sobald er die Bestätigung für die Änderung des Reglements erhalten sollte, würde Ferrari bereit sein. »Die Organisation einer Reise nach Amerika wurde bereits vor einigen Monaten geplant und in ihren Grundzügen untersucht«, sagte er.[11] Er würde zwischen zwei Rennen wählen: dem Indianapolis 500 Ende Mai oder dem *Vanderbilt Cup* Mitte Oktober.

In Europa würde es jedoch keine einfache Saison werden.

Am Sonntag, dem 1. März 1936, fand als erstes Rennen der Saison der Große Preis von Pau statt. Am 20. Februar hatte Ferrari seine Fahrer in Monza versammelt, um den neuen Alfa Romeo Tipo C kennenzulernen.[12] Anschließend wurden die beiden Wagen auf die gelb-blauen Lastwagen der Scuderia geladen und machten sich auf den Weg nach Frankreich. Bei der Ankunft am italienisch-französischen Grenzübergang in Ponte San Luigi wurden die Transporte jedoch angehalten.

Ferraris Vorahnung im Winter hatte sich als richtig erwiesen. Der Albtraum wurde wahr. Da die Pariser Regierung Wirtschaftssanktionen gegen Italien (das inzwischen aus dem Völkerbund ausgetreten war) verhängt hatte, hatte die Mussolini-Regierung als Zeichen der Vergeltung alle Beziehungen zur Republik Frankreich eingefroren. Als die Scuderia Ferrari an der Grenze ankam, erhielt sie einen direkten Befehl aus Rom, umgehend nach Modena zurückzukehren.

Die internationale Lage beruhigte sich bald wieder und der Stopp in Ponte San Luigi blieb eine einmalige Episode. Deshalb begann nach der *Mille Miglia*, bei der Ferrari die ersten drei Plätze belegt hatte, die Grand-Prix-Saison in Monte Carlo und Ferrari konnte vier Alfa Romeo 8C an die Côte d'Azur schicken.

Aus der ersten Reihe zwischen den beiden Mercedes von Chiron und Caracciola gestartet, führte Nuvolari bei strömendem Regen, der den Straßenkurs tückisch machte, bei 30 der 100 Runden des Rennens an, bevor Bremsenprobleme ein vorsichtigeres Tempo erforderten.[13]

⌘⌘⌘

Der Einmarsch in Abessinien, der Krieg in Afrika, der Austritt aus dem Völkerbund, die Sanktionen, die Goldspende für den Feldzug des Vaterlandes und die Ausrufung des Imperiums hatten die faschistische Einheitspartei in Italien so populär gemacht wie seit Jahren nicht mehr. Im Frühjahr 1936 durchdrang die Rhetorik des Regimes das ganze Land. Auch Enzo Ferrari war in seinen öffentlichen Äußerungen nicht immun gegen den aggressiven Nationalismus, der Italien durchdrang – und konnte es auch nicht bleiben.

Enzos Scuderia war natürlich eng mit einer staatlich geführten Industrie – darunter vor allem Alfa Romeo – verbunden und diese Situation hatte, ob man es wollte oder nicht, gewisse Vorteile. Das Regime sah darin ein gutes Propagandainstrument. Es handelte sich um eine Organisation, die, wie er selbst einige Zeit zuvor erklärt hatte, »in der geschäftigen Ruhe, die durch den DUCE [in Großbuchstaben geschrieben, wie es die alten Römer taten und wie es das Ministerium für Volkskultur verlangte] geschaffen werden konnte, lebt und gedeiht«.[14]

Ferrari war also durchaus bereit, die Entscheidung der Regierung über die Teilnahme an Veranstaltungen im Ausland zu akzeptieren, weil ihm nichts anderes übrig blieb: »Ich bin sehr erfreut, auch bei unseren Aktivitäten den Einfluss jener Richtlinien zu spüren, die das faschistische Italien bei all seinen Taten leiten.«[15] Auch die Verpflichtung, sich den Herausforderungen der neuen Saison »mit der bewussten Kühnheit zu stellen, die im faschistischen Italien eine Lebensart ist«,[16] erkannte er an.

Die Ernennung von Eugenio Sillingardi in den Vorstand der Scuderia war natürlich ein Zeichen für die erhöhte Aufmerksamkeit, die Ferrari der politischen Situation in Italien und dem subtilen Gleichgewicht, das sie aufrechterhielt, schenkte; ebenso seine Kommentare in jenem Winter zu Nuvolaris Entscheidung, bei seiner Scuderia zu bleiben: »Diejenigen, die den fliegenden Mantuaner immer für seine Rennsportfähigkeiten geschätzt hatten, werden auch erfreut sein, seine faschistische Ergebenheit festzustellen.«[17]

Ein Italiener – und damit ein Faschist – zu sein, war dieser historischen Zeit der nationalistischen Euphorie, in der innerhalb weniger Monate zwei von der Faschistischen Partei ernannte Präsidenten des Königlichen Automobilclubs Italiens einander ablösten und alle Mitglieder des Rennkomitees ausgetauscht wurden, zu einem Leitmotiv in Ferraris Prosa und Redekunst geworden.

⌘⌘⌘

In Monaco war der Sieg an Caracciola und Mercedes gegangen. Dahinter folgten die Auto Unions von Varzi und Stuck. Nuvolari wurde nur Vierter. Abgesehen von der Kontroverse war der Ausflug an die Côte d'Azur ein Teilausfall gewesen. Ferrari blickt daher mit Spannung auf das Debüt des Alfa Romeo 12C in Tripolis am 10. Mai, vier Tage nach der Ausrufung des *Imperio* und dem endgültigen Wegfall jeglicher politischer oder wirtschaftlicher Vergeltungsmaßnahmen gegen das faschistische Italien.

Der 12C-36 Tipo C erwies sich sofort als schnelles Auto. Doch im Training am Samstag hatte Nuvolari wegen eines geplatzten Reifens einen Unfall. Das gleiche Problem war einige Tage zuvor beim Training in Monza am 12C von Giuseppe »Nino« Farina aufgetreten, der deshalb die Reise nach Afrika ausfallen lassen musste. Nuvolari war zwar angeschlagen, aber dennoch entschlossen, das Rennen zu fahren. Er erhielt Erste Hilfe, setzte sich über das Verbot der Ärzte hinweg und ging am Sonntag an den Start.[18]

Die 12C von Nuvolari, Brivio und Tadini (der mit Nuvolaris Unfallwagen antrat, den die Ferrari-Mechaniker in der Nacht wieder in Ordnung gebracht hatten) konnten gut mit den Mercedes W 25 mithalten – aber nicht mit den Wagen der Auto Union. Der größte Nachteil der 12C war ihr gewaltiger Reifenverschleiß. Sie wurden zu mehreren Boxenstopps gezwungen, um die Reifen zu wechseln, und landeten auf den Plätzen sechs, sieben und acht hinter dem 8C von Pintacuda, der zwar weniger leistungsstark und langsamer war, aber keine Reifenprobleme hatte.[19]

Die Wagen der Auto Union hatte das Rennen dominiert und Varzi und Stuck belegten die ersten beiden Plätze. Der Führungswechsel zwischen den beiden Fahrern war durch einen präzisen

Befehl aus Berlin diktiert worden, der angesichts der Proklamation des *Imperio* eine Hommage an das faschistische Italien darstellen sollte – eine Entscheidung, die innerhalb des Teams für große Kontroversen sorgte und von diesem Moment an zur schuldlosen Isolierung Varzis innerhalb der Auto Union beitrug. All dies zeigte, wie groß die politische Bedeutung von Autorennen Mitte der 1930er-Jahre in Europa war.

Eine Woche nach dem Rennen in Tripolis traf man sich erneut in Tunis. Diesmal schickte Ferrari nur zwei Autos: einen 8C für Pintacuda und einen 12C für Brivio. Nuvolari, dessen Rippen gebrochen waren, war nach Italien zurückgekehrt. In Tunis hatten die Alfa Romeos der Scuderia ein Problem mit dem Benzin. Der von Shell hergestellte Dynaminkraftstoff, der normalerweise von den *Scuderie* verwendet wird, war nicht aus Italien eingetroffen. Also taten Ferraris Männer, was sie konnten, und ließen sich in aller Eile Ersatzbenzin aus Tripolis schicken. Dies funktionierte nur teilweise.[20]

Weil die Wagen der Auto Union durch verschiedene Probleme außer Gefecht gesetzt waren, wurde das Rennen von Caracciola im Mercedes gewonnen. Pintacuda kam als Zweiter ins Ziel, allerdings mit einem erschreckenden Rückstand von zwei Runden. Brivio war in der achten von dreißig Runden ausgeschieden. Da sein Alfa wegen der schlechten Benzinqualität weniger Leistung hatte, war er nie am Führungskampf beteiligt.

Die Scuderia Ferrari lag am Boden. Enzo Ferrari war außer sich. Er beklagte sich über die geringe oder fehlende Aufmerksamkeit des Dachverbands des Sports und der italienischen Institutionen. Er beschuldigte die nationale Autoindustrie, sich nicht für den Rennsport zu interessieren und ihn im Kampf gegen die geschlossene und vom *Reich* unterstützte deutsche Autoindustrie alleinzulassen.

Er polterte öffentlich und im Privaten. Weil es in Italien Leute gab, die seine Scuderia – also Ferrari – beschuldigten, für die Krise verantwortlich zu sein, griffen sie sofort das alte Thema auf, den Rennsport an die Automobilhersteller zurückzugeben statt ihn den privaten Teams zu überlassen. Dies war das Thema, das Ferrari am meisten ärgerte, weil es all die gute Arbeit, die er in den vergangenen sieben Jahren geduldig geleistet hatte, infrage stellte. Folglich erhob er Vorwürfe gegen das gesamte System, das den Rennsport in Italien überwachen sollte und stattdessen mit gefalteten Händen dastand.

Ferrari drohte damit, sich aus dem Rennsport zurückzuziehen oder zumindest aus der Teilnahme auf schnellen Rennstrecken, wo die wichtigsten internationalen Rennen stattfanden: »Mit großer Traurigkeit sehen wir die Sinnlosigkeit, vielleicht auf einer Anstrengung zu beharren, die jenseits unserer Möglichkeiten liegt.«[21]

Natürlich verwirrte er damit nur sein Publikum, denn Rennen waren sein ganzes Leben. Er tat dies absichtlich, um die Angriffe zu vermeiden, von denen er wusste, dass sie sich gegen ihn richten würden. In Erwartung seiner Kritiker fügte er hinzu: »Wenn es bei der Verteidigung des sportlichen Prestiges eine höhere Pflicht gibt, dann ist es nur logisch, dass die Fackel heute an diejenigen weitergereicht wird, die der Meinung sind, dass sich die Automobilhersteller direkt am Rennsport beteiligen sollten.«[22]

Enzo war ein perfekter Schauspieler, der gut bluffen konnte. In einem Punkt war er jedoch aufrichtig: »Die Illusionen sind mit dem zehnten Grand Prix von Tripolis verschwunden.«[23]

In der Zwischenzeit hatte Enzo seine Wahl für die Expedition in die Vereinigten Staaten getroffen und beschlossen, nicht nach Indianapolis zu fahren, das zeitlich zu nahe an den ersten europäischen Rennen lag. Stattdessen würde seine Scuderia am *Vanderbilt Cup* im Oktober teilnehmen, wenn die Motorsportsaison in Europa zu Ende war.

Ferrari hatte für das Rennen auf Long Island im US-Bundesstaat New York eine ganz andere Fahreraufstellung im Sinn, angefangen bei Tazio Nuvolari, der trotz seines Wunsches, in Indianapolis zu fahren, die Entscheidung von Ferrari akzeptiert hatte. Zu Mike Boyle, dem rennsportbegeisterten Chicagoer Mafioso und Besitzer eines renommierten Rennstalls, der ihn persönlich eingeladen hatte, für ihn in Indianapolis Rennen zu fahren, und der ihm nicht nur ein Auto, sondern auch eine Million Franc anbot, hatte Nuvolari lediglich gesagt: »Setzen Sie sich mit Signor Commendatore Ferrari in Verbindung, der über meine Rennaktivitäten im Jahr 1936 bestimmen kann.« Der Frieden zwischen den beiden Giganten hielt. Ihre Freundschaft war so tief wie eh und je.

Am selben Tag, an dem Pintacuda und Marinoni in Rio de Janeiro das erste Rennen der Scuderia Ferrari außerhalb Europas bestritten, nahmen Nuvolari, Brivio und Farina in Barcelona auf dem Montjuic Circuit am Großen Preis von Penya Rhin teil. Ferrari hatte Nuvolari einen Alfa Romeo 12C anvertraut, der mit Leichtigkeit gewann. Es war also nicht alles schlecht bei Alfa Romeo. Auf gemischten Rennstrecken wie der in Spanien war der 12C in der Tat äußerst konkurrenzfähig. Nuvolari war der einzige Fahrer, der an diesem Tag eine Rundenzeit von unter zwei Minuten fuhr.[24]

Die Alfa Romeo 8C und 12C hatten zwar nicht die Kraft und die Geschwindigkeit des Auto Union Typ C oder die Wendigkeit des Mercedes W25K, aber auf gemischten Kursen – also auf den meisten europäischen Rennstrecken – hatten sie Siegeschancen. Mitte Juni belegte Nuvolari beim Großen Preis der Eifel den zweiten Platz; vor ihm lag nur der Auto Union von Bernd Rosemeyer. Noch vor Ende Juni hatte Tazio in Budapest und Mailand zwei Siege in Folge errungen. Auch wenn es stimmt, dass in Mailand nur der Auto Union von Achille Varzi im Rennen war, so waren in Ungarn die deutschen Teams in voller Stärke vertreten.

Am 9. Juli traf sich Enzo Ferrari in Portello mit Gobbato und Jano zu einer Art Mitsommergipfel. Trotz der jüngsten Siege wurde Alfa Romeo vom Staat unter Druck gesetzt, den deutschen Herstellern mit noch mehr Kraft entgegenzutreten. Natürlich wäre in erster Linie ein Beitrag des Staates vonnöten gewesen, aber es war viel einfacher, Druck auf diejenigen auszuüben, die an der Spitze standen, als Verantwortung zu übernehmen und substanzielle finanzielle Unterstützung zu leisten.

Das Treffen führte sowohl bei Alfa Romeo als auch bei Ferrari zu dem Entschluss, sich noch mehr anzustrengen, auch wenn nur Leute, die keine Ahnung vom Rennsport hatten oder andere Ziele verfolgten, den beiden vorwerfen konnten, sie hätten sich nicht genug angestrengt. Man darf auch nicht vergessen, dass Alfa Romeo 1936 trotz seiner Präsenz durch die Scuderia Ferrari im internationalen Rennsport alles andere als ein vollwertiger Automobilhersteller war. Das Unternehmen, das sich ganz der Produktion von Flugzeugmotoren verschrieben hatte, baute während des gesamten Jahres ganze zehn Autos – genau die Hälfte von dem, was im Gründungsjahr 1910 produziert wurde.

Am Ende des Treffens fasste Gobbato zusammen: »Wir betonen die Notwendigkeit, effizientere Autos zu benötigen« (und sprach damit das Offensichtliche aus, was Ferrari geärgert haben muss). »Die Scuderia Ferrari wird sich mit Commendatore Jano auf ein Programm einigen, mit dem sie im Laufe des Jahres an einigen Rennen teilnehmen wird.«[25] Ein Satz, der offiziell – und politisch – die Verantwortung auf die Schultern von Vittorio Jano und Enzo Ferrari legte.

Trotz zahlreicher Siege war der Sommer für Tazio Nuvolari nicht erholsam. Sein Sohn Giorgio war schon seit einiger Zeit krank und nun verschlechterte sich sein Gesundheitszustand mehr. Mitte Juni schien die Situation verzweifelt. Ferrari erkannte die Dramatik des Augenblicks und telegrafierte sofort an Tazio, der aus Deutschland nach Hause zurückkehrte, bevor er zum nächsten Rennen nach Budapest fuhr. In seinem Telegramm schrieb Ferrari mit Sympathie, Zuneigung und Eleganz und vermied es, das heikle Thema direkt anzusprechen: »Wir möchten Sie darüber informieren, dass wir Sie, falls Sie es aus irgendeinem Grund vorziehen sollten, in Mantua zu bleiben, ohne Probleme für dieses Rennen ersetzen oder sogar auf die Teilnahme eines Autos verzichten würden.«[26]

Giorgio Nuvolari schien sich zu erholen und Tazio fuhr weiter Rennen und siegte. Am 2. August gewann er zum fünften Mal in seiner Karriere die *Coppa Ciano* auf dem *Circuito del Montenero* bei Livorno, die auf nur sieben Kilometer verkürzt worden war, sodass der Anstieg zur Wallfahrtskirche Madonna del Montenero und die anschließende steile Abfahrt zum Tyrrhenischen Meer und zur alten Via Aurelia wegfielen. Und er tat dies auf eine jener waghalsigen Arten, die ihn schnell zur lebenden Legende haben werden lassen – in Pintacudas Auto, in das er eingestiegen war, nachdem der Florentiner es an die Box zurückgebracht hatte.

Aus persönlichen PR-Gründen ließ es sich Ferrari nicht nehmen, nach Livorno zu fahren, wo sich während des Rennens die Prominenz des italienischen Motorsports um Galeazzo Ciano versammelte. So hörte er mit eigenen Ohren, wie Nuvolari unvorsichtigerweise mit Journalisten sprach, die sich fragten, wie er in Pintacudas Auto gewinnen konnte, dessen Bremsen in einem schlechten Zustand waren. »Man braucht keine Bremsen, um schnell zu fahren«, sagte Nuvolari. Enzo meinte dazu später, dies sei »ein Satz, der Pintacuda lange Zeit verfolgte«.[27]

Die drei Auto Union von Varzi, Rosemeyer und Stuck kamen nicht ins Ziel. Ferrari platzierte drei Autos auf den ersten drei Plätzen: Hinter Nuvolari folgen Brivio und Dreyfus, der seit dem Grand Prix von Deauville am 19. Juli wieder für die Scuderia fuhr. Mit der Rückkehr des Franzosen bewies Enzo Ferrari einmal mehr seinen großen Pragmatismus: Er war in der Lage, Dreyfus' persönliche Verfehlungen im Zusammenhang mit dem zerrissenen Vertrag zu verzeihen, um sich eine der bestmöglichen Fahrerpools zu sichern. In einer Zeit des glühenden Nationalismus, in der sich das faschistische Italien dem nationalsozialistischen Deutschland immer mehr annäherte und Rassengesetze konzipierte, die ein Jahr später verkündet werden sollten, hätte Ferrari die Einstellung eines jüdischen Fahrers wie Dreyfus unterbinden können.

Der September brachte Nuvolari hinter einem unbesiegbaren Rosemeyer den zweiten Platz beim Großen Preis von Italien sowie einen Sieg auf der Rennstrecke von Modena. Giorgio Nuvolari, der immer noch mit einer unerbittlichen Krankheit zu kämpfen hatte, lag in jenen Tagen in Modena im Krankenhaus und hatte das Rennen von seinem Zimmerfenster aus verfolgt. Runde um Runde hatte sein Vater eine der anspruchsvollsten Kurven der Rennstrecke mit einer Hand am Lenkrad genommen, während er mit der anderen seinem Sohn zuwinkte.[28] Für Tazio war es der dritte Sieg in Modena in Folge und am Ende des Tages wurde er erneut zum italienischen Meister gekrönt – ein Erfolg, der natürlich auch der Scuderia Ferrari einen weiteren Triumph auf nationaler Ebene bescherte.

Und dann stand endlich die Atlantiküberquerung an. Das Ziel war New York, wo am 12. Oktober drei Alfa Romeo, gefahren von Nuvolari, Brivio und Farina, gegen eine Vielzahl amerikanischer Autos, ein paar Bugattis und einige private Maseratis um die gigantische Trophäe des *Vanderbilt Cups* kämpfen sollten. Ferrari, der in Modena blieb, hatte drei 12C und einen 8C verschiffen lassen. Mit ihnen schickte er zusätzlich zu den drei vorgesehenen Fahrern Attilio Marinoni als Reservefahrer, Luigi Bazzi, Maestro Ugolini und die vier Mechaniker Meazza, Stefani (der im Sommer bereits in Brasilien gewesen war), Mambelli und Bai in die USA.[29]

Der *Vanderbilt Cup* war 1936 nach langer Abwesenheit zurückgekehrt. Die letzte Austragung war 20 Jahre her, von 1904 bis 1916 hatte es elf Rennen gegeben – einer der wichtigsten festen Termine in den Pioniertagen des amerikanischen Motorsports. Das Rennen wurde dieses Jahr auf einer kurvenreichen Schotterpiste in der Nähe des Flughafens Roosevelt Field auf Long Island ausgetragen, nur wenige Meilen von New York City entfernt. Neun Jahre zuvor war hier Charles Lindbergh zu seiner historischen Atlantiküberquerung gestartet. Die Strecke war technisch nicht besonders anspruchsvoll, und es war sofort klar, dass Nuvolari die Trophäe mit Leichtigkeit gewinnen sollte, wenn nicht etwas Unerwartetes passieren würde.

Nachdem er den 8C, mit dem er die Strecke kennengelernt hatte, abgestellt hatte, fuhr Nuvolari mit dem 12C die schnellste Trainingszeit. Im Rennen übernahm er sofort die Führung und wurde von den anderen 42 Fahrern, einschließlich seiner zwei Teamkollegen, nie wirklich herausgefordert. Nach etwas mehr als viereinhalb Stunden Renndauer überquerte er die Ziellinie mit einem fast peinlichen Vorsprung auf den Zweitplatzierten: Erst zwölf Minuten später kam der Bugatti von Wimille ins Ziel. Dritter wurde Brivio mit dem zweiten Alfa Romeo nach einer weiteren Minute. Der dritte Ferrari von Farina war in Runde 17 mit Lenkungsproblemen ausgefallen.

Der Sieg von Nuvolari sicherte den Italienern ein Preisgeld von 20.000 Dollar, was einer Viertelmillion Lire entsprach. Der dritte Platz von Brivio brachte weitere 5.000 Dollar ein. Alle Fahrer der Scuderia, insbesondere natürlich der Mantuaner, verdienten sogar während des Rennens Tausende von Dollar, da bei jeder Überquerung der Ziellinie der Führende 100 Dollar kassiert hatte.[30] Laut Vertrag ging die Hälfte aller Einnahmen an die Scuderia Ferrari.

Auch wenn das Mussolini-Regime die Teilnahme der Scuderia Ferrari aus offensichtlichen Propagandagründen gefördert hatte, war der wahre Grund für Ferraris Reise nach Amerika das sagenhaft hohe Preisgeld gewesen. Mission erfüllt.

Der Sieg Nuvolaris in Amerika erregte in Italien großes Aufsehen, von dem auch Alfa Romeo und Ferrari profitierten. Enzo begab sich persönlich nach Genua, um seinen Champion bei dessen Rückkehr zu treffen. Der Andrang der Massen war so groß, dass zwischen den beiden nicht mehr als ein kurzer Händedruck zustande kam. Zurück in Modena schrieb er Nuvolari am 4. November einen Brief mit Glückwünschen. »Ich möchte meine tiefe Freude darüber zum Ausdruck bringen, dass Sie im letzten Rennen der Saison den wohlverdienten Erfolg errungen haben, und meine tiefe Dankbarkeit für die wertvolle Zusammenarbeit ausdrücken, die Sie der Scuderia in diesem Jahr geleistet haben.«[31]

Ferrari wollte bei Nuvolaris Rückkehr unbedingt mit ihm sprechen, vor allem um eine Überraschung zu vermeiden. Nachdem er in Amerika einen glänzenden Sieg errungen hatte, befürchtete Enzo, dass Nuvolari seinen Aufenthalt in Modena als beendet betrachten könnte. »Ich wage zu hoffen«, schrieb Enzo daher weiter, »dass Ihre Beziehung zu meiner Organisation im Laufe des Jahres zufriedenstellend war und dass Sie unserem Wunsch nachkommen können, unsere Vereinbarungen für das nächste Jahr zu erneuern.«[32]

Um Nuvolari im Team zu halten, war Ferrari sogar bereit, ihm die Auswahl der anderen Teammitglieder zu überlassen. »Ich möchte so bald wie möglich mit Ihnen sprechen«, schrieb er, »um über die künftige Zusammensetzung des Teams zu entscheiden, insbesondere über die Bestätigung der Fahrer, die in der letzten Saison Ihre Teamkollegen waren, und über die mögliche Einstellung weiterer Fahrer.«[33] Für Ferrari war dies eine Verbindung, die er zuvor mit keinem anderen Fahrer hatte und die er auch in Zukunft nicht wiederholen würde – ein Beweis für die Wertschätzung, die er dem Mantuaner entgegenbrachte, aber auch ein klares Zeichen dafür, dass Ferrari bereit war, eine weniger starke Rolle in ihrer Beziehung zu akzeptieren, um ihn zu halten.

Einige Tage später trafen sich Ferrari und Bazzi mit Nuvolari, um das Programm für die nächste Saison zu besprechen. Nuvolari genehmigte die Bestätigung von Brivio, Farina, Pintacuda und Dreyfus sowie den sporadischen Einsatz von Tadini, Severi, Clemente Biondetti und Emilio Villoresi. Die Aufstellung für 1937 wurde während des traditionellen Jahresabschlussdinners bekannt gegeben, das wie immer Mitte Dezember in Modena stattfand. Obwohl er es an diesem Abend nicht erwähnte, verhandelte Ferrari mit dem Einverständnis von Nuvolari[34] über die Rückkehr des Grafen Trossi, die im Januar verkündet werden sollte. Auch Achille Varzi war zu dem Abendessen gekommen und seine Anwesenheit hatte die anwesenden Journalisten verwirrt.[35] Nicht wissend, dass Ferrari Nuvolari das letzte Wort bei der Auswahl seiner Fahrer überlassen hatte, begann die Presse, über die Anwesenheit von Varzi zu spekulieren.

Die Saison 1936 war nicht durchgehend negativ verlaufen, auch wenn die Kluft zwischen der italienischen und der deutschen Automobilindustrie und den Rennteams immer größer geworden war. Um seine Leistung zu verteidigen, betonte Ferrari in jenen frühen Wintertagen immer wieder, dass die deutschen Hersteller alles auf das setzten, was er als »explodierende Meteore« bezeichnete, die »ausdrücklich für eine bestimmte Sorte Rennstrecken und Wettbewerb geeignet« seien. Alfa Romeo hingegen hatte weiterhin *Rennautos* entwickelt – und seine Scuderia würde weiterhin *Rennautos* verwenden[36], wobei die Betonung auf dem Wort *Autos* lag, um die Nähe zu Alltagspersonenwagen zu verdeutlichen.

Das stimmte. Aber es war auch ein unverhohlener Versuch seitens Ferrari, die Pille zu versüßen, denn er war der Erste, der erkannte, dass die Auto Union und Mercedes damit die einzigen waren, die bei den prestigeträchtigsten Veranstaltungen um den Sieg kämpften.

Ausnahmsweise verteidigte Ferrari nicht nur Alfa Romeo, sondern in den Wintermonaten des Jahres 1937 vor allem sich selbst und seine Organisation. Er war für das langsame Tempo und die scheinbar geringe Qualität der Arbeit kritisiert worden, die seine Scuderia bei der Entwicklung und dem Tuning der Autos leistete, die Alfa Romeo ihm verkauft hatte. Zum Teil zahlte er für die Effizienz, die er in früheren Saisons gezeigt hatte, als die Gegnerschaft nicht so groß war, und das Personal der Scuderia hatte die Arbeit kompensiert, die in Portello nicht geleistet werden konnte. Aber jetzt hatten die Deutschen die technische Messlatte höher gelegt und eine Organisation, die klein geblieben war, konnte da nicht mehr mithalten.

Hatten die Illusionen der Wettbewerbsfähigkeit im Sommer 1936 geendet, so ging im Winter 1937 auch die Illusion der Unabhängigkeit Enzo Ferraris vorüber. In Mailand hatte Ugo Gobbato klarere Vorstellungen über die Zukunft der Scuderia Ferrari – eine Zukunft, die immer weniger autonom war. Im Ferrari-Bulletin hatte Gobbato vor nicht einmal einem Jahr aufschlussreich erklärt, dass »wunderbare Unternehmen in Konkurs gingen, wenn sie ohne Änderungen der internen Struktur über die Grenzen der Vorstellungskraft ihres Chefs hinaus expandierten«.[37]

KAPITEL 18

Schlechte Gewohnheiten

Mitte Februar 1937 war der Beweis erbracht, dass die Würfel gefallen waren.

Am 19. Februar erhielt Enzo Ferrari ein Einschreiben vom Büro des Alfa-Romeo-Generaldirektors, das eine Kopie des Abkommens zwischen Alfa Romeo und der Scuderia Ferrari über die »partnerschaftliche Verwaltung aller Rennaktivitäten« und »ein Schreiben über seine Ernennung zum Renndirektor« der neuen Organisation enthielt.[1] Das Abkommen sollte vom 1. Januar 1937 (d. h., es war bereits eineinhalb Monate in Kraft) bis zum 31. Dezember 1940 gelten und dann automatisch auslaufen, wenn es nicht bis zum 30. Juni desselben Jahres verlängert würde.[2]

Nach monatelangen Verhandlungen und ohne Reaktion auf seine Idee, eine Scuderia Italia aus Alfa Romeo, der Scuderia Ferrari und Fiat zu gründen,[3] hatte Enzo Ferrari 80 Prozent der Anteile seines Unternehmens an Alfa Romeo verkauft. Während er einerseits auf die ersehnte und lange verteidigte Unabhängigkeit verzichtet hatte – bzw. aufgrund der Situation dazu gezwungen war –, hatte er andererseits eine direkte Zusage von Alfa Romeo erhalten, die nun vier Fünftel der Betriebskosten der Scuderia decken würde.[4] Erklärtes Ziel der neuen Vereinigung war es, »die Teilnahme der Marke Alfa Romeo an internationalen Motorsportveranstaltungen noch effizienter zu gestalten«.[5]

Enzo hatte natürlich genaue Garantien verlangt – und erhalten. »Jährlich oder bei jeder Änderung des internationalen Reglements oder der nationalen und internationalen Programme«, so wollte er in der Vereinbarung festgehalten wissen, »wird der Generaldirektor von Alfa Romeo nach Rücksprache mit der Verkaufsabteilung und nach Prüfung der technischen und baulichen Möglichkeiten der Werkstatt entscheiden, im Einvernehmen mit der Direktion der Scuderia Ferrari ein Bauprogramm und einen Zeitplan für die Rennen festlegen, wobei er sich am Umfang der in der Vergangenheit durchgeführten Aktivitäten«, Ferrari hatte sich immer gefreut, mit seiner Scuderia jeden Sonntag an weit voneinander entfernten Orten anzutreten, »und im Einklang mit der sportlichen Tradition von Alfa Romeo orientiert.«[6]

Als Gegenleistung für die Einflussnahme, an die er sich nun gewöhnen musste, wurde er zum exklusiven Rennsportvertreter von Alfa Romeo ernannt; Autos und Ersatzteile, die im Besitz der Mailänder Firma blieben, sollten einzig und allein an die Scuderia Ferrari geliefert werden.[7] Ferrari seinerseits war verpflichtet, von nun an nur noch Alfa Romeos einzusetzen, die bis dahin sowieso die überwiegende Mehrheit der von seiner Scuderia eingesetzten Fahrzeuge bildeten, allerdings mit bemerkenswerten Ausnahmen, auf die Enzo – der Alfa Romeo auf seine ganz eigene Art liebte – immer stolz gewesen war.

Alfa Romeo verpflichtete sich, eine halbe Million Lire in die Scuderia Ferrari zu investieren (ohne die Kosten für die Rennwagen). Die Scuderia Ferrari würde ihre Einnahmen aus den Renn- und Preisgeldern, aus der Erstattung der von den Rennveranstaltern anerkannten Kosten und aus den von den Automobilzulieferern gezahlten Sponsorengeldern beziehen. Die Scuderia würde ihrerseits alle Kosten übernehmen, die mit der Teilnahme an den Rennen verbunden sind – Reisekosten für Fahrer, Mechaniker, Personal und Begleitfahrzeuge, »Wartung, Reparatur und eventueller Wiederaufbau der Rennwagen«, die Entlohnung der Fahrer, die aus den Renngeldern jeder Veranstaltung entnommen werden sollte, sowie die Verwaltungskosten.[8]

Als Präsident und Generaldirektor sollte Enzo Ferrari 8.000 Lire pro Monat erhalten, also insgesamt 96.000 Lire pro Jahr, eine ziemlich üppige Summe. Der Geniestreich waren die 25.000 Lire pro Jahr, die Alfa Romeo ihm von nun an für die Miete des Gebäudes und der Werkstatt in der Viale Trento Trieste[9] zahlte, die Ferrari seit 1930 nutzte.

Die neue Vereinbarung wurde nicht bekannt gemacht,[10] die Öffentlichkeit wurde nicht informiert. Insider wie Giovanni Canestrini und Filippini wussten es wahrscheinlich, gaben die Informationen aber nicht weiter. Zumindest nach außen hin war die Glaubwürdigkeit von Ferrari nicht geschwächt worden.

In Portello arbeitete Vittorio Jano am 12C, um ihn für die im April beginnende Saison 1937 komplett zu überarbeiten. Obwohl er bereits im Herbst 1936 damit begonnen hatte, ging die Entwicklung aufgrund eines chronischen Bauteilemangels und einer trotz anfänglicher Zusicherungen mangelnden Kooperation seitens der Alfa-Romeo-Geschäftsführung nur schleppend voran. Außerdem zählte Janos Versuchsabteilung in Mailand nur noch ein Dutzend Mitarbeiter, nachdem einige seiner Leute nach Modena verlegt worden waren.[11]

Aus all diesen Gründen sah die Saison 1937 in Bezug auf die Rennergebnisse nicht sehr vielversprechend aus. Aber während Enzo Ferrari realistischerweise mit einem Übergangsjahr gerechnet hatte, so konnte man das vom von Alfa-Romeo-Management nicht behaupten. Weil das faschistische Regime erwartete, dass ihre Autos bald wieder die Hauptrolle spielen würden, ließen die Führungskräfte von Alfa Romeo ihren Frust an Jano und Ferrari aus.

Die Rennsaison begann am 4. April mit der *Mille Miglia*. Ferrari schickte sieben Alfa Romeos ins Rennen und belegte den ersten, zweiten, vierten und neunten Platz. Der April wurde mit zwei weiteren italienischen Rennen fortgesetzt: dem *Circuito di Torino* am 18. April und dem *Coppa Principessa di Piemonte* am darauffolgenden Sonntag.

Erneut konnten die Scuderia Ferrari und Alfa Romeo gegen schwache Gegner zwei leichte und erwartbare Siege erringen.

Allerdings hatte sich Nuvolari am Donnerstag vor dem Rennen in Turin verletzt. Bei den ersten Tests auf dem *Circuito del Valentino* war er zwei jahrhundertealten Bäumen gerade noch ausgewichen und hatte seine Fahrt kopfüber zwischen Straße und Gehweg beendet. Tazio war zwar durchgeschüttelt, aber relativ unversehrt geblieben. Die Ärzte hatten ihm dennoch die Teilnahme an den nächsten beiden Rennen verboten.

Er kehrte am zweiten Sonntag im Mai zum Großen Preis von Tripolis zurück, wo sich die Situation – wie es angesichts der Teilnahme der Deutschen (die bei den ersten italienischen Rennen nicht angetreten waren) nicht anders sein konnte – dramatisch veränderte.

In Afrika hatten die sechs von der Scuderia Ferrari eingesetzten Alfa Romeo 12C nicht die geringste Siegeschance. Sie waren lediglich traurige Statisten in einem Rennen, in dem die Auto Union und Mercedes die sieben Plätze in den ersten beiden Startreihen und die ersten acht Finalplätze unter sich aufteilten.

Für Alfa Romeo und die Scuderia Ferrari wurde die Reise nach Nordafrika ein komplettes Desaster. Trotz der in der Nacht zuvor deutlich erkennbaren Warnungen war die vollkommene Hilflosigkeit in Tripolis für alle ein schwerer Schlag. In Portello wurde Jano gedrängt, die Entwicklung des neuen Wagens so schnell wie möglich abzuschließen, und auch Ferrari begann, den Druck zu spüren.

Die erwartbaren Siege bei unbedeutenden Rennen wie *Parma – Poggio di Berceto* oder dem *Circuito della Superba* trugen nicht dazu bei, die Moral zu heben. Auch der Sieg von Pintacuda und der dritte Platz von Brivio beim Großen Preis von Rio de Janeiro, bei dem der einzige Auto Union am Start, gefahren von Hans Stuck, zwischen den beiden Alfas ins Ziel kam, konnten die Situation nicht verbessern. Aus Angst vor einem Massaker wie in Tripolis überzeugte Ferrari das Management von Alfa Romeo, nicht am Avus-Rennen in Berlin teilzunehmen.

Aber natürlich konnte Ferrari nicht empfehlen – und Alfa Romeo nicht akzeptieren –, vor dem Debüt des neuen Wagens nicht an allen internationalen Rennen teilzunehmen. Um den Schaden zu begrenzen, schickte Ferrari Mitte Juni nur zwei Autos zum Eifelrennen: zwei 12C, die Nuvolari und dem immer vielversprechenderen Farina anvertraut wurden.

Der anspruchsvolle Nürburgring erwies sich als weniger enttäuschend als Tripolis, auch wenn die beiden Alfas nie um die Führung kämpften. Am Tag von Bernd Rosemeyers drittem Sieg in Folge wurde Nuvolari Fünfter, mit vier deutschen Autos vor ihm und ebenso vielen dahinter. In der folgenden Woche gewann Tazio mit Leichtigkeit ein weiteres italienisches Rennen auf dem *Circuito di Milano* und bereitete sich anschließend mit Nino Farina auf die Abreise nach New York vor, wo Ferrari die Verteidigung des im Oktober zuvor gewonnen *Vanderbilt Cups* geplant hatte.

Während sich Nuvolari auf dem Schiff befand, setzte Ferrari am 11. Juli beim Großen Preis von Belgien zwei Alfa Romeo 12C für Raymond Sommer und Trossi ein. Trotz der geringen Beteiligung der beiden deutschen Teams kam die Scuderia nicht über einen fünften Platz hinaus.

Auf dem Roosevelt Raceway bei New York gewann Bernd Rosemeyer und Farina erreichte lediglich den fünften Platz, während Nuvolari nach nur 16 Runden mit Motorschaden aufgeben musste.

Der *Mantovano volante* kehrte am 25. Juli zum Großen Preis von Deutschland auf den Nürburgring zurück, der natürlich erneut von deutschen Autos dominiert wurde. Am Steuer eines 12C belegte Nuvolari einen ehrenvollen vierten Platz, der durch die Ovationen des deutschen Publikums noch unterstrichen wurde,[12] das seine große Leistung zwei Jahre zuvor nicht vergessen hatte. Wahrscheinlich wollten die Fans ihm auch ihre Unterstützung in einer Zeit großer persönlicher Trauer über seinen kurz zuvor verstorbenen Sohn Giorgio zeigen.

In Portello konzentrierten sich nun alle Anstrengungen auf den neuen Jano-Wagen mit Rohrrahmen. Am 3. August war schließlich ein erstes Exemplar zur Erprobung bereit.

Der Test war nicht ganz zufriedenstellend. Jano wusste genau, dass das Auto weiterentwickelt werden musste. Aber sein einziger wirklicher Verbündete war Enzo Ferrari. Sie waren zu Männern mit großer Rennerfahrung geworden, aber von Managern, die keine Ahnung vom Rennsport hatten (aber natürlich trotzdem das Sagen hatten), nicht mehr gehört wurden. Als ob dieser Zustand der Verwirrung nicht schon genug wäre, kam nun auch noch die Politik hinzu.

Am 15. August fand die *Coppa Acerbo* in Pescara statt. Giacomo Acerbo, ein enger Vertrauter Mussolinis, hatte Nuvolari im Namen ihrer alten Freundschaft persönlich gebeten, die Direktion von Alfa Romeo zu drängen, den neuen 12C bei *seinem* Rennen einzusetzen.[13] Der natürliche und berechtigte Widerstand von Jano und Ferrari konnte leicht umgangen werden und die ersten beiden 12C-37 Tipo C wurden nach Pescara transportiert, um beim dreizehnten Rennen des Abruzzenasses eingesetzt zu werden.

Ferrari war eindeutig von der Alfa-Romeo-Führung übergangen worden, aber die Überraschungen waren noch nicht vorbei. Die beiden neuen Autos sollten nicht durch die Scuderia Ferrari, sondern direkt von Alfa Corse eingesetzt werden, das mit diesen beiden Autos und diesem Rennen nach fünf Jahren Abwesenheit offiziell in den Rennsport zurückkehrte.

Das fragile Gleichgewicht bei Alfa Romeo war gebrochen. Anfang des Jahres eines großen Teils seines Reiches beraubt, war Ferrari nun zum König ohne Krone geworden. Ungeachtet der vertraglichen Bestimmungen, machte Alfa Romeo mit der Scuderia Ferrari, was es wollte – was durch die Tatsache, dass das Unternehmen 80 Prozent des Besitzes kontrollierte, noch verstärkt wurde. Zum ersten Mal seit acht Jahren stand Enzo Ferrari nicht mehr im Mittelpunkt des Rennprojekts von Alfa Romeo, einem Hersteller, mit dem er seit 1920 seine berufliche Laufbahn verbunden hatte.

In Pescara wurde die bescheidene technische Qualität eines noch nicht ausgereiften Autos für alle deutlich erkennbar. In der siebten Runde wurde Farina an die Box zurückgerufen und der neue 12C-37 wurde aus dem Rennen genommen. Für Alfa Romeo war es eine öffentliche Niederlage von gewaltigem Ausmaß. Der von der Scuderia Ferrari eingesetzte und Raymond Sommer anvertraute alte 12C-36 hielt ein paar Runden länger durch, bevor er ebenfalls aufgeben musste. Ein vollkommenes Debakel! In Portello würde die Situation bald explodieren, aber vorerst beschloss Alfa-Romeo-Präsident Gobbato, abzuwarten und nachzudenken.

Um die für die Entwicklung des neuen Autos vor dem wichtigen Großen Preis von Italien Mitte September benötigte Energie zu bündeln, zog Alfa Romeo die neuen Werks-12C-37 von der Teilnahme am Großen Preis der Schweiz am 22. August zurück. Stattdessen schickte man zwei alte 12C-36 der Scuderia Ferrari ins Rennen, die schon 1930 und 1931 als Lückenfüller eingesetzt worden waren.

Um die Spannungen weiter zu erhöhen und die Unsicherheit zu schüren, hatte Nuvolari in der Zwischenzeit am Großen Preis der Schweiz mit einem Auto Union teilgenommen. Dieser Schritt – er hatte schließlich einen Vertrag mit der Scuderia Ferrari und einen weiteren direkt mit Alfa Romeo, fühlte sich aber dennoch berechtigt, mit einer dritten Firma Rennen zu fahren – überraschte die Verantwortlichen von Alfa Romeo und schockierte die italienische Öffentlichkeit.

Als am 12. September der Große Preis von Italien in Livorno mit einer weiteren peinlichen Niederlage endete, war Vittorio Jano der Erste, der gehen musste. Am 28. September wurde er entlassen. Der zweite Kopf, der rollen würde, war der von Ferrari, auch wenn das noch eine ganze Weile dauern sollte.

Ferrari hatte inzwischen erkannt, dass es für die Rettung seines Traums nur noch einen Überlebensweg gab: Er musste sich an Nuvolari halten. Nach der traumatischen Flucht zur Auto Union kehrte Tazio zurück und beendete die Saison 1937 am Steuer eines Scuderia-Alfa-Romeo; es war jedoch keineswegs sicher, ob er beim Mailänder Hersteller bleiben würde. Ferrari wusste, dass Nuvolaris Anwesenheit seine eigene Position in Portello, vielleicht nicht notwendigerweise, so doch zumindest strategisch wichtig machen würde, denn nach Janos Entlassung war er der Einzige, den Nuvolari wirklich respektierte. Im Grunde hing Ferraris Zukunft – oder zumindest sein Platz bei Alfa Romeo – von Nuvolari ab.

Aus diesem Grund versuchte Ferrari, so bald wie möglich persönlich mit Nuvolari zu sprechen. Er wollte die wahren Absichten des Mantuaners erfahren und versuchen, ihn davon zu überzeugen, bei Alfa Romeo zu bleiben. Zwischen Mitte Oktober und Anfang Dezember schrieb er drei Briefe an ihn, um Nuvolari nach Modena einzuladen und mit ihm die Zukunft zu besprechen. Aus Mantua kam jedoch keine Antwort. Die Zeit wurde langsam knapp. Ferrari fand deutliche Worte: »Ich brauche unbedingt Fakten, um eine Entscheidung zu treffen, die ich nicht weiter hinauszögern kann.«[14]

Während Nuvolari sich Zeit ließ, hatte Ugo Gobbato in Mailand bereits eine Entscheidung über Ferrari und seine Scuderia getroffen. Er war nie von der Richtigkeit oder gar der Notwendigkeit einer direkten Beteiligung von Alfa Romeo am Rennsport überzeugt gewesen.[15] Aber auch er konnte dem ständigen Druck aus der Regierung nicht auf Dauer standhalten.

Am 27. Dezember 1937 hörte die Scuderia Ferrari auf zu existieren. Gobbato hatte kapituliert.[16] Bei Alfa Romeo hatten diejenigen gewonnen, die – ob sie es selbst glaubten oder nicht – behaupteten, dass ein direktes Engagement die Chancen auf Erfolg erhöhen würde. Es waren nur Illusionen, die aus technischer Sicht nicht gerechtfertigt waren, die auf viel Unerfahrenheit und ebenso viel Anmaßung beruhten und die zudem politisch und ideologisch motiviert waren. Die Eingliederung der Scuderia Ferrari in die bürokratische Maschinerie von Alfa Romeo war eher ein politisches Statement als ein wirklicher Schritt nach vorn hin zu größeren Erfolgen im Rennsport.

Die Scuderia Ferrari verschwand von einem Tag auf den anderen. Für Enzo Ferrari, der acht Jahre seines Lebens in die Scuderia investiert hatte, war es ein bitterer Tag. Er konnte nicht sagen, dass die Entscheidung für ihn überraschend kam, aber sie war dennoch wie ein Dolchstoß. In acht Jahren hatte die Scuderia Ferrari mit insgesamt 715 Autos an 225 Rennen teilgenommen; sie hatte 144 Siege und 171 Podiumsplätze errungen.[17] Sie hatte eine wichtige Rolle im europäischen Motorsport gespielt und lange Zeit die italienischen Rennstrecken geprägt. Jetzt wurde seine Organisation ohne ein öffentliches Wort des Dankes geschlossen. Enzos einzige Genugtuung war, dass die Scuderia ihn reich gemacht hatte.

Die Liquidation der Scuderia brachte ihm tatsächlich mehr als eine Million Lire ein. Zur selben Zeit wurde Enzo zum »Chef von Alfa Corse« ernannt[18], einer neuen Abteilung, die er mit aufbauen sollte. Der Beratervertrag hatte eine Laufzeit von drei

Jahren, vom 1. Januar 1938 bis zum 31. Dezember 1940. Zumindest auf dem Papier versprach der neue Vertrag Autonomie. Er sollte »direkt und ausschließlich« an den Generaldirektor von Alfa Romeo, Ugo Gobbato, berichten.[19] Sein Arbeitsplatz sollte in Mailand sein, in einem neuen zweistöckigen Gebäude, das im Herbst neben der Portello-Fabrik errichtet wurde,[20] aber Ferrari wurde ausdrücklich »von jeglicher Residenzpflicht, Bürozeit und Anwesenheitspflicht befreit«.[21]

Im Winter 1938 war die persönliche Zukunft von Enzo Ferrari ein schwer zu entzifferndes Rätsel. In gewisser Weise waren die vorangegangenen acht Jahre annulliert worden. Am 18. Februar wurde er 40 Jahre alt – ein Alter, in dem ein Mann damit beginnen konnte, sein Leben aus einer gewissen Perspektive zu betrachten oder zumindest einen Teil davon. Einerseits war er stolz auf das, was er getan hatte, andererseits musste er feststellen, dass die letzten 18 Jahre durch eine für ihn irrationale Entscheidung, die wenig oder gar nichts mit dem Motorsport zu tun hatte, zunichtegemacht worden waren.

In der Zwischenzeit hatte Nuvolari weiter auf Zeit gespielt. Am 24. Januar hatte Gobbato selbst auf die Verlängerung seines Vertrags mit Alfa Romeo gedrängt: »Ich vertraue darauf«, so hatte der Generaldirektor von Alfa Romeo mit aufrichtiger Hoffnung geschrieben, »dass Sie sich mit Commendatore Ferrari einigen werden.« Ein Enzo Ferrari also, der – zumindest theoretisch und sicherlich im Dreiecksverhältnis mit Nuvolari – einen wichtigen Platz in Gobbatos Überlegungen einzunehmen schien.

Vier Tage später starb Bernd Rosemeyer bei dem Versuch, einen neuen Geschwindigkeitsrekord aufzustellen, als eine Windböe seinen stromlinienförmigen Auto Union von der Autobahn wehte. Er und Tazio waren enge Freunde und sein Tod schien Nuvolari ins Wanken zu bringen. Die reale Möglichkeit, seinen Freund zu ehren, indem er seinen Platz im Auto Union einnehmen würde, war verlockend. Er bat um mehr Zeit, unterzeichnete aber schließlich einen neuen Vertrag mit Alfa Romeo – mit welcher Überzeugung, sollte sich noch früh genug zeigen.

Die Saison 1938 begann am 10. April mit dem Großen Preis von Pau und die große Angst des *Mantovano volante* vor einem

Unfall wurde wahr. Während des Rennens fing sein Alfa Romeo 308 – eine 1937 in Modena von der Scuderia Ferrari gebaute Weiterentwicklung des 8C 2900 A, der im Training durch seine Geschwindigkeit beeindruckt hatte – plötzlich Feuer. Nuvolari hielt am Straßenrand, wo der Wagen bald vollständig in Brand geriet. Er konnte sofort herausspringen und kam mit leichten Verbrennungen davon. Aber obwohl er körperlich fast unversehrt war, war seine Moral offenbar zerstört. Er war noch nie zuvor in einem Rennen mit Feuer in Berührung gekommen und die Erfahrung schien ihn zu traumatisieren.

In der darauffolgenden Woche schrieb Nuvolari an Gobbato, dass er beschlossen habe, sich vom Rennsport zurückzuziehen.[23] Die Entscheidung Nuvolaris verwirrte Gobbato, Ferrari und die gesamte Rennsportwelt. In Wirklichkeit war dies alles Teil seines Plans, Alfa Romeo zu verlassen, dessen Autos nicht mehr konkurrenzfähig waren und das als Unternehmen in ein beängstigendes geschäftliches Chaos gestürzt war, und zur Auto Union zu wechseln, was dann im Sommer auch geschah.

Um einen kollegialen Blick auf den Stand der Dinge zu werfen, lud Gobbato Enzo am 16. Juli zu einer Strategiesitzung in sein Ferienhaus Facen di Pedavena in den Bergen von Belluno ein. Doch der Alfa-Romeo-Generaldirektor wartete den ganzen Samstag vergeblich. Ferrari kam nicht und hatte sich nicht einmal die Mühe gemacht, Gobbato über seine Absage zu informieren.[24]

Die Situation verschlechterte sich zusehends. Wie unter diesen Bedingungen die Beziehung zwischen Ferrari und Alfa Romeo noch ein weiteres Jahr aufrechterhalten werden konnte, blieb ein Rätsel, das sich sicherlich nicht durch Ferraris beträchtliches Gehalt erklären ließ; aber auch nicht durch die Unentbehrlichkeit eines Mannes, der nichts tat, um die Wogen zu glätten, und der in der Tat jeden Vorwand zu nutzen schien, um seine persönliche Situation zu verschlechtern.

Alfa Romeo verpasste beim Großen Preis der Schweiz am 21. August das Podium und musste hilflos mit ansehen, wie Tazio Nuvolari am 11. September am Steuer eines Auto Union den Großen Preis von Italien in Monza gewann. Der Sieg des Mantuaners wurde von der italienischen Presse vorbehaltlos gefeiert.

Da Italien und Deutschland nun Verbündete waren, war Tazios Abgang weit weniger umstritten als der von Varzi einige Jahre zuvor – aber er schmerzte natürlich das Alfa-Romeo-Management.

Nach dem Rennen wurde Nuvolari »vom begeisterten Publikum, das sich am Vorabend für ein italienisches Auto und einen italienischen Fahrer aufgeteilt hatte, auf die Schultern gehoben und im Triumph getragen«[25]. Alfa Romeo wurde dagegen trotz des hervorragenden zweiten Platzes von Nino Farina im Typ 312 an den Rand gedrängt. Ebensolche Gleichgültigkeit herrschte gegenüber Emilio Villoresi und Francesco Severi, die mit dem *Alfetta* 158 den Sieg und den zweiten Platz beim Großen Preis von Mailand, dem Voiturette-Rennen (für kleinere Autos) am Wochenende des Großen Preises von Italien, errungen hatten.

Im Winter 1939 kehrte der Motorenkonstrukteur Gioacchino Colombo nach Mailand zurück.[26] Ferrari hätte sich nichts Besseres wünschen können, denn er hatte mit Colombo in Modena zusammengearbeitet und ihre Beziehung war hervorragend gewesen. Aber es gab noch einen dritten Mann, einen spanischen Ingenieur, einen Berater wie Ferrari, der genau wie dieser direkt an Gobbato berichtete und sein volles Vertrauen genoss. Sein Name war Wifredo Ricart.

Ricart war im Oktober 1936 zu Alfa Romeo gekommen, nachdem er aus dem vom Bürgerkrieg gezeichneten Spanien geflohen war. Er wurde als Berater für Tests und technische Fragen – auch zu Flugmotoren[27] – eingestellt und hatte schließlich einen Sechszylinderdieselmotor für Personenwagen entwickelt.[28] Theoretisch hätten sich Ricarts und Ferraris Wege nie kreuzen dürfen. In Wirklichkeit mischte sich Ricart aufgrund des Vertrauens, das Gobbato in ihn setzte, in die technischen Angelegenheiten von Alfa Corse ein und ging sogar so weit, dass er sich mit Colombo an die Führung der technischen Abteilung setzte.[29]

Ferrari hatte Ricart nie gemocht. Er war genervt von dessen Arroganz und Großspurigkeit und nun auch von seinen wiederholten Versuchen, sich in die technische Leitung von Alfa Corse einzumischen. Ferrari fühlte sich von dem Spanier sogar physisch gestört[30] und tat nichts, um seine Verachtung zu verbergen. Ricart seinerseits nahm keine Rücksicht auf den technischen

Sachverstand von Ferrari, den er für einen Autodidakten hielt, der nicht über die Erfahrung verfügen würde, die Ricart selbst hatte.[31]

Der Konflikt zwischen Ferrari und Ricart spitzte sich zu, als im Frühjahr 1939 die ersten Zeichnungen des neuen Tipo 512 vorgestellt wurden – ein 1500er-V12-Mittelmotor-Monoposto. Ricart lobte hierbei nicht nur den neuen von ihm entwickelten Wagen, sondern machte sich auch über den 158 lustig, den die Scuderia Ferrari 1937 in Modena gebaut hatte, und nannte ihn »eine veraltete Maschine, gut für den Schrott oder für eine Museumsausstellung«.[32] Die offene Meinungsverschiedenheit zwischen zwei Personen, die eigentlich zusammenarbeiten sollten, sollte nicht dazu beitragen, das Problem der Wettbewerbsfähigkeit von Alfa Romeo zu lösen. Trotz ihres gegenseitigen Respekts hatten Enzo Ferrari und Ugo Gobbato zwei gegensätzliche Vorstellungen davon, wie ein Rennstall funktionieren müsse. Anders als Ferrari, der mit dem Rennsport aufgewachsen war, glaubte Gobbato weder an Improvisation noch an schnelle Entscheidungen.[33] Tatsächlich sorgte er dafür, dass alles bis ins kleinste Detail vorbereitet wurde – was in der Welt des Motorsports nicht immer möglich war. Ferrari wusste das, Gobbato nicht.

Aus der Sicht des Unternehmers, der er war, betrachtete Gobbato einen Rennwagen als die Synthese aller Abteilungen, die ein Unternehmen ausmachen, als das Ergebnis der Arbeit vieler Organisationen, auch wenn sie scheinbar weit voneinander entfernt waren. Ferrari hingegen vertrat aufgrund seiner Erfahrung die Ansicht, dass die Rennwagen »das Ergebnis der Arbeit einer kleinen Hilfswerkstatt mit ausgezeichneten Ressourcen und einem eigenen, speziellen und flexiblen Personal sein sollten, das bereit sei, Ideen und Projekte schnell in ein sich ständig veränderndes Endprodukt umzusetzen.«[34]

Auch ohne die Rolle, die Ricart spielte, wären die Meinungsverschiedenheiten eskaliert. Doch als Gobbato sich immer öfter auf die Seite des Spaniers stellte, erreichte das Verhältnis zwischen dem Alfa-Romeo-Generaldirektor und Ferrari ein kritisches Stadium. Die hitzigen Diskussionen, die laut Ferrari »zumindest von einer gemeinsamen Leidenschaft zeugten«,[35] wurden zu erbitterten Kämpfen. Von seinem üblichen Feuer motiviert, bat Ferrari Gobbato um ein klärendes Gespräch. Dies entwickelte sich zu einer heftigen verbalen Konfrontation. Ferrari brüllte dem Generaldirektor seinen Widerstand ins Gesicht: »Zusammen mit den 158ern und der Liquidation der Scuderia Ferrari habe ich meine Denkweise nicht aufgegeben!«[36]

Gobbato war ebenso grob wie ehrlich. »Bei Alfa Romeo«, so sagte er wörtlich, »habe *ich* das Sagen und ich kann einen Mitarbeiter, dem ich mein Vertrauen geschenkt habe, nicht wegschicken und ich kann auch nicht Ihren Ratschlägen, Ferrari, immer vorbehaltlos und kritiklos zustimmen.«[37]

Ferrari spürte, dass er zu weit gegangen war. Er entschuldigte sich dafür, »dass er eine so harsche Reaktion hervorgerufen hatte«.[38] Er fügte hinzu, dass es »nicht darum ging, das, was er gesagt hatte, zu diskutieren oder vollständig zu akzeptieren«, sondern dass ihm die Art und Weise missfiel, in der alle Vorschläge von Ricart akzeptiert wurden.[39]

Trotz dieser Entschuldigung wusste Ferrari beim Verlassen von Gobbatos Büro, dass er verloren hatte. Jetzt war es nur noch eine Frage der Zeit.

Der 158er, den Ricart in Rente schicken wollte, hatte in der Tat zumindest teilweise die von Anfang an gefährdete Saison gerettet. Während Mercedes und Auto Union in der Grand-Prix-Kategorie das Sagen hatten und die vier wichtigsten Veranstaltungen des Jahres – die Grands Prix von Belgien, Frankreich, Deutschland und der Schweiz – gewannen, hatte Alfa Romeo dank des 158 sowohl die *Coppa Ciano* als auch die *Coppa Acerbo* gewonnen, zwei Rennen, bei denen 1939 nur *Voiturettes* zugelassen waren.

Das Training vor der *Coppa Acerbo* hatte Ferrari weiteren großen Kummer bereitet. Giordano Aldrighetti, der in der ersten Hälfte der 1930er-Jahre zu den Spitzenfahrern der Scuderia-Ferrari-Motorradabteilung gehörte, hatte einen schrecklichen Unfall. Nachdem es zunächst es so ausgesehen hatte, als würde er überleben, starb er in der folgenden Nacht. Ferrari bemühte sich, wie immer in solchen Fällen, um familiäre Unterstützung. Er traf Aldrighettis Mutter in Pescara, begleitete sie auf der Rückreise nach Rom und organisierte die Beerdigung. In Livorno gewann am 30. Juli Nino Farina. Zwei Wochen später in Pescara beendeten vier Tipo 158 das Rennen auf den ersten vier Plätzen. Aber es war zu spät. Die Zeit von Enzo Ferrari bei Alfa Romeo war zu Ende.

Am 28. August bat Ugo Gobbato das Personalbüro um Informationen über den Vertrag zwischen Ferrari und Alfa Romeo. Ein getipptes Blatt landete auf seinem Schreibtisch. Ein paar Sätze: »Vertragsdauer: vom 1. Januar 1938 bis zum 31. Dezember 1940 … Kündigung per Brief bis zum 30.06.1940 … jährliche Abfindung: 190.000 Lire, vierteljährlich zahlbar … jährliche Vergütung bis zu einem Höchstbetrag von 60.000 Lire aus dem Verkauf von Rennwagen, Beiträge von Zulieferern usw. … Auto in Gebrauch.«[40] Kündigungsfrist: sechs Monate. Aber Alfa Romeo wollte Ferraris Vertrag fast eineinhalb Jahre früher auflösen. Gobbato war sich bewusst, dass die Entlassung von Ferrari ihn viel Geld kosten würde. Und das zusätzlich zu dem, was Alfa Romeo ihm bereits zweimal gezahlt hatte: 1937, als sie 80 Prozent der Scuderia Ferrari übernommen hatten, und 1938, als sie sie liquidierten. Aber er hatte sich entschlossen.

Bemerkenswerterweise trennten sich Enzo Ferrari und Alfa Romeo in gutem Einvernehmen.

Am 6. September 1939 schrieb Ugo Gobbato einige Zeilen an Ferrari, um ihn offiziell über die Beendigung seines Vertrags zu informieren. Es war ein kurzes, aber freundliches Schreiben, das eine höfliche Lüge und eine – sicherlich aufrichtige – Anerkennung für die Arbeit enthielt, die Ferrari lange vor dem Eintritt der jetzigen Unternehmensleitung für Alfa Romeo geleistet hatte.

»Die derzeitige internationale Lage«, schrieb Gobbato sechs Tage nach dem deutschen Einmarsch in Polen, der einen neuen kontinentalen Krieg ausgelöst hatte, »hat die Einstellung der von Ihnen als Berater geleiteten Rennsportaktivitäten zur Folge. Wir bedauern, dass die Umstände uns daran gehindert haben, Ihre Unterstützung weiterhin in Anspruch zu nehmen, möchten Sie aber wissen lassen, dass wir die Arbeit, die Sie in den letzten zwanzig Jahren für Alfa Romeo geleistet haben, zu schätzen wissen und uns freuen, dass Ihre Liquidation auf freundschaftliche und faire Weise und zur beiderseitigen Zufriedenheit erfolgt ist.«[41] Zwei Tage später erfuhren die italienischen Sportfans, dass in Portello einige Änderungen vorgenommen wurden. *Littoriale* berichtet fast beiläufig: »Aus guter Quelle erfahren wir, dass die Führung von Alfa Romeo bald eine neue Vereinbarung bei Alfa Corse treffen wird. Insbesondere scheint es einige Veränderungen in den Führungspositionen der Rennabteilung zu geben«, so die Sporttageszeitung, nannte aber keine Namen.[42] Die Bestätigung kam zehn Tage später – ohne Fanfare, ohne Titel – im Rahmen eines allgemeinen Lageberichts aus der Welt des Motorsports: »Ferrari [kein Vorname, nur der Nachname] hat in gegenseitigem Einvernehmen mit der Markenleitung seine Freiheit in Bezug auf Alfa Corse wiedererlangt und richtet nun in den Räumlichkeiten, in denen sich bereits die Scuderia befand, eine Werkstatt für die Reparatur von Autos ein. Die Werkstatt wird Ende des Monats fertig sein. Der Rennsport ist bis auf Weiteres eingestellt.«[43]

Neunzehn Jahre waren seit dem Sommer 1920 vergangen, als der 22-jährige Ferrari zum ersten Mal die Tore der Alfa-Romeo-Fabrik im Mailänder Stadtteil Portello durchschritt. Der gemeinsame Weg war lang und einträglich gewesen. Ferrari war zu einem wichtigen Akteur im europäischen Rennsport geworden. Er war nie eine einfache Persönlichkeit gewesen und er hatte sich ebenso viele Feinde wie Freunde gemacht. Im September 1939 hatte Enzo Ferrari seine persönliche Denkweise noch nicht aufgegeben. Zum Abschied sagte er stolz: »Ich behalte meine schlechten Gewohnheiten und gehe nach Hause zurück.«[44]

KAPITEL 19

Der 815

Während im Herbst 1939 in Europa ein neuer Weltkrieg ausbrach, kehrte Enzo Ferrari nach Modena zurück. Die Verbundenheit mit seiner Heimatstadt und ihrer Umgebung war schon immer fast emotional. »Ich hänge an meinem Land, ich wage zu sagen, auf eine heftige Art und Weise«, wird er Jahre später mit Stolz gestehen. Es war ein »flaches, eintöniges, nebliges Land, mit einer übertriebenen Sommerhitze, ohne Seen, ohne Strände, mit kleinen Hügeln am Horizont«,[1] aber er liebte es sehr.

Seine Rückkehr als italienischer Rennsportstar nach Modena war eine Art subtile Rache, »eine Art moralische Revolte, denn als ich in meiner Jugend wegging«, so erinnerte er sich Jahre später, »genoss ich nur den Ruf eines ziemlich seltsamen jungen Mannes, der sich für Autos und Motorsport begeisterte, aber keine besonderen Fähigkeiten besaß.«[2] Jetzt, als etablierter Mann, bedeutete seine Rückkehr »nicht nur den Abschluss eines Zyklus«, den er ohne Zögern als »fast biologisch« bezeichnete, sondern auch die Herausforderung, »anderen und mir selbst zu zeigen, dass ich bei Alfa Romeo nicht nur unter geborgtem Licht gelebt hatte«.[3]

Mit 41 Jahren wollte Ferrari sowohl die Außenwelt als auch seine Modeneser Freunde davon »überzeugen, dass der Grad der

Berühmtheit, den ich erreicht hatte, die legitime Folge meiner hartnäckigen Arbeit und meiner Einstellung war«. Im Grunde, so schloss er, »war es an der Zeit zu zeigen, wie weit ich es aus eigener Kraft bringen konnte«.[4]

Als er Alfa Romeo verließ, hatte Ferrari eine Klausel akzeptiert, nach der er »für vier Jahre, vom heutigen Tag an, auf jede technische und rennsportliche Tätigkeit« verzichtete.[5] Er hatte diese Klausel akzeptiert, weil er glaubte, dass der durch den deutschen Einmarsch in Polen nur wenige Tage zuvor ausgelöste Krieg dem Rennsport zumindest vorübergehend sowieso ein Ende setzen würde. Aber nichts hinderte ihn wirklich daran, ein Auto zu bauen, dem er einen anderen Namen als seinen geben würde und das von einer anderen Organisation als der Scuderia Ferrari gefahren werden konnte.

Da er seinen Markennamen »Scuderia Ferrari« nicht verwenden konnte, gründete Enzo am 2. Oktober 1939 eine Ein-Mann-Firma, die er *Auto Avio Costruzioni* nannte.[6] Der Name verdeutlichte einen der beiden erklärten Zwecke des neuen Unternehmens: die Konstruktion mechanischer Teile für die Luftfahrt, denn der Luftfahrtsektor wuchs schnell, vor allem angesichts der internationalen Situation.

Bei der Gründung der neuen Firma erinnerte sich Enzo an das, was er von seinem Vater gelernt hatte, und suchte nicht nach einem Partner. Als er zehn Jahre zuvor die Scuderia Ferrari gegründet hatte, war es ihm aufgrund seiner finanziellen Situation nicht möglich gewesen, alleiniger Gesellschafter zu sein. Dank der Abfindungen, die er von Alfa Romeo erhielt (dreimal innerhalb von drei Jahren: 1937, 1938 und erneut im September 1939), war er nun jedoch in der privilegierten Lage, alles im Alleingang zu erledigen.

Am 6. November, zwei Monate nach seiner Entlassung bei Alfa Romeo, war Ferrari bereits schwer beschäftigt. Da er keine Komponenten von Alfa Romeo verwenden durfte und sich zwangsläufig beeilen musste, kaufte Ferrari zwei Chassis des Fiat 508 C, eines in den späten 1930er-Jahren in Italien sehr beliebtes Autos, die als Basis für seine beiden neuen Wagen dienen sollten. Nicht weniger ungewöhnlich als die Wahl der Chassis war die

Entscheidung von Fiat, für die *Mille Miglia* 1940 ein Preisgeld von 5.000 Lire für den bestplatzierten Fiat-Wagen oder das bestplatzierte Fiat-Chassis in jeder der Klassen auszuloben.[7]

Der Entwurf und der anschließende Bau des Motors nahmen eine beachtliche Zeitspanne in Anspruch. In der Werkstatt in der Viale Trento Trieste herrschte große Aufregung. Trotz der Nachrichten aus dem Osten, wo Polen in die Hände der Nazis gefallen war, und aus dem Westen, wo England und Frankreich auf einen möglichen deutschen Angriff im Frühjahr warteten, waren die Gedanken aller seiner Mitarbeiter auf die *Mille Miglia* 1940 gerichtet. In seinem Tagebuch hatte Ferrari ein Datum markiert: Sonntag, den 28. April, den 17. Jahrestag seiner Hochzeit, aber auch den Tag, an dem das große Rennen stattfinden würde. Die beiden Autos mussten an diesem Tag unbedingt fertig sein – und laufen.

In der Zwischenzeit hatte sich Ferrari bereits einen Namen für sein erstes Auto ausgedacht. Seine Überlegung war einfach: ein 1,5-Liter-Motor mit 8 Zylindern. Das Ergebnis: 815. Diese Art der Namensgebung war ihm nicht fremd, denn so logisch sie auch war, er muss gedacht haben, dass sein anderes Auto, das komplett in Modena gebaut wurde, nach demselben Verfahren benannt worden war: den Alfa Romeo 158 (die 15 für den Hubraum von 1,5 Litern und die 8 für die Anzahl der Zylinder), den er zuerst gebaut hatte und später vor Ricart verteidigen musste. Die Botschaft könnte nicht deutlicher sein: Der 815 war nicht nur das Auto, mit dem Ferrari seine Karriere als Hersteller begann, sondern auch und vor allem die Waffe, mit der er Alfa Romeo herausforderte.

Die drei Zahlen 8–1–5 waren nicht nur das Akronym für das Modell, sondern auch der eigentliche Name des Wagens. Da es Ferrari aufgrund der Klausel mit Alfa Romeo nicht möglich war, das Fahrzeug einen eigenen Namen zu geben, dachte er nicht im Entferntesten daran, es *Auto Avio Costruzioni* zu nennen.[8] Das Auto wurde einfach 815 genannt – eine Zahl, die auf dem Zylinderkopf zu lesen war.

Die Karosserie seines ersten Autos sollte anderswo entworfen werden. Und Enzo hatte keinen Zweifel daran, wer das Fahrgestell des 815 gestalten sollte – die *Carrozzeria Touring* in Mailand.

Obwohl Ferrari das Design der Karosserie seines Wagens anderen überlassen hatte, hatte er ganz bestimmte Vorstellungen davon. Er wusste genau, was er wollte. Beim ersten Treffen mit Felice Bianchi Anderloni, dem Besitzer und Gründer der *Carrozzeria Touring*, war er sehr deutlich: Er wollte ein Auto, das sich von den anderen abhebt, das sofort erkennbar ist und sich von allen anderen unterscheidet. Gleichzeitig wollte er, dass der für *Carrozzeria Touring* typische Stil – sportlich, auffallend, aber immer elegant und zurückhaltend – sofort erkannt wird. Kurzum: ein Sportwagen, der gleichzeitig ein Luxusauto ist.[9]

Am Valentinstag 1940 berichtete die *Gazzetta dello Sport* über das Gerücht, dass Enzo Ferrari ein Dutzend Exemplare eines eigenen Sportwagens bauen wolle. Die Zeitung kannte den Namen des Wagens nicht, gab aber – fälschlicherweise – einen Hubraum von 1.100 cm^3 und, diesmal korrekt, den Motortyp an: acht Zylinder in Reihe.[10]

Ausnahmsweise lag die undichte Stelle nicht bei Ferrari, der sich sogar beeilte, die Nachricht zu dementieren.[11] In den bei der Trennung unterzeichneten Verträgen hatte sich Ferrari verpflichtet, in den nächsten vier Jahren nicht gegen Alfa Romeo anzutreten.

Es stimmte jedoch nicht nur, dass Ferrari trotz der Vereinbarung mit der Geschäftsleitung von Alfa Romeo einen eigenen Wagen baute, sondern auch, dass er daran dachte, eine kleine Serie von zehn Wagen zu bauen, ebenfalls mit einer von der *Carrozzeria Touring* entworfenen Karosserie, die sich leicht von der bereits gebauten Sportversion unterschied.[12] Enzo beschäftigte sich damit, wie die Italiener nach dem Ende dieses – zumindest im Westen – »seltsamen« Krieges [so nannten die Franzosen den seit September 1939 herrschenden passiven Kriegszustand an der Grenze zu Deutschland], der die Nation beunruhigt und Europa lahmgelegt hatte, ihren Alltag wieder aufnehmen würden.[13]

Trotz seiner Dementis erfuhr die ganze Welt von Ferraris neuem Auto. In der Tat wurde Ferrari als positives Beispiel für seine Initiative angepriesen. Angesichts der Situation, in der das ganze Land mit Besorgnis auf einen europäischen Krieg und eine ungewisse Zukunft blickte, hieß es in der italienischen Presse: »In einer Zeit, die sicherlich nicht die beste ist, um sich mit den Unwägbarkeiten und Risiken der Konstruktion eines Sportwagenmodells zu befassen, [hatte Ferrari] den Anstoß zur Verwirklichung dessen gegeben, was schon immer sein nie verborgener Ehrgeiz gewesen ist.«[14]

Das Magazin wies auf die große Kontinuität der Zielsetzung Ferraris hin: »Seit der längst vergangenen Zeit der Scuderia und erst recht heute, wo er frei von anderen Verpflichtungen ist und als Anführer einer kleinen, aber gut ausgerüsteten und erfahrenen Gruppe von Männern betrachtet werden kann, hat die Frage der Herstellung eines Sportwagens, der junge Fahrer für den Rennsport begeistern kann, Ferrari immer interessiert und angezogen.«[15]

Und so war im Frühjahr 1940 niemand überrascht, dass »Enzo Ferrari in weniger als sechs Monaten nach der Umstrukturierung der kleinen Werkstatt in Modena seine erste Konstruktion ankündigen kann«.[16] Trotz Gobbato und Alfa Romeo.

Mitte April waren die beiden 815 fertig. Ferrari hatte längst zwei Interessenten gefunden, die sie kaufen wollten. Das Luxusmodell mit Lederausstattung hatte Marquis Lotario Rangoni Machiavelli bestellt,[17] ein Aristokrat aus Modena, den Ferrari seit Langem kannte und für den er als Direktor von Alfa Corse eine Sonderanfertigung des Alfa 2300 mit kurzem Radstand angefertigt hatte, mit dem Rangoni in der Saison 1939 einige Rennen gewinnen konnte.[18]

Der zweite Wagen mit einer deutlich sportlicheren Konfiguration war von Alberto Ascari bestellt worden, dem Sohn von Antonio, dem nie vergessenen *Maestro* und Ferraris brüderlichen Jugendfreund.[19] Alberto, der bereits mit Motorrädern Rennen fuhr, hatte beschlossen, mit dem Autorennsport zu beginnen und sich an den Freund seiner Familie gewandt.

Bis zur *Mille Miglia* waren es nur noch ein paar Wochen. Ferrari führte mit Rangonis 815 auf die Via Giardini – einer langen, von hundertjährigen Bäumen gesäumte Gerade, die in Modena begann und die Ebene bis zu den Ausläufern des Apennins wie eine Klinge durchschnitt, um dann entlang des Hügelkamms bis nach Serramazzoni zu führen, seit dem Winter immer wieder Probefahrten durch.[20] Ascari nahm seinen 815 direkt bei *Carrozzeria Touring* in der Via Ludovico di Breme in Mailand in Empfang, ließ sich vor der Basilika Certosa di Garegnano fotografieren und testete ihn anschließend auf der *Autostrada dei Laghi*.[21]

Ferrari war hocherfreut.

Am Sonntag, dem 14. April, schrieb er an Castagneto, einen der Organisatoren der *Mille Miglia*, um zu bestätigen, dass zwei 815 an der *Mille Miglia* teilnehmen würden.

Weniger als zwei Wochen vor dem Rennen agierte Ferrari mit großer Umsicht. In dem Brief an Castagneto betonte er, dass *Auto Avio Costruzioni* sich um »die Anmeldung und alle Aspekte ihrer Teilnahme« an der *Mille Miglia* kümmern würde, dass aber die Lizenzen für die Teilnehmer »auf den Namen der Fahrer« ausgestellt würden – als ob er damit sagen wollte, dass die beiden Fahrer sich für das Rennen entschieden hatten und alles, was er tat (abgesehen davon, dass er die beiden Autos gebaut hatte), nur dazu diente, ihnen in logistischer Hinsicht zu helfen. Diese Subtilität, so Ferrari, sei auf »verschiedene Gründe zurückzuführen, darunter einen, den ich Ihnen mündlich erläutern werde«.[22]

Es ist nicht schwer, die von ihm bei Alfa Romeo unterschriebene Klausel als Grund für diese Geheimhaltung zu sehen. Wäre er von der Portello-Leitung in die Enge getrieben worden, hätte Ferrari protestiert, dass die von ihm unterzeichnete Klausel nur für offizielle Aktivitäten mit professionellen Rennfahrern gelte, während es sich bei dem, was er jetzt tat, lediglich um ein inoffizielles Engagement für zwei Amateure handelte, die sich mit der Bitte um Unterstützung an ihn gewandt hatten.[23]

Aber Ferrari war auch vorsichtig, denn obwohl die bisherigen Tests mit dem 815 zufriedenstellend verlaufen waren, hatte man die Wagen noch nicht auf der eigentlichen Strecke der *Mille Miglia* getestet. Dieser Test war für Ende der Woche vorgesehen und erst dann würde sich Ferrari endgültig entscheiden.

Auf dem Brief, den er im November an Castagneto geschickt hatte, war das *Cavallino Rampante*, das Baracca gehörte und das von 1932 bis 1937 die Autos der Scuderia Ferrari geschmückt hatte, nicht zu sehen. Aber jetzt, im Frühjahr 1940, war ganz oben auf dem Briefkopf der Firma *Auto Avio Costruzioni* ein großes, schwarzes Pferd abgedruckt.

Ein paar Tage später fuhr Ferrari mit seinen beiden 815 zu den letzten Tests nach Cremona. Auf einem Poller sitzend, mit einem tief in die Stirn gezogenen Hut und einem Rollkragenhemd unter der Jacke beobachtete Ferrari schweigend die Tests seiner Autos. Rangoni Machiavelli und Ascari wechselten sich mit den Firmentestfahrern am Steuer ab. Höchstgeschwindigkeit war nicht das Thema. Was Ferrari im Laufe der Stunden zu schaffen machte, war die Tatsache, dass der Motor Schwierigkeiten hatte, hohe Drehzahlen zu halten. Auch die Traktion schien nicht den Erwartungen zu entsprechen. Und natürlich war die Zuverlässigkeit der Autos bei einem Rennen über fast 1.000 Meilen das Allerwichtigste.[24]

Der Trainingstag endete bei Sonnenuntergang. Obwohl die 815 durchaus noch ein paar Wochen Entwicklungszeit hätten gebrauchen können[25], stand für Ferrari fest: Am folgenden Sonntag würden sie beide an der 13. *Mille Miglia* teilnehmen, der 1940er-Ausgabe des populärsten aller italienischen Rennen.

Enzo Ferrari traf am Dienstag, dem 23. April, in Brescia ein.[26] Es war das erste Mal, dass er sich in seiner neuen Rolle in der Öffentlichkeit zeigte – das erste Mal seit 20 Jahren, dass er ohne einen Alfa-Romeo-Hut zu einem Rennen ging. Wenn überhaupt, waren nur wenige überrascht, ihn so schnell wieder in der Rennszene anzutreffen.

Am Freitag, dem 26. April, erschienen die beiden 815er bei der Abnahme auf der Piazza Vittoria in Brescia. Auf den langen Motorhauben waren die Startnummern aufgemalt: 65 für Rangoni Machiavelli, 66 für Ascari. Die Autos hatten eine rote Lackierung, wie es für italienische Autos üblich war. Es war jedoch ein dunkleres Rot als das von Alfa Romeo und Maserati verwendete, ein Rot, das man mit Kastanienbraun verwechseln konnte.

Das *Cavallino Rampante* auf gelbem Schild, mit dem Ascaris seinen 815 in Mailand fotografieren ließ, war, als die Wagen die

Carrozzeria Touring verlassen hatten, nicht mehr auf dem Kühler zu sehen. (Dieses Bild erschien tatsächlich in dem Sonderheft, das die Organisatoren der *Mille Miglia* für das Rennen hatten drucken lassen.[27]) Es ist unklar, ob Ferrari von Alfa Romeo vor der Verwendung des tänzelnden Pferdes, das einst das Markenzeichen der Scuderia gewesen war, gewarnt worden war oder ob Enzo von sich aus beschlossen hatte, Alfa Romeo nicht weiter zu provozieren.

Die beiden 815 gehörten zu den letzten Fahrzeugen, die die technische Abnahme durchliefen.[28] Am folgenden Tag wurden die beiden Wagen wiederholt auf den langen Geraden bei Cremona getestet. Ihre Höchstgeschwindigkeit war respektabel, die Zuverlässigkeit blieb unbekannt. Ferrari hatte sich noch nie selbst belogen und im Alter von 42 Jahren wollte er das auch nicht tun. Abgesehen vom Rennen selbst sah er in der *Mille Miglia* den ersten wirklichen Test für sein erstes Auto.[29] Er hoffte wirklich, nicht schlecht dazustehen. Deshalb riet er seinen beiden Fahrern, am nächsten Tag ein vorsichtiges Rennen zu fahren.[30]

Am Sonntag, dem 28. April 1940, ging der 815 von Rangoni Machiavelli um 6:21 Uhr an den Start des *Primo Gran Premio Brescia delle Mille Miglia*. Eine Minute später war Alberto Ascari an der Reihe.[31] Die ersten Autos waren bereits um 4 Uhr, also fast zweieinhalb Stunden zuvor, gestartet. Es war ein trüber und bewölkter Morgen und die Vorhersage schloss ein nasses Rennen nicht aus.

Ferrari wartete in Cremona auf seine Autos. Zuerst raste Rangoni Machiavelli an ihm vorbei. Ascari kam gleich danach, ein klares Zeichen dafür, dass der Sohn von Antonio der Schnellere der beiden war. Allerdings war er auch der Erste, der ausfiel. Trotz Ferraris Anweisungen waren seine beiden Fahrer vom ersten Moment an so schnell wie möglich gefahren – gegen die Zeit, gegen die Gegner, aber vor allem gegeneinander.

Zwischen Cremona und Mantua überholte Ascari in der ersten Runde den 815 seines Teamkollegen und übernahm die Führung in der 1500er-Klasse – auch *Categoria Sport Nazionale* genannt.[32] In Mantua fuhr er unter den wachsamen Augen von Nuvolari vorbei, der ausnahmsweise auf der Tribüne saß. Auch die drei Maserati-Brüder Ettore, Ernesto und Bindo saßen dort.[33] In der zweiten Runde brach plötzlich ein Teil an Ascaris Radaufhängung, sodass er und sein Partner (und Cousin) Giovanni Minozzi aufgeben mussten. Zu diesem Zeitpunkt hatten die beiden 815 auf den Plätzen eins und zwei in ihrer Klasse und auf den Plätzen 12 und 13 im Gesamtklassement gelegen.[34]

Die Führung in der 1500er-Klasse übernahm dann der zweite 815. Rangoni Machiavelli vergrößerte seinen Vorsprung Runde für Runde auf das nachfolgende Auto auf bis zu 33 Minuten. Obwohl der 815 immer noch nicht ausgereift war, schien er dem zermürbenden Marathon standzuhalten. In der dritten Runde lag er auf dem elften Gesamtrang. In Runde vier war er zehnter. Doch in der vorletzten Runde begannen technische Probleme aufzutreten. Entgegen dem Rat seines erfahrenen Rennmechanikers beschloss der Marquis, sein Rennen fortzusetzen, obwohl er nur noch den dritten Gang zur Verfügung hatte. Am Anfang der letzten Runde musste er in Manerbio letztendlich aufgeben.[35]

Das Ergebnis gefiel Ferrari nicht, denn obwohl er am Vortag hinsichtlich der Möglichkeit eines guten Abschneidens noch realistisch war, konnte er während des Rennens nicht umhin, auf einen wohlverdienten Klassensieg zu hoffen – ein Traum, der etwas mehr als 100 Kilometer vor dem Ziel zerplatzte. Rational betrachtet, sah er die »Eile, mit der dieses Auto gebaut worden war«, als Hauptgrund für den doppelten technischen Ausfall an.[36]

Ferrari konnte immerhin den Rundenrekord in seiner Klasse für sich verbuchen, der von Rangoni Machiavelli mit einer Durchschnittsgeschwindigkeit von 122 km/h und einer Höchstgeschwindigkeit von 172 km/h aufgestellt wurde.[37]

Die Presse berichtete positiv über die Ergebnisse der ersten Erprobung des 815 und über das Auto selbst: »Der 815 hat sein gutes Potenzial überzeugend unter Beweis gestellt«, hieß es in den folgenden Tagen in der *L'Auto Italiana*. »Nicht alle Komponenten dieser allerersten experimentellen Ausgabe konnten den Anstrengungen eines Rennens wie der *Mille Miglia* gerecht werden. Bei den ersten Runden mit einer Durchschnittsgeschwindigkeit von 146 km/h konnte niemand erwarten, dass er die Ziellinie erreichen würde. Aber die Tests waren überzeugend und zufriedenstellend.«[38]

»Die brandneuen Ferrari 815«, so Giovanni Canestrini in der *Gazzetta dello Sport*, »sind noch nicht ganz ausgereift, hatten aber ein gutes Debüt, auch wenn sie nicht ins Ziel kamen.«[39] Großzügig – aber vielleicht zu Recht – schrieb Canestrini, dass Ascaris Rennen zufriedenstellender und sicherlich länger hätte durchgeführt werden können, wenn er es nicht vorgezogen hätte, »eine Radaufhängung der Befriedigung zu opfern, Rangoni zu überholen«.[40] So viel zu den ausdrücklichen Bitten von Ferrari am Abend zuvor um ein vorsichtiges Rennen. Aber, so schloss Canestrini, der wusste, wovon er sprach: »[Der 815] ist sehr stabil und leicht zu handhaben. Mit den nötigen Anpassungen wird er ein brillanter Sportwagen werden.«[41]

KAPITEL 20

Krieg und Frieden

Abgesehen von den positiven Presseberichten, die ihn natürlich erfreuten, wusste Ferrari, dass der 815 mit einer geschickten Feinabstimmung und einer Weiterentwicklung, die ohne einen drohenden Termin wie der *Mille Miglia* durchgeführt wurde, die sportliche Kundschaft, die er in den vergangenen zehn Jahren geduldig gepflegt hatte, für sich gewinnen konnte. Außerdem würde, sobald Deutschland, England und Frankreich eine Art Waffenstillstand geschlossen hätten, der Krieg in Europa zu Ende sein und die Dinge könnten wieder zur Normalität zurückkehren – auch im Rennsport.

Ferrari verschwendete also keine Zeit und warb bald mit einer kleinen Broschüre für sein erstes Auto. Zielgruppe: rennsportbegeisterte Gentleman-Fahrer aus ganz Italien. Die ersten beiden Autos hatten schnell Käufer gefunden, aber sein Ziel war es, acht weitere zu bauen.

Auf dem Umschlag der Broschüre zeigte er stolz das *Cavallino Rampante* der Scuderia Ferrari, obwohl Enzo darauf geachtet hatte, im Text weder das Team noch sein Symbol zu erwähnen. Das Pferd erschien auf einem Wagen, der mehr an die Scuderia Alfa Romeo der 1930er-Jahre erinnerte als an den neuen 815. Am unteren Rand des Rechtecks hatte Ferrari den Schriftzug angebracht: *Auto Avio Costruzioni – Modena, Italia*. Der obere Teil wurde von den drei Farben der italienischen Flagge eingerahmt.[1]

Der geplante Bau der restlichen acht 815 löste sich jedoch im Morgengrauen des 10. Mai 1940 in Luft auf. An diesem Freitagmorgen überfiel Hitlers Armee Belgien, Niederlande und Luxemburg. Der »Sitzkrieg« war zu Ende – und die Schlacht um Frankreich hatte begonnen. Genau einen Monat später erklärte Mussolini Frankreich und England den Krieg und auch Italien trat in den Konflikt ein, der sich sehr bald von einem europäischen zu einem globalen entwickeln sollte.

Um über die Runden zu kommen, begann Ferrari schließlich, sich nach Möglichkeiten im anderen Tätigkeitsbereich seines Unternehmens, dem Luftfahrtsektor, umzusehen, den er bis dahin ignoriert hatte. So suchte er einen Kontakt zur *Compagnia Aeronautica* in Rom, die kleine Vierzylindermotoren für Flugzeuge baute, mit denen Piloten ausgebildet wurden.[2] Der Übergang vom Bau von Automotoren zu (kleinen) Flugzeugmotoren sollte problemlos möglich sein.

Der Ausbruch des Krieges hatte in Modena keine besondere Aufregung ausgelöst. Wie die meisten Italiener waren auch Enzos Mitbürger davon überzeugt, dass der Krieg nach kurzer Zeit gewonnen werden würde. Wie schon 25 Jahre zuvor verzeichnete die Militärakademie ein ständiges Kommen und Gehen junger Offiziere zur Ausbildung, bevor sie zu den verschiedenen Kriegseinsätzen geschickt wurden. In der Stadt ging das übrige Leben seinen gewohnten Gang, obwohl auf den meisten großen Plätzen der Stadt sofort mit dem Bau von Luftschutzbunkern begonnen wurde und die Marmorlöwen der Kathedrale von Ziegelmauern geschützt wurden.

Enzo, Laura und Dino bewohnten die Wohnung im ersten Stock des Gebäudes in der Viale Trento Trieste. Im ersten Herbst des Krieges hatte Ferrari tatsächlich einige – vor allem ästhetische – Änderungen an dem Gebäude vorgenommen, indem er die Fenster verbreiterte. Einige Monate später erweiterte er das Gebäude in Richtung der Via Emilia durch den Bau eines Foyers mitsamt Pförtnerloge. Zum ersten Mal seit seinem Einzug zehn Jahre zuvor gab es zwei getrennte Eingänge – einen für die

Arbeiter in der Nummer 11 und einen für den Ausstellungsraum und seine Wohnung in der Nummer 13.

Mit der Abfindung von Alfa Romeo kaufte Ferrari im ersten Kriegsjahr den Palazzo dei Cento Caproni, ein einfaches vierstöckiges Gebäude an der Südseite des Largo Garibaldi. Vorerst beschloss er, die Dutzenden von Wohnungen darin zu mieten, und dachte nicht daran, mit seiner Familie einzuziehen. Er hatte das Credo seines Vaters nicht vergessen, stets in der Nähe des Geschäfts zu bleiben, obwohl der Palazzo nicht mehr als 100 Meter vom Gebäude der Scuderia Ferrari mit der Werkstatt von *Auto Avio Costruzioni* und seiner Wohnung entfernt lag.

⌘ ⌘ ⌘

Der Krieg hatte auch Enzos Interesse an einer jungen Frau nicht geschwächt, die er vor einigen Jahren kennengelernt hatte und mit der er seit Langem eine Romanze eingegangen war. Der Name des Mädchens war Lina und ihre Familie – Lardi degli Aleardi – war eine der bekanntesten in Modena. Sie hatten sich kennengelernt, als Lina in der *Carrozzeria Orlandi* arbeitete, wo Enzo jahrelang die Karosserien für jene Alfa-Romeo-Fahrgestelle fertigen ließ, die er dann an seine Kunden in Modena verkaufte. Tatsächlich war sie ihm schon lange vorher als 14-Jährige aufgefallen. Es war im Sommer 1924, als sie südlich von Modena am Rande einer Straße spazieren ging und ein Auto aus der Gegenrichtung kam. Der Wagen war langsamer geworden und der Fahrer hatte sie gegrüßt. Für das Mädchen war klar, dass der Fahrer die Geschwindigkeit seines Wagens reduziert hatte, um ihr Gesicht zu sehen. Für ihn war sie eine Fremde, aber sie hatte ihn sofort als Enzo Ferrari identifiziert; schließlich war er in Modena ein berühmter Sportler.

Fünf Jahre später – sie war 19 – trafen sie sich wieder. Eines Morgens trat sie aus dem Tor der *Carrozzeria Orlandi,* als er gerade hereinfuhr. Er brach das Eis schnell mit einem für die damalige Zeit recht gewagten Satz: »Wie sind Sie in so kurzer Zeit so schön geworden?« Er fragte dies mit dem Selbstvertrauen eines Mannes, der sein Handwerk verstand.[3] Ohne ihr Zeit für eine Reaktion zu geben, bot er ihr an, sie zum Postamt zu fahren, wohin sie unterwegs war.

Der Altersunterschied und die Tatsache, dass jeder in Modena von Ferraris hemmungsloser Lebensführung wusste, hätten die Sache beenden können. Aber die junge Frau verliebte sich in den berühmten Fahrer und er hatte der Versuchung schon lange nicht mehr widerstehen können. Ihre Geschichte hatte begonnen. Man schrieb das Jahr 1929.

Die Anfangszeit war hart gewesen. Laura wusste von nichts, aber es dauerte nicht lange, bis Linas Eltern es herausfanden. Die Familie war natürlich gegen Enzo. Sie versuchten, die junge Frau davon zu überzeugen, dass die Geschichte keine Zukunft haben würde. Es war sinnlos. Lina war verliebt und hatte akzeptiert, dass sie in Enzos Schatten leben würde. Was vielleicht noch mehr über Ferraris Persönlichkeit aussagte, war die Tatsache, dass es Enzo schon bald gelang, Linas Eltern auf seine Seite zu ziehen, und diese die Liebe ihrer Tochter zu ihm zu akzeptieren begannen.

Ein paar Jahre später wurde Lina bei der Scuderia Ferrari als Sekretärin eingestellt. Und sie war es, die Enzo oft dreimal pro Woche nach Mailand begleitete, wenn er zum Hauptsitz von Alfa Romeo in Portello musste. An den Sonntagen, an denen die Autos der Scuderia Rennen fuhren und Laura mit dem kleinen Dino zu Hause blieb, war es Lina, die Enzo zu den Rennstrecken begleitete, immer im Hintergrund, aber stets an seiner Seite. Die vielen lärmenden Mitarbeiter – Fahrer, Ingenieure, Mechaniker, Journalisten – waren immer so auffällig, dass sie zwar einerseits unentbehrlich geworden war, andererseits aber hinter all diesen Menschen fast unsichtbar war.

Jetzt, 1940, war die Zeit der Geschäftsreisen nach Mailand längst vorbei und der Kriegsausbruch hatte allen Formen des Rennsports ein Ende gesetzt. Aber die Beziehung zwischen den beiden war stärker – und notwendigerweise heimlicher – als je zuvor.

Auto Avio Costruzioni hatte etwa 40 Angestellte, eine Zahl, die mit Kriegsbeginn zwar nicht gestiegen, aber auch nicht gesunken war.

Am 17. Juli 1941 wurde die Firma *Auto Avio Costruzioni* in Modena als »kriegswichtig« eingestuft. Mit diesem Status wurden alle Mitarbeiter des Unternehmens zu mobilisierten Zivilisten, die wie alle Soldaten dem Militärrecht unterlagen. Einfach ausgedrückt: Jeder, der ohne schriftliche Genehmigung der Arbeit fernblieb oder ohne triftigen Grund nicht aus dem Urlaub zurückkehrte, wurde als Deserteur betrachtet.[4]

Das zweite Kriegsjahr verging und Ferrari suchte fieberhaft nach neuen Geschäftsmöglichkeiten. Die Arbeit für die *Compagnia Aeronautica* in Rom war nicht weniger geworden; in den Werkstätten in der Viale Trento Trieste hatte man Schichtarbeit eingeführt,[5] aber der Gewinn war bescheiden. Und natürlich sprach niemand mehr von Autos.

1942 kam der Wendepunkt.

Enrico Nardi, der vertrauenswürdige Tester, der an der Entwicklung des 815 beteiligt war, machte Ferrari mit einem Turiner Geschäftsmann namens Corrado Gatti bekannt, der mit Werkzeugmaschinen für die Herstellung von Kugellagern handelte. Bei diesem Treffen schlug Gatti vor, dass Ferrari für ihn in der Werkstatt der *Auto Avio Costruzioni* in Modena Werkzeugmaschinen für hydraulische Schleifmaschinen herstellen sollte. Alles, was er zu tun hatte, war, deutsche Maschinen nachzubauen, so wie Gatti es in Turin tat.[6] Nach zwei Jahren Krieg und mit der Aussicht auf mindestens ebenso viele weitere Kriegsjahre war es eine Frage des Überlebens. Ferrari nahm an – und hat es nie bereut. In den Räumen, in denen einige Jahre zuvor der Alfa Romeo Bimotore für Geschwindigkeitsweltrekorde vorbereitet wurde, begannen dieselben Leute mit dem Bau von Werkzeugmaschinen.

Aber Ferrari war immer Ferrari und die Tatsache, dass er gezwungen war, banale Gegenstände zu produzieren, verletzte wahrscheinlich den Stolz eines Mannes, der mit und für den Rennsport geboren wurde. Also brachte er an jeder dieser Maschinen ein Schild mit dem tänzelnden Pferd von Baracca und der Aufschrift *Scuderia Ferrari – Modena* an. Und da es sich nicht um Autos handelte, konnte Alfa Romeo nicht widersprechen.

Seltene Besuche von alten Freunden gaben Ferrari ein wenig Seelenfrieden und vielleicht auch Hoffnung; so wie im dritten

Kriegsjahr, als er Besuch von Trossi bekam, der in seiner Offiziersuniform sehr elegant erschien. Sie genossen eine heitere Auszeit, die einen ganzen Tag dauerte, in der die kleine Gruppe von Freunden die Gedanken an den Krieg verdrängte und durch Gespräche über die aufregenden, ruhmreichen Tage des Rennsports ersetzte – in der Hoffnung, dass sie früher oder später zurückkehren würden.

Daran hat Ferrari nie gezweifelt. Während des Krieges vertraute er einem Freund an: »Wenn ich etwas retten kann und sie mir nicht alles wegnehmen, wird die Zeit kommen, da bin ich mir sicher, in der ich mich nur noch dem Bau von Rennwagen widmen werde, einer Tätigkeit, die es mir erlauben wird, meine Autos jeden Sonntag gleichzeitig in zwei oder drei verschiedenen Teilen der Welt fahren zu sehen.«[7]

Angesichts der drohenden Bombardierung durch die Alliierten und der Verabschiedung des Gesetzes zur Dezentralisierung der Industrie, das den Erwerb von Grundstücken auf dem Lande erleichtern sollte, begann Ferrari 1942 darüber nachzudenken, sein Unternehmen – oder zumindest die Produktion – aus Modena auszulagern. Deshalb begann er, sich nach geeigneten Arealen umzusehen, und fand bald keine 20 Kilometer entfernt eine geeignete Stelle in einer kleinen Stadt, die für ihn eine besondere Bedeutung hatte. Es war Carpi, der Geburtsstadt seines Vaters.

In Carpi hatte Ferrari ein Auge auf einige verlassene Lagerhäuser geworfen. Nach einigen Restaurierungsarbeiten hätte er die Produktion der hydraulischen Schleifmaschinen dorthin verlagern könnte, während er in der Viale Trento Trieste die Angestellten zurücklassen würde, die die immer noch sporadisch eintreffenden alten Kunden der Scuderia betreuen konnten. Doch die örtlichen Behörden lehnten sein Angebot ab.[8]

Ferrari suchte weiter, diesmal südlich der Stadt. In ähnlicher Entfernung fand er in Formigine, einem kleinen Dorf an der Straße zum Apenninpass von Abetone, eine Fläche, die ihm geeignet erschien. Doch wieder stieß er auf den Widerstand der örtlichen Behörden; dieses Mal verhinderte der Bürgermeister den Kauf.[9]

Der dritte Versuch war erfolgreich. Das Gebiet, das er sich diesmal aussuchte, lag in der Stadt gleich hinter Formigine, in Richtung Apennin. Der Ort hieß Maranello, eine kleine Gemeinde, wo die Poebene auf die ersten Hügel traf. Maranello würde perfekt sein. Ferrari besaß bereits ein gutes Stück Land im nahe gelegenen Fiorano, das er mit der Abfindung von Alfa Romeo gekauft hatte.

Der Bürgermeister von Maranello erwies sich als weitsichtiger und ermöglichte den Kauf des »Fondo Cavani«, eines Grundstücks der Familie Colombini, das an Ferraris Grundstück angrenzte. Ferrari zog im September 1943 dorthin um.[10]

Als Ferrari seinen Betrieb nach Maranello verlegte, war *Auto Avio Costruzioni* ein gesundes Unternehmen mit 160 Mitarbeitern, die fast alle an hydraulischen Schleifmaschinen nach deutschem Patent arbeiteten. Der neue Standort lag von Modena kommend direkt am Stadtrand von Maranello. Die neue Fabrik befand sich auf einem viel größeren Grundstück, als es das in der Viale Trento Trieste jemals war, obwohl Ferrari im Laufe der Jahre mehrere Erweiterungen an seinem Stadtgrundstück vorgenommen hatte. Auf der linken Seite der Hauptstraße errichtete Ferrari ein langes, schmales Gebäude – wie in Modena mit gelben Wänden und roten Dachziegeln. Es bildete eine Art Dreieck mit zwei Seiten, die vollständig von Büros, Werkstätten und einem Lager belegt waren, und einer dritten Seite, die an der Straße nach Abetone lag und Zugang zu einem großen Innenhof mit einem viel kleineren Bauwerk bot.

Seinen Wohnsitz verlegte Ferrari nicht nach Maranello. Als die Benzinrationierung ihn zwang, das Auto zu Hause stehen zu lassen, konnte er die Strecke problemlos mit dem Fahrrad zurücklegen.

Wie alle kriegswichtigen Betriebe wurde auch das Werk in Maranello unmittelbar nach dem Waffenstillstand zwischen Italien und den Alliierten am 8. September 1943 von der deutschen Armee besetzt. Der für die Inventur zuständige Offizier war von der Qualität der von *Auto Avio Costruzioni* hergestellten Werkzeugmaschinen beeindruckt. »Herr Ferrari«, sagte er eines Tages mit einer gewissen Ironie, »ich weiß, dass Sie gute Schleifmaschinen herstellen, und aus diesem Grund wird alles, was Sie produzieren, von jetzt an beschlagnahmt.«[11]

Sehr wahrscheinlich haben die Schleifmaschinen Deutschland nie erreicht. Der Widerstandsbewegung gelang es, die Züge zu stoppen, auf die die Maschinen verladen worden waren – in Formigine, da die Eisenbahn damals noch nicht bis Maranello fuhr –, und sie zu verstecken. Ladungen, die es bis Modena schafften, erreichten nie den Brennerpass und Deutschland.[12]

Die Verlagerung in die Ausläufer des Apennin verschonte das Werk jedoch nicht, sodass es zweimal bombardiert wurde: zuerst am 4. November 1944 und dann erneut im Februar 1945.[13] In beiden Fällen gab es keine Opfer, aber beträchtliche Schäden an den Gebäuden.

Der Waffenstillstand vom 8. September 1943 zwischen der neuen Regierung Badoglio und den Alliierten hatte in Italien alles verändert – auch in der Emilia. Der Feind war nun auch im eigenen Land. Neben den Nazis, die sich verraten fühlten, gab es die mussolinitreuen Faschisten, die sich auf die Seite des neuen Staates, der sogenannten Republik von Salò, gestellt hatten (die Stadt am Gardasee war Sitz des Marionettenregimes). In Modena übernahmen die »Republikaner« die Kontrolle über den Palazzo Ducale und errichteten von dort aus eine grausame Schreckensherrschaft.

Aber es gab auch einen unsichtbaren Feind, der verzweifelt und verärgert war, und der in der Emilia – einem Land, das so leidenschaftlich war wie nur wenige andere in Italien – wütender war als anderswo: die *Partigiani* (Partisanen) des Widerstands, die in ihrem Überlebenskampf oft keinen Unterschied machten zwischen denjenigen, die das faschistische Regime oder, schlimmer noch, die Republik von Salò unterstützt hatten, und denjenigen, die sich ganz einfach pragmatisch mit der Situation abfanden und versucht hatten, sie zu bewältigen.

Ferrari war nie ein Faschist gewesen, sondern immer ein Realist. Er war erst an dem Tag Mitglied geworden, an dem er ein Pass brauchte, um ins Ausland reisen zu können, und er hatte keine besonderen Vergünstigungen vom Regime erhalten. Seine Freunde – einige von ihnen waren mehr oder weniger wichtige

Mitglieder der faschistischen Partei, wenn auch meist auf lokaler Ebene – waren nicht für den Erfolg verantwortlich, den er in den 1930er-Jahren hatte, und genauso wenig für den Lebensunterhalt, den sein Unternehmen der Familie Ferrari und dreihundert anderen Familien bieten konnte, von denen viele während der Kriegsjahre seine Angestellten in Maranello geworden waren. Hätte er nämlich Verbindungen oder Paten innerhalb der Partei gehabt oder eine andere Denk- und Handlungsweise als seinen persönlichen sturen Individualismus, wäre die Geschichte mit Alfa Romeo vielleicht ganz anders ausgegangen.

Als der Faschismus herrschte und die Italiener an den von Mussolini propagierten »Platz an der Sonne« glaubten, hatte Ferrari seinen eigenen Kampf geführt, der nie politisch, sondern eher privat war, gegen das, was er als grundlose Verfolgung ansah. So half er beispielsweise seinem Freund Enzo Levi, dem jüdischen Anwalt, der ihm vorgeschlagen hatte, der Scuderia seinen Namen anstelle des lateinischen Namens von Modena zu geben. Nachdem er herausgefunden hatte, dass die Faschisten am Bahnhof von Bologna auf Levi warteten, um ihn zu verprügeln (und wer weiß, was noch alles), hatte Ferrari sein Auto in der Nähe der Gleise geparkt, Levi hereingebeten und war nach Modena gerast, ohne von den faschistischen Häschern eingeholt zu werden, die mit seinem professionellen Fahrstil nicht mithalten konnten.[14]

Wie so viele andere Unternehmer wusste auch Ferrari, dass er ein politisches Umfeld, das in Italien lange Zeit die Gunst der Bevölkerung genossen hatte, nicht ändern konnte. Man sollte nicht vergessen, dass der Faschismus, wie Ferrari Jahre später klar analysierte, am 25. Juli 1943 »verurteilt« wurde, und zwar vom Faschismus selbst (als sich die Regierung gegen Mussolini und die Deutschen wandte und Verhandlungen mit den Alliierten aufnahm) – und nicht von anderen.[15] Er hatte den Status quo akzeptiert und sich der Arbeit zugewandt. Aber er hatte sich weder vor noch nach dem 8. September eine Sache zu eigen gemacht.

Als nach dem Waffenstillstand seine Fabrik von der deutschen Armee besetzt war, erlaubte er einigen seiner Arbeiter, die dem Widerstand angehörten, nachts in einer der Lagerhallen von

Maranello zu arbeiten, wo sie Krähenfüße herstellten, mit denen die *Partigiani* Lkw-Kolonnen der Nazis aufhielten.[16] Ferrari war sich dessen bewusst und ließ sie gewähren, wohl wissend, dass die Nazis im Falle der Entdeckung nicht nur diese Männer hinrichten, sondern auch ihn selbst in Gefahr bringen würden. Er wusste auch, dass einige seiner Arbeiter nachts in einem der abgelegeneren Räume des Gebäudes in der Viale Trento Trieste in Modena, in dem auch seine Familie wohnte, Gewehre der *Partigiani* reparierten.[17] In einer der Erdgeschosswohnungen des Largo Garibaldi, die er in Modena besaß, hatte er die Mutter von Sandro Cabassi, einem von den Republikanern ermordeten Partisanen, untergebracht. Er wusste, dass sich in dieser Wohnung regelmäßig Antifaschisten und Mitglieder der geheimen Kommunistischen Partei Italiens trafen.[18] In der Fabrik in Maranello bot er in einem Lagerraum Asyl für Luigi Ranuzzi, einem *Partigiano*, der besser unter seinem Kampfnamen »Caminito« bekannt war. Die Nazis hatten ihn verwundet und er musste verarztet und monatelang versteckt werden.

Vor seiner Verwundung hatte Ferrari Caminito oft erlaubt, einen der Lastwagen von *Auto Avio Costruzioni* zu benutzen, um seine Kameraden, die sich in die Berge geflüchtet hatten, mobil zu halten. Nur dank des Passierscheins, den die deutsche Armee Ferrari ausgestellt hatte und mit dem seine Lastwagen auch nach der Ausgangssperre fahren durften, wurde Ranuzzi – und schließlich auch Ferrari selbst – eines Nachts das Leben gerettet. Dank des Passierscheins wurde der Lastwagen nicht durchsucht und Caminito setzte seinen Weg fort und brachte Waffen und Munition zu den in den Wäldern oberhalb von Montefiorino versteckten Partigiani.[19]

Neben der *Resistenza* hatte Ferrari auch einigen Juden und Jüdinnen geholfen, und zwar noch konkreter, als er seinem Freund Levi vor dem Krieg geholfen hatte. Er versteckte eine polnische Frau und ihre drei Kinder in einer Scheune in der Ebene zwischen der Stadt und den Hügeln und kümmerte sich persönlich um die vier Flüchtlinge. Er persönlich ernährte und kleidete sie in aller Stille bis zum Ende des Krieges[20] und riskierte dabei sein eigenes Leben.

Als wäre das nicht schon genug, vergrub er auch noch eine Kiste mit dem Geld der Kommunistischen Partei unter einem Baum auf seinem Grundstück in Fiorano, nicht weit von der Fabrik in Maranello entfernt; außerdem hatte er in seiner Wohnung in Modena das Archiv derselben verbotenen Partei versteckt. Schließlich gehörte Ferrari zu den aktiven Unterstützern der *Partigiani* und spendete der Resistenza eine halbe Million Lire in 1.000-Lire-Scheinen.

Dennoch landete er auf der Geächtetenliste des Widerstands [21] – so schien es zumindest. Es gab mehrere Versionen der Geschichte und es gab keine Möglichkeit, dies mit Sicherheit festzustellen.

Im Frühjahr 1945 war der Krieg endlich zu Ende und die *Gruppi d'Azione Patriottica* (GAP) der Partisanen übernahmen die Kontrolle über die Situation. Die GAP-Brigade nutzte das institutionelle Chaos und tötete Edoardo Weber, den Vergaserproduzenten und Freund von Enzo, der zu Unrecht als Kollaborateur betrachtet wurde. Einige Leute behaupteten 40 Jahre später, der nächste Name auf der Liste sei der von Ferrari gewesen. Der Mann, der Ferrari gerettet haben soll, war für das Sammeln von Geld für den Widerstand zuständig: Giuseppe Zanarini, bekannt als »Altavilla«. Die Anführer der GAP gingen zu Zanarini, um die endgültige Entscheidung zu treffen, ob Ferrari getötet oder verschont werden sollte.

Die Erinnerung von Zanarini – über die sich die offiziellen Quellen des Widerstands nicht einig sind – schien mindestens ungenau zu sein. Als der *Partigiano* ihn kurz vor seinem Besuch bei Enzo fragte, ob Ferrari überleben dürfe, sagte Zanarini, dass der Mann aus dichtem Nebel aufgetaucht sei. Dann beschrieb er den Schockzustand, in dem er Ferrari einige Minuten später vorfand. Laut Zanarini war Enzo von der Nachricht von Webers Tod am Boden zerstört und sicher, dass er der Nächste sein würde. Weber wurde am 17. Mai getötet und Zanarinis Besuch fand einige Tage später statt. Allerdings ist es schwer vorstellbar, dass Mitte Mai in Modena ein so dichter Nebel herrschte, dass sich eine Person darin verstecken könnte.

Ist die Erinnerung von Zanarini fehlerhaft? Hatte er Personen und Sachverhalte verwechselt? Oder hat er vielleicht seine eigene

Rolle überbewertet? In den darauffolgenden Jahren sagten andere Mitglieder des Widerstands, dass angesichts des Erfolgs und des Ruhmes von Ferrari – und in dem Wissen, dass der Tod von Ferrari eine schwere Last gewesen wäre, die über ihren Köpfen gehangen hätte – keine Entscheidung auf Führungsebene getroffen wurde, Ferrari zu eliminieren. Es ist möglich, dass aufgelöste Widerstandskämpfergruppen Ferrari töten wollten und dass es sich in diesem Fall um eine autonome Entscheidung gehandelt hätte, die nie vom Oberkommando überprüft worden wurde.

Für noch größere Verwirrung sorgte die Antwort von Ferrari an Zanarini, der ihm ein Exemplar des Buches schickte, in dem er den Vorfall rekonstruiert hatte. Ferrari schrieb kryptisch: »Einige dieser Dinge wusste ich bereits. Andere, die ich erfuhr, haben mich überrascht.«[22]

Am Ende wurde Ferrari nicht getötet. Tatsächlich hatten Mitglieder der Kommunistischen Partei Italiens nie gezögert zu erklären, dass er im Befreiungskrieg »als Antifaschist und Demokrat seine Rolle gespielt« habe.[23]

Als der Krieg am 2. Mai 1945 endlich beendet war, feierte Ferrari den Frieden mit einer Prämie von 1.500 Lire für jeden seiner Angestellten – und war damit der einzige Unternehmer in Modena, der dies tat.[24]

KAPITEL 21

Der »Ferrari«

Im Mai 1945 war Enzo Ferrari aber nicht nur vom Schicksal verfolgt, sondern auch zum zweiten Mal Vater geworden. Dino hatte nun einen Bruder – von dem er allerdings mehrere Jahre lang nichts wissen sollte. Die Mutter seines zweiten Sohnes war nämlich nicht seine Frau Laura, sondern Lina Lardi degli Aleardi, die Frau, mit der er seit 1929 zusammen war.

Als Lina im vergangenen Herbst von ihrer Schwangerschaft erfahren hatte, war sie sich nicht ganz sicher gewesen, wie Enzo reagieren würde. Das Paar passte sicherlich gut zusammen, ihre Liebe war echt. Aber abgesehen davon, dass er eine Ehefrau und einen weiteren Sohn hatte, befanden sie sich noch mitten in einem Weltkrieg, dessen Ende nicht abzusehen war. Enzo reagierte jedoch mit Freude, er zog Lina an sich und umarmte sie. Eine ohnehin schon schwierige Situation war gerade noch komplizierter geworden, aber darüber würde er ein anderes Mal nachdenken. Ferrari hatte gelernt, die Dinge der Reihe nach anzugehen. Und jetzt war die Zeit des Glücks gekommen. Das Erste, was Enzo zu Lina sagte, war: »Wie werden wir ihn nennen, wenn es ein Junge ist?«[1] Lina schlug Piero vor, den Namen ihres Bruders, der zwei Jahre zuvor gestorben war – also wurde Piero am 22. Mai 1945 im kleinen Ort Settecani, in der Nähe von

Castelvetro, geboren. Der Krieg war erst vor drei Wochen zu Ende gegangen. Dino war 13 Jahre alt. Und wenn Altavillas Geschichte stimmte, war Enzo nicht einmal eine Woche zuvor mit dem Leben davongekommen.

Ferrari wählte keinen Verwandten als Paten für das Kind aus, sondern einen langjährigen Mitarbeiter aus den Tagen der Scuderia. Sein Name war Mario Barozzi – bei Ferrari und den Partisanen der Residenzia besser bekannt unter seinem Kampfnamen »Sereno«.[2]

Einige Tage nach dem Ende der Feindseligkeiten entstaubte Enzo die alten Zeichnungen und machte sich auf die Suche nach den Technikern, mit denen er vor und während des Krieges zusammengearbeitet hatte, um herauszufinden, ob sie noch am Leben waren. Er hatte Glück: Gioacchino Colombo, der brillante Ingenieur, der in der zweiten Hälfte der 1930er-Jahre eine wichtige Rolle in Enzos Leben gespielt hatte, war unter den Überlebenden. Im August lud ihn Ferrari nach Maranello ein und warb ihn für seine Sache an. Da Colombo noch bei Alfa Romeo angestellt war, zog er nicht in die Emilia, machte sich aber zu Hause in Mailand sofort an die Arbeit.

Ferrari hatte ihm gegenüber eine klare Aussage gemacht. Sein erstes Auto – natürlich ein Rennwagen – sollte einen Zwölfzylindermotor haben. Das war der Motor, der ihn schon immer fasziniert hatte. Er hatte ihn zum ersten Mal in Autos gesehen, die von US-Offizieren während des Ersten Weltkriegs gefahren wurden, und es war der Motor, der unter der Haube von Antonio Ascaris amerikanischem Auto steckte, das er 1919 gekauft hatte. Auch 20 Jahre nach seinem Tod betrachtete Ferrari Ascari noch als seinen *Maestro* und sein Vorbild.[3]

Colombo hatte die Aufgabe, Ferraris Vision in die Realität umzusetzen, und machte sich sofort an die Arbeit. Am 15. August 1945 – *Ferragosto*, ein weltlicher und religiöser Feiertag in Italien, an dem der Sommer und das katholische Fest Mariä Himmelfahrt gefeiert werden – begann er mit den ersten Zeichnungen. Noch vor Ende des Monats waren die ersten Details dessen, was der erste Motor in der Geschichte des neuen Autoherstellers aus Maranello werden sollte, fertig.[4]

Im September setzte Colombo seine Arbeit fort – und im Oktober zeigte er Ferrari die vierfarbigen Ansichten des neuen Autos.[5] Die Zeichnungen trugen den Buchstaben C, für Colombo. Alfa Romeo und Ferrari hatten das Kriegsbeil begraben und den alten Groll vergessen. Tatsächlich blickte das Mailänder Unternehmen nun großherzig auf den Beginn von Enzo Ferraris neuem Abenteuer und erklärte sich bereit, einen jungen Mann namens Luciano Fochi nach Modena zu schicken, um Colombo zu helfen.

Im Sommer 1946 arbeitete das Werk in Maranello wie eine gut geölte Maschine. Die nach der teilweisen Zerstörung durch die beiden Bombenangriffe in den letzten Kriegsmonaten wieder aufgebauten Werkstätten und Büros machten einen modernen und gut ausgestatteten Eindruck. Die Techniker arbeiteten an ihren Zeichenbrettern und durch große Fenster fiel Tageslicht ein. Viele der dreihundert Arbeiter, von denen manche schon vor dem Krieg bei Ferrari waren, werkelten bereits am neuen Zwölfzylinder, um den engen Zeitplan einzuhalten, den Enzo Monate zuvor festgelegt hatte; diejenigen, die noch an den hydraulischen Schleifmaschinen arbeiteten, würden ebenfalls bald zu den Autos versetzt werden.

Weil Ferrari so stolz auf sein Werk und so überzeugt von der Entwicklung seines ersten Autos war, lud er im Juli seinen alten Freund Giovanni Canestrini von der *Gazzetta dello Sport* zu einem Besuch ein. Der Journalist war beeindruckt von dem, was er sah.

Vor der Werksbesichtigung erklärte Ferrari, dass er nicht nur ein »außergewöhnliches« Auto bauen wolle, »das unsere Technik und unsere Arbeit ehrt, [sondern auch] ein Auto, das für einen großen Kundenkreis erreichbar und damit erschwinglich ist«.[6] Ferrari ging von einer doppelten Verwendung der Wagen aus: Zum einen sollten offiziell die Rennfahrer der Scuderia Ferrari damit Rennen fahren, zum anderen wollte er sie privat an Gentlemen- und Profirennfahrer verkaufen.

Der Krieg hatte Ferrari nichts von seinem alten Spirit genommen. Im Alter von 48 Jahren war er bereit für neue Herausforderungen. An diesem Abend verließ Canestrini das Werk in der Überzeugung, dass »Ferrari nicht nur den Kampf um den

Titel eines Herstellers gewinnen, sondern auch ein Industrieller werden will«.[7]

Das Programm, das Ferrari vorschwebte, war zwar gewaltig, aber sein wahres Ziel war, jeden Tag ein Auto fertigzustellen – genau die Menge, die Alfa Romeo zu jener Zeit produziert hatte, als er ein Vierteljahrhundert zuvor zum ersten Mal dort gewesen war.[8] Ein Auto pro Arbeitstag – ein Tempo, das 1946 in Italien gewagt erscheinen mochte, ergab weniger als dreihundert Autos pro Jahr – ziemlich wenig, aber immerhin schon eine (kleine) Serienproduktion.

Als es an der Zeit war, eine Identität für dieses erste Auto zu finden, zögerte Ferrari nicht. Der erste Ferrari sollte den Namen 125 tragen. Die Zahl gibt den Hubraum jedes Zylinders an (125 cm^3 x 12 = 1.500).

Wahrscheinlich hatte Ferrari schon seit einiger Zeit über diese Art der Namensgebung nachgedacht, denn sie gefiel ihm so gut, dass er damit eine Art Tradition begründete, die er in Zukunft oft anwenden würde. Er dachte auch an die Möglichkeit, dem (Zahlen-)Akronym einen oder mehrere Buchstaben des Alphabets hinzuzufügen. Im Falle des 125 dachte Ferrari an ein S für Sport, ein C für *Corsa* (Rennen) und GP für Grand Prix.

Anfang Dezember verhandelte Enzo einen Vertrag mit dem Mann aus, der der erste Rennfahrer des neuen Ferrari werden sollte: Franco Cortese. Die beiden kannten sich schon lange und der 1903 geborene Cortese war bereits 1930 für die Scuderia Ferrari gestartet. Cortese war weder ein außergewöhnlich schneller Fahrer, noch wurde er von Ferrari besonders geliebt, aber er war zuverlässig und hatte große Erfahrung – Eigenschaften, die Ferrari in dieser Phase sehr schätzte. Enzo sah in ihm »Talent, Stil und technisches Können«. Mit anderen Worten: Er war »der richtige Mann für das Debüt eines neuen Autos, das noch nie ein Rennen gefahren war«.[9]

Cortese freute sich zwar über seine Ernennung zum offiziellen Ferrari-Fahrer, würde aber sein Einkommen aus dem Verkauf seiner Werkzeugmaschinen verlieren, zu dem ihn Ferrari im Jahr zuvor beauftragt hatte. Er hatte noch versucht, den Konstrukteur davon zu überzeugen, die Herstellung von Werkzeugmaschinen fortzusetzen, für die in einem Land, das sich im Wiederaufbau befand, eine große Nachfrage bestand.[10] Aber Ferrari blieb unnachgiebig: Seine Bestimmung war es, Rennwagen zu bauen und keine Werkzeugmaschinen – trotz der Einnahmen, die sie einbrachten.[11]

Ende des Jahres war Ferrari in der Lage, der Welt den Bau des ersten Automobils zu verkünden, dem er endlich seinen Namen geben konnte. An die Presse schickte er eine Reihe von Abbildungen des Motors, einige Details des Fahrgestells und die Schnittzeichnung eines Autos, um die Technik des Wagens zu verdeutlichen. Er fügte auch ein Blatt mit den technischen Daten eines dreisitzigen Coupés mit einem zentral sitzenden Lenkrad bei (das letztendlich nicht gebaut wurde): 4.500 mm lang sowie 1.500 mm hoch und breit. Das Gewicht wurde mit 800 kg angegeben.

In den Wintermonaten des Jahres 1947 herrschte in der kleinen Fabrik am Fuße des Apennin hektische Betriebsamkeit. Ferraris Männer vervollständigten das Puzzle, jeder arbeitete an seinen Komponenten. Ferrari hatte sich keinen konkreten Termin gesetzt[12], wollte das Werk aber unbedingt bald fertigstellen. Die Rennsaison 1947 würde im Frühjahr beginnen und im Gegensatz zur vorherigen, der ersten nach dem Krieg, würde sie voller Veranstaltungen sein, die er nicht verpassen wollte.

In der Zwischenzeit ernannte er Federico Giberti, der ihm seit Dezember 1934 zur Seite stand, zum Teamchef.[13]

Dann kam der große Tag.

Am Mittwoch, dem 12. März 1947, wurde gegen 16 Uhr der erste Ferrari 125 aus der Werkstatt in den zentralen Innenhof neben dem Eingang des Werks in Maranello geschoben. Der Wagen hatte noch keine Karosserie. Techniker und Mechaniker überprüften ein letztes Mal hektisch jedes Bauteil. Darunter war auch Giuseppe Busso, der Mann, der das eineinhalb Jahre zuvor von Colombo und Bazzi begonnene Projekt zu Ende gebracht hatte und nach Mailand zurückgekehrt war, als Alfa Romeo nach dem Krieg endlich wieder den Betrieb aufgenommen hatte. Unter den Anwesenden befand sich zudem Nando Righetti, der Testfahrer, der von diesem Moment an die Perfektionierung des Wagens auf der Straße vor seinem Renndebüt übernehmen sollte.

Im Anzug samt Krawatte, mit Haaren, die jetzt mehr weiß als grau waren, beobachtete Enzo Ferrari schweigend, wie seine Männer jedes Detail wieder und wieder überprüften. Dann, auf ein vereinbartes Signal hin, begab sich Ferrari zum Fahrzeug und setzte sich an dessen Lenkrad. Als er ihn startete, schien der Motor zunächst zu husten. Dann begann der Zwölfzylinder mit den dünnwandigen Zylinderbuchsen, Vertrauen zu fassen, und steigerte sich allmählich auf eine Intensität, die nach Aussage der Anwesenden »in dieser Gegend noch nie zu hören war«.[14]

Nachdem der Motor einige Minuten warm gelaufen war, legte Ferrari den ersten Gang ein, fuhr ein paar Meter und hielt vor dem Werkstor an. Dann drückte er erneut auf das Gaspedal, bog nach rechts ab und passierte das Werkstor. Auf dem von Bäumen gesäumten Asphaltstreifen Richtung Modena schaltete er die Gänge nach und nach durch und erhöhte allmählich die Geschwindigkeit.

Als er in im etwa vier Kilometer entfernten Nachbarort Formigine ankam, hielt er an. Er wendete den Wagen und fuhr mit demselben Vertrauen zurück nach Maranello. Er erreichte den Eingang seiner Fabrik, bog links ab und hielt nicht weit von der Stelle an, die er nur wenige Minuten zuvor verlassen hatte. Seine Männer hatten auf ihn gewartet und waren gespannt auf das Ergebnis dieses historischen ersten Tests.

Die Probefahrt war recht zufriedenstellend verlaufen. Der Weg, der vor ihm lag, würde lang sein, aber was er erlebt hatte, gefiel Ferrari sehr. Hinsichtlich der Karosserie hatte Ferrari an einen offenen Wagen gedacht, den er bei einem lokalen *Carrozziere* namens Giuseppe Peiretti in Auftrag gegeben hatte. Obwohl er nicht bei Ferrari beschäftigt war, arbeitete Peiretti auf dem Werksgelände an der Karosserie. Das zweite Chassis sollte eine leicht veränderte Karosserie haben, die eher einem Monoposto ähnelte und mit kleinen, abnehmbaren Kotflügeln versehen war, die Busso persönlich entworfen hatte.[15]

Während seine Männer noch an den Autos arbeiteten, entschied Ferrari, erstmals beim Rennen im nicht weit entfernten Piacenza anzutreten. Und natürlich galt es, keine Zeit zu verlieren, denn der Termin war für Sonntag, den 11. Mai, angesetzt.

Um den Wagen rechtzeitig fertigzustellen, verbrachten die beiden verlässlichen Ferrari-Mechaniker Meazza und Marchetti schlaflose Nächte in der Werkstatt [16] – wie in alten Zeiten.

Zwischen dem Kühlergrill und der Motorhaube des 125 platzierte Ferrari ein rechteckiges Emailleschild. »Als Markenzeichen«, so erinnerte er sich Jahre später, »benutzte ich weiterhin das tänzelnde Pferd, das die Autos der alten Scuderia Ferrari geziert hatte.«[17] Wie in den 1930er-Jahren blieb das Pferd schwarz und der Hintergrund gelb – die Farbe von Modena. Was sich geändert hatte, war die Form. Der Schild als Symbol der Scuderia Ferrari wurde nun durch ein rechteckiges Logo ergänzt. Es wurde auf der Nase des Wagens angebracht, an derselben Stelle, an der sich in den 1930er-Jahren das kreisförmige Emblem von Alfa Romeo befunden hatte; es wurde auch zum Logo des neuen Unternehmens, das er bereits 1929 ohne zu zögern »Ferrari« nannte. Wie auf dem Schild, das das Symbol der Rennsportaktivitäten von Ferrari blieb, setzte er oben am Rechteck die drei Farben der italienischen Flagge an: von oben nach unten Grün, Weiß und Rot.

Im unteren Teil des Schildes, links und rechts vom Pferd, hatten sich lange die beiden Buchstaben S und F (für Scuderia Ferrari) befunden; jetzt stand unter dem Pferd in schwarzer Schrift das Wort »Ferrari«. Typografisch wurde es so dargestellt, dass der verlängerte obere Arm des F über den übrigen Buchstaben verläuft, wie er es bereits einige Jahre zuvor im Katalog für hydraulische Schleifmaschinen getan hatte. Als Inspiration für die Typografie hatte das lange P von Pirelli gedient,[18] einem Unternehmen, zu dem er seit jeher ausgezeichnete Beziehungen unterhielt.

Ermutigt durch die Sportpresse, die schon immer großen Respekt vor Enzo Ferrari hatte, warteten die italienischen Rennsportfans mit großem Interesse auf das Debüt des ersten Ferrari-Autos.

Ferrari entschied sich erst in der Woche vor dem Rennen, nicht nur einen, sondern zwei Wagen einzusetzen. Den 125 S, der von Gioachino Colombo wegen der integrierten Kotflügel den Spitznamen *Ala Spessa* (dicker Flügel) erhalten hatte, würde er Cortese anvertrauen, während Giuseppe Farina – der nicht mehr das junge Wunderkind der 1930er-Jahre war, aber genauso zuverlässig wie Cortese (und viel schneller) – den 125 S Competizione mit seiner zigarrenförmigen Karosserie und den freigestellten Kotflügeln fahren sollte.

Der Mann und das Auto, die es zu schlagen galt, waren Luigi Villoresi und sein 1500er Maserati, der Schnellste in der Qualifikation. Mit dem weniger starken 125 S (90 PS) fuhr Cortese die zweitschnellste Zeit, während Farina mit seiner 125 S Competizione ein Problem nach dem anderen hatte. Enzo war sich der überragenden Bedeutung des Motors stets bewusst und hatte die Leistung des 125 S Competizione erhöht, aber die zusätzlichen 30 PS sorgten für eine schlechtere Beherrschbarkeit des Autos und Farina hatte bereits im Qualifying mit zwei Zwischenfällen zu kämpfen. Farina war sehr verärgert, ging zu Ferrari und verlangte für das Rennen Corteses Auto. Ferrari weigerte sich und Farina sagte, er würde am nächsten Tag nicht antreten. Die Diskussion dauerte bis zum Sonntagmorgen, aber keiner der beiden gab nach.[19]

So startete nur Franco Cortese in Ferraris erstem Rennen. Nachdem er im Qualifying die zweitschnellste Zeit erzielt hatte, startete er aus der ersten Reihe. Als der Starter die Flagge senkte, stieß der Auspuff seines – natürlich wie alle italienischen Autos rot lackierten – Ferrari 125 eine lange und wenig verheißungsvolle Rauchfahne aus.

Cortese hielt sich an die Anweisung von Ferrari, das Tempo nicht zu forcieren, denn langfristig gesehen war es unabhängig vom Rennergebnis wichtig, den 125er in einer echten Rennumgebung zu testen. In der Anfangsphase hielt Cortese die Leistung seines Autos in Schach. Doch als die ersten Schmierprobleme gelöst waren, nahm er eine »meisterhafte Verfolgung« der beiden in Führung liegenden 1500er Maseratis von Angiolini und Guido Barbieri auf.[20] Sein Vormarsch ab Rennmitte war beeindruckend und er verringerte den Rückstand auf den Führenden um drei bis fünf Sekunden pro Runde.[21] Die Leistung des Ferrari-Motors und das Handling des 125 S waren so beeindruckend, dass Cortese bald beide Maseratis in einer Kurve überholte und die Führung übernahm.[22]

Doch vier Runden vor Schluss stoppte plötzlich ein technischer Defekt Corteses Fahrt und ließ Ferraris Traum platzen. »Ohne diesen kleinen Defekt an der Pumpe«, schrieb Giovanni Canestrini am nächsten Tag, »hätte Cortese mit klarer Überlegenheit gewonnen.«[23] Ferrari war sehr pragmatisch: »Ein Misserfolg also, aber vielversprechend.«[24]

Trotz des verpassten Sieges war das Debüt des Ferrari 125 S zufriedenstellend verlaufen. Wäre Farina im zweiten Wagen gefahren, so schrieben die Reporter in den folgenden Tagen, »hätte Ferrari wahrscheinlich ein siegreiches Debüt feiern können, anstatt sich mit einem zufriedenstellenden, aber unglücklichen Versuch begnügen zu müssen.«[25]

Doch die Kommentare zum ersten Wagen des Konstrukteurs Enzo Ferrari waren durchweg positiv. Der Reporter der *Gazzetta* schrieb: »Was zählt, ist die Tatsache, dass dieses neue Produkt sehr stabil und leicht zu handhaben ist und über wunderbare Bremsen verfügt.«[26]

Zwei Wochen trennten Ferraris Debütrennen von der nächsten Prüfung, des für Sonntag, den 25. Mai 1947, angesetzten *IX. Gran Premio Roma* (9. Großer Preis von Rom) auf dem *Circuito delle Terme di Caracalla* nahe der Hauptstadt.

Ferrari schickte denselben Wagen und denselben Fahrer nach Rom, der am zweiten Sonntag im Mai in Piacenza gefahren war. Da Villoresi nicht am Rennen teilnahm, entschied sich das Stadtduell zwischen dem von Barbieri gefahrenen Maserati und Ferrari bald zugunsten von Cortese. Nachdem der Fiat von Fernando Righetti durch einen langen Boxenstopp aufgehalten wurde, konzentrierte sich das Interesse auf das bedeutende Ereignis: Den ersten historischen Erfolg eines Autos mit dem Namen »Ferrari« – in Anführungszeichen geschrieben, denn Leser und Fans waren an einen Namen gewöhnt, der bis dahin der eines erstklassigen Rennfahrers, des Besitzers eines siegreichen Rennstalls, des Managers von Alfa Corse ..., aber nicht eines Automobilherstellers war.

Für die Ferrari-Boxencrew verlief das Rennen von Cortese, »ein inspiriertes und intelligentes Rennen«,[27] nicht so glatt, wie es von der Tribüne aus aussah: Der 125 S wurde bis zur 20. der 40 Runden des Rennens von Vergaserproblemen und in der letzten Runde von einem alarmierenden Klemmen des Lenkrads geplagt.[28] Aber auf der Ziellinie hatte der 125 von Cortese mehr als 20 Sekunden Vorsprung vor Barbieris Maserati und das war letztlich das Einzige, was zählte. Bei seinem zweiten Rennen hatte ein Ferrari gewonnen. Enzo, der in Modena geblieben war, erfuhr von dem Sieg aus dem Radio und beglückwünschte Cortese später telefonisch.[29]

Am 1. Juni gewann Cortese mit dem 125 S in Vercelli bei einem Rennen ohne wirkliche Konkurrenz, das aber von Ferrari als weiterer umfassender Test im Entwicklungsprozess des Autos betrachtet wurde. Mitte Juni setzte Ferrari den 125 S Competizione auf dem *Circuito di Vigevano* ein. Es war das Auto, das in Rom gewonnen hatte, mit zusätzlichen Kotflügeln und Beleuchtung. Cortese gewann souverän und sein Erfolg wurde als gutes Omen für das nächste Rennen im Kalender gesehen: die *Mille Miglia*, die erstmals seit Kriegsende wieder ausgetragen wurde.

Ferrari reiste zum Start des Rennens nach Brescia.

Mit der Nummer 219 auf der roten Karosserie verließ der 125 S von Cortese, der zuversichtlich war, obwohl er wusste, dass er im Rennen auf Schwierigkeiten stoßen würde[30], früh morgens um 2:19 Uhr die Startrampe. Nach einer sehr schnellen Anfangsphase lag er in Padua sieben Minuten vor Villoresi, der drei Minuten nach ihm ins Rennen gegangen war. Doch in Fano wurde er durch einen Defekt an der Zylinderkopfdichtung zur Aufgabe gezwungen.

Zurück in Maranello zerlegten die Techniker den 125 S, während Ferrari den 125 S Competizione nach Varese schickte, wo Cortese erneut gewann. Die eigentliche Neuigkeit zu diesem Zeitpunkt war jedoch die Wiederherstellung des Gespanns Ferrari – Nuvolari. Der historische Tag war Sonntag, der 6. Juli; der Anlass das nach Luigi Arcangeli, dem unvergessenen »Leone di Romagna«, den sowohl Ferrari als auch Nuvolari gut gekannt hatten, benannte Rennen auf dem *Circuito di Forlì*.

Wie in alten Zeiten gewann Nuvolari souverän. Am Ende des Rennens wartete Ferrari in der Box mit einer Flasche Mineralwasser auf ihn, wie er es in den goldenen Jahren der Scuderia so oft getan hatte.

Nuvolari siegte auch in der folgenden Woche in Parma, wo Ferrari zum ersten Mal zwei Autos eingesetzt hatte: den 125 S Competizione für Nuvolari und den 125 Integral S für Cortese. Zwei Autos am Start, zwei Autos auf den ersten beiden Plätzen in der Endwertung. Es war der erste Doppelsieg in der noch jungen Geschichte von Ferrari als Konstrukteur. Nuvolari gewann, obwohl sein Motor zu Beginn des Rennens erst einmal ausgegangen war. Er konnte ihn neu starten und als er endlich losfuhr, lag er auf Platz 15. Aber weil er Nuvolari war, überholte er schließlich alle 14 Fahrer vor ihm.

Mitte August stellte Ferrari in Pescara sein zweites Modell vor. Es handelte sich um den 159 S, die natürliche Weiterentwicklung des 125, dessen Hubraum auf 1.900 cm^3 vergrößert worden war, um eine maximale Leistung von 125 PS zu erreichen. Am Steuer saß Franco Cortese, der sofort die Führung übernahm, aber früh Probleme bekam – wieder einmal aufgrund unausgereifter Technik. Nach drei Runden musste er an die Box, um den Ölkühler zu reparieren. Er verlor zwanzig Minuten und kam trotz eines spannenden zweiten Teils des Rennens nicht über den zweiten Platz hinaus.

Nach Pescara ging es nach Livorno. Für Ferrari war der Sommer 1947 eine endlose Reise in die Vergangenheit. In den 1920er-Jahren war er auf diesen Rennstrecken gefahren und in den 1930er-Jahren hatte er seine Scuderia Alfa Romeo eingesetzt. In Livorno, bei einem Rennen, das jetzt nicht *Coppa Ciano*, sondern nach dem Namen der Strecke *Coppa Montenero* hieß, ließ er erneut seinen Freund Nuvolari antreten.

Es wollte ursprünglich zwei Autos starten lassen, eines mit Nuvolari, eines mit Cortese. Doch bei den Tests vor dem Rennen verunglückte Luigi Bazzi mit dem Auto, das Nuvolari fahren sollte. Bazzi brach sich ein Bein und einige Rippen, der Wagen erlitt schwere Schäden. Ferrari überließ Tazio das andere Auto und Cortese musste zurückstehen.[31]

Am Sonntag schied Nuvolari nach nur drei Runden wegen eines technischen Defekts aus. Die Presse verband das kurze und erfolglose Rennen des *Mantovano volante* mit dem katastrophalen Unfall von Bazzi am Vortag und schrieb: »Es sieht so aus, als ob das Glück Ferrari in letzter Zeit verlassen hat – aber er ist an viel härtere Komplikationen gewöhnt und wird sicherlich dorthin kommen, wo er hingehört.«[32]

Auch wenn das Glück Ferrari verlassen zu haben schien – obwohl er immer behauptete, er glaube nicht an Glück, weder im Guten noch im Schlechten[33] –, so hatte ihn doch nichts auf das vorbereitet, was noch geschehen sollte.

Das Rennen auf dem *Circuito di Modena* fand am letzten Sonntag im September statt. Für Enzo war es sowohl das Heimrennen als auch der Schauplatz eines städteübergreifenden Kampfes mit Maserati, dem anderen Hersteller aus Modena. Er bereitete sich mit besonderer Sorgfalt auf das Rennen vor und beschloss, zwei 159 einzusetzen, die er Cortese und erneut Nuvolari anvertraute. Nuvolari erkrankte vor dem Rennen und Ferrari ersetzte ihn durch Righetti. Bei einer Testfahrt vor dem Rennen in den Hügeln südlich von Maranello kam Righetti von der Strecke ab. Er wurde aus dem Cockpit geschleudert, kam aber wie durch ein Wunder ohne Kratzer davon.[34] Righetti wurde gerettet, aber das Auto stürzte in eine Schlucht.

Zu Beginn des Rennens setzten sich die Maseratis von Villoresi und Ascari an die Spitze. Cortese folgte ihnen und übernahm nach einem kurzen Zweikampf, der die Begeisterung der Zuschauer entfachte, die Führung. In Runde 16 kam er an die Box, um eine Zündkerze wechseln zu lassen. Kurz darauf musste er wegen Zündungsproblemen erneut anhalten. Als er wieder auf die Strecke einfuhr, behinderte er den mit hohem Tempo vorbeifahrenden Delage von Giovanni Bracco. Bei seinen Bemühungen, dem Ferrari auszuweichen, verlor Bracco die Kontrolle über sein Auto. Und als er merkte, dass er direkt in die Zuschauermenge zu fahren drohte, versuchte er seinen Wagen gegen einen Baum zu lenken.

Die Folgen waren tragisch: 17 verletzte und fünf getötete Zuschauer, darunter ein 9-jähriger Junge.

Nach der 24. Runde wurde das Rennen abgebrochen. Der Sieg ging an Ascari und Maserati.[35] Am Abend wurde Cortese von der Polizei verhört, danach durfte er gehen.[36]

Nach der Befragung beider Fahrer – Bracco war verletzt ins Krankenhaus eingeliefert worden, nachdem er sein Auto absichtlich gegen einen Baum gelenkt hatte, um Zuschauern auszuweichen – kam man zu dem Schluss, dass es keine Beweise für die Schuld einer der beiden Fahrer gab. Die Behörden erklärten: »Es war ein tödlicher Umstand, der eher auf übermäßige Kraft [als] auf den Willen der beteiligten Männer zurückzuführen ist.«[37]

In Modena wurde ein Trauertag ausgerufen. 40.000 Menschen nahmen an der Trauerfeier teil und füllten die Kathedrale, den Platz davor und die angrenzende Piazza Grande, bevor sie sich in einer langen Prozession durch die Straßen des Stadtzentrums bewegten. Enzo Ferrari war unter ihnen.

Zufälligerweise wurde am selben Tag, nämlich am Mittwoch, dem 1. Oktober 1947, Ferraris Plan, den offiziellen Namen seines Unternehmens zu ändern, wirksam. *Auto Avio Costruzioni* hörte auf zu existieren.

An diesem ersten Oktobertag wurde offiziell eine neue Firma namens Ferrari gegründet – um genau zu sein: *Auto Costruzioni Ferrari.*[38] Erschüttert vom Blutbad in Modena überlegte Ferrari lange, ob er am nächsten Rennen, dem *Gran Premio di Torino* auf der *Circuito del Valentino*, teilnehmen sollte.

Nach der *Mille Miglia* war es das wichtigste Rennen Italiens in dieser Saison. Doch die Kontroversen nach dem tragischen Unfall in Modena hatten ihn persönlich verletzt und Ferrari war unentschlossen. Er entschied sich erst zur Teilnahme, als er erkannte, dass sein Zögern nach den unglücklichen Problemen der ersten Rennen als Zeichen einer schwierigen technischen Situation gedeutet worden war; für sein Team wäre es eine Art vorzeitiges Ende der Rennsaison, deren einziges Ziel es war, die Entwicklung des Autos für die nächste Saison fortzusetzen.[39]

Raymond Sommer, der durch die anhaltende Unentschlossenheit von Ferrari erst im letzten Moment mit dem 159 S im strömenden Regen in Turin eintraf, fuhr in der Qualifikation nur die siebtschnellste Zeit. Im Hinblick auf das Rennen war Ferrari jedoch zuversichtlich: Das Auto hatte ein gutes Potenzial, er hatte einen erstklassigen Fahrer am Steuer und der 2.0 Maserati war ein neues Modell, das möglicherweise technische Problem erleiden könnte.

Am Tag des Rennens, Sonntag, dem 12. Oktober, elf Jahre nach Nuvolaris Sieg beim *Vanderbilt Cup*, war das Wetter wunderschön. Der Start erfolgte um 11:10 Uhr. Die einzigen Angriffe auf die Führung von Sommer kamen von Ascari und Villoresi, und das auch nur in der Anfangsphase des Rennens. Die beiden Maserati-Piloten, die mit neuen, noch nicht ausgereiften Autos zu kämpfen haben, entschieden sich klugerweise, ihren Angriff auf Sommers Ferrari einzustellen und die technischen Stärken ihrer Autos für die zweite Hälfte des Rennens zu schonen.

Als Ascari in der 18. Runde mit Getriebeproblemen ausfiel, hatte Sommer bereits neun Sekunden Vorsprung auf Villoresi. Zehn Runden später, als Villoresi ebenfalls stehen blieb, hatte der Franzose bereits die schnellste Rennrunde hingelegt. Mit dem Ausfall des zweiten Maserati wurde das Rennen des Ferrari-Piloten fast zur Formsache. In Runde 40 war sein Vorsprung auf den Verfolger auf eine Minute und zwölf Sekunden angewachsen.

Der zweite Teil des Rennens wurde für die zahlreichen Zuschauer, die sich auf den eleganten Boulevards von Turin drängten, fast langweilig. Nach 105 Runden und 504 km, die nach Aussage der Rennleitung als »außerordentlich sicher« eingestuft wurden[40] und ohne ernsthafte Konkurrenten, sah Sommer die Zielflagge. Als er aus dem Auto stieg, wurde er von Giuseppe Busso, dem Konstrukteur des 159 S, umarmt. Ferrari freute sich in aller Stille. Luigi Bazzi, der wie gewohnt bei diesem auffälligen Ferrari-Sieg eine wichtige Rolle gespielt hatte, war natürlich auch dabei.

Als die Feierlichkeiten beendet waren, es keine Komplimente mehr gab, das letzte Interview abgeschlossen und die Notizbücher verstaut waren, gab es eine letzte Sache, die Enzo Ferrari abseits von neugierigen Blicken tun wollte, bevor er das nie geliebte Turin verließ. Es gab einen bestimmten Ort, an den er gehen wollte, nicht weit von der Ziellinie eines Rennens entfernt, das ihm so viel bedeutet hatte und das einen Meilenstein in seinem Berufsleben darstellte.

In der Nähe stand im Valentino-Park eine Bank, die wie alle anderen aus Holz und Schmiedeeisen gefertigt war. Seit fast 30 Jahren war diese Bank für ihn ein Ausgangspunkt und, wie er jetzt wusste, ein Ziel. Auf dieser Bank hatte er an jenem Tag im November 1918 Trost gefunden, als Fiat ihm eine Arbeit verweigert hatte. Heute, am Tag des ersten prestigeträchtigen Sieges eines Autos, das seinen Namen trug, war Enzo Ferrari gekommen, um eine Schuld zu begleichen.

Er verließ seine Männer und begab sich in den Park. Allein – diesmal hatte er die Einsamkeit mit ihrer unterschwelligen Melancholie, die er so sehr mochte und in der er sich selbst wiedererkannte, gesucht und begrüßt – suchte er nach jener bestimmten Bank, die drei Jahrzehnte lang seine Albträume ausgefüllt hatte. Er fand die Bank, setzte sich auf sie und weinte, wie er es im Herbst 1918 aus Verzweiflung getan hatte. »Die Tränen dieses Tages [im Oktober 1947] hatten natürlich einen ganz anderen Geschmack.«[41]

Es war eine dieser melodramatischen Gesten, die er fast bis zum Exzess liebte und der er nicht widerstehen konnte – und die er wahrscheinlich lange im Voraus geplant hatte. Tränen waren inbegriffen, denn nur die vollständige Wiederholung dessen, was er 29 Jahre zuvor getan und erlitten hatte, konnte ihn befreien. Für Enzo Ferrari endete mit dieser eher unbeholfenen Zeremonie der erste Abschnitt seiner Existenz.

KAPITEL 22

Verfolgungsjagd

1947 hatte Enzo Ferrari drei Autos gebaut. Hiermit hatte er an 14 Rennen teilgenommen und sieben Klassen- oder Gesamtsiege nach Hause geholt. Trotz beträchtlicher wirtschaftlicher Investitionen – die sich größtenteils aus den Einnahmen der Scuderia in den 1930er-Jahren, den verschiedenen Liquidationen von Alfa Romeo und wichtigen Krediten von drei der größten Banken Modenas[1] ergaben – stammten die Einnahmen ausschließlich aus den Renn- und Preisgeldern, die gerecht mit den Fahrern geteilt worden waren.

Um zu florieren (Ferrari hatte nie ein Interesse am bloßen Überleben gehabt), musste die Firma mit dem Bau von Autos beginnen, die an die vielen aus dem Zweiten Weltkrieg zurückgekehrten Gentleman-Fahrer verkauft werden konnten. So beschloss er einerseits, die direkte Teilnahme des Unternehmens an Rennen innerhalb und außerhalb der italienischen Grenzen zu verstärken, und andererseits entwickelte er eine klare Strategie für Fahrzeugverkäufe an die wohlhabendsten Amateure.

»Nach einer langen, durch das Weltgeschehen erzwungenen Pause«, schrieb Enzo im Leitartikel des ersten Rundbriefs, den er in Anlehnung an das, was er in den 1930er-Jahren getan hatte, in jenem Frühjahr veröffentlichte, »kehrt die Scuderia Ferrari zum Rennsport zurück. Es ist eine grundlegende und vollständige Rückkehr. [Wir sind] nicht mehr nur eine sportliche Organisation für die Austragung von Rennen in der ganzen Welt oder ein Ausrüster von Autos und Menschen, sondern in erster Linie ein Hersteller von Rennwagen.«[2]

Das erste Ziel in Ferraris Agenda für das Jahr 1948 war die *Mille Miglia*, die am ersten Maiwochenende stattfinden sollte. Von der Presse als Favorit für den Gesamtsieg angesehen,[3] setzte Ferrari sechs Autos ein – die gesamte bisherige Produktion des Unternehmens. Und er reservierte einen 166 Inter Sport für Tazio Nuvolari, mit dem er sich kurz vor dem Start geeinigt hatte, um Alfa Romeo zu schlagen.

Aus Angst vor Ferraris neuen Autos und verärgert über eine eindeutige Anspielung von Enzos einige Tage zuvor erfolgte Ansage, der 158 sei in seiner Werkstatt in Modena und nicht im Mailänder Alfa-Hauptquartier gebaut worden, hatte Alfa Romeo ebenfalls beschlossen, Nuvolari ein Auto anzubieten, der, wie die *Gazzetta dello Sport* schrieb, »verzweifelt nach einem Auto sucht, um an diesem Rennen teilzunehmen, das ihm so sehr am Herzen liegt«.[4] Aber Ferrari war schneller. Nachdem er von Alfa Romeos Absichten erfahren hatte, war er sofort nach Brescia gefahren, weil er wusste, dass Nuvolari bei der Rennabnahme zu Gast war. Sie trafen sich und schlossen schnell einen Vertrag ab.[5]

Nuvolari hatte sein letztes Rennen sieben Monate zuvor bestritten und aufgrund von Herz- und Lungenproblemen hatten ihm die Ärzte verboten, noch einmal an einem Rennen teilzunehmen. Aber er wollte noch ein letztes Mal bei der *Mille Miglia* starten und hatte beschlossen, dies am Steuer eines Ferrari zu tun.

Nuvolari bedankte sich für Ferraris Vertrauen mit einem außergewöhnlichen Rennen.

Als er Rom erreichte, lag er in Führung; diese konnte er bis zur Tankstelle an der Villa Ospizio kurz vor die Reggio Emilia halten, wo Ferrari auf ihn wartete. Weil ein Federbolzen gebrochen war, forderte Ferrari Tazio zum Aufgeben auf, der diese Entscheidung nach anfänglichem Widerstand auch akzeptierte. Die Zeiten hatte sich geändert: Der stärkere Mann in dieser Kombination aus Ferrari und Nuvolari war jetzt Enzo.

In Bologna, wenige Kilometer vor der Tankstelle, hatten Nuvolari und Scapinelli – sein von Ferrari [6] persönlich ausgewählter Bordmechaniker – noch 29 Minuten vor dem nächsten Verfolger Biondetti (ebenfalls im Ferrari) gelegen. Als er gegen 16 Uhr aufgab, bat Nuvolari das Hospizpersonal, aus der nahegelegenen Kirche einen Priester zu holen. Er war erschöpft und bat, sich hinlegen zu dürfen.[7]

Später am Nachmittag ging Ferrari zu Tazio, um nach ihm zu sehen. Als er im Pfarrhaus der Villa Ospizio ankam, fand er seinen Freund schlafend auf einer Pritsche vor. Als Tazio erwachte, sah Ferrari einen Mann, der körperlich erschöpft und enttäuscht war, weil er auf einen Triumph verzichten musste, von dem er wusste, dass er der letzte einer bemerkenswerten Karriere hätte sein können. Enzo versuchte, ihn mit Worten zu trösten, von denen er wusste, dass sie nicht der Wahrheit entsprachen, die er aber den Umständen entsprechend für angemessen hielt. Er sagte ihm, er solle guten Mutes sein, und versprach ihm, dass er im nächsten Jahr gewinnen könne.

Nuvolari sah ihm in die Augen und sagte aufrichtig: »Lieber Ferrari, in unserem Alter sind Tage wie diese selten. Vergessen Sie das nicht und versuchen Sie, sie zu genießen, wenn Sie können.«[8] Auch wenn der fliegende Mantuaner es nicht ahnen konnte, der 50-jährigen Enzo Ferrari hatte das Beste noch vor sich.

Nuvolari hatte die *Mille Miglia* nicht gewonnen – Ferrari aber schon. Das Rennen wurde von Clemente Biondetti und dem Ferrari-Cheftester Giuseppe Navone an seiner Seite in einem 166 Berlinetta mit einer von Allemano entworfenen Karosserie gewonnen. Es war Enzo Ferraris erster großer Sieg als Hersteller. In einem Anfall von Großzügigkeit schrieb Ferrari als Belohnung für den Sieg einen 100.000-Liter-Scheck für Navone aus.[9]

Am 30. Mai gewann Biondetti, diesmal ohne Navone, in Stockholm – für Enzo Ferraris neues Unternehmen der erste Sieg außerhalb Italiens.

Zwei Wochen später fand in Mantua der letzte Akt der langen Partnerschaft zwischen Enzo Ferrari und Tazio Nuvolari statt, einer der längsten und erfolgreichsten in der Geschichte des Motorsports. Ferrari stellte Tazio ein Auto zur Verfügung, um an dem Rennen teilzunehmen, das nach seinen zwei Söhnen benannt war, die beide im Alter von 18 Jahren an derselben Krankheit gestorben waren: Giorgio 1937 und Alberto 1946. Nuvolari führte das Rennen in den ersten vier Runden unter dem Jubel und der Aufregung seiner Mitbürger an, doch sein schlechter Gesundheitszustand zwang ihn zur Aufgabe. Er sollte nie wieder hinter dem Steuer eines Ferrari-Rennwagens sitzen.

Trotz der drastischen Aufstockung der Belegschaft, die eine Steigerung der Produktion von 140 Einheiten im Jahr 1947 auf 255 im Jahr 1948[10] ermöglichte, verlief die Entwicklung des Formel-1-Wagens recht schleppend. Als der Monoposto schließlich fertiggestellt war, wurde er beim ersten Rennen von Raymond Sommer gefahren, auf den sich Ferrari aufgrund seiner guten Manieren, seines Urteilsvermögens und seines internationalen Ruhms stets verlassen konnte.

Das Debüt des neuen Wagens fand 5. September beim Großen Preis von Italien auf dem *Circuito del Valentino* in Turin statt. Ferrari sagte, dass der an diesem Tag gefahrene Wagen – abgeleitet vom 1500 Sport, dem Modell, das bei nicht zu den Grands Prix gehörenden Rennen eingesetzt wurde – »den Weg verkörpert, den wir eingeschlagen haben: ein Auto, das von unseren Kunden auf fast allen Rennstrecken problemlos eingesetzt werden kann«.[11]

An diesem ersten Sonntag im September 1948 setzte Ferrari drei F1-Wagen ein. Sommer kämpfte und holte am Ende einen wertvollen dritten Platz, der Ferrari in einer Zeit, in der seine vielen Anstrengungen ihn emotional zu erschöpfen schienen, einen Schub an Optimismus gab.

»Das Debüt des F1-Modells von Ferrari ist zweifelsohne ein außergewöhnlicher Beweis für die Effizienz und die Vorbereitung von Enzo Ferrari und seinen Mitarbeitern«, schrieb Giovanni Canestrini und fuhr fort: »Daraus muss man schließen, dass Ferrari also auf dem richtigen Weg ist.« Damit hatte er unbewusst die Frage, die sich Ferrari vor dem Rennen gestellt hatte, beantwortet. Canestrinis Vorhersage lautete: »Am Horizont zeichnet sich eine Bedrohung durch Ferrari ab, die die Ingenieure von Alfa Romeo unbedingt in Betracht ziehen sollten.«[12]

Das Rennen in Turin war ein Wendepunkt.

In der darauffolgenden Woche holte Luigi Chinetti mit dem Ferrari 166 seinen ersten Sieg beim 12-Stunden-Rennen von Paris. Am 24. Oktober siegte Nino Farina auf dem *Circuito del Garda* mit einem 125 C. Aber vor allem stellte Chinetti mit seinem 166, wieder in Frankreich, auf der Rennstrecke von Montlhéry, vor Saisonende drei internationale Geschwindigkeitsrekorde auf: über eine Stunde sowie über 100 und 200 Meilen fuhr er schneller als 200 km/h – trotz Regen und Wind.[13] Für ein Unternehmen, das erst ein Jahr zuvor gegründet worden war, waren das beträchtliche Leistungen.

»Die erwarteten Ergebnisse sind eingetreten«, erklärte Ferrari. Das Verdienst gebührt in erster Linie meinen Männern, die auf *uns* [eine archaische Art, sich wie in Königshäusern selbst im Plural zu bezeichnen, aber hier mit nur einer möglichen Bedeutung: Enzo Ferrari] gesetzt und zu jeder Zeit großes Vertrauen entgegengebracht haben. Ohne Hilfe, aber mit der ruhigen Gewissheit einer guten Sache, haben wir mit handwerklichem und provinziellem Eigensinn gearbeitet.«[14]

In der Zwischenzeit (Mitte September) hatte Enzo erstmals als Hersteller an einer Automobilmesse teilgenommen.[15] Das auf dem Turiner Salon vorgestellte Auto sollte Geschichte schreiben. Es war der 166 MM, bei dem das Doppel-M für *Mille Miglia* stand, wo im Frühjahr ein Sieg errungen worden war. Doch die Presse fand sofort einen anderen Namen, der die Form widerspiegelte und im Laufe der Zeit für diese Art von offenem Auto stehen sollte: *Barchetta* (›kleines Boot‹ auf Italienisch).

Für Enzo Ferrari war der 166 MM Barchetta eine Absichtserklärung, ein Sportwagen mit einer sinnlichen Form, der ebenso schnell und kraftvoll wie schön und elegant war. Er war die Grundlage, auf der er von diesem Moment an jedes Straßenmodell aufbauen würde: Autos, die in der Lage waren, Rennen auf Rennstrecken und Straßen in der ganzen Welt zu gewinnen, und gleichzeitig die Protagonisten der prestigeträchtigsten *Concours d'Elegance* an allen Orten der Erde sein würden.

Luigi Chinetti ging gestärkt durch die Erfolge während der Rennsaison Ende 1948 nach Maranello, um Ferrari von einer Teilnahme an dem 24-Stunden-Rennen von Le Mans zu überzeugen. Chinetti hatte das klassische französische Rennen bereits zweimal gewonnen, 1932 und 1934, beide Male mit einem Alfa Romeo. Er kannte Ferrari seit dieser Zeit und bat Enzo nun um zwei Autos und acht Mechaniker für den prestigeträchtigen Wettbewerb, der nach zehnjähriger Unterbrechung im Juni 1949 stattfinden sollte.[16] Ein Auto würde er persönlich fahren, das andere sein Freund René Dreyfus, mit dem er bei Kriegsausbruch nach New York geflohen war.

Trotz Chinettis Beharrlichkeit und Analyse sowie seiner spontanen, aber wertvollen Allianz mit zwei so geschätzten Ingenieuren wie Colombo und Lampredi gelang es ihm nicht, Ferrari zu überzeugen, der zu diesem Zeitpunkt noch nicht ganz sicher war, ob er an solchen Veranstaltungen teilnehmen sollte. Die Lektion aus dem Scheitern der *Carrozzeria Emilia* hatte er nicht vergessen. Sich zu früh in ein neues Abenteuer zu stürzen, war ein Fehler, den Enzo nicht wiederholen wollte. Wahrscheinlich würde er an dem 24-Stunden-Rennen von Le Mans teilnehmen, aber zu gegebener Zeit, wenn er das Gefühl hatte, das Rennen würdigen zu können und sich nicht zu blamieren. Wenn er wirklich in Le Mans antreten wolle, sagte Ferrari zu Chinetti, könne er jederzeit zwei Autos von ihm kaufen. Das tat Luigi dann auch prompt.

Weil Enzo Ferrari nicht auf die Wiederaufnahme des Rennsports in Europa warten wollte, sondern beschloss, ein Auto nach Südamerika zu schicken, um an der lateinamerikanischen Rennsaison teilzunehmen, die die Argentinier und Brasilianer *Temporada* nannten, begann das Jahr 1949 sehr früh für ihn.

Wie im Vorjahr begann für Ferrari die europäische Saison im Frühjahr mit dem *Giro di Sicilia*. Und wie im Jahr zuvor siegte Biondetti mit einem 166. Er triumphierte auch bei der *Mille Miglia* mit einer unglaublichen Durchschnittsgeschwindigkeit von 131 km/h und brach damit seinen eigenen Streckenrekord aus dem Jahr 1948. Die Presse, die sich auf die Erfolgsserie bezog, mit der Ferrari die Saison eröffnet hatte, und auch Enzos technisches Alter Ego lobte, schrieb: »Ferrari und Bazzi verdienen all diese Genugtuung für die Brillanz und die Methode ihrer Arbeit.«[17]

Die Qualität seiner Autos erlaubte es Ferrari, nach den Rennen die zu Zeiten der Scuderia so vertraute Routine wiederherzustellen. Der Montag nach einem Rennen war ein Ruhetag, der dazu diente, die Ergebnisse vom Sonntag zu verarbeiten und die Batterien wieder aufzuladen. Es war auch der Tag, an dem die Autos, mit denen am Sonntag gefahren wurde, ins Werk zurückkehrten. Am Dienstag trafen die Fahrer, die am Wochenende gefahren waren, in Maranello ein, wo sie ihren Anteil an den Renn- und Preisgeldern erhielten – die immer gerecht mit dem Chef geteilt wurden – und außerdem der Tag, an dem Ferrari je nach Bedeutung des Sieges entweder ein Mittagessen oder ein Abendessen ausrichtete.

Der 166 MM war nicht nur besonders schön, sondern auch schnell und zuverlässig. Und in den kundigen Händen von Luigi Chinetti – dem anderen Spezialisten für Langstreckenrennen – holte er Ende Juni den Sieg bei dem 24-Stunden-Rennen von Le Mans.

Dreyfus und seinem Co-Piloten Jean Lucas im zweiten 166 MM mussten nach einem Unfall wegen Problemen mit der Lenkung aufgeben. Aber Chinetti und der britische Gentleman-Fahrer Lord Selsdon (der nur etwa eine Stunde gefahren war, was bedeutete, dass Luigi circa 23 der 24 Stunden des Rennens am Lenkrad gesessen hatte!) gewannen haushoch.

Während sie an jenem Sonntagnachmittag auf Neuigkeiten aus Le Mans warteten, stiegen Enzo und sein inzwischen 17-jähriger Sohn Dino den steilen Anstieg zur mittelalterlichen Festung von San Marino hinauf, die sich stolz auf einem Felsen des Apennins gegen den Himmel abhob. Vom Gipfel aus konnte man das Adriatische Meer deutlich sehen. Trotz seines leichten Übergewichts, das er seinem gesunden Appetit und seiner Vorliebe für die einfachsten Dinge des Lebens zu verdanken hatte, war Enzo ein sportlicher Mann und er kletterte mit Begeisterung.

Dino war ein gut aussehender, junger Mann, fast so groß wie Enzo und wahrscheinlich schlanker, als sein Vater es je war. Er hatte die gleichen Gesichtszüge und den gleichen Ehrgeiz wie sein Vater – und die gleiche Entschlossenheit beim Klettern. Aber ihm fehlte die Kraft. Obwohl er sich anstrengte, konnte er nicht mit seinem Vater mithalten und blieb hinter ihm zurück. Alle paar Schritte blieb sein Vater stehen, drehte sich um und wartete auf ihn. Wenige Meter über Dino beobachtete Enzo, wie sein Sohn ihm mit immer unsichereren Schritten folgte; er konnte das heftige Atmen seines Sohnes hören, das den Eindruck erweckte, als könnte Dino jeden Moment zusammenbrechen. In der Ferne konnte Enzo den Sommerhimmel sehen, der von den leuchtenden Farben des nahenden Sonnenuntergangs gefärbt war. Es war alles so schön und doch so grausam.

Im Alter von sieben Jahren [18] war Dino wegen einer Erkrankung behandelt worden, die die Ärzte zunächst als Nephritis (Nierenentzündung) bezeichneten, die sich aber bald als eine schwer zu diagnostizierende und unheilbare Muskeldystrophie herausstellte – eine Krankheit, für die es bis heute keine Heilung gibt und die der Grund für Dinos tapferen Kampf an diesem Tag war. Ferrari hatte ein tragbares Radio bei sich, dessen Transistoren in der Lage waren, Radiowellen von auf den umliegenden Gipfeln stationierten Sendern zu empfangen, deren Reichweite dank des technischen Fortschritts seit Kriegsende rapide zugenommen hatte. Er wollte damit die Ergebnisse von Le Mans verfolgen.

Vater und Sohn teilten eine Leidenschaft für Rennwagen. Und während Enzo diese Obsession schon lange zum Mittelpunkt seines Berufslebens gemacht hatte, so hatte Dino bald das gleiche Interesse gezeigt. Er stand kurz vor dem Diplom am *Istituto Tecnico Fermo Corni* in Modena [19] und hatte beschlossen, ein Ingenieurstudium zu beginnen. In Maranello war man es gewohnt, Dino diskret in der Werkstatt umhergehen zu sehen, weil er wissen wollte, ob die Männer seines Vaters an etwas Neuem arbeiteten.[20] Manchmal setzte er sich hinter das Lenkrad eines Autos, das gerade fertiggestellt und auf dem Werksgelände geparkt war.[21] Die Sportpresse hatte ihn kennengelernt und erwähnte manchmal seinen Namen als Begleiter seines Vaters.[22]

Auf dem Gipfel des Hügels angekommen, schalten Vater und Sohn das Radio ein und warteten auf Nachrichten aus Frankreich. Der Himmel vor ihnen hatte jetzt noch hellere Farben und die Wolken waren feuerrot. Als die Nachricht kam, war sie gut: Eines seiner Autos, in derselben Farbe wie die Juniwolken und mit einem schwarzen, tänzelnden Pferd auf der Motorhaube, hatte das größte Rennen von allen gewonnen: das 24-Stunden-Rennen von Le Mans – ein unvergleichlicher Langstreckenwettbewerb. Für Ferrari und seine Fabrik war es der erste internationale Sieg. Für einen Rennwagenhersteller war es ein magischer Moment.

Doch Enzos Freude über den Sieg wich schon bald der Angst, dem Gefühl der Beklemmung, das ihn seit dem Tag der Diagnose von Dinos Krankheit nicht mehr losgelassen hatte. »Das Radio bescherte mir einen Moment großer Freude«, sagte Enzo Jahre später, »aber ich konnte nur daran denken, dass mir mein Sohn entglitt. Dass ich ihn bald verlieren würde!«[23]

Für einen kurzen Augenblick spielte Enzo mit dem schrecklichen Gedanken an einen hehren Akt der Liebe. Es dauerte nur einen Augenblick – die Zeit, die ein verzweifelter Akt des Mutes braucht. In wenigen Sekunden würde alles vorbei sein. Jahre später erinnerte er sich: »Vor der Klippe des Marecchia sagte ich mir, dass ich nicht den Mut dazu hatte, sonst hätte ich meinen Sohn umarmt und wäre mit ihm in die Schlucht gesprungen.«[24] Er hielt dies für die beste Lösung: ein Sprung ins Ungewisse, um seinen Sohn zu umarmen, ein Sprung, der Dino ein unvermeidliches und schmerzhaftes Schicksal ersparen würde und ihm selbst den Kummer, ihn zu überleben. »In diesem Moment«, so schrieb er in seinen Memoiren, »wurde mir klar, dass ich ein Feigling bin, denn der Mensch hat sich einen neuen Begriff ausgedacht, um sich vor der Realität zu schützen, er lautet ›Pech‹, aber in Wirklichkeit drückt er nur aus, was der Mensch nicht tun oder vorhersehen konnte.«[25]

Die Sonne verschwand bald hinter den Wolken. Eine leichte Brise wehte vom Meer heran, und die Hitze des Tages war plötzlich nur noch eine ferne Erinnerung. Vater und Sohn begannen ihren Abstieg in Richtung Ebene und ihres jeweiligen Schicksals.

⌘⌘⌘

Einen Monat vor dem 24-Stunden-Rennen von Le Mans war der Monoposto, den Enzo Ferrari 1950 in der ersten Saison der neu eingeführten Formel-1-Weltmeisterschaft einsetzen wollte, endlich fertig geworden.

Der 125 F1 hatte am 28. Mai seine erste Testfahrt. Ein Testfahrer verließ das Werk in Maranello und lenkte den Wagen auf der Straße in Richtung Abetone. Ferrari wartete an der üblichen Abzweigung in der Nähe des Dorfes Serramazzoni. Den ganzen Tag über saß er in Begleitung von Colombo und seinen Männern auf einer kleinen Backsteinmauer, in Hemdsärmeln und mit einer unmodischen Mütze auf dem Kopf, um sich vor der späten Frühlingssonne zu schützen. Das Geräusch des Motors durchbrach die ansonsten vollkommene Stille des Apennins und jedes Mal, wenn der Wagen vor ihm anhielt, eilte er herbei, um mit demjenigen zu sprechen, der am Steuer saß: Giuseppe Navone, D'Angelo oder Franco Cortese.[26]

Mit diesem Wagen, der von einem per Kompressor aufgeladenen 1,5-Liter-Motor angetrieben wurde, dominierte Ascari am 3. Juli den Großen Preis der Schweiz und am 20. August das Rennen der International Trophy. Mit einem ähnlichen Wagen gewann »Gigi« Villoresi am 31. Juli den Großen Preis der Niederlande. Die italienische Presse schrieb im Sommer 1949: »Enzo Ferrari kann mit den Ergebnissen zufrieden sein, die die in der Werkstatt in Maranello gebauten roten Autos in letzter Zeit auf allen Rennstrecken erzielten.«[27] Aber natürlich war Ferrari nie zufrieden; im September wollte er beim Großen Preis von Italien in Monza den neuen 1500er-Doppelkompressormotor vorstellen.

Am Sonntag, dem 11. September 1949, gewann Alberto Ascari mit dem neuen Wagen den Großen Preis von Italien. Der 125 F1 war mit der neuesten Version des Zwölfzylindermotors ausgestattet, der »das erste neue Produkt der Nachkriegszeit [war] und Ausdruck der Zähigkeit und der Arbeit dieses bemerkenswerten neuen Industriekomplexes, den Enzo Ferrari in Maranello geschaffen hatte«.[28]

Trotz des Ruhmes in Monza wusste Ferrari, dass dieser Tag nicht repräsentativ für die kommende Saison und die harte Konkurrenz war, die sie mit sich bringen würde. An keinem der

Rennen, die vom 125 F1 gewonnen wurden, hatte ein Alfa Romeo 158 teilgenommen, mit dem das Mailänder Unternehmen 1950 an der neuen F1-Weltmeisterschaft teilnehmen wollte. Zu allem Überfluss war der 158er in Monza – der einzigen Rennstrecke, auf der Ferrari einen direkten Vergleich anstellen konnte – bei Trainingsläufen sechs Sekunden schneller gewesen als Ascari für die Poleposition gebraucht hatte.

Also traf Ferrari eine Entscheidung: Während Colombo weiterhin an der Entwicklung von Sport- und Personenwagen arbeiten würde, sollte die Verantwortung für das F1-Projekt von einem jungen Ingenieur aus Livorno übernommen werden, der bis dahin Colombo unterstellt war: Aurelio Lampredi. Natürlich handelte es sich nicht nur um eine einfache Aufgabenteilung. Ferrari war schon immer davon überzeugt, dass der Schlüssel zum Erfolg darin bestand, seine Techniker gegeneinander auszuspielen.[29] Über allen stand *Cavalier* Bazzi, der seit 1923 bei Ferrari war; das stand nie infrage und Bazzi war in technischer Hinsicht längst zu Enzos Gewissen geworden.

Trotz der verständlichen Bedeutung, die der bevorstehenden ersten F1-Weltmeisterschaft – der modernen Version der Grand-Prix-Rennserie aus seiner Zeit als Rennfahrer und Scuderia – beigemessen wurde, hatte Ferrari die Autos der anderen Formeln nicht vergessen. Der Plan, der ihm vorschwebte, war klar: Ferrari würde sich nicht auf einen Typ oder eine Kategorie des Rennsports konzentrieren, sondern versuchen, Engagements in so vielen Kategorien und Formeln wie möglich zu erfüllen. Dieses Versprechen hatte er sich selbst in den dunkelsten Tagen des Krieges gegeben, als der Gedanke, wieder Rennen zu fahren, wie eine Fata Morgana erschienen war. Und er hatte seine Meinung nicht geändert, nachdem nicht nur der Rennsport, sondern auch der Erfolg in sein Leben zurückgekehrt war.

Im November fuhr er in Begleitung von Dino nach Monza, um an einem Training des neuen einsitzigen F2-Rennwagens teilzunehmen. Am Steuer saß Felice Bonetto, ein Fahrer, den er wegen seiner Kühnheit und Rücksichtslosigkeit im Rennen besonders schätzte.[30] Zurück in Modena, schrieb Ferrari am Abend in sein Tagebuch: »Der Wagen ist wirklich erstaunlich und aufregend.«[31]

Obwohl schon 1949 für Ferrari sehr wichtig gewesen war, versprach das Jahr 1950 mit der ersten F1-Weltmeisterschaft ein möglicher Wendepunkt zu werden.

KAPITEL 23

Revanche

Im Winter 1950 war der kleine Autohersteller aus Maranello der absolute Star der südamerikanischen *Temporada*. Diesmal hatte sich Ferrari besonders ins Zeug gelegt. Anstelle des einzigen Autos für Farina, das er im Jahr zuvor nach Übersee geschickt hatte, gingen diesmal drei 166 FL (Formula libre = freie Formel) für Ascari, Villoresi und Dorino Serafini auf die Reise. Hinzu kamen zwei an das Team *Equipo Argentino* verkaufte Autos, die den einheimischen Fahrern Juan Manuel Fangio und Benedicto Campos anvertraut wurden. Außerdem nahm ein 1500er-Monokompressor teil, der sich im persönlichen Besitz des britischen Fahrers Peter Whiteheads befand. Trotz der starken Konkurrenz von Maserati wurde es ein Triumph für Ferrari.

Die Wagen nahmen an vier Rennen teil – und Ascari und Villoresi gewannen jeweils zwei. Hinzu kam der Sieg des argentinischen Fahrers Carlos Menditeguy am Steuer seines eigenen Ferrari 166 MM beim Sportwagenrennen im Rahmen des Großen Preises von Mar del Plata.

Während Ferrari dem fieberhaft am neuen F1-Motor arbeitenden Team um Lampredi oberste Priorität einräumte, verging die Zeit wie im Flug und der Winter wich dem Frühling. Vor der direkten Konfrontation mit Alfa Romeo in der Formel-1-Weltmeisterschaft gab es noch ein weiteres Ereignis, das nicht unterschätzt werden durfte: die *Mille Miglia*.

Ferrari nutzte die Gelegenheit des anspruchsvollen Rennens von Brescia nach Rom und zurück, um erstmals zwei Exemplare des neuen Lampredi-Motors einzusetzen – wenn auch noch nicht in ihrer endgültigen Konfiguration und eingebaut in die beiden S 275, die Ascari und Villoresi anvertraut wurden.[1] Aber die eigentliche Überraschung – und der Erfolg – kam unerwartet mit dem Auto eines Gentleman-Fahrers, der die zermürbende Fahrt in seinem eleganten beige-braunen Büroanzug angetreten hatte.[2]

Giannino Marzotto war der perfekte Ferrari-Kunde: ein Gentleman mit einem Talent zum Fahren, das nur von seiner Liebe zu den starken Emotionen des Lebens übertroffen wurde. In seinem leuchtend blauen Ferrari 195 S Berlinetta fuhr er das von Unwettern geprägte Rennen mit Klasse und Leichtigkeit. Und als die beiden Ferraris von Ascari und Villoresi ausgefallen waren, übernahm er die Führung und behielt sie bis zur Ziellinie in Brescia bei.

Weitere drei Brüder von Marzotto nahmen an der *Mille Miglia* 1950 mit ihren Ferraris teil: Neben dem blauen 195 S von Giannino waren dies der rote 195 S von Vittorio (der den neunten Platz belegte), der rote 166 MM von Paolo und der weiße 166 MM von Umberto (der in der Nähe von Peschiera verunglückte). Alle Wagen waren von den Kindern des Grafen Marzotto gekauft worden und befanden sich in ihrem Besitz.[3] Wie bereits mit den Scuderia-Privatiers vor dem Krieg hatte Ferrari lediglich ihre Teilnahme organisiert und sie während des Rennens unterstützt. Für die Öffentlichkeit und letztlich auch für Ferrari selbst spielte dies keine Rolle.

Trotz der noch nicht ganz zuverlässigen neuen Motoren in den Wagen seiner Werksfahrer konnte der Hersteller aus Maranello dank der Leistungen des 22-jährigen Sohns eines Textilfabrikanten aus Vicenza beweisen, dass jeder – mit dem Talent (und dem Geld) eines Marzotto – ein Rennen mit einem Ferrari gewinnen konnte.

Die Formel-1-Weltmeisterschaft begann am Samstag, dem 13. Mai 1950. An diesem Nachmittag war sogar König Georg

VI. auf der Rennstrecke von Silverstone anwesend, um die neue Serie feierlich zu eröffnen. Enzo Ferrari hatte es wegen der immer noch unbefriedigenden Entwicklung seines F1-Autos vorgezogen, nicht an der ersten Runde der neuen Meisterschaft teilzunehmen.[4]

Das Debüt von Ferrari in der F1-Weltmeisterschaft fand also erst am 21. Mai 1950 in Monaco statt. Ferrari setzte drei 125 F1 für Ascari, Villoresi und Sommer ein. Ein vierter 125 F1, den er zwei Jahre zuvor an den Engländer Peter Whitehead verkauft hatte[5], nahm an den Trainings vor dem Rennen teil.

Das Debüt verlief positiv, da Ascari hinter Fangio (im Alfa Romeo 158) auf der zweiten Stufe des Podiums stand. Der Ausgang des Rennens wurde jedoch durch einen Massenunfall in der ersten Runde beeinflusst, der die Hälfte der Fahrzeuge zum Ausscheiden gezwungen hatte, darunter auch die beiden anderen Alfa Romeos von Nino Farina und Luigi Fagioli. Ascari, der im Training dreieinhalb Sekunden langsamer als Fangio gewesen war, kam eine ganze Runde hinter dem Sieger ins Ziel.

Um der neuen Meisterschaft eine weltweite Identität zu geben, wurde das Indianapolis 500 einbezogen, aber keiner der europäischen Hersteller nahm daran teil. Erst am 4. Juni trafen sich wieder alle europäischen Teams und Fahrer auf der Rennstrecke am Berner Bremgarten zum Großen Preis der Schweiz. Das Aufgebot der Scuderia war fast dasselbe wie in Monaco, nur saß diesmal Sommer am Steuer eines 166 F2. Im Training war die Leistung von Alfa Romeo überwältigend: Fangio, Farina und Fagioli fuhren die drei schnellsten Rundenzeiten. Das Rennen verlief für die Ferrari-Piloten absolut enttäuschend: Ascari hatte in der vierten Runde einen Ölpumpenschaden, Villoresi in der neunten Runde einen Motorschaden und Sommer brach in der neunzehnten Runde eine Radaufhängung.

Ferrari war zornig. Die Alfa Romeos waren unerreichbar, der 125 F1 überholt. Wütend ordnete er an, dass Lampredi für das nächste Rennen bis zur Verfügbarkeit des neuesten Wagens (mit dem 4,5-Liter-Motor) zumindest einen Motor mit dem größten Hubraum vorbereiten sollte, der bis zu diesem Zeitpunkt erreichbar war.

Zwei Wochen später ging Ascari in Belgien mit einem Wagen an den Start, in dem zum ersten Mal ein Ferrari-Saugmotor eingebaut war; der Hubraum betrug 3,3 Liter – die erste Etappe auf dem Weg zu 4,5 Litern.[6] Lampredi hatte einen Motor des Typs 275 in ein Chassis des Typs GP 49 verpflanzt, zusammen mit einem modifizierten Getriebe samt Differenzial. Doch auch damit wurde es nicht besser. Ascari belegte den fünften Platz, nicht nur hinter drei Alfa Romeo, sondern überraschenderweise auch hinter einem alten Talbot von Louis Rosier.

Die Situation war kritisch. Ferrari beschloss, den Großen Preis von Frankreich am 2. Juli auszusetzen. Dann verlangte er, dass seine Scuderia beim darauffolgenden Grand Prix der Nationen in Genf Ende Juli – einem Rennen, das nicht für die Meisterschaft gewertet wurde – zumindest einen Monoposto mit der nächsten Entwicklungsstufe des Saugmotors einsetzen müsste. Lampredi und seine Männer arbeiteten den ganzen Juli über rund um die Uhr sowie an den Wochenenden und bereiteten einen Typ 340 mit einem 4,1-Liter-Motor vor, der in die Schweiz transportiert wurde.[7] Trotzdem lag Ascari im Training zwei Sekunden hinter Fangios Alfetta zurück. Und im Rennen explodierte der neue Motor einfach.

Am 30. Juli in Genf wurde Luigi Villoresi bei einem Unfall schwer verletzt, sodass sein Rennen sieben Runden vor der Zielflagge zu Ende war. Ferrari beschloss, am nächsten Großen Preis von Italien in Monza mit nur zwei Fahrern teilzunehmen: Ascari und Dorino Serafini. Obwohl Alfa-Romeo-Pilot Nino Farina in Monza zum ersten Formel-1-Weltmeister gekrönt werden sollte, konnte Ferrari eine positive Bilanz ziehen.

Aurelio Lampredi und sein Team hatten nach über einem Jahr harter Arbeit ein Wunder vollbracht: In Monza saßen beide Fahrer am Steuer des neuen Ferrari 375, ausgestattet mit dem 4,0-Liter-Motor. Und die Ergebnisse ließen nicht lange auf sich warten. Ascari fuhr im Qualifying die zweitschnellste Zeit und durchbrach damit zum ersten Mal das Monopol von Alfa Romeo, die ihre drei Fahrer in nahezu allen vorangegangenen Rennen der Saison auf den ersten drei Startpositionen platziert hatten. Während des Rennens lag Ascari sogar kurzzeitig in Führung, bevor ihn technische Probleme an die Box zwangen, wo er in das Auto von Serafini stieg. Begünstigt durch den Rückzug von Fangio wurde Ascari hinter Farina und vor Fagioli Zweiter.

Am Ende des Jahres konnte Enzo Ferrari behaupten: »Nach Jahren der unangefochtenen Vorherrschaft der aufgeladenen Fahrzeuge in der Formel 1 trägt die Arbeit, die wir geleistet haben, erste Früchte.« Gemeint war die Erforschung und Entwicklung des Saugmotors, mit dem jetzt der 375 ausgestattet war. Wie immer wusste er, dass alles im Leben seinen Preis hat und dass die Freude nie vollkommen ist. »Der Fortschritt ist schwierig und der Weg zur Eroberung ist mit Blut übergossen: Unser lieber Raymond Sommer hat uns verlassen«, sagte er und bezog sich dabei auf den Tod seines alten Freundes bei einem Rennen zu Beginn des Jahres, »und wir können nur unseren Schmerz äußern.«[8]

Alberto Ascari und Luigi Villoresi hatten ihren Platz im Ferrari-F1-Team für 1951 sicher. Was Serafini betraf, der Villoresi nach dessen Unfall mit Langzeitfolgen ersetzt hatte,[9] überlegte Ferrari, ihn durch Piero Taruffi zu ersetzen, der schon zu Zeiten der Scuderia für ihn gefahren war.

Bei der mittlerweile traditionellen Winter-*Temporada* in Südamerika setzte Ferrari diesmal auf die Argentinier Froilán González und Oscar Alfredo Gálvez, die die 166 FF eines lokalen Teams fuhren, das von der Regierung General Peróns subventioniert wurde, da dieser wie viele politische Führer vor und nach ihm die Bedeutung des Motorsports für die Propaganda erkannt hatte. González gewann am 18. und 25. Januar 1951 die beiden Rennen.

Vor dem Auftakt der F1-Weltmeisterschaft Ende Mai gab es die *Mille Miglia*, die Ferrari dreimal in Folge gewonnen hatte. Vor diesem klassischen Rennen auf den Straßen Nord- und Mittelitaliens fand der *Giro di Sicilia* statt, der jedoch für Ferrari, der inzwischen an prestigeträchtigere Veranstaltungen gewohnt war, von Jahr zu Jahr bedeutungsloser wurde. Dennoch wollte er dieses Ereignis in Ehren halten und sei es nur aus Loyalität zu Vincenzo Florio – einem der Männer in der Rennsportszene, den er am meisten respektierte.

Die Sizilien-Rundfahrt 1951 wurde zum Schauplatz eines Generations- und Kulturkampfes mit den Marzotto-Brüdern, insbesondere mit Giannino, dem Sieger der *Mille Miglia* 1950. In jenem Winter hatte Giannino bei Ferrari zwei 212 Exportchassis gekauft. Für die Karosserien der beiden Wagen wandte er sich allerdings nicht an einen der von Ferrari empfohlenen Karosseriebauer, sondern entschied sich, die Dinge auf seine Art zu erledigen. Also beauftragte er einen Bildhauer mit dem Entwurf einer revolutionären Karosserie für eines der Autos. Diese sollte von einem Kunsthandwerker gebaut werden, der auch die Karosserie für das andere Chassis entwarf, das Gianninos Fantasie entsprungen war. Die Gebrüder Marzotto tauften die beiden Autos wegen ihrer unorthodoxen Karosserieformen selbstironisch *l'Uovo* (das Ei) und *Ragnetto* (kleine Spinne). Weil sie wussten, dass sie nicht anders konnten, zeigten sie die Autos vor ihrer Abreise nach Sizilien Enzo Ferrari.[10]

Nichts hatte die übermütigen, jungen Männer, Erben eines großen Textilimperiums, auf die Reaktion des »Weisen von Maranello« vorbereitet. Zunächst war Ferrari verblüfft. Dann, in einem schnellen Crescendo, war er entsetzt und schließlich explodierte er. »Es ist, als ob Sie meine Tochter vor meinen Augen vergewaltigt hätten«, schrie er.[11] Die Brüder Marzotto waren wie gelähmt. Im Innenhof des Werks in Maranello hallte Ferraris schreiende Stimme durch den späten Frühlingsnachmittag.

Enzo behauptete, das Projekt sei in seiner Extravaganz apokalyptisch und aus technischer Sicht völlig falsch. Er zeigte auf die seitliche Halterung für das Reserverad. »Diese Halterung dort«, brüllte er, »wird beim ersten Schlagloch abbrechen.«[12] Giannino stützte sich darauf ab, um seine Stabilität zu demonstrieren – und die Halterung fiel auf den Boden.

Ferrari fühlte sich herausgefordert. Es spielte keine Rolle, dass die Brüder Marzotto ein Auto nach dem anderen von ihm gekauft hatten und dass Giannino im Jahr zuvor die *Mille Miglia* gewonnen hatte. Niemand wagte es, Enzo Ferrari so herauszufordern – schon gar nicht 20-jährige Jungen. Ferraris verkündete den Marzotto-Brüdern außerdem lautstark, dass er in Sizilien offiziell mit einem 2560 mit drei Vergasern und 180 PS antreten würde, den er Piero Taruffi anvertrauen würde.

Die vier Brüder ließen sich davon nicht beeindrucken. Zurück in Valdagno beschloss Giannino, auf Ferraris Ausraster zu reagieren, indem er seinen *Ragnetto* weiter individualisierte. Er rief einen befreundeten Künstler an und bat ihn, das Gesicht eines Hais auf die Motorhaube und den Körper eines Drachens auf die Seiten zu malen. Die Anspielung auf Enzo Ferrari war nicht zufällig. Mit dieser Lackierung sorgte der Wagen bei seiner Ankunft in Palermo für einen Skandal. Doch während die Rennleitung und die Rennkommissare von einer »Entweihung der Ernsthaftigkeit des Rennsports« sprachen,[13] waren die sizilianischen Rennsportfans fasziniert.

Am Sonntag, dem 1. April 1951, gewann Vittorio, der mit 28 Jahren älteste der Marzotto-Brüder, den 11. *Giro di Sicilia*. Im Ziel in Palermo hatte er etwas mehr als eine Minute Vorsprung vor dem Werks-Ferrari von Piero Taruffi. Großspurig, wie es nur ein gutaussehender 22-jähriger Millionär sein kann, rief Giannino Marzotto am folgenden Tag bei Ferrari an, um das Rennen hämisch zu kommentieren.

»Wie erwartet«, unterbrach ihn Ferrari, »hat ein Ferrari gewonnen.«[14]

Und das war das ganze Gespräch.

Vier Wochen später nahmen alle Marzotto-Brüder an der *Mille Miglia* teil. Zusammen mit Marco Crosara und Giannino am Steuer des »*l'Uovo*« führten sie das Rennen an, bis sie ausfielen. Die Führung übernahm dann Villoresi in einem der beiden 340 Americas, die Ferrari eingesetzt hatte.

Er hatte Ferrari nie besonders nahe gestanden, aber als dieser einfach »Bravo!« zu ihm sagte[15], fühlte sich Villoresi durch die unerwartete Ermutigung beflügelt und flog geradezu den ganzen Weg nach Brescia. Auch wenn man Enzo Ferrari nicht unbedingt mochte, war seine Persönlichkeit so überwältigend, dass manchmal ein einziges Wort von ihm ausreichte, um das gesamte Adrenalin im Körper zu mobilisieren. Wie immer schenkte Villoresi seinem Rennmechaniker die Hälfte des mit dem Sieg verdienten Preisgeldes.[16]

Ein paar Tage später lud Ferrari Villoresi zu einem Abendessen ein, um seinen Sieg bei der *Mille Miglia* zu feiern. Zu diesem Essen in Modena waren die Fahrer, Mechaniker, Ingenieure und einige seiner eigenen Freunde eingeladen. Natürlich war auch Dino, der sich immer mehr für die Welt des Motorsports begeisterte, ein gern gesehener Gast.

Die Anzeichen der Muskeldystrophie, an der er seit Jahren litt, waren an diesem Abend in ihrer ganzen Grausamkeit zu sehen. So sehr Dino sich auch bemühte, er konnte nicht allein stehen und brauchte ständig Unterstützung. Er kämpfte um seine Bewegungsfreiheit und weigerte sich, die zunehmenden Schwierigkeiten beim Gehen zu überwinden, indem er Hilfsangebote stoisch ablehnte.[17] Doch an diesem Abend gab er auf.

Von Angst und Sorge überwältigt, beschloss Enzo eilig, das Abendessen abzubrechen, um seinem Sohn weiteres Leid zu ersparen.[18] Wenn er später von »schrecklichen Freuden« sprach, bezog er sich auch auf Vorfälle wie diesen, bei dem er einen sportlichen Erfolg aufgrund der grausamen Realitäten des Lebens nicht in vollen Zügen genießen konnte.[19]

⌘⌘⌘

Vor dem Start der Formel-1-Weltmeisterschaft 1951 begab sich Enzo Ferrari nach Tortona. Der Ort war gewählt worden, weil er etwa gleich weit von Modena und Turin entfernt lag und Enzo in diesem »neutralen« Gebiet den Karosseriebauer Battista Farina treffen wollte, den allen unter seinem piemontesischen Spitznamen *Pinin* kannten.

Ferrari, der sich stets auf die Konstruktion und Entwicklung neuer Motoren und mechanischer Komponenten konzentrierte, suchte nie nach einem Referenzkarosseriebauer, sondern überließ seinen Kunden die Wahl des Blechkünstlers, so wie es bis in die 1930er-Jahre üblich gewesen war. Er selbst hatte sich sowohl in den Zwanzigern *(Carrozzeria Emilia)* und dann wieder in den Dreißigerjahren als Karosseriebauer versucht. Für ihn war das Wichtigste an einem Auto immer der Motor gewesen, alles andere war nachrangig. Die beiden bizarren Kreationen der

Brüder Marzotto hatten ihm aber wohl die Augen geöffnet und ihn davon überzeugt, dass es an der Zeit war, sich auch um das zu kümmern, was um den Motor herum zu sehen war.

Es gab gute Gründe, warum sich Ferrari ausgerechnet an Pinin Farina wandte, den er seit Anfang der 1920er-Jahre kannte, als sie sich bei einem Bergrennen *Aosta – Gran San Bernardo* kennengelernt hatten, und dessen spätere Kreationen er bewunderte. Um nicht den Eindruck zu erwecken, etwas verlangen zu wollen, hatte Ferrari es abgelehnt, Pinin in seiner Werkstatt in der Turiner Corso Trapani zu besuchen. Ferrari war inzwischen ein König und der König empfing in Maranello. Umgekehrt wollte Pinin, der von Ferraris Verträgen immens profitieren würde, Enzo nicht den Eindruck vermitteln, dass er auf der Suche nach Arbeit war. Erst durch die Vermittlung von Pinins Sohn Sergio und seinem Schwager Renzo Carli kamen die beiden Männer überein, sich an einem möglichst neutralen Ort zu treffen: einem Restaurant in Tortona.

Dort dauerte es nicht lange, bis sie sich verstanden.[20] Ferrari, in Begleitung des kaufmännischen Direktors Gerolamo Gardini,[21] sagte, dass er jemanden suche, der die Technik seiner Autos mit Karosseriedesigns vervollständigen könne. Karosserie und Motor – Eleganz und Kraft – mussten Hand in Hand gehen, mussten zusammen geboren werden und aufwachsen. Er sagte, er suche keinen Schneider, sondern einen Karosseriebauer, der an seiner Seite arbeite und in der Form der Karosserie die Kraft und die Philosophie seiner Autos zum Ausdruck bringe. Der Karosseriebauer müsse von Anfang an in das Projekt involviert sein und dürfe nicht nur dazu berufen sein, ein fertiges Produkt zu verkleiden.[22]

Farina, der es nie mochte, wenn »die Karosserie auf eine Frage der Dekoration oder als Verpackung eines mechanischen Produkts reduziert wurde«, war sofort von Ferraris »klaren Ideen« überzeugt.[23] Er spürte, dass er und der Mann aus Maranello dieselbe Sprache sprachen und ein Auto auf dieselbe Weise betrachteten. Noch vor Ende des Mittagessens war Pinin bereit, mit Ferrari zusammenzuarbeiten.

Gemeinsam beschlossen sie, »das Auto vom Melodramatischen, vom Monumentalen, ja sogar vom Visionären wegzuziehen und das Dekorative für immer aufzugeben«,[24] wie Pinin Farina es später auf den Punkt bringen sollte. Beim Mittagessen waren sie schnell mit allgemeinen Themen durch und hatten über Konkretes gesprochen.[25] Ihr erstes gemeinsames Projekt sollte ein Cabriolet sein, das sie ein Jahr später vorstellen wollten.

Am Sonntag, dem 27. Mai 1951, eröffnete der Große Preis der Schweiz in Bern die zweite Formel-1-Weltmeisterschaft. Die optimistischen Eindrücke, die sich aus dem letzten Rennen der Meisterschaft 1950 ergeben hatten, erwiesen sich als richtig. Obwohl die Dominanz von Alfa Romeo im Qualifying von Ferrari kaum angetastet wurde – Villoresi wurde Dritter, mit zwei Alfettas vor und zwei hinter ihm – sagte das Rennen etwas anderes. Taruffi wurde nach einem langen und erfolgreichen Kampf mit dem Alfetta des amtierenden Weltmeisters Nino Farina Zweiter hinter Fangio. In Maranello wertete Ferrari das Ergebnis als ermutigendes Zeichen,[26] obwohl die anderen drei Alfa Romeos das Rennen hinter Villoresi beendet hatten und Ascari nur Sechster geworden war.

Bereits drei Tage später stand das Indianapolis 500 auf dem Programm und wurde wieder einmal von den europäischen Herstellern und Teams boykottiert – aber nicht von Enzo Ferrari. Er hatte immerhin einen seiner Männer nach Indiana geschickt, um das Rennen zu beobachten und alle technischen Aspekte zu notieren, die für eine mögliche zukünftige Teilnahme von Bedeutung sein könnten.[27]

Auf Drängen Chinettis hatte Ferrari begonnen, den US-Markt als riesiges Kundenreservoir für seine Sportwagen und straßentauglichen Berlinettas zu betrachten; nicht umsonst hatte Villoresi die *Mille Miglia* mit dem Modell *America* gewonnen. Außerdem hatte Ascari selbst sein Interesse bekundet, eines Tages an den Indy 500 teilzunehmen. Natürlich darf man auch nicht vergessen, dass es das Indianapolis 500 war, mit dem die Fantasie des jungen Enzos angeregt wurde.

Mitte Juni kehrte die Formel-1-WM auf der Rennstrecke von Spa-Francorchamps zurück, wo der Große Preis von Belgien ausgetragen wurde. Mit der drittschnellsten Zeit im Qualifying startete Villoresi aus der ersten Startreihe neben den beiden Alfa

Romeos von Farina und Fangio. Dank des geringeren Verbrauchs der Zwölfzylinder-Saugmotoren ihrer 375-F1-Modelle erreichten die Ferrari-Piloten mit nur vier bzw. fünf Minuten Rückstand auf Farina den zweiten und dritten Platz. Wenn Fangio allerdings nicht bei einem Boxenstopp Probleme mit einer Radmutter gehabt hätte, wäre er sehr wahrscheinlich Zweiter geworden. Tatsache war jedoch, dass Lampredi und seine Männer trotz der Verzögerungen endlich die Wettbewerbsfähigkeit erreichten, die sie seit Monaten anstrebten und die beim nächsten Rennen, dem Großen Preis von Frankreich, noch besser zu werden schien, denn nach dem Qualifying stellten Reporter fest: »Man hat den deutlichen Eindruck, dass das Modell 4500 aus Maranello seinen Gegnern sehr nahe gekommen ist und für sie jetzt sehr gefährlich werden kann.«[28]

Ferrari, der immer ein Auge auf junge Talente warf, bot vor dem Rennen einen seiner Wagen dem 23-jährigen Stirling Moss an, der jedoch ablehnte.[29] So wurde der dritte Werks-Ferrari in Frankreich nicht von Taruffi gefahren, weil der am selben Tag an einem Motorradrennen teilnahm, sondern von Froilán González – dem energischen Argentinier, der bereits zwei *Temporada*-Rennen am Steuer eines Ferrari gewonnen hatte. Einige Tage nach dem Großen Preis von Frankreich nahm ihn sein Landsmann und Freund Fangio mit nach Maranello. Fangio stellte ihn persönlich bei Enzo Ferrari vor und González verließ das Treffen mit einem Vertrag, in dem bestätigt wurde, dass er bis zum Ende der Saison bei Ferrari fahren würde.[30]

Das nächste Ereignis war der britischen Grand Prix in Silverstone, wo im Jahr zuvor das erste Rennen der Weltmeisterschaft stattgefunden hatte. Er war für Samstag, den 14. Juli 1951, angesetzt – ein Datum, das in die Geschichte von Ferrari eingehen sollte.

Das Rennwochenende begann gut, denn Froilán González holte sich die Poleposition vor Fangio, der eine ganze Sekunde langsamer war. Es war das erste Mal seit eineinhalb Jahren, dass ein Alfa Romeo-Fahrer nach dem Qualifying nicht den ersten Platz belegt hatte. Und natürlich war es die erste Poleposition in der Formel-1-Geschichte von Ferrari.

Am Samstagnachmittag stellte González seinen Ferrari 375 ganz rechts in der ersten Startreihe auf. Neben ihm standen die beiden Alfettas von Fangio und Farina. Ganz links schloss Ascari mit seinem 375 die erste Reihe ab.

González befand sich heute in einem Zustand der Würde und der Ferrari 375 war in Topform. Der Motor der Alfetta war zwar immer noch stärker als der Zwölfzylinder des 375, aber das Triebwerk, dem Lampredi zwei Jahre seines Lebens gewidmet hatte, lieferte eine ausgewogenere und gleichmäßigere Leistung, was González bei seiner Verfolgungsjagd enorm zugutekam.[31]

Kurz vor der Hälfte der Renndistanz überholte der Schüler mit einem verblüffenden Manöver in der schwierigen Becketts-Kurve den Meister. González übernahm die Führung, die er trotz Fangios Hartnäckigkeit bis zum Schluss halten konnte.

Es war ein historischer Moment. Es war nicht nur der erste Formel-1-Sieg von González, sondern auch das erste Mal, dass kein Alfa Romeo ein Rennen der modernen F1-Weltmeisterschaft gewann. Der Sieg des 375 bedeutete auch die erste Niederlage für den Kompressormotor und den ersten Erfolg des Saugmotors. Und natürlich war es auch der erste Sieg eines Ferrari in einem Formel-1-Weltmeisterschaftsrennen.

Federico Giberti, der Teamchef der Scuderia Ferrari, eilte zum Telefon und informierte seinen Chef sofort über die Geschehnisse.[32] Als Ferrari in Modena die Nachricht hörte, soll er vor Freude geweint haben.[33]

Der große Moment war endlich gekommen. Die Revanche war vollbracht. Enzo Ferrari, der Handwerker aus der Kleinstadt, der nach 20 Jahren Loyalität und Hingabe von einer undankbaren und politisierten Geschäftsleitung kurzerhand rausgeschmissen worden war, hatte den großen Autohersteller geschlagen, der eineinhalb Jahre lang die Königsklasse des Motorsports dominiert hatte. Enzo hatte sein Unternehmen auch deshalb gegründet, um der Alfa-Romeo-Führung den Fehler vor Augen zu führen, den sie begangen hatte, als sie sich von ihm trennte.[34] Nun war das Ausmaß ihres Fehlers für alle sichtbar.

Und weil *sein* 375 *seinen* 158 besiegt hatten, kam Ferrari an jenem Nachmittag zu einer Schlussfolgerung, die nur er und seine verzerrte emotionale Komplexität hervorbringen konnten: »Ich habe meine Mutter besiegt«,[35] gestand er in einem Moment, der eigentlich ein Moment weitreichender Freude darüber sein sollte, dass er das erreicht hatte, was er sich zwölf lange Jahre zuvor vorgenommen hatte – es aber nicht war. Aus der seltsamen Mischung aus Genugtuung und Frustration, die sein Erfolg unerwartet in ihm geweckt hatte, hatte er erfahren: »Der Sieg hat mir nicht die Freude bereitet, die ich mir erhofft hatte.«[36]

Es blieb nur wenig Zeit zum Feiern. Zwei Wochen später würden sie sich alle auf dem Nürburgring zum Großen Preis von Deutschland treffen. Für Alfa Romeo war es die Chance, die Geschichte aufzuhalten, für die Scuderia Ferrari die Gelegenheit zu beweisen, dass sich der Wind gedreht hatte.

Und der Wind *hatte* sich in der Formel 1 gedreht, denn Ferrari dominierte die Veranstaltung vom ersten Trainingstag an. Ascari holte sich die Poleposition mit einer Zeit, die über drei Sekunden schneller war als Fangios dritter Platz. González fuhr die zweitschnellste Zeit, eineinhalb Sekunden schneller als Fangio. Und das Rennen am Sonntag läutete tatsächlich eine neue Zeit ein.

Alle Alfettas hatten im Rennen technische Probleme, doch die vier Ferraris flogen nur so um die Nürburg herum. Der einzige Alfa Romeo, der etwas Widerstand leistete, war der von Fangio, dessen Klasse auf einer Strecke wie dem Nürburgring noch den Unterschied ausmachen konnte. Auch der geringe Benzinverbrauch des 375 kam Ascari erneut zugute, da er nur einmal zum Tanken an die Box musste. Im Ziel hatte der Italiener mit seinem Ferrari eine halbe Minute Vorsprung auf den Alfa Romeo von Fangio. Doch während der Alfetta des Argentiniers als Einziger das Rennen beendete, folgten dahinter die anderen drei Ferraris: González als Dritter, Villoresi als Vierter und Taruffi als Fünfter.

Es war das Ende einer Ära. Enzo Ferrari hatte Alfa Romeo in die Knie gezwungen. Am Abend in Maranello erklärte Enzo Ferrari, der seinen Namen 20 Jahre lang mit dem Unternehmen in Portello verbunden hatte: »Es ist vorbei. Heute hat Alfa Romeo den Abwärtszyklus bis hin zur endgültigen Aufgabe begonnen, den Fiat bereits vollzogen hat.«[37]

Das nächste Rennen war der Große Preis von Italien in Monza. Zwölf Monate zuvor hatte Alfa Romeo auf dieser Strecke seinen ersten F1-Weltmeistertitel gefeiert. Jetzt mussten sie sich gegen die Feuerkraft der Ferraris wehren. Im Qualifying lief es noch gut für Alfa Romeo, denn die beiden Alfettas von Fangio und Farina lagen vor allen anderen. Das Rennen verlief jedoch anders, denn Ascari und González belegten die Plätze eins und zwei. Der erste Alfa Romeo – Bonettos Wagen, aber gefahren von Farina – wurde nur Dritter, mit einer ganzen Runde Rückstand auf Ascari, gefolgt von den beiden anderen Ferraris mit Villoresi und Taruffi. Als Ascari die Zielflagge sah, befand sich Fangio bereits seit Langem an der Box, da der Motor seines Alfetta ausgefallen war.

Für Enzo Ferrari war Monza ein Tag des wahren Ruhms, aber für den italienischen Motorsport als Ganzes war es ein bittersüßer Tag. Giovanni Canestrini, der 30 Jahre lang italienische Rennwagen auf Strecken in ganz Europa und darüber hinaus verfolgt hatte, sagte: »Wenn dieser italienische Gesamtsieg begeistert, der die Anstrengungen, die Arbeit und die Intelligenz dieser vielleicht weltweit einzigartigen Organisation krönt, die von Enzo Ferrari geschaffen wurde, so ist die Niederlage dieses Autos (des 159 Alfa Romeo, einer Weiterentwicklung des Modells 158) ebenso ergreifend, nachdem es uns so viele Jahre lang Siege und Ruhm beschert hat, die unserem Land zur Ehre gereichten.«[38]

Wenn für Enzo Ferrari in Silverstone der Tag der Tränen und am Nürburgring der Tag war, der das Ende des historischen Zyklus von Alfa Romeo einläutete, sollte Monza der Höhepunkt sein. Mit dem Sieg beim Großen Preis von Italien hatten Ascari und González nicht nur Alfa Romeo auf deren Heimstrecke besiegt, sondern waren auch zu Anwärtern auf den Weltmeistertitel geworden. Dennoch erlaubte sich dieser komplexe Sportsmann nicht, das Erreichte voll auszukosten. Es war, als ob er, wie der Journalist Gianni Brera nach einem Interview mit Ferrari einige Tage später zu erklären versuchte, »von der Qual eines Menschen heimgesucht wurde, der, nachdem er lange Zeit an nichts anderes als an den Sieg gedacht hat, plötzlich das Gefühl hat, dass sein Leben keinen Sinn mehr hat.«[39]

Der zweite F1-Weltmeistertitel würde mit dem letzten Rennen Ende Oktober auf dem *Circuit de Pedralbes* vor den Toren Barcelonas vergeben werden. Für diesen letzten und entscheidenden Grand Prix schlug Pirelli vor, größere Reifen als die bisher verwendeten zu montieren, da sie nach Ansicht der Fachleute ideal für die langen und schnellen Geraden der katalanischen Rennstrecke und die fünf scharfen (und daher langsamen) Kurven nach jeder Geraden wären. Doch Ferrari zweifelte an der Meinung von Pirelli – immerhin einem Unternehmen, das wie Alfa Romeo in Mailand ansässig ist. Statt der empfohlenen 18-Zoll-Reifen ließ er, ermutigt durch die Bestzeit von Ascari im Qualifying, die 16-Zoll-Reifen aufziehen.

Doch das Rennen erzählte eine andere Geschichte. Ascari musste siebenmal an die Box, um die sich unglaublich schnell auflösenden Reifen zu wechseln. Fangio, dessen Alfetta mit den von Pirelli empfohlenen Reifengrößen ausgestattet war, gewann das Rennen und den Titel.[40] Ferrari und Ascari mussten sich mit dem zweiten Platz in der Weltmeisterschaftswertung begnügen. Angesichts des Starts in die Saison war das keine kleine Leistung, aber angesichts des Geschehens in der zweiten Saisonhälfte wussten beide, dass sie eine große Chance vertan hatten.

KAPITEL 24

Weltspitze

Trotz der bitteren Ergebnisse hatte Ferrari in der Formel-1-Saison 1951 die Lücke schließen können, die zu Beginn des Jahres noch zwischen ihnen und Alfa Romeo bestanden hatte. Um die Kosten der Formel 1 bis zum Inkrafttreten des neuen Reglements zu begrenzen, hatte die Fédération Internationale de l'Automobile (FIA) verfügt, dass die Weltmeisterschaft 1952 und 1953 von Monoposto-Rennwagen aus der Formel 2 bestritten werden sollte.

Die Entscheidung änderte nichts am Schicksal von Alfa Romeo, wo man beschlossen hatte, sich wegen der hohen Kosten aus dem Rennsport zurückzuziehen; tatsächlich waren die Rennwagen aus Kostengründen seit 1938 nie wirklich erneuert worden.[1] Definitiv änderte dies auch nichts am Schicksal von Ferrari, der zwar durch die Entscheidung der Sportbehörden geschädigt wurde, aber dank seiner Weitsicht einen brandneuen Motor für die neue Meisterschaft und die neuen Regeln parat hatte. Während er den Rückstand auf Alfa Romeo aufholte, hatte Ferrari Lampredi gebeten, mit der Arbeit an einem Projekt zu beginnen, auf das er an einem Sonntagmorgen im Frühjahr 1951 hingewiesen hatte.

Nach Alfa Romeos Rückzug war Maserati der einzige wirkliche Gegner auf Ferraris Weg zum ersten Formel-1-Weltmeistertitel. Da sich die Entwicklung des neuen Wagens bei Maserati jedoch stark verzögerte, wandte Enzo Ferrari seine Aufmerksamkeit dem Rennsport auf der anderen Seite des Atlantiks zu.

Zuerst setzte sich Luigi Chinetti für eine Teilnahme von Ferrari am Indianapolis 500 ein und in Alberto Ascari sowie Aurelio Lampredi (wie 1949 bei dem 24-Stunden-Rennen von Le Mans) hatte er zwei wertvolle Verbündete gefunden. Chinetti war nicht der einzige Amerikaner, der daran dachte, in Indianapolis in einem Auto aus Maranello anzutreten. Anfang Dezember 1951 hatte sich Ferrari in seiner Fabrik mit Tony Bettenhausen getroffen und ihm ein Modell 4500 verkauft, mit dem der Champion aus Illinois 1952 in Indy mit seinem eigenen Team antreten wollte.[2]

Am 18. Februar 1952 wurde Enzo Ferrari 54 Jahre alt. Trotz seines hektischen Arbeitstempos war er bei guter Gesundheit. Die Tage der Depression gehörten der Vergangenheit an, auch wenn ihn das Gefühl der latenten Angst nie ganz verlassen hatte – eine Angst, die durch den schlechten Gesundheitszustand seines Sohnes Dino noch verstärkt wurde, der oft nicht die Kraft hatte, allein aufzustehen.[3] Körperlich war Enzo mit seinen 187 cm und 120 kg immer noch ein imposanter Mann. Seine Größe rief Respekt hervor, seine Arbeit erfuhr Lob und der bisher zurückgelegte Weg Bewunderung. Und jeder wusste – oder ahnte oder fürchtete –, dass er gerade erst angefangen hatte.

Mit den von seiner Mutter geerbten schmalen Lippen[4] schien Enzos Mund immer »zur Ironie verzogen«. Seine »großen Augen« waren nun »ein wenig undurchsichtig«. Seine »mächtige« Nase war »auf dem subtil hämischen Schnitt seines Mundes« gebogen, was »seinem Gesicht einen Blick verlieh, der zugleich räuberisch und sarkastisch war«. Er könne an Voltaire erinnern, schrieb der Journalist Gianni Brera in *La Gazzetta dello Sport*, nachdem er ihn kennengelernt hatte, und fügte mit neckischer Anerkennung hinzu, »dass man in einer früheren Welt diesen Dämonenbeschwörer verbrannt hätte«.[5] Ferrari bewahrte sich die Bescheidenheit derer, die daran gewöhnt waren, ums Überleben zu kämpfen. Er wusste, dass er der Beste geworden war – oder zumindest dabei war, der Beste zu werden –, aber er hatte die Nächte nicht vergessen, in denen er ohne Abendessen ins Bett gegangen war, die Tage, an denen er der letzte aller Alfa-Romeo-Rennfahrer war und ebenso wenig seine Entlassung und die Bankkredite. Aus diesem Grund verzichtete er auch auf den Luxus, ein eigenes Auto zu besitzen. »Für jemanden, der viele Schulden hat«, sagte er, »wäre es eine geschmacklose Extravaganz, ein Auto für sechs Millionen Lire zu besitzen.«[6]

Er ließ sich nicht von den vielen Bewunderern faszinieren, die ihn zu umwerben begannen, als seine Autos Alfa Romeos zu schlagen begannen. Fiat und Lancia schmeichelten ihm und boten an, seinen Namen zusammen mit ihren auf billigeren Autos zu verwenden, die in einem neu aufgebauten Italien, in dem das Automobil bald zu einem der Symbole des neuen Wohlstands werden würde, für jedermann zugänglich waren. Aber er hatte den Köder nicht geschluckt.[7]

»Ich verkaufe Sportwagen, um meinen Arbeitern den Lebensunterhalt zu ermöglichen und die notwendigen Mittel für den Bau von Rennwagen aufzubringen. Ich habe keine anderen Ambitionen.«[8] Geld interessierte ihn nur insofern, als es ihm erlaubte, weiterhin neue Rennwagen zu bauen. Im Jahr 1951 hatte er 33 Autos gebaut und verkauft, im Jahr davor 26. Er wusste, dass er 1952 unweigerlich ein Dutzend mehr bauen und verkaufen müsste.[9]

Um sich daran zu erinnern, wer er war und vor allem woher er kam, hatte er eine versteckte Ecke des großen Innenhofs des Werks in Maranello in einen kuriosen Friedhof verwandelt, auf dem Chassis, Karosserien und Motoren herumstanden, die seinen Erwartungen nicht entsprochen hatten. Jeden Tag hielt er vor diesem seltsamen Platz aus verbogenem und rostendem Metall inne, um sich daran zu erinnern, dass der Grat zwischen Erfolg und Misserfolg schmal war und dass nichts zufällig oder ohne Stolpersteine auf dem Weg passierte.

Obwohl er der Dreh- und Angelpunkt war, um den sich ein ganzes Universum drehte, blieb er ein grimmiger Einzelgänger, »wie es seiner Figur eines verächtlichen, von einer einzigen Leidenschaft besessenen Mannes entspricht«,[10] der »Bitterkeit und Verzicht aushalten kann, die der Ehrgeiz in keiner Weise rechtfertigen würde«, schrieb Brera.[11]

Von sich selbst sagte Enzo gern: »Ich bin ein Mann, der sich mit den Ellbogen durchsetzt.«[12] Er wusste, dass er ein schwieriger Mann war, und es war ihm egal. Es war ein Teil der Legende, die er fast unwillkürlich um sich herum entstehen sah. Aber die Schaffung dieser Legende hatte ihren Preis. »Die Lieben kommen zuletzt«, gestand er.[13] Vielleicht war das der Grund, warum er seit einigen Jahren die Gesellschaft von Dino schätzte; wenn es die Krankheit erlaubte, wich sein Sohn nur selten von seiner Seite.

Der Frühling brachte eine große Neuheit. Am 16. März trugen die vier 500 F2, die zur Eröffnung der europäischen Rennsaison am (nicht zur Meisterschaft zählenden) Großen Preis von Syrakus teilnahmen, das berühmte *Cavallino Rampante* der Scuderia Ferrari aus den Jahren 1932 bis 1937. Damals wie jetzt tat Ferrari dies, um seine eigenen Autos von den anderen zu unterscheiden, allerdings ging es hier um die privaten Ferraris, die von den Fahrern gekauft und gefahren wurden, denen er sie verkauft hatte.[14]

Doch während alle auf den Beginn der Weltmeisterschaft – am 18. Mai mit dem Großen Preis der Schweiz – warteten, bedeutete das Frühjahr 1952 für Ferrari vor allem die Vorbereitung auf Indianapolis.

Vom Mailänder Flughafen Malpensa flogen fünf Männer nach Amerika: der Fahrer Ascari, Teamchef Nello Ugolini, der technische Direktor Aurelio Lampredi und zwei Mechaniker.[15] Ferrari war inzwischen sehr skeptisch, was den Erfolg der Mission anging, hatte seine Beteiligung zurückgefahren und sprach öffentlich von einer »inoffiziellen technischen Expedition zu Aufklärungszwecken«, die von Chinetti finanziert wurde, wobei der italienische Vertriebshändler für Champion-Zündkerzen, mit denen die Ferraris ausgerüstet waren, die Flüge für Männer und Material bezahlte.[16]

In Amerika stützte sich das kleine italienische Kontingent stark auf das Team von Chinetti. Auf dem offiziellen Foto, das von allen Teilnehmern gemacht wurde, trug der 4500 mit Ascari am Steuer die Aufschrift »Ferrari Special«, während das Emblem weiß und ohne das tänzelnde Pferd war – als wollte man sagen: Ja, es war ein Ferrari, aber nicht wirklich.

Das alles war natürlich Teil der subtilen Strategie der Verpflichtung und Loslösung, die Enzo Ferrari für ein Rennen entworfen hatte, das in einer großen Enttäuschung enden konnte[17] – als ob er das Auto, das den Formel-1-Titelanwärter Alfa Romeo in die Knie gezwungen hatte, sowie seinen technischen Direktor und seinen Teamchef zu einem Picknick in ein Gewerbegebiet von Indiana schicken würde.

Auch in Indianapolis verloren die Italiener nicht ihre Motivation und gute Laune. Trotz verschiedener Verstärkungen an Fahrwerk und Aufhängung[18] erwies sich der Ferrari von Ascari als ziemlich ungeeignet für die Strecke. Auf den langen Geraden fehlte es dem Auto einfach an Geschwindigkeit.[19] Aber sie hatten den Atlantik überquert, um es zu versuchen, und das taten sie auch. Ascari erreichte in vier Qualifikationsrunden den 19. Platz bei der Durchschnittsgeschwindigkeit und konnte sich damit in der siebten Startreihen aufstellen.

Die drei amerikanischen Fahrer waren von dem Auto, das die europäischen Rennen dominierte, eher enttäuscht. Johnnie Parsons fuhr ihn in einigen Trainingssitzungen, lehnte ihn dann aber ab, als es darum ging, die Durchschnittsgeschwindigkeit für die Qualifikation festzulegen.[20] Johnny Mauro konnte sich nicht qualifizieren und Denver weigerte sich, überhaupt am Steuer seines Ferraris Platz zu nehmen.[21] Von den vier Ferraris, die in Indianapolis eingetroffen waren, ging schließlich nur einer – der von Ascari – ins Rennen.

Vor dem am Freitag, dem 30. Mai 1952, stattfindenden Rennen machte sich niemand im Ferrari-Team große Illusionen. Eine winzige Hoffnung wurde in die Tatsache gesetzt, dass die Mechaniker aus Maranello und ihre Kollegen (die von Chinetti gestellt wurden) nur 30 Sekunden brauchten, um den 4500 zu betanken und alle vier Reifen zu wechseln – anstatt der fast zwei Minuten, die die Amerikaner dafür benötigten.[22] Bei einem Rennen über eine solche Distanz – 804 Kilometer (500 Meilen) – könnte dies ein bemerkenswerter Vorteil sein. Doch in der 40. von 200 Runden des Rennens gaben die Speichen eines Rades nach. Ascari behielt sein Auto zwar lässig die Kontrolle, musste aber aufgeben. Und damit endeten die Träume vom Ruhm.

Die italienische Presse berichtete nicht über Ferraris Expedition nach Indianapolis, obwohl die *Gazzetta dello Sport* ihren besten Reporter, Giovanni Canestrini, dorthin geschickt hatte. Enzo Ferrari tat so, als hätte das Rennen nie stattgefunden, und weigerte sich, die Teilnahme seines Teams am Indy 500 1952 als offiziell zu betrachten – weder damals noch später.

Ironie de Schicksals: Die Teilnahme der Scuderia Ferrari mit Alberto Ascari am Indianapolis 500 von 1952 wurde aufgrund der Unterschrift des Teammanagers Nello Ugolini auf den erforderlichen Rennunterlagen dennoch als offiziell eingetragen.[23]

Während Ascari, Lampredi und Ugolini in Indianapolis waren, hatten Mitte Mai die F2-Einsitzer von Ferrari das Eröffnungsrennen der dritten Weltmeisterschaft dominiert. Ferrari hatte drei 500 F2 für Giuseppe Farina, Piero Taruffi und den Franzosen André Simon nach Bern geschickt, Letzterer sollte an diesem Tag sein Debüt in einem Werks-Ferrari geben, würde aber erst im letzten Rennen der Saison wieder eingesetzt werden.

In seinem ersten Formel-1-Rennen mit Ferrari hatte Farina, der im Qualifying der Schnellste gewesen war, kein Glück, obwohl er in Runde 22 mit Simon das Auto wechselte. So wurde es Taruffi, der Ferrari seinen ersten Saisonsieg bescherte. Der Schweizer Ferrari-Kunde Rudi Fischer von Ècurie Espadon belegte den zweiten Platz.

Nachdem Ascari nach Europa zurückgekehrt war, setzte er seine Vorherrschaft mühelos gegenüber Gegnern und Teamkollegen durch. Mit einer Leichtigkeit, die entwaffnend wirken konnte – die aber vielmehr das Ergebnis eines angeborenen Sinns für Klasse gepaart mit ständigem Training[24] war, gewann Ascari die nächsten sechs WM-Rennen in Folge.

Er begann am 22. Juni in Spa mit einem Sieg beim Großen Preis von Belgien und endete am 7. September in Monza mit einem Triumph beim Großen Preis von Italien. Farina und Taruffi störten ihn nie, ebenso wenig wie Villoresi, der im vorletzten Rennen des Jahres in den Niederlanden wieder antrat. Seinem Teamkollegen Farina hinterließ er lediglich eine Poleposition in Silverstone, aber er gab keine einzige schnellste Rennrunde ab.

Ihren Gegnern überließen Ascari und Ferrari nur ein paar Krümel – einen dritten Platz in Silverstone für Mike Hawthorn und seinen Cooper-Bristol; einen zweiten Platz in Monza für González im neuen Maserati. Aber nicht einmal als der neue Maserati A6GCM endlich in Deutschland einsetzbar war, beunruhigte dies das Ascari-Ferrari-Duo. In drei der sieben europäischen Rennen besetzten drei Ferrari-Piloten das Podium.

Alberto Ascari war am 3. August nach seinem Sieg beim Großen Preis von Deutschland auf dem Nürburgring vorzeitig Weltmeister geworden, obwohl noch zwei Meisterschaftsrennen zu fahren waren (die er ebenfalls gewinnen sollte). Zu den ersten, die Enzo Ferrari gratulierten, gehörte der Generaldirektor von Alfa Romeo, Franco Quaroni, der dem ehemaligen Fahrer und Assistenten seines Unternehmens ein Glückwunschtelegramm schickte.

Ferrari war sehr beeindruckt. Er zögerte nicht, seine zwanzig Jahre bei Alfa Romeo als »fabelhaft« zu bezeichnen.[25] Das Telegramm von Quaroni war die größte Belohnung, die er sich vorstellen konnte. Er wusste, dass sich mit seiner Antwort in vielerlei Hinsicht ein Kreis schließen würde, und so dachte er sorgfältig über jedes seiner Worte nach, die er unverzüglich in einem kurzen Brief niederschrieb, der bedeutungsvoll begann: »Liebe Freunde von Alfa«.[26]

Der Text war eine wahre Liebeserklärung an Alfa Romeo und eine Ode an seine Jugend. »Ihr heutiges Telegramm«, gestand er, »brachte mir einen großen Hauch frischer Frühlingsluft und im klaren Himmel las ich mit beunruhigender Klarheit das ganze Buch unserer Erinnerungen. Zwanzig Jahre habe ich mit Ihnen gelebt; wie viele Tatsachen, Ereignisse, Menschen sind vergangen! Ich habe mich heute an alles und jeden erinnert.«[27]

Er schloss den Brief mit der spontanen Erklärung eines Mannes, der von sich behauptete, er habe sich mit den Ellenbogen durchs Leben geschlagen: »Ich empfinde für unseren Alfa noch immer, das können Sie mir glauben, die jugendliche Zärtlichkeit der ersten Liebe, die reine Zuneigung, die man für seine Mutter hegt!«[28]

Seit den Tagen von *Auto Avio Costruzioni* und der *Mille Miglia* 1940 hatte Ferrari immer eine besondere Vorliebe für Alberto Ascari gezeigt. Von ihm akzeptierte Ferrari Worte, die andere Fahrer nicht zu sagen wagten. Alberto wusste, wie er mit

Enzo umzugehen hatte: mit seiner Gelassenheit, seiner Beherrschung, niemals die Stimme zu erheben, und seinem natürlichen Geschick, die Tatsachen auf die sanfteste und urteilsfreieste Weise darzulegen. Als Alberto von einem Rennen zurückkehrte, bei dem das Getriebe nicht so funktioniert hatte, wie es sollte, sagte er: »Ferrari, das Getriebe Ihres Autos ist gut und stark, aber schauen Sie, was es mit meiner Hand gemacht hat. Stellen Sie sich vor, nach dem Rennen wollten schöne Mädchen ein Autogramm von mir und ich konnte ihnen keins geben.«[29]

Keiner der anderen Ferrari-Fahrer hätte so direkt eine bestimmte Komponente eines seiner Autos kritisieren können. Alberto konnte es. Ferrari hatte über seinen Witz über die schönen Mädchen gelacht und nach Ascaris Abreise seinen Mechanikern befohlen, das Getriebe zu zerlegen und seine Funktion zu verbessern.[30]

Aber Ferrari, das sich wie üblich in fast allen Kategorien des Rennsports engagierte, hatte im Laufe des Jahres weitere Erfolge gesammelt. Im Frühjahr gewann zum fünften Mal in Folge ein Auto, das seinen Namen trug, die *Mille Miglia*: der 250 S, gefahren von Giovanni Bracco. Dank der Autos, die er an Kunden in der ganzen Welt verkauft hatte, verging kaum ein Sonntag, an dem nicht einer seiner Wagen irgendwo gewann. Die Bedeutung, die Ferrari in der Welt des Motorsports erlangte – wo große Hersteller entweder kurz vor dem Ausstieg standen oder ihr zukünftiges Engagement noch nicht bestätigt hatten – war so groß, dass ihm die FIA, die gerade die neue Hersteller-Weltmeisterschaft für 1953 ins Leben gerufen hatte, am Ende der Saison den Titel für seine zahlreichen Siege bei den Langstreckenrennen des Jahres 1952 verlieh.

Anfang Oktober wurde auf dem Pariser Autosalon erstmals das Ergebnis der Zusammenarbeit zwischen Ferrari und Pinin Farina öffentlich gezeigt. Die Besucher bekamen die elegante Farina-Ausarbeitung des ursprünglich von Vignale gefertigten Modells 212 Inter zu sehen. Es war das zweite von zwei Modellen, die im Laufe des Jahres hergestellt wurden – das erste war von dem Schweizer Gentleman-Fahrer Georges Filipinetti in Auftrag gegeben worden.[31]

Die Zusammenarbeit trug also erste Früchte: Das schnittige Cabriolet mit stilvoll-sinnlichen Linien fand in der Automobilwelt große Beachtung. Unter Hinweis auf die schwierigen Persönlichkeiten von Ferrari und Pinin gab es einige, die meinten, dass die Partnerschaft zwischen den beiden trotz der Schönheit dieses ersten Modells nicht lange halten würde. Ferrari, der sofort begriffen hatte, dass Pinins Genie genau das war, was er gesucht hatte, wies die falschen Propheten zurück und erklärte: »Meine Beziehung zu Pinin Farina wird Bestand haben.«[32]

Die ansonsten perfekte Welt wurde durch Dinos Gesundheit verdunkelt. Am 1. Oktober 1952 begann Dino sein fünftes Jahr am *Istituto Tecnico Fermo Corni* in Modena. Das Gehen fiel ihm immer schwerer, und seine Hände und Arme waren inzwischen immer steifer geworden. Er musste sich von Mitschülern helfen lassen, um die Stufen zur Schule hinaufzukommen. Aber er war ein großzügiger, liebenswerter junger Mann und seine Freunde halfen ihm auf jede erdenkliche Weise, sogar im Labor der Schule, als seine Hände die für bestimmte Aufgaben erforderlichen Werkzeuge nicht richtig bedienen konnten. Enzo war sich der enormen und selbstlosen Hilfe von Lehrern und Schülern bewusst, ohne die Dinos Schulzeit die Hölle gewesen wäre. Um sich für ihre Großzügigkeit (zumindest teilweise) zu revanchieren, lud er sie alle nach Maranello zu einer Werksbesichtigung und einem üppigen Mittagessen ein, das mit Lambrusco-Wein begossen wurde. Es war der 12. Oktober und es fielen die ersten Schneeflocken.[33]

Am Ende des Jahres verlieh der italienische Staatspräsident Enzo den Ehrentitel *Cavaliere del Lavoro* (Ritter der Arbeit).[34] Das Königreich Italien hatte ihn im Alter von nur 26 Jahren zum Ritter geschlagen und wenig später zum *Commendatore* ernannt. Der Krieg und die Republik hatten ihm jedoch alle während der Herrschaft des Faschismus verliehenen Ehrungen genommen. Im Gegensatz zu vielen anderen hatte sich Ferrari nicht darum bemüht, sie zurückzubekommen, was in der neuen Ordnung durchaus möglich gewesen wäre, wenn die Ehrungen nicht wegen der oder durch die faschistische Partei verliehen worden waren. Ferrari hatte beide Auszeichnungen für seine Verdienste im Rennsport erhalten, war aber nie auf die Idee gekommen, seine Energie für solche Nebensächlichkeiten zu verschwenden.

Bei den Planungen für die Formel-1-Saison 1953 nahm Ferrari erneut den Weltmeister Alberto Ascari und seinen Verfolger Farina unter Vertrag. Zu ihnen gesellte sich Gigi Villoresi, der in perfekter Harmonie mit Ascari lebte und gleichzeitig gegen ihn Rennen fuhr – eine Verbindung, die in gewisser Weise an die zwischen Nuvolari und Borzacchini erinnerte. Zusätzlich zu diesem Trio holte Ferrari überraschenderweise – aber eindeutig mit Blick auf den britischen Automobilmarkt – einen jungen Engländer namens Mike Hawthorn an seinen Hof, der mit seinem Cooper-Bristol in der vorangegangenen Saison einige sehr interessante Rennen bestritten hatte.[35]

Trotz des massiven Einsatzes von Maserati dominierten Ascari und Ferrari die Saison von Anfang bis Ende und als Fangios A6GCM zum ersten und einzigen Mal in der Saison beim letzten Rennen in Monza die Nase vor Ferraris 500 F2 setzen konnte, war der WM-Titel bereits seit dem vorletzten Rennen in Bern in Ascaris Händen.

Zwölf Tage zuvor, am Dienstag, dem 11. August, war Tazio Nuvolari um 6:30 Uhr in seinem Haus in der Viale delle Rimembranze in Mantua verstorben.[36] Er war 61 Jahre alt, sechs Jahre älter als Enzo Ferrari. Sie kannten sich seit fast 30 Jahren – seit dem Tag, an dem Ferrari 1924 sein zweites Rennen in Ravenna gewonnen hatte.

In den drei Jahrzehnten, die seither vergangen waren, waren sie vielleicht nie Freunde im tiefsten Sinne des Wortes gewesen, aber sie hatten sich sicherlich mehr gegenseitig beeinflusst, als einer von ihnen jemals zugeben würde. Für Enzo war Tazio ein Beispiel für Stil und Mut als Rennfahrer, das Ass im Ärmel einer sehr jungen Scuderia Ferrari, der große Feind zu der Zeit seiner auffälligen Trennung vom Team, sein letztes Mittel gegen die deutsche Bedrohung nach seiner Rückkehr, der große Verbündete in den stürmischen Gewässern von Alfa Corse.

Gemeinsam hatten sie wichtige Seiten in der Geschichte des Motorsports geschrieben. Aus Dankbarkeit für die Rolle, die Nuvolari in seiner beruflichen Karriere gespielt hatte, hatte Ferrari – der, um seinen Namen wieder mit dem des Mantuaners zu verbinden, von 1935 bis 1938 eine untergeordnete Rolle in ihrer beruflichen Beziehung akzeptiert hatte – Nuvolari nach dem Krieg die Möglichkeit gegeben, die letzten Belohnungen einer langen und einzigartigen Rennkarriere zu erlangen. Das letzte Mal hatten sie sich vor elf Monaten gesehen, als Nuvolari im September 1952 nach Modena gereist war, um Ferraris und Maseratis auf der neuen Flugplatzrennstrecke am Stadtrand gegeneinander antreten zu sehen.[37]

Als Ferrari vom Tod Nuvolaris erfuhr, bat er seine Frau, ein Telegramm im Namen des Unternehmens zu schicken[38], dann schickte ein zweites in seinem eigenen Namen.[39] Danach fuhr er mit dem Auto nach Mantua, um Tazios Witwe Carolina zu trösten und Tazio ein letztes Mal zu sehen.

Gegen 17 Uhr verirrte er sich in den kleinen, verwinkelten und geschichtsträchtigen Gassen des mittelalterlichen Stadtzentrums von Mantua.[40] Etwas verwirrt durch das feuchtheiße Wetter stieg er aus seinem Auto aus und fragte einen alten Mann nach dem Weg. Bevor dieser antwortete, ging er langsam um das Auto herum, um das Nummernschild zu lesen. Als er das Modena-Kennzeichen sah, erkannte er Enzo Ferrari, schüttelte ihm herzlich die Hand und dankte ihm für sein Kommen. »Es wird nie wieder jemanden wie ihn geben«, sagte der Mann und bezog sich dabei auf Nuvolari.[41]

Als er schließlich die Villa Nuvolari erreichte, ging Ferrari an den hohen Betonabsperrungen vorbei, die Tazio nach dem Vorbild der Boxen des alten Nürburgrings hatte errichten lassen und die in seiner Lieblingsfarbe Gelb gestrichen waren. Als er auf dem Bürgersteig stand, sah er Dutzende von Menschen, die sich vor Nuvolaris Haus versammelt hatten, um ihrem legendären Mantuaner die letzte Ehre zu erweisen. Die Anwohner beäugten Fremde misstrauisch, »als hätten sie Angst, ihrer Trauer beraubt zu werden«.[42] Enzo wurde schließlich in den Raum geführt, in dem Nuvolari seine Trophäen aufbewahrte und in dem Carolina den Leichnam ihres Mannes zur Aufbahrung hatten bringen lassen.

Zur Beerdigung kehrte Ferrari nicht nach Mantua zurück.[43]

Einen Monat später reiste Carolina Nuvolari zum Großen Preis von Modena. Vor dem Start des Rennens wurde eine Schweigeminute zu Ehren von Tazio abgehalten,[44] der hier dreimal gewonnen hatte.

Enzo Ferrari, der das Rennen seinerseits zweimal gewonnen hatte, war zwar anwesend, hatte aber im offenen Konflikt mit dem Automobilclub seiner Heimatstadt kein Auto eingesetzt.

Und dann war da noch die Tatsache, dass Enzo Ferrari Ende August im Streit mit der FIA, die sich den italienischen Behörden angeschlossen hatte, Renn- und Preisgeldern bei allen Veranstaltungen abzuschaffen und so die italienischen Teams auf internationaler Ebene nicht zu abzusichern, angekündigt hatte, dass er sich nach dem Großen Preis von Italien (der nun vorbei war) aus dem Rennsport zurückziehen würde.[45]

Er bluffte natürlich, um die Aufmerksamkeit der italienischen Sport- und Rennsportverbände zu gewinnen, die die Bedürfnisse der italienischen Teams ignorierten, aber immer bereit waren, die vielen Siege, die durch individuelle Aufopferungen von Leuten wie Ferrari, den Orsis oder den Brüdern Maserati errungen wurden, zu ihrem Vorteil auszunutzen. Das Thema war umso wichtiger, als acht Jahre nach Ende des Zweiten Weltkriegs das Geld im Motorsport knapp war, die technischen Zulieferer immer weniger bereit waren, Geld auszugeben, und am Horizont große Hersteller wie Lancia und vor allem Mercedes auftauchten, die über Budgets verfügten, die kleine Hersteller wie Ferrari, Maserati und Osca einfach nicht hatten.[46]

Auf der Modeneser Flugpiste ebnete Ferraris Rückzug den Weg für den Maserati von Fangio, den Sieger des Großen Preises von Italien in der Vorwoche. Aber für Enzo Ferrari war Modena inzwischen ohnehin eine zu kleine Spielstätte. Die Welt war zu seiner Bühne geworden – eine Welt, die seine Autos und sein geliebter Ascari das zweite Jahr in Folge erobert hatten.

Neben der Formel-1-Weltmeisterschaft stand Enzo Ferrari im Herbst 1953 auch kurz davor, die erste offiziell anerkannte Sportwagen-Weltmeisterschaft zu gewinnen. In gewisser Weise könnte sich ein Erfolg in dieser neuen Rennkategorie als noch vorteilhafter für seine kommerzielle Tätigkeit erweisen, da die

Rennen und Siege nicht von Prototypen, sondern von Sportwagen bestritten wurden, die fast baugleich mit denen waren, die er an eine zunehmend begeisterte Kundschaft verkaufte.

Ähnlich wie drei Jahre zuvor beim ersten Rennen der Formel-1-WM hatte Ferrari bei der ersten Veranstaltung der neuen Meisterschaftsserie ausgesetzt. Der Grund dafür war wiederum rein finanzieller Natur: Er behauptete, dass eine Winterreise nach Florida zum 12-Stunden-Rennen von Sebring für ein nach wie vor kleines Unternehmen, in dem alle Ausgaben stets sorgfältig abgewogen werden mussten, zu teuer wäre. Ferrari war stattdessen der Meinung, dass das Geld, das er durch den Verzicht auf die Reise nach Florida gespart hatte, besser für die zweite Runde der neuen Meisterschaft – die *Mille Miglia* – verwendet werden konnte. Ferrari hatte hier in den letzten fünf Jahren gewonnen und wollte mit einer kämpferischen Mannschaft, die aus Farina, Villoresi, Hawthorn und Giulio Cabianca bestand, an diesem Rennen teilnehmen. Ascari interessierte sich nicht besonders für Langstreckenrennen. Wie schon drei Jahre zuvor rettete Giannino Marzotto mit seinem privaten 340 MM (mit Vignale-Karosserie) Ferrari den Tag. Es war Gianninos zweiter Sieg bei der *Mille Miglia* und der sechste in Folge für Ferrari, aber vor allem bedeutete er wertvolle Punkte für die Sportwagen-Weltmeisterschaft.

In Le Mans im Juni gab es keine privaten Gentleman-Fahrer, die Maranello Punkte für die Meisterschaft brachten, abgesehen von den wenigen, die Giannino Marzotto und sein Bruder Paolo mit ihrem fünften Platz mit nach Hause nahmen – ein brillantes Ergebnis für zwei Brüder, die zum Spaß Rennen fuhren, aber ein enttäuschendes für einen Autohersteller mit Weltmeisterschaftsambitionen.

Zum Glück änderte sich das Schicksal bei den 24 Stunden von Spa-Francorchamps, die von Farina und Hawthorn für Ferrari gewonnen wurden. Es gab keine Konkurrenz von Jaguar, Aston Martin oder Lancia – im Europa des Jahres 1953 hatte kein Automobilhersteller ein großes Budget und jeder musste sorgfältig auswählen, an welchen Rennen er teilnehmen wollte.

Ende August hatte Ferrari für das fünfte Rennen der Saison – dem 1000-km-Rennen am Nürburgring – drei 375 MM für die

Paare Villoresi/Hawthorn, Ascari/Farina und Magliol/Carini nach Deutschland geschickt. Aber die äußerst anspruchsvolle Strecke in der Eifel setzte den drei Autos schon beim Training zu. Hawthorn zerstörte die Karosserie seines Autos, Maglioli erlitt einen Getriebeschaden und bei Farina brach eine Radaufhängung. Die Ferrari-Mechaniker arbeiteten mit allen Tricks, aber am Ende konnte von den drei Autos nur eines zum Rennen antreten.[47] Ferrari traf die logischste Entscheidung und vertraute das Rennen seinen beiden Weltmeistern Ascari und Farina an, die am Sonntag das Rennen dann auch gewannen und sich die Führung in der Meisterschaft sicherten.

Um die Tabellenführung zu verteidigen, verzichtete Ferrari auf das nächste Rennen Ende September, das eine sehr lange und teure Reise bis nach Nordirland erfordert hätte, wo auf dem *Dundrod Circuit* die *Tourist Trophy* ausgetragen werden sollte.[48] Aston Martin gewann das Rennen, aber Jaguar sammelte genügend Punkte, um sich an die Spitze der Weltrangliste zu setzen.

Jetzt, im Oktober, wusste Ferrari, dass er, um die erste Sportwagen-Weltmeisterschaft zu gewinnen, zunächst einmal seine Meinung über den Rückzug von allen offiziellen Rennaktivitäten ändern musste, obwohl er dies im August angekündigt hatte. Aber konnte er eine längere Reise planen und finanzieren als die nach Nordirland, die er bereits ausgelassen hatte? Schließlich kam er zu dem Schluss, dass eine offizielle Teilnahme von Ferrari an der *Carrera Panamericana* in Mexico – der letzten Runde der Meisterschaft – nicht infrage kam, da das für die lange Reise und die Betreuung vor Ort erforderliche Budget für sein kleines Unternehmen viel zu groß war. Vielleicht hatte er auch noch nicht das bekommen, was er sich bei der Ankündigung seines Rücktritts von den internationalen und italienischen Verbänden erhofft hatte.

Enzo Ferrari war nicht der Einzige, der auf eine offizielle Teilnahme an der Endveranstaltung der neuen Meisterschaft verzichtete. Der Generaldirektor von Jaguar, William Lyons, bestätigte ebenfalls, dass sich sein Unternehmen ein Rennen in Mexiko nicht leisten könne.[49] Privatiers, die mit ihren eigenen Ferraris und Jaguars am mexikanischen Rennen teilnehmen wollten, würden somit den Wettbewerb entscheiden.

Jetzt machte das Netz persönlicher Kontakte, das Enzo Ferrari im Laufe seines Lebens geknüpft hatte, den Unterschied aus. Immerhin konnte er auf eine Reihe leidenschaftlicher Importeure oder Händler zählen, die ihm gern den Gefallen taten, an seiner Stelle Rennen zu fahren. Für Enzo war das nichts Neues, denn genau das hatte er selbst mit seiner Scuderia in den 1930er-Jahren getan. Aber nur zwei von ihnen, dem allgegenwärtigen Luigi Chinetti und dem ebenso aktiven Franco Cornacchia, Ferraris Handelsvertreter in Mailand,[50] war es zu verdanken, dass Enzo Ferrari zum zweiten Mal in einer Saison Weltmeister wurde. (Die Scuderia Lancia belegte das gesamte Podest, es folgte Guido Mancini und auf dem sechsten Platz Mario Riccimit – beide mit 375 MM. Der erste Jaguar kam erst auf Platz 25 ins Ziel.)

Die Saison 1952/1953 war für Enzo Ferrari und sein inzwischen allgemein als überragender Akteur in der internationalen Rennsportszene anerkanntes Unternehmen eine berauschende Zeit. In den letzten fünf Jahren hatte Ferrari jede *Mille Miglia* gewonnen, und es gab kein Langstreckenrennen, von den 24 Stunden von Le Mans und Spa bis zu den 1000 Kilometer auf dem Nürburgring und der *Carrera Panamericana,* das er nicht gewonnen hatte. Zwei Jahre in Folge hatte er den F1-Weltmeistertitel errungen und in diesem Jahr gewann er auch die Sportwagen-Weltmeisterschaft.

Diese Triumphe im Rennsport hatten dem kleinen Unternehmen am Fuße des Apennin, das sich trotz seiner eher ländlichen Lage zum Ziel der Reichen und Berühmten der Welt entwickelt hatte, außergewöhnliche Publicity beschert. Angefangen hatte alles mit dem italienischen Regisseur und Oscar-Preisträger Roberto Rossellini, der mit seiner Frau Ingrid Bergman nach Maranello gekommen war. Ferrari hatte Rossellini einen 166 verkauft und sich in Bergmans einzigartige grau-goldene Augen verliebt, deren Farbe er später als exklusiven Autolack für seine immer anspruchsvollere Klientel reproduzieren wollte.

Rossellini war ein treuer Kunde geworden und kaufte nun ein Ferrari-Modell nach dem anderen. Aber er war nicht das einzige Mitglied der High Society, das, nachdem es einmal die Aufregung eines Ferraris erlebt hatte, mit der Straße von Modena in die Berge vertraut wurde. Hollywoodschauspieler und -schauspielerinnen wie Anna Magnani oder Unternehmer wie Gianni Agnelli und Henry Ford II.[51] standen nun Schlange, um eines der wenigen Autos zu erwerben, die Ferrari jedes Jahr produzierte – 1953 waren es gerade einmal 57 Stück.[52]

Ferrari, der die Kunst der Illusion perfekt beherrschte, um das Geheimnis um seine Person und seine Autos zu verstärken, wählte sorgfältig die Kunden aus, mit denen er Zeit verbrachte, eine persönliche Werksbesichtigung machte und zu Abend aß.[53] Darunter befanden sich gekrönte Häupter wie der vietnamesische Kaiser Bao Dai und europäische Monarchen wie Bernhard von den Niederlanden und Leopold von Belgien,[54] die ihn, sobald sie am Hofe von König Enzo aufgenommen wurden, als ihresgleichen behandelten.[55]

Darüber hinaus hatte der rennsportliche und kommerzielle Erfolg von Ferrari in Maranello und Modena ein Klima der Gelassenheit geschaffen, das es zuvor einfach nicht gegeben hatte. Enzo Ferrari blieb der absolute Herrscher nicht nur über sein Unternehmen, sondern auch über die Kulisse. Finanzielle und gesundheitliche Sorgen waren neben seinen persönlichen Ängsten und seiner Unruhe, mit denen er nur schwer zurechtkam, nie ganz abwesend [56]. Aber um ihn herum bewegte sich eine Schar Arbeiter, Ingenieure, Techniker, Mechaniker und natürlich Fahrer, die harmonisch zusammenarbeiteten.[57] Es gab Abende, an denen er seine Männer mit einem Abendessen im Ristorante Cavallino überraschte oder spät abends mit seiner Frau und seinem Sohn in der Werkstatt vorbeischaute – nicht um seine Leute zu kontrollieren, sondern um das Gefühl zu fördern, dass sie alle Teil einer großen Familie waren.[58]

Trotz der Neigung des Königs, seine Männer in Konkurrenz zueinander zu setzen, arbeiteten in den zwei Jahren, in denen Ascari eine Reihe von Siegen errang und die erste Sportwagen-Weltmeisterschaft eroberte, alle bei Ferrari mit einer seltenen Einigkeit zusammen. Aurelio Lampredi war der unangefochtene Chef der technischen Abteilung. Ihm unterstanden Rocchi, Colotti und Salvarani, mit denen er einen beneidenswerten Sinn für Teamarbeit entwickelt hatte. Über ihnen allen stand der unschätzbare Luigi Bazzi, der seit dreißig Jahren mit Ferrari zusammenarbeitete und wusste, wie man sich in den gefährlichen Gewässern um den Boss herum bewegt. Der *Maestro* Nello Ugolini war als erfahrener Teammanager ein weiteres Mitglied der alten Garde, der Ferrari gut kannte und wie alle »alten Hasen« wusste, dass man sich keine Sorgen machen musste, wenn der große Mann schrie oder wütete, sondern nur, wenn er schwieg. Und dann war da noch Romolo Tavoni, der Ferraris Agenda verwaltete, ein wertvoller Sekretär, der natürlich viel mehr als das war, und der – gegen seinen Willen – zum Schatten des Bosses geworden war.

Auch unter den Fahrern herrschte eine Gelassenheit, die in anderen Situationen und zu anderen Zeiten ihresgleichen suchte. Alberto Ascari und Luigi Villoresi waren auch abseits der Rennstrecke befreundet und der Altersunterschied sorgte dafür, dass sie nie in einem echten Wettbewerb standen. Villoresi erinnerte sich an diese Zeit bei Ferrari daran, dass das Klima dem einer Familie entsprach: »Wir hatten manchmal unsere Streitigkeiten, aber wir liebten uns und arbeiteten mit Freude Seite an Seite.«[59]

Diese idyllischen Zeiten sollten sich allerdings bald ändern.

KAPITEL 25

Hochverrat

Nachdem sich Alfa Romeo aus dem Rennsport zurückgezogen hatte, tauchte Lancia als bedrohliche Erscheinung am Horizont auf. Das 1906 in Turin gegründete Unternehmen hatte beschlossen, das Erforderliche und vielleicht noch mehr auszugeben, um erfolgreich zu seinen Ursprüngen zurückzukehren – dem Rennsport.

Ferrari wollte nicht sehen (oder es vielleicht einfach nicht glauben), dass Lancia seinen Weltmeister umwarb. Obwohl er wusste, dass Ascaris Interesse geweckt war, blieb Ferrari am Ende der außergewöhnlichen Saison 1953 gegenüber seinen Fahrern vieldeutig launenhaft, was das Rennprogramm für 1954 anging – eine Saison, in der sich die Regeln erneut ändern sollten. Die F1-Autos würden wieder um den Titel einer Meisterschaftsserie kämpfen, an der Ferrari, wenn man seinen Erklärungen vom August Glauben schenken durfte, nicht teilnehmen würde. Darüber hinaus liefen die Verträge mit den Fahrern erst am 30. April 1954 aus und Ferrari verstand nicht, warum es Ascari und Villoresi so eilig zu haben schienen.

Ascari und Villoresi – die wie Nuvolari und Borzacchini in den 1930er-Jahren nur noch als Paar auftraten – verlangten nach einer Antwort und baten Ferrari um ein Treffen, weil sie seine

Pläne für die nächste Saison erfahren wollten. Ferrari redete und redete, gab aber nicht viel über seine Zukunftspläne preis, auch nicht über seine Teilnahme an der Formel-1-WM.[1]

Die Reise nach Modena war also erfolglos gewesen. Während der Rückfahrt nach Mailand schütteten sich Ascari und Villoresi gegenseitig ihr Herz aus. Auf der einen Seite stand Ferrari, ohne festes Programm und mit einem neuen Auto – dem 553 F1 –, dessen Fähigkeit sich erst noch erweisen müsste. Auf der anderen Seite war Lancia, mit einem von Vittorio Jano entworfenen Auto, einem genau definierten Programm und einem beträchtlichen Budget, einschließlich der Fahrergehälter. Die Entscheidung war gefallen und sie verschwendeten keine Zeit: Sie hielten an und riefen Gianni Lancia an, um ihm mitzuteilen, dass sie bereit waren zu verhandeln.[2]

Am 12. Dezember verkündete Ferrari beim jährlichen Saisonabschlussessen in Modena vor etwa zweihundert Gästen (darunter natürlich auch seine Fahrer), dass er in den Rennsport zurückkehren würde. Er freute sich über die Aufmerksamkeit, die sein befürchteter Rückzug – der inzwischen als »Ungewissheit im August«[3] abgetan wurde – hervorgerufen hatte, und über die Zusage der italienischen Sportbehörden, die Interessen von Ferrari und anderen italienischen Herstellern zu verteidigen.

Am 20. Dezember belegten Ascari und Villoresi den zweiten Platz bei den 12 Stunden von Casablanca, dem Abschlussrennen der Rennsaison 1953. Zwischen Weihnachten und Silvester wurden die beiden Fahrer nach Maranello einbestellt. Da ihre Verträge am 30. April ausliefen und Ferrari bei der Erneuerung ihrer Verträge für die nächste Saison zu zögern schien, dachten sie, dass sie vor dem Großen Preis von Argentinien, dem in drei Wochen stattfindenden Formel-1-Eröffnungsrennen, Anweisungen erhalten würden.[4] Stattdessen schien es Ferrari nach langem Hin und Her nun eilig zu haben, das Verhandlungsspiel abzuschließen.

Am Dienstag, dem 29. Dezember 1953, forderte Enzo Ferrari Alberto Ascari und Luigi Villoresi auf, sofort bei ihm zu unterschreiben, ohne das Auslaufen des laufenden Vertrags abzuwarten. Er bot ihnen einen neuen Vertrag an, der am 1. Januar

1954 und nicht erst am 1. Mai beginnen sollte. Ascari und Villoresi lehnten dies ab, denn nachdem Ferrari ihren Wünschen so lange ausgewichen war, ergab es für sie keinen Sinn, sofort bei ihm zu unterschreiben. Was sie nicht wussten, war, dass Ferrari befürchtete, im Frühjahr würden die großen Hersteller auf der Bildfläche erscheinen und alles teurer machen.[5] Hätte Ferrari von den Verzögerungen gewusst, die sowohl bei Mercedes als auch bei Lancia auftraten, hätte er wahrscheinlich nicht versucht, so früh im Winter zuzuschlagen, und wahrscheinlich wären seine beiden Fahrer mindestens eine weitere Saison bei ihm geblieben.

Die Diskussion wurde bald lebhaft und drehte sich um konkrete Dinge: Renn- und Preisgelder. Ferrari erklärte seinen beiden Fahrern, dass er niemals mit dem Geld, das Lancia bieten würde, mithalten könne. Während Lancia Geld bieten könne, so Enzo, würde Ferrari Siegerautos anbieten, mit denen sie sicherlich mehr Geld verdienen könnten.[6] Die beiden Fahrer konterten mit einem eigenen Vorschlag und sagten, dass sie bei Ferrari bleiben würden, wenn er mit Lancias Angebot mitgehen würde. Sie wussten, dass Gianni Lancia zwar Enthusiasmus und Geld hatte, Ferrari jedoch über Erfahrung verfügte, und das Jahr 1954 mit der Rückkehr von Mercedes versprach eine schwierige Saison zu werden.

Enzo Ferrari wollte nicht nachgeben. Er blieb beharrlich auf seinem Standpunkt, vielleicht sogar verärgert darüber, dass Villoresi – und vor allem Ascari – in den Verhandlungen mit Gianni Lancia so weit gegangen waren. Er sagte ihnen, entweder sie akzeptierten seine Bedingungen oder sie könnten ihn sofort verlassen, ohne das Auslaufen des Vertrags am 30. April abzuwarten.

Die Nacht war schon fast hereingebrochen, als sie aufbrachen. Als Ascari am Werkstor anhielt, um sich von den Wachen zu verabschieden, brach er in Tränen aus.[7]

Am nächsten Tag gab Ferrari in einer Pressemitteilung das Ende einer wunderbaren Freundschaft bekannt, von der sowohl Ascari als auch Ferrari, seine noch junge Fabrik, der italienische Motorsport und letztendlich das gesamte Nachkriegsitalien profitiert hatten.

Obwohl in Ferraris Pressemitteilung nur von Ascaris Ausscheiden die Rede war, verließ natürlich auch Villoresi das

Unternehmen. Wie erwartet, unterschrieben die beiden Fahrer am 21. Januar 1954 in Turin bei Lancia.[8] Mit ihnen ging auch Eugenio Castellotti, der noch nie mit einem Werks-Ferrari gefahren war, aber sein Talent bereits mit den vielen eigenen Ferraris bewiesen hatte, die er im Laufe der Jahre gekauft hatte.[9]

Nach dem Verlust von Ascari und Villoresi beeilte sich Enzo, Farinas und Hawthorns Verträge zu verlängern, González zurückzurufen und Maglioli zu fördern. Ascari zu ersetzen, war vielleicht unmöglich, aber Farina war ein erfahrener Champion, Hawthorn war einer der talentiertesten jungen Fahrer der neuen Generation und González wusste, wie man mit den Besten kämpft.

Das Auto für die neue Formel war die eigentliche Variable. Lampredi hatte Probleme bei der Entwicklung des neuen 553 F1 und für das erste Rennen der Weltmeisterschaft 1954 im Januar in Argentinien war Ferrari gezwungen, vier 625er einzusetzen – drei Jahre alte Autos.

Ferrari war jedoch nicht der einzige Hersteller, der mit seinem Zeitplan im Rückstand war; Ascari und Villoresi hatten einen Vertrag mit Lancia, aber Lancia hatte noch kein Auto für sie. Deshalb fuhren sie nicht nach Argentinien. Auch Mercedes war mit der Entwicklung des Wagens, mit dem man nach den glorreichen 1930er-Jahren in den Rennsport zurückkehren wollte, im Rückstand. Der Argentinier Fangio, der nun in Stuttgart unter Vertrag stand, nahm dennoch in seiner Heimat am ersten Rennen der Saison teil – am Steuer eines Maserati.

Eine Woche nach der Formel 1 fand ebenfalls in Argentinien das erste Rennen der Sportwagen-Weltmeisterschaft statt – die 1000 Kilometer von Buenos Aires. Ascari und Lancia mussten dieses Rennen aussetzen, während Ferrari mit dem 375 MM, gelenkt von Farina und Maglioli, das Rennen gewann. Lancia gab sein Debüt im März bei den 12 Stunden von Sebring, wo man im Training der Schnellste war, im Rennen aber eine besorgniserregende Schwäche zeigte. Die *Mille Miglia* am 2. Mai war eine ganz andere Geschichte: Lancia gewann das Rennen mit Ascari, während Ferrari große Probleme hatte. Keiner der offiziellen Werks-Ferraris kam ins Ziel und Farina erlitt bei einem schrecklichen Unfall schwere Verletzungen.

Zum ersten Mal seit 1948 hatte Ferrari die *Mille Miglia* nicht gewonnen – und der Sieg war auch noch an Alberto Ascari gegangen. Seine Zuneigung war geblieben, trotz Ascaris Weggang und allem, was das bedeutet hatte. Nach dem Rennen nahm Ferrari Stift und Papier zur Hand und schrieb eine Notiz, die viel über ihre Beziehung aussagt, an Alberto: »Obwohl die Umstände des Lebens uns getrennt haben, können Sie sicher sein, dass unsere Freundschaft fortbesteht, deren Ursprünge über jede andere Überlegung hinausgehen.«[10]

Der 500 Mondial, den Ascari und Villoresi im Dezember des Vorjahres in ihrem letzten Rennen für Ferrari zum Erfolg gefahren hatten, markierte den Beginn der Zusammenarbeit zwischen dem Werk in Maranello und einem Karosseriebauer aus Modena namens Sergio Scaglietti. Wie der berühmte Turiner Karosseriebauer Pinin Farina, der fast ausschließlich die Formen der straßentauglichen Ferraris interpretierte, war auch Scaglietti, der erst seit 1951 im Geschäft war, aber von nun an eine wichtige Rolle bei der Herstellung einiger der beständigsten Ferrari-Modelle spielen sollte, ein Selfmademan. Dieser bislang kaum bekannte Kunsthandwerker hatte eine Gabe, wenn es darum ging, Rohmaterial zu rassigen Sportwagen zu formen.[11]

Nach der *Mille Miglia* kam die Rennsaison in Schwung. Lampredi hatte endlich den 553 F1 fertiggestellt, Lancia tappte immer noch im Dunkeln und Mercedes hatte sein Debüt wieder einmal verschoben. Doch auf Ferraris Weg zum Sieg stand nun unerwartet die andere Hälfte von Modena. Im zweiten Rennen der Saison (abgesehen von Indianapolis) hatte Maserati wieder Fangio eingesetzt und mit ihm den Großen Preis von Belgien gewonnen. Als Mercedes seinen Wagen endlich fertig hatte und Fangio zu den Deutschen gegangen war, hatte Maserati sowohl Ascari als auch Villoresi einen Wagen angeboten.

Mercedes gab sein Debüt am 4. Juli 1954 beim Großen Preis von Frankreich in Reims. Für Ferrari war es ein Debakel, das nur teilweise durch den dritten Platz des Franzosen Robert Manzon, der mit einem Ferrari der Ecurie Rosier antrat, gemildert wurde. Auch Ascari hatte Pech, denn er schied bereits in der ersten Runde aus. Fangio und Mercedes hatten jedoch mit ihrer ganzen vernichtenden Kraft das Potenzial der Stuttgarter gezeigt. Enzo verglich schwer erschüttert die Niederlage seines Teams mit der demütigenden Niederlage der italienischen Armee bei der Schlacht von Caporetto (Kartreit) im Ersten Weltkrieg.[12]

Zwei Wochen später gelang Ferrari überraschenderweise wieder ein Sieg. Am Samstag, dem 17. Juli, fuhr Froilán González in Silverstone, wo er den ersten Sieg für das Enzo-Team errungen hatte, mit dem 625er zum Erfolg. Mercedes hatte unvorhergesehene Probleme mit dem Fahrverhalten des W196 und Mike Hawthorn konnte den zweiten Platz belegen. Angesichts der ersten zwei Plätze von Ferrari und des dritten Platzes von Maserati (mit Onofre Marimon) waren sich viele sicher, dass die alte Ordnung wiederhergestellt war. Ferrari selbst sprach von einer Wiederauferstehung in Silverstone, die die in Reims erlittene schwere Niederlage gerächt habe.[13] Nichts war jedoch weiter von der Wahrheit entfernt. Das Mercedes-Fiasko in Frankreich war nur ein Zufall und Ende August wurde Fangio nach seinem Sieg beim Großen Preis der Schweiz neuer Weltmeister.

Nach dem Verlust des Weltmeistertitels machte die italienische Sportwelt mobil. Der Lancia D50, an dem Jano so lange gearbeitet hatte, war immer noch nicht fertig. Die Deutschen dominierten, der Krieg hatte in Italien viele offene Wunden hinterlassen, und Ferrari selbst hatte militärische Metaphern verwendet, als er von seinen Niederlagen und Siegen gegen Mercedes gesprochen hatte, auch wenn er dabei eher an den Ersten als an den Zweiten Weltkrieg dachte. Maserati und Ferrari kämpften, und der beste italienische Fahrer seiner Generation war für einen Großteil der Saison außer Gefecht gesetzt.

Angetrieben von der öffentlichen Meinung entwickelte die italienischen Motorsportorgane eine Lösung, die die aktive Unterstützung Enzos erforderte – die nicht selbstverständlich war. Am Samstag, dem 28. August 1954, acht Tage vor dem Großen Preis von Italien, traf Ferrari in Salsomaggiore Terme den Präsidenten des Automobilclubs von Mailand, Luigi Bertett, der mit Alberto Ascari angereist war. Diese Zusammenkunft an den sanften Hängen des Apennins hinter Parma brachte das gewünschte Ergebnis. Ascari begrüßte die Nachricht »mit Begeisterung«;

Lancia gab seine »volle und herzliche Zustimmung, [damit] sein Fahrer bei dem großen Ereignis zur Verteidigung der italienischen Farben nicht außen vor bleibt«. Ferrari erklärte sich bereit, dem amtierenden Weltmeister einen seiner Wagen für den Großen Preis von Italien am Sonntag, dem 5. September, zur Verfügung zu stellen.[14] Der eigentliche Gewinner war Enzo Ferrari, der seinen Lieblingsfahrer zurückerhielt und dem gleichzeitig öffentlich für den »Sportsgeist des Herstellers aus Maranello« gedankt wurde.[15]

Ascari enttäuschte nicht. Zurück am Steuer eines Ferrari fuhr er im Qualifying die zweitschnellste Zeit und lag die Hälfte der Renndistanz in Führung. Dann musste er wegen eines Motorschadens aufgeben und Fangio gewann wieder einmal das Rennen.

Der Große Preis von Italien sollte das erste und einzige Rennen bleiben, das Ascari nach der Trennung im Vorjahr mit Ferrari bestritt. In den eineinhalb Monaten, die zwischen dem Rennen in Monza und dem letzten Grand Prix der Saison 1954 am 24. Oktober in Pedralbes (Spanien) lagen, wurde der Lancia D50 endlich fertig. Der neue Wagen war zweifellos schnell und Ascari fuhr beim Großen Preis von Spanien auf die Poleposition. Aber der D50 war noch nicht zuverlässig. Ascari führte das Rennen an, bis er wegen einer schlecht funktionierenden Kupplung ausscheiden musste. Villoresi war bereits in der ersten Runde wegen Problemen mit den Bremsen an seinem Lancia ausgeschieden.

Mike Hawthorn gewann das Rennen. Für den 25-jährigen Engländer war es der zweite Sieg mit dem Team aus Maranello. Für Enzo Ferrari war es der zweite Saisonsieg, der allerdings zu spät kam, um über das Preisgeld hinaus noch etwas zu bringen.

Ferrari tröstete sich mit einem erneuten Sieg in der Sportwagen-Weltmeisterschaft.

Im Laufe des Jahres 1954 hatte Enzo Ferrari das Werk in Maranello erheblich vergrößert. Die wichtigste Erweiterung war der Bau der Gießerei für Leichtmetalllegierungen,[16] die Ferrari als das wahre Herzstück einer Rennwagenfabrik betrachtete, weil sie zeitnahe Innovationen ermöglichte.[17] Da der Platz im Westen durch die Staatsstraße begrenzt war, erfolgte die Erweiterung nach Osten.

Die Gießerei war auch Ferraris Wunsch gewesen, weil er so seine zahlreichen Projekte unter Verschluss halten und die Qualität der Materialien und Komponenten kontrollieren konnte. Trotz der Tatsache, dass die Fahrzeugproduktion 1954 nur um ein einziges Exemplar – von 57 auf 58 – gestiegen war, sahen seine Pläne ein breiteres und vollständigeres Angebot an Straßenfahrzeugen vor. Auf dem Pariser Automobilsalon im Oktober stellte Ferrari den 250 Europa GT vor, der von Pinin Farina entworfen worden war und in kleinen Stückzahlen von zwei verschiedenen Karosseriebauern – Boano und Ellena[18] – für eine immer anspruchsvollere gehobene Kundschaft hergestellt werden sollte, die in dem Hersteller aus Maranello und seinem Turiner Schneider die Antwort auf ihre besonderen Wünsche gefunden hatte.

Die Beziehung zwischen Ferrari und Pinin Farina war trotz der anfänglichen Begeisterung füreinander nicht immer einfach: Der eine war oft schlecht gelaunt, der andere mürrisch; Ferrari war laut und wortgewandt, Pinin Farina dagegen ruhig und zurückhaltend. Beide waren eifersüchtig auf ihr eigenes Genie. »Was denkt sich Pinin Farina?«, beklagte sich Ferrari manchmal. »Ich mache den Mann, er macht die Kleidung. Und dann erwartet er von mir, dass ich den Mann so mache, wie er ihn haben will, damit er die Kleidung einfacher machen kann.«[19]

In seinem Herzen wusste Ferrari jedoch, dass es ein großes Geschenk war, Pinins Vision gefunden zu haben, da er sich nie wirklich für die Kleidung interessiert hatte. Der Turiner Karosseriebauer seinerseits liebte den »Realismus ohne Halbheiten, die Werkstattsprache und die Hintergrundmusik, die Motoren auf ihren Prüfständen machen«, die er in Maranello gefunden hatte und die er als »den Puls einer neuen mechanischen Situation« interpretierte.[20]

Sie hatten lange einander gesucht und nun, da sie sich endlich begegnet waren, entwickelte sich zwischen ihnen eine Energie, die man anderswo oder in anderen Situationen nicht so leicht finden würde. Und das, obwohl aufgrund des fast aristokratischen Charakters von Pinin und der überwältigenden Persönlichkeit von Enzo immer nur Ferrari im Mittelpunkt der Szene stand – und Pinin Farina jedes Mal, wenn Ferrari den Raum verließ, fast unvermeidlich eine Verbeugung machte.[21]

Trotz der Aufmerksamkeit, die seine Straßencoupés sowohl bei der Presse als auch bei den Kunden fanden, begann das Jahr 1955 mit beunruhigenden Aussichten für Enzo Ferrari, für den der Erfolg und der damit verbundene Verkauf von Personenkraftwagen kein Selbstzweck war, sondern eher ein Mittel, mit dem er seine Rennsportaktivitäten fortsetzen konnte. Neben Mercedes, die 1954 eine klare Überlegenheit gezeigt hatten, würde seine »Winzmarke«[22] nun auch gegen Lancia antreten müssen. Das Duell mit Ascari, das er zwölf Monate zuvor befürchtet hatte, war nur verschoben worden. Bei allen Tests hatten sich die Lancias als schnell erwiesen und die Zuverlässigkeit würde sich bald einstellen. Und dann war da noch der 250 F, der außergewöhnliche Maserati-Monoposto, über den es nur Gutes zu hören gab.

Aber Enzo hatte noch andere Gründe, beunruhigt zu sein.

Die Krankheit von Dino war in ihrer ganzen verheerenden Brutalität ausgebrochen. Lange Zeit hatte sich der inzwischen junge Mann hartnäckig gegen seinen Zustand gewehrt, war bei Versuchen, ohne Hilfe zu gehen, zu Boden gegangen, war mit aller Kraft wieder aufgestanden, wobei er alle, die ihn nicht kannten und ihm zur Hilfe eilten, wegstieß. Jetzt brauchte Dino Hilfe beim Gehen und musste beim Stehen gestützt werden.

Seine Besuche in der Fabrik waren deutlich seltener geworden, ebenso wie seine Ausflüge mit Freunden. Um ihn nicht vor Fremden in Verlegenheit zu bringen, hatte Enzo sich angewöhnt, ihn kleine Partys im ehemaligen Ausstellungsraum der Scuderia Ferrari in der Viale Trento Trieste organisieren zu lassen, wo alte Klassenkameraden, Freunde und seine Geliebte Ines so manchen Abend verbrachten. Hier befand sich Dino in einer geschützten Umgebung; jeder kannte seinen Zustand und niemand schaute ihn mit großen Augen an, wenn er sich beim Gehen abmühte. Um Dino die zusätzliche Qual zu ersparen, die Treppe, die den Ausstellungsraum im Erdgeschoss mit der Wohnung im ersten Stock verband, benutzen zu müssen, trug Enzo ihn nun in seinen Armen die Stufen hinauf und hinunter.[23]

Von der Fabrik aus, die er im flachen Land zwischen Modena und den Ausläufern des Apennins errichtet hatte, suchte Enzo aus allen Ecken der Welt medizinische Hilfe für seinen Sohn.

Nachdem er die Möglichkeiten in Italien ausgeschöpft hatte, schickte er lange Briefe an Freunde in den Vereinigten Staaten und bat um Rat bei seinen wohlhabenden Kunden, die nach Maranello, der Hauptstadt seiner Welt, kamen, um seine roten Coupés zu kaufen.

Dank ihnen und dank seiner Unermüdlichkeit hatte er Kontakt zu Professoren und Universitäten aufnehmen können, die an dieser seltenen, nahezu unbekannten und tödlichen Krankheit namens Muskeldystrophie forschten. Er hatte immer befürchtet, dass er nicht in der Lage sein würde, rechtzeitig eine Behandlung zu finden, um seinen Dino zu retten – und nun, im Winter 1954/1955, wusste er, dass die Zeit fast abgelaufen war.

Viele Jahre lang hatte er geglaubt, er könne seinen Sohn mit derselben Hingabe und Entschlossenheit heilen, mit der er 30 Jahre lang Autorennen gefahren war. Er hatte die Krankheit seines Sohnes auf dieselbe Weise überwacht, wie er die Entwicklung und das Tuning seiner Renn- und Straßenautos beaufsichtigt hatte. Er hatte sogar eine Reihe von Tabellen entwickelt, in denen er Tag für Tag die Fortschritte auf dem Weg zur ersehnten Heilung festhielt.

Jeden Abend notierte er akribisch die Anzahl der Kalorien, die dem schwächelnden Gesundheitszustand seines Sohnes zuträglich sein könnten, und jeden Tag aktualisierte er die Diagramme der Albuminwerte, des spezifischen Gewichts des Urins, des Blutstickstoffs und der Harnausscheidungen seines Sohnes.[24] Jahrelang hatte er sich vorgemacht, dass es gewisse Fortschritte gab. Jetzt verstand er endlich, dass Dino diesen Kampf niemals gewinnen konnte.

Die Ärzte hatten im Dunkeln getappt. Obwohl Enzos Ersparnisse es ihm ermöglicht hatten, Dino zu den besten Spezialisten zu bringen, war keiner der Ärzte in der Lage gewesen, die genaue Ursache für den unaufhaltsamen Verfall des Jungen zu verstehen. Als sie eine Diagnose stellten, war es bereits zu spät. Dino litt an Muskeldystrophie, für die es – damals wie heute – keine Heilung gab. Sein Sohn, das wusste Enzo jetzt, war zum Tode verurteilt. Dennoch bewahrte Dino eine erstaunliche Gelassenheit. Er tröstete seinen Vater oft, wenn dieser ein Problem mit dem Rennsport oder der Fabrik hatte. »Papa, reg dich nicht auf«, sagte er dann. »Das sind Dinge, die man mit der Zeit wieder in Ordnung bringen kann.«[25] In seinem grundlegenden Optimismus erinnerte der Sohn an seinen Vater, der, als er in Dinos Alter war und die Welt mit dem Konkurs der *Carrozzeria Emilia* über ihn hereinbrach, nie die Hoffnung verloren und immer die positive Seite der Dinge sah.

Dino zeigte nie die Wutausbrüche seines Vaters – er war vielmehr stets ein lieber und freundlicher junger Mann. Aber er besaß die Stärke und Sturheit des Vaters, den er verehrte und der das Zentrum seines persönlichen Universums zu sein schien.[26] Wie sein Vater war auch Dino ein großzügiger Mann, der es verstand, seine Großzügigkeit zu verbergen. Im Laufe der Jahre hatte er für einige seiner Klassenkameraden, die nicht über seine finanziellen Mittel verfügten, persönlich Lehrbücher gekauft. Für einige Freunde, die seine Leidenschaft für Rennwagen teilten, hatte er aus eigener Tasche Abonnements für Automobilzeitschriften bezahlt.[27]

⌘ ⌘ ⌘

Wie erwartet, startete Mercedes mit einem Paukenschlag in die Formel-1-Saison 1955: Fangio gewann den ersten Grand Prix des Jahres in Argentinien. Doch trotz seiner offensichtlichen Unterlegenheit setzte sich der Ferrari des Franzosen Maurice Trintignant beim untypischsten aller Rennen – dem Großen Preis von Monaco – überraschend gegen das schnelle und starke Mercedes-Team durch, in dem jetzt auch der äußerst talentierte 25-jährigen Stirling Moss fuhr. Drei Wochen vor Monaco hatte dieser aufstrebende Star des internationalen Motorsports mithilfe seines Co-Piloten Denis Jenkinson die *Mille Miglia* vor Fangio mit einem überlegenen Mercedes-Triumph gewonnen. Der erste Ferrari, gefahren von Maglioli, war nur Dritter geworden.

In Monaco nutzte Trintignant am Steuer seines Werks-Ferrari 625 geschickt die Missgeschicke seiner Vorausfahrenden aus. Vom neunten Startplatz aus – dem besten für einen Ferrari-Fahrer – übernahm er die Führung, nachdem nacheinander drei

Führende des Rennens ausschieden: Fangio in der fünfzigsten Runde mit beschädigter Hinterachse, Moss in der einundachtzigsten Runde mit Motorschaden und Ascari war bereits in der achtzigsten Runde von der Strecke abgekommen und ins Hafenbecken gestürzt (wo er von einem Matrosen der Jacht des griechischen Reeders Onassis gerettet wurde).

KAPITEL 26

Licht und Schatten

Enzo Ferrari erfuhr telefonisch von Alberto Ascaris Tod. Am anderen Ende der Leitung war Luigi Bazzi, der aus Monza anrief, wo das Team private Tests mit Sportwagen durchführte. Ascari, der sich nach dem Unfall vom Sonntag in Monte Carlo in seinem Haus in Mailand erholt hatte, war unerwartet in der Ferrari-Box aufgetaucht. Er bestätigte, dass er sich so schnell wie möglich wieder hinter das Steuer eines Rennwagens setzen wolle, um das Trauma des Sturzes ins Hafenbecken von Monaco zu überwinden. Er fragte, ob er mit einem Auto ein paar Runden auf der Rennstrecke drehen könne. Man stellte ihm den 750 Sport von Eugenio Castellotti zur Verfügung. In der zweiten Runde verunglückte der zweifache Weltmeister an derselben Stelle tödlich, wo 1923 Ugo Sivocci gestorben war.

Obwohl er nicht zur Beerdigung nach Mailand reiste, die unter großer Anteilnahme in der Hauptkirche San Carlo Borromeo stattfand, war Ferrari vom Tod seines Freundes erschüttert. Einige Tage später schrieb er einen langen und liebevollen Brief an Albertos Frau. Neben der zivilrechtlichen Haftung und dem Urteil der öffentlichen Meinung musste sich Enzo Ferrari bei jedem tödlichen Unfall auch mit seinem eigenen Gewissen auseinandersetzen.[1] Die Belastung war natürlich größer, nachdem ein Freund der Familie gestorben war – und der Tod schien durch Dinos Krankheit fast vor seiner eigenen Tür zu warten.

Mietta Ascari antwortete: »Meine Trauer würde ein wenig abnehmen, wenn ich offen mit Ihnen sprechen könnte, da Sie sein enger Freund waren und all die Jahre die Rolle eines Vaters für ihn gespielt haben. Ich wünschte, ich könnte Ihnen sagen, wie sehr Alberto Sie liebte und bewunderte und wie eifersüchtig ich war, weil Sie so viel von seiner Zeit in Anspruch nahmen, die, wie ich befürchtete, zu kurz war.«[2] Da sie wusste, dass die Liebe und Bewunderung ihres Mannes für Ferrari auf Gegenseitigkeit beruhigte, beendete Mietta ihren Brief mit tröstenden Worten: »Ich weiß, dass auch Sie eine Zeit der Angst durchmachen, und ich bete, dass Sie diesen schlimmen Moment bald hinter sich lassen können. Ich weiß auch, dass diese meine Tränen nur neue Traurigkeit zu Ihrer hinzufügen werden und dass Sie das jetzt nicht brauchen, aber ich muss mich bei Ihnen ausschütten, weil ich weiß, dass Sie mich besser verstehen als jeder andere.«[3]

Trintignants Sieg in Monte Carlo blieb ein Einzelerfolg. Der Rückstand auf Mercedes war beträchtlich und für ein kleines Team, das stolz darauf war, unabhängig zu bleiben, schwer aufzuholen. Aber wenn Enzo gezwungen war, die überwältigende Macht des deutschen Giganten anzuerkennen, bedeutete das nicht, dass er bereit war, sie zu akzeptieren.

Der Tod von Ascari brachte Gianni Lancia zum Nachdenken. Der Turiner Industrielle erlaubt Castellotti, als Privatier an einem letzten Rennen teilzunehmen – dem Großen Preis von Belgien am 5. Juni, bei dem er im Qualifying die schnellste Zeit fuhr. Doch dann traf er die endgültige und unwiderrufliche Entscheidung, sich aus dem Rennsport zurückzuziehen. Ferrari verschwendete keine Zeit und bot Castellotti ein Auto an, das dieser beim nächsten Grand Prix der Niederlande auch fuhr.

Lancias Entscheidung ließ alle gebauten D50-Monoposti, die in ihrer kurzen Karriere ihr enormes Potenzial bewiesen hatten, nutzlos werden – und Mercedes konnte unangefochten regieren. Der italienische Rennsportverband wurde aktiv: Nach mehreren Treffen in Turin und Mailand wurde beschlossen, ein Sondierungsgespräch mit Modena zu führen, um Enzo Ferraris Reaktion auf eine bestimmte Idee zu überprüfen.[4]

Am 7. Juli 1955 überraschte eine Ankündigung die Motorsportwelt: Lancia hatte Ferrari sein gesamtes Rennsportequipment kostenlos zur Verfügung gestellt. Der Deal umfasste sechs Formel-1-Autos, sämtliche Ersatzteile und sogar die Lastwagen, die die Autos und das Material nach Emilia transportieren sollten. Die Zeremonie fand am Nachmittag des 26. Juli im Innenhof des Lancia-Hauptquartiers in Turin statt. Ferraris technischer Direktor Mino Amorotti war der höchste anwesende Repräsentant aus Maranello.[5] Dankbar, aber gleichzeitig auch beschämt von einer so große Geste war Enzo Ferrari zu Hause geblieben, um nicht gezwungen zu sein, sich persönlich und öffentlich bei Lancia für diese beispiellose Aktion zu bedanken.[6]

Zusammen mit der technischen Ausrüstung von Lancia übernahm Ferrari auch die ersten 50 der 250 Millionen Lire, die Fiat – als eigentliche Architekt der Lancia-Operation, gemeinsam mit dem Automobilclub von Italien – für die nächsten fünf Jahre als Beitrag zu Enzos Motorsportaktivitäten versprochen hatte.

Wie jeden Sommer verbrachte Ferrari die meiste Zeit in seiner Fabrik. Ebenso verlebten seine Frau und sein Sohn wie jeden Sommer einige Wochen an der adriatischen Riviera, in dem bescheidenen Haus, das Enzo einige Jahre zuvor in Viserbella gekauft hatte. Enzo besuchte sie dort oft, wenn auch nie länger als 24 Stunden am Stück – außer Mitte August.[7] Aufgrund von Dinos immer schlechterer Gesundheit hatte sich die Dauer ihres Aufenthalts von Jahr zu Jahr verlängert.

Im August schrieb Dino, der sich zwar nicht in der Fabrik aufhielt, aber immer wieder in die technischen Angelegenheiten vertieft war, zu denen ihn sein Vater Jahre zuvor ermutigt hatte, an Enzo. In einer Handschrift, die durch seine Krankheit immer unsicherer wurde, gab er seinem Vater schriftliche Ratschläge zu den neuen Motoren, die die Ferrari-Ingenieure zu dieser Zeit untersuchten.[8] Wie sein Vater betrachtete auch Dino den Motor als Herzstück eines Rennwagens. Aber ebenso wie sein Vater – und vielleicht sogar noch mehr als dieser – hatte Dino auch einen Blick für den Rest des Wagens. Im Jahr zuvor hatte er Scaglietti überredet, eine Kopfstütze für einen 166 MM zu entwerfen, den der Karosseriebauer aus Modena gerade überarbeitete. Enzo hatte das Projekt zunächst infrage gestellt, dann aber, als er herausfand, wer hinter der Idee steckte, zugestimmt. Die Kopfstütze, so Scaglietti, habe nicht nur einen gewissen ästhetischen, sondern auch einen aerodynamischen Effekt.[9]

Juan Manuel Fangio war nach dem vorletzten Rennen mit seinem zweiten Platz beim Großen Preis von Großbritannien in Aintree Weltmeister geworden. Noch immer erschüttert von einem schrecklichen Unfall bei dem 24-Stunden-Rennen von Le Mans am 11. Juni, bei dem 83 Zuschauer sowie der französische Fahrer Peter Levegh ums Leben gekommen waren, hatten die Organisatoren der Grands Prix der Schweiz, Deutschlands und Spaniens beschlossen, ihre Veranstaltungen abzusagen. Das einzige Rennen, das nicht abgesagt wurde, war der für den 11. September 1955 geplante Große Preis von Italien in Monza. Fangio gewann dort erneut. Als bester Ferrari-Fahrer wurde Castellotti Dritter. Ferrari, der Ende Juli begonnen hatte, die von Lancia erhaltenen Autos testen zu lassen, hatte es vorgezogen, sie noch nicht bei offiziellen Rennen einzusetzen.

Am Ende der Saison gab Mercedes seinen Rückzug aus dem Rennsport bekannt. Das Blutbad in Le Mans, das durch das Schleudern des Mercedes von Peter Levegh in die Tribüne verursacht wurde, war wahrscheinlich der Grund dafür. Mercedes erklärte allerdings, dass man diese Entscheidung getroffen hatte, weil alles, was es zu gewinnen gab, gewonnen worden war. Was auch stimmte, denn Mercedes hatte Ferrari in diesem Jahr auch die Sportwagen-Weltmeisterschaft entrissen.

Der Rückzug von Mercedes nach dem Rückzug von Lancia im Sommer und die darauffolgenden Geschenke aus Turin gaben Enzo Ferrari neue Energie. Nun konnte er nicht nur auf so gute Autos wie den »Lancia-Ferrari D50« – dieser Begriff wurde von der Presse verwendet, nicht von Enzo, der das Wort *Lancia* im Zusammenhang mit diesen Autos nie in den Mund nahm [10] – sowie die Finanzierung durch Fiat zählen, sondern auch auf drei junge und hochtalentierte Fahrer: die Italiener Eugenio Castellotti und Luigi Musso sowie den Engländer Peter Collins. Ferrari hatte die Kapazität und das Glück, diese drei Fahrer mit einem amtierenden Weltmeister Juan Manuel Fangio zu flankieren, der nach dem Rückzug von Mercedes einen Platz für die Saison 1956 suchte. Ferrari hatte Fangio im Frühjahr 1949 in Modena kennengelernt. Als Fahrer hatte Ferrari ihn sofort gemocht, ob auch als Mensch, war er sich auch sechs Jahre später noch nicht ganz sicher.

Die Anstellung Fangios gab Ferrari neue Hoffnung. Aber sein neuer Optimismus für die kommende Saison 1956 war auch auf die Rückkehr von Vittorio Jano zurückzuführen, dem großen Ingenieur, den Enzo 1923 von Fiat abgeworben hatte und der in den glorreichen Tagen der Scuderia Ferrari eine sehr wichtige Rolle gespielt hatte. Nachdem die Lancia-Geschichte in der Formel 1 vorbei war, kam Jano nach Modena zurück, wo Ferrari ihn mit offenen Armen empfing. Noch introvertierter und zurückgezogener als je zuvor und noch starrer und unflexibler gegenüber seinen Untergebenen [11] machte sich Jano an die Arbeit, um die Autos, die er unter dem Namen Lancia entworfen hatte, zu verbessern.

Bald sollte er noch eine weitere Aufgabe übernehmen: Zusammen mit Ferrari besuchte Jano immer häufiger die Wohnung in der Viale Trento Trieste 79 in Modena, die er noch aus den 1930er-Jahren gut kannte. Dino, den er als gesundes Kind kennengelernt hatte, war nahezu dauerhaft an sein Bett gefesselt, da seine Muskeldystrophie ihr Endstadium erreicht hatte. Jano hatte zehn Jahre zuvor seinen einzigen Sohn Francesco verloren, der ein paar Jahre jünger war als Ferraris Sohn jetzt.

Dino, der am 19. Januar 1956 seinen 24. Geburtstag beging, wollte trotz der weiteren Verschlimmerung seiner Krankheit nicht auf seinen Beitrag zur Entwicklung des neuen 1,5-Liter-Motors verzichten. Es wurden vier Lösungen in Betracht gezogen: Vierzylinder, Sechszylinder in Reihe, V-Sechszylinder und Achtzylinder. Dino erhielt von seinem Vater jeden Abend Fortschrittsberichte und technische Notizen. Er diskutierte die verschiedenen möglichen Lösungen mit Enzo und Jano und sprach sich immer mehr für den V6-Motor aus.[12] In jenem Winter beschloss Ferrari, sich der Wahl seines Sohnes anzuschließen, und seine Ingenieure begannen bald mit der Entwicklung eines V6-Motors mit 65 Grad Zylinderwinkel.

Fangio startete die Saison am Steuer eines Ferrari, mit dem er den ersten F1-Grand-Prix des Jahres in Argentinien bestritt und gewann. Das Rennen verlief nicht ohne Probleme und Fangio musste in Mussos Auto klettern, das vom neuen Teamchef Eraldo Sculati an die Box zurückgerufen worden war, damit der argentinische Fahrer – Ferraris größter Anwärter auf den Weltmeistertitel – das Rennen fortsetzen, den Maserati von Menditeguy einholen und sich ein Zweikampf mit dem ehemaligen Mercedes-Teamkollegen Stirling Moss liefern konnte.[13]

Fangio war jedoch verärgert, als er feststellte, dass Ferrari ihm trotz der Gunst, die ihm in Buenos Aires zuteilgeworden war, als Musso an die Box gekommen war, um ihm die Weiterfahrt zu ermöglichen, nicht die Rolle des »Mannschaftskapitäns« zugewiesen hatte, die ihm seiner Ansicht nach aufgrund seiner drei Weltmeistertitel zustand.[14] Fangio war enttäuscht, aber er hielt den Mund. Für ihn sprechen und damit Öl ins Feuer gießen sollte bald der allgegenwärtige Marcello Giambertone, sein persönlicher Manager. Als sein Klient immer wieder Probleme bekam – im April bei der *Mille Miglia*, im Mai in Monte Carlo und auf dem Nürburgring sowie im Juni in Spa-Francorchamps –, machte sich Giambertone daran, wegen Fangio direkt bei Ferrari vorstellig zu werden. Aber Enzo war mit seinen Gedanken ganz woanders.

Der Winter und das Frühjahr waren für Dino eine lange Tortur und für seine Eltern ein schreckliches Martyrium.[15] Um sein Leiden zu lindern, hatte Ferrari eines Abends einige Freunde angerufen, die ihm mit Gitarren eine Weile vor seinem offenen Fenster ein Ständchen brachten.[16] Mitte Juni hatte sich Dinos Gesundheitszustand weiter verschlechtert und die Familie verlor alle Hoffnung.

Am Sonntag, dem 24. Juni, wenige Minuten nachdem er die Nachricht von Collins‘ Sieg bei den 1000 Kilometer von Monza erhalten hatte, sagte Dino mit einem Lächeln im Gesicht: »Papa, es ist vorbei.« Er hatte gerade eine Hirnblutung erlitten. Kurz darauf fiel er ins Koma, das mehrere lange und qualvolle Tage andauerte.[17] Am Samstag, dem 30. Juni 1956, hörte das Herz des 24-jährigen Dino im Morgengrauen auf zu schlagen.

In demselben Tagebuch, in dem er den Krankheitsverlauf seines Sohnes gewissenhaft festgehalten hatte, fand Ferrari in dieser Nacht die Kraft, schweren Herzens die letzten Worte zur langen Odyssee seines Sohnes zu schreiben: »Das Spiel ist verloren. Ich habe meinen Sohn verloren und ich habe nichts als Tränen gefunden.«[18] Jahrelang trug er nur schwarze Krawatten als sichtbares Zeichen seiner Trauer.[19] Am nächsten Morgen, am Sonntag, dem 1. Juli, hielt Modena für die Beerdigung inne.

Enzos Mechaniker und Dinos Freunde hatten während der langen Stunden der Totenwache neben dem Sarg gesessen. Es war ein regnerischer Morgen. Kurz vor 10 Uhr setzte sich eine lange Prozession zur Pfarrkirche Santa Agnese in Bewegung. Der Sarg wurde auf den Schultern von Ferraris Mechanikern getragen. Die Trauermesse wurde von Pater Alberto Clerici zelebriert, einem Benediktiner aus dem Kloster Santa Maria del Monte in Cesena und langjähriger Freund Ferraris, der bereits 1923 Enzo und Laura getraut hatte.

Dann wurde der Sarg zum Friedhof von San Cataldo überführt [20], wo Ferrari Jahre zuvor ein Familiengrab errichten lassen hatte, in dem die sterblichen Überreste seines Vaters und seines Bruders beigesetzt waren[21] und das nun seinen Sohn aufnahm – drei Männer mit dem Vornamen Alfredo, deren Leben viel zu früh geendet hatte.

Auf der Karte, mit der die Eltern Dinos Tod verkündeten – »aus dem Reich der Gerechten, in das dich der Allmächtige sicherlich gebracht hat« –, konnten diejenigen, die die Dynamik der Familie Ferrari kannten und zwischen den Zeilen lesen konnten, das Versprechen erkennen, welches Enzo seiner Frau am Sterbebett ihres Sohnes gegeben hatte: »Tröste alle, die um dich trauern, und tröste deine Mutter und leuchte auf dem Weg, den dein Vater noch zu gehen hat, um den Namen zu ehren, *der der deine war und der dein bleiben wird.*«[22] Enzo hatte Laura geschworen, dem Sohn, den er elf Jahre zuvor mit Lina Lardi degli Aleardi bekommen hatte, niemals den Namen Ferrari zu geben [23] – ein Versprechen, das er sein ganzes Leben lang einhalten würde und das er erst bei seinem eigenen Tod für ungültig erklären würde.

Am selben Nachmittag fuhren die Ferrari-Fahrer in Reims mit schwarzen Armbinden und gewannen den Großen Preis von Frankreich. Doch zum ersten Mal in seinem Leben wusste Enzo Ferrari nicht, was er als Nächstes tun sollte.

KAPITEL 27

Ein ungleiches Paar

Der Sieg von Peter Collins beim Großen Preis von Frankreich am 1. Juli, dem Tag von Dinos Beerdigung, verbesserte Ferraris Chance auf den F1-Weltmeistertitel 1956. Doch für Enzo Ferrari war dies kein Grund zur Freude. Obwohl er schon seit Langem wusste, was auf ihn zukommen würde, hatte ihn der Tod seines Sohnes am Boden zerstört. Und er war allein.

Mitte Juli schrieb Enzo an seinen langjährigen Freund, den italienischen Fernsehjournalisten Gino Rancati, und gestand ihm seine Ängste und Zukunftspläne. Er teilte Rancati mit, dass er beabsichtige, »bis zum Ende dieser Saison weiterzumachen«, dass er aber auch beschlossen habe, »die Ehre, das Ansehen der italienischen Arbeit im Ausland zu verteidigen, anderen zu überlassen«.[1] Ferrari erwog ernsthaft einen Rückzug aus dem Rennsport.

Er beendete seinen handgeschriebenen Brief – ein deutliches Zeichen dafür, dass niemand aus seinem Büro ihn gesehen hatte und es sich somit um ein wirklich privates Geständnis handelte – mit dem Grund für seine Entscheidung: »Man muss lernen, etwas Liebgewonnenes im Leben aufzugeben, und ich denke, dass mir nach dem Verlust meines Sohnes nichts mehr am Herzen liegt«[2] als der Rennsport.

Der Rennsport war sein ganzes Leben, aber Ferrari war aufrichtig. Er hatte eine Art Symbiose mit Dino erlebt und nun, da er ihn verloren hatte, schien sein Leben sinnlos. In seinem Herzen wusste er, dass Dino, der so sehr vom Leben in der Ferrari-Fabrik eingenommen war, niemals gewollt hätte, dass er einen so drastischen Schritt unternahm. Doch in den ersten Wochen nach Dinos Tod erschien Enzo sein Leben als leere Hülle, seine Firma als nebensächliches Detail und der Rennsport – zum ersten Mal in seinem Leben – als reines Spiel.

⌘ ⌘ ⌘

Während Ferrari sich quälte, war Juan Manuel Fangio in eine akute persönliche Krise gestürzt. Der Hauptgrund dafür war, dass er nicht Teamkapitän geworden war. Anstatt ihn zu beruhigen, hatte Manager Giambertone ihn aufgehetzt, indem er ihm erklärte, dass Ferraris Verhalten leicht mit persönlichen Gründen zu erklären sei. Zwei seiner drei Teamkollegen – Musso und Castellotti – waren Italiener und es verstand sich von selbst, dass ein italienisches Team den heimischen Fahrern den Vorzug geben würde. Collins hingegen war Engländer und Giambertone wies darauf hin, dass der britische Automarkt viel wichtiger sei als der argentinische, der zu jener Zeit für ausländische Autoimporte gesperrt war.

Von der Glaubwürdigkeit der Worte seines Managers war Fangio wahrscheinlich durch die Geschehnisse Anfang Juni beim Großen Preis von Belgien überzeugt worden. Collins hatte das Rennen gewonnen, während Fangios Wagen einen technischen Defekt erlitten hatte, nachdem er von der Poleposition gestartet war und die ersten zwanzig Runden geführt hatte. In der Box erfuhr Fangio von den Mechanikern, die seinen Ferrari nach dem Ausfall untersucht hatten, dass der Schaden durch eine Überhitzung des Differenzials verursacht worden war, was wahrscheinlich auf ein Ölleck zurückzuführen sei. Fangio machte sich zusammen mit Giambertone unverzüglich auf den Weg, um die gesamte Strecke – die in Spa-Francorchamps mehr als 14 Kilometer lang war – nach Ölflecken abzusuchen, die sein Auto zwangsläufig hinterlassen haben musste.

Allein dieser Kontrollgang verriet einen Mangel an Vertrauen in sein eigenes Team, der in den Verdacht der Sabotage oder Ähnliches umschlug, als Fangio und Giambertone keine Ölspur fanden.[3] Schließlich war dies nicht der erste »seltsame Zwischenfall«,[4] der sich in diesem Jahr mit Fangios Wagen ereignet hatte. Giambertone erinnerte seinen Fahrer an den Vorfall bei der *Mille Miglia* im April, als ein Loch, das ein Ferrari-Mechaniker zur Kühlung der Bremsen gebohrt hatte, wegen des über weite Teile des Rennens gefallenen Regens beinahe das Cockpit seines 290 MM überflutet hätte.

Hinzu kamen noch andere Missgeschicke – das Benzinleck in Argentinien, die beschädigte Aufhängung in Monte Carlo – und so hatte Fangio mehr als einen Grund, seine Saison als schrecklich zu bezeichnen. Aufmunternd war dagegen der Gedanke, dass Teamchef Sculati zweimal Musso und dann Collins angewiesen hatte, ihre Autos mit ihm zu tauschen, damit er das Rennen beenden und Punkte für die Weltrangliste sammeln konnte. Doch selbst dies war eher eine einmalige Geste als Teil einer bestimmten Strategie eines Teams, das sich standhaft weigerte, ihm offiziell den Rang eines Kapitäns zu verleihen.

In der Woche, in der Dino starb, hatte Giambertone ein Telegramm an Ferraris kaufmännischen Direktor Girolamo Gardini geschickt, um dem Chef zu berichten, dass Fangio sich über seine Behandlung und die schlechte Qualität der ihm anvertrauten Autos ärgerte. Ob der Fahrer und der Manager glaubten, dass Ferrari ihm absichtlich schaden wollte, erwähnten sie nicht.

Trotz der großen Besorgnis über den schlechten Gesundheitszustand von Dino hatte Ferrari schnell geantwortet. Er hatte nie verstanden, warum einer seiner Fahrer von einer dritten Partei vertreten werden musste. Gleichwohl schickte Ferrari Giambertone ein weiteres Telegramm, um ihm mitzuteilen, dass Fangio schließlich zum »Teamkapitän« ernannt worden war.[5]

Fangio war zufrieden[6], aber als er beim nächsten Grand Prix sah, dass Collins gewann, während sein eigenes Auto andere bizarre Probleme hatte – diesmal ein Treibstoffleck, das ihn für mehr als eine Minute an die Box zwang –, verfiel er wieder in einen Zustand der Depression.[7] Auf Anraten seines Managers suchte Fangio Anfang Juli einen Neurologen auf, der feststellte, dass er an einer »reaktiven Neurose« litt, die durch »emotionale Angstzustände« gekennzeichnet war.[8]

Für Ferrari war das alles natürlich sehr seltsam – nicht nur, weil es kurz nach dem Tod seines Sohnes stattfand, sondern auch, weil er sich zum ersten Mal in seinem Leben über einen Vermittler mit den Problemen eines Fahrers befassen musste, ohne diesen tatsächlich zu sprechen oder zu sehen. Dennoch stimmte er einem weiteren Treffen zu – nicht mit Fangio, sondern erneut mit Marcello Giambertone.[9]

Im Laufe des Treffens gab Ferrari dem Vorschlag nach, Fangio einen persönlichen Mechaniker zuzuweisen, der als einzige Person an seinem Auto arbeiten durfte. Dieser (von Ferrari ausgewählte) Mechaniker sollte Fangio exklusiv zur Verfügung stehen.[10]

Das Anliegen muss Ferrari merkwürdig erschienen sein und in anderen Zeiten hätte er sich wahrscheinlich dagegen gewehrt – nicht unbedingt, weil er es für falsch hielt, sondern aus dem einfachen Grund, dass er den Wünschen eines seiner Fahrer nicht nachgeben wollte. Aber in der ersten Juliwoche 1956 war Ferrari mit seinen Gedanken ganz woanders und mit seiner Entschlossenheit zu kämpfen war es genauso.

Zufall oder nicht: Nachdem er seinen eigenen Mechaniker bekommen hatte und seine Rolle als Teamchef bestätigt wurde, gewann Fangio Mitte des Monats den Großen Preis von Großbritannien. Durch die acht Punkte für den Sieg kletterte er in der Weltmeisterschaftswertung auf den zweiten Platz und lag nur einen Punkt hinter seinem Teamkollegen Collins.

Am 5. August gewann Fangio erneut – diesmal den Großen Preis von Deutschland auf dem Nürburgring, wo es ihm sogar gelang, den fabelhaften Rundenrekord zu unterbieten, den Hermann Lang 18 Jahre zuvor in seinem Kompressor-Mercedes aufgestellt hatte.[11] Da Collins durch einen Unfall ausfiel, überholte Fangio in dieser Nacht seinen Teamkollegen in der Weltmeisterschaftswertung.

Ein Rennen vor Saisonende hatte Fangio dank seiner beiden Siege innerhalb von drei Wochen seinen vierten Weltmeistertitel schon fast in der Tasche – der erste für Ferrari seit den beiden Siegen von Ascari.

Abgesehen von der persönlichen Tragödie bedeutete der Tod von Dino auch, dass Ferrari keinen Erben hatte. Nun stand sogar die Zukunft von Ferraris Firma auf dem Spiel. Piero war zu jung und im Italien der 1950er-Jahre, wo Scheidungen und Doppelleben nur im Verborgenen stattfinden durften, war es für Enzo unmöglich, einen unehelichen Sohn als zukünftigen Leiter seines Unternehmens zu betrachten. Er hatte immer geplant, dass Dino, der »im und mit dem Rennsport geborene« Sohn, dem er gelegentlich erlaubt hatte, seine Autos auf dem Flugplatz von Modena zu testen, diese Rolle übernehmen sollte.[12]

Auf der Suche nach Gewissheiten reiste Ferrari im August nach Turin. In den Büros des Mirafiori-Werks traf er Vittorio Valletta, den Mann hinter dem großen Industriewunder namens Fiat. Sie kannten sich seit dem Frühjahr 1922, als Valletta bereits einer der führenden Fiat-Manager und Enzo ein ambitionierter Rennfahrer war. Vierunddreißig Jahre später hatte Ferrari seinerseits ein Unternehmen geschaffen, das als Flaggschiff des italienischen Motorsports galt und im internationalen Rennsport den Platz einnahm, den in den ersten beiden Jahrzehnten des Jahrhunderts Fiat innehatte.

Valletta war der Architekt des kostenlosen Transfers des gesamten Lancia-Materials zu Ferrari gewesen. Enzo wollte mit ihm über die Zukunft sprechen. Bei einem privaten Treffen informierte Ferrari den Fiat-Chef über die Situation, die sich in seinem Unternehmen durch den Tod seines Sohnes entwickelt hatte. Er gestand, dass der Tod von Dino ihn in eine »tiefe Verzweiflung [und] Krise« gestürzt habe. Zum ersten Mal in seinem Leben schien ihn die Zukunft nicht zu interessieren.

Valletta sagte ihm, dass ein Freund hinter diesem Schreibtisch säße, und »dieser Freund vertritt Fiat«.[13] Valletta sagte auch, dass Ferrari immer auf Fiat zählen könne. Ferrari verließ das Büro ohne eine endgültige Vereinbarung, aber mit der Gewissheit, dass der kleine Hersteller aus Maranello sich in Zukunft immer an den Turiner Giganten wenden könne, wenn er etwas brauche.

Am Sonntag, dem 2. September, wurde beim Großen Preis von Italien in Monza der Titel des F1-Weltmeisters für das Jahr 1956 vergeben. Fangio war der natürliche Favorit, aber Collins konnte immer noch Weltmeister werden, ebenso Stirling Moss im Maserati. Jean Behra – ebenfalls im Maserati – war nicht mehr im Rennen.

Fangio startete aus der Poleposition, Castellotti und Musso standen neben ihm in der ersten Startreihe. Doch in der neunten Runde musste Castellotti das Rennen aufgeben, nachdem er am Ausgang der Steilkurve ins Schleudern geraten war. Überraschenderweise kam Fangio selbst in Runde 20 mit einem beschädigten Rad an die Box zurück. Zu diesem Zeitpunkt war Collins, der sein Rennen ruhig fortsetzte, potenziell Weltmeister.

Gemäß der vor dem Rennen mit Ferrari getroffenen Vereinbarung sollte Fangio im Falle eines Defekts den Wagen von De Portago übernehmen, der vorzeitig an die Box gerufen würde – doch dieser war bereits seit der sechsten Runde ausgefallen. Teamchef Sculati blieb nur die Möglichkeit, Musso zu stoppen. Als der Italiener allerdings zum Reifenwechsel an die Box kam, weigerte er sich, seinen Wagen an seinen Teamkollegen zu übergeben. Der Sieg in Monza war für Musso ein zu hoher Preis, als dass er ihn hätte aufgeben können – ungeachtet der Konsequenzen am Ende des Rennens. So musste Fangio achtzehn Runden lang mit ansehen, wie Collins dem Weltmeistertitel immer näher kam.

In der 35. Runde kam Collins planmäßig zum Reifenwechsel an die Box. Da nur noch 15 Runden zu fahren waren, würde Collins allein durch die Beendigung des Rennens neuer Weltmeister werden. Aber in der Motorsportwelt Mitte der 1950er-Jahre gab es noch ein großes Element der Ritterlichkeit. Collins war sowohl ein galanter Mann als auch ein sehr talentierter Fahrer. Vor Monza hatte Ferrari mit ihm gesprochen. Enzo hatte ihn nicht ausdrücklich um einen »Verzicht zugunsten von Fangio« gebeten.[14] Er war selbst Rennfahrer gewesen und wusste, dass eine solche Teamorder für jeden Fahrer anstößig wäre. Aber Ferrari hatte die Meinung des Engländers erfahren wollen, als sich die Gelegenheit bot, an die Tür des Teams zu klopfen.

Collins hatte in seiner gutmütigen und großzügigen Art geantwortet – so wie Ferrari es wahrscheinlich erwartet und sicherlich auch gehofft hatte. Obwohl Enzo den Argentinier nicht sonderlich mochte, konnte ein Mann wie Ferrari – der in die Schule von Antonio Ascari und Giuseppe Campari gegangen war und Tazio Nuvolari jahrelang verehrt hatte – nicht umhin, Fangios »göttliches Recht« auf die Weltkrone anzuerkennen, und zwar aufgrund seines immensen natürlichen Talents. »Ich hätte nie gedacht, dass ein junger Mann von 25 Jahren wie ich eine so große Verantwortung übernehmen könnte«, hatte Peter Collins gesagt.[15] Der Engländer erklärte Ferrari, dass ein Fahrer wie Fangio es verdiene, wieder Weltmeister zu werden. Und was ihn selbst betraf, so war er jung und hatte Zeit, in der Zukunft zum Champion gekrönt zu werden.

Ein Blick genügte Collins, um zu erkennen, was vor sich ging und was er tun sollte. Trotz des grimmigen Gesichtsausdrucks trug Fangio immer noch seinen Rennhelm, als ob er auf göttliche Intervention hoffte. Er stand allein und beobachtete alles, was in der Ferrari-Boxengasse vor sich ging. Als er Fangios Blick bemerkte, bat Peter ihn, näher zu kommen. Und während der große Champion das kurze Sück näherkam, stieg der junge Löwe aus seinem Auto aus.[16] Es waren keine Worte nötig und es wurde auch keines gesprochen. Fangio umarmte und küsste Collins, stieg in das Auto des Engländers, rückte seine Rennbrille zurecht und fuhr zu einem zweiten Platz und seiner vierten Weltmeisterschaft.

Nach dem Rennen räumte Fangio großzügig ein, dass er nur »dank Collins und seinem sehr englischen Sinn für Sportsgeist« wieder Weltmeister geworden sei.[17] Collins spielte die Noblesse seiner Geste damals und später herunter. Fangio ahnte nicht, dass sich hinter Collins‘ Großzügigkeit auch ein Treffen zwischen ihm und Ferrari verbarg, bis Letzterer sechs Jahre später seine Memoiren veröffentlichte.[18]

Abgesehen von Pieros Mutter Lina, die offiziell nicht existierte, hatte Ferrari nur noch seine Mutter. Mit 84 Jahren war *Mamma* Adalgisa aktiver und präsenter im Leben ihres Sohnes als je zuvor. Wie nach dem Ersten Weltkrieg, als das Schicksal nur die beiden verschont hatte, war sie auch jetzt, im Sommer und Herbst 1956, immer noch ein wichtiger Bezugspunkt für ihren

Sohn. Adalgisa besuchte Enzo täglich [19] und ermahnte ihn, nicht aufzugeben, in seiner Arbeit das Gegenmittel für seinen Kummer zu suchen und im Morgen einen Neuanfang zu sehen.

Im Oktober, mit dem F1-Titel in der Tasche, hatte Ferrari noch keine endgültige Entscheidung über seine Zukunft getroffen. Er dachte darüber nach[20], denn der von Dino erdachte Motor sollte im November eintreffen.[21] »Wenn man den Tod eines geliebten Menschen miterlebt«, so vertraute er einem Freund an, »ist es nur natürlich, sich zu fragen: Was bleibt uns dann noch? Aber da der Mensch ein Tier mit einer enormen Anpassungsfähigkeit ist, bin ich überzeugt, dass man lernen kann zu leben, ohne das Leben zu lieben und vor allem ohne zu verstehen, warum man auf diese Welt kommt.«[22] Als er am Ende der Jahrespressekonferenz verkündete, dass er tatsächlich im Motorsport aktiv bleiben würde, um das Andenken an seinen Sohn zu ehren, war niemand wirklich überrascht.

An diesem Tag überreichte Ferrari allen seinen Rennfahrern zur Erinnerung an die Weltmeisterschaftssaison 1956 eine Goldmedaille, immerhin hatte er neben dem F1-Titel auch wieder den Sportwagen-Weltmeistertitel gewonnen. Der Einzige, der seine Goldmedaille nicht erhielt, war ausgerechnet der Weltmeister Fangio, der bereits nach Argentinien in den Winterurlaub zurückgekehrt war. Ferrari sollte Fangio diese Medaille nie überreichen.[23]

KAPITEL 28

Tragödie

Am 2. Dezember 1956 beobachtete Enzo Ferrari auf dem Flugplatz-Rennkurs von Modena die ersten Tests zur Vorbereitung der neuen Rennsaison. Das gesamte F1-Team war anwesend.

Weltmeister Fangio hatte sich entschieden, zu Maserati, dem anderen Team aus Modena, zurückzukehren. Nach diesem Verlust hatte Ferrari die jungen Anwärter in seinem Team gefördert: Eugenio Castellotti, Luigi Musso und Cesare Perdisa sowie die beiden Briten Peter Collins und Mike Hawthorn. Außerdem hatte er internationalen Adel im Team: den Spanier Marquis Alfonso De Portago und den Deutschen Wolfgang Graf Berghe von Trips.

Da diese sieben Männer so jung waren und die erste Generation von Rennfahrern der Nachkriegszeit darstellten, taufte die Presse die neue Besetzung schnell auf den Namen *Ferrari primavera*[1] (Frühling), um eine Art Neuanfang in Maranello anzudeuten. Doch das Schicksal sollte sich bald gegen diese jungen, talentierten und galanten Kavaliere wenden.

Eugenio Castellotti war der erste Fahrer, der einen tödlichen Unfall erleiden sollte. Castellotti war lange Zeit Privatfahrer gewesen, der mit den von ihm gekauften Ferraris Rennen fuhr.

Er war mit Ascari zu Lancia gegangen, hatte dann aber für Ferrari die *Mille Miglia* 1956 gewonnen, und zwar bei strömendem Regen. Ferrari schätzte Eugenio, auch wenn er in ihm weder eine »große Klasse« noch einen »perfekten Stil« sah.[2] Aber wegen seines Edelmuts erinnerte Castellotti ihn an Antonio Ascari, und das war natürlich mehr als genug.

Doch im Winter 1957 war Castellotti nicht ganz bei sich. Zwei Dinge machten ihm zu dieser Zeit das Leben schwer: einmal der Kampf mit seinem Teamkollegen Musso um das Erbe von Alberto Ascari, zum anderen sein Privatleben, genauer gesagt seine Verlobte, die Schauspielerin Delia Scala, die verlangte, dass er mit dem Rennsport aufhören solle. Er hätte nur eingewilligt, wenn sie im Gegenzug die Bühne verlassen würde, aber diese Idee zog sie nicht einmal in Betracht.

Während einer Testfahrt auf dem Flugplatz von Modena Mitte März verunglückte Castellotti tödlich, als sein Ferrari in die Schikane krachte und sich in seine Bestandteile zerlegte. Eugenio starb noch auf dem Weg ins Krankenhaus.[3] Er war immer wieder zwischen Modena (wo er tagsüber an der Seite von Musso testete) und Florenz (wo Delia Scala auf der Bühne stand und wo er Nacht für Nacht versuchte, sie zu einer Entscheidung zu überreden, die sie beide zufriedenstellen würde) hin- und hergependelt. An diesem Tag schien er Ferrari »verbittert« und »zerstreut«.[4]

Einige Wochen später gab Ferrari am Vorabend der *Mille Miglia* eine überraschende öffentliche Erklärung ab. Es war während einer Zeremonie zu Ehren von Castellotti, der das Rennen im Vorjahr gewonnen hatte. Noch immer erschüttert von Dinos Tod und offensichtlich nicht im Reinen mit seiner gequälten Vorstellung von Gott, sagte Ferrari: »Ich habe eine große Last auf meinem Gewissen: Ich würde gern wissen, ob ich für den Tod von Castellotti und Ascari verantwortlich bin – ich, der diese stählernen Ungeheuer zusammengesetzt hat.«[5]

Der Tod Castellottis hinterließ auch deshalb in ganz Italien einen großen Eindruck, weil er das plötzliche Ende einer Liebesgeschichte bedeutete, die das ganze Land elektrisiert hatte. Doch das Echo auf den Tod des jungen Fahrers war nichts im

Vergleich zur Empörung der Bevölkerung, die sich weniger als zwei Monate später an dem schrecklichen Zwischenfall in der Schlussphase der *Mille Miglia* entzündete.

⌘⌘⌘

Ferrari wurde am Nachmittag des 12. Mai von Renzo Castagneto, einem der Organisatoren der *Mille Miglia*, den er seit mehr als 30 Jahren kannte, über den Unfall informiert. Castagneto teilte ihm mit, dass der Wagen mit der Nummer 531 in Guidizzolo hinter Mantua verunglückt sei. Der Fahrer und sein Beifahrer (De Portago und Edmond Nelson) waren beide ums Leben gekommen, ebenso wie eine noch unbestätigte Anzahl von Zuschauern, darunter auch Kinder.

Ferrari war erschüttert.

Die umgehend eingesetzte gerichtliche Untersuchung bezichtigte Ferrari des Mordes. Alle seine *Mille Miglia*-Autos wurden beschlagnahmt. Als Vorsichtsmaßnahme wurde ihm sein Reisepass abgenommen. Enzo erklärte sofort, dass er ungeachtet der gerichtlichen Erkenntnisse alle Familien der Opfer persönlich entschädigen würde. Dann regelte er schnell die Dinge mit der Versicherungsgesellschaft seiner Firma; hätte er alles aus eigener Tasche bezahlen müssen, wäre er pleite gegangen. Aber einige Pressevertreter, deren Verhalten durch ihren Hass auf den Rennsport noch verstärkt wurde, versuchten, die öffentliche Meinung aufzuwiegeln, und verschwendeten keine Zeit, um eine Hexenjagd gegen Enzo Ferrari zu starten.[6]

Ferrari fühlte sich »von überall und jedem angegriffen«. Und verraten. Später erinnerte er sich: »Sogenannte Freunde und Kollegen sprachen von Rebellion und der Weigerung, am Montag bei den möglicherweise tödlichen Rennen mitzumachen, nachdem sie am Sonntag meine Arbeit und die meiner Männer gelobt hatten.« Er nahm das alles schweigend zur Kenntnis, aber er würde es nie vergessen. »Ich bin da empfindlich«, sagte er Jahre später, »und solche Dinge verletzen mich zutiefst.«[7]

Zurückgezogen in seinem Haus in Modena war Enzo von dieser neuen Trauer zerrissen, die die noch tiefere und persönlichere Wunde von Dino Tod wieder aufgerissen hatte. Allein mit seinen Gedanken ging Ferrari nicht einmal zum Barbier, um sich rasieren zu lassen, was er routinemäßig jeden Werktag am Morgen tat.[8] Mit dem Rest der Welt blieb er nur über das Telefon oder den gelegentlichen Besuch einiger seiner Männer in Kontakt. Er verließ eine Woche lang nicht seine Wohnung.[9]

Gegen Ende Mai gab Ferrari seine selbst auferlegten Isolation wieder auf. Eines Morgens holte er Tavoni und Peppino Verdelli ab und sie fuhren die Via Emilia hinunter in Richtung Bologna und Adria. Die Passagiere erkannten erst, wohin sie fuhren, als sie vor sich die Mauern des Benediktinerklosters Santa Maria del Monte in der Stadt Cesena sahen. In seiner Verzweiflung wollte Enzo Ferrari, der sich immer als ungläubig bezeichnet hatte, Antworten aus der Weisheit eines religiösen Mannes finden.

Dort angekommen, fragte Ferrari nach Don Alberto Clerici, dem Priester, der einst seine Hochzeit zelebriert und elf Monate zuvor die Beerdigung von Dino geleitet hatte.

Ferrari ließ alles aus sich raus. Er sagte Don Berto, dass er genug hatte. Als ob die Trauer über den Verlust so vieler Menschenleben nicht schon genug wäre, hatte die Presse ihn als Monster bezeichnet und ihn heftig angegriffen. Zusammen mit Castagneto, dem Organisator der *Mille Miglia*, war Ferrari in diesem Moment wahrscheinlich der meistgehasste Mann Italiens.[10] Er wollte den Rennsport aufgeben. Keine Automobile, keine Rennen, keine Unfälle, keine Toten mehr. Er könnte wieder Werkzeugmaschinen bauen, Objekte, die den Menschen nützen und nicht den Tod bringen würden.[11]

Wenige Stunden vor dem Start dieser letzten *Mille Miglia* hatte Ferrari einige recht aufschlussreiche Erklärungen abgegeben. »In meinem Alter«, hatte er an jenem Abend in Brescia gesagt, »nach einem ganzen Leben, das ich mit dem Rennsport verbracht habe, quält mich ein großer Zweifel; und als Kleinstadtsünder, der ich bin, habe ich ihn dem Bürgermeister der Stadt vorgetragen, in der die *Mille Miglia* geboren wurde. Er ist ein tiefgläubiger Mann und wird mir sagen können, ob meine Entschlossenheit, immer modernere und schnellere Autos zu bauen, ein Gebot der Höflichkeit oder ein Vergehen an meinen Mitmenschen ist.«[12]

Don Berto hat ihm geduldig zugehört. »Was kann ich sonst noch *so* gut und mit *so* viel Leidenschaft tun?«, fragte Enzo. Der Priester sagte ihm, dass er auf diese Erde geschickt worden sei, um Sportwagen zu bauen: schöne, starke und schnelle. Wenn er aufhöre, würde er nur sich selbst und denen, die mit ihm arbeiteten, schaden. Er forderte Enzo auf, mit derselben Leidenschaft, derselben Entschlossenheit und derselben Ehrlichkeit weiterzumachen. So ging es zwanzig oder mehr Runden um den Kreuzgang.

Als sie endlich fertig waren, rief Don Berto Tavoni und Verdelli zu sich und alle vier knieten zusammen mit Ferrari nieder und beteten. Ferrari weinte, als Don Berto das *Pater Noster* rezitierte. Dann stiegen die drei Männer wieder in das Auto und fuhren nach Modena. Ferrari saß natürlich hinter dem Steuer, schweigsam und nachdenklich. Keiner wagte zu sprechen. Es war Enzo, der schließlich das Schweigen brach, als sie kurz vor Modena den Fluss Panaro überquerten.

»Nun, für sie ist es einfach«, sagte Ferrari über Pater Clerici und die anderen Priester. »Aber sie sind gläubig.«[13]

Der große Moment der Verzweiflung war vorbei.

⌘ ⌘ ⌘

Im Sommer war Ferrari wieder regelmäßig im Büro. In der Zwischenzeit hatten Fangio und Maserati die ersten drei Weltmeisterschaftsrennen in Argentinien, Monaco und Frankreich gewonnen. Die Ferraris hatten enttäuscht: kein einziger Podiumsplatz in den ersten beiden Rennen, ein zweiter und ein dritter Platz für Musso und Collins in Frankreich. Fangio hatte 25 Punkte in der Gesamtwertung errungen, Enzos bester Fahrer Luigi Musso hatte nur sieben.

Auch beim Teamchef gab es einen Wechsel: Ferrari hatte Eraldo Sculati entlassen, weil dieser es versäumt hatte, sich nach dem ersten Rennen der Saison aus Argentinien zu melden. Stattdessen beförderte Ferrari seinen persönlichen Sekretär Romolo Tavoni, der natürlich auch seinen alten Posten behielt, zum Teamchef.

Am 20. Juli 1957 siegte auf der Rennstrecke von Aintree in der Nähe von Liverpool ein Vanwall, mit dem der britische Industrielle Tony Vandervell seinen ehemaligen Lieferanten Ferrari mit seinen eigenen Waffen schlagen wollte. Trotz der übertriebenen Berichte in der Presse gab es Elemente der Wahrheit in der Geschichte, dass Vandervells Entscheidung, gegen Ferrari anzutreten, nach einem endlosen und sinnlosen Warten vor Enzos Büro in Maranello gefallen war.[14] Der gemeinsame Sieg von Tony Brooks und Stirling Moss im Vanwall läutete jedenfalls das Ende der absoluten Dominanz kontinentaler Marken – Alfa Romeo, Ferrari und natürlich Mercedes – in der Formel 1 ein.

Der August brachte nichts Neues: Fangio gewann auf dem Nürburgring und sicherte sich rechnerisch seinen fünften Weltmeistertitel. Ferrari musste sich mit dem zweiten Platz von Hawthorn, dem dritten Platz von Collins und dem vierten Platz von Musso begnügen. Doch in Pescara und dann erneut in Monza ging der Sieg wieder an den Vanwall von Stirling Moss, was eine Art alarmierender Auftakt für die Saison 1958 war. Zu allem Überfluss hatten sich die Maseratis immer direkt hinter Moss platziert: gleich drei Wagen in Pescara und Fangio in Monza. Ferrari hatte beim Großen Preis von Italien mit dem neunundzwanzigjährigen Wolfgang Graf Berghe von Trips, der seine bisher beste Karriereleistung zeigte, nur einen dritten Platz erreicht.

Nach dem Ende der F1-Meisterschaft zeigte sich Ferrari im September zum ersten Mal seit der Tragödie der *Mille Miglia* wieder in der Öffentlichkeit. Wo wenige Tage zuvor der Ferrari-Ingenieur und -Tester Fraschetti ums Leben gekommen war, feierte der neue 1500er-V6-Motor mit 65°-Zylinderwinkel, der mit der Unterstützung von Dino entwickelt worden war, sein Debüt. Enzo wollte sich das nicht entgehen lassen, auch wenn seine öffentliche Anwesenheit in Modena für Kontroversen sorgen würde.

Dies sollte das letzte Mal sein, dass Enzo Ferrari bei einem Rennen dabei war. In der Zukunft würde man ihn zwar noch ab und zu auf bestimmten Rennstrecken sehen, aber nur noch für einige kurze Testfahrten, nie mehr für ein Rennen. Er hat seine Entscheidung nie wirklich erklärt, auch wenn er später sagte, dass er nicht mehr an Rennen teilnahm, weil es ihm zu viel war, »ein Auto zu konzipieren und dann zu sehen, wie es lebt und stirbt – denn bei einem Rennen stirbt ein Auto immer, selbst wenn es gewinnt«.[15] Natürlich hatte ihn das zuvor nie davon abgehalten, zu Rennen zu gehen.

Diejenigen, die ihn gut kannten, vermuteten, dass diese Veränderung mit Dino zu tun hatte und vielleicht mit einem Versprechen, das der Vater dem Sohn auf dem Sterbebett gegeben hatte (oder das Enzo sich selbst nach Dinos Tod gegeben hatte). Der Motor, den Dino hatte entwickeln wollen, war Wirklichkeit geworden und nun würde Enzo die Rennstrecken verlassen, denen Dino schicksalsbedingt für immer hatte fernbleiben müssen.[16]

⌘⌘⌘

Die Saison wurde zumindest teilweise durch einen neuen Sportwagen-Weltmeistertitel gerettet, den Ferrari dank dreier Siege in sieben Rennen errang. Seine Autos und Fahrer – Masten Gregory, Eugenio Castellotti, Luigi Musso, Piero Taruffi, Peter Collins und Phil Hill – hatten die 1000 Kilometer von Buenos Aires im Januar (Castellott, Gregory und Musso), die *Mille Miglia* im Mai (Taruffi) und den Grand Prix von Venezuela Anfang November (Collins und Hill) gewonnen. Aber natürlich war 1957 ein Jahr, in dem die sportlichen Ergebnisse, so wichtig sie auch immer waren, wegen der Tragödie der *Mille Miglia*, die das Ende eines einzigartigen Rennens und der Karriere von Piero Taruffi bedeutete, viel weniger Beachtung fanden als in der Vergangenheit. Und Ferrari hatte bei Taruffis Rücktritt eine nicht unwesentliche Rolle gespielt – Taruffi hatte seiner Frau versprochen, sich zur Ruhe zu setzen, wenn er die *Mille Miglia* gewinnen würde.

Trotz der Polemik und der Anschuldigungen nach der *Mille Miglia* verkaufte Ferrari im Laufe des Jahres 1957 zum ersten Mal mehr als 100 Autos – 113, um genau zu sein.[17] Seine Modelle hatten alle wichtigen Märkte der Welt erreicht und erobert. Am 22. November stellte Ferrari während des traditionellen Jahresendessens mit der Presse das Modell 250 Testa Rossa vor, das in der Renngeschichte des Unternehmens und in der Vorstellung von Generationen von Autoliebhabern eine sehr große Rolle spielen sollte. Im darauffolgenden Monat präsentierte er ein neues, unglaublich elegantes, von Scaglietti gebautes Cabriolet, dessen Name seinen Bestimmungsmarkt verriet: den 250 Spider California.[18]

Inspiriert von den Formen, die Pinin Farina liebte,[19] wurde der California vollständig in Modena konzipiert und gebaut. Die Zusammenarbeit mit Scaglietti hatte sich schnell und zur beiderseitigen Zufriedenheit gefestigt und nun, Ende 1957, war der Modeneser Karosseriebauer der Spezialist, an den sich Ferrari für die extremsten Exemplare seiner GT-Rennwagen wenden würde.[20] In Enzos Augen hatte Scaglietti einen großen Vorteil gegenüber dem in Turin ansässigen Pinin Farina: die geografische Nähe.

Ferrari konnte Scaglietti jeden Tag besuchen, auch am Wochenende. Bei diesen Gelegenheiten hatte er die Freiheit, Anpassungen vorzunehmen, Vorschläge zu machen, Änderungen zu verlangen, neue Lösungen auszuprobieren – kurzum, Autos zu bauen, die sich nur in kleinen Details voneinander unterschieden.[21] Der große Handwerker, der Scaglietti war, war auch ein Realist, der bereit war, dem Kunden entgegenzukommen – vor allem wenn es sich bei diesem um Enzo Ferrari handelte. Er hatte von Anfang an verstanden, dass seine Aufgabe darin bestand, die Schönheit eines Autos zu gewährleisten, nicht seine Leistung.[22]

Pinin Farina selbst war trotz seines weltweiten Ruhms eher pragmatisch als dogmatisch – im Gegensatz zu anderen Karosseriebauern, mit denen Ferrari in der Anfangszeit zusammengearbeitet hatte (darunter Boano und Bertone, die sehr stolz auf ihr stilistisches Gespür waren und viel weniger zu Kompromissen neigten).[23] Aber im Vergleich zum alten Pinin, dessen Genie Ferrari bewunderte und gleichzeitig fürchtete, konnte er beim viel jüngeren Scaglietti noch wagemutiger sein.

Hinzu kam, dass es innerhalb der Firma Ferrari Leute gab, die Druck auf den Eigentümer ausübten, weil er entgegen seiner Natur die Stückzahl jedes Modells erhöhte, um das Geschäft immer rentabler zu machen. Die Beziehung zu Scaglietti, den

Ferrari morgens auf dem Weg nach Maranello oder abends vor der Heimfahrt allein besuchte, erlaubte ihm dabei eine gewisse Bewegungsfreiheit in einem Unternehmen, das immer größer und prestigeträchtiger wurde, aber dessen Abteilungen – Handel, Einkauf, Verwaltung – ihn immer wieder daran erinnerten, dass seine Pläne für die Automobilproduktion sehr kostspielig [24] und vielleicht geradezu archaisch waren.

Am 16. Oktober 1957 änderte Ferrari die rechtliche Bezeichnung seines Unternehmens, das in den letzten zehn Jahren *Auto Avio Costruzioni Ferrari* geheißen hatte. Die Änderung bedeutete lediglich den Wegfall des Wortes *Avio*. Die neue Bezeichnung lautete somit *Auto Costruzioni Ferrari*.[25] Am 1. Dezember verbreitete sich in Modena das Gerücht, dass Adolfo Orsi gezwungen war, für Maserati die vorläufige Konkursverwaltung zu beantragen.[26] Aufgrund eines Verlustes von 1,5 Millionen Dollar in einem anderen Geschäftsbereich der Familie stand Orsi kurz vor dem Bankrott. Die Beantragung eines vorläufigen Insolvenzverfahrens war die einzige Möglichkeit zu retten, was zu retten war.[27] Ferrari wurde von einem Journalisten, der ihn um eine Stellungnahme bat, telefonisch informiert. Seine Reaktion war moderat: »Zu schade. Es ist ein schlechter Tag für unsere Welt. Auch für mich und mein Unternehmen.«[28] Diejenigen, die ihn damals begleiteten, hatten das Gefühl, dass Ferrari vielleicht nicht ganz aufrichtig war.

Ferrari hatte sich nie viel aus Orsi gemacht, den er als einen *Industriellen* bezeichnete, privat aber für einen »Lumpenhändler«[29] und ganz sicher nicht für einen Automenschen hielt. Außerdem hatte er immer unter der stadtübergreifenden Rivalität mit dem anderen Team aus Modena gelitten, dessen Hauptsitz ironischerweise nur wenige Hundert Meter vom historischen Gebäude der Scuderia Ferrari entfernt war und sogar noch näher an Enzos Geburtshaus lag.

Und dann war da noch die Geschichte eines Bankkredits für den Bau einer neuen Produktionslinie in Maranello, den die Banco di San Geminiano e San Prospero Enzo 1952 verweigert hatte, weil, wie man ihm gesagt hatte, Orsi dagegen war.[30] Ein paar Monate, nachdem die Bank ihn abgewiesen hatte, rief Orsi

Ferrari an und bot ihm an, ihm Geld aus seiner eigenen Tasche zu geben im Austausch für eine Beteiligung an Ferrari.[31] Seitdem waren einige Jahre vergangen, aber Ferrari hatte die Sache nicht vergessen.

Um seine Autofirma zu retten, die sich in jenen Jahren in einer ähnlichen Situation wie Ferrari befand, war Orsi gezwungen, seine weltmeisterliche Rennabteilung zu schließen. Er war zwar kein Autofreak, aber ein Mann, der sich um seine Mitarbeiter kümmerte, auch wenn die Gewerkschaften in Modena nach einem Zwischenfall am 9. Januar 1950, als Polizisten das Feuer auf Arbeiter vor dem Maserati-Werk eröffneten, das Gegenteil behaupteten. Bevor er seinen Mitarbeitern mitteilte, dass er die Abteilung schließen würde, versuchte Orsi, für jeden von ihnen eine neue Stelle zu finden. Ferrari gehörte zu den ersten, die er anrief.

In einem Akt großer Menschlichkeit gegenüber seinen Männern und Großzügigkeit gegenüber Ferrari – seinem Gegner im Motorsport, dem er nun Männer anbot, die immerhin gerade eine Weltmeisterschaft gewonnen hatten – fragte Orsi Enzo, ob er einige seiner Rennmechaniker einstellen würde. Ferrari sagte ja; er würde sie für dieselben Aufgaben und zum selben Lohn einstellen.[32]

Aber Ferrari konnte auch rachsüchtig sein. Ein paar Tage später folgte ein zweiter Anruf. Diesmal war es Ferrari, der anrief. Er hatte sich an Orsis frühere Doppelzüngigkeit erinnert und sagte zynisch: »Wenn Sie Maserati verkaufen wollen, würde ich es nehmen.«[33]

KAPITEL 29

Die Kirche vs. Enzo Ferrari

Im Hinblick auf die Formel-1-Saison 1958 beschloss Enzo Ferrari, den Hubraum des von seinem Sohn vorgeschlagenen V6-Motors, der jetzt »Dino« genannt wurde, auf 2,5 Liter zu vergrößern.

Als Werksfahrer waren die jungen und talentierten Musso, Collins und Hawthorn eingeplant. Anstelle von Franchetti, dem Chefingenieur und zeitweiligen Testfahrer, der bei der Erprobung eines neuen Ferrari ums Leben gekommen war, hatte Ferrari Ende November 1957 einen jungen toskanischen Ingenieur und Experten für Aerodynamik, der von Alfa Romeo kam, als technischen Direktor eingestellt. Sein Name war Carlo Chiti. Das Erste, was der neue Chefingenieur tat, war, einen Windkanal zu bauen, in dem Sportwagenmodelle im Maßstab 1:10 getestet werden sollten.[1] Obwohl Ferrari von dieser Idee nicht besonders angetan war, stimmte er zu. Er war zwar immer noch der Meinung, dass der Motor das Herzstück eines jeden Rennwagens sei, aber inzwischen hatte er verstanden, dass das Chassis immer wichtiger wurde.[2]

Der Sieg von Stirling Moss in seinem wendigen Cooper-Climax mit Mittelmotor beim Großen Preis von Argentinien zum Saisonauftakt löste bei Ferrari Diskussionen aus. Enzos innerer Kreis war bald gespalten. Auf der einen Seite standen diejenigen, die Coopers Innovation, den Motor hinter dem Fahrer zu platzieren, für einen Vorgriff auf die Zukunft hielten, auf der anderen Seite standen diejenigen, die glaubten, dass sein Sieg in Südamerika einfach nur ein Zufall war. Zu den Ersteren gehörte der neue Mann Carlo Chiti; Ferrari schätzte seine »große theoretische Kultur«, nicht aber seine offensichtliche »Angst vor Auftritten«.[3] Zu den Letzteren gehörte natürlich Enzo Ferrari, der mit der landwirtschaftlichen Metapher, wonach Kühe einen Wagen ziehen und nicht schieben, die historische Legitimität des Frontmotorlayouts verteidigte und jede Opposition ausschaltete – so dachte er zumindest.

Die Debatte entbrannte erneut, als Mitte Mai ein anderer Cooper-Climax aus dem Team von Rob Walker, gefahren von Maurice Trintignant, den Großen Preis von Monaco gewann. Ein Sieg konnte ein Zufall sein, aber nicht zwei. Ferrari erlaubte Chiti daher, mit der Arbeit an einem Wagen mit Mittelmotor zu beginnen. Mitte 1958 war nicht klar, ob Ferrari tatsächlich von dieser Idee überzeugt war oder ob er, wie einige Jahre zuvor bei Lampredi, Chiti nur testen und dann entlassen wollte.[4]

Dank zweier zweiter Plätze in Buenos Aires und Monte Carlo führte Musso nun die Weltmeisterschaftswertung an. Obwohl der Sieg beide Male an einen anderen Fahrer ging, wurden die Ferrari-Piloten bei beiden Rennen jeweils Zweiter und Dritter.

In den nächsten beiden Rennen wurde deutlich, dass das eigentliche Hindernis auf dem Weg zur Weltmeisterschaft nicht ein Wagen mit Mittelmotor war, sondern einer, bei dem der Motor in der traditionellen Position vor dem Fahrer platziert war. Es war Vanwall, der mit Moss in den Niederlanden und mit Brooks in Belgien gewann – dies war auch das erste Rennen, bei dem eine Frau in der Formel 1 teilnahm: Die neapolitanische Aristokratin Maria Teresa De Filippis in einem Maserati, die von Juan Manuel Fangio kurzerhand *Pilotino* getauft wurde.

Nach vier Rennen (fünf, wenn man Indianapolis mitzählt) führte Moss die Meisterschaft an, aber Hawthorn und Musso waren direkt hinter ihm. Das nächste Rennen sollte in der französischen Champagne stattfinden, wo Musso und Hawthorn um die Teamführung und damit um das Recht kämpfen wollten, den beiden Vanwall-Fahrern die Krone streitig zu machen. Das Schicksal sollte bald anders entscheiden.

Am Sonntag, dem 6. Juli 1958, verunglückte Luigi Musso beim Großen Preis von Frankreich tödlich, als er mit seinem Teamkollegen Hawthorn um die Führung kämpfte. Sein Ferrari kam zu schnell in die ultraschnelle Kurve von Gueux und überschlug sich viermal, bevor er in einem Maisfeld landete. Beim letzten Aufprall wurde Musso aus dem Auto geschleudert und verletzte sich schwer am Kopf. Er wurde sofort in ein nahe gelegenes Krankenhaus gebracht, wo er aber um 19 Uhr starb.[5] Mussos Leichnam kam am Mittwoch in Italien an. Die Beerdigung fand am nächsten Tag in Rom statt. Ferrari blieb in Modena und schickte Blumen.

Der Tod von Musso riss alte Wunden wieder auf. Wie im Jahr zuvor griff die Presse Ferrari an und es gab sogar Stimmen, die behaupteten, alle Autobauer seien »Mörder«.[6] Doch diesmal schaltete sich die Kirche ein. Am Mittwoch, dem 9. Juli, drei Tage nach dem Unfall in Reims, druckte die offizielle Zeitung des Vatikans, der *Osservatore Romano*, einen Bericht mit der vielsagenden Überschrift: »Industrieller Saturn«.[7]

Der Angriff auf Enzo Ferrari – der nie namentlich erwähnt wurde – fand sich in den ersten Absätzen: »Ein moderner Saturn, der zum Industriemagnaten wurde, verschlingt weiterhin seine Söhne. Wie im Mythos, so leider auch in der Wirklichkeit.« Dies bezog sich auf den Mythos des römischen Gottes Saturn, der seine Söhne gegessen haben soll, um einer Prophezeiung zu entgehen, dass sein Sohn ihn verdrängen würde. Und weiter: »Luigi Musso ist das jüngste seiner Opfer, um das sich wieder einmal eine weit verbreitete Solidarität entwickelt, die nur einen Fehler hat: aus den Erfahrungen nicht zu lernen, nicht zu begreifen, wie aus dem Gewissen eines jeden ein Gefühl und eine Aufforderung entsteht: Stoppt dies!«[8]

Der Artikel machte daraus eine »Frage der Moral« und stellte fest, dass Ferrari zwar von »Wissenschaft und Fortschritt« sprach, in Wirklichkeit aber »ein industrielles Interesse« verbarg.[9]

Die katholische Kirche hatte Enzo Ferrari und mit ihm dem Rennsport im Allgemeinen den Kampf angesagt, außerdem alledem, was die Zeitung des Vatikans als »vorsätzliche Selbstmorde großer Sportchampions« bezeichnete.[10]

Aufgrund des religiösen Charakters des Papstes als neuen Großinquisitor erhielt die Debatte über Autorennen eine neue Dimension und bewegte sich auf einer ethischen Ebene. So geriet Ferrari in den Mittelpunkt einer Hetzrede über die moralischen Gründe für von der Kirche genehmigten Autorennen. Beunruhigt über den Einfluss und die Heiligkeit des neuen Gesprächspartners beschlossen die italienischen Sportbehörden, sich weder für Ferrari noch für den Rennsport einzusetzen. Enzo war allein. Der Besuch, den ihm der italienische Präsident Giovanni Gronchi drei Wochen vor dem Unfall in Guidizzolo im Frühjahr 1957 abgestattet hatte, lag nun in weiter Ferne. Im Stich gelassen von denjenigen, die die Pflicht hatten, ihn zu schützen – insbesondere vom italienischen Automobilclub ACI und dessen Rennkommission CSAI – griff Ferrari zu einer Taktik, die er schon in der Vergangenheit angewandt hatte, und ließ der Presse »durchsickern«, dass er Ende des Jahres endgültig aus dem Rennsport aussteigen oder zumindest seine Aktivitäten einschränken wolle. Über befreundete Kanäle verbreitete er sogar das Gerücht, dass er sich ohne die Gefechte mit Vanwall bereits sofort aus der F1-Weltmeisterschaft zurückgezogen hätte.[11]

Der nächste Grand Prix im englischen Silverstone festigte die Führung von Ferrari in der Meisterschaft, doch schon das nächste Rennen auf dem Nürburgring endete erneut in einer Tragödie: Peter Collins, der Sieger des letzten Rennens in Siverstone, wurde bei einem Unfall getötet.

Am Sonntag, dem 3. August, kam Collins mit seinem Ferrari im schnellen Bereich Pflanzgarten des heimtückischen Nürburgrings von der Straße ab, als er sich mit Tony Brooks (im Vanwall) duellierte. Sein Ferrari überschlug sich dreimal. Collins wurde aus dem Cockpit gegen einen Baum geschleudert. Bevor er das Bewusstsein verlor, hörte ihn ein Rennkommissar flüstern: »Wie Musso.«[12]

Zu Hause in Modena war Ferrari schockiert. Auch wenn der Tod des Engländers Collins in der italienischen Presse nicht denselben Eindruck hinterließ wie der von Musso, wurde Enzo erneut von Zweifeln an seiner Rennsport-Zukunft heimgesucht. Er und seine Frau hatten Peter sehr gemocht und nun hatten sie das Gefühl, einen weiteren Sohn verloren zu haben. In den letzten Monaten von Dinos Krankheit hatte Collins ihn oft besucht und nach Dinos Tod hatten Enzo und Laura darauf bestanden, dass Peter in ihrem Haus wohnte, wenn er in Maranello war.[13]

Doch die Sommerkolumne des *Osservatore Romano* war nur die Vorspeise gewesen. Im Frühherbst, als nur noch ein Rennen in der Formel-1-Saison anstand, begannen mächtige Jesuiten, Ferrari anzugreifen. In der Ausgabe der *Civiltà Cattolica* vom 4. Oktober 1958 griff Pater Leonardo Azzollini das Thema der Unmoral des Rennsports mit einer langen Geschichte auf, die den Titel trug: »Ein sinnloses Massaker: Autorennen«.[14]

Der Jesuitenpater verschonte niemanden und beschuldigte »die öffentlichen Behörden, die [Mitglieder der] Öffentlichkeit, die erst zu Autorennen [gehen] und sich dann beschweren, aber nie ihre Verhinderung erlauben, die Zuschauer, die Fahrer« und vor allem »die Autohersteller, deren Produkt die schreckliche Fähigkeit besitzt, Massaker und Katastrophen auszulösen«.[15]

Ohne ein »moralisches Urteil« zu fällen, zitierte er hier Ferrari selbst mit den Worten, die er ein Jahr zuvor am Vorabend der *Mille Miglia* 1957 gesagt hatte, als Enzo bei der Ehrung Castellottis gefragt hatte, ob er für all die Tragödien verantwortlich sei. Azzollinis Schlussfolgerung war einfach: »Alle Motorsportveranstaltungen, ob auf der Rennstrecke oder auf der Straße, egal wie sie organisiert sind, sollten eingestellt werden.«[16] Dieser auch in der nationalen Presse zitierte Artikel heizte die Kontroverse weiter an.

In der Weltmeisterschaft 1958 war nur noch ein Rennen zu fahren, der Große Preis von Marokko. Hawthorn führte in der Gesamtwertung, doch wenn Stirling Moss das Rennen gewinnen *und* in Casablanca die schnellste Rundenzeit fahren sollte, hätte er je nach dem Abschneiden von Hawthorn noch eine Chance auf den Titel.

Moss gewann *und* fuhr die schnellste Rennrunde, doch Hawthorns zweiter Platz bescherte ihm den Titel sowie Ferrari den vierten.[17] Vanwall holte den ersten Herstellerpokal, den Ferrari vor allem deshalb nicht gewinnen konnte, weil sein Fahrerteam im Sommer so stark dezimiert worden war. Mike Hawthorn gab anschließend tief betroffen vom Tod seines Teamkollegen und Freundes Peter Collins in London seinen Rückzug aus dem Rennsport bekannt. Er hatte sich nie als professioneller Rennfahrer gesehen; er hatte sein Ziel erreicht und nicht die Absicht, weitere Risiken einzugehen.[18] Ferrari würde sich an ihn als einen »Fahrer, der durch seine Möglichkeiten und seine Diskontinuität verblüfft« erinnern.[19]

Obwohl es ihm nicht gelang, den ersten F1-Herstellerpokal zu holen, konnte Ferrari zum fünften Mal in sechs Jahren die Sportwagen-Weltmeisterschaft gewinnen. Der 250 Testa Rossa hatte in seiner ersten Rennsaison eine entscheidende Rolle gespielt. Peter Collins und Phil Hill hatten mit ihm die 1000 Kilometer von Buenos Aires und die 12 Stunden von Sebring gewonnen, Musso und Jean Behra die *Targa Florio* sowie Behra und Hill die 24 Stunden von Le Mans.

Um besser auf die Anschuldigungen in Bezug auf die ethische Frage reagieren zu können, die durch die in der katholischen Presse veröffentlichten Berichte ausgelöst wurden – und es gab einen dritten, in einer Zeitschrift namens *Orizzonti*, in dem der Autor den Tod von Enzos Fahrern geschmacklos mit dem von Dino auf eine Stufe gestellt hatte[20] –, beschloss Ferrari, das Format seines traditionellen Presseabends am Jahresende zu ändern. Am 9. Dezember 1958 organisierte er anstelle des üblichen Essens, dessen Ursprünge auf die Jahre der Scuderia zurückgingen, eine Pressekonferenz mit etwa hundert Journalisten. Alle Teilnehmer sollten dieselbe Chance haben, Ferrari die Fragen zu stellen, die sie wollten, und ihm die Möglichkeit geben, die sogenannte moralische Frage umfassend zu beantworten.

»Früher wurden in Italien die Autorennen verherrlicht«, antwortete Ferrari auf eine der ersten Fragen zum Hauptthema des Treffens, »dann wurden sie akzeptiert, dann toleriert und heute stehen sie auf dem Prüfstand, während die Königin von England ihren Formel-1-Weltmeister zum Essen einlädt und damit den Wert des Rennsports anerkennt.«[21]

»Die moralische Verurteilung, die uns auferlegt wurde«, fuhr er fort, »hat mich tief berührt. Ich habe mich zusammen mit meinen Technikern gefragt, ob irgendeine Handlung unsererseits die Ursache für solche Katastrophen sein könnte.« Aber nach dieser privaten Untersuchung waren Ferrari und seine Männer »zu dem Schluss gekommen, dass wir alles getan hatten, was menschlich und technisch möglich war, um einen Zwischenfall zu verhindern«.[22]

Angeregt durch eine weitere Frage zur ethischen Frage, gab Ferrari seine persönliche Version der Unfälle wieder, bei denen Castellotti, Musso und Collins ums Leben gekommen waren. Er hatte klare Vorstellungen zu diesem Thema: Die Rennleitung und die Verantwortlichen für die Sicherheit auf jeder Rennstrecke waren verantwortlich. Für Mussos Unfall prangerte er die Organisatoren an und sagte, dass »die Strecke nicht im besten Zustand für einen Grand Prix war«. Ähnliches galt für den Unfall von Collins: »Man muss man sich nur eine Reihe von Fotos ansehen, die in Frankreich veröffentlicht wurden, um zu sehen, dass das Gelände neben der Strecke gefährlich war und tatsächlich als Rampe dienen konnte.«[23]

Im Fall von Castellotti schließlich wies er auf die »Gefährlichkeit der vierzig Zentimeter hohen Wände in der Schikane« hin. Er habe in der Vergangenheit mehrfach auf diese Gefahr hingewiesen, aber man habe ihm öffentlich gesagt, dass diese kleinen Mauern eine abschreckende Wirkung auf Fahrer hätten, die zu viel wagen wollten, und dass sie deshalb dort bleiben müssten, wo sie seien.[24]

Nach dem schweren Unglück von Le Mans 1955, in den keine Ferraris verwickelt waren, hatte Enzo darüber geschrieben – aber nicht veröffentlicht –, was er als die wahre Ursache für Autounfälle ansah: »Der schwer fassbare Wunsch vieler Rennveranstalter, ihre Veranstaltungen immer schneller zu machen, um sich damit brüsten zu können, dass ihre Strecke die schnellste in Europa oder sogar in der Welt ist.«[25]

Was er als dilettantisches Verhalten der Rennveranstalter ansah, war schon immer der Kern von Ferraris Verteidigung. »Die Autohersteller müssen die Kosten für den Bau neuer Autos tragen, die Organisatoren sollen die Kosten für die Modernisierung ihrer Rennstrecken übernehmen.«[26]

Nachdem er seinen eindeutigen Standpunkt dargelegt hatte, bestätigte Ferrari, dass sein Team 1959 sowohl in der Formel 1 als auch in der Sportwagen-Weltmeisterschaft antreten würde. Er erklärte aber auch, dass er wegen der ethischen Frage beschlossen habe, keine italienischen Fahrer einzusetzen und höchstwahrscheinlich auch an keinem Rennen in Italien mehr teilzunehmen.[27]

Nachdem Hawthorn nun nicht mehr dabei war, gab Enzo die Namen der Fahrer für die Saison 1959 bekannt. Unter ihnen waren zwei Amerikaner, ein Brite, ein Belgier und ein Franzose (Phil Hill, Dan Gurney, Cliff Allison, Olivier Gendebien und Jean Behra) – und tatsächlich kein Italiener. Und in dem Moment, in dem sich von Trips von seinen Verletzungen, die er sich bei seinem Unfall in Monza zugezogen hatte, erholt hatte, bot Ferrari ihm ebenfalls einen Wagen an.[28]

Einige Tage später, nachdem die italienischen Zeitungen seine Ansichten in großem Umfang veröffentlicht hatten, startete Enzo Ferrari seinen größten Streich: Er bat um eine klärende Audienz mit Pater Azzollini, dem Jesuiten, der ihn im Oktober in der *Civiltà Cattolica* angegriffen hatte – und erhielt diese auch.[29] In Begleitung des Priesterkollegen Pater Gambigliani kam Pater Azzollini Mitte Dezember nach Modena.[30] Ferrari begab sich in den Palast des Erzbischofs[31] und traf sich fünf Stunden lang mit seinem Kritiker.[32] Am Ende ihres Treffens hatte Ferrari Pater Azzollini von der Richtigkeit seiner Meinung überzeugt und ihn für seine Sache gewonnen. Er überredete den Priester sogar, einen weiteren Artikel zu diesem Thema zu schreiben, diesmal zu Ferraris Gunsten.

Also verfasste Leonardo Azzollini einen zweiten Artikel, der in der Ausgabe der *Civiltà Cattolica* vom 7. März 1959 unter der neutralen Überschrift »Motor-Rennsport-Ereignisse« veröffentlicht wurde.[33] Mit demselben Reichtum an Dokumentation und Details wie in der ersten Geschichte kehrte er elegant und intelligent die Schlussfolgerung um, zu der er in seinem ersten Artikel gekommen war, und schrieb, dass er »Reaktionen hervorgerufen hatte, die nicht unbedingt klar und objektiv waren, und einige sogar voreingenommen. Aus diesem Grund, und nicht aus dem

Wunsch nach Kontroverse, halten wir einige Klarstellungen für notwendig«.[34]

Die Entscheidung von Enzo Ferrari, keine italienischen Fahrer mehr zu beschäftigen und in Zukunft an keinem Rennen in Italien mehr teilzunehmen, habe den Priester dazu bewogen, sich erneut mit dem Thema Rennsport zu befassen und diesen zweiten Artikel zu schreiben. Es handele sich um eine »so wichtige Entscheidung«, teilte er seinen Lesern mit, dass Ferrari sie »nicht leichtfertig getroffen haben kann, sondern erst nach verschiedenen Überlegungen, darunter auch ethischen. Wir glauben, dass man mit Ferrari in anderen Punkten unterschiedlicher Meinung sein kann, dass man aber nicht umhin kann, in der Art und Weise, wie er seine Tätigkeit als Automobilhersteller ausübt, eine moralische Sensibilität zu erkennen«. Die Verurteilung, die er in seinem ersten Artikel zum Ausdruck gebracht hatte, sei »keine persönliche Verurteilung von Ferrari« gewesen.[35]

Weil Ferrari und mit ihm die Sportwagenhersteller freigesprochen wurden, war es notwendig, die Schuldigen zu benennen. In Anlehnung an die Äußerungen Ferraris in seiner Pressekonferenz im Dezember macht Pater Azzollini »ausschließlich die Rennveranstalter und diejenigen, die die öffentliche Gewalt über sie ausüben, […] für die Vorfälle und die zahlreichen Todesfälle verantwortlich«. Er schloss: »Die Autohersteller, und vor allem Ferrari, haben nichts damit zu tun.«[36]

Das Treffen mit Pater Azzollini war Enzos Meisterstück. Mit dem neuen Artikel der *Civiltà Cattolica* hatte die Kirche Enzo Ferrari freigesprochen.

KAPITEL 30

»Ferrarina«

Eineinhalb Monate nach Veröffentlichung des zweiten Artikels in der *Civiltà Cattolica* – derjenige, in dem Ferrari moralisch freigesprochen wurde – erfuhr Enzo vom Tod seines neuen Weltmeisters. Mike Hawthorn war das vierte Mitglied der *Ferrari Primavera*, das ums Leben kam, dieses Mal jedoch nicht in einem Rennwagen. Er fuhr an einem regnerischen Abend in der Nähe von London mit seinem Jaguar gegen einen großen Baum. Mike Hawthorn starb am 22. Januar 1959.

Am Tag zuvor hatte Ferrari persönlich an Tony Brooks geschrieben, um ihm für seine Zustimmung zu einem Treffen in Maranello zu danken – die Einladung war am 18. Januar von Teamchef Romolo Tavoni im Namen von Ferrari telefonisch ausgesprochen worden.[1] Nach der Bekanntgabe des überraschenden Rücktritts von Vanwall durch Tony Vandervell am 12. Januar hatte Ferrari keine Zeit verschwendet. Er beschloss, einen der beiden talentierten Fahrer zu engagieren, die ihm in der vorangegangenen Saison den ersten F1-Herstellerpokal abgenommen hatten. Damit war er schneller als Colin Chapman, der Brooks am 20. Januar einen Platz bei Lotus anbot.[2]

Einige Tage später traf Tony Brooks in Begleitung seiner Frau Pina, einer Italienerin aus Pavia, die er im Jahr zuvor geheiratet hatte, in Maranello ein. In einem eleganten, grauen Zweireiher –

er lernte langsam, sich mit einem Stil zu kleiden, den er nie zuvor gehabt hatte – stellte Enzo die verschiedenen Programme für die Saison 1959 vor. Er erklärte, dass es keinen Teamchef geben würde, solange die Meisterschaft nicht zeigte, welcher seiner Fahrer an der Spitze stehen würde, und selbst dann würde dieser Fahrer sich an seine Anweisungen halten müssen.[3]

Ferrari teilte Brooks mit, dass er ihn neben der Formel 1 auch bei Sportwagenrennen einsetzen wollte. Brooks akzeptierte, bat aber darum, von der Teilnahme an dem 24-Stunden-Rennen von Le Mans verschont zu bleiben.

Am 6. April begab sich Enzo Ferrari nach Mantua, um vom Untersuchungsrichter Luciano Bonafini befragt zu werden. Er sollte zu dem Unfall aussagen, bei dem 23 Monate zuvor zwei Ferrari-Fahrer und neun Zuschauer während der letzten *Mille Miglia* ums Leben gekommen waren. Aufgrund des juristischen Verfahrens nach der Tragödie von Guidizzolo war der Staat immer noch im Besitz von Enzos Pass und Führerschein, so als ob er persönlich das Auto von De Portago gefahren hätte.

Ferrari erklärte kurz und präzise: »Meiner Meinung nach ist der Reifen an De Portagos Auto geplatzt, nachdem das Auto die Katzenaugenreflektoren in der Straßenmitte nahe der Volta-Mantovana-Kreuzung, kurz vor dem Dorf Goito, überfahren hatte. Es ist möglich, dass aufgrund der hohen Geschwindigkeit die dünne Lauffläche beim Aufprall auf das Hindernis den Riss des Reifens verursacht hat.«[4]

Die Rekonstruktion dieser Vermutung wurde von seinen Technikern und denen des Reifenlieferanten Englebert bestätigt. Schließlich sagte er: »Der Reifen ist durch den Aufprall geplatzt, den ich glaube, erkannt zu haben.«[5]

Damit war Ferraris Aussage für diesen Tag beendet.

⌘⌘⌘

Das erste F1-Rennen der Saison 1959 fand am 10. Mai in Monaco statt. Der Australier Jack Brabham siegte in seinem Cooper-Climax. Die beiden Siege von 1958 hatten Climax davon überzeugt, in die Formel 1 zu investieren, und für die neue Saison hatte das Unternehmen aus Coventry einen neuen Motor gebaut, der speziell für ein Rennauto konzipiert war – und nicht für den Antrieb von Wasserpumpen, wie es bei Climax ursprünglich üblich war. Infolgedessen hatte Cooper nicht nur ab dem Qualifying dominiert, sondern auch Trintignant auf den dritten und den sehr jungen Bruce McLaren auf den fünften Platz verwiesen. Ferrari und seine Frontmotoreinsitzer – der 256 F1 von 1958 mit einem Dutzend Mehr-PS[6] – hatten mit Tony Brooks den zweiten und mit Phil Hill den vierten Platz belegt.

Dies war eine Enttäuschung für Ferrari, aber eine, die die Überlegenheit des Mittelmotorkonzepts unterstrich. Das alte Sprichwort, dass es ausreichte, seinen Fahrern 20 PS mehr als den Gegnern zu geben, traf immer weniger zu.[7] Zu diesem Zeitpunkt begann Ferrari trotz seiner bäuerlichen Weisheiten über Kühe, Pferde und Wagen sowie der Tatsache, dass die natürliche Ordnung darin bestand, dass die Kraftquelle immer vorn zog und nicht hinten schob, wirklich zu glauben, dass Coopers Anordnung die Lösung der Zukunft war.

Es folgte eine zweite Enttäuschung – eine, die noch viel mehr wehtat als die erste. Am 22. Juni 1959 wurde Enzo Ferrari wegen des »Guidizzolo-Massakers« angeklagt. Die Staatsanwälte und die Sachverständigen, die die technische Untersuchung durchgeführt hatten,[8] hatten den Richter offenbar mehr überzeugt, als es Ferrari mit seiner Aussage vom 6. April getan hatte.

In der verzerrten und verwirrenden Sprache der italienischen Bürokratie wurde Ferrari beschuldigt, ein Monster zu sein, weil er den Tod von elf Menschen verursacht hatte, und inkompetent, weil er – zumindest nach Ansicht der Staatsanwälte und der sogenannten Experten – Reifen montiert hatte, die für seine Autos nicht geeignet waren. Ohne das enorme juristische und moralische Gewicht, das diese Anschuldigung nach 40 Jahren Rennsportpraxis hatte, hätte man sie als lächerlich empfinden können.

Aber Ferrari lachte nicht – er musste sich eine Verteidigungsstrategie ausdenken. Die katholische Kirche hatte ihn im Frühjahr freigesprochen. Jetzt war es die Republik Italien, die gegen ihn Krieg führte.

Als der Sommer 1959 kam, wurde es glühend heiß.

Im Cockpit seines Ferrari kämpfte Tony Brooks am 5. Juli in der Champagne mehr gegen die brütende Hitze als gegen seine Gegner. Selbst der wendige Cooper-Climax funktionierte ausnahmsweise nicht wie erwartet und überließ den Ferrari-Piloten die ersten beiden Stufen des Podiums: Brooks gewann, Phil Hill wurde Zweiter.

Der Erfolg von Brooks verunsicherte Jean Behra, der sich seit Beginn der Saison oft wie der Teamchef fühlte und auch aufgeführt und Brooks gegenüber eine gewisse Intoleranz an den Tag gelegt hatte.[9] Der Sieg beim Großen Preis von Frankreich machte Brooks zum führenden Anwärter auf den Weltmeistertitel bei Ferrari und zerstörte die letzten Hoffnungen des Franzosen. Am Ende des Rennens geriet Behra in einen heftigen Streit mit Teamleiter Tavoni, bevor er ihn mit einem gut platzierten Schlag zu Boden schickte. Zwei Tage später ließ ein aufgebrachter Ferrari Behra nach Modena kommen und feuerte ihn.

Am 17. Juli schrieb Ferrari auf Anweisung seines Anwalts Giacomo Cuoghi einen Brief an den Untersuchungsrichter Luciano Bonafini. Es hatte sich das Gerücht verbreitet, dass De Portagos Mutter der Gemeinde Cavriana – dem winzigen Dorf in der Nähe von Guidizzolo, wo der *Mille-Miglia*-Unfall stattgefunden hatte – eine Million Lire zur Unterstützung der Familien der Opfer gespendet hatte, und dass Ferrari dagegen niemandem etwas gegeben hätte.[10]

Ferrari schrieb: »Ich erkläre, dass ich mit dem Sachverhalt nichts zu tun habe,[und] behalte mir das Recht vor, mit den entsprechenden Unterlagen nachzuweisen, dass er, was die eventuelle zivilrechtliche Haftung für Schäden gegenüber Dritten betrifft, voll versichert ist. Ungeachtet der bereits erwähnten Nichtbeteiligung glaube ich, dass ich das Recht habe, Ihnen mitzuteilen, dass ALLE SCHÄDEN, DIE DRITTEN im Zusammenhang mit dem genannten Vorfall entstanden sind, beglichen wurden.«[11]

Ausnahmsweise hatte es Ferrari, der normalerweise seinen Mitmenschen half, ohne dies jemals bekannt zu machen, fur klug gehalten, seine Spende öffentlich zu machen.

Am folgenden Tag war der Große Preis von Großbritannien in Aintree angesetzt, aber Ferrari war gezwungen, wegen eines langen Streiks, der seine Fabrik und seine Rennabteilung lahmgelegt hatte, fernzubleiben. Die Ferrari-Beschäftigten waren am 9. Juli in den Streik getreten, um – wie Arbeiter in ganz Italien – für die Erneuerung des nationalen Vertrags zu demonstrieren. Am folgenden Tag wurden vor den Toren des Werks in Maranello Streikposten aufgestellt, die bis zum 16. Juli den Zutritt zum Werk verhinderten. Als sie schließlich entfernt wurden, war es zu spät, um die Autos für das britische Rennen vorzubereiten.[12] Ferraris persönliche Verhandlungsversuche, die in der Vergangenheit so erfolgreich gewesen waren, hatten dieses Mal zu nichts geführt.

Dank eines weiteren Sieges in England hatten Jack Brabham und sein kleiner, wendiger und revolutionärer Cooper-Climax die Meisterschaft mehr und mehr unter Kontrolle. Doch beim nächsten Rennen auf der ultraschnellen Avus in Berlin, die nach der Kontroverse um den Tod von Collins vor einem Jahr an die Stelle des Nürburgrings getreten war, erlebten Brooks und Ferrari einen wahren Ruhmestag.

Zum ersten und einzigen Mal in der Geschichte der Formel-1-WM wurde der Große Preis von Deutschland in zwei getrennten Läufen ausgetragen, an deren Ende die kombinierten Zeiten den Sieger bestimmen sollten. Auf einer Strecke, auf der Geschwindigkeit und Leistung die einzigen Voraussetzungen waren, hatte der 256 F1 von Ferrari leichtes Spiel, auf der Avus machten sich die 20 zusätzlichen PS bezahlt.

Brooks gewann beide Läufe und damit das Rennen mit einer beeindruckenden Durchschnittsgeschwindigkeit von 230 km/h. Hinter ihm folgten seine beiden amerikanischen Teamkollegen Dan Gurney und Phil Hill. Der erste Cooper, gesteuert von Trintignant, lag mit einer ganzen Runde Rückstand auf dem vierten Platz. Brabham war wegen Kupplungsschaden ausgefallen. Mit den neun Punkten für den Sieg und einem für die schnellste Rennrunde verkürzte Brooks seinen Rückstand auf Brabham in der Gesamtwertung, wodurch die gewerkschaftlich bedingte Nichtteilnahme am Großen Preis von Großbritannien umso mehr ins Gewicht fiel.

Für Brooks und Ferrari war dieser Tag auf der Avus ein großartiger Tag, auch wenn das Rennen durch den Tod von Jean Behra in einem Porsche am Vortag überschattet wurde. Aber es war auch ihr letzter Sieg in dieser Saison. In den nächsten beiden Rennen – in Portugal und in Italien – dominierte Cooper-Climax und obwohl Brabham in Monza nur den dritten Platz belegte, wuchs sein Vorsprung in der Gesamtwertung.

Am 14. September 1959, dem Tag nach dem Großen Preis von Italien, schickte Ferraris Anwalt Giacomo Cuoghi im Vorfeld der Befragung, die der Richter bald mit seinem Mandanten durchführen würde, einen langen Brief an Mario Luberto, den stellvertretenden Staatsanwalt von Mantua. Er enthielt Details aus Ferraris Gedächtnis, die genau und spezifisch waren und die Unschuld von Enzo beweisen sollten.

Cuoghi schrieb, dass »[diese] durch die Prüfung des Verfahrens angeregten Überlegungen« den Staatsanwalt dazu veranlassen würden, die Anklage fallen zu lassen. Cuoghi war überzeugt, dass »Sie aus den Antworten, die Ferrari Ihnen geben wird, und aus den in diesem Schreiben enthaltenen Überlegungen ... die Beweise ziehen werden, die Sie für eine vollständige [Entlassung benötigen]«.[13]

Punkt für Punkt, in allen Einzelheiten und mithilfe eines wissenschaftlichen Berichts, der von einem Professor der Fakultät für Verhaltenswissenschaften der Universität Genua verfasst und unterzeichnet wurde, versuchte Cuoghi, die gesamte Anklage zu demontieren. Ferraris Anwalt schrieb auf der letzten Seite seines langen Aufsatzes: »[Es gibt] nichts mehr hinzuzufügen, außer der Tatsache, dass die Scuderia Ferrari mit fünf Fahrzeugen an der XXIV. Mille Miglia teilgenommen hat. Drei von ihnen (das Auto von De Portago nicht mitgerechnet) beendeten das Rennen auf den ersten drei Plätzen und fuhren dabei schneller als jeder andere Teilnehmer. Keiner dieser Wagen hatte trotz der langen Strecke und der hohen Geschwindigkeit, die er während des gesamten Rennens erreichte, Probleme mit dem Reifenprofil, obwohl drei von ihnen vom identischen Typ [wie der von De Portago] waren und ihre Reifen mit demselben Druck befüllt waren.«[14]

Ende Oktober kaufte Enzo Ferrari den italienischen Hauptsitz von Ford in Bologna. Dies war vor allem eine PR-Aktion. Ferrari hatte keinerlei Bedarf an einer Niederlassung in Bologna, wollte nach eigenen Angaben aber einige Abteilungen seines Unternehmens, darunter die Handels- und Verwaltungsabteilung sowie den Kundendienst, nach dorthin verlagern.

Wie schon öfter war dieser Kauf eine Botschaft an verschiedene Adressaten: An die italienischen Automobilhersteller, an die öffentlichen Einrichtungen des nationalen Automobil- und Rennsports und nicht zuletzt an seine Modeneser Landsleute, die ihn auf ihre besondere und nie infrage gestellte Art und Weise liebten und denen er nun zwei Dinge beweisen konnte: Erstens, dass er so groß war, sich ein Gebäude kaufen zu können, das als italienischer Hauptsitz des größten Automobilherstellers der Welt gedient hatte, und zweitens, dass niemand davon ausgehen sollte, dass Enzo seine Fabrik und sein Unternehmen für immer in Maranello und in der Provinz Modena halten würde.

⌘ ⌘ ⌘

Das letzte Rennen der Weltmeisterschaft 1959 war der für den 12. Dezember im warmen, subtropischen Wetter von Sebring, Florida, angesetzt. Zum ersten Mal in der Geschichte der Formel 1 wurde ein echter Grand Prix der USA organisiert. Trotz der wenigen Höhen und vielen Tiefen einer schwierigen Saison hatte Tony Brooks immer noch eine reelle Chance auf den Weltmeistertitel, obwohl er von den drei Fahrern, die um den Titel kämpften – die beiden anderen waren Jack Brabham mit dem Werks-Cooper-Climax und Stirling Moss mit einem identischen Auto, das von Rob Walker eingesetzt wurde – derjenige mit den wenigsten Punkten war. Sowohl Brabham als auch Moss qualifizierten sich besser als Brooks. Tony startete aus der zweiten Reihe mit der viertbesten Zeit. Doch gleich in der ersten Kurve nach dem Start wurde er von seinem Teamkollegen von Trips touchiert. In der nächsten Runde kam er an die Box, um seinen Wagen von seinen Mechanikern überprüfen zu lassen. Die Überprüfung dauerte ein paar Minuten, aber sie ergab, dass das Auto intakt war. Brooks ging wieder auf die Strecke und kämpfte wie ein Löwe, aber am Ende kam er nicht über den dritten Platz hinaus. Er erhielt vier Punkte: genug, um Moss zu schlagen, aber nicht genug, um Brabham den Weltmeistertitel zu nehmen.

Für Brooks und für Ferrari war das Endergebnis enttäuschend, aber beide wussten, dass der Weltmeistertitel nicht im letzten Rennen, sondern im Laufe der Saison verloren gegangen war. Der Grand Prix von Großbritannien, den sie wegen des langen Sommerstreiks hatten auslassen müssen, war der Hauptgrund.[15] Und da auch die Sportwagen-Weltmeisterschaft enttäuschend verlaufen war, gab es Enzo Ferrari am Ende des Jahres ausnahmsweise keinen neuen Weltmeistertitel zu feiern.

Als sich am 29. Dezember 1959 die übliche Schar von Reportern in Modena zur traditionellen Jahresendpressekonferenz einfand, war man sich sicher, Ferrari in schlechter Laune vorzufinden.[16] Wie immer überraschte Enzo sie. Zum Erstaunen aller begann er das Treffen mit einer Hommage an die britische Automobilindustrie, die ihn zumindest in diesem Jahr zweimal besiegt hatte.

Natürlich ließ sich niemand täuschen. Er lobte nicht die britische Automobilindustrie an sich, sondern griff unterschwellig die italienischen Automobilgrößen an, die ihn einmal mehr in der Arena alleingelassen hatten.

Der Fokus der Konversation bezog sich weiterhin auf alles, was mit Großbritannien zu tun hat, als jemand fragte, warum er in der Liste der Fahrer, die er gerade genannt hatte – Hill, Allison, von Trips – nicht den Namen des F1-Vizeweltmeisters Tony Brooks genannt habe. »Brooks hat mir gesagt«, so Ferrari, »dass er heute ein guter Ehemann, ein großartiger Vater und ein noch besserer Zahnarzt sein will.« Aus diesem Grund, so Ferrari, ziehe sich Brooks aus dem Rennsport zurück.

Dann begann er, nach einer kurzen Pause zu philosophieren: »Männer haben ein seltsames Schicksal, wenn sie heiraten. Wenn sie es schaffen, das erste Jahr zu überstehen, ist alles in Ordnung und sie fahren schneller als vorher. Wenn hingegen das erste Jahr schlecht läuft, verliert der Motorsport sie.«[17] Um seine These zu unterstreichen, führte er das Beispiel von Antonio Brivio an, obwohl er genauso gut sich selbst hätte nehmen können.

Ferrari hatte noch nie einen Fahrer geschätzt, der wegen einer Frau seinen Elan oder seine Motivation verlor. Obwohl er Brooks respektierte, war es klar, dass dessen Entscheidung aufzuhören,

Enzo sehr enttäuscht hatte – auch wenn Tony seine Entscheidung nicht wegen seiner Hochzeit getroffen hatte, sondern wegen der Geburt seines ersten Kindes, einer kleinen Tochter namens Caroline, in jenem Sommer. Enzo selbst hatte dasselbe getan, als Dino im Januar 1932 geboren wurde.

Aber das war noch nicht alles.

Im Zusammenhang mit der Werksbesichtigung, die der Pressekonferenz vorausgegangen war, sagte ein Reporter: »Wir haben einen Motor mit 850 cm³ gesehen …«[18] Das stimmt, denn Ferrari hatte ihn so platziert, dass er nicht zu übersehen war. Dieser Motor war eine Provokation, ein Fehdehandschuh für die italienischen Automobilhersteller und ein konkreter Beweis dafür, dass die im Rennsport gesammelten Erfahrungen auch für die Entwicklung von kleinen Motoren wichtig waren.

Enzo erklärte, dass es sich dabei nur um ein Projekt handele, und schloss die Möglichkeit aus, jemals ein Auto mit diesem Motor zu produzieren – zumindest unter dem Namen Ferrari. Er fügte hinzu, dass das Projekt, ein Auto mit diesem Motor zu entwickeln, in der Tat bereits in Angriff genommen worden wäre, auch wenn er mit dem Ergebnis noch nicht zufrieden sei. Um alle noch mehr zu verwirren, sagte er schließlich: »Dieses Auto wird wahrscheinlich einen Namen tragen, der mir sehr am Herzen liegt, aber es wird nicht von Ferrari produziert werden.«[19] Er hätte nicht vager und irreführender sein können, selbst wenn er es versucht hätte.

Viele im Publikum dachten, dass es sich um Fiat handelte. Andere glaubten im Gegenteil, dass der kleine Ferrari – oder »Ferrarina«, wie er schnell genannt wurde – ein Projekt wäre, das mit Fiat konkurrieren sollte. Niemand konnte ahnen, dass Enzo Ferrari an ein Auto mit kleinem Motor dachte, das er nach seinem Sohn benennen wollte – eine Idee, die damals den Widerstand der meisten seiner leitenden Mitarbeiter, angefangen bei seinem kaufmännischen Direktor, hervorgerufen hatte.[20]

KAPITEL 31

Freispruch

Im Winter 1960 wurde Enzo Ferrari schließlich vom stellvertretenden Staatsanwalt des Bezirksgerichts von Mantua verhört. Ferrari lieferte eine der besten, aber auch irreführendsten Darbietungen seines Lebens ab. Nachdem er bereits im Frühjahr vor dem Richter vernommen worden war, zeigte er nach der langen schriftlichen Erklärung seines Anwalts ein so übertriebenes Verhalten – zumindest für diejenigen, die ihn nicht kannten –, dass der arme Mario Luberto überrascht und getäuscht wurde. Nach der ersten Frage von Luberto begann Enzo plötzlich zu schluchzen. Einen 187 cm großen und 118 kg schweren Mann weinen zu sehen, war kein schöner Anblick – vor allem wenn dieser Mann berühmt war und von den meisten als rücksichtslos betrachtet wurde. Und als er zu sprechen begann, sprach er mit der Unschuld eines Kindes.

»Ich weiß nichts«, sagte er und schluchzte. »Das Einzige, was ich weiß, ist, dass ein Reifen geplatzt ist und die Tragödie verursacht hat. Wenn Sie technische Erklärungen wollen«, fuhr er fort, »dann müssen Sie mit meinen Ingenieuren sprechen. Ich fühle mich in keiner Weise verantwortlich.«

Das völlig unerwartete Verhalten zeigte sofort die gewünschte Wirkung.

»*Ingegner*, beruhigen Sie sich ... Niemand will Sie verurteilen oder ins Gefängnis stecken«, sagte Luberto.

Der Ankläger, ein noch junger Mann mit nur ein paar Jahren Erfahrung, war angesichts dieser Gefühlsausbrüche in die Falle getappt. Er versuchte, Enzo wieder zu beruhigen und ermutigte ihn.[1] Wie konnte jemand glauben, dass ein erwachsener Mann, der wie ein Kind um den Tod all dieser Unschuldigen weinte, ein Monster war? Vor allem jemand, der seine Rennfahrer offensichtlich als seine eigenen Söhne betrachtete und schon bei der bloßen Erwähnung ihrer Namen weinte.[2]

An diesem Punkt machte Luberto seinen größten Fehler: Er ließ sich von seinen Emotionen leiten und verknüpfte Ferraris öffentliches Leben – den Rennsport, den Unfall von Guidizzolo, den Tod seiner Fahrer – mit seinem Privatleben, also mit dem Tod von Dino. In diesem Moment wurde Ferrari für Luberto zum zwölften Opfer der *Mille Miglia*.

Es war natürlich alles wahr: Die Trauer über den Unfall und das Massaker an all den Unschuldigen war echt. Zwei Jahre zuvor hatte es der ganzen Überzeugungskraft von Pater Alberto Clerici bedurft, um Enzo dazu zu bringen, weiter Sportwagen zu bauen und Rennen zu fahren, und um ihn davon zu überzeugen, dass er keine Schuld trug und sich nun darauf konzentrieren musste, eine bessere Zukunft zu schaffen. Aber das war vorbei und Enzo hatte sogar die Tode von Musso und Collins verkraftet, die ihn natürlich schwer getroffen hatten.

Ferrari hatte dem jungen Mantuaner Magistrat eine sorgfältig geplante und geschickt gespielte Show vorgeführt. Enzo wusste sein ganzes Leben lang, wie man mit Tränen umgeht.[3] Es war kein Zufall, dass es in Modena Leute gab, die ihn nach einem berühmten Bühnenschauspieler böswillig *Zacconi* tauften.[4]

Am 7. April kam eine andere Meldung.

»Auf Vorschlag des berühmten Professors Dore, Dekan der Fakultät für Ingenieurwissenschaften der Universität Bologna, und des Berichterstatters Professors Morandi«, hieß es in einer Erklärung der Universität, »hat die Fakultät einstimmig beschlossen, die Verleihung der Ehrendoktorwürde für Maschinenbau an *Cavaliere del Lavoro* Enzo Ferrari dem Bildungsminister zur Genehmigung vorzulegen. Minister Medici hat die erforderliche Genehmigung erteilt.« Der Grund für die Ehrung? »Mit seiner technischen Tätigkeit hat [Enzo Ferrari] unserem Land international Ehre erwiesen.«[5]

Es stimmt zwar, dass Enzo Ferrari mit seiner Arbeit dem Namen Italiens in der Welt Ehre gemacht hat, aber hinter diesem *Honoris Causa* stand der Kauf des Ford-Italiana-Gebäudes in Bologna und Ferraris Interesse an diesem Geschäft. Unabhängig davon, ob Ferrari ein echtes Interesse daran hatte, einen Teil seiner Tätigkeit nach Bologna zu verlegen, oder ob der Kauf nur ein geschickter PR-Schachzug war, hatte ihn Professor Morandi kurze Zeit nach dem Kauf in Modena besucht und ihm im Namen des Dekans der ältesten Universität der westlichen Welt die Ehrendoktorwürde verliehen.

Am 23. Mai 1960 wurde Enzo Ferrari vom alleinigen Eigentümer seines Unternehmens zu einem der Aktionäre. *Auto Costruzioni Ferrari* beendete am 30. Juni seine Existenz und wurde ab dem 1. Juli von der *Società Esercizio Fabbriche Automobili e Corse* (SEFAC) abgelöst.

Es handelte sich um eine Aktiengesellschaft, an der jeder der fünf Anteilseigner zwei Anteile von je 100.000 Lire besaß, sodass sich das Gesamtkapital auf eine Million Lire belief. Die fünf Aktionäre waren Carlo Caracciolo (der Schwager von Fiat-Boss Gianni Agnelli), der Lebensmittelmogul Ugo Colombo, der französische Industrielle und Ferrari-Kunde Michel Paul-Cavallier, der Karosseriebauer Giovanni Battista Farina (der Vizepräsident der SEFAC werden sollte) und natürlich Enzo Ferrari als Präsident.[6]

Enzo hatte diese neue Unternehmensstruktur nicht deshalb gewählt, weil er Aktionäre brauchte, sondern aus zwei anderen wichtigen Gründen: Der erste war steuerlicher Natur, der zweite, vielleicht noch wichtigere, war der Wunsch, bei künftigen tödlichen Zwischenfällen nicht die alleinige juristische Verantwortung zu tragen.[7] Denn auch wenn er den jungen stellvertretenden Staatsanwalt von Mantua ausgetrickst hatte, war das Gerichtsverfahren für den Guidizzolo-Unfall selbst noch nicht abgeschlossen.

⌘ ⌘ ⌘

Am letzten Sonntag im Mai hatte Ferraris erster Mittelmotor-Monoposto sein Debüt. Gemäß Ferraris Bauernmetapher befanden sich die Kühe nun hinten im Wagen. Der Amerikaner Richie Ginther fuhr ihn – ebenfalls als Formel-1-Debütant – beim Großen Preis von Monaco, wo er – mit 30 Runden Rückstand! – den sechsten Platz belegte. Besser lief es mit dem Frontmotor-246, den der andere Amerikaner, Phil Hill, auf den dritten Platz fuhr.

Während die F1-Weltmeisterschaft entmutigend war, lief es für Ferrari in der Sportwagenserie viel besser. Nachdem Phil Hill und Cliff Allison im Januar die 1000 Kilometer von Buenos Aires gewonnen hatten, siegten am 26. Juni die Belgier Olivier Gendebien und Paul Frère beim prestigeträchtigste Langstreckenrennen der Welt, dem 24-Stunden-Rennen von Le Mans. Beide Siege gingen auf das Konto des 250 Testa Rossa mit Frontmotor.

Am Donnerstag, dem 7. Juli 1960, wurde Ferrari endlich die Ehrendoktorwürde verliehen.

Er ging zu Fuß mit Gino Rancati zur Universität, nachdem er den Peugeot 404 seines Schwagers einen Kilometer entfernt geparkt hatte, um nicht zu zeigen, dass er mit einem französischen Auto nach Bologna gekommen war. Den Ferrari, den er besaß (den ersten, den er sich gegönnt hatte), hatte er jedoch nicht nehmen wollen, um die Leute nicht in Verlegenheit zu bringen, die sich ein Auto dieses Wertes wahrscheinlich nicht leisten konnten: »Aus Respekt für die Professoren, die mich in einem Ferrari ankommen sehen werden«, hatte er bei der Wahl des Wagens geurteilt. »Sie gehen vielleicht zu Fuß und ich komme in einem Fünf-Millionen-Auto an«.

Es war ein heißer und dunstiger Sommernachmittag. Während Ferrari, wie es das Protokoll verlangte, einen Aufsatz über die Tätigkeit verlas, die ihm die Ehrendoktorwürde eingebracht hatte, war es still im Auditorium. Er hatte ihn zusammen mit dem Freund der Tochter seines Barbiers geschrieben,[8] einem Juristen namens Franco Gozzi, der ein großes Talent zum Schreiben besaß.

»Der Rennsport, den ich für eine sensationelle Angelegenheit und eine echte Show mit starkem technischem Inhalt halte«, verkündete er vor einem Publikum, das an seinen Worten hing, »bietet nur dann zufriedenstellende Ergebnisse, wenn die gesamte Organisation, die das Zusammenspiel mit den Fahrern, den Technikern und allen anderen, die in der hitzigen Umgebung der Wettbewerbe arbeiten, von einem echten Korpsgeist beseelt ist. Es ist dieser Korpsgeist, der es Ferrari in den langen Jahren unserer Tätigkeit ermöglicht hat, Erfolge zu erzielen, die die italienische Arbeit auszeichnen.«[9]

Enzo beendete sein insgesamt fünfzehnseitiges Manuskript mit dem Gedenken an »jene jungen Menschen, die in ihrem Eifer für die Eroberung das höchste Opfer gebracht [haben]«.[10] Tränen rannen über sein Gesicht.

Mitte Juli trafen sich die SEFAC-Aktionäre zum ersten Mal. Nur der französische Anteilseigner war nicht nach Modena gekommen. Die Versammlung war der zweite und letzte Schritt bei der Gründung des neuen Unternehmens. Das Aktienkapital stieg an diesem Tag von einer auf 200 Millionen Lire. Enzo Ferrari hatte der neuen Gesellschaft sein gesamtes Vermögen im Wert von 199 Millionen Lire übertragen. Aufgrund dieser Transaktion erhielt Enzo 1.990 neue Aktien. Er besaß nun 1.992 der 2.000 SEFAC-Aktien, während die anderen vier Aktionäre Caracciolo, Colombo, Paul-Cavallier und Pinin Farina über jeweils zwei Aktien verfügten. Auf der Versammlung wurde der neue Mehrheitsaktionär zum Präsidenten des Unternehmens gewählt.[11]

Der Sommer 1960 ging schnell vorüber.

Der September brachte den einzigen frischen Wind in eine F1-Weltmeisterschaft, die ansonsten für Ferrari in einer Molltonart gespielt wurde. In Monza holte das Team aus Maranello seinen ersten Grand-Prix-Sieg des Jahres und platzierte drei Autos auf den ersten drei Endpositionen.

Aber es gab eine Erklärung für diesen Erfolg – oder besser gesagt, zwei: Die erste war die Entscheidung der Organisatoren, das Rennen auf der kompletten Strecke, die auch den Hochgeschwindigkeitsring umfasste, auszutragen, um die Leistung der Ferrari-Motoren zu begünstigen. Der zweite Grund war die Entscheidung der englischen Teams, das Rennen zu boykottieren – nicht so sehr, weil die Entscheidung Ferrari so eklatant begünstigte, sondern wegen der vermuteten Gefahr, die von diesem Hochgeschwindigkeitsteil ausging, auf der es spektakuläre Risse im Asphalt gab. Phil Hill gewann das Rennen, gefolgt von Richie Ginther und dem Belgier Willy Mairesse. Es sollte der letzte Formel-1-Sieg eines Autos mit Frontmotor gewesen sein.

1960 überschritt die Ferrari-Produktion zum ersten Mal die 300er-Marke und alle Fahrzeuge verkauften sich weit im Voraus. Die Zahl der Mitarbeiter hatte diese Marke längst überschritten.[12] Nachdem er festgestellt hatte, dass seine Kunden trotz des neuen Rennsporttrends, der den Motor hinter den Fahrer verlegt hatte, weiterhin seine Granturismos und Berlinettas mit Frontmotor kauften, war Ferrari endgültig davon überzeugt, dass dem Mittelmotor die Zukunft gehörte.

Nachdem er bestätigt hatte, dass er wieder nur ausländische Fahrer einsetzen würde, beschloss Ferrari im Frühjahr 1961, eines seiner F1-Autos der FISA – dem italienischen Verband der Motorsportteams – zu überlassen, weil diese einen italienischen Fahrer ausgewählt hatte, dem sie das Auto bei bestimmten Rennen anvertrauen wollte.[13] Um eine neue Kontroverse im Falle eines tödlichen Unfalls zu vermeiden, hatte er eine Lösung gefunden, die es den italienischen Sportfans ermöglichte, einen italienischen Fahrer am Steuer eines Ferrari zu sehen und gleichzeitig der direkten Verantwortung zu entgehen.

Die FISA wählte einen jungen Mailänder namens Giancarlo Baghetti aus, der in seinem ersten Rennen mit dem privaten Ferrari den Großen Preis von Syrakus gewann. Das Rennen zählte nicht zur Meisterschaft, aber alle Fahrer und Autos, die um den Weltmeistertitel kämpfen würden, waren dabei. Baghetti bestätigte seine Klasse drei Wochen später in Posillipo.

Die F1-Weltmeisterschaft 1961 begann im Mai in Monaco. Wie schon im Jahr zuvor siegte Stirling Moss, diesmal in einem Lotus-Climax mit Mittelmotor.

Aber in diesem Jahr waren auch bei den Ferraris der Motor hinter dem Fahrer eingebaut und so belegten Ginther, Hill und Trips die Plätze zwei, drei und vier. Der Sieg blieb zwar aus, aber das Rennen in Monaco bestätigte Ferrari und seinen Fahrern das Potenzial des Mittelmotorwagens 156 F1 mit der charakteristischen »Haifischnase«.[14] Monaco war nur der Beginn eines glänzenden zweiten Teils der Saison. Zwischen Ende Mai und

Mitte Juni gewann Ferrari mit von Trips und Hill die Grands Prix der Niederlande und Belgiens – Veranstaltungen, bei denen das große Potenzial der Mittelmotorwagen voll ausgeschöpft werden konnte.[15]

Dann, am 21. Juni 1961, kam einer der glücklichsten Tage im Leben von Enzo Ferrari. Der stellvertretende Staatsanwalt des Bezirksgerichts Mantua beantragte, alle Anklagen gegen ihn wegen des Vorfalls vom 12. Mai 1957, der bei der 24. *Mille Miglia* elf Todesopfer gefordert hatte, fallen zu lassen.

Am Ende der Untersuchung und gemäß den Schlussfolgerungen der Sachverständigen wurden von den drei Hypothesen, die als mögliche Unfallursachen in Betracht gezogen wurden, zwei verworfen: »Unfähigkeit« oder »mangelnde Umsicht des Fahrers« sowie »Unfähigkeit oder Nachlässigkeit des Unternehmens Ferrari bei der Konstruktion und Vorbereitung des Fahrzeugs«. Als Ursache für die Tragödie von Guidizzolo wurden lediglich »unvorhersehbare und unwägbare Faktoren« festgestellt.[16]

De Portago wurde vollständig entlastet. Mario Luberto schrieb: »Aus den Feststellungen ergab sich nicht der geringste Hinweis, der die Verantwortung des Fahrers, dessen Kompetenz allen bekannt war, infrage stellt. Ebenso muss man die Verantwortung von Enzo Ferrari ausschließen, die allein durch die Ergebnisse des ersten Berichts gestützt, aber durch den zweiten nicht bestätigt wird, nachdem das technische Gutachten mit einer Fülle von wissenschaftlichen Argumenten gezeigt hat, dass die Qualität und der Druck der Reifen den Unfall nicht verursacht haben.« In dem Bericht heißt es weiter: »Selbst wenn man theoretisch den Feststellungen der ersten Sachverständigen Glauben schenken würde, könnte die Verantwortung nicht Enzo Ferrari angelastet werden, da die Konstruktion der Reifen, die auf seine Autos passten, von einem spezialisierten ausländischen Unternehmen vorgenommen worden war, das auch seine Techniker zusammen mit den Reifen nach Italien geschickt hatte.«[17]

Es war ein Sieg an allen Fronten. Und es steckte viel von Ferraris persönlicher Magie darin. Nach der tränenreichen Zeugenaussage im Frühjahr 1960 hatte Ferrari Luberto nach Maranello eingeladen, wo der Staatsanwalt nicht nur mit Technikern sprach, die ihm erklärten, wie sich die Dinge in Guidizzolo abgespielt haben mussten, sondern sich auch von Enzo zunächst durch eine Fahrt im Ferrari bezaubern ließ – gefolgt von einem Mittagessen im Restaurant Cavallino.

⌘ ⌘ ⌘

Dass der 156 F1 unabhängig vom Fahrer konkurrenzlos zu sein schien, wurde am 2. Juli deutlich, als Giancarlo Baghetti im Ferrari der Scuderia Sant'Ambroeus für die FISA den Großen Preis von Frankreich in Reims gewann.

Am 26. Juli wurde Enzo Ferrari von jeglicher Verantwortung für den Unfall von Guidizzolo freigesprochen. Das Gericht hatte entschieden, dass der Katzenaugenreflektor den Unfall verursacht hatte, als der Reifen des Wagens von De Portago in der Volta-Mantovana-Kurve darüber gerollt und einige Kilometer später geplatzt war. Folglich wurde Enzo Ferrari »von allen Vorwürfen freigesprochen«.[18]

Wie im Krieg gegen die Kirche einige Jahre zuvor war er nicht nur freigesprochen, sondern quasi heiliggesprochen worden. Das Urteil enthielt eine Beschreibung des Mannes und Unternehmers, der sich nach jahrelangen Anschuldigungen für all sein Leid bestätigt gefühlt haben muss: »Ein Mann mit einer starken und prägnanten Persönlichkeit, begabt mit überdurchschnittlichen intellektuellen und moralischen Qualitäten, hat es unter enormen Opfern und angetrieben von seiner Leidenschaft für das Autofahren geschafft, aus dem Nichts und mit eigener Kraft eine wunderbare Industrie und eine perfekte Werkstatt zu schaffen, die weltweiten Respekt und Bewunderung erlangt und Autos sowohl für den Wettbewerb als auch für den Tourismus gebaut hat, um die uns die ganze Welt beneidet und die auf den Strecken und Straßen aller Kontinente unangefochten triumphieren.«[19]

⌘ ⌘ ⌘

Der Kampf um den Titel zwischen den beiden Ferrari-Piloten hatte die italienischen Fans und die öffentliche Meinung in

Wallung gebracht. Innerhalb des Teams wurde die Last eines internen Duells allmählich spürbar. Der Einzige, der nicht darüber sprechen wollte, war Ferrari, vielleicht aus einer Art Aberglauben heraus – so dachte zumindest Phil Hill, einer der beiden Anwärter.[20] Jedenfalls wäre der deutsche Graf, wenn er am 10. September in Monza vor seinem amerikanischen Teamkollegen ins Ziel gekommen wäre, der neue F1-Weltmeister gewesen. Stattdessen kam an diesem Tag Wolfgang von Trips – von seinen Freunden und Kollegen »Taffy« genannt – zusammen mit 15 Zuschauern ums Leben, mehr als viereinhalb Jahre zuvor beim Unglück von Guidizzolo verstorben waren. Der 156er von Trips geriet bei einem Überholversuch außer Kontrolle, raste eine Böschung hinauf und riss einen Zaun mit sich, hinter denen die Zuschauer standen.

Das Rennen wurde nicht abgebrochen.

Phil Hill gewann das Rennen und wurde neuer Weltmeister.

Die Schlagzeilen und Kontroversen hielten tagelang an. Auch wenn es nicht mit den Ereignissen nach dem Guidizzolo-Crash oder dem Tod von Luigi Musso zu vergleichen war, war es vielleicht gut für Ferrari, dass sechs Wochen zuvor der Freispruch für die Tragödie bei der *Mille Miglia* erfolgt war.

»Es endete auf diese tragische Weise ein für uns glorreiches Jahr«,[21] bemerkte ein verbitterter Ferrari am Ende der Saison, in dem er die Briten nach langer Verzögerung mit ihren eigenen Waffen geschlagen hatte. Er war, wie in den letzten Jahren üblich, nur zum Training und Qualifying nach Monza gekommen und hatte zum ersten Mal seinen Sohn Piero mitgebracht, der inzwischen 16 Jahre alt war.[22] Und als Gast der Scuderia Ferrari war an diesem Wochenende, das ein Fest werden sollte, kein Geringerer als Prinz Bernhard der Niederlande zugegen.

Doch die eigentliche Wendung sollte noch kommen. Mit dem F1- und dem Sportwagen-Weltmeistertitel in der Tasche – vier Siege, einschließlich dem 24-Stunden-Rennen von Le Mans, in insgesamt fünf Rennen – wandte sich Enzo Ferrari in der letzten Novemberwoche gegen sein Führungspersonal. Aus heiterem Himmel entließ er acht Direktoren – kurz gesagt: alle ihm unterstellten Führungskräfte.

In der an die Presse herausgegebenen Erklärung heißt es: »Acht leitende Angestellte von SEFAC Ferrari beendeten ihr Arbeitsverhältnis mit dem Unternehmen, indem sie einen eingeschriebenen Brief an den Präsidenten und Geschäftsführer Enzo Ferrari und an den Verwaltungsrat schickten.«[23] Der Grund: »Eine Überbewertung von marginalen Fakten, die nichts mit dem normalen Geschäftsleben eines Unternehmens zu tun haben.« In Wirklichkeit waren sie alle entlassen worden. Es gab zwar einen Brief, aber es war kein Brief, mit dem die acht Manager Ferrari mitgeteilt hatten, dass sie gehen würden. Vielmehr war es ein Schreiben, das ihren Chef verärgert hatte und zu ihrer Entlassung führen sollte.

Der Brief war von dem Anwalt verfasst worden, den die acht Manager mit ihrer Vertretung beauftragt hatten. Darin baten sie – allesamt die ersten Untergebenen Ferraris, die Leiter aller Abteilungen des Unternehmens – nach sorgfältiger Rekonstruktion verschiedener Vorfälle um das Eingreifen ihres Chefs, die Übergriffe seiner Frau auf die beruflichen Angelegenheiten des Unternehmens zu unterbinden.

Jahrelang hatte Ferrari Laura erlaubt, sich nach Belieben in Unternehmensangelegenheiten einzumischen. Zum einen, um sie ruhig zu halten, zum anderen, um sie fernzuhalten. Es war nicht ungewöhnlich, dass sie das Team zu den Rennen begleitete, während derer sie sich argwöhnisch in den Ferrari-Boxen aufhielt und sich einmischte, auch wenn sie es nicht sollte.[24] Das bedeutete auch, dass sich Ferraris Männer auch in Abwesenheit des Chefs immer noch beobachtet fühlten. Aus Angst vor einer erneuten Verarmung, wie sie nach dem Scheitern der *Carrozzeria Emilia* eingetreten war, bemühte sich Laura wie eine Besessene darum, dass keine einzige Lira verschwendet wurde, was Ferrari natürlich zu schätzen wusste.[25]

Niemand wagte es, mit Ferrari über die exzessiven Freiheiten zu sprechen, die sich seine Frau innerhalb des Unternehmens oder bei Rennsportreisen herausnahm. Enzo, der natürlich Bescheid wusste, weigerte sich ganz einfach, darüber zu diskutieren.[26] Da sie wussten, dass es keine wirkliche Möglichkeit gab, mit ihm zu sprechen, hatten seine acht Führungskräfte beschlossen, einen Anwalt einzuschalten, um gehört zu werden.

Der Brief des Anwalts war zwar freundlich und geschliffen formuliert, um Ferrari nicht mehr als nötig zu verletzen, aber er machte ihn natürlich wütend. Er, der immer jeden Versuch, das Thema zu erörtern, gemieden hatte, fühlte sich nun durch die Tatsache verraten, dass seine Männer sich an einen Anwalt gewandt hatten. Vielleicht hatte er recht, aber die acht Männer hatten alles versucht, um seine Aufmerksamkeit zu erlangen, und der Brief des Anwalts war die letzte Karte, die von den täglich von der Frau ihres Chefs in Verlegenheit gebrachten Managern gespielt werden konnte.

Das Treffen am Dienstag nach dem Eingang des Briefes verlief ereignislos. Ferrari wirkte zwar etwas steifer als sonst, aber es sah so aus, als hätte er nicht die Absicht, das Thema anzusprechen. Es war jedoch klar, dass er den Brief gelesen hatte, denn er lag gefaltet in der aufgeschlagenen Seite seines Terminkalenders vor ihm auf dem Tisch, um den die acht Führungskräfte saßen. Am Ende der Sitzung schloss Ferrari seinen Themenplan und verabschiedete sich, wie er es immer tat, bevor er in sein Büro zurückkehrte.

Doch auf die acht Männer wartete eine Überraschung. Sobald sie allein waren, rief der stellvertretende Personaldirektor Radighieri einen nach dem anderen zu sich und überreichte jedem von ihnen einen Umschlag. Darin befand sich ein Brief, in dem ihnen ihre Entlassung mitgeteilt wurde. Ferrari hatte schon damals nicht die Absicht gehabt, die Angelegenheit zu erörtern; er hatte es einfach zur Kenntnis genommen, fühlte sich verraten und entledigte sich aller. Hinter der geschlossenen Tür seines Büros hörte man ihn schreien: »Sie haben nichts verstanden! Was habe ich nur für Menschen erschaffen, die mir ein Einschreiben schicken!«[27]

An diesem Abend entließ Enzo Ferrari neben Teamchef und Pressesprecher Tavoni auch den kaufmännischen Direktor Gerolamo Gardini, den Verwaltungsdirektor Ermanno Della Casa, den Einkaufsdirektor Federico Giberti, den Personaldirektor Enzo Selmi, den Leiter der Gießerei Fausto Galassi, den Leiter der Versuchsabteilung Giotto Bizzarrini und den Chefingenieur Carlo Chiti.

Der Brief des Anwalts war der Auslöser für Ferraris erstaunliche Entscheidung, aber in Wahrheit war er schon lange misstrauisch gegenüber einigen seiner Spitzenleute gewesen. In der Pressemitteilung war von einem »Akt der Solidarität« von sieben der acht Männer die Rede, »wobei *Ragionier* (Buchhalter) Gardini aufgefordert wurde, nicht ins Büro zurückzukehren, nachdem er in Anwesenheit von *Signor* Luigi Chinetti, dem Ferrari-Manager für die Vereinigten Staaten von Amerika, an einem öffentlichen Ort Behauptungen geäußert hatte, die als respektlos gegenüber Ferrari gelten«.[28]

Die von Chinetti aufgeschnappten und weitergegebenen Sätze waren höchstwahrscheinlich in einem Ordner gelandet, den Ferrari in einer Büroschublade aufbewahrte, um sie bei Bedarf abzurufen. Wenn er nämlich aktuelle Dossiers über das Berufs- und Privatleben von Fahrern und Journalisten führte,[29] wird er diese auch für seine Topmanager gehabt haben. Hatte er nicht sogar ein Telefon auf seinem Schreibtisch, mit dem er durch Drücken eines speziellen roten Knopfes jedes Telefongespräch innerhalb seiner Firma mithören konnte?[30]

Da sich die Rechtsform des Unternehmens geändert hatte und Enzo Ferrari Anteilseigner bei SEFAC war, hatte sich auch die Unternehmensorganisation verändert. Zum ersten Mal in seiner Geschichte verfügte Ferrari über einen richtigen Organisationsplan mit klar definierten Positionen und Verantwortlichkeiten, wie es sonst erst in viel größeren Unternehmen üblich war. Zu diesem Zeitpunkt hatten einige seiner Mitarbeiter – jetzt Manager und Direktoren – begonnen, sich unabhängiger zu verhalten als zuvor. Die Mitglieder der alten Garde, die Leute aus Modena, wie Tavoni, Giberti und Della Casa, hatten sich in ihrer Arbeitsweise wenig oder gar nicht verändert.

Aber einige der Neuen hatten sich deutlich mehr Autonomie herausgenommen, als Ferrari ihnen zugestehen wollte. Und in diesem neuen Umfeld, in dem es so aussehen könnte, als hätte Ferrari nicht mehr die Fäden fest in der Hand, entstand die Überzeugung – was in früheren Zeiten schlichtweg undenkbar gewesen wäre –, dass einige dieser hochrangigen Manager sich frei fühlten, ihren Chef in der Öffentlichkeit zu kommentieren, wobei sie zuweilen ihre Unzufriedenheit zum Ausdruck brachten oder, wie bei den Angelegenheiten, die die Frau des Chefs betrafen, eine beunruhigend herablassende Haltung an den Tag legten.[31]

Die Massenentlassung seiner Topmanager löste in den Zeitungen einen Sturm der Entrüstung aus. Selbst diejenigen, die wussten, wie Ferrari arbeitete, waren von diesem überraschenden und für viele unverständlichen Schritt überrumpelt worden. Aber es gab auch diejenigen, die nicht zu Unrecht behaupteten, dass Ferrari sich »nach dem Abgang der acht Männer zehn Jahre jünger fühlt. Je wütender er wird, desto jünger fühlt er sich«.[32]

KAPITEL 32

»Meine schrecklichen Freuden«

Mitte Dezember 1961 rief Ferrari eines Morgens einen der vielversprechendsten Ingenieure der neuen Generation in sein Büro. Er war erst seit etwas mehr als einem Jahr im Unternehmen, aber Reclus, sein Vater, gehörte zur alten Garde und war seit den glorreichen Zeiten der Scuderia mit Ferrari verbunden. Der junge Mann ging in Ferraris Büro, wobei er sich fragte, was der Chef von ihm wolle.

Als der 26-jährige Ingenieur vor ihm stand, sagte Ferrari: »Forghieri, was halten Sie davon, der neue technische Direktor der Rennabteilung zu werden?«

Der magere, schwarzhaarige Ingenieur verfügte trotz seines jungen Alters über großes Talent und einen außergewöhnlich guten gesunden Menschenverstand. Er bedankte sich bei Ferrari, sagte aber, dass er nicht über genügend Erfahrung verfüge, um die Rennabteilung des F1- und Sportwagen-Weltmeisterteams zu leiten. Er sagte: »Ich glaube zwar, dass ich in einigen technischen Fragen etwas beitragen kann, aber ich habe Zweifel an meiner derzeitigen Fähigkeit, die Rennsportaktivitäten von Ferrari insgesamt zu leiten.«

Doch Enzo hatte sich bereits entschieden: Mauro Forghieri war der Mann, einer seiner Leutnants, den er zum General befördern wollte. »Sie brauchen sich keine Sorgen zu machen«, sagte

Enzo. »Gehen Sie an die Arbeit und machen Sie sich nützlich. Ich werde mich um alles andere kümmern.«[1]

Kurz nach Weihnachten kehrten zwei der entlassenen Manager – Giberti und Della Casa – zurück. Es blieb unklar, ob Ferrari ihnen den Frevel der Solidarität mit einem Kollegen verziehen hatte oder ob er erkannt hatte, wie schwierig es sein würde, sie durch Männer zu ersetzen, die in ihren jeweiligen Funktionen – Einkauf und Verwaltung – genauso kompetent waren.[2] Jedenfalls blieben sie die Einzigen der Ende November entlassenen Direktoren, die zurückkehrten. Gegenüber den anderen, die er offensichtlich für mehr schuldhaft oder leichter zu ersetzen hielt, war Enzo unnachgiebig und in einigen Fällen auch nachtragend.[3]

Einige der acht Männer beschlossen, vor Gericht zu ziehen. Sie wollten beweisen, dass Ferrari nicht bei Verstand war. Ein gesunder Mann, so argumentierten sie, würde nicht die gesamte Führungsspitze seines Unternehmens entlassen. Nachdem sie zuerst versucht hatten, die Verrücktheit seiner Frau nachzuweisen, wollten sie nun beweisen, dass Enzo Ferrari der wahre Verrückte war. Sie wandten sich an eine Anwältin aus Modena, die ihrer Meinung nach ein Ass im Ärmel hatte – Fiamma Breschi.

Breschi war die faszinierende Freundin von Luigi Musso gewesen, der für sie seine Frau und seine Kinder verlassen hatte. Sie war brillant, jung und schön, mit langen, roten Haaren und wunderbaren Augen. Kurz nachdem Luigi im Juli 1958 in Reims getötet worden war, hatte Enzo sie unter seine Fittiche genommen.

Verzweifelt über den Tod von Dino, verärgert über die ständigen Streitereien mit Laura, gezwungen, seine Beziehung zu Lina und Piero aufrechtzuerhalten, aber ohne die Freiheit, nach der er sich sehnte, begann Ferrari bald, in Fiamma – die gerade 25 Jahre alt war, als er sie kennenlernte – einen Hoffnungsfunken in einem ungeheuer komplexen Leben zu sehen. Er hatte also absichtlich die Komplexität verstärkt, indem er ein Werben begann, zunächst versteckt und dann immer eindringlicher, bestehend aus Ersuchen um Ratschläge, der Mitteilung einiger geschäftlicher Situationen, der Frage nach ihrer Meinung zu diesem oder jenem Fahrer …[4]

In Maranello wussten 1961 viele von der Beziehung zwischen Ferrari und Fiamma Breschi. Auch wenn sie nichts von den Briefen wussten, die er ihr fast täglich schrieb, so wussten sie doch von den langen Telefonaten, die viel schwieriger zu verbergen waren. Allein in seinem Büro sprach Ferrari stundenlang mit Fiamma, beklagte sich über sein unglückliches Leben, verwickelte sie in viele geschäftliche Angelegenheiten und gab ihr das Gefühl, wichtig zu sein, um an ihre Eitelkeit zu appellieren und sie davon zu überzeugen, ihre Beziehung auf eine weniger platonische Ebene zu erheben.[5]

Einige der entlassenen Manager beschlossen, ihr Wissen über diese Telefongespräche zu ihrem Vorteil zu nutzen. Sie wollten beweisen, dass ein 63-jähriger Mann, der sich wie ein Junge benahm und sich in eine 36 Jahre jüngere Frau verliebte, einfach nicht bei Verstand war – genau wie er es bewiesen hatte, als er die acht von ihnen ohne triftigen Grund entlassen hatte.

Um ihren Fall zu beweisen, mussten sie die Aufzeichnungen der im Unternehmen geführten Telefongespräche einsehen. Die Männer machten den Mitarbeiter ausfindig, der jeden Monat die Telefonaufzeichnungen zu Buchhaltungszwecken überprüfte, aber dieser war nicht mit ihrem Plan einverstanden. Er hatte schon mit Enzo zusammengearbeitet, bevor das Unternehmen Ferrari hieß. Er würde Ferrari nicht von ihrem ruchlosen Plan erzählen, sagte er, aber er würde ihnen auch nicht die Aufzeichnungen geben, um seinen Chef zu bezichtigen. Dank der Loyalität dieses Mitarbeiters konnte ihr Plan also nicht in die Tat umgesetzt werden.[6]

Auf der Pressekonferenz am 24. Februar 1962, wo das Programm für die neue Saison vorgestellt wurde, präsentierte Ferrari auch das Coupé, das an den großen GT-Rennen des Jahres teilnehmen sollte.

Der elegant geformte Wagen, der mit einem 300 PS starken Zwölfzylindermotor ausgestattet war, war ursprünglich von Bizzarrini und Chiti, zwei der acht Gefeuerten, entworfen und vom jungen Forghieri fertiggestellt worden. Er hatte noch keinen Namen, aber seine Karosserie war die schönste, die Ferrari bis zu diesem Zeitpunkt entwickelt hatte. Und obwohl keiner der Journalisten es ahnte, war diese Karosserie nie auf dem Papier skizziert, sondern von Scaglietti während des Verkleidens des Fahrgestells Zentimeter für Zentimeter regelrecht »erschaffen« worden.[7]

Im Laufe des Jahres erhielt das elegante Coupé den Namen 250 GTO, wobei das »O« die Tatsache verriet, dass die Internationale Sportkommission (CSI) ihn für Rennen in der Gran-Turismo-Kategorie zugelassen hatte.[8] (Das »O« steht für *omologato* oder »homologiert«, was bedeutet, dass der Wagen offiziell zugelassen war.) In den Jahren 1962 und 1963 baute Scaglietti 36 dieser Fahrzeuge, 1964 kamen drei weitere hinzu.[9]

Am 10. März 1962 traf sich Enzo Ferrari in Maranello mit Phil Hill – dem König ohne Krone.[10] Unzufrieden mit der Haltung seines neuen Weltmeisters (dem die Verehrung fehlte, die ihm fast alle seine Fahrer entgegenbrachten) und abgeneigt, sich mit ihm auseinanderzusetzen, hatte Enzo beschlossen, mit Stirling Moss weiterzumachen. Er hatte den britischen Rennfahrer immer gemocht, weil er Ferrari an bestimmte Fahrer erinnerte, die er in den 1930er-Jahren gekannt hatte.

Man einigte sich zur beiderseitigen Zufriedenheit.[11] Gemeinsam wählten Ferrari und Moss ihr erstes Rennen aus: die *Daily Express Trophy* im Mai, die nicht zur Meisterschaft gehörte und dem Briten die Möglichkeit geben sollte, sich an sein neues Auto zu gewöhnen. Doch am Ostermontag hatte Moss bei einem Rennen in Goodwood, für das er bereits mit einem Lotus-Climax gemeldet war, einen schweren Unfall, der seiner außergewöhnlichen Karriere und natürlich auch seinem Abenteuer mit Ferrari ein Ende setzte.

Die Saison 1962 verlief für Ferrari, der mit der Umstrukturierung der technischen Abteilung beschäftigt war, nur teilweise zufriedenstellend. Die von britischen Teams dominierte F1-Weltmeisterschaft brachte ihm nur einige Podiumsplätze mit Weltmeister Phil Hill und den dritten Platz von Lorenzo Bandini in Monte Carlo ein. Im Jahr zuvor hatte Bandini den Kampf mit Baghetti um den Wagen, den Enzo der FISA überlassen hatte, verloren, aber beide waren in dieser Saison vom Ferrari-Werksteam angeheuert worden, nachdem Enzo für den Zwischenfall bei der *Mille Miglia* freigesprochen worden war. Neben ihnen fuhren der stets zuverlässige Mairesse und der 20-jährige Mexikaner Ricardo Rodríguez, ein Fahrer, den Ferrari sehr schätzte.

Im Laufe des Jahres war die Atmosphäre innerhalb der Mannschaft niemals entspannt. Phil Hill, der sich nach dem Titelgewinn selbstbewusst zeigte, hatte gezögert, die Tests wie in der vorangegangenen Saison durchzuführen. Das Team war nun gespalten: Auf der einen Seite waren Hill und Baghetti, Fahrer, die nicht mit Forghieri einverstanden waren und keinen Hehl daraus machten, dass sie den Weggang von Chiti bedauerten; auf der anderen Seite standen Bandini, Mairesse und Rodríguez, die im Gegensatz dazu mit dem neuen technischen Direktor einverstanden waren.[12] Eine weitere negative Auswirkung auf die Meisterschaftsergebnisse hatten die andauernden Streiks der Gewerkschaften, die Ferrari dazu gezwungen hatten, die Arbeit an den Autos immer wieder unterbrechen zu müssen, sodass man nicht am Großen Preis von Frankreich teilnehmen konnte.[13]

Dann verunglückte Rodríguez beim letzten Rennen der Saison in seiner Heimat Mexiko am Steuer eines Lotus tödlich, nachdem Ferrari beschlossen hatte, die letzten beiden Meisterschaftsrennen nicht mehr zu fahren, um sich besser auf die nächste Saison vorbereiten zu können.

Die Sportwagen-Weltmeisterschaft 1962 wurde zum ersten Mal mit GT-Wagen ausgetragen und nicht mehr mit Sportwagen, wie es in den ersten neun Jahren der Fall war. Ebenfalls zum ersten Mal wurde die Meisterschaft in Klassen unterteilt. Ferrari trat mit dem 250 GTO an, der acht Rennen souverän gewann und damit den Weltmeistertitel in seiner Klasse errang. Mit speziell gebauten Rennsportwagen holte Ferrari den Titel in der neuen *Speed and Endurance World Challenge,* die von den Organisatoren des 24-Stunden-Rennen von Le Mans, der 12 Stunden von Sebring, der 1000 Kilometer auf dem Nürburgring und der *Targa Florio* – also den vier wichtigsten Langstreckenrennen der Welt – ins Leben gerufen worden war. Siegreich waren der 250 TR/61, der 330 TRI LM und der SP 246, dem ersten Sport-Ferrari mit Mittelmotor.

Enzos Werben um Fiamma dauerte den ganzen Frühling, Sommer und Herbst an. Die junge Frau hatte seinen ersten Antrag abgelehnt und lehnte auch alle folgenden ab.

Mit jeder Ablehnung wurde seine Verliebtheit intensiver, seine Briefe leidenschaftlicher, seine Anträge konkreter. Ferrari war zuversichtlich, dass Fiamma schließlich einwilligen würde, ihn zu heiraten. Um sie an seiner Seite zu haben, erklärte er ihr, dass er bereit sei, seine Frau zu verlassen und ihr eine Abfindung von 900 Millionen Lire zu zahlen. Er ging sogar so weit, seinen Anwalt zu bitten, die Möglichkeit eines vorehelichen Vertrags zu prüfen, da er gehört hatte, dass so etwas in den Vereinigten Staaten praktiziert wurde.[14]

Fiamma ließ sich nicht erweichen – weder 1962 noch irgendwann.

Am 1. Dezember 1962 hielt Enzo Ferrari im Hotel Palace in Modena sein traditionelles Jahresendtreffen mit der Presse ab. Trotz der erfolglosen Formel-1-Saison konnte Ferrari insgesamt 163 Siege feiern, die das Werksteam errungen hatte. Hinzu kamen die Siege der Kunden in aller Welt, die Sonntag für Sonntag mit ihren Ferraris Rennen fuhren und gewannen.[15] Enzo erwähnte auch die Tatsache, dass es für ihn wegen der Streiks unmöglich gewesen war, mit seinen Formel-1-Gegnern auf Augenhöhe zu konkurrieren.

Er erwähnte ebenfalls, dass er sich natürlich jederzeit aus dem Rennsport zurückziehen könne. Schließlich verkaufe Alfa Romeo dank des vor langer Zeit aufgebauten sportlichen Images, also zu der Zeit, als er bei Alfa war (auch wenn er das nicht laut gesagt habe), immer noch Autos. Er fügte jedoch hinzu: »Ich würde einen Rückzug [aus dem Rennsport] als Fahnenflucht betrachten; schlimmer noch, als Verrat an all jenen, die für den Rennsport gearbeitet, gelitten und gestorben sind, deren Taten den Fortschritt des Automobils ermöglicht haben.«[16]

Ferrari würde weiter Rennen fahren, aber er wusste, dass es nichts bringen würde, die Dinge zu beschönigen. »Wir können Ihnen nicht mehr das geben, was Sie erwarten«, warnte er die Presse, die ihrerseits die italienischen Fans alarmieren würde. »Wir haben es getan, solange es möglich war; das können wir nicht mehr tun.«[17]

Die heutige Pressekonferenz hatte, abgesehen von den vielen Themen, die er auf seine stets eigentümliche Weise behandelte, mit zwei wichtigen Ankündigungen begonnen: Der erste war die

Schaffung eines Journalistenpreises, der nach seinem Sohn Dino benannt wurde und, so Giovanni Canestrini, der der Jury angehören sollte, »an den italienischen Journalisten verliehen werden sollte, der zwischen Januar und Oktober eines jeden Jahres den Artikel über den Motorsport schreibt, der unter den der Jury vorgelegten Artikeln als der beste bewertet wird«.[8]

Die zweite Ankündigung war, dass Enzo Ferrari Schriftsteller geworden war.

Ferrari hatte seinem Buch den Titel *Le mie gioie terribili* (Meine schrecklichen Freuden) gegeben und er hätte keinen passenderen Titel finden können. »In diesem Buch«, sagte sein Verleger Carlo Alberto Cappelli zu allen Anwesenden, einschließlich Ferrari, dem er das erste Exemplar überreichte, »werden Sie den ganzen Ferrari finden.«[19] Und es stimmte – oder zumindest stimmte es für den Teil von ihm, von dem Enzo seinen Lesern erzählen wollte.

Der Band mit dem Untertitel *L'intervista di una vita* (Das Interview eines Lebens) zeichnete Enzo Ferraris Leben von seiner Geburt bis zum Ende der Saison 1962 nach. Es war die erste vollständige Darstellung seiner Geschichte, die nicht nur in Italien Millionen Menschen faszinierte, von der aber die meisten, abgesehen von Insidern, nur wenig wussten. Die Leute kannten seine scheinbar unendliche Reihe von Siegen und seine prächtigen Autos, aber über den Menschen Enzo Ferrari wusste man nur sehr wenig. Dieses Buch sollte die Lücken füllen.

Im Vorwort stand: »In diesen Jahren wurde ich mehr als einmal aufgefordert, die Geschichte meines ›Falles‹ zu schreiben, aber ich habe es nie getan. Die Summe der täglichen Aufgaben, die ich für unaufschiebbar hielt, ließ mir keine Zeit, in meinem Gedächtnis die Menschen, die Dinge, die Ereignisse neu zu ordnen, die mein Leben geprägt und mich dazu gebracht haben, Autos zu bauen, die meinen Namen tragen – der letzte Akt einer Entwicklung, die mit meinen Jugendträumen begonnen hatte.«[20]

Nach dem Ereignis, das sein Leben für immer geprägt und traurig gemacht hatte, hatte sich alles verändert. »Der Tod meines Sohnes Dino hat mich zum Nachdenken gebracht. Und nach einer solch [schmerzhaften] Reise, die ich hinter mich gebracht hatte, konnte ich meine gesamte Existenz betrachten. Also beschloss ich, dieses Gespräch mit mir selbst zu führen, das ich vielleicht zu lange aufgeschoben hatte. Ein Gespräch in der Zurückgezogenheit, begleitet vom größten Kummer meines Lebens.«[21] Ein wunderschönes Schwarz-Weiß-Foto eines lächelnden Dino empfing den Leser. Auf der Rückseite der Seite mit dem Bild des jungen Mannes hatte Ferrari diese wenigen Worte geschrieben:

Dino Ferrari, mein Sohn
geboren am 19. Januar 1932
Ich verlor ihn am 30. Juni 1956.[22]

In diesem ›*Ich verlor ihn*‹ lag der ganze Schmerz des Vaters. Vielleicht hatte das Schreiben des Buches dazu beigetragen, zumindest einen Teil davon zu verarbeiten, obwohl er seine Trauer nie ganz überwinden würde. Wie zu erwarten, war das Buch »Meinem Sohn Dino« gewidmet.[23]

Als er das Buch der Presse vorstellte, sagte der Verleger Cappelli aus Bologna, es sei »mit einer Geschwindigkeit veröffentlicht worden, die der Geschwindigkeit eines Ferraris entspricht«, und verriet, dass das Buch »in zwanzig Tagen« fertiggestellt worden sei.[24] In gewisser Weise stimmte das, obwohl er sich nur auf den Zeitraum bezog, der mit dem Tag begann, an dem Enzo das Manuskript eingereicht hatte, und mit dem Tag endete, an dem das Buch gedruckt wurde – gerade noch rechtzeitig zur Pressekonferenz am 1. Dezember. Das eigentliche Verfassen durch Ferrari war dagegen sehr zeitaufwendig gewesen und hatte mehr als ein Jahr gedauert.

Die Erste, die Enzos lebenslange Erinnerungen notiert hatte, war Fiamma gewesen. Im Sommer 1961 hatte Enzo in mehreren kleinen Restaurants der Emilia in der Ecke einer Brasserie mit weiß verputzten Wänden oder unter einer schattigen Pergola, wenn das Wetter es zuließ, ihr seine Erinnerungen, eine nach der anderen, preisgegeben.[25] Während er sein Gedächtnis abtastete und diktierte, machte sie sich eifrig Notizen. Was seine persönliche Korrespondenz anbelangt, so schrieb Enzo die meisten seiner Briefe mit der Hand und hatte natürlich noch nie in seinem Leben vor einer Schreibmaschine gesessen.[26] Er merkte jedoch bald, dass er, so angenehm es auch war, Zeit mit einer schönen, jungen Frau zu verbringen, die so fleißig seine fließenden Erinnerungen festhielt, professionelle Hilfe brauchte, wenn er ein richtiges Buch gestalten wollte. Trotz seiner Freundschaft mit den beiden begabten Schriftstellern Gino Rancati und Franco Gozzi – Letzterer der Freund der Tochter des Barbiers, mit dem er ein Jahr zuvor an seiner Rede zur Erlangung der Ehrendoktorwürde gearbeitet hatte und den er in der Zwischenzeit eingestellt hatte –, beschloss er, sich an einen jungen Journalisten aus Turin zu wenden.

Gian Paolo Ormezzano war ein junger Reporter, als er im Jahr der Olympischen Spiele in Rom nach Maranello kam, um Enzo Ferrari für Turiner Sportzeitung *Tuttosport* zu interviewen. Nach dem Interview lud Ferrari ihn ein, die Geschichte direkt in Maranello zu schreiben und bat ihn, sie lesen zu dürfen, bevor der Journalist am Abend nach Turin zurückkehrte. Ormezzano kam dem nach und reichte in seinem Büro in Turin den von Ferrari genehmigten Text ein, aus dem aufgrund seiner Länge zwei Artikel entstanden. Aber dann hatte er einen dritten Artikel veröffentlicht, in dem er die Geschichte der beiden anderen erzählte – nämlich wie Ferrari deren Inhalt hatte genehmigen wollen.[27]

Ferrari erwartete in der Regel von allen, die in seinen Hofstaat aufgenommen wurden, bedingungslosen Gehorsam, aber gleichzeitig fand er diejenigen, die es wagten, ihn herauszufordern, oft unwiderstehlich – vorausgesetzt, die betreffende Person hatte etwas in ihm ausgelöst. Trotz Ormezzanos Unverschämtheit, Enzos Verhalten zu kritisieren, beschloss er, dass dieser Reporter derjenige war, der ihm beim Schreiben seines Buches helfen sollte.

Ihn ausfindig zu machen, war nicht ganz einfach. Aus Angst vor Ferraris Zorn wegen dieses dritten, etwas boshaften Artikels war Ormezzano tagelang untergetaucht. Als er sich schließlich bereit erklärte, die Stufen zum Schafott zu erklimmen, stellte er fest, dass der Henker ihm die außergewöhnliche Gelegenheit anbot, ihm bei der Abfassung seiner Autobiografie zu helfen.[28]

Ferrari hatte von Anfang an geklärt, dass er keinen Ghostwriter suchte, sondern einen professionellen Journalisten, der nicht nur seine Erinnerungen ordnete, sondern ihm auch die richtigen Fragen stellte, um sein Gedächtnis zu stimulieren und seinen Fluss zu diktieren. Für seine Autobiografie hatte Enzo Ferrari die Form des Interviews gewählt.

Ormezzano bat seine Redaktion um eine Beurlaubung und begann, bewaffnet mit einem kleinen Tonbandgerät und viel Geduld, seine Tage in einem kleinen Raum in der Nähe von Ferraris Büro zu verbringen. Dort wartete er den ganzen Tag darauf, zu Enzo vorgelassen zu werden und seine Erinnerungen aufzeichnen zu können. Zuvor spürte er stundenlang nur seine Anwesenheit, er hörte ihn schreien, brüllen, immer laut – aber er sah ihn nie. Dann, am Abend, oder oft auch später, rief Ferrari ihn endlich in sein Büro. Gemeinsam gingen sie in ein Restaurant, wo der eine diktierte und der andere sich Notizen machte. Während Enzos persönlicher Chauffeur Peppino in einer Ecke döste, war im Hintergrund das leise Surren des Aufnahmegeräts zu hören.[29]

Ferraris Diktierfähigkeit war außergewöhnlich, ebenso seine Fähigkeit zur Synthese. Seine von Natur aus langsame Sprechweise erlaubte es ihm, im Geiste Sätze zu bilden, denen Ormezzano nur noch die Satzzeichen hinzufügen musste. Wenn man sich diese Tonbänder anhörte, konnte man nur über Enzos natürliche Begabung staunen, denn seine Worte wurden in derselben Reihenfolge ausgesprochen, wie sie auf dem Papier erscheinen sollten.

Irgendwann stellte Ormezzano fest, dass er seinen gesamten Urlaub sowie die ihm noch zustehenden Urlaubstage aufgebraucht hatte. Da das Ende des Projekts noch nicht abzusehen war, teilte er Ferrari widerwillig mit, dass es ihm leidtue, er aber nach Turin zurückkehren müsse, wenn er seinen Job behalten wolle. Ormezzano schlug Enzo seinen Kollegen und Freund Gianni Roghi vor, der bald zu Ferrari stoßen und die Arbeit rechtzeitig abschließen sollte.

»Mein Buch [darf] erst nach meinem Tod veröffentlicht werden, sonst verbringe ich die letzten Jahre meines Lebens im Gefängnis«,[30] hatte Ferrari oft gesagt, als sich lange vor der Veröffentlichung das Gerücht verbreitete, er arbeite an seinen

Memoiren. Tatsächlich war sein Buch hier und da mit scharfen Urteilen über Fahrer, Organisatoren und Persönlichkeiten des öffentlichen Lebens gespickt, aber Gozzi, unter dessen Kontrolle alle Druckfahnen vor der Veröffentlichung standen, hatte dafür gesorgt, dass die gröbsten Kommentare abgemildert, wenn nicht gar ganz entfernt wurden.[31]

Enzos schärfste Äußerungen waren an Fangio gerichtet worden – und dafür gab es einen Grund. Im Jahr zuvor hatte der fünfmalige Weltmeister seine eigenen Memoiren veröffentlicht, in denen er angedeutet hatte, dass Enzo möglicherweise zu Sabotage gegriffen hatte, um Fangio den WM-Titel 1956 zu nehmen. Ferrari hatte den Fehdehandschuh aufgenommen und Fangios Sabotagetheorie kaltblütig demontiert, auch wenn Fangio diesen Begriff nicht verwendet hatte, und die Anschuldigungen, die der Argentinier vorbrachte, als er über mögliche kommerzielle Strategien hinter einigen Entscheidungen des Teams sprach, ins Lächerliche gezogen. Ferrari hatte sein Buch in sechs Kapitel unterteilt: ›Ein Leben für den Rennwagen‹, ›Fahrer, was für Menschen‹, ›Ich gehe nicht zu Rennen, aber …‹, ›Maranello: Ein Magnet‹, ›Ah, Frauen!‹ und ›Warum?‘. Er erzählte seine persönliche Geschichte und die Geschichte seines Unternehmens, aber er beschrieb auch einen Querschnitt durch die Welt des Automobils und des Rennsports sowie durch die italienische Gesellschaft.

»Die Art und Weise, wie meine persönliche Geschichte erzählt wird«, schrieb er auf den ersten Seiten, »gibt nicht vor, die ›Geschichte des Automobils‹ zu erzählen. Es wird einfach eine Gelegenheit für mich sein, die Gedanken, die Ideen, die Überzeugungen und die Gefühle zu enthüllen, die das Gewebe meiner Leinwand ausmachen.« Fast bettelte er: »[Ich hoffe,] dass der Leser dem ›Autor‹ gegenüber großzügig sein wird, so wie viele dem Automobilhersteller gegenüber großzügig waren.«[32]

Le mie gioie terribili wurde ein großer Erfolg – sowohl was die Verkaufszahlen als auch die Kritiken betraf. In den sechs Monaten nach der Erstausgabe wurde das Buch noch zweimal nachgedruckt. In kürzester Zeit wurden Übersetzungen in Frankreich, Belgien, Deutschland, Großbritannien, Spanien, den Vereinigten Staaten, Portugal, Japan, der Tschechoslowakei und den

Niederlanden veröffentlicht.[33] Der Literaturkritiker der französischen Zeitung *Le Figaro* war begeistert: »Untrügliches Auge, zartes Herz in einer Brust aus Stahl: Ferrari, der Zauberer der roten Sportwagen, der Herr von Modena, Le Mans, Reims und anderen Rennstrecken, ist ein Autor der authentischsten romantischen Tradition.«[34]

KAPITEL 33

Der amerikanische Traum

Das Jahr 1962 war ein Rekordjahr für Ferrari, da er fast 500 Autos gebaut und verkauft hatte. Etwa ein Drittel ging an italienischen Kunden, aber der Exportanteil wuchs von Jahr zu Jahr.

Am 12. Januar 1963 ehrte Ferrari bei seinem traditionellen Treffen mit Kunden, Lieferanten und Rennfahrern Luigi Chinetti, seinen Vertrauensmann auf dem US-Markt und Besitzer des North American Racing Team (NART), sowie Colonel Ronald John Hoare, den Ferrari-Vertreter in Großbritannien.[1]

Drei Monate später, an einem frühen Frühlingsmorgen, erhielt Franco Gozzi einen Telefonanruf. Am anderen Ende der Letung war Filmer Paradise, Präsident der italienischen Niederlassung der Ford Motor Company. In italienischer Sprache mit starkem amerikanischem Akzent fragte Paradise, ob er mit Enzo Ferrari sprechen könne. Gozzi sagte, er würde eine Nachricht entgegennehmen. Paradise bestand darauf: War Ferrari in seinem Büro oder nicht? Er wolle keine Nachricht hinterlassen, sondern nur mit ihm persönlich sprechen.

Gozzi, der in der einen Hand eine Tasse Kaffee und in der anderen ein Kreuzworträtselheft hielt, sagte, dass Ferrari noch nicht eingetroffen sei.[2]

Darauf antwortete der amerikanische Manager: »Sagen Sie ihm, dass ich ihn angerufen habe, um zu erfahren, ob er an einem Treffen mit mir interessiert ist.«[3]

Ferrari kam erst am späten Nachmittag ins Büro. Es war einer dieser Tage, an denen er sagte, er habe einen geschäftlichen Termin außerhalb von Modena, und nur Peppino wusste, wohin er wirklich ging.[4] Gozzi informierte ihn über den Anruf. Ferrari hatte Paradise ein paar Jahre zuvor kennengelernt und fragte sich, was er wolle. Sie hatten sich bei öffentlichen Anlässen gesehen, waren sich aber nie privat begegnet. Ferrari kam zu dem Schluss, dass höchstwahrscheinlich etwas passiert sein müsse.

Daher bat er Gozzi, ein Treffen zu arrangieren, und zwar in Modena, im alten Sitz der Scuderia Ferrari in der Viale Trento Trieste, um es vor neugierigen Blicken zu verbergen. Außerdem empfahl er strengste Vertraulichkeit in den Reihen des Unternehmens. Gozzi rief Paradise an und das Treffen wurde für zwei Tage später, auf Freitag, den 12. April 1963, angesetzt.[5]

Als sie sich trafen, kam Paradise sofort zur Sache. Er fragte Ferrari, ob er daran interessiert sei, eine mögliche Zusammenarbeit mit Ford in Italien zu besprechen. Er erklärte, dass die Verkaufszahlen von Ford sowohl in Italien als auch in Europa stiegen und dass ein Gran Turismo, der von Ferrari entworfen und von Ford in »beträchtlichen Stückzahlen für den europäischen Markt« gebaut würde, für beide Seiten nützlich sein könnte.[6]

Ferrari war durchaus interessiert, merkte aber auch schnell, dass mehr dahinterstecken musste. Der Präsident einer nationalen Tochtergesellschaft hatte nicht die Befugnis, Geschäftspläne mit einem anderen Hersteller zu besprechen. Obwohl Ferraris Interesse durch diesen ersten Vorschlag geweckt wurde, war er sich sicher, dass Paradise noch etwas anderes auf Lager hatte. Er irrte sich nicht; er hatte einen untrüglichen sechsten Sinn für manche Dinge. Paradise spielte seine Karten aus und fragte, ob Ferrari an einer echten »industriellen Partnerschaft« interessiert sei.[7]

Ferrari sagte, ja, er sei an einer industriellen Vereinbarung mit Ford interessiert. Er sagte, er habe sich immer als kleiner Konstrukteur gesehen, nicht als Industrieller. Er baue Straßenautos nur, um seine Rennaktivitäten zu finanzieren. Das »Produktionswachstum« seines Unternehmens interessiere ihn nur, »wenn es von anderen gemanagt wird«.[8] Die einzige Bedingung, die er stellte, um mit der Ford Motor Company ins Gespräch zu kommen, sei die »völlige Unabhängigkeit«[9] bei der Leitung seiner Rennsportaktivitäten.

Sie trennten sich mit der Übereinkunft, dass sie sich bald wieder mit einer kleinen Delegation von Ford-Managern treffen würden, um eine genaue Einschätzung des wirtschaftlichen Wertes von Ferrari vorzunehmen.[10]

An diesem Abend informierte Paradise die Ford-Zentrale in Dearborn, Michigan, dass das Treffen gut verlaufen und Enzo Ferrari an dem Vorhaben interessiert sei. Fünf leitende Angestellte machten sich sofort auf den Weg nach Italien. Der Leiter der Expedition war ein 38-jähriger britischer Ingenieur namens Roy Lunn. Er hatte in den 1950er-Jahren bei Aston Martin gearbeitet und war der einzige Ingenieur bei Ford, der echte Erfahrungen mit europäischen Sportwagen hatte. Sollte es zu einer Einigung kommen, würde er aller Wahrscheinlichkeit nach der neue technische Direktor von Ferrari in Maranello werden.

In Italien angekommen, wurden Lunn und seine vier Begleiter eher mit Neugier als mit Feindseligkeit empfangen. Drei Wochen lang überprüften sie und später hinzugekommene Kollegen[11] jedes noch so kleine Detail mit den Leitern der einzelnen Abteilungen von Ferrari, einem Unternehmen, das in diesem Jahr etwa sechshundert Autos bauen würde – die Hälfte dessen, was das Ford-Werk am Rouge River in Dearborn an einem einzigen Tag produzierte.

Jeden Abend empfing Ferrari die amerikanische Delegation in seinem Büro. Unterstützt und flankiert wurde er dabei von Verwaltungsdirektor Della Casa, Handelsdirektor Manicardi und seinem persönlichen Anwalt Cuoghi. Italiener und Amerikaner besprachen, genehmigten und übersetzten anschließend sämtliche Papiere.[12]

In den ersten Maitagen lag eine vollständige Schätzung aller in Maranello vorhandenen Gegenstände und ihres Wertes vor. Daraus ergab sich ein Gesamtwert von 18 Millionen Dollar – eine

Summe, die Enzo Ferrari für angemessen hielt, um das Geschäft abzuschließen. Henry Ford, dessen persönliches Vermögen etwa einer halben Milliarde Dollar entsprach, gab seine Zustimmung zum Kauf. Lee Iacocca schickte als oberster Verantwortlicher der Ford Motor Company seinen Stellvertreter Don Frey nach Maranello, um den Vertrag zu unterzeichnen.[13] In der Zwischenzeit hatte Ferrari, um etwaige Zweifel zu zerstreuen und mit einem »innigen Gefühl patriotischer Leidenschaft«,[14] die drei größten italienischen Automobilhersteller überprüfen lassen. Bevor er an die Amerikaner verkaufte, wollte er sicher sein, dass es in Italien keine echten Alternativen gab. Die drei Antworten, die er erhielt, machten ihm auf unterschiedliche Weise klar, dass vom Geist der nationalen Einheit, der nur zwei Jahre zuvor bei den Feierlichkeiten zum hundertjährigen Bestehen der italienischen Einheit im ganzen Land zu spüren gewesen war, nicht mehr viel zu spüren war.

Zu diesem Zeitpunkt war Ferrari davon überzeugt, dass er bei Kritik aus den italienischen Medien oder der breiten Öffentlichkeit ehrlich sagen könnte, dass kein italienisches Unternehmen bereit gewesen war, ihm zu helfen. Ford war seine einzige Chance, wenn er an der Spitze des Motorsports bleiben und seinem Unternehmen eine Zukunft sichern wollte. Ferraris Rennlizenz würde italienisch bleiben und seine Autos würden weiterhin in roter Farbe fahren – und das war letztendlich alles, was zählte.[15]

Als Don Frey in Maranello auf Enzo Ferrari traf, war dieser mit der Idee einverstanden, ein Abkommen dieser Größenordnung mit einem amerikanischen Hersteller zu unterzeichnen. Im Laufe mehrerer langer Treffen – die durch die unvermeidliche ständige Übersetzung noch länger wurden – waren sich Italiener und Amerikaner nie wirklich uneinig. Ferrari begann sogar, mögliche Logos für die Unternehmen zu entwerfen, die aus dem Zusammenschluss von Ferrari und Ford hervorgehen würden. Das war die Richtung, in die sie sich bewegten: die Gründung zweier neuer Unternehmen.

Als sich Frey und zwei Kollegen am Mittwoch, dem 15. Mai, mit Enzo Ferrari und seinen Männern an einen Tisch setzten, um die letzten Gespräche zu beginnen, deutete alles darauf hin, dass nur noch die Zeit für das Verfassen, Lesen und Unterzeichnen der notwendigen Dokumente die beiden Unternehmen von einem bahnbrechenden Abkommen trennen würde. An diesem Tag unterzeichneten die Amerikaner eine kurze Notiz, die Enzo Ferrari handschriftlich verfasst hatte und in der die Gründung von zwei Unternehmen festgelegt wurde: Ferrari-Ford und Ford-Ferrari. Das erste sollte »den Zweck haben, Prototypen und Rennwagen zu bauen, die an allen professionellen Autorennen der Welt teilnehmen«. Die zweite sollte »Tourenwagen für den italienischen und europäischen Markt bauen«.[16] Enzo Ferrari sollte 90 Prozent der Anteile an der ersten Gesellschaft besitzen und ihr Präsident mit vollen Befugnissen sein. Bei der zweiten Gesellschaft sollte Ferrari Vizepräsident sein und einen Anteil von zehn Prozent besitzen. Was seine Aufgaben in der Firma Ford-Ferrari betraf, so wollte sich Enzo auf die »technische Überwachung der Produktion« beschränken.[17]

Am Montagabend, dem 20. Mai 1963, lagen auf einem Schreibtisch in Ferraris Büro alle maschinengeschriebenen Dokumente, die von Fords Anwälten in den vorangegangenen fünf Tagen vorbereitet worden waren. Nacheinander lasen alle Anwesenden jedes Dokument, bevor Frey und Ferrari es unterzeichneten. Einige Male äußerte Ferrari leise seine Besorgnis, als er »Änderungen und Abweichungen von der fünf Tage zuvor unterzeichneten Vorvereinbarung«[18] fand, aber er ließ es dabei bewenden, da er wusste, dass er kurz vor einer Vereinbarung stand, die alle zukünftigen Probleme für sein Unternehmen lösen würde. Als er dann aber die Anlage Nr. 17 in die Hand nahm, in der es um das Budget der Rennabteilung ging, wurde ihm plötzlich klar, dass etwas nicht stimmte. »Hier steht«, sagte er und erhob seine Stimme, »dass ich, wenn ich für den Rennsport mehr als die jährlich festgelegten 450 Millionen Lire ausgebe, in Amerika eine Genehmigung einholen muss! Steht das auch im offiziellen Text auf Englisch?«, fragte er Gozzi.[19]

Der offizielle Text des Abkommens in englischer Sprache bestätigte, dass die Präsidentschaft von Ferrari-Ford und 90 Prozent der Aktien nicht die volle und uneingeschränkte Autonomie garantierten, die Enzo vom ersten Tag an als einzige und unerlässliche Bedingung für jedes Abkommen genannt hatte. Als er sah, dass sein grundlegendes Verhandlungsziel ignoriert worden war, brach Ferraris Wut aus ihm heraus. Er hatte ausdrücklich darum gebeten, »absolut frei und unabhängig« in der Erstellung und Verwaltung seiner Rennsportaktivitäten zu sein, »frei in der Festlegung der Programme, frei in der Wahl der Mittel und Männer«.[20] Was waren nun diese Einschränkungen?

Die Antwort verletzte ihn zutiefst.

»Herr Ferrari«, sagte Frey, »Sie haben beschlossen, Ihr Unternehmen zu verkaufen. Wollen Sie immer noch nach Belieben darüber verfügen?«[21]

Ferrari, der alles in seiner Macht Stehende tat, um nicht den Tisch umzustoßen[22], sagte, dass er den *industriellen* Bereich seines Unternehmens verkauft habe, *nicht* die Rennabteilung.

Er war kurz davor zu explodieren.

Er schaute Frey an und fragte: »Was glauben Sie, wie viel kann ich ohne vorherige Zustimmung von Detroit einsetzen?«[23] Als Frey antwortete, dass der Höchstbetrag bei 10.000 Dollar liege, schlug Ferraris Ärger in Verzweiflung um.

An diesem Punkt begann er wirklich zu schreien. Er schrie die Amerikaner an, dass sie ihn betrogen, hintergangen und verraten hätten. Auf der ersten Seite des Anhangs Nummer 17 unterstrich er mit seinem violetten Füllfederhalter die Absätze, die ihn wütend gemacht hatten. Dann schrieb er an den Rand des Papiers: »Nein, das ist nicht gut«[24] – zusammen mit einem großen Ausrufezeichen. Und während er schrieb, schrie er natürlich auf Italienisch und brüllte Worte, die niemand zu übersetzen wagte.

Die Mitglieder der Ford-Delegation, die kurz zuvor noch versucht hatten, eine ruhige, emotionslose Reaktion zu zeigen, sahen ihn fassungslos an.

Dann verstummte Ferrari plötzlich.

Er sah Gozzi an, als hätte der Sturm nie stattgefunden, und sagte mit unglaublicher Selbstbeherrschung: »Lass uns etwas essen gehen.«[25]

Sie verließen den Sitzungssaal und das Gebäude, überquerten die Straße und gingen ins Restaurant Cavallino. Es war 22 Uhr.

Die Vereinbarung mit Ford war hinfällig.

Enzo Ferrari hatte fest an einen Vertrag mit Ford geglaubt,[26] doch im Nachhinein wurde ihm klar, wie dumm er gewesen war. Er hatte bis zu jenem letzten Abend gebraucht, um zu begreifen, dass die ganze Situation mit Ford nur eine Wiederholung dessen gewesen wäre, was 1938 geschehen war, als er die Scuderia Ferrari an Alfa Romeo verkauft hatte, um Direktor von Alfa Corse zu werden, und dabei in einem goldenen Käfig gelandet war.[27]

Die Unabhängigkeit kam ihn teuer zu stehen: Durch die Annullierung des Geschäfts gingen ihm 12 Milliarden Lire sowie die Anteile der beiden Unternehmen durch die Lappen.[28]

⌘ ⌘ ⌘

Die Formel-1-Weltmeisterschaft 1963 begann am Wochenende nach dem erschütternden Ende der Verhandlungen zwischen Ford und Ferrari mit dem Großen Preis von Monaco. Zu Beginn des Jahres hatte Ferrari nicht nur Phil Hill, sondern auch Giancarlo Baghetti, den jungen Fahrer, in den er so viele Hoffnungen gesetzt hatte, gehen sehen. Beide waren zu A.T.S. (Automobili Turismo e Sport) gewechselt, einem neuen Team, das in der Nähe von Bologna gegründet worden war und dessen technischer Direktor kein Geringerer als Carlo Chiti war,[29] – einer der acht Führungskräfte, die er im November 1961 aus Rache entlassen hatte.

Nach fast zwei Jahren gewann Ferrari am 4. August 1963 endlich wieder auf dem Nürburgring einen Grand Prix. Der Sieg kam nicht völlig unerwartet, denn das Potenzial des 156/63 war bereits in den vorangegangenen Rennen unter Beweis gestellt worden, aber er trug dazu bei, das Vertrauen innerhalb des Teams wiederherzustellen. Nach dem Rennen und dem rituellen Anruf in Maranello versammelte Teammanager Dragoni die gesamte Mannschaft, um ihr den herzlichsten Dank von Ferrari zu übermitteln.

Am selben Tag hatte Willy Mairesse einen Unfall, der ihn für die nächsten Rennen außer Gefecht setzen sollte. Ferrari, das im Laufe des Jahres bereits Lodovico Scarfiotti eingesetzt hatte, setzte für den Belgier Mairesse einen anderen italienischen Fahrer ein; es handelte sich um Lorenzo Bandini, der die ersten Rennen der Saison mit einem BRM (British Racing Motors) des kleinen Teams Scuderia Centro Sud bestritten hatte.

Der Rest der Saison war jedoch eine große Enttäuschung, die auch durch zwei fünfte Plätze von Bandini beim Grand Prix der USA und von Südafrika nicht gemildert wurde. Surtees kam in der Endabrechnung nicht über den vierten Platz hinaus und neuer Weltmeister wurde Jim Clark im Lotus-Climax.

Ferrari tröstete sich 1963 mit einem Sieg in der Internationalen Gran-Turismo-Meisterschaft der Hersteller, in der der 250 GTO konkurrenzlos war, sowie mit seinem zweiten Titel in der *Speed and Endurance World Challenge* in Folge. Der Tag des Ruhms wurde der 15. Juni, als das italienische Duo Scarfiotti und Bandini am Steuer des Prototyps P 250 das 24-Stunden-Rennen von Le Mans gewann.

Ein weiterer Trost waren natürlich die Gewinne aus dem wachsenden Absatz seiner Straßenfahrzeuge: 598 verkaufte Einheiten[30] – 100 mehr als 1962. Im Jahr 1963 hatte das Werk in Maranello also durchschnittlich zwei Autos pro Tag produziert. Mit der im Laufe des Jahres vorgenommenen Erweiterung der Fabrik sollte die Produktion 1964 auf drei Fahrzeuge pro Tag gesteigert werden.[31]

Der nie unterzeichnete Vertrag mit der Ford Motor Company hatte die Möglichkeit des Zugangs zu bedeutenden Geldsummen zunichtegemacht. Aus diesem Grund und weil er weiterhin in allen Rennkategorien antreten wollte, konnte sich Ferrari 1964 nur zwei F1-Autos leisten, erst in Monza wurde Scarfiotti ein drittes Auto anvertraut. Der Große Preis von Italien fand direkt nach Lorenzo Bandinis erstem Formel-1-Sieg in Österreich Mitte August statt. Trotz dieses Sieges in Zeltweg war die Weltmeisterschaft bis dahin ein Rennen zwischen den Weltmeistern von 1962 und 1963, dem Briten Graham Hill in einem BRM und dem Schotten Jim Clark im Lotus gewesen, denn wie immer wartete Ferrari bis nach Le Mans, bevor er wirklich Hand an den neuen F1-Wagen legte.[32] Monza veränderte jedoch das Gesicht der Meisterschaft völlig.

Am 6. September gewann John Surtees souverän den Großen Preis von Italien, den er vom Qualifying an dominiert hatte. Mit den neun Punkten, die er für diesen Sieg erhielt, lag er nur zwei Punkte hinter Clark (auf Platz zwei) und vier hinter Hill, der in der Meisterschaftswertung führte. Surtees und Ferrari waren damit nach dem Sieg in Deutschland Anfang August im Kampf um den Titel gut im Rennen. Unmittelbar nach dem Rennen in Monza hatte Enzo Ferrari jedoch seine Rennlizenz an den italienischen Rennsportausschuss CSAI zurückgegeben. Mit dieser Geste nahm er sich selbst aus dem Kampf um den F1-Weltmeistertitel 1964 heraus. Wie war es zu dieser umstrittenen und beispiellosen Tat gekommen?

Auf dem Pariser Autosalon 1963 hatte Ferrari den Wagen vorgestellt, der den 250 GTO bei den GT-Rennen zunächst begleitete und dann ablöste. Zur Feier des prestigeträchtigen Sieges zweier italienischer Fahrer beim berühmtesten Langstreckenrennen der Welt – dem Sieg von Scarfiotti und Bandini im Juni – hatte er den neuen Wagen 250 Le Mans genannt.

Um die Homologation fur die GT-Meisterschaft zu erhalten, mussten mindestens einhundert Fahrzeuge gebaut werden. Diese Regel galt für alle Automobilhersteller, von den größten Konzernen bis hin zu kleineren Manufakturen wie Ferrari. Das offensichtliche Hindernis, das sich aus dem Bau so vieler Fahrzeuge und dem damit verbundenen großen finanziellen Aufwand ergab, wurde in der Regel umgangen, indem man nachwies, dass man *in der Lage* war, hundert Fahrzeuge zu bauen; denn nach der Homologation hatten viele Hersteller längst nicht alle Fahrzeuge fertig. Und selbst diejenigen, die tatsächlich hundert Autos produzierten, taten dies schrittweise, indem sie die Produktion der späteren Autos mit dem Geld finanzierten, das sie mit dem Verkauf der früheren Autos verdienten.

Anfang Juli 1964 war der Leiter der technischen und sportlichen Abteilung des Internationalen Sportkomitees CSI, das für die Homologation der Fahrzeuge für alle offiziell anerkannten Weltmeisterschaften zuständig war, nach Maranello gereist. Während seines Besuchs hatte Ingenieur Schild sieben fertige 250 Le Mans gezählt, dazu weitere sechs in der Endfertigung in der Scaglietti-Werkstatt in Modena, sieben auf dem Fließband in Maranello, vier komplette Motoren und Getriebe, neun Autos, die bei Scaglietti gebaut wurden, und schließlich vier Chassis, die bei Vaccari, dem Chassishersteller von Ferrari, entstanden. Schild hatte insgesamt 37 Autos gezählt.[33] Es fehlten also noch 63 Einheiten, um die geplanten 100 zu erreichen.

Ferrari erzählte ihm, dass eine große Anzahl von Autos bereits an Kunden ausgeliefert worden sei, die sie auf Rennstrecken wie Daytona, Sebring, dem Nürburgring, Reims und natürlich in Le Mans eingesetzt hätten. Auf Schilds konkrete Anfrage nach der Gesamtzahl der gebauten Fahrzeuge und der Bitte um Einsicht in die Unterlagen, die die Anzahl der bereits ausgelieferten Fahrzeuge belegen, hatte Ferrari mit »Nein« geantwortet und hinzugefügt, dass es wichtig sei, den Nachweis erbracht zu haben, dass »das Auto serienmäßig und ernsthaft gebaut wird«.[34]

Schild bestätigte in einem schriftlichen Bericht, dass das Modell 250 Le Mans »wirklich produziert« wurde.[35] Da er aber nur 37 Exemplare gezählt hatte und Ferrari die Gesamtzahl der bereits gebauten Fahrzeuge nicht angeben wollte, wurde der Antrag auf Homologation auf eine spätere CSI-Sitzung verschoben, die für den 2. September 1964 in Mailand anberaumt worden war – in der Woche des Großen Preises von Italien. In Mailand wurde Ferrari dann – wie er es sah – sogar vom Automobilclub Italiens verraten, der sich nicht nur weigerte, ihn zu verteidigen, sondern trotz des Drucks, den Fiat-Chef Gianni Agnelli auf seinen Präsidenten ausübte, die Verweigerung der Homologation des 250 Le Mans unterstützte.[36]

Somit gab Enzo im offenen Streit mit dem CSI (das ihn seiner Meinung nach zu Unrecht bestrafte) und mit dem Automobilclub von Italien (der ihn nicht verteidigt hatte) am Tag nach Surtees‘ Sieg in Monza seine CSAI-Teilnehmerlizenz und seine ACI-Mitgliedskarte zurück, die er 43 Jahre lang besessen hatte. Später sagte er verbittert: »Ich habe zu spät begriffen, dass der Glaube, die Interessen meiner kleinen Fabrik könnten nicht nur mir selbst, sondern auch meinem Land und dem internationalen Ansehen der italienischen Sportbehörden zugutekommen, nur eine anmaßende Illusion war.«[37]

In der Formel-1-Weltmeisterschaft blieben nur noch zwei Rennen: der Grand Prix der USA und der Große Preis von Mexiko. Auch wenn es ihm dadurch besser ging, gegen die FIA zu protestieren und seine Enttäuschung über die italienischen Behörden herauszuschreien, wollte Ferrari die Gelegenheit nicht verstreichen lassen, sich aus der privilegierten Position eines F1-Weltmeisters mit diesen Herren auseinanderzusetzen. Also rief er seinen Freund Chinetti in New York an und verkündete dann die Lösung.

Die Ferrari 158 von Surtees und Bandini sollten nicht offiziell von der Scuderia Ferrari eingesetzt werden, sondern vom North American Racing Team. Und als Autos eines US-Teams würde Ferrari das italienische Rot aufgeben und seine Autos in den weiß-blauen Farben der Vereinigten Staaten lackieren. Um sicherzugehen, dass die Botschaft laut und deutlich war, wählte Ferrari nicht einfach die Farbe, die normalerweise von Chinettis NART verwendet wurde – Ferrari-Rot mit einem weiß-blauen Streifen in der Mitte –, sondern ließ die Unterseite seiner Autos in Blau und die Oberseite in Weiß lackieren, mit einem blauen Längsstreifen. Um das Werk zu vollenden, ließ er anstelle des Schildes mit dem *Cavallino Rampante* den rechteckigen Aufkleber von NART anbringen, der Elemente der Scuderia-Grafik enthielt.

Und so wurde John Surtees am 25. Oktober 1964 am Ende eines Grand Prix, bei dem seine engsten Rivalen wegen eines Fehlverhaltens seines Teamkollegen Bandini aus dem Rennen geworfen wurden, am Steuer eines weiß-blauen Ferrari mit einem einzigen Punkt Vorsprung vor Graham Hill neuer Weltmeister.

Das nächste CSI-Treffen fand am 6. Oktober in Paris statt. Zu diesem Zeitpunkt hatte sich sogar Ferry Porsche, Geschäftsführer der Stuttgarter Sportwagenschmiede, persönlich mit Enzo Ferrari solidarisiert und erklärt: »Alle Hersteller, die GT-Modelle homologiert haben, wurden geächtet. In dieser Situation war Ferrari der fairste von allen und deshalb bin ich erstaunt über die Entscheidung, die gegen ihn getroffen wurde.«[38]

Aber auch die einflussreiche Fürsprache eines Herstellers wie Porsche half nicht, das Problem der Homologation des 250 Le

Mans zu lösen, die schließlich so lange verweigert wurde, bis Ferrari nachweisen konnte, dass er alle hundert Exemplare gebaut hatte.[39] Am Ende des Jahres konnte Ferrari mit Blick auf die Saison 1965 nur sagen, dass »wir ohne die Homologation des 250 Le Mans nicht in der Lage sein werden, den Titel zu verteidigen, der so viele Jahre lang mit der Hilfe und der Begeisterung unserer Kunden unser war«.[40]

Trotz der zermürbenden und endlosen Kontroversen war 1964 ein Jahr, das Enzo Ferrari große Genugtuung verschaffte, abgesehen natürlich von der Eroberung der F1-Weltmeisterschaft mit John Surtees. Am 15. Juli war Enzo Ferrari zum ersten Mal seit September 1939 wieder in die Zentrale von Alfa Romeo im Mailänder Portello zurückgekehrt.

Ein Vierteljahrhundert war vergangen, seit das Unternehmen, das zu politisiert war, um die Besorgnis vor dem ständigen Aufstieg zu verstehen, die ihn beseelte und quälte, ihm die Tür gezeigt hatte. Er muss jeden Schritt dieses Besuchs, jeden Blick, jeden Geruch ausgekostet haben. »Ich betrat den alten Innenhof in der Via Gattamelata und sah mich fast zitternd um. Nur wenige Dinge hatten sich verändert. Aber ich spürte einen Hauch von Unpersönlichkeit, der mich ein wenig beunruhigte«,[41] erinnert er sich.

Giuseppe Luraghi ließ ihm nicht die Zeit, seinen ersten Satz zu beenden. Der Alfa-Romeo-Chef sagte, *er* sei froh, etwas für Ferrari tun zu können, der mit seinen Autos so viel für den italienischen Rennsport getan habe. Für Enzo muss es eine große Genugtuung gewesen sein, solche Worte vom Präsidenten von Alfa Romeo zu hören, der Marke, die er erst verehrt und dann gehasst hatte, der er sich aber, als er begann, sie auf internationalen Rennstrecken zu besiegen, immer noch unglaublich nahe fühlte. Luraghi sagte: »Ferrari, Sie bleiben immer in Ihrer Fabrik und in Ihrer Stadt, aber wenn Sie wie ich in der Welt herumreisen würden, würden Sie schnell herausfinden, welchen Ruf Sie überall genießen.«[42] Das Eis war gebrochen und Ferrari wurde von Erinnerungen heimgesucht. Er hatte zwanzig Jahre bei Alfa Romeo verbracht, prägende Jahre, die ihn auf seine spätere Tätigkeit vorbereiteten. Er kannte Luraghi seit 1946, als er

Generaldirektor von Pirelli war, dem anderen Mailänder Unternehmen, für das Ferrari schon immer ein Faible hatte.

In vielerlei Hinsicht war Enzo nach Hause zurückgekehrt. Doch in der Aufregung des Augenblicks verpasste er die Chance, die Lage zu testen. 14 Monate zuvor hatte er die Verhandlungen mit Ford abgebrochen und sechs Monate später einen Versuch der Amerikaner abgelehnt, die Gespräche wieder aufzunehmen.[43] Zu diesem Zeitpunkt war kein anderer Hersteller in Sicht. Der Gedanke, Luraghi gegenüber etwas zu erwähnen, schoss ihm durch den Kopf, aber Enzo entschied sich, dies zu verschieben. Fünf Jahre später sollte er es bereuen.[44] Nachdem er seine italienische Rennlizenz abgegeben hatte, erklärte Ferrari, dass seine Autos 1965 in den Nationalfarben der privaten Teams lackiert würden, die er zu seiner Vertretung bestimmen würde.[45] »Wir sind außerhalb der Kontrolle der CSAI«, warnte Enzo am Ende des Jahres, »und wir werden es auch bleiben. Das bedeutet nicht, dass wir keine italienische Lizenz bekommen wollen; das wäre gegen unsere Überzeugung.«[46]

Vor Weihnachten weigerte er sich jedoch, seine Rennwagen 1965 wieder im vertrauten Italien-Rot zu lackieren.

KAPITEL 34

David und Goliath

Am Tag nach dem turbulenten Ende der Verhandlungen mit Enzo Ferrari war Don Frey nach Detroit zurückgekehrt. Am folgenden Tag traf er persönlich mit Henry Ford II. zusammen, um über die Geschehnisse zu berichten. Während er die Einzelheiten jenes schicksalhaften Abends vom 20. Mai 1963 schilderte, wurde Ford zunehmend unruhig.

»Sehr gut«, sagte Ford, als Frey seinen Bericht beendete. »Wir werden gegen ihn antreten und wir werden ihn besiegen.«[1]

Die Amerikaner waren schnell gewesen. Nachdem sie Colin Chapman umworben hatten, hatten sie Lola gekauft und die Werkstatt des englischen Teams in Slough zum Hauptquartier der europäischen Rennsportaktivitäten von Ford gemacht.

Die erste Runde war an Ferrari gegangen. Der Franzose Jean Guichet und der Italiener Nino Vaccarella hatten das 24-Stunden-Rennen von Le Mans 1964 am Steuer eines 275P Ferrari gewonnen. Enzo hatte die Herausforderung von Ford nicht unterschatzt und schickte drei 275P und ebenso viele 330P nach Frankreich. Das Ergebnis: Das gesamte Podium war von Ferrari-Fahrern besetzt.

Die drei Ford GT hatten mit ihrer Geschwindigkeit beeindruckt, waren aber alle ausgefallen. Bevor Forghieri nach Le

Mans abgereist war, hatte Enzo mit ihm die Strategie besprochen und angeordnet, dass Surtees in der ersten Phase des Rennens so schnell wie möglich sein sollte, um Ford zu zwingen, zumindest ein paar Autos auf die Verfolgung zu schicken. »Ich bin gespannt, wie lange die Fords bei einer Durchschnittsgeschwindigkeit von 210 km/h durchhalten werden«, hatte er gesagt.[2]

Er hatte sich nicht geirrt: Zwei der drei Fords waren mit Getriebeproblemen ausgeschieden.[3]

1965 versprach jedoch, eine ganz andere Geschichte zu werden.

⌘⌘⌘

Am 1. März 1965 verkündeten Ferrari und Fiat eine Partnerschaft für den Bau von 500 Einheiten eines Sechszylindermotors mit 1,6 Litern Hubraum. Der Bau aller Motoren sollte innerhalb von zwölf Monaten erfolgen, damit das internationale Sportkomitee den Motor homologieren konnte. Aus diesem Motor – dessen gar nicht so entfernter Vorfahre der 65-Grad-V6-Motor des Dino-Ferrari war – wollte Enzo ein Aggregat für die F2-Meisterschaftsserie ableiten[4], während Fiat den Motor für einen wendigen, leistungsstarken Sportwagen verwenden wollte, der als Fiat Dino ab 1966 als Spider und ein Jahr später auch als Coupé auf den Markt kommen sollte (allerdings zunächst mit 2 Liter und ab 1969 mit 2,4 Liter Hubraum).

Die Vereinbarung war in erster Linie ein wichtiger Schritt auf dem Weg, der Enzo Ferrari eines Tages nach Turin führen sollte. Nachdem er bei seinem Treffen mit Giuseppe Luraghi im Juli 1964 die Chance verpasst hatte, mit Alfa Romeo ins Geschäft zu kommen, wusste Ferrari, dass die einzige echte Perspektive für sein Unternehmen in Italien bei Fiat lag. Niemand konnte vorhersehen, wohin der Zweikampf mit Ford führen würde, und ein kleiner Hersteller wie Ferrari brauchte zu diesem Zeitpunkt einen Industriegiganten als Partner. Und dann war da noch eine persönliche Angelegenheit, die keineswegs zweitrangig war: Nach der Unterzeichnung machte Ferrari vor seinen Leuten keinen Hehl aus seiner Begeisterung über den Gedanken, dass der größte italienische Automobilhersteller ein Auto bauen würde, das den Namen seines verstorbenen Sohnes trägt.[5]

Am 10. Mai 1965 übergab Enzo Ferrari den Posten des Generaldirektors an Piero Gobbato, den Sohn von Ugo Gobbato, der ihn im September 1939 bei Alfa Romeo entlassen hatte. Enzo sollte aber Präsident des Unternehmens bleiben.[6]

Auch wenn Ferrari weiterhin stolz darauf war, ein kleiner Hersteller zu sein, war seine Fabrik zu einer wichtigen industriellen Realität geworden. Nach der Entlassung der Direktoren Ende 1961 war die Kommandostruktur nie wirklich rekonstruiert worden. Die Zeiten, in denen ein einzelner Mann am Ruder stand, waren vorbei. Im Jahr 1964 hatte Ferrari mehr als 650 Autos gebaut und 1965 wollte er weit über 700 herstellen.

Was jetzt gebraucht wurde, war ein Mann, dem alle Abteilungen des Unternehmens unterstellt waren. Ein junger Mann – Gobbato war 47 Jahre alt –, der alle Unternehmensfunktionen leiten und ausschließlich Enzo Ferrari unterstellt sein sollte. Fiat-Chef Gianni Agnelli hatte Gobbato vorgeschlagen. Er war einer seiner brillantesten Führungskräfte und er hatte ihn im Geiste der Zusammenarbeit Ferrari angeboten.[7]

Mit der Ernennung von Gobbato wurde Enzo von einem großen Teil der Arbeit entlastet, sodass er auch freier war, sich auf die Rennsportaktivitäten zu konzentrieren.

⌘ ⌘ ⌘

Die Formel-1-Weltmeisterschaft 1965 hatte gleich am 1. Januar mit dem Großen Preis von Südafrika in East London begonnen. Ferrari war natürlich zur Farbe Rot zurückgekehrt, die er für den 158 von Weltmeister John Surtees und den 1512 für Lorenzo Bandini gewählt hatte. Er erklärte, dass er dies getan hatte, weil die CSAI, die ihn zwar nicht verteidigt hatte, als die FIA sich weigerte, den 250 Le Mans zu homologieren, ihn aber wenigstens für italienische Rennen homologiert hat.[8] Manchmal konnte er sich auch mit wenig zufriedengeben, aber die Demonstration der Stärke und der bombastische Protest hatten alle mitbekommen und nichts konnte ihn dazu bringen, das Rot aufzugeben, das die Autos von Nazzaro, Campari, Ascari und Borzacchini geziert hatte. Surtees wurde Zweiter hinter Jim Clark im Lotus-Climax.

Am 30. Mai wurde Bandini beim Großen Preis von Monaco Zweiter, Surtees Vierter. Doch als Ferrari einige Tage später Mauro Forghieri in sein Büro rief, wollte er über Surtees sprechen. Ferrari reichte seinem Chefingenieur ein Exemplar der Zeitschrift *L'Auto Italiana*, in der eine dreiseitige Geschichte mit dem Titel »Surtees' Hobby« abgedruckt war. In dem Artikel, der von dem britischen Journalisten David Phipps verfasst worden war, wurde erklärt, dass der F1-Champion von 1964 eine solche Leidenschaft für den Rennsport hatte, dass er sein eigenes Team gegründet hatte, um bei denjenigen Rennen der Sportwagen-Weltmeisterschaft mitzumachen, an denen Ferrari nicht teilnahm.

Es stimmte: Ferrari hatte Surtees persönlich dazu ermächtigt – was in der Geschichte seines Unternehmens ohne Beispiel war. Und Enzo schätzte John sehr: Er war wie Nuvolari zunächst ein erfolgreicher Motorradrennfahrer gewesen und Ferrari hatte sein großes technisches Verständnis immer geschätzt. Ferrari konnte sich allerdings nicht vorstellen, dass sein Fahrer bei der Konstruktion und Entwicklung eines von anderen gebauten Rennwagens mitwirken könnte.

Nachdem Forghieri den Artikel gelesen hatte, in dem der Lola 70 ausführlich beschrieben wurde, der auf Anraten von Surtees gebaut worden war und über den die Zeitschrift auch einen technischen Überblick veröffentlichte, fragte ihn Ferrari, was er davon halte. Forghieri antwortete, er halte es für ein gutes Auto. Daraufhin forderte Ferrari ihn auf, sich die Front des Lola genau anzusehen: Erinnerte sie ihn nicht vielleicht ein wenig zu sehr an die Nase des 330P2?

Forghieri stimmte zu, dass es in der Tat einige Ähnlichkeiten gebe, vor allem in der Frontpartie. Aber als Forghieri sagte, dass es angesichts des aktuellen Reglements schwierig sei, ein Auto zu bauen, das sich völlig von allen anderen unterscheidet, antwortete Ferrari: »Die Amerikaner haben es geschafft. Der Ford GT sieht nicht aus wie unsere Autos und auch nicht wie die anderen.«[9]

Am 13. Juni, beim Großen Preis von Belgien in Spa-Francorchamps, glänzten die beiden Ferraris nicht gerade – Bandini wurde Neunter und Surtees fiel bereits in der fünften Runde mit Motorschaden aus. Aber alle Augen waren bereits auf das kommende 24-Stunden-Rennen von Le Mans vom 19. bis 20. Juni gerichtet – die Bühne für den zweiten Zweikampf zwischen Ferrari und Ford.

Beide Konkurrenten traten in großer Zahl an. Ferrari stellte zehn Autos bereit, die sowohl von seinem offiziellen Werksteam als auch von den privaten Teams Chinetti, Hoare und Swaters eingesetzt wurden, auf die Enzo immer zählen konnte. Ford brachte elf Ford GT und Cobra Daytonas nach Frankreich. Hinzu kamen die sieben Wagen des Porsche-Teams.

Das Rennen war anstrengend wie immer, das Tempo angesichts der erbitterten Rivalität zwischen dem Riesen aus Detroit und dem kleinen Hersteller aus Maranello sogar noch hektischer als sonst. Infolgedessen schaffte es kein Werks-Ford und kein Werks-Ferrari, das Rennen zu beenden. Als Letzter war der Ferrari 330 P2 von Parkes und Guichet nach 315 Runden ausgeschieden. Da Ferrari aber immer auf sein paralleles Netz von Teams seiner Importeure zählen konnte, gelang es ihm, auch die zweite Runde des Duells mit Ford für sich zu entscheiden.

Das 24-Stunden-Rennen von Le Mans 1965 wurde von einem Ferrari 250 Le Mans gewonnen – dem Auto, das von der CSI nicht für die Gran-Turismo-Kategorie homologiert worden war. Er wurde von Luigi Chinettis NART eingesetzt und vom Amerikaner Masten Gregory sowie dem Österreicher Jochen Rindt gefahren. Dank der Teams seiner Importeure eroberte Ferrari tatsächlich das gesamte Podium: Der Belgier Gosselin und der Franzose Dumay wurden in Dumays 250 LM Zweite, Dritter wurde das belgische Paar Mairesse und Blaton im 275 GTB der Ecurie Francorchamps von Jacques Swaters.

Der Erfolg in Le Mans war wieder einmal perfekt.

Aber Enzo Ferrari war ein Mann, der sich nie etwas vorgemacht hatte. Er konnte die Ergebnisse eines Rennens besser lesen als jeder andere und wenn ihn die Eroberung des Podiums durch die Privatteams seiner Importeure einerseits stolz machte, so irritierte es ihn andererseits. Das technische Versagen aller seiner Werksprototypen war kein ermutigendes Zeichen für die Zukunft. Hinzu kam, dass die Ford GTs zwar noch nicht zuverlässig, aber ziemlich leistungsstark waren.

Und das Komplott verdichtete sich. Um Ferrari zu besiegen, warb Ford nun um seine Leute – nicht um seine Ingenieure, sondern um seine Importeure. Im Mittelpunkt der Aufmerksamkeit stand Colonel Hoare, der bemerkenswerte englische Ferrari-Importeur und Besitzer des Maranello Concessionaires Teams. Ford wollte ihn als Händler und Importeur für Großbritannien für eine spezielle Serie von GT-Modellen haben, die beim englischen Karosseriebauer Radford gebaut wurden. Sie baten ihn nicht, den Import von Ferraris aufzugeben, sondern sein Angebot zu erweitern. Während Hoare klar war, dass der wirtschaftliche Nutzen einer Ford-Partnerschaft in einem englischsprachigen Land von größter Bedeutung war, hatte er keine Ahnung, wie Ferrari reagieren würde.

Der Colonel reiste persönlich nach Maranello, um Ferrari davon zu überzeugen, auch den Ford-Vertrag unterschreiben zu dürfen. Es war keine leichte Verhandlung, aber schließlich blieb Ferrari keine andere Wahl, als zuzustimmen.[10]

Zwei dritte Plätze von Surtees in Frankreich und England waren die besten Ergebnisse, die das F1-Team in der zweiten Saisonhälfte einfuhr. Am 25. September hatte der Brite bei Testfahrten mit dem Lola T70, der Ferrari und Forghieri im Frühjahr verdächtig erschienen war, auf der kanadischen Rennstrecke von Mosport einen schweren Unfall und seine Rennsaison war damit beendet.

Doch auch wenn die Formel-1-Weltmeisterschaft ihm wenig Freude bereitete, konnte sich Ferrari immer mit den Siegen seiner Sportwagen-Prototypen trösten. Außer in Le Mans hatten die Autos mit dem *Cavallino Rampante* auf der Motorhaube 1965 bei allen großen Langstreckenrennen triumphiert – den 1000 Kilometer von Monza und dem Nürburgring sowie der *Targa Florio* – und sie hatten die internationale Prototypen-Trophy gewonnen.

⌘⌘⌘

Mit über 90 Jahre hatte Adalgisa Ferrari allmählich ihre vulkanische Energie verloren und die Besuche im Büro ihres Sohnes wurden seltener. Sie besaß nicht mehr das Feuer, das so manchen stürmischen Moment belebt hatte, wenn sie nach einem lautstarken Streit mit Enzo das Büro verließ, die Tür zuschlug und die erste Person, die sie traf, anbrüllte: »Du tust mir leid; du musst mit *diesem* Kerl arbeiten ... Ich weiß nicht, wie du das machst. Ich hatte zwei Söhne. Der intelligente ist im Krieg gefallen, und ich habe nur noch *diesen* einen ...«[11]

Am 15. Oktober 1965 starb Adalgisa in ihrer Wohnung am Corso Canal Grande. Sie war 93 Jahre alt geworden. An diesem Nachmittag ging Enzo zu ihrer Wohnung, um Papiere und Dokumente zu prüfen. Der inzwischen 20 Jahre alte Piero war bei ihm. Enzo öffnete eine Schublade und fand einige Fotos. Er stieß auf ein gerahmtes Bild und reichte es kurzerhand an Piero weiter. Dazu sagte er: »Behalte es bei dir. Dieser junge Mann war dein Bruder.«[12]

Enzo hatte Adalgisa vor langer Zeit versprochen, dass er für Piero eine Stelle in seiner Firma finden würde. Dies würde nicht einfach sein, denn Laura trieb sich weiterhin nach Belieben im Betrieb herum. Aber er hatte es versprochen und nun war die Zeit gekommen, das Versprechen einzulösen.

Der Blick in die Zukunft, also die Saison 1966, ließ Enzo den Zusammenprall mit Ford am Horizont erkennen. Der US-Hersteller verfügte über ein kolossales Budget. Ferrari beschäftigte insgesamt 160 Mitarbeiter, die sich um das Design, die Konstruktion und die Entwicklung von Rennwagen für alle Kategorien kümmerten und auch bei allen Serien, an denen diese Autos teilnahmen, mitwirkten.[13]

Wie David vor Goliath wollte sich Ferrari nicht verstecken: Im Dezember sagte er: »Vor so viel Rücksichtnahme sollten wir den Rennsport einfach aufgeben. Aber nachdem wir unser ganzes Leben damit verbracht haben zu sagen, dass Rennen für uns alle nützlich sind, können wir dann heute aufhören, wo alle zu den Wurzeln zurückkehren und den Rennsport als entscheidenden Faktor für den menschlichen Fortschritt wiederentdecken?«[14]

⌘⌘⌘

Am 3. April 1966 starb der alte Pinin Farina mit fast 73 Jahren. Seit 1961 hatte ihm ein Dekret des damaligen Präsidenten der italienischen Republik, Giovanni Gronchi, erlaubt, seinen Nachnamen von Farina in Pininfarina zu ändern.

Ferrari hatte schon vor langer Zeit aufgehört, zu Beerdigungen zu gehen. Wann immer er konnte, besuchte er die Verstorbenen am Vortag des endgültigen Abschieds. Pinin war in Lausanne gestorben und wurde anschließend zur Beerdigung nach Grugliasco, am Stadtrand von Turin, überführt. Ferrari kam aus Maranello und stand zehn Minuten lang in stillem Gebet vor dem Sarg. Dann wandte er sich an Pinins Sohn und sagte: »Sergio, von nun an nennen wir uns beim Vornamen.« Das war seine ganz persönliche Art, Vater und Sohn seine Wertschätzung zu zeigen.[15]

⌘⌘⌘

Der neue Formel-1-Wagen wurde am 11. Dezember 1965 enthüllt. Im dritten Jahr in Folge waren John Surtees und Lorenzo Bandini als Fahrer verpflichtet. Sie waren schnell, zuverlässig und vor allem harmonierten sie miteinander.[16] Der neue Wagen debütierte mit einem Sieg in einem nicht zur Meisterschaft gehörenden Rennen in Syrakus, aber als die Meisterschaft begann, ging Surtees' Aufenthalt in Maranello zu Ende.

Das Missverständnis über die Beteiligung des Engländers an der Konstruktion des Lola T70, die Ferrari und Forghieri im Juni des Vorjahres verärgert hatte, war nie wirklich ausgeräumt worden. Und der Unfall im September in Kanada, der ihn daran hinderte, an den letzten beiden Rennen der F1-Meisterschaft 1965 teilzunehmen, hatte Ferrari weiter verärgert.

In Maranello gab es einige, die Öl ins Feuer gegossen hatten. Die persönlichen Beziehungen zwischen Surtees und dem Sportwagenfahrer Michael Parkes waren nie gut gewesen und die beiden Engländer am Hof von König Enzo hatten einander bekriegt. Innerhalb des Werks und insbesondere in der Rennabteilung wurden Allianzen geschlossen. Parkes, der nicht nur mit den Prototypen, sondern auch in der Formel 1 fahren wollte, hatte längst erkannt, dass zwischen Surtees und Teamchef Dragoni böses Blut herrschte, und dann das Misstrauen angeheizt.[17]

Die ohnehin schon angespannte Situation spitzte sich am Samstag, dem 21. Mai 1966, während der Qualifikation in Monte Carlo zu, als sich Fahrer und Teamchef vor der Manschaft, den Reportern und der Öffentlichkeit ein Wortgefecht lieferten. Dragoni beschuldigte Surtees, das Differenzial mit absichtlich brutaler Fahrweise zerstört zu haben. Nachdem Dragoni nach Maranello zurückgekehrt war, versuchte er, Ferrari davon zu überzeugen, sich seines ehemaligen Weltmeisters zu entledigen.

Am Montagnachmittag berief Ferrari eine Sitzung ein und bat Surtees, daran teilzunehmen. Er hörte sich die Erklärungen des Fahrers und des Teamchefs an, traf aber keine Entscheidung. Nach der Sitzung wies er Gozzi an, den 25-jährigen Italoamerikaner Mario Andretti in den USA anzurufen, um herauszufinden, ob er frei und daran interessiert sei, für ihn zu fahren.

Am Dienstag berief Ferrari eine zweite Sitzung ein – diesmal ohne Surtees. Auf der Tagesordnung stand die mögliche Absetzung des Weltmeisters von 1964. Ferrari äußerte sich nicht dazu, sagte aber, dass er an den Meinungen der anderen Männer am Tisch interessiert sei. Einige waren dafür, andere nicht. Zu den Fahrern sagte Gozzi, dass Bandini keine Nummer eins sei, dass Parkes in der Formel 1 nicht so gut sei wie bei den Prototypen und dass Andretti – mit dem er telefoniert hatte – gern für Ferrari fahren würde, aber erst im nächsten Jahr zur Verfügung stünde. Als Letzter ergriff Dragoni das Wort und erinnerte alle Anwesenden daran, dass Surtees bei seinen Besuchen in der Werkstatt immer mit großem Interesse auf den 330 P3 geschaut habe. Seine absichtliche Anspielung auf die Lola-Frage überzeugte alle, auch Ferrari.[18]

Ferrari wusste, was er mit der Entlassung von Surtees verlor,[19] aber er war dem Lola-Problem nie wirklich auf den Grund gegangen und in seinem Kopf war der Gedanke an eine Verwicklung von Surtees in ein mögliches Doppelspiel gewachsen. Daher beschloss er, die Entlassung von Surtees nach dem nächsten Rennen, dem Großen Preis von Belgien am 12. Juni, bekannt zu geben.

Um die Situation bestmöglich zu handhaben – der Konflikt innerhalb des Teams war allen bekannt – und um zu beweisen, dass die Entscheidung direkt von ihm getroffen worden war, schickte Ferrari Franco Gozzi, der gerade begonnen hatte, die Öffentlichkeitsarbeit seines Unternehmens und des Teams zu leiten, nach Spa-Francorchamps. Doch in einem Rennen, das in der Anfangsphase durch einen heftigen Regenguss gekennzeichnet war, gewann Surtees – und Gozzi, der am Ende des Rennens verzweifelt nach einem Telefon gesucht hatte, um Ferrari über den Ausgang des Grand Prix zu informieren und Anweisungen zu erhalten, wurde gestoppt. Es herrschte Feuerpause.[20]

In Wirklichkeit wurde die Sache nur verschoben. Am Mittwoch, dem 15. Juni, drehte Surtees in Le Mans einige Testrunden mit dem 330 P3, mit dem er glaubte, das 24-Stunden-Rennen am Sonntag zu bestreiten. Als er an die Box kam, entbrannte ein weiterer Streit zwischen ihm und Dragoni. Der Disput war erneut heftig und öffentlich und wurde mit ziemlicher Sicherheit vom Teamchef provoziert.[21] Am Ende verkündete Dragoni die Entlassung von John Surtees, als ob diese Entscheidung eine Folge dieses Streits wäre. In den folgenden Tagen wurde er dafür von der Presse, auch von italienischen Reportern, heftig angegriffen.[22]

Tatsächlich war bereits alles geregelt, bevor das Team Frankreich erreichte. Der Beweis dafür war ein Dokument, das Dragoni seit dem Verlassen des Werks in seiner Tasche trug: ein Blatt Papier, auf dem mit rotem und blauem Bleistift Namen geschrieben waren. Es handelte sich dabei um eine persönliche und vorbehaltene Mitteilung von Enzo Ferrari an seinen Teamchef – eine von denen, die man nicht außer Acht lassen durfte. Auf diesem Blatt hatte Ferrari handschriftlich die Fahrerpaare für das Rennen in Le Mans eingetragen – und der Name John Surtees war darauf nicht zu finden.[23]

Auf diese turbulente Weise endete eine der besten, aufrichtigsten und herzlichsten Beziehungen, die Enzo Ferrari je zu einem seiner Fahrer hatte.[24]

Doch das eigentliche Problem für Ferrari in Le Mans kam in diesem Jahr nicht aus England, sondern aus den Vereinigten

Staaten. Am Sonntag, dem 19. Juni 1966, war das Debakel komplett. Ford belegte mit seinen 7.0-Liter-GT Mk II, die in den zwölf Monaten seit ihrem Debüt unschlagbar geworden waren, die ersten drei Plätze. Hinter den drei Fords folgten vier Porsches. Alle Ferrari-Werkswagen fielen aus. Der erste Ferrari, der die Ziellinie überquerte, war der 275 GTB/C von Colonel Hoare, gefahren von Piers Courage und Roy Pike, der Achter wurde – und immerhin Erster in der GT-Klasse.

Ehrengast in Le Mans war an diesem Wochenende Henry Ford II. höchstpersönlich, dem das Privileg zuteilwurde, das Rennen zu starten – und 24 Stunden später die Zielflagge für seine siegreichen GTs zu schwenken.

Auch wenn es nicht unbedingt mit der Entlassung von John Surtees zusammenhing, löste die Niederlage in Le Mans einen Sturm in der italienischen Presse aus. Wie immer war es das Privileg einiger weniger, Ferrari zu verteidigen, während es die Pflicht vieler zu sein schien, ihn anzugreifen. Drei Tage nach dem Rennen rief Ferrari die Presse zu sich, was für Ende Juni relativ ungewöhnlich war, da man sich üblicherweise am Ende der Saison traf oder, wenn diese Termine nicht zusammenfielen, bei der Vorstellung seiner neuen Autos.[25]

Aber an diesem Tag hatte er das Bedürfnis, ein paar Dinge zu erklären. Er sprach ein Thema nach dem anderen an und war dabei noch kompromissloser als sonst. Die Entlassung von Surtees sei von ihm beschlossen worden und nicht von anderen. Die Presse sollte es besser wissen, als zu glauben, dass Dragoni oder irgendein Teammanager bei Ferrari so viel Macht besäße, um über die Entlassung eines Rennfahrers zu entscheiden.[26]

Die Vormachtstellung von Ford in Le Mans war angesichts des enormen Hubraumunterschieds – sieben Liter bei den GTs gegenüber drei Liter in den 330 P3 – offensichtlich gewesen. Er hatte es vorausgesehen. Seine Autos waren besiegt worden, aber so waren die Spielregeln und es hatte keinen Sinn, sich darüber aufzuregen. Ford konnte Summen in den Rennsport investieren, die er einfach nie aufbringen würde. Der Amerikaner musste sich auch nicht mit den Gewerkschaften herumschlagen, die noch im Laufe des Jahres 1966 das Tempo diktiert hatten, mit dem Enzos

Männer an den Rennwagen und an seinen Straßenfahrzeugen arbeiten konnten.[27]

Drei Wochen später war Ferrari aufgrund eines weiteren, nicht enden wollenden Streiks gezwungen, beim Großen Preis von Großbritannien abzusagen.

⌘ ⌘ ⌘

Am 30. Juni war Dinos zehnter Todestag. Einige Jahre zuvor hatte Ferrari aufgehört, schwarze Krawatten zu tragen, aber er ging weiterhin jeden Morgen auf den Friedhof, gleich nachdem er zum Barbier im Corso Canal Grande gegangen war, wo er sich rasieren ließ, bevor er nach Maranello fuhr. Das tat er jeden Tag in der Woche, jede Woche im Monat, jeden Monat im Jahr, bei jedem Wetter.

»Wenn ich durch das Friedhofstor gehe, bevor ich in die Fabrik komme, und mich an das Grab meines Sohnes setze, vergesse ich alles. Zeit existiert nicht mehr. Es ist gut für mich zu verstehen, dass ich nichts bin.«[28] In seinem Büro leuchteten die drei Plastiknelken vor Dinos Bild die ganze Nacht hindurch.[29]

Seit einiger Zeit hatte er sich auch nicht mehr das Band angehört, das Dino, ohne es zu wissen, aufgenommen hatte, um Enzo den Klang seiner Stimme zu überlassen. Der junge Mann hatte auch aufgezeichnet, wie er Verse von Leopardi rezitierte. Dino hatte Ingenieurwesen studiert, sich aber auch für die Literatur interessiert. Enzo hatte sich das Band jahrelang abends allein angehört, aber in letzter Zeit fand er nicht mehr den Mut, der Stimme seines Sohnes zu lauschen. Er gestand: »Ich glaube, ein Schmerz wie der meine kann nicht gemildert werden, obwohl ich auf vielerlei Weise versucht habe, ihn zu lindern, ihn auf ein Maß zu bringen, das es mir mit der Zeit erlaubt hätte, meine Tragödie mit weniger Seelenschmerz zu betrachten.«[30]

⌘ ⌘ ⌘

Ferrari ersetzte John Surtees durch Mike Parkes, einen hochgewachsenen, britischen Ingenieur, der gut mit Sportwagen umgehen konnte und auch in der Formel 1 fahren wollte. Im ersten Rennen nach seiner Beförderung belegte Parkes beim Großen Preis von Frankreich einen ermutigenden zweiten Platz hinter dem Australier Jack Brabham. Im September vertraute Ferrari in Monza ein drittes Auto Ludovico Scarfiotti an, dem Enkel von Lodovico Scarfiotti, des ersten Präsidenten und einem der Gründer von Fiat.

Monza war für Ferrari schon immer das wichtigste Rennen der Saison gewesen und in diesem Jahr kam noch die Aufgabe hinzu, John Surtees vom Podium fernzuhalten. Surtees war nicht zu irgendeinem Rennstall gegangen, sondern zu Cooper, deren Wagen mit von Maserati in Modena gebauten Motoren fuhren und die im August in Deutschland Zweiter geworden waren.

Zwischen Mitte August und Anfang September arbeiteten Forghieri und seine Leute ohne Unterbrechung an einer neuen Version ihres V12-Motors[31] und in Monza dominierte der 312 das gesamte Rennwochenende: Parkes auf der Poleposition, die erste Startreihe ganz für Ferrari, schnellste Rennrunde und Sieg für Scarfiotti und zweiter Platz für Parkes.

Der Sieg eines italienischen Fahrers beim Großen Preis von Italien freute Ferrari sehr,[32] aber die glorreichen Tage der Formel 1 endeten in diesem Jahr. Enzo Ferrari schrieb Ende 1966: »Letztendlich sind wir in Le Mans besiegt worden. Ein Ereignis, das wir erwartet hatten und auf das wir moralisch vorbereitet waren. Gedemütigt und beleidigt? Nein. Wir freuen uns über den sportlichen Sieg derer, die ihn verdient haben, nachdem sie ihn hartnäckig angestrebt haben.«[33]

War er aufrichtig? Wahrscheinlich, wenn auch auf seine ganz eigene Art und Weise.[34]

»So verrückt es auch klingen mag, das Spiel zwischen Detroit und Maranello geht weiter, soweit es uns betrifft«, versprach er.[35]

KAPITEL 35

Turin

Après moi le deluge …« (Nach mir die Sintflut.) Mit diesem französischen Zitat von König Ludwig XV. beantwortete Enzo Ferrari im Ton eines erfahrenen Bühnenschauspielers die Frage des Journalisten Gino Rancati nach der Zukunft seines Unternehmens.[1]

Es war die letzte Frage bei einem Tischgespräch mit fünf von Ferrari ausgewählten Reportern: Canestrini, Benzing, Bernabò, Boschi und Mariani.[2] Es wurde von Gino Rancati moderiert und vom italienischen Fernsehen am Abend des 13. Dezember 1966 aufgenommen und ausgestrahlt. Ferrari hatte dieses Format der traditionellen Konferenz in Modena vorgezogen, die riesige Ausmaße angenommen hatte – aus den einhundert Journalisten von vor sieben oder acht Jahren waren zweihundert und manchmal mehr geworden. So entstand die Idee einer Art Debatte, die im Fernsehen übertragen werden sollte, ähnlich wie die politischen Foren, die er gern verfolgte.[3] Wie Ludwig XV. deutete Enzo an, dass nach seiner Amtszeit wahrscheinlich Chaos herrschen würde. Würde es nach ihm noch einen Ferrari geben? Enzo Ferrari würde in nur zwei Monaten, im Februar 1967, 69 Jahre alt werden und die Frage war berechtigt. Rancati wies darauf hin, dass dies ein »dramatisches Thema« sei.[4]

Ferrari sagte dazu: »Die Tragödie liegt in der Antwort.«

Dieselbe Frage hatte ihm die ungenannten Journalisten – Ormezzano, gefolgt von Roghi – vier Jahre zuvor auf den letzten Seiten des ersten Kapitels seiner Memoiren gestellt: *Sie sagten: die Zukunft. Was wird mit Ferrari nach Ferrari geschehen?* Und die Antwort war, wenn auch anders formuliert, dieselbe gewesen: »Ich hatte meinen Sohn. Aber im Leben hat man viele Projekte, die dann das Schicksal, die Umstände, die Fatalität, auf den Kopf stellen.«[5] Dino war zehn Jahre zuvor gestorben. Piero arbeitete seit etwas mehr als einem Jahr in der Firma seines Vaters, aber offiziell existierte er nicht.

Nach John Surtees verließ auch Eugenio Dragoni das Ferrari-Team. Er hatte sich bei der Presse so unbeliebt gemacht, dass Enzo ihn nicht für ein weiteres Jahr hätte verpflichten können. Als Provokation gegen die Journalisten, die Dragoni monatelang angegriffen hatten, wählte Ferrari einen von ihnen zum neuen Teamchef.[6] Franco Lini besaß vielleicht nicht die Qualitäten eines großen Teamleiters,[7] aber als erfahrener und talentierter Journalist wusste er, was Schlagzeilen machte.

Wenige Minuten vor 12 Uhr mittags am Sonntag, dem 5. Februar 1967, gab Lini den drei Fahrern der zwei 330 P4 und eines 330 P3, die bei den 24 Stunden von Daytona, dem ersten Lauf der *World Sports Prototype Trophy*, in Führung lagen, vor Ort einen besonderen Befehl: Sie sollten aufeinander warten und um Punkt 24 Uhr gemeinsam die Ziellinie überqueren. Als Journalist wusste Lini genau, dass dieses Foto die Überlegenheit von Ferrari in Daytona besser demonstrieren würde als tausend Worte.

Er hatte recht. Das Foto der Ferraris von Bandini und Amon, Parkes und Scarfiotti sowie Pedro Rodríguez und Jean Guichet auf der Zielgeraden ging um die Welt. Daytona war nicht Le Mans, aber Ferrari hatte Ford bei seinem Heimrennen besiegt.[8]

Wie Enzo selbst gesagt hatte, war die Zukunft von Ferrari noch nicht geschrieben worden. Aber immer mehr Anzeichen deuteten darauf hin, dass es ihn früher oder später nach Turin führen würde. Also stellte Ferrari am 25. Februar 1967 als Hommage an Fiat, die den Motor hergestellt hatten, dort den neuen Formel-2-Wagen – den Dino 166 F2 – vor.

»Die Beziehung zu Fiat«, so Ferrari an jenem Tag, »ist eine Zusammenarbeit in perfekter Harmonie und gegenseitigem Verständnis.« Das Herzstück dieser Partnerschaft sei der Motor, »den wir entwickelt haben [und] den Fiat in Serie produzieren wird«, sagte er. Und er fügte hinzu: »Wann immer wir Labortests brauchen, wissen wir, dass wir in Turin Menschen und Geräte finden, die unseren Anforderungen entsprechen.« Er warnte jedoch davor, in dieser Zusammenarbeit mehr zu sehen, als in ihr steckt: »Abgesehen davon haben wir keine weiteren Verbindungen zu Fiat. Absolut [keine].«[9]

1967 beschäftigte Ferrari 470 Mitarbeiter und produzierte zwischen 650 und 700 Autos jährlich, also drei pro Tag. Bis vor wenigen Jahren hatte Enzo alle seine Arbeiter namentlich gekannt, sie lebten in den umliegenden Dörfern, sodass sie leicht mit dem Fahrrad zur Arbeit kommen konnten. In letzter Zeit geriet er in Panik, wenn er auf Gesichter stieß, die er nicht kannte.

Zum Mittagessen nutzte er einen privaten Raum im Restaurant Cavallino auf der anderen Straßenseite, aber von Zeit zu Zeit, wenn er keine Gäste hatte, ging er wie früher in die Kantine der Fabrik und setzte sich mit einigen seiner Mechaniker an einen Tisch. Nur selten erschien er vor 13:30 Uhr[10] und in jedem Fall litt die Unterhaltung darunter: Ferrari war Ferrari, vor allem innerhalb der Fabrikmauern, und wenn er früher durch seine aufbrausende Art Furcht erregt hatte, schüchterte jetzt immer noch seine überlebensgroße Persönlichkeit die meisten seiner Angestellten ein.[11]

Er aß wenig: trockenen Reis, ein wenig Fleisch und vielleicht zwei Scheiben Prosciutto. Er mochte Mandarinen und trank trockenen Wein, vorzugsweise Weißwein, und Mineralwasser. Er sagte, er rauche nicht,[12] aber in Wirklichkeit paffte er ab und zu Mentholzigaretten – nur ein paar, ab und zu, die er vorzugsweise fern von neugierigen Augen genoss.[13] Er sagte: »Meine Medizin ist die tägliche Dusche, die ich zu jeder Jahreszeit nehme. Ich beginne sie heiß und beende sie kalt, bevor ich mich dem Wetter draußen stelle.«[14]

Er kleidete sich jetzt raffinierter als noch vor ein paar Jahren. Seine Garderobe verriet eine weibliche Note – die von Fiamma.

Obwohl sie ihn nie heiraten wollte, blieb sie seine Muse. Er bevorzugte »keine grelle Kleidung[15] und war stolz darauf, nie Krawatten zu kaufen, sondern solche zu tragen, die er von seinen Freunden geschenkt bekam. Zu diesen gehörten der Lebensmittelmagnat Pietro Barilla sowie Tonino Brivio, der in den längst vergangenen Jahren der Scuderia für ihn Rennen gefahren war. Seine Kleidung kaufte er beim Sohn des Schneiders seines Vaters. Aus einer Hosentasche lugte eine goldene Medaille mit dem Bild eines Carabiniere hervor. Dazu sagte er: »Ich glaube, dass Italien zu allen Zeiten von den Taten der Carabinieri profitiert hat.«[16] Die Medaille war an eine Taschenuhr gekettet, die er seit 30 Jahren besaß und jeden Abend aufzog.

Er gestand, dass er sich in seinem eigenen Haus wie ein Fremder fühlte, weil er morgens ausging und erst spät am Abend zurückkam, wenn er erschöpft war. Die Einrichtung war immer noch die, die er mit Laura vor ihrer Hochzeit gekauft hatte – er nannte sie »die Möbel einer Mittelklassefamilie am Rande der Armut von vor einem halben Jahrhundert«.[17] Es gab nur wenige Bilder an den Wänden; die Fotografien auf den Bücherregalen, der Anrichte und den Tischen hier und da zeigten meistens Dino.

Er schlief allein und oft bei laufendem Fernseher ein. Er sagte, dass er nicht mehr als vier oder fünf Stunden pro Nacht schlief. »Wenn ein Mann aufwacht und sich gesund, robust und vor allem ungeduldig fühlt, etwas Neues zu tun«, sagte er, »bedeutet das, dass er noch ein Teenager ist und Träume hat, die er verwirklichen kann.«[18]

⌘⌘⌘

Am 25. April 1967 wiederholten Lorenzo Bandini und Chris Amon – der kleine Neuseeländer, der im Winter nach Maranello gekommen war – auf dem *Autodromo Nazionale* das Kunststück, das sie in Daytona vollbracht hatten, und gewannen die 1000 Kilometer von Monza. Alles deutete darauf hin, dass der 330 P4 in diesem Jahr in Le Mans mit den Ford GTs mithalten konnte und dass Bandini und Amon um den Sieg in einem Rennen kämpfen würden, das allein schon eine ganze Saison wert war.

Doch vor Le Mans standen noch zwei Formel-1-Rennen an. Das erste war für Sonntag, den 7. Mai, in Monte Carlo angesetzt, wo Ferrari sein Debüt in der Weltmeisterschaft 1967 gab, nachdem der erste Grand Prix des Jahres im Januar in Südafrika wegen der anhaltenden Probleme mit den Gewerkschaften – Streiks, die erneut die Vorbereitung der Autos beeinträchtigt hatten – abgesagt werden musste.

Zweiter im Qualifying hinter Brabham, Zweiter im Rennen hinter Hulme, doch in der 82. Runde drehte sich Lorenzos Ferrari in der Schikane, die zum Hafen führt. Höchstwahrscheinlich war er müde. Sein Ferrari prallte gegen einige Strohballen am Straßenrand, überschlug sich und fing Feuer. Aus dem Hafen von Monte Carlo stieg eine düstere, schwarze Rauchsäule auf. Als Enzo die Bilder auf dem Fernseher in seinem Büro in Maranello sah, wusste er, dass es Lorenzo sein musste.

Ferrari hatte Lorenzo geliebt.[19] Er hatte ihn nie für einen überragenden Fahrer gehalten, aber immer die Hingabe geschätzt, mit der er seine Arbeit verrichtete, und die Loyalität, die er gegenüber Ferrari und seinem Unternehmen gezeigt hatte. Bandini spürte die Rivalität mit Scarfiotti, dem anderen Italiener im Team, und Ferrari hatte das verstanden; Fahrer und Teambesitzer wussten, dass 1967 Lorenzos Jahr werden könnte, und Enzo hatte Scarfiotti zu den Sportwagen versetzt und Chris Amon in das F1-Team befördert, der jung und vom anderen Ende der Welt war und daher in Bandinis Augen harmlos.[20] Dreißig Tage nach Bandinis Tod, am 10. und 11. Juni 1967, nahmen drei Werks-Ferraris am 24-Stunden-Rennen von Le Mans teil – dem vierten, seit Ford dieses Rennen zum Schauplatz einer Auseinandersetzung mit Ferrari gemacht hatte. Nur ein einziger Werks-Ferrari erreichte das Ziel: der 330 P4 von Ludovico Scarfiotti und Mike Parkes. Sie wurden mit vier Runden Rückstand hinter dem Ford GT40 Mk IV der Amerikaner Dan Gurney und A. J. Foyt Zweite. Der dritte Platz ging an den von der Équipe Nationale Belge eingesetzten Ferrari 330P4 von Willy Mairesse und Jean Blaton. Im Vergleich zum Vorjahr hatte Ferrari zumindest sein Gesicht gewahrt, aber Enzo wusste ganz genau, dass »der Zweite nur der erste der Verlierer ist«.[21]

In Spa-Francorchamps verunglückte Parkes in der ersten Runde des Großen Preises von Belgien. Der Unfall war zwar weniger dramatisch als der von Bandini, aber ebenso folgenreich für seine Karriere, die an diesem Tag zu Ende ging. In den verbleibenden Rennen der Saison setzte Ferrari nur noch einen Monoposto für Chris Amon ein, der nicht über einige Podiumsplätze hinauskam und am Ende Fünfter der Gesamtwertung wurde.

Auf der Frankfurter Automobilausstellung im September stellte Ferrari die endgültige Version des erstmals 1965 auf dem Pariser Salon gezeigten Prototyps vor: den »kleinen Ferrari«, die »*Ferrarina*« – »fast ein Ferrari«, wie man einige Monate später in der Werbebroschüre lesen konnte. »Winzig, schnell und sicher«[22] war der Ferrari Dino, ein kleines Auto mit einem Sechszylindermotor, der die Weiterentwicklung des einst von Enzos Sohn propagierten Antriebsstrangs darstellte und quer hinter dem Cockpit angeordnet war.

Die Karosserie hatte weiche Linien, war schlank und sah kompakt aus. Pininfarina hatte sie mit der klaren Absicht entworfen, lange zu halten und spätere, größere Ferraris zu inspirieren.[23] Scaglietti in Modena fertigte sie vollständig aus Aluminium. Anstelle des rechteckigen Abzeichens mit dem tänzelnden Pferd befand sich auf der Motorhaube ein horizontales Abzeichen mit dem blau geschriebenen Wort Dino, das der Unterschrift des jungen Mannes nachempfunden war. Das Blau der Schrift und das Gelb des Hintergrunds waren die Farben der Stadt Modena.

Am 28. November und dann noch einmal am 20. Dezember trafen sich Gianni Agnelli und Giuseppe Luraghi, um über die Zukunft von Ferrari zu sprechen. Enzo wusste natürlich von den Treffen, auch wenn er nicht offiziell informiert worden war.[24]

Agnelli und Luraghi schätzten den Wert von Ferrari auf etwa 4 Milliarden Lire [25] – eine Zahl, die Francesco Bellicardi vom Vergaserhersteller Weber kurz vor Weihnachten an Ferrari übermitteln sollte.

Enzo Ferrari rechnete nach. Am 18. Januar 1968 traf sich Bellicardi in seiner Rolle als Vermittler zwischen potenziellen Käufern und dem späteren Verkäufer mit Luraghi in Mailand. Dem Präsidenten von Alfa Romeo teilte er mit, dass Ferrari das Angebot für zu niedrig gehalten hatte. Auf der Grundlage der von den Amerikanern vorgenommenen Bewertung lag der Wert seines Unternehmens, so Ferrari, bei mindestens 6 Milliarden Lire[26] – zwei Milliarden mehr als Alfa Romeo und Fiat zu bieten bereit waren.

Das andere Hindernis auf dem Weg zu einem möglichen gemeinsamen Kauf von Ferrari durch Alfa Romeo und Fiat war die von Ferrari vorgeschlagene Eigentümerstruktur: je ein Drittel für Fiat, Alfa und Ferrari selbst. Luraghi war wütend.

Hin- und hergerissen zwischen dem Wunsch, an der Firma festzuhalten, und dem Bedürfnis, nicht mit Spielern zu brechen, die seinem Unternehmen eine Zukunft sichern konnten, lud Ferrari am 3. April 1968 Luraghi zu einem privaten Treffen nach Maranello ein. Während des Gesprächs versicherte Ferrari ihm, dass er seine Meinung nicht geändert habe. Er sei immer an einem Verkauf interessiert gewesen – er sei sogar bereit, nur an Alfa Romeo zu verkaufen.[27]

Die F1-Weltmeisterschaft 1968 hatte wieder am 1. Januar mit dem Großen Preis von Südafrika begonnen. Ferrari hatte Amon bestätigt und zwei junge und talentierte Fahrer verpflichtet: den Italiener Andrea de Adamich, der hinter seiner Brille eines Universitätsprofessors die Gabe der Geschwindigkeit verbarg, und Jacky Ickx, ein junger Belgier, der Speed in Person war. Anstelle von Franco Lini, der zu seiner Karriere als Vollzeitjournalist zurückgekehrt war, hatte Ferrari seinen hervorragenden Pressesprecher Franco Gozzi zum Teamchef befördert.[28]

Das Saisondebüt war mit lediglich einem vierten Platz für Amon alles andere als denkwürdig. Ende Mai beschloss Ferrari, nicht am Großen Preis von Monaco teilzunehmen. Damit protestierte er gegen die unzureichenden Sicherheitsvorkehrungen auf der Rennstrecke und insbesondere gegen die Schikane, die im Jahr zuvor Bandini das Leben gekostet hatte.[29] Die Organisatoren hatten die Länge des Rennens von hundert auf achtzig Runden reduziert, aber Ferrari war das nicht genug. In der italienischen Presse gab es Stimmen, die seine Entscheidung lobten, und andere, die sie kritisierten.[30]

Doch als seine Wagen am 9. Juni beim Großen Preis von Belgien in Spa-Francorchamps an den Start gingen, führte Ferrari eine Innovation ein, die Geschichte machen sollte.

Die Idee stammte von Mauro Forghieri, der sie lange Zeit befürwortet und verteidigt hatte. Wie üblich war Ferrari zunächst verwirrt von dem Konzept; wie bei allen neuen Dingen musste Enzo erst eine Weile damit leben, um es zu akzeptieren. Aber im Frühjahr 1968 hatte er sich endlich an die Bedeutung der Aerodynamik gewöhnt und gab Forghieri grünes Licht, am 312 über dem Überrollbügel einen Heckflügel zu montieren.[31] Mit diesem Flügel holte Amon die Poleposition und Ickx wurde Dritter im Qualifying und im Rennen. Im darauffolgenden Monat gewann der junge Belgier in Frankreich seinen ersten Grand Prix.

Amons Glück schien sich nach dem Großen Preis von Großbritannien zu wenden, bei dem er noch den zweiten Platz belegte. Danach beendete er kein einziges Rennen mehr, während Ickx Podiumsplätze sammelte, systematisch in die Punkteränge fuhr und den Titel vor sich sah – bis er am Wochenende des Großen Preises von Kanada in Mont-Tremblant einen Unfall hatte und sich ein Bein brach, womit er sich von seinen Weltmeisterschaftsambitionen verabschieden konnte.

Am 23. Oktober 1968 trafen sich Ferrari und Luraghi erneut. Bei diesem Treffen wurde die Möglichkeit eines gemeinsamen Kaufs von Ferrari durch Alfa Romeo und Fiat verworfen.

Beim Treffen herrschte eine freundliche Stimmung. Für Enzo Ferrari würde Alfa Romeo nie ein Unternehmen wie alle anderen sein. Alfa zog sich zurück und überließ Fiat das Feld. Am Ende des Gesprächs schüttelte Luraghi Ferrari die Hand und sagte: »An dem Tag, an dem Sie Ihre Beziehungen zu Fiat beenden, wird es meinem Unternehmen eine Ehre sein, seinen Namen mit Ihrem zu verbinden«,[32] was darauf hindeutet, dass das eigentliche Hindernis die Verschlechterung der Beziehungen zwischen Alfa Romeo und Fiat war.

Als er die Abschiedsworte des Alfa-Romeo-Präsidenten hörte, erinnerte sich Ferrari an ihre erste Begegnung vier Jahre zuvor. Damals hatte er noch keine Verbindung zu Fiat und Alfa war noch nicht in den Rennsport zurückgekehrt. Er hatte wirklich eine Chance verpasst. Hätte er sie ergriffen, so dachte er jetzt, »wäre die Geschichte von Ferrari zu ihren Wurzeln zurückgekehrt«.[33]

Also Fiat.

Gianni Agnelli verschwendete keine Zeit. Am 11. Dezember teilte er Luraghi mit, dass Fiat den Kauf von Ferrari in Erwägung gezogen hatte.[34] Agnelli und Ferrari trafen sich vor Weihnachten.[35] Andere studierten und entwarfen wortreiche und langwierige Dokumente, doch die beiden waren sich schnell einig, in welche Richtung es gehen sollte. Ferrari interessierte sich nicht für die Details; es war ihm egal, was Fiat mit der Pkw-Sparte seines Unternehmens machen würde. Das Einzige, woran er interessiert war, war die volle und unbestrittene Unabhängigkeit bei der Leitung der *Gestione Sportiva* – der Rennabteilung.

Agnelli stimmte zu.

Nach dem Sieg in Le Mans 1967 hatte Ford begonnen, sich aus den Sportwagen- und Prototypenrennen zurückzuziehen; Ferrari tat dasselbe. Einerseits hatte Enzo wieder einmal heftig mit der FIA um eine weitere Änderung des Reglements gestritten, die den immer noch konkurrenzfähigen 330 P4 in den Ruhestand geschickt hatte. Andererseits begann er ernsthaft zu befürchten, dass die Verpflichtungen in so vielen Kategorien und Formeln einfach zu viel für sein kleines Unternehmen waren – so wie ihm so viele seiner Männer, angefangen bei Forghieri, seit Langem zu sagen versucht hatten.[36] So kam er auf Drängen von Forghieri auf die Idee einer radikalen Veränderung auf technischer Ebene, die auch eine Revolution in Ferraris Herangehensweise an den Rennsport bedeutete.

Er bat Forghieri, dem Rennteam 1969 nicht auf die Rennstrecke zu folgen, sondern ein Jahr im ehemaligen Hauptquartier der Scuderia Ferrari in der Viale Trento Trieste in Modena zu verbringen, um weitreichende neue Lösungen zu studieren. Forghieri bat um fünf Konstrukteure und bekam sie auch.[37] Die Presse verstand die Dynamik zwischen dem Meister und seinem Chefingenieur nicht und sprach von einem »Exil« für Forghieri.[38]

Ferrari reiste zweimal nach Turin, im Februar und im März 1969. Er traf sich nur mit Gianni Agnelli und sprach nie wirklich über die Einzelheiten der Operation, die keinen der beiden interessierte. Enzo überließ die Details seinem kleinen, vertrauten Team: Ermanno Della Casa und Carlo Benzi, die ihm seit über

20 Jahren unter der rechtlichen Aufsicht des stets präsenten Rechtsanwalts Cuoghi zur Seite standen.[39]

Ende April war die Vereinbarung mit Fiat abgeschlossen. Agnellis Rolle war in vielerlei Hinsicht entscheidend gewesen und hatte maßgeblich dazu beigetragen, eine gewisse Feindseligkeit des Fiat-Büros für Sonderangelegenheiten zu überwinden, dem die Operation nicht ganz vorteilhaft erschien.[40] Ferrari war sich seiner Sache so sicher, dass er einer amüsierten Presse verkündete – ohne zu erklären, wie –, dass seine finanziellen Probleme, die ihn daran gehindert hatten, die für die CSI-Homologation erforderlichen 25 Einheiten des Modells 512 S zu bauen, gelöst seien.[41] Der Beweis war, dass er nun den Kampf gegen Porsche in der Sportprototypen-Weltmeisterschaft 1969 aufnehmen konnte.

Der Rennsport war unglaublich teuer geworden. In gewisser Weise lebte Ferrari in der Vergangenheit. Er gab seinen Fahrern weiterhin 50 Prozent der Renn- und Preisgelder und erstattete die Spesen,[42] genau wie er es in den 30er-Jahren mit Nuvolari, Campari und Borzacchini getan hatte. Doch die Welt hatte sich verändert. Im Jahr zuvor hatte sich Colin Chapmans Lotus-Rennstall von seinem berühmten und gefeierten *British Racing Green* verabschiedet und die Karosserie in den Farben Gelb, Weiß und Gold von Gold Leaf, einem bekannten Tabakunternehmen, lackieren lassen. Obwohl Ferrari weiterhin eine große Anziehungskraft auf die Fahrer ausübte, waren nicht alle bereit, Enzos Bedingungen zu akzeptieren.

Chris Amon und Derek Bell, die am Ende der Saison 1968 ein paar Rennen bestritten hatten, waren die einzigen beiden Fahrer, die Enzo auch für 1969 bestätigt hatte, und das nur, weil Firestone und Shell die Zahlung ihrer Gehälter übernommen hatten.[43] In der Zwischenzeit musste Enzo den vielversprechenden zukünftigen Champion Jacky Ickx aus wirtschaftlichen Gründen ziehen lassen.

Am Mittwoch, dem 18. Juni 1969, fuhr Enzo persönlich mit seinem silbernen Ferrari 330 mit beiger Innenausstattung nach Turin. Mit ihm fuhr Dino Tagliazucchi, der vor Kurzem den Beifahrerplatz von Peppino Verdelli eingenommen hatte, welcher dort 40 Jahre lang gesessen hatte.[44] Nachdem sie am Fiat-Hauptquartier auf dem Corso Marconi angekommen waren, nahm Enzo wie üblich die Treppe, obwohl sich das Büro von Agnelli im achten Stock befand – sein Verhältnis zu Aufzügen war nie gut gewesen und hatte sich auch im Alter nicht verbessert. Als er schließlich in Agnellis Büro trat, sagte dieser: »Ferrari, ich höre!«

Enzo sprach ausführlich über seine Fabrik, seine Vergangenheit, seine Gegenwart und wie er die Zukunft sah. Er mochte Agnelli. Er spürte seine Vorbereitung, »die Kraft des modernen Menschen, des Politikers und des geschäftlichen Diplomaten, des lebendigen und synthetischen Beobachters«.[45] In mancher Hinsicht waren Ferrari und Agnelli natürliche Gegensätze, in anderen waren sie sich unglaublich ähnlich. Und dann hatte Enzo natürlich noch Agnellis Großvater kennengelernt, den er für einen »Giganten« hielt, einen Mann, der »die große Vision besaß, die Entwicklung des Automobils zu sehen, und den immensen Glauben, sie zu verwirklichen«.[46]

Als er an der Reihe war, stellte der Fiat-Präsident konkrete, kurze und präzise Fragen. Gianni Agnelli war ein direkter und selbstbewusster Mann. Seine Haltung gegenüber Ferrari war jedoch wie schon bei früheren Treffen positiv, konstruktiv und niemals herablassend.[47] Es stimmte, dass der eine verkaufen und der andere kaufen wollte, aber derjenige, der kaufte, schaute nicht auf den anderen herab, denn er wusste, dass dieser Mann vor 50 Jahren von Fiat abgewiesen worden war und in dem halben Jahrhundert, das seitdem vergangen war, ein Unternehmen geschaffen hatte, dessen Name zum Synonym für Geschwindigkeit, Kraft, Eleganz, Schönheit und Erfolg geworden war – ein Unternehmen, das die Menschen auf allen Kontinenten sofort mit Italien assoziierten.

Als das private Treffen beendet war, rief Agnelli seine Berater herein und sagte: »Nun, Ferrari, ist es nicht so, dass wir dieses Geschäft schon früher hätten abschließen können?« Dann wandte er sich an seine Männer und sagte: »Meine Herren, vielleicht haben wir etwas Zeit vergeudet. Jetzt müssen wir sie wieder aufholen.«[48]

Fiat erwarb 50 Prozent von Ferrari für einen Betrag, den die Presse einige Tage später mit 2,15 Milliarden Lire bezifferte.[49] Was seine 50 Prozent anbelangt, so unterzeichnete Enzo an diesem Abend eine private Vereinbarung, die besagte, dass 40 Prozent bei seinem Tod automatisch von Fiat übernommen würden, während zehn Prozent an seinen Sohn Piero gehen sollten – wobei dieser letzte Teil zwangsläufig lange Zeit geheim bleiben sollte.[50]

Nach der Unterzeichnung stieg Ferrari die Treppe der Fiat-Zentrale wieder hinunter und stieg in sein Auto. Er fuhr, ohne ein Wort mit Tagliazucchi zu sprechen nach Maranello zurück. Er fühlte sich »friedlich«.[51] Er wusste, dass er die beste Entscheidung für sein Unternehmen, für die Menschen, die darin arbeiten, für ihre Familien und letztlich für sich selbst getroffen hatte.

Seit einiger Zeit ging es ihm nicht gut. Ein Nierenleiden hatte ihn in der zweiten Hälfte des Jahres 1968 für einige Zeit von seinem Büro ferngehalten und plagte ihn auch weiterhin. Obwohl die Situation unter Kontrolle war, hatte sich die Angst vor dem Tod in sein Bewusstsein geschlichen. Enzo Ferrari fürchtete, dass seine Zeit abgelaufen war, und dies war der Hauptgrund für den Verkauf eines Teils seines Unternehmens an Fiat gewesen.

KAPITEL 36

Abendliche Schatten

Die Vereinbarung zwischen Ferrari und Fiat wurde am Samstagnachmittag, dem 21. Juni 1969, bekannt gegeben: »Nach einem Treffen zwischen dem Präsidenten von Fiat, Dr. Giovanni Agnelli, und dem Ingenieur Enzo Ferrari wurde beschlossen, die technische Zusammenarbeit mit Fiat innerhalb eines Jahres in eine ›gleichberechtigte Beteiligung‹ umzuwandeln, um die Kontinuität und das Wachstum von Ferrari Automobili zu gewährleisten.«[1]

Die Reaktion der Presse war natürlich positiv. Es gab sogar Leute, die Enzos Verkauf von 50 Prozent seines Unternehmens als »seinen größten Sieg«, als ein wahres »Meisterstück« bezeichneten. Ein Journalist erinnerte an die Tür, die Fiat ihm im November 1918 vor der Nase zugeschlagen hatte, und bemerkte: »Ein halbes Jahrhundert ist eine lange Zeit. Der Mann aus Maranello hat sie mit harter Arbeit verbracht und auf Urlaub und Vergnügungen verzichtet. Er hat seinen wirtschaftlichen Verstand genutzt und ein Imperium aufgebaut, das einige Milliarden Lire wert ist. Durch den Rennsport ist er reich geworden, wo andere alles verloren haben.«[2]

Noch am Tag der Bekanntgabe erreichte Chris Amon einen vielversprechenden dritten Platz beim Großen Preis der Niederlande, danach setzte sich seine Saison allerdings mit einer Reihe von Ausfällen fort und nach dem Großen Preis von Großbritannien verließ der Neuseeländer das Team.[3] Er war es leid, auf einen siegreichen Ferrari zu warten. Er wusste, dass er das Zeug zum Sieger hatte und beschloss, sein Glück woanders zu versuchen. In den restlichen Rennen der Saison setzte Ferrari Pedro Rodríguez ein, Ricardos älteren Bruder, und beim Großen Preis von Italien den Italiener Tino Brambilla.

Die Ergebnisse der Sportwagenrennen waren ebenso enttäuschend, mit Ausnahme des zweiten Platzes, den Mario Andretti und Chris Amon mit dem 312 P bei den 12 Stunden von Sebring erreichten. Die einzige wirkliche Genugtuung im Jahr 1969 war die Begeisterung der Presse und des Publikums über den 365 GTS/4 Spyder, der offenen Version des Daytona, der auf der Frankfurter Automobilausstellung in einem ungewöhnlichen und auffälligen leuchtenden Gelb vorgestellt wurde. Der Fantasie von Pininfarina entsprungen, ließ der Wegfall des Hardtops das Cabriolet noch schlanker, aggressiver und eleganter erscheinen.[4]

Was die Saison 1970 und die Zukunft anbelangt, hatte Ferrari große Hoffnungen auf einen Neuanfang und Vertrauen in die Arbeit, die Forghieri und sein sechsköpfiges Team – darunter Walter Salvarani und Angiolino Marchetti, ein alter Schulfreund von Enzos Sohn Dino – in der Werkstatt in der Viale Trento Trieste leisteten.

Am 13. September 1969 traf der Ingenieur Giuseppe Dondo in Maranello ein. Er war der erste von Fiat ernannte Ferrari-Generaldirektor. Das neue Kuratorium bestand aus Enzo Ferrari als Vorsitzendem, Francesco Bellicardi als Geschäftsführer, Sergio Pininfarina, Carlo Pelloni, Oscar Montabone und Piero Lardi als Vorstandsmitglieder sowie Ermanno Della Casa als Sekretär. Bellicardi und Montabone waren Fiat-Männer.[5] Für Piero Lardi, den Sohn von Enzo und Lina Lardi, war dies die erste offizielle Anerkennung.

Am 13. Dezember 1969 starb Peppino Verdelli. Er hatte 49 Jahre lang bei Ferrari gearbeitet, als Rennmechaniker, Assistent und persönlicher Chauffeur – auch wenn er nur selten Ferrari gefahren hatte, da Enzo das Lenkrad nur ungern aus der Hand gab. Fast ein halbes Jahrhundert lang war er Enzos Schatten und der Hüter der vielen Geheimnisse seines Privatlebens gewesen. Im Frühjahr war er in den Ruhestand getreten und seine Position hatte on Dino Tagliazucchi eingenommen, ein junger Arbeiter, den Ferrari zu seinem neuen Chauffeur ernannt hatte.[6]

Im Frühjahr 1970 beschloss Ferrari, einen zweiten Wagen neben dem von Ickx einzusetzen – der Belgier war nach einem Jahr bei Brabham nach Maranello zurückgekehrt. Enzo hatte sich noch nicht endgültig für einen Fahrer entschieden, denn er hielt beide für gleich talentiert. Trotz des kürzlichen Einstiegs von Fiat war das Rennbudget immer noch knapp bemessen und die einzige Lösung bestand darin, die Fahrer abwechselnd bei den Rennen starten zu lassen.[7]

Die beiden Anwärter waren Ignazio Giunti aus Rom und Clay Regazzoni aus der Schweiz. Letzteren hatte Ferrari an Heiligabend 1968 in Maranello befragt und ihn während der gesamten Saison 1969 beobachtet, als er am Steuer eines Tecno F2-Europameister wurde. Zuerst startete Giunti beim Großen Preis von Belgien. Clay gab sein Debüt beim folgenden Großen Preis der Niederlande. Danach sollten sie bis Österreich jeweils ein Rennen bestreiten und schließlich in Monza gemeinsam antreten.

Der Beginn der Meisterschaft, nur mit Ickx, war nicht einfach gewesen. Aber als kurz nach Saisonmitte die Abstimmungsprobleme endlich gelöst waren, begann der neue 312B, sein enormes Potenzial zu zeigen.

Ickx gewann Mitte August das Rennen in Zeltweg vor seinem Teamkollegen Regazzoni, der wiederum beim folgende Rennen, dem Großen Preis von Italien in Monza, siegte. Enzo Ferrari war in Begleitung seiner Frau Laura zu einem ihrer inzwischen seltenen öffentlichen Auftritte nach Monza gereist, um am Freitag das Training und am Samstag das Qualifying zu absolvieren. Mit dabei war an diesem Wochenende auch Gianni Agnelli,[8] Fiat-Magnat und nun 50-prozentiger Ferrari-Partner.

Wenige Minuten vor Ende des Qualifyings verunglückte Jochen Rindt mit seinem Lotus tödlich. Ferrari reiste sofort ab, nachdem er vom Tod des Österreichers erfahren hatte.[9]

Rindt hatte nach Monza immer noch einen Vorsprung von 20 Punkten auf seine nächsten Verfolger, 24 auf Regazzoni und 26 auf Ickx. Es waren noch drei Rennen in der Meisterschaft zu fahren; die Leistungen der Fahrer und die Überlegenheit des 312 B ließen Ferrari glauben, dass der Kampf um den Titel – ohne Rindt, der sich nicht mehr verteidigen konnte – den beiden Ferrari-Fahrern offenstand. So grausam es auch klingen mochte, so funktionierte der Rennsport.

Doch trotz zweier Siege durch Ickx und zweier zweiter Plätze durch Regazzoni in Kanada und Mexiko wurde Jochen Rindt im vorletzten Rennen des Jahres in Watkins Glen posthum zu Weltmeister erklärt. Ickx wurde Vizeweltmeister und Regazzoni belegte den dritten Platz.

⌘⌘⌘

Am 13. Dezember 1970 wurde Enzo Ferrari ins Krankenhaus eingeliefert. Sein Gesundheitszustand hatte sich so weit verschlechtert, dass der Klinikaufenthalt, gegen den er sich lange gewehrt hatte, nicht mehr aufgeschoben werden konnte.[10] Das Nierenversagen, an dem er seit Jahren litt, beeinträchtigte nun seine lebenswichtigen Organe. Er benötigte medizinische Behandlung und absolute Ruhe. Widerstrebend akzeptierte er die Diagnose und begann mit einer vorübergehenden Dialysebehandlung. Die Angst vor dem Tod, die ihn dazu gebracht hatte, den Vertrag mit Fiat zu schließen, war real gewesen und hatte ihn nie verlassen.

Er verbrachte sowohl Weihnachten als auch den Jahreswechsel in der Klinik Villa Laura in der Via Prampolini in Modena. Seine Frau besuchte ihn nicht, aber Piero kam jeden Tag aus dem Büro, oft mit seiner Frau Floriana, die er zwei Jahre zuvor geheiratet hatte. Nur eine Handvoll von Ferraris Männern durfte ihn besuchen und alle wurden angewiesen, ihre Arbeitsthemen auf ein Minimum zu beschränken und sie nur bei Bedarf anzusprechen. Gelegentlich rief Enzo sie an, um sie nach dem Stand der Dinge zu fragen, aber vor allem, um ihnen zu versichern, dass er sie nicht im Stich lassen würde.

Er wurde am 9. Januar 1971 aus dem Krankenhaus entlassen, kehrte aber erst Anfang März in sein Büro zurück. Die Ärzte verordneten ihm eine sehr strenge Diät. Monatelang durfte er abends nur Obst essen, das er am liebsten in Form von Salat zu sich nahm. Die Zukunft, so die Ärzte, liege in seinen Händen. Wenn er ihre Vorgaben befolgte, könnte er noch mindestens 15 Jahre, möglicherweise sogar 18 bis 20 Jahre leben.[11]

Während er sich zu Hause erholte, wurde Enzo am 18. Februar 73 Jahre alt. Trotz der vielen Sorgen, trotz der vielen schrecklichen Freuden – »Wenn man seine Freuden lebt«, sagte er, »dann zahlt man für alles« – war sein Leben außergewöhnlich gewesen. Er hatte länger gelebt als die meisten Männer seines Sports, die er gekannt hatte, und intensiver als die meisten Menschen, denen er begegnet war – zunächst von Rennen zu Rennen, von Rennstrecke zu Rennstrecke, von Automobilsalon zu Automobilsalon und dann fast zurückgezogen in seinem kleinen, aber kostbaren Reich, das im Norden von der Via Emilia und im Süden von den ersten Erhebungen des Apennin begrenzt wurde.

Sein Nachname – einer der häufigsten in Italien – war zum Synonym für Rennwagen geworden. Im Ausland stand *Ferrari* für *Italien*. Maranello, die kleine Stadt, in die er sein Unternehmen mitten im Zweiten Weltkrieg verlegt hatte, war zu einer der Welthauptstädte für Sportwagen geworden. Als er dort ankam, hatte das Dorf weniger als 4.000 Einwohner; jetzt lebten dort 14.000 Menschen und die Stadt besaß eine von ihm finanzierte Berufsfachschule, die nach seinem Sohn Dino benannt war.[12]

Dank Enzo wurde Maranello von Hollywoodschauspielern wie Tony Curtis, Dirigenten der berühmtesten philharmonischen Orchester der Welt wie Herbert von Karajan, Pianisten wie Arturo Benedetti Michelangeli, Schriftstellern wie Françoise Sagan, europäischen Königen, Königinnen und Prinzgemahlinnen wie Leopold von Belgien und Bernhard von den Niederlanden, dem Schah von Persien und dem Aga Khan besucht. Fans, die nicht ins Werk hineingelassen wurden, machten Fotos von sich vor den Toren oder warteten, bis die Nacht hereinbrach, um das Ortsschild von Maranello zu entfernen und mit nach Hause zu nehmen.

Ferrari war sich bewusst, dass er bereits »den Zenit überschritten« hatte, aber sein Geist war »friedlich«. Seine Hoffnung war es, »bis zum letzten Tag« arbeiten zu können. In seiner Arbeit, so sagte er, »habe ich mich dem Geheimnis der Seele genähert, aber meine eigene habe ich nie entdecken können«. Er macht keinen Hehl daraus, dass er »diejenigen, die den Glauben haben, für sehr glücklich [hielt]; in ihm finden sie eine willkommene Zuflucht für ihre Ängste«.[13]

Er blieb, was er immer gewesen war: ein Einzelgänger. Trotz all der Menschen, denen er begegnet war, die er liebte oder die ihn abwiesen, trotz all derer, die ihm bei jedem Sieg applaudierten oder ihn bei jedem Misserfolg anklagten, war er letztlich allein. Er pflegte zu sagen: »Nach all diesen Ereignissen fühle ich mich einsam und fast schuldig, dass ich überlebt habe. Manchmal«, so wiederholte er unermüdlich, sowohl sich selbst als auch anderen gegenüber, »denke ich, dass die Trauer nichts anderes ist als eine übertriebene Anhänglichkeit an das Leben angesichts der unglaublichen Zerbrechlichkeit des Daseins.«[14]

Als er im März ins Büro zurückkehrte, stürzte er sich mit jener zusätzlichen Energie in die alltägliche Arbeit, die man oft verspürt, wenn man zu lange weg war. Im Winter 1971 hatte er die Verträge mit Ickx und Regazzoni verlängert und eine Vereinbarung mit dem Italioamerikaner Mario Andretti getroffen, den er so sehr mochte und den er seit Langem im Team haben wollte. Am Tag nach seiner Entlassung aus dem Krankenhaus, am 10. Januar, erhielt er die Nachricht, dass Ignazio Giunti bei den 1000 Kilometer von Buenos Aires in seinem Wagen verbrannt war, weil er den ohne Benzin liegen gebliebenen Matra des Franzose Jean-Pierre Beltoise gerammt hatte, der seinen Wagen in einem verrückten Versuch über die Strecke schieben wollte, um die Boxen zu erreichen. Dass eine solch absurde Dynamik das Leben seines jungen und talentierten Fahrers forderte, machte ihn wahnsinnig.[15] »[Giunti] hatte Talent und Leidenschaft und es gab viele von uns, die ihn liebten.«[16]

Die F1-Weltmeisterschaft 1971 begann in Südafrika jedoch auf die bestmögliche Art und Weise mit einem Sieg von Andretti in seinem ersten Rennen mit Ferrari. Regazzoni belegte den dritten Platz. Ickx holte in diesem Rennen in Kyalami keine Punkte, aber mit den folgenden Rennen – Zweiter in Spanien, Dritter in Monte Carlo, Erster in den Niederlanden – begann eine beeindruckende Aufholjagd, die ihn in der Meisterschaftswertung in den Schatten von Jackie Stewart katapultierte. Doch dies war nur eine Illusion. Der 312 B verlor plötzlich seinen Schwung und die Fahrer erlitten mit ihm regelmäßig Schiffbruch.

Ickx und Regazzoni hatten über starke Vibrationen an den Hinterrädern geklagt. Die Ursache könnte eine Fehlfunktion der Firestone-Reifen sein, die Ferrari weiterhin verwendete; viele andere Teams waren zu Goodyear übergegangen. Forghieri hatte beschlossen, die Hinterradaufhängung des 312 B zu ändern, und änderte seine Meinung auch nicht, als Ferrari seine Entscheidung infrage stellte. Er verteidigte sie sogar weiterhin, obwohl die versprochenen Ergebnisse ausblieben.[17]

Die Folge war, dass Ickx und Regazzoni eine beeindruckende Serie von Ausfällen zu verzeichnen hatten, die die Fahrer, Ferrari und natürlich die Fans so verärgerten, dass Enzo am Freitag vor dem Großen Preis von Italien 1971 von den Zuschauern ausgebuht wurde. Beleidigt durch die Hysterie des Publikums, kehrte er niemals wieder nach Monza oder auf eine andere Rennstrecke zurück.[18]

Zusätzlich zu den vielen technischen Fragen, mit denen das Team konfrontiert wurde, kam einmal mehr Enzos Gesundheit ins Spiel, die sich auf die Art und Weise sowie das Tempo auswirkte, mit der bzw. mit dem er mit Problemen umging. Trotz laufender Behandlung und strikter Einhaltung seiner Diät machte ihm seine Nierenerkrankung weiterhin zu schaffen und hielt ihn oft vom Büro fern. Für jemanden, der ohnehin nicht an den Rennen teilnahm, trug seine Abwesenheit vom Büro dazu bei, die Distanz zwischen Enzo und den auftretenden Problemen – und natürlich auch den möglichen Lösungen – zu vergrößern.

Im Winter 1971/1972 war selbst für Enzo Ferrari klar, dass er eine Entscheidung treffen musste, wenn er weiterhin eine Hauptrolle und nicht nur eine Nebenrolle spielen wollte. Und da nun ein Fiat-Mann an der technischen Spitze seines Rennstalls stand und Fiat aus einer Reihe von kommerziellen Gründen Sportwagen zu bevorzugen schien, wurde die Saison 1972 als großer Kreuzzug in Richtung Markenweltmeisterschaft geplant – natürlich auf Kosten der Formel-1-Meisterschaft. Die Ironie dabei war, dass der 312 PB von Forghieri entworfen und entwickelt worden war, der seine großen Erfolge aus der Ferne feiern musste.

Was die Fahrer anbelangt, so kamen zu den drei, die in der Formel 1 antraten – Ickx, Andretti und Regazzoni – nach und nach weitere hinzu, darunter die Langstreckenspezialisten Arturo Merzario, Tim Schenken, Sandro Munari und sogar der Schwede Ronnie Peterson, der weithin als der schnellste Rennfahrer seiner Generation galt, eine Art Stirling Moss der 1970er-Jahre.

Enzo erlebte die große Saison des 312 PB meist zurückgezogen in seinem Haus, während er mit seiner Krankheit kämpfte, die ihm keine Ruhe ließ. Trotzdem genoss er aus der Ferne zehn Siege in zehn Rennen. Bei einigen Veranstaltungen – wie den 1000 Kilometer von Buenos Aires, Brands Hatch, Spa-Francorchamps und dem Nürburgring sowie den 6-Stunden-Rennen von Daytona und Watkins Glen – wurde der PB 312 Erster und Zweiter. In Zeltweg, wo Ferrari ausnahmsweise vier Fahrzeuge einsetzte, belegte der 312 PB die ersten vier Plätze. Und es blieb auch noch Zeit, die glorreiche *Targa Florio* zu gewinnen, die Enzo zum ersten Mal 1919 bestritten hatte.

Trotz der Abgeschiedenheit und der Sorge um seine Gesundheit freute sich Ferrari also sehr über den Titel – Sportwagen blieben seine größte Liebe.[19] Bedeutende und reiche Hersteller wie Ford und Porsche waren gekommen und gegangen, aber er war immer da. Man konnte ihn verbiegen, aber niemals brechen.

Der Weltmeistertitel von 1972 war der 13., den Ferrari seit der Einführung der Sportwagen-Weltmeisterschaft – damals Prototypen, heute Marken – im Jahr 1953 errungen hatte. Enzo zählte natürlich 14 Titel, da er den inoffiziellen, der ihm 1952 verliehen worden war, nie vergaß.

Die Formel-1-Saison hingegen war eine lange und enttäuschende Sache. Die einzige Freude kam am 30. Juli, als Jacky Ickx den Großen Preis von Deutschland gewann, nachdem er von der Poleposition aus gestartet und die schnellste Rennrunde gefahren war. Einige Podiumsplatzierungen mit den jungen italienischen Neulingen Nanni Galli und Arturo Merzario waren alles, was die Saison brachte.

Während der 312 B2 vor sich hin dümpelte, arbeiteten Forghieri und seine Leute aus der Forschungsabteilung in Fiorano, wo Ferrari sie untergebracht hatte, an einem neuen Auto, bei dem die Massen mehr in der Mitte konzentriert waren, die Kühler an den Seiten saßen und die vorderen Lufteinlässe in einem Flügel mit einer so seltsamen Form untergebracht waren, dass italienische Journalisten das Auto beim ersten Anblick böswillig als »Schneepflug« bezeichneten. Enzo blieb mit Forghieri per Telefon in Kontakt.[20] Colombo war der von Fiat ausgewählte technische Direktor – aber Mauro war *sein* Mann.[21]

»Die Beziehungen zwischen Ferrari und Fiat«, so Enzo Ferrari im Dezember 1972, »sind sehr klar, auch wenn es in letzter Zeit Elemente und Annahmen gab, die den Eindruck erwecken könnten, dass es Diskrepanzen geben könnte.«[22]

Es *gab* Unstimmigkeiten. Fiat hatte mit einem stagnierenden Automarkt zu kämpfen und beabsichtigte, den von Enzo geforderten Beitrag für die Rennsportaktivitäten, den er auf eine halbe Milliarde Lire pro Jahr geschätzt hatte, zu reduzieren.[23] Nach weniger als drei Jahren im Himmel der Partnerschaft zwischen Fiat und Ferrari zogen die ersten dunklen Wolken auf. Ferrari war wütend und ungehalten, aber letztendlich hatte er keine andere Wahl, als das Beste daraus zu machen. Die Beziehung zu Fiat hatte einen Tiefpunkt erreicht.

Der 312 B3 erwies sich als ebenso enttäuschend wie seine Vorgänger. Aber als Enzo Ferrari im Frühsommer 1973 endlich seine lange Rekonvaleszenz hinter sich lassen konnte und in besserer Verfassung als je zuvor zurückkehrte, begannen sich die Dinge endlich zu wenden.

Zunächst übernahm Enzo wieder die volle Kontrolle über die Rennabteilung. Gemäß der im Juni 1969 unterzeichneten Vereinbarung war dies rechtens. Allerdings hatten die Fiat-Männer seine lange Abwesenheit genutzt, um sich nicht nur in die Struktur der *Gestione Sportiva* einzugliedern, sondern auch um sich einen Bewegungsspielraum anzueignen, der ihnen in einer anderen Situation oder zu einem anderen Zeitpunkt nicht gewährt worden wäre.[24]

Enzos erste Entscheidung betraf die Konzentration der Anstrengungen auf eine einzige Rennkategorie. Ab 1974 würde Ferrari nicht mehr an der Markenweltmeisterschaft teilnehmen, sondern sich ausschließlich auf die Formel 1 konzentrieren. Dann wandte er sich an Forghieri, der diesen Plan schon lange befürwortet und seit zwei Jahren auf diesen Moment gewartet hatte, sodass er seinen alten Führungsposten gern wieder annahm. Er plante, den bestehenden 312 B3 umgehend zu modifizieren, indem er eine »Vorabversion« des Wagens baute, den er sich für die folgende Saison vorgestellt hatte.

Aber Ferrari hatte auch andere Dinge im Sinn. Seine lange Abwesenheit vom Büro hatte ihm Gelegenheit zum Nachdenken gegeben und aus dieser Selbstbeobachtung heraus war der Entschluss entstanden, eine Revolution nicht nur auf technischer Ebene einzuleiten; die *Gestione Sportiva* sollte ebenfalls radikal verändert werden. Auch wenn er das Wort nicht besonders mochte, musste sie *modernisiert* werden. In der Zeit, in der er weg war, hatte er eine genaue Vorstellung von dem entwickelt, was er wollte.

Im Alter von 75 Jahren wählte Enzo Ferrari einen jungen Mann, der noch keine 26 Jahre alt war, aber einen Abschluss in internationalem Recht vorweisen konnte, zu seinem neuen Teamchef. Sein Name war Luca di Montezemolo. Ferrari hatte ihn drei Jahre zuvor nach Maranello geholt, nachdem er ihn in einer Liveradiosendung gehört hatte. Am 2. Juli 1973 stellte er ihn mit dem Titel »Assistent der Geschäftsleitung« ein. In einer internen Mitteilung hieß es: »[Seine Aufgaben] werden in Form von Spezialaufträgen sowohl auf der industriellen als auch auf der Rennsportseite des Unternehmens wahrgenommen.«[25]

Enzo hatte schon lange beschlossen, die aktuelle Fahrerbesetzung abzuschaffen. Ickx war nach drei Saisons, in denen er nur wenig erreicht hatte, an seiner Belastungsgrenze angekommen. Und was Merzario betraf, so war Enzo der Meinung, dass er besser für Langstreckenrennen als für die Formel 1 geeignet war. Er hatte Clay Regazzoni immer gemocht; der Schweizer hatte ihn im Jahr

(oben) John Surtees im Gespräch mit Enzo Ferraris Frau Laura. Dieses Foto spiegelt die schwierige Beziehung wider, die Laura, eine nicht immer einfache Frau, zu den Technikern und Fahrern ihres Mannes hatte.

(rechts oben, rechts) Enzo Ferrari mit dem italienischen Schauspieler Adolfo Celi, der in John Frankenheimers Kultfilm »Grand Prix« von 1966 eine Figur spielt, die ihm sehr ähnlich ist. Ferrari soll Celis Leistung sehr geschätzt haben.

(rechts unten) Einer der Protagonisten des Films ist Yves Montand in der Rolle des Ferrari-Fahrers Jean Pierre Sarti, eine eindeutige Anspielung auf John Surtees. Hier spricht Montand (im Auto) mit Lodovico Scarfiotti (ganz rechts), im Hintergrund (mit Sakko und Kamera um den Hals) steht der berühmte Fotograf Bernard Cahier.

(oben) Großer Preis von Italien, 1966: Lodovico Scarfiotti passiert am Steuer seines 312 F1 die Zielflagge. Es ist der erste Sieg eines italienischen Fahrers bei einem Heim-Grand-Prix seit Alberto Ascari, und Ferrari bejubelt diese Leistung noch lange Zeit später.

(rechts) Großer Preis von Monaco, 1967: Die Überreste von Lorenzo Bandinis Ferrari nach dem Unfall in der Schlussphase des Rennens. Der italienische Fahrer schlug in die Strohballen am Straßenrand ein, sein Auto überschlug sich und fing dann Feuer. Bandini überlebte zunächst schwer verletzt, starb jedoch wenige Tage später im Krankenhaus an den Folgen des Unfalls.

(rechts) Der Dino V6-Motor wurde sowohl in Ferrari-Sportwagen als auch in F1- und F2-Modellen eingesetzt. Tino Brambilla siegte mit ihm im Herbst 1968 bei einem F2-Rennen in Hockenheim.

(rechts) Großer Preis von Italien, 1970: Während Ickx an die Box zurückkehrt, besucht Enzo Ferrari sein Team am Tag des Qualifyings. Am nächsten Tag gewinnt Regazzoni das Rennen in seinem 312 B.

(links) Rennstrecke von Fiorano, 1974: Enzo Ferrari während einer Testpause des 312 B3. Neben ihm sein junger Assistent Luca di Montezemolo und der neue, noch kaum bekannte österreichische Fahrer Niki Lauda.

(links) Großer Preis von Italien, 1975: Einer von vielen perfekten Tagen in der Geschichte von Ferrari. Regazzoni gewinnt das Rennen, während Lauda als Dritter neuer Weltmeister wird. »Ich denke, ich habe diesen Sieg verdient … er belohnt alle bei Ferrari für ihre harte Arbeit«, sagt Niki Lauda über Ferraris ersten Weltmeistertitel seit elf Jahren..

(links) Luca di Montezemolo zusammen mit Enzo Ferrari. Luca verlässt Ferrari am Ende der siegreichen Saison 1975, kehrt jedoch nach Enzos Tod Anfang der 1990er-Jahre als Präsident zurück.

(links) Ferrari gibt 1977 die Verpflichtung des Kanadiers Gilles Villeneuve bekannt und vergleicht ihn vielfach mit dem Niki Lauda, den er 1973 eingestellt hat.

(oben) Im Frühjahr 1978 hegt Enzo Ferrari einige Zweifel an Gilles Villeneuve. Der Kanadier ist schnell und charaktervoll, aber noch nicht zuverlässig. Es dauert noch ein weiteres Jahr, bis Villeneuve beim Großen Preis von Kanada endlich seinen ersten F1-Sieg erringt und Ferraris Vertrauen belohnt.

(links) Großer Preis von Italien, 1976: Nach seinem schrecklichen Unfall auf dem Nürburgring im August kehrt Niki Lauda am Freitag, den 10. September, bei strömendem Regen in den Rennsport zurück. Er will seine Chance auf einen zweiten Weltmeistertitel verteidigen und beendete den Grand Prix auf dem vierten Platz.

(oben) Großer Preis von Italien, 1979: Villeneuve ist die ganze Saison über ein treuer Teamkollege. In Monza wird er Zweiter hinter Jody Scheckter, der an diesem Tag den Weltmeistertitel gewinnt.

(rechts) Der 312 T5 des Jahres 1980 ist nicht so gut wie das Weltmeisterauto T4. Für Ferrari und seine Fahrer birgt die Saison 1980 viel Frust.

(rechts unten) An einem heißen Julitag des Jahres 1980 fährt Enzo Ferrari nach Imola, wo Villeneuve den T5 testet. Der Patriarch begibt sich in die Box und ist bald von seinem kanadischen Fahrer, von dem *Autosprint*-Herausgeber Luciano Conti (l.), und dem Streckendirektor Roberto Nosetto (r.) umgeben.

(oben) An einem Samstag, dem 13. September 1980, testet Villeneuve beim Training zum Großen Preis von Italien den neuen 126 mit Kompressoraufladung. Das Auto ist schneller als der T5, aber sein Debüt wird letztlich auf die folgende Saison verschoben.

(rechts) Am letzten Tag im Mai 1981 gewinnt Villeneuve den Großen Preis von Monaco, nachdem er den Williams-Piloten Alan Jones überholt hat. Villeneuve widmet seinen Sieg Enzo Ferrari.

(links) 1981 ist Enzo Ferrari der anerkannte Patriarch des internationalen Motorsports. Er spielt eine wichtige Rolle bei der Lösung der zahlreichen Probleme der Formel 1. Von links: Bernie Ecclestone, Jean-Marie Balestre, Marco Piccinini, Enzo und Piero Ferrari.

(links, unten) Enzo Ferrari hält die traditionelle Pressekonferenz zur Saison 1984 ab, einem Jahr voller Neuheiten für die Scuderia. Man präsentiert ein innovatives Auto, den 126 C4, der nach vielen Jahren endlich wieder von einem Italiener gefahren wird – Michele Alboreto. Beim Großen Preis von Belgien in Zolder folgt der erste Sieg in Rot. Zwischen Alboreto und Ferrari entsteht eine Beziehung, die von großem Respekt und gegenseitiger Zuneigung geprägt ist.

(unten) Die Zukunft klopft an, als 1986 ein neues technisches Team unter der Leitung von John Barnard (2. v.l.) und neue Fahrer nach Maranello kommen. Darunter befindet sich auch Gerhard Berger (2. v.r.), der ab 1987 als Werksfahrer für Ferrari startet. Neben diesen beiden sind auf diesem Foto auch Piero Ferrari (l.) und Marco Piccinini (r.) zu sehen.

zuvor verlassen, aber die persönlichen Beziehungen zwischen den beiden waren weiterhin gut. Clay stimmte zu, nach Maranello zurückzukehren, und als sie sich wiedersahen, sprach Regazzoni über seinen Teamkollegen bei BRM, den wortkargen, aber sehr begabten 24-jährigen Österreicher Niki Lauda. Ferrari, der auch den Franzosen Jean-Pierre Jarier und den Engländer James Hunt in Betracht zog, lehnte Clays Idee nicht rundweg ab und sagte ihm, dass er Laudas Namen im Hinterkopf behalten würde.[26]

Ferrari verzichtete auf Hunt, nachdem er in Maranello den wunderbar exzentrischen Lord Hesketh getroffen hatte, der das Team leitete, für das Hunt gerade fuhr. Daraufhin schickte er Montezemolo, um Lauda zu kontaktieren. Trotz seiner mangelnden Erfahrung verlangte der Österreicher eine erstaunliche Summe von eine Million Schilling, um bei Ferrari zu unterschreiben. Aber Regazzoni hatte ihn in den höchsten Tönen gelobt und Montezemolo drängte Ferrari, ein junges Talent an die Seite eines erfahrenen Mannes wie Clay zu stellen. Niki, so drängte er, sei perfekt für diese Rolle.[27]

Das Team für 1974 stand jetzt also fest: Chefingenieur Forghieri, Teamchef Montezemolo und zwei Autos für Regazzoni und Lauda. Und während Forghieri im August 1973 begann, den B3 zu verändern, den Regazzoni inkognito getestet hatte, weil er noch bei BRM unter Vertrag war, beschloss Ferrari, die Mechaniker in zwei Teams aufzuteilen, eines für jedes Auto. Der Chefmechaniker für Regazzonis Auto sollte Giulio Borsari sein, für Laudas Auto wurde es Ermanno Cuoghi.[28]

Der 312 B3 von 1974 – den Forghieri wegen der vielen Änderungen, die er vorgenommen hatte[29] und um ihn vom vorherigen Management zu distanzieren, gern B4 genannt hätte – erwies sich als schnell und zuverlässig. Im B3 übertraf der Schüler bald den Lehrer. In Spanien, beim vierten Rennen der Saison, gewann Niki Lauda den ersten Grand Prix seiner Karriere. Und bevor Regazzoni im August in Deutschland sein erstes Saisonrennen gewann, hatte Lauda Ende Juni in Holland ein zweites Mal gesiegt.

Die Teamhierarchien hatten sich nicht geändert, aber Laudas schneller Leistungszuwachs wurde von allen beobachtet. Ferrari sah zu, genoss und schwieg – ein Zeichen dafür, dass die Dinge in die gewünschte Richtung liefen. Nun, da die großen Sorgen hinter ihm lagen, begann er, seine Tage wieder im Büro zu verbringen und ein relativ normales Leben zu führen.

Samstags traf er sich wieder mit seinen wenigen Freunden und verbrachte die wertvollen Stunden um die Mittagszeit mit ihnen. Sie hatten aufgehört, in Restaurants in der Umgebung von Modena und Reggio zu gehen, wie sie es noch vor einigen Jahren getan hatten, aber sie trafen sich wieder regelmäßig. Trotz der Diät, die er einhalten musste, gönnte er sich samstags köstlichere Gerichte – eine Scheibe Roastbeef, ein Stück Parmesankäse und echten Kaffee statt Gerstenkaffee.

An den Sonntagen, an denen die Grands Prix im Fernsehen übertragen wurden, verfolgte er sie in seinem Arbeitszimmer im Erdgeschoss des kleinen Hauses inmitten der Rennstrecke von Fiorano, die er zwei Jahre zuvor gebaut hatte. Er, der früher allein auf die Rennergebnisse wartete, die traditionell per Telefon von der Rennstrecke bekannt gegeben wurden, verfolgte nun die Liveübertragung in Gesellschaft einiger seiner vertrauten Freunde, darunter Pietro Barilla und Sergio Scaglietti, außerdem mit einigen ihm freundschaftlich verbundenen Medizinern sowie mit Carlo Benzi, der Ferrari verlassen hatte und nun bei Coca-Cola arbeitete, aber weiterhin Enzos persönliche Finanzen verwaltete.[30]

In seinem Arbeitszimmer saß er gemütlich in einem großen Ledersessel und verfolgte die Grands Prix auf zwei nebeneinander aufgestellten Fernsehern – der eine übertrug das Rennen in Farbe mit Kommentaren aus dem italienischsprachigen Teil der Schweiz, der andere mit Schwarz-Weiß-Bildern und Kommentaren aus dem italienischen Staatsfernsehen.

Beim Fernsehen tauschte er seine Sonnenbrille gegen eine Brille mit helleren Gläsern aus. Auf einen Hocker neben dem Telefon stand eine Wasserflasche, aus der er gelegentlich ein paar Schlucke trank. Forghieri rief ihn am Ende eines jeden Rennens an, um mit ihm die übliche Nachbesprechung durchzuführen. Zu Beginn des Rennens war Enzo meist still, schweigsam und scheinbar emotionslos. Nur »die wiederkehrende, kontinuierliche rhythmische Bewegung seines rechten Beins, das er über das linke schlug«, verriet seine Nervosität.[31]

Nach seinem Sieg auf dem Nürburgring lag Regazzoni mit 44 Punkten an der Spitze der WM-Wertung. Dahinter der Südafrikaner Jody Scheckter im Tyrrell-Ford mit 41, Teamkollege Lauda mit 38 und der Brasilianer Emerson Fittipaldi im McLaren-Ford mit 37 Punkten. Es waren nur noch vier Runden zu fahren. Beide Ferrari-Fahrer hatten eine Chance auf den Titel. In den letzten drei Jahren war dies nicht der Fall gewesen. Aber Scheckter und Fittipaldi drängten und vielleicht war eine hausinterne Klärung notwendig.

Mitte August, nach dem Großen Preis von Österreich, bei dem Regazzoni zwei weitere Punkte auf alle aufgeholt hatte, bat Lauda Ferrari um Anweisungen. Ferrari sagte, was er normalerweise zu diesem Thema sagte: dass er sich auf Nikis Professionalität verlasse.[32] Nach dem Großen Preis von Italien, bei dem beide Fahrer mit einem Motorschaden ausgeschieden waren, sodass Scheckter zu Regazzoni aufschließen und Fittipaldi Lauda überholen konnte, bezog Ferrari immer noch keine Stellung: »Wer Rennen gefahren ist, weiß, dass keine Taktik möglich ist, außer an das Verantwortungsbewusstsein der Fahrer zu appellieren.«[33]

Eine Runde vor Schluss war Lauda aus dem Rennen, während Clay Regazzoni und Emerson Fittipaldi punktgleich an der Spitze der Gesamtwertung lagen. Die F1-Weltmeisterschaft 1974 würde im letzten Rennen, dem Großen Preis der USA in Watkins Glen, entschieden werden. Wenn man sah, wie die Dinge noch vor einem Jahr gelaufen waren, hätte jeder bei Ferrari zufrieden sein müssen. Aus diesem Grund konzentrierte sich Enzo vor dem Rennen nicht nur auf Regazzonis Chancen auf den Titelgewinn, sondern auch auf die Fortschritte, die in den letzten zwölf Monaten erzielt worden waren.

Da Forghieri wegen eines Problems mit seinem Pass aufgehalten wurde, konnte der B3 im Training in Watkins Glen nicht glänzen und Ingenieur Caliri änderte nach Rücksprache mit den Fahrern die Fahrzeugabstimmung für das Rennen.[34] Das Rennen war eine Tortur für Regazzoni, der auf Platz elf landete und sich von seinen WM-Träumen verabschieden musste. Doch trotz der Enttäuschung über den Verlust eines Titels, den er seit zehn

Jahren nicht mehr gewonnen hatte, zeigte sich Enzo Ferrari bei der Rückkehr seiner Männer aus den Vereinigten Staaten nicht sonderlich verärgert.

»Es ist das bittere Ende einer guten Saison«, sagte er. Und mit dem für ihn typischen Blick nach vorn fügte er hinzu: »Für Ferrari beginnt 1975 am kommenden Donnerstag, dem 10. Oktober, in Fiorano.«[35] An diesem Tag sollte Forghieris revolutionärer 312 T zum ersten Mal auf Ferraris privater Teststrecke seine Runden drehen. Es war der F1-Wagen, an dem der brillante Ingenieur mehr als ein Jahr lang gearbeitet hatte und in den er und sein Chef große Hoffnungen setzten.

Ende 1974 sah die Zukunft für Enzo Ferrari endlich wieder rosig aus. Die lange Krankheit lag hinter ihm, die technische Lücke war geschlossen, er hatte zwei hervorragende Fahrer und eine erstklassige technische Abteilung. Und obwohl er nie vergaß, sich selbst und seine Männer daran zu erinnern, dass »wenn die Dinge zu gut laufen, viele kurzzeitig glauben, ein Ziel erreicht zu haben – eine Sache, die ich für gefährlich halte, weil man im Leben nie aufhört zu lernen«,[36] wusste er genau, dass das Warten vorbei war. Für den gealterten *Commendatore* konnte das Leben im Alter von 76 Jahren wirklich wieder beginnen.

KAPITEL 37

Der große Alte

Mit dem Jahr 1975 erschien ein Ferrari, der von den meisten Beobachtern erstmals seit Jahren als legitimer Favorit im Kampf um den neuen Formel-1-Weltmeistertitel angesehen wurde. In den 90 Tagen seit dem düsteren Ende der Saison 1974 hatten die Ingenieure und Techniker in Maranello fast ununterbrochen gearbeitet, um dem alten Wagen den letzten Schliff zu geben und gleichzeitig den neuen zu entwickeln. Zu diesem Zeitpunkt gab es nur einen Prototyp des 312 T, aber bei allen Tests war der neue Wagen schneller gewesen als der B3. Außerdem schien der 312 T aufgrund der anderen Gewichtsverteilung besser mit den Reifen zurechtzukommen – der im Vorjahr entscheidende Faktor im Kampf um den Weltmeistertitel.[1]

Die Saison 1975 begann im Januar mit zwei Rennen in Südamerika.

Die beiden Rennen in Argentinien und Brasilien wurden jedoch zu einer großen Enttäuschung für Ferrari. Beide Grands Prix verliefen ganz anders, als Enzo erwartet und seine Ingenieure geplant hatten. In der kurzen Winterpause hatten die B3 ihren Vorsprung verloren. Bis zum Januar hatten Shadow, Brabham und Hesketh den Rückstand auf Ferrari irgendwie aufgeholt, während McLaren mindestens so konkurrenzfähig geblieben war wie im Jahr 1974. Enzo war wütend, als er den Großen Preis von Brasilien in Maranello im Fernsehen verfolgte. Es gab nur eine Lösung: so schnell wie möglich das Debüt des neuen Autos voranzutreiben, das zu diesem Zeitpunkt für den Großen Preis von Spanien Ende April[2] geplant war – so groß war Forghieris Vertrauen in die Qualitäten des B3.

Am Donnerstag, dem 30. Januar 1975, einem schönen, klaren und sonnigen Tag, verkündete Enzo Ferrari seine mutige Entscheidung: »Die 312 B3 haben echte Verbesserungen gezeigt und die Rundenzeiten im Qualifying und im Rennen [bei den ersten beiden Grands Prix des Jahres] beweisen das.« Aber es gab ein Problem: die unbefriedigende Beziehung zwischen dem B3 und den neuen Goodyear-Reifen, die nun für alle Teams gleich waren. »Im Gegensatz zum letzten Jahr, als Goodyear uns für jedes Rennen, jede Temperatur und jede Wetterbedingung die Reifen zur Verfügung stellte, die am besten für den B3 geeignet waren«, erklärte Ferrari, »haben sie in diesem Jahr, offensichtlich aus finanziellen Gründen, nur zwei Arten von Profilen vorbereitet«. Daher traf er die Entscheidung, das Debüt des 312 T auf den Großen Preis von Südafrika am 1. März vorzuverlegen, trotz der »impliziten Herausforderungen, die sich aus der kürzeren Entwicklungszeit des Autos ergeben«.[3]

Weniger als drei Wochen später, am Dienstag, dem 18. Februar 1975, wurde Enzo Ferrari 77 Jahre alt. Seine Gesundheit war gut, seine Laune trotz des enttäuschenden Starts in die Rennsaison bestens. Trotz der allgemeinen Krise in der Automobilbranche befand sich das Unternehmen Ferrari in nahezu perfekter Verfassung und beschäftigte 750 Mitarbeiter – 25 Mal so viele wie Enzos Vater in den besten Zeiten hatte. Die Auslieferungen an die Kunden waren 1974 um mehr als 300 Einheiten auf 1.436 zurückgegangen, aber obwohl es Märkte gab, die nicht so gut liefen, waren andere erschlossen worden, die die verlorenen Einheiten bald ausgleichen würden.

»Während früher das Sprichwort galt: ›Man kauft keinen Ferrari, sondern man sehnt sich nach einem‹, und unsere Kundschaft Lieferungen in sechs, acht, zwölf Monaten akzeptierte, können die heutigen Anfragen ziemlich schnell erfüllt werden«, verkündete er pragmatisch. Aber Enzo war nicht beunruhigt:

»Ich glaube, dass es für eine Produktion, die mengenmäßig so unbedeutend ist wie die von Ferrari, trotz aller Schwierigkeiten in der Zukunft immer einen Markt geben wird.«[4]

Nach fast acht Jahrzehnten, die er mit seltener Intensität gelebt hatte, konnte er erklären, dass seine Liebe zum Automobil und zum Rennsport, die in seiner frühen Jugend begonnen hatte, »nicht unter den Affronts der Zeit gelitten hat«. Er hatte sein erstes Rennen 69 Jahre zuvor gesehen, war den größten Teil der 1920er-Jahre selbst gefahren, hatte 1929 seine Scuderia gegründet und 1940 die Firma Ferrari ins Leben gerufen. Enzo gestand: »Das Geheimnis dieser totalen Treue, die man, wie ich glaube, in anderen Arten von Beziehungen nur schwer finden kann, entspringt der Möglichkeit, Jahr für Jahr neue Experimente zu machen, neue Lösungen zu finden, neue Autos zu bauen.«[5]

Wieder dieses Wort: *total* – ganz, vollständig, voll, unbestritten. Er hatte es benutzt, um seinen verstorbenen Sohn Dino zu beschreiben, den er als *figlio totale*, als totalen Sohn bezeichnet hatte – nicht, um ihn von seinem anderen, unehelichen Sohn zu unterscheiden, sondern um Dinos *totale*, unbestrittene Liebe zum Automobil und zum Motorsport anzudeuten – als ob er für die Nachwelt festhalten wollte, dass nichts anderes in Dinos oder Enzos Leben wichtiger war.

Nun benutzte er das Wort erneut, um seine Beziehung zu einer Tätigkeit zu beschreiben, die das Wesen seiner Person definiert hatte. Vielleicht auf die Gefahr hin, blasphemisch zu klingen, sagte er: »Im Bewusstsein dieser Quälerei für die technische Erneuerung und in den daraus resultierenden Errungenschaften habe ich inmitten unendlicher Sorgen meine eigene *Religion im Leben* gefunden.«[6]

Mit 77 Jahren wurde Enzo Ferrari gelassen. Seine schwarzen Tage lagen hinter ihm, er hatte mit der Vereinbarung, die er fünf Jahre zuvor mit Fiat getroffen hatte, die Kontinuität seines Unternehmens gesichert und seine Rennwagen waren wieder konkurrenzfähig. Die Zukunft schien wieder aussichtsreich zu sein.

⌘ ⌘ ⌘

Sowohl Lauda als auch Regazzoni testeten trotz des für Februar typischen Nebels, Regens und der Kälte ununterbrochen in Fiorano. Zusammen mit einem 312-B3-Ersatzwagen wurden zwei 312 T nach Südafrika geflogen, wo sie am ersten Samstag im März 1975 ihr F1-Debüt gaben. Der neue Ferrari war atemberaubend schön – die große Lufhutze war weiß, mit einem Streifen in den drei Farben der italienischen Flagge – und die Vorfreude war groß, sowohl beim Team in Kyalami als auch beim alten Mann in Maranello.

Die erste offizielle Vorstellung des Autos entsprach jedoch nicht Enzos Erwartungen. Im Qualifying fuhr Niki die viertschnellste Zeit und Clay wurde nur Neunter. Das Rennen verlief ebenso enttäuschend. Regazzonis 312 T hatte mehrere technische Probleme und er beendete das Rennen mit sieben Runden Rückstand auf den Sieger, dem Lokalmatador Jody Scheckter im Tyrrell-Ford. Lauda wurde mit einer halben Minute Rückstand Fünfter.

Doch trotz des alles andere als denkwürdigen Zieleinlaufs und der offenkundigen Enttäuschung von Forghieri und Montezemolo waren beide Ferrari-Piloten einigermaßen zufrieden mit dem Auto. Der 312 T hatte zwar noch einige Probleme, so Lauda, »[aber] er ist so einfach zu fahren wie ein Fahrrad«.[7]

Zwischen dem Rennen in Südafrika und dem nächsten, das am 27. April in Barcelona stattfand, lagen fast zwei Monate. Erfreut über das positive Feedback, das seine Fahrer nach ihrer Rückkehr aus Kyalami gegeben hatten, und erfreut über die Signale, die von den Tests nach dem Rennen ausgingen, war Enzo vorsichtig optimistisch. Forghieri, Bussi und Rocchi kehrten ans Zeichenbrett zurück, während Regazzoni und Lauda den größten Teil des März und April in Fiorano verbrachten, um neue Lösungen zu entwickeln.

Ende April, als die neuen 312 T zum vierten Lauf der Meisterschaft 1975 nach Spanien transportiert wurden, war Enzo noch optimistischer. In Barcelona fuhren die 312 T die beiden schnellsten Qualifikationszeiten und sowohl Lauda als auch Regazzoni starteten beim Rennen zum ersten Mal in diesem Jahr aus der ersten Reihe.

Trotz dieser positiven Vorzeichen gefährdete gleich am Start ein Missverständnis zwischen den beiden Ferrari-Piloten ihre Chancen auf den Sieg. Gleich in der ersten Kurve in Runde 1 kollidierten die beiden 312 T. Lauda, den Mario Andrettis Parnelli unbemerkt am Heck getroffen hatte, konnte seinem Teamkollegen nicht ausweichen, sodass sowohl Lauda als auch Regazzoni nach etwa fünfhundert Metern aus dem Rennen ausschieden und sich gegenseitig die Schuld an dem Debakel gaben. Die vorangegangene Saison hatte Narben hinterlassen.[8] Enzos zwei Fahrer vertrauten einander nicht mehr und nun kämpften sie offen um die Führung des Teams.

Trotz des Unverständnisses, das zwei Monate Testfahrten zunichtegemacht hatte, hatte der 312 T im Qualifying wie auch in Südafrika eine außergewöhnliche Leistung gezeigt. Beide Fahrer waren von der insgesamt hervorragenden Qualität des 312 T beeindruckt. Nach seiner Rückkehr nach Maranello und der Nachbesprechung mit seinem Chef war Mauro Forghieri zuversichtlich. Das nächste Rennen in Monaco, wo Ferrari seit 1955 nicht mehr gewonnen hatte, konnte tatsächlich der Beginn einer neuen Phase in der Saison des Teams sein.

Der letzte Ferrari-Fahrer, der in Monaco gewonnen hatte, war damals Maurice Trintignant gewesen. Doch schon am ersten Tag des Qualifyings war klar, dass Ferrari in Monte Carlo endlich wieder siegen könnte. Am Samstag fuhr Lauda die schnellste Zeit und sicherte sich die zweite Poleposition des Jahres in Folge. In der Nacht telefonierte Enzo von Modena aus viel länger als sonst mit Montezemolo. Er wollte sich vergewissern und er wollte mit seinem jungen Assistenten jedes kleine Detail persönlich überprüfen. Es gab zu viele Dinge, die schiefgehen konnten; ein Sieg in Monaco zu diesem Zeitpunkt der Saison mit einem Auto, das endlich so konkurrenzfähig war wie alle seine beeindruckenden Gegner, war zu wichtig.[9]

Am Renntag ging Niki bei nassen Bedingungen vom Start weg in Führung. Hinter ihm versuchten die beiden Shadow-Fords von Jean-Pierre Jarier und Tom Pryce, mit dem Ferrari mit der Startnummer 12 mitzuhalten, aber Niki setzte sich bald ab. Als nach etwa 20 Runden der Regen aufhörte und der Asphalt abzutrocknen begann, fuhr Lauda an die Box, um seine Reifen zu wechseln. Die Ferrari-Mechaniker waren perfekt und wechselten in nur 23 Sekunden alle vier Räder. Als Lauda wieder auf die Strecke ging, lag er immer noch in Führung, die er in den letzten Runden gegen einen späten Angriff von Emerson Fittipaldi verteidigen konnte.

Monaco war in Planung und Ausführung ein Meisterwerk. Der 312 T war wirklich ein großartiger Wagen und Niki Lauda hatte bewiesen, wie sehr er als Fahrer gewachsen war. Jetzt hatte Enzo ein Auto, das so schnell und zuverlässig war wie jedes andere, außerdem zwei Fahrer, die beide nach dem Weltmeistertitel streben konnten. Um die Einigkeit im Team zu demonstrieren – die es nicht mehr gab –, hatte Montezemolo den wegen eines Unfalls in der 36. Runde ausgeschiedenen Regazzoni an die Boxenmauer beordert, um seinem Teamkollegen persönlich das Zeichen zu zeigen, dass noch eine Runde zu fahren war.[10]

Am Sonntagabend diktierte Enzo der Presse ein Schreiben, in dem er sich bei allen Ferrari-Fans für ihre Geduld bedankte, die sie gezeigt hatten. Es war die Geduld, die die Fans seit dem letzten Ferrari-Sieg in Monaco gezeigt hatten, an die er sich wandte, obwohl die meisten Kommentatoren erkannten, dass Enzo auch an etwas Größeres gedacht haben musste als an den bloßen Gewinn eines einzelnen Rennens, so bedeutend und faszinierend das Rennen in Monte Carlo auch immer gewesen war.[11] An diesem Sonntagabend im Mai wusste Enzo, dass er endlich ein Auto – und einen Fahrer – hatte, die als Paar nicht nur einzelne Rennen, sondern den großen Preis gewinnen konnten.

Noch vor Ende des Monats gewannen Lauda und sein 312 T den Großen Preis von Belgien souverän. Nach sechs Rennen waren Ferrari und sein junger österreichischer Fahrer zu den Hauptanwärtern auf den Titel geworden. Enzo versuchte, die Begeisterung, die er um sich herum aufkommen sah, zu dämpfen. Er machte sich keine Sorgen um seine Männer, denn er wusste, dass die Erfahrung sie gelehrt hatte, vorsichtig zu sein; auch nicht um seinen Fahrer, der ruhig und gefasst war wie nur wenige, denen er in mehr als einem halben Jahrhundert Rennsport begegnet war. Er machte sich Sorgen um seine Schönwetterfreunde in der italienischen Presse, die ebenso leicht zu kollektiver Lobhudelei wie zu brutalen Angriffen neigten, sobald das Wetter umschlug.

Daher begrüßte er den zweiten Lauda-Sieg in Folge mit einer lauwarmen Erklärung, die mit einem unerwarteten Blick in die Zukunft endete. Enzo warnte: »Die Meisterschaft ist lang und offen für Unbekannte, die wir versuchen werden vorherzusagen. Unsere Verpflichtung besteht jetzt darin, einen 312 T2 zu studieren und bald zu bauen.«[12] Indem er sich auf eine neue Version des T bezog – des Autos, das gerade erst eingeführt worden war und sich der Konkurrenz als ungeheuerlich überlegen erwies –, war klar, dass Enzo Ferrari die untrügliche Witterung des Sieges aufgenommen hatte.

Zwischen Anfang Juni und Anfang Juli legte Lauda den Grundstein für seinen ersten Weltmeistertitel. Von den drei Grands Prix, die in dieser Zeit stattfanden, gewann er zwei (Schweden und Frankreich) und wurde bei einem (Niederlande) Zweiter. Normalerweise als wortkarger Mann bekannt, sprach Niki Lauda nun mit Übertreibungen über sein großartiges Auto – für ihn war der 312 T ein »wunderbares Auto … Forghieris überwältigendes Monument … ein als Rennwagen getarntes Juwel«.[13] Sein Teamkollege, der einen ebenso wichtigen Beitrag zur Entwicklung des 312 T geleistet hatte, konnte auf der Rennstrecke keinen wirklichen Widerstand leisten. Clay Regazzoni, der sich während der gesamten Saison 1974 in bester Verfassung befunden hatte, lieferte nur noch zwei dritte Plätze ab oder fiel (in Frankreich mit Motorschaden) aus.[14]

Enzo hielt sich klugerweise im Hintergrund und überließ es Montezemolo, das inzwischen etwas schwierige Machtgleichgewicht innerhalb seines Teams zu verwalten, in dem der Schüler besser abschnitt als der Meister – ein Meister, der seinen Arbeitgeber zwei Sommer zuvor überredet hatte, den jungen Unbekannten auszuwählen, der ihn jetzt überragte. Irgendwie hatte Clay sein Gespür verloren. Er erreichte zwar Podiumsplätze in Schweden und den Niederlanden, aber immer hinter Lauda, dessen Vormachtstellung jetzt sowohl innerhalb als auch außerhalb des Teams vollkommen war.

Nach vier Siegen in fünf Rennen verlor der 312 T im Hochsommer unerwartet an Vorsprung, doch aus den Reihen der Lauda-Gegner stellte sich niemand entschieden gegen ihn – nicht einmal sein Teamkollege. Da der Österreicher über einen achten Platz in Silverstone, einen dritten auf dem Nürburgring und einen sechsten in Zeltweg nicht hinauskam, gab es bei den drei Rennen drei verschiedene Sieger. Während Regazzoni sich weiterhin abmühte, war der einzige Höhepunkt in dieser Zeit Laudas Poleposition auf dem alten und gefährlichen Nürburgring, wo Niki als erster Mann überhaupt eine Runde unter sieben Minuten fuhr.

In der ersten Septemberwoche war die Fabrik wieder geöffnet, obwohl etwa die Hälfte der Mitarbeiter von *Gestione Industriale* – sechshundert Personen [15] – noch zu Hause blieben, da die Lagerbestände doppelt so groß waren wie normal.[16] Während die Mitarbeiter, die an den Straßenfahrzeugen arbeiteten, immer noch nicht voll ausgelastet waren, vertieften sich ihre Kollegen im *Gestione Sportiva*-Rennteam inzwischen voll in die Vorbereitungen für die nächste Runde der Formel-1-Weltmeisterschaft. Am folgenden Wochenende sollte der Große Preis von Italien in Monza das entscheidende Rennen der Saison 1975 werden.

Am Dienstag, dem 2. September, war der designierte Weltmeister Niki Lauda wieder in Fiorano, um den 312 T vorzubereiten, den er am Sonntag in Monza fahren sollte. An diesem Tag traf er sich auch mit Enzo Ferrari. Das Gespräch führte in beiderseitiger Zufriedenheit zur Verlängerung seines Vertrags für 1976. Der *Commendatore* hatte einen Gewinner gefunden und geformt. Wieder einmal hatte er recht behalten: Seine Wahl eines nahezu unbekannten Fahrers aus Wien hatte sich als richtig erwiesen. In der kurzen Zeitspanne einer Rennsaison waren Enzo und Niki zusammen unschlagbar geworden.

Am nächsten Tag war Clay Regazzoni in Fiorano an der Reihe, um den Wagen vorzubereiten, den er am Wochenende in Monza fahren sollte. Auch er traf sich mit Enzo und verkündete nach dem Treffen glücklich, dass er sich ebenfalls sehr darüber freute, 1976 für Ferrari zu fahren.

Die Vertragsverlängerungen für die beiden Fahrer erzählte nicht die ganze Geschichte. Zwar herrschte oberflächlich betrachtet Harmonie im Team, doch die alten Wunden waren nicht verheilt. Der bevorstehende Titelgewinn von Lauda hatte sie sogar wieder aufgerissen. »Ich glaube nicht, dass Lauda der beste Fahrer des Teams ist, er hatte das Glück auf seiner Seite«, sagte Regazzoni.[17] In grober Unterschätzung der wertvollen Entwicklungs- und Abstimmungsarbeit, die Niki am 312 T geleistet hatte, meinte Clay böswillig: »Lauda kam zum richtigen Zeitpunkt nach Maranello, als die Ferraris wieder sehr konkurrenzfähig waren.« Dann fügte er, vielleicht noch in Gedanken an den Niki von 1974 und nicht wissend, wie sehr sein jüngerer Teamkollege in nur wenigen Monaten gewachsen war, hinzu: »Man muss noch sehen, ob er unter Druck die Ruhe bewahrt.« Clay dachte auch über Nikis Saison 1975 nach: »Er hat vier Grands Prix ohne echte Gegner gewonnen. Ich hätte sein einziger wirklicher Gegner sein können, aber mein Auto hat mir nicht geholfen. In Schweden und in den Niederlanden«, präzisierte er, falls es jemandem entgangen sein sollte, »bin ich mit müden Motoren gefahren.«[18]

Am Donnerstag wurden drei Ferraris nach Monza transportiert. Enzo blieb wie immer zu Hause. Im Laufe der Jahre, auch als er schon nicht mehr zu den Rennen fuhr, war ein kurzer Besuch in Monza am Samstag des Großen Preises von Italien fast zu einem Ritual geworden. Nachdem er 1971 ausgebuht worden war, hatte er jedoch nie wieder in Betracht gezogen, dorthin zu fahren. Er blieb in Maranello und wartete in seinem Büro am Telefon auf Neuigkeiten. Die ganze Woche über war er ungewöhnlich nervös gewesen, fast so, als ob Laudas Weltmeisterschaft seine erste wäre.

Am Freitag fuhren Lauda und Regazzoni in Monza die beiden schnellsten Rundenzeiten und unterboten beide den bisherigen Streckenrekord. Am folgenden Tag holte Lauda die Poleposition und Regazzoni den zweiten Platz in der ersten Startreihe.

Luca di Montezemolo, der junge Teammanager, hielt den Alten ständig per Telefon auf dem Laufenden. Enzo wollte jedes kleine Detail über seine Autos, Fahrer, Mechaniker und Ingenieure wissen. Obwohl die Aufstellung seines Teams für 1976 bereits feststand, erkundigte er sich bei Montezemolo nach den

Leistungen verschiedener Fahrer anderer Teams, nicht unbedingt nur derer, die noch mit Lauda um die Weltmeisterschaft kämpften. Vielleicht schaute er weiter in die Zukunft als 1976 und war besonders neugierig auf Tony Brise, den 23-jährigen britischen Fahrer im Embassy-Lola-Team von Graham Hill.[19]

Monza erwies sich als ultimativer Ferrari-Triumph. Regazzoni gewann das Rennen und Lauda mit dem dritten Platz vorzeitig die Weltmeisterschaft. »Ich glaube, ich habe diesen Sieg verdient«, sagte Niki, als er aus seinem Ferrari stieg, umringt von zahllosen Fans, die auf die Strecke gestürmt waren. »Dieser Sieg«, fuhr er fort und teilte seinen brandneuen Weltmeistertitel großzügig mit dem gesamten Team, »ist eine Belohnung für die harte Arbeit, die jeder bei Ferrari geleistet hat.«[20]

Dann wurde ihm ein Telefon gereicht. Am anderen Ende der Leitung war Enzo Ferrari. Der große, alte Mann war unverhohlen glücklich. Er gratulierte und bedankte sich herzlich bei Niki, der den Eindruck bekam, dass Enzo – allein in Maranello – von diesem Triumph wirklich gerührt war.[21]

Zweihundert Kilometer von der chaotischen Feier in Monza entfernt, in der stillen Einsamkeit seines Büros mit den blauen Wänden, freute sich Enzo tatsächlich.[22] Er hatte elf Jahre gewartet, aber nun war er endlich wieder Weltmeister. Mit kryptischen Sätzen, die wie immer ein gutes Maß an Interpretation erforderten, sagte er: »Dieses Ergebnis ist der Beweis dafür, was man erreichen kann, wenn man einer Idee hartnäckig die Treue hält. Und es ist die Belohnung für bestimmte, vorherbestimmte menschliche Situationen.[23] In diesem Moment des Glücks sind wir in der Schuld« – so fuhr er fort, wobei er die alte Form *wir* anstelle von *ich* verwendete, den Pluralis Majestatis, den in Italien außer dem Papst nur noch wenige Menschen 75 Jahre nach Beginn des 20. Jahrhundert benutzten – »gegenüber Lauda, Regazzoni, den Ingenieuren, den Mechanikern, den Zulieferern und allen Ferrari-Fans, die in den letzten 30 Jahren in uns immer wieder den Willen zum Weitermachen geweckt haben.«[24]

In Turin zollte Fiat-Partner Giovanni Agnelli Enzo seinen Tribut. »Für uns« – und in seinem Fall bedeutete die Wahl des Wortes *uns*, dass er für Fiat *und* für sich selbst sprach – »ist Ferrari in erster Linie eine sentimentale Angelegenheit. Wenn wir uns heute mit Ferrari verbunden fühlen, dann deshalb, weil wir immer an die Bedeutung dieses Namens in der italienischen Automobiltradition geglaubt haben.« Dann sprach er direkt von Enzo: »*Ingegner* Ferrari hatte Vertrauen in uns und wir in ihn – auch in nicht so glücklichen Momenten wie diesem.« Mit Blick auf die Zukunft der Zusammenarbeit zwischen Fiat und Ferrari schloss er: »Heute ist die Verpflichtung, gemeinsam weiterzumachen, offensichtlich.«[25]

Enzo hat elf endlose Jahre lang gewartet und wollte nun keine Zeit mehr verlieren. Am Dienstagmorgen sprach er in Maranello zu mehr als hundert Journalisten. Da er seine übliche Pressekonferenz am Ende der Saison um etwa drei Monate vorverlegt hatte, wollte er in diesem Moment alles klarstellen: Er war wieder Weltmeister – zum ersten Mal seit 1964.

Zu Beginn erinnerte er seine Zuhörer theatralisch daran, dass er immer die Spielregeln diktierte, nicht sie. Der von Lauda errungene Titel sei der 21. Weltmeistertitel für Ferrari, nicht der 7., wie sie alle in den letzten zwei Tagen in ihren Zeitungen geschrieben hätten, indem sie nur die Siege seiner Fahrer in der Formel 1 gezählt hätten. Zu den sieben Weltmeistertiteln, die seit 1952 von Ascari, Fangio, Hawthorn, Hill, Surtees und nun Lauda errungen wurden, sagte er den Rennsportjournalisten aus aller Welt, sollten sie die vierzehn Weltmeistertitel hinzufügen, die seine Sportwagen in einer Kategorie errungen hatten, die bis gestern so hart und so gefeiert worden war wie die Formel 1.[26]

Es war typisch für Enzo: Jetzt, wo er endlich wieder den lang ersehnten Preis erhalten hatte, spielte er dessen Wert herunter. Aber vielleicht war es auch ein Signal an Fiat: Obwohl es sich fast sofort ausgezahlt hatte – der Verzicht auf die Teilnahme an der Sportwagen-Weltmeisterschaft am Ende der Saison 1973, eine Entscheidung, die Fiat stark unterstützt hatte –, war es sehr schmerzhaft für einen Mann, der einst stolz darauf war, dass Ferraris an einem Tag in verschiedenen Rennkategorien erfolgreich sein konnten, und zwar weltweit.

Nachdem er alle Berechnungen korrigiert hatte, kommentierte er fast bescheiden seinen 21. WM-Titel. »Wir wissen, wie viele Opfer wir gebracht haben, um dieses Ergebnis zu erreichen«, sagte er ganz bescheiden. »Wir wissen nicht, wie viele Opfer wir bringen müssen, um diese Vormachtstellung zu behalten.«[27] Auch hier zeigt sich wieder die typische Ferrari-Mentalität: Ich bin der Beste, aber der Beste zu sein hat seinen Preis und an der Spitze zu bleiben ist das Schwierigste überhaupt.[28]

Am Kopfende des Tisches, zu seiner Rechten saß der neue, von Fiat ernannte Geschäftsführer von Ferrari, Piero Fusaro, und Enzo dankte Giovanni Agnelli für seine großzügigen Worte nach dem Rennen in Monza. »Abgesehen von den finanziellen Vorteilen«, sagte er über die Rolle von Fiat bei seinem letzten Triumph, »hat uns vor allem die Möglichkeit geholfen, das Computersystem des Fiat-Konzerns zu nutzen, um Daten zu erhalten, deren Erfassung sonst mehrere Testtage erfordert hätte.« Er gestand Fiat also nur ein Minimum an Lob zu. Zwar sei die Rolle von Fiat in Bezug auf das Budget »signifikant« gewesen, aber auf der technologischen Seite seien die Früchte der Zusammenarbeit mit dem Turiner Automobilgiganten langsamer gewachsen.[29] Als einer der italienischen Journalisten frech nach dem Geheimnis von Niki Lauda fragte, erklärte Enzo hinter seiner charakteristischen dunklen Brille emotionslos: »Er ist ein ernsthafter Profi. Er arbeitet nach einem programmierten Plan. Sein Geheimnis«, so sagte er, obwohl er nicht glaubte, dass Fahrer besondere Geheimnisse hatten, wenn sie am Steuer eines seiner Autos gewannen[30], »besteht darin, alles akribisch vorzubereiten.«[31] Die Presse hatte ein Bild von Lauda als eine Art Renncomputer geschaffen und Enzo, der Nikis Fahrstil nicht sonderlich mochte und seit jeher unglücklich darüber war, den Erfolg seiner Autos mit den Männern teilen zu müssen, die sie fuhren,[32] hatte nicht die Absicht, sie woanders hinzulenken. Je weniger die Presse und die Öffentlichkeit Lauda schätzten, desto mehr würden sie seine Autos würdigen.

Ferrari konnte es nicht klar sagen, aber das eigentliche Geheimnis von Laudas Erfolg war seiner Meinung nach das Auto, das Niki gefahren hatte. Das Geheimnis lag also bei seinen Ingenieuren: »Mit dem 312 T haben wir ein Auto gebaut, das auf 90 Prozent der Strecken funktioniert«, sagte er über den Weltmeister-Monoposto. Und ein Teil des Geheimnisses lag natürlich in dem Programm, das das Team geplant und umgesetzt hatte: »Wir haben kontinuierlich getestet«, erwähnte er als zweite Zutat des Erfolgsrezepts.

Typisch für Enzo war, dass er sich nicht auf seinen Lorbeeren ausruhte, sondern bereits nach vorn blickte. Nachdem er den Wagen, der die Saison 1975 dominiert hatte, gewürdigt hatte, blickte er nun auf das Jahr 1976 voraus: »Wir arbeiten an einem 312 T2, der auf dem Papier noch vielseitiger sein soll als der T auf allen Rennstrecken.«[33]

Enzo sprach rund zwei Stunden lang mit Energie und Begeisterung. In der lebhaften Frage-und-Antwort-Runde ließ er es sich nicht nehmen, auf das Thema Sportwagen zurückzukommen. Aber Enzo hatte auch eine Botschaft an die Machtzentren, die näher an seinem Heimatland lagen als die verschiedenen britischen Rennställe, die in der Formel 1 gegen seine Autos antraten, und so wandte er sich an die Aufregung, die nach seinem neuen Weltmeistertitel über Italien hereingebrochen war. »Ich glaube, dass in unserer Demokratie das Wort *Staat* immer noch eine genaue Bedeutung hat und dass man sein Land auch im Sport ehren kann.«[34]

Enzo hatte nie jemand anderen gebraucht – er hatte Schlachten immer allein geschlagen, gewonnen oder verloren. Er hatte Italien fast fünf Jahrzehnte lang vertreten, und das immer allein und zu seinen Bedingungen. Er war nicht wirklich an der Schönwetteraufregung interessiert, die sich jetzt um seinen Namen und sein Unternehmen rankte. Eines hatte er jedoch bemerkt und geschätzt – und diese Bemerkung hob er sich für den Schluss auf: »Das Automobil«, sagte er, kurz bevor sich die Pressekonferenz zum Mittagessen in einen anderen Raum des Cavallino-Restaurants zurückzog, »wurde mit dem Rennsport geboren und jetzt kehrt das Automobil zu ihm zurück.«[35] Obwohl man erwarten würde, dass zuerst die Autos und dann der Rennsport erwähnt würden, gab diese »umgekehrte« Reihenfolge einen Einblick in Enzos rennsportbesessenen Denkprozess. Rennen standen in seinen Gedanken immer an erster Stelle.

Die Woche, die mit seinem 21. Weltmeistertitel begonnen hatte, endete jedoch in Frustration. Vielleicht um seinem langjährigen

Partner und späteren Rivalen die Schau zu stehlen, kündigte Alfa Romeo an, dass man wahrscheinlich sein F1-Debüt bei der nächsten und letzten Veranstaltung der Saison 1975 geben würde, dem Großen Preis der USA, der für den 5. Oktober in Watkins Glen angesetzt war.[36] Carlo Chiti, einst Chefingenieur bei Ferrari und einer der acht Führungskräfte, die Enzo im Herbst 1961 abrupt entlassen hatte, war nun Geschäftsführer von Autodelta, Alfa Romeos Rennabteilung. Er war auf dem Weg nach London, um zusammen mit Bernie Ecclestone, dem Besitzer des Brabham-Rennstalls, die endgültige Entscheidung über ein mögliches frühes Debüt einer neuen angloitalienischen Partnerschaft zu treffen.

Mehr als die jetzt fast sichere Rückkehr von Alfa Romeo als Motorenlieferant für ein oder mehrere britische Teams beunruhigte Enzo die wahrscheinliche Rückkehr von Alfa Romeo in die Formel 1 in Form einer direkten Beteiligung: Auto *und* Motor. Im Juni hatte Alfa Romeo seinen ersten Konstrukteurs-Weltmeistertitel in der Sportklasse errungen und sein Potenzial, obwohl es in den vergangenen 24 Jahren in der Formel 1 nicht erprobt worden war, könnte zerstörerisch sein – vor allem in den fähigen Händen von *Ingegner* Chiti, einem Mann, der sich seit dem Tag, an dem er Ferrari verlassen musste, nach Rache an seinem alten Chef gesehnt hatte.[37] Für Enzo Ferrari war dies der schlimmste aller Albträume.

Am 5. Oktober kehrte Alfa Romeo nicht in Watkins Glen in die Formel 1 zurück und verschob sein Debüt als Motorenlieferant für Bernie Ecclestones Brabham auf das erste Rennen der Saison 1976. Der Große Preis der USA brachte Lauda eine weitere Poleposition und einen weiteren Sieg ein, die neunte bzw. den fünften in dieser außergewöhnlichen Saison.

Provoziert von der Presse über den von Alfa Romeo angetriebenen Brabham und nach der Aussage »Ich bin bei Alfa Romeo geboren und ich bin nicht neidisch« auf den Motor, mit dem das britische Auto 1976 ausgestattet werden sollte, sagte Ferrari schelmisch: »Ihr Boxermotor ist ein Zwölfzylinder wie unserer. Hoffen wir, dass es eine gute Nachahmung ist.«[38]

Die Kontroverse entbrannte am nächsten Tag mit der legitimen Antwort von Alfa Romeo. Chiti wählte die Ironie und antwortete sarkastisch: »Wir bei Alfa bauen seit 1940 Boxermotoren.«[39]

Und das war erst einmal alles, was zu diesem Thema gesagt wurde.

Anfang Oktober wurde der neue Ferrari 308 GTB auf dem Pariser Autosalon der Weltpresse vorgestellt. Enzo hatte beschlossen, die Frankfurter IAA Mitte September zugunsten von Paris auszulassen – eine Entscheidung, die hauptsächlich aus sentimentalen Gründen getroffen wurde:[40] die drei internationalen Automobilmessen, die Enzo normalerweise für die Weltpremieren seiner Autos wählte, waren in der Vergangenheit Turin, Genf und Paris gewesen.

Die Situation in der Automobilindustrie war nach der Ölkrise immer noch recht schwierig und Ferrari befand sich in keiner besseren Lage als die meisten seiner Mitstreiter. Er erklärte: »Heute haben wir ein Produktionspotenzial für zweitausend Autos, aber der Markt kann nur dreizehnhundert aufnehmen. Bestimmte traditionelle Märkte für Ferrari, wie der in Libanon und Brasilien, waren derzeit aus Gründen, die nichts mit der Automobilindustrie zu tun hatten, für Importe gesperrt. Im Nahen Osten schießen die Menschen auf der Straße aufeinander und in Brasilien wurde kürzlich eine neue Steuer von 207 Prozent«[41] auf importierte Luxusautos eingeführt.

»Bis vor ein paar Jahren«, so Ferrari in jenem Sommer, »konnte man sich einen Ferrari [nur] wünschen, aber nicht unbedingt kaufen. Heute hingegen muss der Kunde nur noch angeben, welche Farbe er bevorzugt.«[42] Dennoch war er positiv gestimmt. »Wir haben großes Vertrauen in den 308 GTB«, sagte er. »Er ist ein echter Ferrari mit einem Motor, der aus dem Weltmeisteraggregat von 1964 abstammt.«[43]

Vor Ende Oktober lud Ferrari die Presse erneut nach Maranello ein. Der Anlass war ein doppelter: die Vorstellung des Teams für die Saison 1976 und der Abschied von Luca di Montezemolo. Mit einem gesunden F1-Team und einem 312 T2, von dem man annahm, dass er genauso schön und wettbewerbsfähig war wie der Weltmeister-T, sorgte der überraschende Abschied des jungen Teamchefs für Schlagzeilen.

Ferrari erklärte den Wechsel bei der *Gestione Sportiva* – Montezemolo wurde durch den Lancia-Teamchef Daniele Audetto ersetzt – als einen normalen Wechsel zwischen den Unternehmen. Luca gehe nach Turin, um für Fiat zu arbeiten, werde aber höchstwahrscheinlich weiterhin für Ferrari zu den europäischen Rennen fahren, so Ferrari. Die Anwesenheit des alten und des neuen Teamchefs würde natürlich für Verwirrung sorgen. Doch bevor jemand die unvermeidliche Frage stellte, nutzte Ferrari scherzhaft die Tatsache, dass Luca im Dezember heiraten würde, als Antwort: Er definierte Montezemolos künftige Anwesenheit bei den Grands Prix als »Flucht vor dem Eheleben«.[44] Damit wurde er das heiße Eisen los, ohne sich ihm zu stellen.

Montezemolo nach Turin zu schicken, war ein taktisches Meisterstück.[45] Einerseits würde sein junger und wertvoller Berater, der Ferrari zum Gewinn eines Weltmeistertitels verholfen hatte und dort erfolgreich war, wo erfahrenere Männer in elf langen Jahren gescheitert waren, Ferrari bei Fiat vertreten wie kein anderer auf der Welt – und Enzo wusste, wie sehr er einen Freund in Turin brauchte. Andererseits, auch wenn er es natürlich nicht sagte, entledigte sich der große, alte Mann einer Person, die ihn mit ihrem Enthusiasmus, ihrem Know-how, ihrem Charisma und ihren Leistungen eine ganze Saison lang fast in den Schatten gestellt hatte.

Keiner der an diesem Tag anwesenden Journalisten wagte es, während der Pressekonferenz etwas zu sagen, aber einige Wochen später schrieb einer von ihnen eine Kolumne mit der vielsagenden Überschrift: »Agnellis Wohltaten für Ferrari«. Obwohl die Geschichte keinen Verfasser trug, brauchte Ferrari nicht lange, um zu erkennen, dass es sich um den guten alten Lorenzo Pilogallo handelte, der kein Problem damit hatte zu schreiben, dass Enzo Ferrari »vor Erleichterung geseufzt [hatte, als] Agnelli ihm Luca di Montezemolo wegnahm.«[46]

»Es ist seltsam«, sagte Ferrari in einem überraschend versöhnlichen Ton – jetzt, da er wieder Weltmeister war, amüsierte ihn die Kontroverse wahrscheinlich –, »dass Sie mich einer Eifersucht bezichtigen, die es nie gegeben hat, da meine wiederkehrende Kontroverse [mit der Presse] gerade durch meine Weigerung, zu erscheinen oder zu sprechen, entstanden ist.«[47]

Auch wenn es stimmte, dass Montezemolo im folgenden Jahr die Zeit finden würde, einige europäische Grands Prix zu besuchen, sollte Ferrari bald merken, dass das nicht dasselbe war. Alles in allem war es ein großer Fehler gewesen, Montezemolo zu ermutigen, nach Turin zu gehen.

KAPITEL 38

Zwischenspiel

Am 18. Februar 1976 feierte Enzo Ferrari seinen 78. Geburtstag. »Er ähnelt den unbesiegbaren [Kriegern], die die Ebenen des fernen Westens eroberten und bei ihrem Vormarsch neue Friedhöfe hinterließen«, hatte der Journalist und Autor Enzo Biagi nur wenige Monate zuvor gesagt.[1] 1975, als der Formel-1-Titel nach elf endlosen Saisons nach Maranello zurückkehrte – »ein Titel, der unsere Arbeit, die Leidenschaft aller unserer Mitarbeiter und die Erwartungen unserer Fans belohnte«[2] –, war besser als 1974 gewesen, auch aus wirtschaftlicher Sicht. Die Verkäufe waren um hundert Einheiten gestiegen und was das kommende Jahr anging, war Enzo optimistisch genug, um zu sagen: »Es gibt Probleme, weil sie durch die allgemeine Situation verursacht werden, aber Ferrari ist in der Lage, eine ermutigende Prognose für 1976 zu verkünden.«[3]

Als amtierender F1-Champion und weiser, alter Mann des modernen Motorsports – seine »moderierenden und vermittelnden Taten«[4] waren im Tauziehen zwischen den Grand-Prix-Organisatoren und den Teams immer wertvoller geworden – konnte er sogar in Träumen schwelgen. So fantasierte er (als Einziger, der seine Autos noch in den Farben seines Landes lackieren ließ) romantisch von einer unwahrscheinlichen kollegialen Rückkehr zu den Nationalfarben, »unabhängig von der Werbung«.[5]

Trotz seines Alters war Enzo energiegeladen wie immer und in bester Verfassung. Der König saß fest auf seinem Thron. Bis zuletzt glaubte er, dass er mindestens 93 Jahre alt werden würde – wie seine Mutter.[6] Er schmiedete Pläne für die Zukunft[7] und wartete ungeduldig auf den Beginn der neuen Rennsaison. »Ich weiß um die Freiheit, die mir das Auto gegeben hat. Könnte ich darauf verzichten?«,[8] fragte er sich. Auch sein Geist blieb so feurig wie eh und je. Den Beginn des neuen Jahres hatte er mit einem internen Memo an seine engsten Mitarbeiter eingeläutet, in dem er sie zur Ordnung rief. Seine beiden Fahrer, die über die Weihnachtsfeiertage mit Reportern sprachen, waren lockerer geworden, als es die Diskretion geboten hätte, vor allem Clay Regazzoni, der der Presse im Grunde mitgeteilt hatte, dass im Hause Ferrari nicht alles in Ordnung sei: »Unsere Hütte quietscht«, hatte der Schweizer gesagt und damit einem dankbaren Journalisten eine großartige Schlagzeile geliefert.[9]

1974 hatte Clay Regazzoni einen Titel, der praktisch schon ihm gehörte, verloren, weil es eine entscheidende Unstimmigkeit seitens des Teams gab, das sich auf die Seite von Lauda geschlagen hatte, bis es zu spät erkannte, dass nur der erfahrenere Schweizer den Weltmeistertitel holen konnte. Clay, der sich nie von schlechten Gefühlen und Schuldzuweisungen abhalten ließ, hatte alles auf sich beruhen lassen, in der Überzeugung, dass man es ihm 1975 wieder recht machen würde. Jetzt war es an der Zeit, dass alle seine Geschichte hörten: »Lauda hatte Glück, dass er zu Ferrari kam, als die Dinge gut liefen. Wäre er 1971 gekommen (zur Zeit von Clays erstem Aufenthalt in Maranello), hätte er keinen Weltmeistertitel gewonnen.«[10]

Clay hatte ganz bestimmte Vorstellungen von seinem Weltmeister-Teamkollegen und den Gründen für dessen Aufstieg. Er sagte der Presse unumwunden, dass Luca di Montezemolo, der immer »ein Sponsor von Lauda« war, viel zur »Schaffung der Legende Lauda« beigetragen habe.[11] Regazzoni behauptete, dass Montezemolo in »seiner Position als Ferraris Stellvertreter [eine] beispiellose Unabhängigkeit« genossen habe, die durch die

Tatsache unterstrichen wurde, dass »er wusste, dass hinter ihm *Avvocato* Agnelli stand«,[12] der Chef von Fiat.

»Obwohl es den Fahrern völlig frei steht, über ihre Programme und ihre Tätigkeit zu sprechen«, diktierte Ferrari in einem Brief: »Um Konfrontationssituationen zu vermeiden, die durch beiläufige oder falsch zitierte Äußerungen entstehen könnten, ist es notwendig, ihnen verständlich zu machen, dass ein solches Maß an Freiheit erstens das respektieren sollte, was vertraglich in Bezug auf die Vertraulichkeit vereinbart wurde – aus technischer, organisatorischer, geschäftlicher und rennsportlicher Sicht.« (Regazzoni hatte auch verraten, dass der 312 T2 nicht so schnell wie der T war.) Darüber hinaus »dürfen sie die Namen der Manager unter keinen Umständen nennen, weil dies in einer Weise interpretiert werden könnte, die Kontroversen, Dualismus oder Fehlinterpretationen auslösen würde«. Diese Mitteilung wurde zusammen mit der »nachdrücklichen Empfehlung, die Fahrer darauf aufmerksam zu machen«, an den neuen Teamchef Daniele Audetto, den Leiter der Rennstrecke von Fiorano, Sante Ghedini, den Pressechef Franco Gozzi und Enzos Sohn Piero Lardi geschickt, der immer mehr in die Leitung der *Gestione Sportiva* involviert war, obwohl er sich in der Öffentlichkeit immer noch sehr im Hintergrund hielt.

Trotzdem begann die neue Saison 1976 so, wie Enzo es sich erhofft hatte: Seine Autos waren immer noch schneller und zuverlässiger als alle anderen. Niki Lauda schien genauso erfolgshungrig zu sein wie im Vorjahr. Der neue Champion gewann die ersten beiden Grands Prix des Jahres in Brasilien und Südafrika. Der »alte« 312 T hatte immer noch die Nase vorn und Clay Regazzoni fuhr ihn beim ersten *United States Grand Prix West,* der Ende März in Long Beach, Kalifornien, stattfand, zum letzten Erfolg seiner zwölf Monate währenden Renngeschichte.

Doch unter der scheinbaren Unbesiegbarkeit des Autos und der Einigkeit des Teams waren die Dinge nicht so gut, wie es oberflächlich wirkte. Enzo, der seinen neuen Weltmeister genau beobachtete, brauchte nicht lange, um zu erkennen, dass Niki sich den Tests nicht mehr mit derselben Leidenschaft und fast wahnsinnigen Liebe zum Detail widmete, die er im Jahr zuvor an den Tag gelegt hatte.[13] Bei den Proberunden in Fiorano war Lauda so kooperativ und präzise mit den Ingenieuren des Teams wie immer umgegangen, aber er sehnte sich nicht mehr nach endlosen Sitzungen, wie er es im Winter 1974/1975 getan hatte. Jetzt flog er, wann immer er konnte, zu seiner Frau in ihre neue Villa an der spanischen Küste.

Ende April, wenige Tage vor dem Großen Preis von Spanien in Jarama, gab es die ersten Anzeichen für Spannungen innerhalb des Ferrari-Teams. Während er mit einem kleinen Traktor durch den Garten seines neuen Salzburger Hauses fuhr, kippte Niki mit dem Fahrzeug um, geriet unter das Fahrzeug und brach sich zwei Rippen. Alles in allem hätte es viel schlimmer kommen können.

Ferrari war verständlicherweise beunruhigt über den Vorfall[14] – den er als weiteren Beweis dafür ansah, dass Niki nicht mehr der absolut engagierte Fahrer war, den er einst gekannt hatte. Die italienische Presse, die Niki nie geliebt hatte, forderte öffentlich, dass Ferrari ihn beim nächsten Rennen zugunsten des jungen Italienieners Maurizio Flammini, der sich in der F2 einen Namen machte, aus dem Rennen nehmen sollte.[15]

Trotz seiner Schmerzen und Verbände nahm Lauda am Rennen in Spanien teil und brachte den 312 T2, der an diesem Tag sein Debüt gab, als Zweiter durchs Ziel. Als nach dem Rennen der McLaren von Hunt wegen eines nicht regelkonformen Heckflügels disqualifiziert wurde, rückten Lauda und Ferrari auf den ersten Platz vor. So kehrte der verletzte Weltmeister mit einem weiteren Sieg aus Spanien zurück, dem dritten in vier Rennen.

Am Sonntag nach dem Großen Preis von Spanien erregte eine Geschichte im *Corriere della Sera* Enzos Aufmerksamkeit. Die Auseinandersetzungen nach dem Rennen in Jarama hatten sich in der Presse inzwischen gelegt, und obwohl der Artikel mit dem Titel »Nieder mit dem Sieger« in seiner Welt spielte, war es eine merkwürdige Geschichte.[16] Der »Sieger« war weder Enzo Ferrari noch irgendjemand anderes obwohl der Autor als Beispiele für die Idee hinter der Geschichte die jüngsten Probleme des Motorradasses Giacomo Agostini und des Formel-1-Weltmeisters Niki Lauda anführte. Dadurch, dass sie nicht mehr so dominierten wie früher und sich mit anderen und dem Schicksal messen mussten, so die Geschichte, seien sowohl Agostini als auch Lauda in der Öffentlichkeit plötzlich beliebter geworden. Italiener, so hieß es, stellten sich nie gern auf die Seite des Gewinners[17] – ein Gedanke, den Enzo persönlich teilte.

Die Geschichte stammte von Alberto Bevilacqua, einem landesweit bekannten Journalisten und Schriftsteller aus der Nähe von Parma. Mit seinen 41 Jahren war er eines der führenden Mitglieder der intellektuellen Gemeinschaft, von der Enzo (aufgrund seiner Ausbildung und Herkunft) ausgeschlossen war, zu der er sich aber fatalerweise hingezogen fühlte.

Fasziniert vom »Paradoxon des Titels«, las Enzo die Geschichte immer wieder. Am Montag dachte er darüber nach und am Dienstag verfasste er seine Antwort, die bereits am nächsten Tag im *Corriere della Sera* unter dem Titel »Ferrari antwortet auf Bevilacqua« veröffentlicht wurde. Sorgfältig formuliert, wie immer, wenn er seine Gedanken schriftlich festhielt – eine Form, die er inzwischen bevorzugte –, lag der Clou seiner Argumentation darin, dass sie einige der persönlichsten inneren Überzeugungen des großen, alten Mannes offenbarte.

»Ist es möglich«, schrieb Enzo, »dass die Italiener so unkonventionell und selbstzerstörerisch sind, dass sie sich auf die Seite des Verlierers stellen und den Gewinner verabscheuen?« Dies war eine allgemeine Überlegung, die sich aus den Erfahrungen ergab, die er im Laufe seines Lebens gesammelt hatte. Er kannte seine Landsleute, fühlte sich als Italiener und wurde überall in der Welt als Symbol für Italien gesehen, aber ironischerweise gab es in seinem Charakter und seiner Entschlossenheit nur sehr wenig, was als »italienisch« bezeichnet werden konnte.

»Psychologie, Entweihung von Privilegien, Neid, Suche nach Einsamkeit?«, bezog er sich auf das, was Bevilacqua geschrieben hatte. »Alles richtig, alles so furchtbar wahr – auf jeden Fall alles so italienisch.«[18] Da war natürlich noch mehr. Und es gab noch andere Gründe für die Entscheidung, den Stift zu Papier zu bringen und auf den Sonntagsartikel zu antworten. Enzo wollte die Dinge klarstellen und nicht nur Bevilacqua, sondern das ganze Land wissen lassen, was er von den oft bitteren Angriffen hielt, die regelmäßig gegen sein Unternehmen und vor allem gegen seine Rennwagen vorgebracht wurden.

Enzo wandte sich dann direkt an Bevilacqua: »Ich teile Ihre These, mag die Beispiele, die Sie angeführt haben, stimme mit den Ursachen überein und habe deshalb den starken Wunsch verspürt, Sie wissen zu lassen, wie sehr ich das Gefühl habe, dass Ferrari der lebendige Ausdruck Ihrer philosophischen Hypothese ist.«[19] Die Formulierung mag ein wenig verdreht gewesen sein, die Wortwahl antik, aber die Botschaft war glasklar: Er war ein Gewinner in einem Land voller Verlierer, die sich über den Erfolg des Gewinners ärgerten. Im Laufe der Jahre hatte er immer wieder behauptet und erklärt, dass Italiener alles verzeihen können, nur nicht den Erfolg.

In seiner Antwort an Bevilacqua bezifferte Ferrari einmal einen genauen Prozentsatz, ab dem seiner Meinung nach die Italiener den Sieger zu verabscheuen begannen. Diese Zahl lag bei 51 Prozent. Nachdem er sein ganzes Leben dem Rennsport gewidmet hatte, war Enzo in ein Alter gekommen, in dem er es liebte, aus seinen Erfahrungen zu schöpfen und Lehren zu formulieren, die er dann wie ein alter Weiser verbreiten konnte. Wenn jemand »die Illusion des Erfolgs kultivieren« wolle,[20] sagte er, sollte er nicht mehr als ein Rennen – ein Spiel, eine Partie, ein Ereignis – von zwei gewinnen.

Ferrari hatte sich natürlich nie darum gekümmert, irgendjemandem zu gefallen, wenn es um den Rennsport ging, und trotz der Weisheiten, die er in seiner Antwort an Bevilacqua auszusprechen schien, hatte er immer versucht, die Wettbewerbe zu dominieren, an denen seine Autos teilnahmen, und so viele Rennen wie möglich zu gewinnen. Seine Autos hatten bis jetzt alle vier Rennen der F1-Saison 1976 gewonnen und Ferrari hätte kein einziges davon aufgegeben, um sympathischer zu erscheinen. Aber gleichzeitig konnte er der Versuchung nicht widerstehen, fair zu erscheinen (er, der in seinem Beruf noch nie fair war), und hatte sich die surreale 51-Prozent-Theorie ausgedacht.

Diese Theorie führte zu zwei Reaktionen, genauer gesagt zu zwei Antworten.

Die erste kam natürlich von Bevilacqua: »Sie – und das müssen wir anerkennen – waren in der Lage, Ihr Unternehmen innerhalb der Dynamik der Mythologie zu schaffen und zu erhalten – umso mehr in Zeiten der Skepsis.« Dann rückte Bevilacqua alles ins rechte Licht: Gewinner, Verlierer, Italiener und diesen einen Italiener, der sich so sehr von allen anderen unterschied. »Hier kommt nun neben der These meiner Geschichte (dass der Sieger immer gehasst wird) die Botschaft Ihres eigenen Lebens hinzu: dass in unserem Land der Sieger immer stehen bleibt – vielleicht sogar, wenn man ihn mit Steinen bewirft – und immer einen sehr hohen Preis zahlt.« Das gilt vor allem dann, »wenn er nicht aus Bürokratie und Korruption hervorgegangen ist, sondern durch seine eigene Arbeit zu dem wurde, was er ist«.[21]

Die zweite Reaktion kam von außergewöhnlicher Seite, nämlich dem Motorsportreporter Lorenzo Pilogallo, der Ferrari weitaus besser kennt als Bevilacqua und belustigt oder vielleicht auch entsetzt war, als er hörte, dass der große, alte Mann theoretisierte, wonach 51 Prozent der ideale Prozentsatz für einen Sieg seien. »Bei dieser ganzen 51-Prozent-Geschichte«, schrieb er, »habe ich das Gefühl, dass ich einen Blick auf eine gigantische Lüge erhasche. Denn der wahre Ferrari, der intimste [Teil von ihm]«, den Pilogallo sicherlich besser kannte als Bevilacqua, »bleibt unermüdlich siegeshungrig. Was wir in den Zeitungsinterviews sehen, ist jemand, der sich als Mann auf Diät tarnt und der Trost für seine Leiden in der Welt der Kultur findet.«[22]

Was für ein Mann war Enzo Ferrari damals, zwei Jahre vor seinem achtzigsten Geburtstag? Ein Ferrari, der, während seine Autos die Rennstrecken der Welt beherrschten, im Begriff war, seine Autobiografie auf den neuesten Stand zu bringen, der im Geheimen an einem Buch über Automobiljournalisten arbeitete und in der Zwischenzeit auf den Seiten der großen Zeitungen mit erfolgreichen Autoren philosophierte? War er der mutige Kapitän, der Bevilacqua verzaubert hatte, oder der von Pilogallo beschriebene alte Seebär?

Zweifellos war er einer der wenigen Italiener, die auf der internationalen Bühne respektiert wurden. Einer wie Federico Fellini und Gianni Agnelli, vielleicht näher an Ersterem als an Letzterem, obwohl er mit dem Fiat-Boss die Liebe, das Interesse und die Leidenschaft für das Automobil teilte. Enzo kommentierte: »Filme sehe ich mir aus der Ferne an, im Fernsehen. Ich bin seit zwanzig Jahren nicht mehr ins Kino gegangen.«[23]

Das politische Engagement von Gianni Agnellis Bruder Umberto überrascht ihn: »Ich habe zweimal in meinem Leben mit ihm gesprochen, im Abstand von achtzehn Jahren«, sagte Enzo, »aber er tut das Richtige, indem er versucht, sich persönlich den Herausforderungen unserer Branche zu stellen, anstatt auf Berufspolitiker zu warten, die versuchen, Probleme zu lösen, die sie einfach nicht verstehen.«[24]

Über seine eigene Beziehung zur Politik sagte Enzo: »Ich habe nie daran gedacht, mich in der Politik zu engagieren, und zwar aus zwei Hauptgründen. Erstens hatte ich nie die Zeit dazu. Zweitens habe ich gelesen, dass Politik die Kunst ist, zur rechten Zeit zu lügen, was in starkem Gegensatz zu meiner schonungslosen Offenheit steht.«[25]

Bei drei verschiedenen Gelegenheiten hatte man ihm einen sicheren Sitz im Senat angeboten, aber jedes Mal hatte er abgelehnt – fast verächtlich, aber alles in allem glücklich oder vielleicht auch nur erstaunt darüber, dass gewiefte Politiker an ihn gedacht hatten, um einen Konsens zu erreichen.[26] Über das Klima des erhitzten Bürgerprotests, in dem die Italiener seit Jahren lebten, und über die außerparlamentarischen Bewegungen, die den Dialog zugunsten von Gewalt abgelehnt hatten, sagte Enzo: »Das sind junge Leute, die in ihren ursprünglichen politischen Parteien nicht die revolutionäre Kraft finden können, die in ihrem Alter instinktiv kommt.« Mit einem gewissen Realismus und vielleicht auch Paternalismus fügte er hinzu: »Auch ich war jung und erinnere mich an ein gewisses Temperament, das mich zur Rebellion trieb, bevor ich mit vierzig Jahren die Mentalität des Feuerwehrmannes annahm«,[27] um den feurigen Enthusiasmus der Jugend mit der Perspektive des Alters und der Erfahrung herunterzukühlen.

Und er zitierte das persönliche Vertrauen, welches er vom historischen italienischen Kommunistenführer Palmiro Togliatti erhalten hatte – dabei wiederholte er ahnungslos Thomas Jefferson –, und betonte gern die nahezu unweigerliche Unvermeidlichkeit einer gewaltsamen Reaktion. »Fünfunddreißig Jahre sind seit dem letzten Krieg vergangen und wir sollten daraus schließen, dass historisch gesehen bestimmte unkontrollierbare Kräfte zyklisch explodieren und die Menschen zu Kriegen und Revolutionen führen.« Aber er war davon überzeugt, »dass die Gesetze, die die Wirtschaft unseres Landes regeln, in den dafür vorgesehenen institutionellen Gremien vorgeschlagen, erörtert, ausgearbeitet und abgestimmt werden müssen und nicht anderswo«.[28]

Mit fast 80 Jahren war Enzo immer noch der eifrige und chaotische Leser, der er immer gewesen war. Der erste Autor, an den er sich erinnerte, war Stendhal, aber er war weiterhin »ein Bewunderer von Leopardi und D'Annunzio, der Schriften Einsteins und Kafkas«. Er liebte die rebellische Seele und die raffinierte Prosa von Giovannino Guareschi und gestand, dass er »eine Vorliebe für Biografien« hatte.[29]

Er teilte sich mit seiner immer schwächer und distanzierter werdenden Frau die Wohnung im ersten Stock des Cento-Caproni-Gebäudes mit Blick auf den Garibaldi-Platz in Modena. Die Wohnung war geräumig, relativ nüchtern eingerichtet und sicherlich eher komfortabel als elegant. Seit 1960 lebte er dort mit Laura, obwohl jeder in einem eigenen Zimmer schlief und er nachts die Tür seines Zimmers abschloss.

Zum Frühstück trank er eine Schale *Caffellatte* und knabberte das vom Vortag übrig gebliebene Brot. Bis zum Frühstück hatte er die großen nationalen Zeitungen, die Lokal- und die Sportpresse gelesen. Er las *La Stampa* – die Fiat gehörende Turiner Zeitung, um zu wissen, was er von seinem schwerfälligen Aktienpartner zu erwarten hatte, und er blätterte in den kommunistischen Zeitungen *Unità* und *Paese Sera*, weil er wissen wollte, was der Gegner dachte.

Dann ging er zum *Barbiere*, wo er immer auf demselben roten Ledersessel saß – dem ersten, wenn man hereinkam, neben dem Fenster – und sich von Massimo rasieren ließ, so wie dessen Onkel Antonio ihn zuvor rasiert hatte. Das war sein morgendliches Ritual in den letzten 40 Jahren, jeden Tag in der Woche außer sonntags. Anschließend begleitete ihn Dino Tagliazucchi, der sieben Jahre zuvor den Platz von Peppino Verdelli eingenommen hatte, zum täglichen Besuch am Grab seines Sohnes.

Trotz des Alters, das ihm allmählich zur Last wurde, und trotz des Angebots des Bürgermeisters, mit seinem Auto auf den Friedhof fahren zu dürfen, wenn Ferrari dies wünschte, parkte Dino Tagliazucchi vor dem Friedhof, und dann gingen sie Seite an Seite die Kieswege entlang und die Stufen zur Kapelle hinauf. Der Chauffeur reichte ihm einen Stuhl, stieg aus und ließ Enzo allein mit seinen Gedanken und den Toten – natürlich seinem Sohn Dino, aber auch seiner Mutter, seinem Vater und seinem Bruder. Sie lagen alle um ihn herum hinter dunkelroten Grabsteinen. Er neigte den Kopf, starrte auf den Boden, fuhr sich mit den Händen durch sein nun völlig weißes Haar, als wolle er den Kopf hochhalten. Er sagte niemals ein einziges Wort.[30]

Nach einer Weile kam der Chauffeur wieder in die Kapelle, beide gingen gemeinsam schweigend zum Auto zurück und fuhren durch die kleinen Städte, die Enzo seit mehr als 30 Jahre lang durchquert hatte, nach Maranello. Er hatte gesehen, wie sie nach und nach erst langsam und dann immer schneller anwuchsen. Am Vormittag war er in Maranello. Er traf sich immer als Erstes mit Franco Gozzi, der seit 15 Jahren bei ihm war und viel mehr war als nur sein Pressechef. Wenn Gozzi Enzos Büro verließ – er ging nie weit weg, sondern kehrte in den nächsten zehn Stunden immer wieder zurück –, begann Enzos Tag. Ein Tag mit einigen Besprechungen, vielen Gesprächen und vielen Telefonaten, über die er mit dem Rest der Welt in Verbindung blieb.[31] Er machte eine Pause für ein spärliches Mittagessen im privaten Speisesaal des Cavallino – meistens mit Gozzi, immer mit Dino Tagliazucchi, manchmal mit einigen Gästen. Dann besuchte er ein zweites Mal die Fabrik, nachdem er am Morgen schon einmal dort gewesen war. Und wenn die Formel-1-Autos an diesem Tag getestet wurden, ging er über die Straße nach Fiorano.[32] Mitten in all dem schrieb er weiter an seinen ursprünglichen Memoiren. Man hörte Schreie, Gebrüll, Streit und Ausbrüche, als Enzo seine Gedanken mit Franco Gozzi teilte, zusammen mit langen und klaren Selbstgesprächen, der Suche nach wichtigen Episoden, die aus seinem privaten und unendlichen Gedächtnisarchiv auftauchten, dem Wiederauftauchen eines vertrauten Gesichts, einer Anekdote über Nuvolari und Campari oder Don Vincenzo Florio, als hätte er gerade am Vortag mit ihnen gesprochen.

Als es Abend wurde, spürte Ferrari die Einsamkeit, die er zu verabscheuen gelernt hatte.[33] Und als es Zeit war, nach Hause zu gehen, versuchte er, dies so lange wie möglich hinauszuzögern. Noch vor wenigen Jahren hätte er unter seinen Männern ein Opfer gefunden, mit dem er in eines der vielen Restaurants auf dem Lande gehen konnte. Aber jetzt erforderten sein Alter und seine Gesundheit – die zwar gut war, aber er musste darauf achten, sie unter Kontrolle zu halten – einen organisierten persönlichen Zeitplan und eine strenge Diät. So blieb ihm nichts anderes übrig, als Dino anzurufen und ihn zu bitten, ihn nach Hause zu fahren.

Zu Hause bereitete Dinos Frau für Enzo ein leichtes Abendessen zu. Laura hatte bereits zu Abend gegessen und kochte schon seit Jahren nicht mehr für ihn. Dann ein bisschen Fernsehen: Jeden Donnerstag schaute er seine Lieblingsquizshow, moderiert vom Italoamerikaner Mike Bongiorno, den er verehrte. Dann ein Buch, nie die Zeitung, viele Gedanken, viel Einsamkeit – früher vielleicht gesucht, heute ertragen. Dann ins Bett, nie zu früh,[34] mit einem Gedanken – nicht unbedingt ein Gebet, aber ein Gedanke – für alle seine Lieben, die jetzt nicht mehr da waren, vor allem Dino.

⌘ ⌘ ⌘

In der zweiten Maihälfte, während Ferrari mit Bevilacqua philosophierte, gewann Lauda die Grands Prix von Belgien und Monaco, womit er fünf Siege bei sechs Rennen errang – und Ferrari sechs aus sechs. Dann geschah etwas Unerwartetes. Mitte Juni wurde Lauda in Schweden nur Dritter, hinter den beiden revolutionären sechsrädrigen Tyrrells. Und in Frankreich, am 4. Juli, explodierten die Motoren beider T2. Das Team teilte der Welt offiziell mit, dass elektrische Probleme die Ursache für den Ausfall beider Autos gewesen seien – bei Ferrari war der Motor nie für etwas verantwortlich, außer einen Sieg –, aber die blassblauen Wolken, die die beiden roten Autos umhüllten, ließen kaum etwas anderes vermuten. So sehr, dass Ferrari zwei Tage später zugeben musste, dass »die beiden Motoren in den Autos von Lauda und Regazzoni identische Brüche der Kurbelwellen erlitten hatten«.[35]

Am selben Tag, an dem Ferrari gezwungen war, die Anfälligkeit seiner Motoren einzugestehen (es sollte hier nicht enden), hob die FIA ihre vorherige Entscheidung auf und gab James Hunt den Sieg beim Großen Preis von Spanien zurück. Der große, alte Mann war wütend, sagte aber nichts. Er brach sein Schweigen erst nach dem nächsten Grand Prix von Großbritannien, wo sich seine Fahrer in der ersten Kurve fast gegenseitig aus dem Rennen geworfen hatten und der Sieg erneut an Hunt ging – ein umstrittener Sieg, denn Hunts Auto war in der ersten Runde beschädigt worden und wenn die Regeln korrekt angewandt worden wären, hätte er nicht neu starten dürfen.

Ferrari verlor schließlich die Geduld und beschloss, eine offizielle Beschwerde einzureichen. Dazu sagte er: »Ferrari hat nie eine Beschwerde eingereicht, aber angesichts der Situationen, die außerhalb Italiens leicht als ›mafiös‹ bezeichnet werden, wenn sie in Italien geschehen, dachte ich, dass es genug ist und die Zeit gekommen sei, unsere Interessen mit allen verfügbaren Mitteln zu verteidigen.«[36]

Es war nicht nur das Verhalten der englischen Rennkommissare in Brands Hatch, das ihn aus der Fassung gebracht hatte. Das war nur der letzte Tropfen ins Fass. Was ihn wirklich wütend gemacht hatte, war die Aufhebung der Jarama-Entscheidung. »Das klingt alles wie ein Märchen«, sagte er mit einer gehörigen Portion Sarkasmus. »Sie haben ein Auto am Ende eines Rennens disqualifiziert, zu dem dieses Auto gar nicht erst hätte zugelassen werden dürfen. Es folgte eine umstrittene Entscheidung. Und dann das Paradoxon der Berufung bei der FIA.«[37]

Ferrari wusste, dass die Formel 1 seit den frühen 1960er-Jahren in britischer Hand war. Aber was er nicht verstehen konnte, war, dass der italienische Verband es nie geschafft hat, sich auf seine Seite zu stellen. »Die CSAI«, rief er, »beschränkte sich auf eine [fade] Erklärung des Dissenses, die mit der klaren [Absicht] verfasst wurde, keine Position zu beziehen.« Höhnisch fügte er hinzu: »Welchen Standpunkt kann denn ein Sportverband einnehmen, der durch seine Abwesenheit bei den Rennen auffällt, seit die Hersteller sich weigern, für ihre Anreise zu zahlen? Als ob die italienischen Teams und Fahrer nicht ein Recht auf eine sorgfältige und wirksame Unterstützung auf der internationalen Bühne haben.«

Er hatte die Schlacht verloren und er wusste es.

»Ich für meinen Teil«, donnerte er und drohte mit drastischen Maßnahmen, »will nicht mehr weitermachen, wenn wir nicht zu den Buchstaben und dem Geist des Gesetzes in unserem Sport zurückkehren.«[38]

Aber das war noch nicht alles.

Ferrari schätzte nicht die selbstzerstörerische Haltung, die seine Fahrer in England an den Tag gelegt hatten.

»Ich kann die menschlichen Ängste der beiden Fahrer verstehen, aber da ich zuerst die sportlichen Interessen des Teams schützen muss, möchte ich sie daran erinnern, dass sie beide Angestellte sind, die zusammenarbeiten müssen, um wieder den Weltmeistertitel zu gewinnen.«[39] Er verstand Regazzoni nicht mehr und war zu dem Schluss gekommen, dass er den neuen Lauda noch weniger mochte als den alten. »Regazzonis Verhalten macht mich stutzig und das von Lauda tut mir auch leid«, sagte er und fügte hinzu: »Und das ist nicht das erste Mal in diesem Jahr.«[40]

Nachdem er Regazzoni aufgegeben hatte,[41] richtete Enzo seine Kritik an Lauda und griff ihn an, um das Auto und das Team – also Ferrari – zu verteidigen. Lauda habe für den Großen Preis von Frankreich »einen völlig neuen T2« erhalten. »An diesem neuen Fahrzeug wurde bei den *kurzen* Tests, die Lauda in Fiorano durchführte« – und hier war das Wort »kurz« der eigentliche Schlüssel zu dem Satz und der gesamten Situation –, »eine Anomalie der Öltemperatur entdeckt, und die Ursache wurde dem Motor zugeschrieben. Da der Fahrer jedoch sofort mit seinem Privatflugzeug abreisen wollte, um persönliche Verpflichtungen zu erfüllen, blieb keine Zeit, den Motor auszutauschen und den Wagen erneut zu testen, was«, so sein Urteil, »gezeigt [hätte], dass nicht der Motor, sondern die Bordelektrik das Problem war.«[42]

Laut Ferrari war es im Wesentlichen die Einstellung des Fahrers, die die Probleme auf der Strecke verursacht hatte. Mit dem *alten* Lauda wäre das Problem früher behoben worden, der Motor wäre nicht explodiert und Ferrari hätte in Frankreich gewonnen.

»Klar ist«, sagte Enzo boshaft und dachte dabei an die lange Siegesserie, die in der vergangenen Saison begonnen hatte, »dass die 18 Rennen, die Lauda ohne mechanischen Defekt absolviert hat, das Ergebnis der Arbeit aller sind, einschließlich der Zeit, die er den Tests gewidmet hat.[43] Ich glaube, dass Lauda ein intelligenter und seriöser Profi ist, der den Sinn meiner Bemerkungen verstehen wird.«[44]

Der Schlag – hart, direkt und unmissverständlich – hatte gesessen.

KAPITEL 39

Der lange, heiße Sommer

Am 1. August 1976 klingelte in der unerträglichen Hitze eines Hochsommernachmittags in Enzos Büro das Telefon. Seine Autos fuhren an diesem Tag beim Großen Preis auf dem alten Nürburgring, der legendären »Grünen Hölle«, auf der Tazio Nuvolari im Juli 1935 einen der schönsten Siege der Scuderia Ferrari errungen hatte.

Am Apparat war Teamchef Daniele Audetto, der berichtete, Niki Lauda hätte in der zweiten Runde einen schrecklichen Unfall gehabt. Sein Auto hatte Feuer gefangen und Niki war durch das schnelle Eingreifen der vier Fahrerkollegen Harald Ertl, Brett Lunger, Guy Edwards und Arturo Merzario, gerettet worden. Audetto und Lauda waren nach Zwischenstopps in den Krankenhäusern von Adenau und Ludwigshafen per Hubschrauber nach Mannheim geflogen. Die Situation, so Audetto, sei verzweifelt. Niki Lauda lag im Koma und würde den Sonnenaufgang am nächsten Morgen möglicherweise nicht mehr erleben.

Enzo war entsetzt. Der Tod war immer ein Bestandteil des Motorsports gewesen, aber jedes Mal, wenn er an seine Tür klopfte, war es, als wäre es das erste Mal. Ferrari wusste, dass er nicht aufhören konnte, über den Tod, sein Geheimnis und seine Folgen nachzudenken. Das hatte er noch nie gekonnt. Er musste nach vorn schauen.[1] Er musste den Tod hinter sich lassen – und zwar schnell. Obwohl er von der unerwarteten und dramatischen Nachricht erschüttert war, befahl er dem verblüfften Audetto, zur Rennstrecke zurückzukehren und Emerson Fittipaldi zu kontaktieren.

Der Befehl an Audetto war unmissverständlich: Er sollte Emerson Nikis Platz im Team anbieten. Trotz des Geschehenen konnte Enzo noch klar denken. Zu diesem Zeitpunkt der Saison würden nur wenige Spitzenfahrer ihre Teams verlassen, um für ihn zu fahren. Aber Fittipaldi hatte ein paar Monate zuvor ein Spitzenteam wie McLaren verlassen und mit den Rennergebnissen, die er bisher mit dem rein brasilianischen Team Copersucar erzielt hatte, konnte er sicher nicht zufrieden sein. Emotionslos wies er Audetto an, Fittipaldi einen Vertrag für den Rest der Saison 1976 sowie für 1977 und 1978 anzubieten.[2] Für Ferrari war die Lösung einfach: Er würde einen Weltmeister durch einen anderen ersetzen. Er hatte nie einen Hehl aus seiner Überzeugung gemacht: Fahrer waren nur Teile seiner Autos.

Enzo isolierte sich vom Rest der Welt und wartete auf den Anruf von Audetto, der entweder die Nachricht von Laudas Tod oder von Fittipaldis Entscheidung überbringen würde. Vielleicht beides. Mutige Motorsportjournalisten riefen in Maranello an. Die meisten Gespräche nahm Enzo nicht an – einige aber schon.

Diese seltenen Gespräche waren von langem Schweigen geprägt, unterbrochen von verzweifelten Bemühungen, die richtigen Worte zu finden, um dieser Situation einen Sinn zu geben.[3] Es war so unerwartet gekommen: Bis zu diesem Morgen war Lauda auf dem sicheren Weg zu seinem zweiten Weltmeistertitel gewesen und nun lag er möglicherweise auf dem Sterbebett.

Am Montagmorgen gab es keine guten Nachrichten. Niki Lauda lebte zwar noch und war aus dem Koma erwacht, aber die Schwere seiner Verbrennungen und vor allem die Schwere der Schäden, die durch das Einatmen der Brandgase während der Rettung entstanden waren, ließen wenig Hoffnung zu. Seine Lunge und seine Bronchien waren schwer geschädigt. Die Ärzte warnten, dass es jeden Moment zu Komplikationen kommen könnte. Selbst wenn er am Leben blieb, würde niemand darauf wetten, dass er jemals in den Rennsport zurückkehren könnte.[4]

In Maranello wurde Enzo mitgeteilt, dass Emerson Fittipaldi bei Copersucar bleiben würde.[5] Aus rennsportlicher Sicht war dies ein großer Rückschlag für Enzo. Da Lauda ausfiel, lag sein anderer Fahrer Clay Regazzoni 30 Punkte hinter James Hunt, der nun potenzieller Erbe der Tabellenführung war. In der Vergangenheit hatte Clay das uneingeschränkte Vertrauen seines Chefs genossen, aber Enzo hatte bereits beschlossen, Regazzoni am Ende der Saison zu entlassen. Die Zuneigung Enzos zu dem Schweizer, den er einst mit Nuvolari verglichen hatte, war schon lange verloren gegangen.

Eine weitere Nacht und ein weiterer Tag vergingen. Niki war noch am Leben, auch wenn die Ärzte nur geringe Hoffnungen hatten. Lauda hatte sich auch die Beine gebrochen und die Ärzte schlossen eine Amputation nicht aus, um sein Leben zu retten. Niki kommunizierte mit seinem Bruder und seiner Frau Marlene, die an seinem Bett saßen, aber erst in zwei Tagen, so sagten die Ärzte, würden sie wissen, ob Niki überleben würde.

Während der Weltmeister in Mannheim auf dem Sterbebett zu liegen schien und die Suche nach seinem Ersatzmann offen war, sah sich Enzo nun in eine Kontroverse über die Ursachen des Unfalls verwickelt. Das war natürlich nichts Neues, aber jedes Mal war es ein harter Schlag.

Der 312 T2 von Niki Lauda war am Sonntagabend nach Italien zurückgebracht worden und befand sich in den Räumen von Ferrari *Gestione Sportiva* in Fiorano. ADAC-Vertreter, die als Organisatoren des Großen Preises von Deutschland den Wagen am späten Nachmittag des Sonntags untersucht hatten, gaben am Mittwoch, dem 4. August, ihr Urteil bekannt. Demnach hatte sich der Vorfall ereignet, als in der zweiten Runde ein Aufhängungsteil brach. Die Räder waren zwar am Ende der ersten Runde gewechselt und ordnungsgemäß befestigt worden, aber Ferrari hatte seine Fahrzeuge nicht mit automatischen Feuerlöschern ausgestattet, sodass es keine Möglichkeit gab, den Brand zu bekämpfen.[6]

Enzo nahm das Urteil zur Kenntnis und gab vorerst keinen Kommentar ab. Als Luca di Montezemolo nach Mannheim fuhr, um seinen verletzten Freund zu besuchen, begannen die Ärzte mit vorsichtigem Optimismus von der Möglichkeit zu sprechen, dass Niki es schaffen könnte, obwohl seine Überlebenschancen immer noch bei höchstens 50 Prozent lagen. Es könnte immer noch zu einem Rückschlag kommen und die Bronchien könnten sich plötzlich entzünden, aber die Gesamtsituation hatte sich im Vergleich zum Sonntagabend dramatisch verbessert.

Am Donnerstagnachmittag, dem 5. August, wurde die Welt des Motorsports von der sensationellen Ankündigung Enzos überrascht. In einer langen und sorgfältig formulierten Pressemitteilung gab Ferrari bekannt, dass er den F1-Rennsport auf unbestimmte Zeit aufgeben werde.[7]

Er hatte seit Dienstag mit dem Gedanken gespielt und trotz seiner völligen Unabhängigkeit in allen Fragen, die seine Rennsporttätigkeit betrafen, auch daran gedacht, Fiat von dieser Möglichkeit in Kenntnis zu setzen.[8] Die Situation hatte sich am Donnerstagmorgen zugespitzt, als das Ergebnis des Großen Preises von Großbritannien revidiert wurde und James Hunt der Sieg zugesprochen wurde. (Es ging um die Frage, ob Hunt nach einem Unfall, in den er verwickelt war, eine Runde beendet hatte. Ferrari hatte Protest eingelegt, dem sich drei weitere Teams anschlossen. Die Entscheidung wurde später aufgehoben und Lauda der Sieg zugesprochen.) Aber zu diesem frühen Zeitpunkt war die Entscheidung Ferraris unwiderruflich geworden.

Enzo Ferrari protestierte gegen die jüngste Entscheidung der FIA, aber es ging um mehr – viel mehr. Er erhob seine Stimme gegen das, was er als eine Anti-Ferrari-Front ansah, in deren Zentrum nicht nur die internationale Organisation stand, sondern auch die Organisatoren der meisten bisherigen Rennen der Saison.[9] Nur wenige Jahre hatten so viele Kontroversen hervorgebracht wie 1976 und die meisten Probleme wurden durch für Ferrari ungünstige Urteile gelöst. Enzo wollte es nicht mehr hinnehmen: Wenn die Formel 1 weiterhin gegen sein Team entschied, warum sollte Ferrari dann weiter Rennen fahren? Enzo, der immer wieder mit den Sportbehörden in Konflikt geraten war, hatte schon früher mit seinem Rücktritt gedroht, ihn aber nie in die Tat umgesetzt. Dieses Mal, so sagte er, würde er es tun.

Enzo hatte auch das italienische Rennsportestablishment im Visier, das sich in seinen Augen schuldig gemacht hatte, ihn auf der internationalen Bühne nicht zu verteidigen.[10] Das war natürlich eine alte Geschichte. Der Streit zwischen dem alten Mann in Maranello und den italienischen Führungskräften, die jedes Mal, wenn Ferrari im Rampenlicht stand (wie elf Monate zuvor in Monza), als Erste auf den Zug aufzuspringen schienen, aber immer dann, wenn er etwas brauchte, rasch unsichtbar wurden.[11]

Theatralische Züge gehörten schon immer zu Enzos Repertoire. Durch Aktionen, die oft größer waren als die Ursache, auf die sie reagierten, hatte Enzo in der Regel den Vorsprung zurückgewonnen.[12] Wäre die internationale Wertung in diesem Jahr immer zugunsten von Ferrari ausgefallen, hätte Lauda jetzt 64 Punkte und Hunt 26. Und 38 Punkte wären sechs Rennen vor Saisonende eine weitaus größere Lücke gewesen, die das britische Team zu schließen hätte.

Allein gegen den Rest der Welt. Das war ein bekanntes Thema in Maranello und der alte Mann liebte es. Er hatte sein Leben und seine Karriere immer als einen persönlichen Kreuzzug gegen die etablierten Mächte und Konventionen der Gesellschaft betrachtet. Es war ein Kampf, den er nie verschmäht hatte und der ihn letztlich zu dem gemacht hatte, was er war. Mit 78 Jahren war es vielleicht auch ein Weg, sich wieder jung zu fühlen.

Natürlich hat Enzo nie wirklich daran gedacht, die Formel 1 aufzugeben. Seine Ankündigung war ein großartiger *Coup de théâtre*, inszeniert, um die Weltöffentlichkeit auf seine Position aufmerksam zu machen. Alle – einschließlich Enzo – wussten, dass die Attraktivität der Formel 1 ohne seine roten Autos völlig anders sein würde, und für zu viele Menschen und Organisationen stand zu viel auf dem Spiel, um dies zuzulassen. Gleichzeitig war allen klar, dass für Enzo Ferrari ein Leben und Arbeiten ohne den Rennsport einfach unvorstellbar war. Daraus hatte er nie einen Hehl gemacht, bis hin zu dem Punkt, dass er, als er 1969 einen Vertrag mit Fiat unterzeichnete, die *Gestione Sportiva* und alle Rennaktivitäten fur sich behielt. Ohne den Rennsport gäbe es keinen Enzo Ferrari mehr, und der Rennsport war – was den technischen Inhalt und die Popularität betraf – nur noch die Formel 1. Daher waren alle seine nächsten Schritte nur darauf ausgerichtet, sein großes Comeback zu inszenieren.

Zuerst lud er die italienische Rennkommission CSAI ein, die Überreste des zerstörten 312 T2 von Lauda zu inspizieren. Eine gewissenhafte Delegation kam am Samstag nach Fiorano und am nächsten Tag verkündeten die Schlagzeilen in ganz Italien, dass Ferrari keine Verantwortung für den Vorfall trage. Entgegen den Feststellungen des deutschen Automobilclubs habe es keine technischen Fehler oder mechanischen Ausfälle gegeben. Als Antwort auf einen präzisen Punkt, der in dem einige Tage zuvor von einer Kommission des ADAC veröffentlichten Bericht angesprochen worden war, stellte die CSAI fest, dass sich tatsächlich ein automatischer Feuerlöscher an Bord des Ferrari befunden hatte; er war korrekt gebaut und installiert worden und hatte tatsächlich funktioniert.[13]

Am Mittwoch flehte der CSAI-Vorstand Enzo Ferrari offen an, seine Entscheidung zu überdenken und in den Rennsport zurückzukehren. Im Gegenzug sicherte ihm der oberste italienische Rennsportverband öffentlich jede Unterstützung zu, die er von nun an erbitten konnte.[14] Für Enzo war dies zumindest an der nationalen Front ein voller Erfolg.

Als der Große Preis von Österreich näher rückte, waren die Organisatoren des Rennens vorwiegend damit beschäftigt zu berechnen, wie sehr sich die Abwesenheit sowohl des von Lokalmatador Niki Lauda gefahrenen Ferrari als auch des anderen Ferrari von Clay Regazzoni auf das finanzielle Ergebnis der Veranstaltung auswirken würde.[15] Regazzoni hatte Anfang der Woche in Fiorano Tests absolviert und Gerüchte deuteten ernsthaft darauf hin, dass Ronnie Peterson der wahrscheinlichste Ersatz für Niki Lauda war[16] – aber vom alten Herrn gab es keine Hinweise. Nach seiner verblüffenden Ankündigung hatte Enzo nicht mehr gesprochen.

Bei dem Versuch, den Ausgang dieser Krise zwischen Enzo Ferrari und der Welt des Motorsports vorherzusagen, waren einige Beobachter davon ausgegangen, dass Ferrari erst 1977 in die Formel 1 zurückkehren würde.[17] Andere waren optimistischer und nannten Monza im September als das Rennen, an dem Ferrari wieder teilnehmen würde.[18] Dennoch gab es keinerlei Anzeichen dafür, dass Enzo Ferrari seine Entscheidung jemals überdenken würde.

Endlich, am Samstag, dem 14. August, fast zwei Wochen nach dem Unfall auf dem Nürburgring und acht Tage nach der Ankündigung seines Rückzugs aus der Formel 1, gab Enzo Ferrari am Vorabend des Großen Preises von Österreich, an dem seine Autos nicht teilnehmen würden, seine Position bekannt. Er schickte einen Brief an Carpi de Resmini, den Präsidenten des ACI, des höchsten Automobilverbandes in Italien, den Pressechef Franco Gozzi umgehend an alle Medien weiterleitete.[19]

In seinem Brief bedankte sich Ferrari bei Resmini für die Unterstützung seiner Entscheidung, aus der Formel 1 auszusteigen, und für das Versprechen eines anderen, aggressiveren Verhaltens gegenüber der FIA.[20] Es war es ein zweiter Heimsieg. Enzo war nicht mehr allein; eines seiner Ziele hatte er erreicht. Die offizielle Anerkennung seines gewagten Schrittes und die Position, die der Automobilclub von Italien nun einnahm, begannen, den Weg für seine Rückkehr zu ebnen.

»Meine Rückkehr«, so warnte Enzo, »kann jedoch kein persönlicher Akt aus Liebe zu diesem Sport sein, sondern die rationale Aussicht, das Image eines Automobilherstellers, der zum Fiat-Konzern gehört, und die Zuneigung aller italienischen Fans zu verteidigen.«[21]

Die Erwähnung von Fiat war ein weiterer Hinweis auf seine Absicht zurückzukehren. In der Vergangenheit, als er allein war, hätte er seinen Krieg mit den Mächten, die den internationalen Rennsport kontrollierten, endlos fortsetzen können. Aber jetzt war auch er Teil eines größeren Plans und konnte nicht nur aus Instinkt entscheiden. Er hatte andere Faktoren zu berücksichtigen.[22]

Den härtesten Satz hob er sich für Schluss seines Briefes auf, in dem er sagt, dass er zwar in die Formel 1 zurückkehren könnte, aber auch, dass er in Zukunft beschließen könnte, seine Rennaktivitäten endgültig einzustellen: »Wenn in der Entwicklung dieser modernen Welt des Rennsports Tauschhandel, Korruption und Erpressung einen Platz finden sollten, glaube ich, dass es in dieser Welt keinen Platz mehr für mich gibt.«[23]

Selten hatte sich Enzo Ferrari in einem offiziellen Dokument oder einer Erklärung so deutlich geäußert. Könnte sich seine

Wut nicht nur gegen die FIA und die F1-Teams richten, die seiner Meinung nach nicht nur betrögen, sondern auch Einfluss auf die Machthaber nahmen? Könnte mehr dahinterstecken, als man vermutete?

Nachdem Emerson Fittipaldi das Angebot abgelehnt hatte, Niki Laudas Platz einzunehmen, hatte Ferrari nur einen anderen Fahrer im Kopf: Ronnie Peterson. Der Schwede galt einstimmig als der schnellste Rennfahrer der Gegenwart, eine Art Stirling Moss der 1970er-Jahre und ein enormes Talent, dessen Karriere bisher von verschiedenen Missgeschicken geplagt war, die ihn daran gehindert hatten, Weltmeister zu werden.

Ronnie Peterson war jedoch einer der wenigen Fahrer, mit denen Niki Lauda – der mit James Hunt, seinem derzeitigen Rivalen um die Weltmeisterschaft, befreundet war – in der Vergangenheit Streit hatte, als sie beide noch in den Juniorklassen fuhren. Da er sich seiner eigenen Genesung nicht sicher war, würde Niki jeden außer Ronnie Peterson in seinem Auto akzeptieren. Der Besuch von Luca di Montezemolo am 4. August in Mannheim war nicht nur ein Akt der Freundschaft. Oder besser gesagt, es *war* schon ein Akt der Freundschaft seitens des jungen ehemaligen Ferrari-Managers gewesen, aber Lauda hatte den Moment genutzt, um Montezemolo um seine Fürsprache zu bitten, die Einstellung von Peterson zu verhindern. Montezemolo war inzwischen nicht mehr bei Ferrari, hatte aber weiterhin direkten Zugang zu Gianni Agnelli in Turin. Und Agnelli war es, der Enzo Ferrari persönlich anrief, um ihn zu bitten, Ronnie Peterson nicht einzustellen.[24]

Aus Verärgerung über diese offensichtliche Einmischung in die Leitung der Ferrari-Rennaktivitäten, die gemäß der Vereinbarung von 1969 ausschließlich ihm vorbehalten sein sollte, hatte Enzo den Entschluss gefasst, sich zurückzuziehen.[25] Für Enzo, der sich nun wie ein Gefangener in einem goldenen Käfig fühlte, war die beispiellose Entscheidung, sich zurückzuziehen, daher auch ein gigantischer Akt der Rebellion. Wenn er nicht die Freiheit hätte, seine Fahrer selbst auszuwählen, würde er kündigen.

In Österreich errang John Watson einen historischen ersten Sieg für sich und das amerikanische Team von Roger Penske, und zwar im selben Rennen, in dem Rogers langjähriger Fahrer und persönlicher Freund Mark Donohue ein Jahr zuvor gestorben war. James Hunt wurde Vierter und nahm nur drei Punkte mit nach Hause. Regazzoni, der dem Rennen fernblieb, hätte weiter dazu beitragen können, Laudas Führung in der Weltrangliste zu erhalten, verfolgte den Grand Prix aber stattdessen in Lugano zu Hause am Fernseher.

Mitte August war für Enzo Ferrari eine Zeit des Nachdenkens. Allein in seinem Landhaus im Herzen der stillen Rennstrecke von Fiorano, während alle seine engsten Mitarbeiter und Ferrari-Führungskräfte im Urlaub waren, dachte er nach und plante sorgfältig seine Rückkehr. Nun, da er die italienische Automobil- und Rennsportwelt hinter sich hatte und vergewissert war, dass in Turin alle wussten, dass er immer noch der König war, konnte er seinem Team erlauben, wieder in die Formel 1 zurückzukehren. Das war der Schlüssel. Ferrari, *das Unternehmen*, würde sich für die Rückkehr entscheiden, Ferrari, *der Mann*, würde diese Entscheidung anerkennen und respektieren. Daher der Entschluss, den Ferrari-Verwaltungsrat mit der Entscheidung zu betrauen – was angesichts der von ihm geforderten völligen Unabhängigkeit bei allen Rennsportentscheidungen streng genommen unpassend war.[26]

Auf den Tag genau drei Wochen nach dem Brand seines 312 T2 auf dem Nürburgring, bei dem er fast ums Leben gekommen war, gab Niki Lauda bekannt, dass er in den Rennsport zurückkehren würde. Der amtierende Weltmeister, der sich in seinem Haus in der Nähe von Salzburg ausruhte, erholte sich schneller, als irgendjemand vorhergesagt hatte. Er wollte unbedingt zurückkehren und seinen Weltmeistertitel verteidigen. Und obwohl er es nicht sagte, wollte er unbedingt Enzos lästigen Versuchen, einen Ersatz für ihn zu finden, ein Ende setzen.[27] Die drei Punkte, die Hunt in Österreich gesammelt hatte, hatten seine Zuversicht wahrscheinlich noch verstärkt. Er nannte weder ein Datum noch einen Grand Prix für sein Comeback, aber Gerüchte begannen, in Richtung Mosport, dem Grand Prix von Kanada, zu deuten – also am Freitag, dem 1. Oktober 1976, zum Qualifying.

Am Montag, dem 23. August, traf sich der Verwaltungsrat von Ferrari in Fiorano, um über die Zukunft der Rennaktivitäten des Teams zu entscheiden. Im Verlauf der Sitzung wurden die Ursachen und Auswirkungen des Rückzugs von Ferrari erörtert.[28] Die einhellige Schlussfolgerung lautete, dass Enzos Entscheidung nicht nur auf ungeteilte Zustimmung gestoßen war, sondern auch die Aufmerksamkeit aller auf die Notwendigkeit von mehr Integrität und Ehrlichkeit im Umgang mit Rennsportangelegenheiten auf höchster Ebene gelenkt hatte.

Durch die Unterstützung des Automobilclubs von Italien und seines CSAI-Rennkomitees erhielt Enzo die Zusicherung, dass in Kürze ein moralischer Prozess eingeleitet würde, der zu einer tiefgreifenden Veränderung innerhalb des internationalen Rennkomitees führen würde. Für Enzo war das mehr als genug, um sich bestätigt zu fühlen und glücklich in die Formel 1 zurückzukehren.[29] Das Unternehmen Ferrari kehrte also dorthin zurück, wo es hingehörte, und nahm an der nächsten Veranstaltung im Kalender teil – dem Großen Preis der Niederlande am 29. August –, wenn auch nur mit einem Auto, das von Clay Regazzoni gefahren wurde.[30]

Trotz Laudas Entschlossenheit, sein Comeback so früh wie möglich zu inszenieren, intensivierte Enzo nun, da seine Autos auf die Rennstrecke zurückkehren würden, seine Suche nach einem neuen Fahrer – ob als Ersatz für Lauda für die verbleibenden Rennen des Jahres 1976 oder als Ersatz für Regazzoni im Jahr 1977, war zu diesem Zeitpunkt nicht klar, vielleicht nicht einmal für ihn.

Da Ronnie Peterson nicht mehr infrage kam, war die Liste auf drei Namen reduziert worden: John Watson, Jody Scheckter und Carlos Reutemann – Letzteren hatte Enzo etwa einen Monat zuvor, vor dem Nürburgring, ausgewählt, um Clay Regazzoni ab 1977 zu ersetzen.[31] Mit dem Argentinier wurden Verhandlungen geführt, um ab dem Großen Preis von Italien und für den Rest des Programms neben Regazzoni für Ferrari zu fahren.

Am Mittwoch, dem 1. September, traf Reutemann im verregneten Maranello ein, um Enzo Ferrari zu treffen und den Vertrag zu unterzeichnen. Trotz zweier Pressemitteilungen, die gleichzeitig von Ferrari und Brabham herausgegeben wurden, waren die Bedingungen der Vereinbarung recht vage. Reutemanns Engagement beschränkte sich auf die »nächsten Rennen, beginnend mit Monza«, während Ferrari »auf die Rückkehr von Lauda wartete«.[32]

Verwirrt von der Entscheidung des Teams, Reutemann einzustellen, nachdem es so ausgesehen hatte, als würde Lauda zum Team zurückkehren, bat Regazzoni schließlich um ein Treffen mit Enzo Ferrari. »Bis jetzt hat mir niemand etwas gesagt, was mich zu der Annahme veranlassen könnte, dass ich entlassen werde«, sagte er und änderte damit seinen optimistischen Tonfall von vor ein paar Tagen. Vielleicht war er jetzt ernsthaft besorgt über seine eigenen Aussichten für 1977 und sprach ausdrücklich von der »einzigartigen und unwiederholbaren Synergie mit Lauda während der letzten drei Saisons. Ich bin der Fahrer mit den meisten Grands Prix bei Ferrari«, sagte er, als wolle er sich selbst davon überzeugen, dass Enzo nicht entscheiden könne, ihn zu entlassen. »Ich kenne jeden bei Ferrari und ich komme mit allen gut aus.«[33]

Während Regazzoni verwirrt zu sein schien, war Lauda wütend. Er konnte nicht glauben, dass Enzo Ferrari nach seiner Ankündigung, zurückkehren zu wollen, nun einen neuen Fahrer eingestellt hatte. Von Ibiza aus, wo er sich in der Sonne erholte, verkündete Lauda, dass er am folgenden Dienstag nach Maranello fahren wolle. Er würde mit Enzo Ferrari sprechen und dann ein paar Runden in Fiorano fahren. Er wollte bereits beim Großen Preis von Italien am 12. September in Monza[34] wieder an den Start gehen, obwohl Ferrari gerade erst angekündigt hatte, dass er zwei Autos für Regazzoni und Reutemann einsetzen würde.

Trotz seiner Zweifel war Enzo Ferrari tief beeindruckt von Laudas Hartnäckigkeit. Persönlich war er von dem Mut, den Niki an den Tag legte, geradezu fasziniert. Privat und später auch in der Öffentlichkeit begann er, ihn mit Tazio Nuvolari[35] auf eine Stufe zu stellen – was für ihn das ultimative Kompliment darstellte. »Nur Nuvolari war wie er«,[36] sagte Enzo.

Das Treffen zwischen Clay Regazzoni und Enzo Ferrari blieb ergebnislos. Obwohl Clay darauf bestand, dass ihm hier und jetzt mitgeteilt werden sollte, was Ferrari mit ihm vorhatte, war

Il Commendatore sehr ausweichend gewesen. Enzo war lediglich bereit, über kleine Details zu sprechen, nicht aber über die zentrale Frage von Regazzonis Vertrag für 1977. Clays aktueller Vertrag sollte am 31. Dezember 1976 auslaufen.

Enzo bat ihn um Geduld – zumindest bis zum Ende der Saison am 24. Oktober.[37] Was er Regazzoni nicht sagen konnte, war, dass Carlos Reutemann zu diesem Zeitpunkt seine einzige Sicherheit für 1977 war. Was den zweiten Fahrer betraf, so hing alles von der Rückkehr und dem tatsächlichen Gesundheitszustand von Lauda ab, der bei Ferrari einen Vertrag bis zum 31. Dezember 1977 hatte.

Am Dienstag, dem 7. September, kam Niki Lauda, wie angekündigt, morgens nach Maranello. Er traf sich mit Enzo Ferrari, der versuchte, ihn davon zu überzeugen, seine Rückkehr nicht zu überstürzen. Niki sagte seinem Chef, dass er sich gut fühle, dass er Rennen fahren wolle und dass er wisse, was er tue. Als Enzo ihm zuhörte, wurde ihm schnell klar, dass »etwas Außergewöhnliches passiert war: Wir haben einen Mann *und* einen Champion zurückgeholt«.[38]

Enzo war entsetzt über den Anblick von Niki Laudas Wunden und Verbrennungen, aber auch berührt von seinem bemerkenswerten Mut. »Wir stehen hier vor einem Menschen, der von einem Wunder berührt wurde«, sagte er. Dann versuchte er, in typischer Weise zu rationalisieren: »Es ist klar, dass Lauda eine große Liebe zu diesem Sport hat. Ich weiß nicht, ob jemand anderes nach einem ähnlichen Vorfall so schnell zurückgekehrt wäre.«[39]

Während er bestätigte, dass am Sonntag in Monza drei Ferraris antreten würden, sagte Enzo, dass er erst nach dem Großen Preis von Italien entscheiden werde, wie viele Fahrer er bei den drei verbleibenden Rennen der Saison einsetzen werde. Er warnte die nach Fiorano geladenen Reporter, die nun wissen wollten, ob seine beiden Teamkollegen Lauda während des Rennens in Monza eventuell helfen würden: »Aber macht euch keine Illusionen darüber, dass ein Fahrer jemals die Anweisungen eines Teams respektieren wird. Der menschliche Egoismus bietet euch auch während eines Rennens tausend Lösungen an.«[40]

Als er am Abend an Nikis Aussehen dachte und an seine Hartnäckigkeit, sofort in den Rennsport zurückzukehren, gestand Enzo sich ein, dass der ganze Tag »eine surreale Erfahrung, fast ein Traum« gewesen sei.[41] Aber der Tag hatte auch eine seiner wenigen Gewissheiten bestätigt: »Im Leben zahlt man immer die Rechnung – jetzt haben wir sie bezahlt.«[42]

Am Sonntag in Monza verblüffte Niki Lauda mit einem vierten Platz, der ihm drei wertvolle Punkte in seinem Kampf um den zweiten Weltmeistertitel in Folge einbrachte. James Hunt beendete sein Rennen, als er sich in der 24. Runde drehte, nachdem er vom letzten Startplatz aus losgefahren war, weil seine Qualifikationszeit wegen angeblicher Unregelmäßigkeiten beim Tanken nicht anerkannt worden war. In den drei Rennen, in denen Lauda gefehlt hatte, hatte Hunt 21 Punkte geholt und damit den Rückstand (Ferraris Einspruch beim britischen Grand Prix war noch nicht vor Gericht verhandelt worden) auf zwei Punkte verkürzt. Nach Monza vergrößerte Lauda seinen Vorsprung auf fünf Punkte.

Von den drei Ferrari-Fahrern war Lauda im Qualifying überraschenderweise der Schnellste gewesen. Im Rennen hatte Regazzoni besser abgeschnitten und war hinter Ronnie Peterson Zweiter geworden, nachdem er seine beiden Teamkollegen aggressiv überholt hatte, als wolle er dem alten Mann in Maranello zeigen, dass seine Fähigkeiten nicht verschwunden waren und er noch nicht ausrangiert werden sollte.[43] Etwas verloren im Feld wirkte Carlos Reutemann – Siebter nach dem Qualifying, Neunter am Ende des Rennens –, vielleicht weil er der einzige der drei Fahrer des Teams war, der Enzo Ferrari an diesem Tag nichts zu beweisen hatte. Nach dem Rennen, während die ganze Welt Lauda für seinen erstaunlichen Mut und sein ungekünsteltes fahrerisches Talent bejubelte, blieb Enzo Ferrari merkwürdig stumm.

KAPITEL 40

Strömender Regen

Nach Monza hielt sich Enzo Ferrari mehr als eine Woche lang aus dem Rampenlicht heraus. Die Welt spekulierte über seinen nächsten Schritt und Regazzoni, Lauda und Reutemann warteten ungeduldig auf seine Entscheidung. Erst am 23. September, einen Tag vor der Sitzung des internationalen Rennkomitees in Paris, das die Berufung Ferraris zum Großen Preis von Großbritannien prüfen sollte, meldete sich Enzo Ferrari zu Wort.

Ferrari würde in den letzten drei Rennen der Meisterschaft nur noch zwei Autos einsetzen und die Fahrer wären die beiden, die die Saison begonnen hatten: Niki Lauda und Clay Regazzoni. Carlos Reutemann sollte in Fiorano bleiben, um die Entwicklung des Autos für die Saison 1977 zu unterstützen. Reutemann wurde stillschweigend für das folgende Jahr bestätigt; alle Entscheidungen für 1977, so betonte Ferrari, würden erst nach dem letzten Rennen 1976 getroffen oder zumindest bekannt gegeben werden.

Regazzoni sollte jedoch am 26. Oktober, dem Tag nach dem Großen Preis von Japan, aus seinem Vertrag mit Ferrari entlassen werden.[1] Obwohl Clay nicht verbittert war, gab er offen zu, dass er nicht ganz verstehen konnte, warum Ferrari ihn durch den gleichaltrigen Carlos Reutemann ersetzen wollte.

Am folgenden Tag trat das FIA-Berufungsgericht in Paris zur Anhörung über den Protest von Ferrari gegen den britischen Grand Prix zusammen. Das Urteil fiel zugunsten von Ferrari aus: Lauda wurde endlich der Sieg zugesprochen und James Hunt wurde disqualifiziert. Das war eine sehr gute Nachricht für den Österreicher und für Ferrari, denn der Vorsprung auf Hunt und McLaren war nun von fünf auf 17 Punkte angewachsen. Drei Rennen vor Saisonende würde Lauda, falls Hunt beim nächsten Rennen nicht unter den ersten sechs landen sollte, nur noch zwei Punkte benötigen, um erneut Weltmeister zu werden. Das Urteil in Paris löste erneut internationales Aufsehen aus.

Der Teamchef von McLaren, Teddy Mayer, beschuldigte Enzo Ferrari, die Situation absichtlich zu destabilisieren, um die Dinge zu seinem Vorteil zu wenden. »Mithilfe der italienischen Presse«, sagte er spöttisch, »wird Ferrari in Zukunft die Weltmeisterschaft gewinnen, ohne überhaupt bei Rennen zu starten – oder sie zu beenden.«[2] Doch dieselbe italienische Presse, die Mayer beschuldigte, Ferraris Spiel mitzuspielen, beschuldigte Enzo des Foulspiels.

In diesem entscheidenden Moment der Saison verlor das Ferrari-Team plötzlich seinen Vorsprung. Beim Großen Preis von Kanada in Mosport landeten beide Fahrer nicht auf dem Podium und James Hunt gewann, sodass sich sein Rückstand zwei Rennen vor Schluss auf nur acht Punkte verringerte. Lauda versicherte immer wieder, dass er gesund genug sei, um Rennen zu fahren – und fügte grimmig hinzu, dass die Schwierigkeiten bei den Autos lägen. Seiner Meinung nach lag das eigentliche Problem darin, dass in den zwei Monaten nach seinem beinahe tödlichen Unfall auf dem Nürburgring keine wirkliche Entwicklung am 312 T2 stattgefunden hatte und dieser somit Anfang Oktober nicht mehr das beste Auto im Feld war.[3] Obwohl nur noch vier Tage bis zum Beginn des US-Grand-Prix-Wochenendes in Watkins Glen blieben, bat Ferrari um einen frühen, zusätzlichen Trainingstag. Diesem Antrag wurde stattgegeben, Lauda und Regazzoni fuhren am Donnerstag einige Runden in Watkins Glen, aber die Probleme blieben bestehen. Am Sonntag, dem 10. Oktober, gewann Hunt erneut und Niki wurde lediglich

Dritter. Laudas Vorsprung war nun auf nur noch drei Punkte geschrumpft.

Es blieb nur noch ein Rennen übrig: den Großen Preis von Japan. Es war das erste F1-Rennen in Japan überhaupt und niemand kannte die Strecke am Fuße des Fuji – was in diesem Moment für Ferrari und Lauda eigentlich ein Segen war. Zwei Wochen trennten die beiden nordamerikanischen Rennen vom letzten Grand Prix der Saison. Der alte Mann hatte sich in eine seiner üblichen Perioden der Selbstabschottung zurückgezogen. Immer wieder riefen Journalisten an, aber er antwortete nicht.[4] Vielleicht *hätte* Enzo sprechen, schreien, diesen oder jenen anbrüllen sollen, wie er es in der Vergangenheit so meisterhaft getan hatte. Er hätte Lauda, Regazzoni oder Forghieri die Schuld geben können. Er hätte sogar die italienische Presse beschuldigen können, wenn dies dazu beigetragen würde, die Situation zu ändern, oder wenn er sich dadurch einfach besser gefühlt hätte.

Stattdessen wählte Enzo einen anderen vertrauten Ausweg – die totale Isolation vom Rest der Welt. Es war eine alte Angewohnheit, die er sich in Notlagen oft angewöhnt hatte, selbst als er noch viel jünger war. Ab und zu hatte es auch funktioniert. Diesmal erreichte er mit seinem Schweigen lediglich, dass seine drei Fahrer und der Rest des Teams sich fragten, was er wohl als Nächstes vorhatte. Und natürlich hatten die Sommermonate alle davon überzeugt, dass Enzo Ferrari auch zu den abwegigsten Entscheidungen fähig war.

In Maranello herrschte ein tiefes Gefühl der Unsicherheit, während sich der amtierende Weltmeister und sein Team auf das letzte und entscheidende Rennen des Jahres vorbereiteten. Während Ferrari selbst seinen engsten Mitarbeitern den Zugang zu seinen geheimsten Gedanken verweigerte,[5] entspannte sich Reutemann, der eigentlich in Fiorano das Auto für 1977 entwickeln sollte, zu Hause in Spanien, weil keine Testfahrten angesetzt waren.[6] Regazzoni, für den der Große Preis von Japan sein letztes Rennen mit Ferrari sein würde, gab erneut zu Protokoll, dass das eigentliche Problem in Maranello darin bestand, dass Enzo, weil er nicht zu den Rennen fuhr, sich zu sehr auf das verließ, was seine Männer ihm berichteten. Infolgedessen, so Clay, habe Ferrari die Dinge allzu oft nicht so gesehen, wie sie wirklich waren.[7]

Am 24. Oktober verfolgte Enzo Ferrari in seiner Wohnung in Modena das Rennen im Fernsehen. Kurz nach 5:30 Uhr sagte TV-Kommentator Mario Poltronieri, dass Ferrari den Weltmeistertitel 1976 höchstwahrscheinlich verloren hatte, und zwar wegen eines elektrischen Problems, das Laudas 312 T2 am Ende der ersten Runde an die Box gezwungen hatte. Enzo sah zu, wie Lauda im Cockpit seines Ferrari aufstand; jemand bot ihm einen Schirm als Schutz vor dem Starkregen an, während er sich mit Mauro Forghieri unterhielt.[8] In der Sintflut, die über die Rennstrecke von Fuji hereingebrochen war, fehlten James Hunt noch vier Punkte, um neuer Weltmeister zu werden – und Lauda, der nun seinen 312 T2 verlassen hatte, konnte ihm nichts mehr entgegensetzen.

Noch während das Rennen lief – und Hunt auf dem Weg zu einem dritten Platz war, der ihn zum neuen Champion machen würde –, erzählte Daniele Audetto Enzo am Telefon, was wirklich passiert war. Verständlicherweise gefiel Enzo nicht, was er hörte.[9] Niki Lauda hatte beschlossen, im strömenden Regen kein Risiko einzugehen, und hatte das Rennen aufgegeben. Forghieri hatte sich bereit erklärt, dies zu vertuschen, zumindest gegenüber der Presse und der Öffentlichkeit, aber Lauda war unnachgiebig: Er würde zu seiner Entscheidung stehen. Den Reportern gegenüber hatte er offen gesagt: »Meine Herren, *dies* ist mein Level des Irrsinns.«[10]

Erst nachdem er etwa zwei Stunden später den Flughafen in Tokio erreicht hatte, sprach Niki Lauda mit Ferrari. Als Enzo ans Telefon kam, entschuldigte sich Niki für sein Verhalten. Seine Entscheidung hatte dazu geführt, dass das gesamte Team einen Weltmeistertitel verloren hatte, für den alle bei Ferrari ein ganzes Jahr lang unermüdlich gearbeitet hatten. Aber der unaufhörliche Regen war an diesem Tag zu viel für ihn gewesen und er hatte beschlossen, nicht weiterzufahren.[11] Er sei nicht Opfer einer psychologischen Blockade gewesen, sagte er, denn wenn das der Fall gewesen wäre, hätte er in Monza aufgehört, an dem Freitag, an dem er zurückgekehrt war – ein weiterer Regentag, der ihn an die Wetterbedingungen am Tag seines Unfalls in Deutschland im August hätte erinnern können. Heute, so sagte er, habe er aufgehört, weil er rational dachte, dass weiterzufahren reiner Wahnsinn wäre.[12]

Obwohl er sich über den Ausgang der WM ärgerte und entsetzt darüber war, dass sowohl Lauda als auch Ferrari sie verloren hatten, sagte Enzo zu Niki, dass er seine Entscheidung respektiere.[13] In den folgenden Tagen würde er Zeit haben, sich ausführlich mit der Situation zu befassen, aber in diesem Moment konnte er es sich leisten, seinem mutigen Fahrer gegenüber Mitgefühl zu zeigen. Enzo war selbst Fahrer gewesen und wusste, dass es Mut erforderte, einen Weltmeistertitel auf diese Weise wegzuwerfen und anschließend die Verantwortung für diese Entscheidung zu übernehmen.

Während Enzo mit Lauda sprach, war es in Japan bereits Sonntagabend. In Modena war es der Morgen eines weiteren nebligen Tages. Während sein ehemaliger Weltmeister in Richtung Europa flog, begann Ferrari, die bizarre Situation, mit der er nun konfrontiert war, kühl zu beurteilen. Ein Teil von ihm konnte nicht anders, als sich mit Lauda solidarisch zu fühlen – für seine mutige Tat und seine noch mutigere Entscheidung, ehrlich zu sagen, was passiert war und warum.

Doch trotz der Bewunderung, die er für Laudas Mut empfand, musste er sich als Besitzer und Manager eines Rennstalls auch mit anderen Aspekten befassen. Er hatte alles auf Laudas vollständige Genesung als erstklassiger Fahrer gesetzt – oder er war überredet, überzeugt oder gezwungen worden, darauf zu setzen. Das seltsam anmutende Verhalten seines ehemaligen Champions in Japan legitimierte jetzt alle, die an seiner Entscheidung gezweifelt hatten. Lauda hatte einen Vertrag bis zum Ende der Saison 1977 – und die Absicht, ihn einzuhalten. Aber niemand konnte in seinen Kopf sehen, um wirklich zu wissen, ob seine Weigerung, in Japan zu fahren, eine Reaktion auf eine absurde Rennsituation war, wie der Österreicher behauptete, oder – wie Enzo befürchtete – eine psychologische Blockade infolge seines beinahe tödlichen Unfalls im August. Als ehemaliger Rennfahrer verstand Enzo, dass Lauda ernsthaft Ersteres behaupten könnte, ohne zu wissen, dass es sich stattdessen um Letzteres handelte. Enzo wusste sehr wohl, dass er nach Lyon nicht mehr derselbe Fahrer war wie zuvor.

Frustriert von einem tiefen Gefühl der Ohnmacht, die Situation nicht im Griff zu haben – ein eher ungewöhnlicher Umstand für ihn –, hielt Enzo am Dienstagnachmittag in den Räumlichkeiten des alten Hauptsitzes der Scuderia Ferrari in der Viale Trento Trieste in Modena eine mit Spannung erwartete Pressekonferenz ab. Es war eine der längsten, die er je gehalten hatte – und eine der energischsten. Vor der Presse, der er wochenlang ausgewichen war, zeigte er sich äußerst gut gelaunt – und weder deprimiert noch merklich verärgert über das dramatische Finale der Weltmeisterschaft 1976.

»Heute werde ich Ihnen *alles* erzählen«, begann er und ermutigte sie kühn, »diese Gelegenheit zu nutzen.«[14] Bezeichnenderweise erzählte er nur das, was er enthüllen wollte, und spielte drei Stunden lang gekonnt mit seinem Publikum. Einige der Reporter waren direkt aus Japan nach Modena gekommen. Seine Entscheidung, eine kritische Jahresendpressekonferenz nur 48 Stunden nach einem Rennen abzuhalten, das auf der anderen Seite der Welt ausgetragen worden war, war eine weitere Möglichkeit, die Journalisten zu bestrafen, und sie wussten das. Er dosierte seine Antworten, spielte meisterhaft mit Pausen und Steigerungen, feuerte unwiderstehliche Einzeiler und Improvisationen ab, mal ätzend, mal brillant.[15] Er wollte, dass sie hörten, was er zu sagen hatte. Er und sein Team waren wochenlang von der Presse gegeißelt worden; heute war er an der Reihe zu sprechen.

»Was wollt ihr von mir?«, fragte er und erhob theatralisch seine Stimme. Und dann antwortete er in ihrem Namen: »Macht euch keine Sorgen: Ihr werdet mich haben, bis ich sterbe.«[16] Nach dieser ermutigenden Vorrede wiederholte er sein Anliegen: »Ich mache mir berechtigterweise Sorgen um all das, was gesagt und geschrieben worden ist. Deshalb möchte ich Ihnen eine schriftliche Erklärung geben, um schreckliche Fehlinterpretationen dessen, was ich sagen werde, zu vermeiden.« Auf dieses Stichwort hin ging Franco Gozzi durch den Saal und reichte jedem Journalisten ein einzelnes Blatt Papier. Der Text darauf lautete:

Er hat das Richtige getan, indem er nicht Rennen fuhr, weil er angesichts seiner Gefühle vom 1. August und seiner derzeitigen Form Angst vor den Wetterbedingungen hatte. Die Zukunft wird ausschließlich davon abhängen, wie er sich entscheiden wird. Auch ich habe es als Fahrer als notwendig empfunden, mich zu hinterfragen – als mein Dino geboren wurde und ich die Entscheidung getroffen habe, mich zurückzuziehen. Nachdem ich mit Lauda gesprochen habe, werde ich Ihnen sagen können, ob er diese Motivation hat, die nicht damit einhergeht, unnötige Risiken einzugehen.[17]

Trotz der für ihn typischen altmodischen Prosa, die ein eindeutiges Zeichen dafür war, dass Enzo die Erklärung Wort für Wort persönlich diktiert hatte, gingen aus der kurzen Erklärung mindestens drei Punkte klar hervor.

Erstens: Lauda hatte Angst gehabt, aber er, Enzo, war großmütig und respektierte seine Entscheidung. Zweitens: Die Zukunft der Beziehung zwischen Lauda und Ferrari lag allein in den Händen des Österreichers. Drittens: Indem er sich an seine eigenen Erfahrungen erinnerte, war es offensichtlich, dass Enzo glaubte, dass Laudas Zeit als erstklassiger Fahrer zu Ende war, und er ihm offen vorschlug, sich zurückzuziehen.

Ein aufmerksamer Geist könnte auch mindestens zwei weitere Schlussfolgerungen ziehen. Lauda wurde bis zum letzten Satz nicht namentlich erwähnt und dann auch nur mit seinem Nachnamen. Der Hinweis im Text auf Nikis »derzeitige Form« war ein unterschwelliger Hinweis darauf, dass Lauda, wenn er auf seinen Rat gehört hätte und nicht so früh zurückgekehrt wäre, für die letzten und entscheidenden Rennen der Saison vielleicht in besserer Verfassung gewesen wäre und sich in Japan eventuell nicht blamiert hätte.

Enzo gab den Journalisten einen kurzen Moment, um die wenigen Zeilen zu lesen, und begann dann sofort mit dem einzigen Punkt, der ihn an diesem Tag wirklich beschäftigte: das Ende von Laudas Karriere. »Wenn Lauda sich zurückziehen möchte«, sagte er über seinen ehemaligen Weltmeister – der in den letzten 48 Stunden offen erklärt hatte, dass er sich *nicht* zurückziehen wolle und der tatsächlich damit rechnete, am kommenden Freitag in Fiorano seinen Ferrari zu testen[18] –, »werde ich seine Entscheidung respektieren.«[19]

Dann war er wieder der sympathische Patriarch: »Ich kann ihn jetzt nicht im Stich lassen und einen anderen Fahrer an seine Stelle setzen«, erklärte er. »Ich kann das nicht tun, selbst wenn es im besten Interesse der Firma wäre – und das nicht nur, um zu vermeiden, dass Sie sagen, ich sei der übliche Opportunist oder, schlimmer noch, ein Zyniker.« Dann wurde er wieder vorsichtig: »Vorläufig gibt es einen Vertrag, den ich einzuhalten gedenke.« Schließlich wurde er großzügig: »Bei Ferrari ist ein Handschlag mehr wert als verbindliche Papiere«,[20] als ob er damit sagen wollte, dass Lauda sich keine Sorgen um den 31. Dezember 1977 machen sollte, an dem sein Vertrag auslief; wenn er jetzt gehen wollte, war er frei.

Dass Enzo Ferrari diametral zu Lauda stand und es eindeutig vorzog, dass Niki ihm aus dem Weg ging, wurde durch seine nächsten Worte deutlich. »Ich warte darauf, mich mit ihm zu treffen, vielleicht sogar noch vor Ende dieser Woche, weil ich verstehen möchte, was in ihm vorgeht – vorausgesetzt, er weiß es selbst.« Mit starken Worten, die ganz im Gegensatz zu der kurz zuvor an seine Zuhörer verteilten Erklärung standen und die seine wahren Gedanken beredt verrieten, erklärte er: »Ich habe nicht die Absicht, unsere Arbeitsbeziehung ohne dieses klärende Treffen fortzusetzen oder zu beenden.«[21]

Die Lovestory zwischen Enzo Ferrari und Niki Lauda – falls es jemals eine Zuneigung zwischen den beiden gegeben hat – war offiziell vorbei. Ferrari hatte eindeutig starke Gefühle für Lauda und versuchte nicht, diese zu verbergen. »Lauda rief mich zwei Stunden *nach* dem Ende des Rennens an, nicht *vorher*«, sagte er anklagend und um zu verdeutlichen, dass die Entscheidung, aus dem Rennen auszusteigen, und die Verantwortung dafür allein bei Niki lag.[22] Er mag sie respektiert haben, aber das bedeutete nicht, dass er ihr zustimmte.

Darüber hinaus kritisierte Enzo Ferrari seinen ehemaligen Weltmeister nicht nur für sein Verhalten beim Großen Preis von Japan. Er nahm die gesamten zwei Monate zwischen Ende

August und dem letzten Rennen der Saison unter die Lupe. »Wenn es einen Fehler von Lauda gab«, so Enzo, »dann war es der, in Monza so zu tun, als würde er ein Rennen fahren.«[23] Aber das war noch nicht alles, denn Lauda hatte auch so getan, als hätte er das letzte Wort bei der Frage, wer als neuer Fahrer für das Team verpflichtet werden sollte. Vor die Wahl gestellt zwischen Peterson, Scheckter und Reutemann, so Enzo, habe sich Lauda für Reutemann entschieden, um ihn dann fallen zu lassen, als die Entscheidung getroffen wurde, die letzten drei Rennen der Saison in Kanada, den USA und Japan mit zwei Autos zu bestreiten – eine weitere von Lauda auferlegte Entscheidung.[24]

Inzwischen war er auf einem guten Weg. Enzo sagte, Lauda habe Fehler gemacht, lange vor dem Vorfall am Nürburgring. Ferrari richtete den anklagenden Finger auf den britischen Grand Prix – nicht auf den peinlichen Zwischenfall beim Start, sondern auf die Art und Weise, wie Lauda sich auf das Rennen vorbereitet hatte. »Er hatte damals schon aufgehört zu testen«, sprach er einen weiteren Punkt an – Laudas Vorwurf, der Weltmeistertitel sei verloren gegangen, weil Ferrari nach dem Zwischenfall in Deutschland die Entwicklung des Autos eingestellt habe.[25]

Nach einem so verheerenden und weitgehend unerwarteten Angriff auf Lauda war der beste Teil des Tages natürlich vorbei. Doch Enzo hatte noch mehr für sein Publikum auf Lager.

Clay Regazzoni war der Nächste auf seiner Liste. Enzo hielt den Rennbericht in der Hand, den seine Leute nach dem Rennen in Brands Hatch ausgefüllt hatten, und machte Regazzoni unverblümt für den Zwischenfall mit Lauda beim ersten Start des britischen Grand Prix Mitte Juli und für das zu langsame Fahren beim niederländischen Grand Prix Ende August verantwortlich. Aus einem Dokument vorlesend, das ursprünglich – und eindeutig – nur für seine Augen bestimmt war, kommentierte Enzo: »Regazzoni hat offenkundig gezeigt, dass er immer nur für sich selbst gefahren ist.«[26] (Trotz dieser Anschuldigung wusste Enzo besser als jeder andere, dass ein Fahrer – jeder Fahrer – ausschließlich für sich selbst fährt.)

Die Pressekonferenz neigte sich endlich dem Ende zu. Die Journalisten waren inzwischen erschöpfter als ihr fast achtzigjähriger Gastgeber, den solche Begegnungen geradezu mit Energie versorgten. Enzo brüllte, dass diejenigen Medienvertreter, die Ferrari vorwarfen, seine Energie auf andere Rennkategorien zu verteilen, anstatt sich voll und ganz auf die Formel 1 zu konzentrieren, ihre Meinung nicht mit Beweisen untermauert hatten. Ja, Ferrari hatte an einem F2-Motor gearbeitet, aber dieses Projekt hatte niemanden abgelenkt.

Jetzt war es Zeit zu gehen. Enzo Ferrari hatte drei Stunden lang gesprochen und Dutzende von Fragen beantwortet, wenn auch auf eine Weise, die seiner Version der Wahrheit am besten entsprach. Doch die eine Frage, auf die die etwa hundert Journalisten, die an diesem Dienstagnachmittag in Modena versammelt waren, eine Antwort verlangten, blieb unbeantwortet: Würde Niki Lauda 1977 für Ferrari fahren?

Während Lauda keinen Kommentar abgab, erklang am nächsten Tag in Maranello das Echo von Clay Regazzonis scharfer Antwort auf die Anschuldigungen, die Enzo gegen ihn erhoben hatte. »Wenn ich nur für mich selbst gefahren wäre«, sagte der enttäuschte Clay, »hätte ich am vergangenen Sonntag in Japan auch das Rennen aufgegeben – so wie Lauda.« Er war insgesamt sechs Jahre in Maranello gewesen und fand, dass er inzwischen eine bessere Behandlung durch den ›Alten Mann‹, wie er Enzo Ferrari immer liebevoll nannte, wenn die Mikrofone aus waren, verdient hatte. »Ich habe immer hart gearbeitet, ohne mich zu beschweren. Ich habe die zweite Geige gespielt, wenn es nötig war, sowohl für Ickx als auch für Lauda. Aber als es an der Zeit war, mir zu helfen, den Weltmeistertitel zu gewinnen«, sagte er bitter und erinnerte sich an die verpasste Gelegenheit von 1974, »hat niemand etwas unternommen.«[27]

Ohne Namen zu nennen, sprach Regazzoni offen von einer Gruppe von Leuten bei Fiat, die Druck auf Enzo Ferrari ausübten. »Reutemann«, so Clay, »wurde über den Turiner Kanal angeheuert.«[28] Dann widersprach er seinem ehemaligen Chef, der gesagt hatte, Niki habe den Argentinier persönlich gegenüber Peterson, Scheckter und natürlich Regazzoni selbst bevorzugt. »Es ist absolut nicht wahr, dass Lauda Reutemann mag«, sagte Clay. »Eigentlich kann Niki ihn nicht ausstehen.«[29]

Regazzoni war nicht das einzige Opfer der Ausmusterung zum Saisonende. Nach nur einem Jahr in Maranello ging Daniele Audetto zurück nach Turin. »Es ist nicht mehr die Zeit für Teammanager«,[30] erklärte Enzo. An die Stelle von Audetto, der von Ferrari nur als ›fleißiger Angestellter‹[31] bezeichnet wurde, würde nun eine Gruppe von drei Personen treten, die die Aufgaben übernehmen würden, die Montezemolo perfekt erfüllt hatte und sein Nachfolger nicht: Sergio Tomaini, Sante Ghedini und Roberto Nosetto. Es war eine Troika im Stil derjenigen, die Enzo für die Leitung der technischen Abteilung der *Gestione Sportiva* geschaffen hatte. Doch im Gegensatz zu dem Trio Forghieri/Bussi/Rocchi handelte es sich hier um weitgehend unerprobte Männer.

Enzo Ferrari hatte erklärt, alles hänge jetzt von seinem persönlichen Treffen mit Lauda ab. Er hatte gesagt, er hoffe, dass das Treffen noch vor Ende der Woche stattfinden würde. Am Donnerstag jedoch machten Gerüchte über eine wahrscheinliche Verschiebung des Treffens die Runde, weil Niki sich in London dringenden medizinischen Untersuchungen und einer möglichen Augenoperation unterziehen musste. Inoffizielle Informationen, die der Presse geschickt von Ferrari-Führungskräften zugespielt wurden, deuteten nun auf Dienstag nächster Woche als möglichen Termin für das Gipfeltreffen hin, vielleicht sogar noch später.[32]

Es war ein meisterhaft inszeniertes Ablenkungsmanöver, das Enzo persönlich eingefädelt hatte, um die Reporter zu täuschen.[33] Das mit Spannung erwartete Treffen fand tatsächlich am Sonntag, dem letzten Oktobertag, und damit sieben Tage nach dem Großen Preis von Japan, statt. Wie von Enzo geplant, waren keine Reporter oder Fotografen anwesend. Die Täuschung hatte funktioniert.

Was nicht so gut funktionierte, war das Ergebnis des Treffens.

Enzo hatte gehofft, seinen ehemaligen Weltmeister davon überzeugen zu können, aufzuhören, es sich noch einmal zu überlegen, wegzubleiben und sich körperlich, aber auch geistig vollständig zu erholen, um dann schließlich zurückzukehren – und zwar nicht unbedingt zu Ferrari. Vielleicht konnte die Andeutung eines möglichen Deals mit einem anderen Team, gepaart mit den brutalen Anschuldigungen, die er am Dienstag zuvor der internationalen Presse gegenüber geäußert hatte, Lauda selbst überzeugen zu gehen. Das wäre bei Weitem die beste Lösung gewesen. Er hatte es am Dienstag angedeutet: Trotz des Vertrages würde er Lauda ohne Strafgebühr gehen lassen, wenn er es wollte. In dieser Woche hatte er Lauda sogar Audettos Posten als Teamchef angeboten und di Montezemolo um Hilfe gebeten, ihn zu überzeugen. Aber Niki hatte abgelehnt.[34]

Niki war zu diesem Treffen mit der festen Absicht gekommen, auch 1977 für Ferrari zu fahren. Wenn er Zweifel hatte, bei Ferrari zu bleiben, was er verständlicherweise tat, dann für den Teil seiner Karriere, der am 1. Januar 1978 beginnen würde, nicht aber 1977. Er habe sich als Fahrer nicht verändert, sagte er Enzo immer wieder; er werde nicht aufhören und auch nicht woanders hingehen. Das war es, ob es Enzo Ferrari gefiel oder nicht. Lauda war in seiner Beziehung zu Ferrari, von dem er sich nicht im Geringsten einschüchtern ließ, immer direkt gewesen und sein Verhalten war auch an diesem Tag nicht anders. Ferrari war wütend. Er hatte Lauda sein Comeback und die Titelverteidigung so erledigen lassen, wie Niki es sich gewünscht hatte. Trotz spürbarer Skepsis hatte Enzo ihm ein Auto für Monza zur Verfügung gestellt, hatte zugestimmt, dass Reutemann in den letzten Rennen der Saison zu Hause bleiben würde und hatte öffentlich zu Nikis eindrucksvoller Weigerung gestanden, in Fuji weiterzufahren. Technisch gesehen hätte Enzo einen Fahrer entlassen können, der sich entschlossen hatte, aus einem Rennen auszusteigen und eine Weltmeisterschaft wegzuwerfen, nur weil er weiterzufahren für »Irrsinn« hielt. Er war geduldig und ungewöhnlich kulant gewesen, aber er konnte es nicht mehr ertragen. Er war der Meinung, dass Niki als Spitzenfahrer am Ende war und sagte ihm das auch.

Die beiden Positionen waren völlig unvereinbar. Am Ende des Treffens brachte eine einfache Pressemitteilung die Situation auf den Punkt. Gemeinsame Auftritte vor der Presse, wie Anfang September, als Lauda zum ersten Mal seit dem Nürburgring-Unfall wieder nach Maranello zurückgekehrt war, gab es nicht, auch wurden keine Fotos gemacht. Die von Gozzi am Nachmittag herausgegebene Mitteilung war selbst für Ferrari-Verhältnisse ausgesprochen unpersönlich:

Nach dem heutigen Treffen mit Lauda teilt Ferrari [das Unternehmen, nicht der Mann] *mit, dass der Fahrer sofort mit den Tests für die Saison 1977 beginnen wird, um die nötige Zeit für eine plastische Operation am rechten Auge zu haben. Die Marke* [wieder die Unterscheidung zwischen dem Unternehmen und dem Mann, der es leitet – Anm. d. Autors] *erkennt Laudas festen Willen an, seine Tätigkeit in der Form und mit der Intensität der vergangenen Saisons wieder aufzunehmen.*[35]

Wie immer bei Enzo Ferrari musste man zwischen den Zeilen lesen und die verwendeten Worte richtig interpretieren – und auch die, die nicht verwendet wurden. Enzo Ferrari zu entschlüsseln, war zu einer Kunst geworden, in der einige seiner Freunde bei der Presse sehr geübt waren, und niemand ließ sich von einer solch eisigen Aussage täuschen. Es war Lauda, nicht Ferrari, der sich für die Fortsetzung der Beziehung entschieden hatte. Ferrari, das Unternehmen, das Team, die ›Marke‹ – aber *nicht* der Mann – bestätigte nur den ›festen Willen‹ seines Fahrers, wieder Rennen zu fahren. Bezeichnenderweise wurde der Mensch Ferrari in der Mitteilung nicht einmal erwähnt.

Lauda würde also 1977 mit Ferrari Rennen fahren, aber trotz der gnädigen Lüge, die Enzo einige Tage später der Presse auftischte in einem geteilten Haus. »Wenn Lauda einige Zeit brauchen wird, um wieder der Fahrer zu sein, der er einmal war«, sagte er lässig, »werden wir ihm alle helfen.«[36]

KAPITEL 41

Das verlorene Paradies

Eine gewisse Ablenkung brachte in dieser sehr angespannten Zeit der Besuch des Hollywoodstars und Autoliebhabers Paul Newman. Der große amerikanische Schauspieler war Ferrari-Besitzer und sollte im folgenden Februar am 24-Stunden-Rennen von Daytona am Steuer eines Ferrari 365 GTB/4 teilnehmen. Außerdem hatte er in letzter Zeit mit dem Gedanken gespielt, sein eigenes Rennteam zu gründen, und wollte Enzo um Ratschläge bitten.

Newmans Besuch in Maranello unterschied sich deutlich von den üblichen Visiten von Filmstars, die oft wenig über die Autos wussten, die sie kaufen wollten, aber vom Charme ihres Gastgebers fasziniert waren, den Enzo bei solchen Gelegenheiten ausstrahlen konnte. Newman war sehr daran interessiert, von Enzo Ferrari alles direkt zu erfahren, was man über die Leitung eines erfolgreichen Rennstalls wissen musste. Ihm wurden zwei volle Tage in Maranello gewährt, wo er mit der Ferrari-Führungsspitze zusammentraf und das gesamte Werk und die Räumlichkeiten des Rennstalls besichtigen konnte – ein großes Privileg, denn die *Gestione Sportiva* war normalerweise für jedermann tabu. Newman besuchte zuerst die Rennstrecke von Imola, um Carlos Reutemann beim Testen seines 312 T2 zuzusehen, und drehte anschließend in Fiorano am Steuer des frisch übernommenen 308 GTB einige Runden.[1]

Am zweiten Tag traf Newman schließlich auf Enzo. Die beiden Männer unterhielten sich in einem Büro mit blauen Wänden, das auf den zentralen Hof der Fabrik hinausging. Trotz der Tatsache, dass sie durch einen Dolmetscher miteinander sprechen mussten, war ihr Gespräch langwierig und lebhaft. Das Problem war lediglich, dass der eine alle möglichen Fragen über die Leitung eines Rennteams stellte, während der andere versuchte, alles über das feminine Universum in Hollywood zu erfahren.

Vielleicht um Newmans Entscheidung, in Connecticut zu leben, zu ignorieren und sicherlich in Unkenntnis seines berühmten Zitats »Warum einen Hamburger essen gehen, wenn man zu Hause ein Steak hat« drängte Enzo ihn immer wieder zu den Frauen in Hollywood. Die amerikanische Filmikone antwortete jedes Mal höflich, dass er nicht diese Art von Mann sei, und stellte dann eine weitere Frage, um zu verstehen, wie man ein Rennteam leitet. Enzo beantwortete Newmans Frage schnell und fragte ihn dann erneut nach den Diven in der Filmbranche.

Paul Newman war eindeutig nicht nach Maranello gekommen, um Enzos wiederholte Fragen über Schauspielerinnen oder Provokationen über mögliche Möglichkeiten, seine geliebte Frau zu betrügen, zu beantworten. Er gab nicht nach und weigerte sich, das Spiel des alten Mannes mitzuspielen. Enzo sah schließlich ein, dass es keine Möglichkeit gab, seinen entschlossenen Gast vom Zweck seines Besuchs abzulenken, und erkannte, dass es an der Zeit war, sich auf betriebswirtschaftliche und technische Fragen zu konzentrieren. Nachdem beide verstanden hatten, dass sie sich ausschließlich auf das Geschäftliche konzentrieren sollten, redeten sie ununterbrochen und ließen das Mittagessen ausfallen, wobei Paul Newman zwei Tassen Tee trank und Enzo erst dann Sandwiches und ein Bier serviert wurden, als der Schauspieler bereits gegangen war.

Am Ende ihres Treffens, das nach einem holprigen Beginn noch sehr herzlich wurde, war es Zeit für den üblichen Austausch von Geschenken. Enzo, erst etwas enttäuscht, aber nun von der Treue Paul Newmans überzeugt, überreichte ihm einen Ferrari-

Schal für seine Frau Joanne Woodward. Newman schenkte Enzo ein schwarzes Kristallpferd, das er eigens in Venedig in Auftrag gegeben hatte. Auf einer angebrachten Plakette ließ er auf Italienisch vermerken: »Von einem silbernen Ritter an einen großen König«. Enzo wusste das Geschenk von Paul Newman sehr zu schätzen und bewahrte es von diesem Tag an im Bücherregal hinter seinem Schreibtisch auf.[2]

Am Samstag, dem 20. November 1976, erhielt der Journalist und Autor Alberto Bevilacqua den Dino-Ferrari-Preis für seine Geschichte »Nieder mit dem Sieger«, die im Frühjahr in der Zeitung *Il Corriere della Sera* erschienen war. Einige Monate zuvor hatte Bevilacqua seinen Lesern eine kurze, aber perfekte Beschreibung des berühmtesten Italieners der Welt gegeben: »Ein großer Mann – und das sind Sie zweifellos – braucht konstitutionelle Schwächen: Er ist egoistisch, vielleicht prophetisch kapriziös, ein Schauspieler, niemals individualistisch.«[3]

Aber heute war ein besonderer Tag. Die Journalisten waren nicht nur zur Preisverleihung eingeladen, sondern auch zur Vorstellung von Enzos neuem Buch, das kein gewöhnlicher Band war. Heute wollte Enzo Ferrari nicht die letzte Überarbeitung seiner berühmten Autobiografie vorstellen, sondern ein völlig neues Werk, das ganz seinen Freunden von der Presse gewidmet war.

Obwohl einige von ihnen ein Blutvergießen befürchteten, waren sie alle gekommen und füllten nun den größten Saal, den das Restaurant Fini in der Innenstadt von Modena bieten konnte. Enzo hatte nie ein Geheimnis aus seiner Hassliebe zu Journalisten gemacht – und jetzt hatte er ein Buch über sie geschrieben! Er hatte es *Il Flobert* genannt, nach dem leichten Gewehr, mit dem er als Kind im Graben in der Nähe seines Hauses auf Mäusejagd gegangen war. Als einige der anwesenden Journalisten den Titel hörten, bereiteten sie sich auf ein literarisches Gemetzel vor. Enzo spielte mit ihnen und ihren Ängsten und konnte sie irgendwie beruhigen. Er hatte zwar den Namen eines Gewehrs für seinen Titel gewählt, aber es war ein kleines Gewehr: Mäuse könnten von seinen Kugeln getötet werden; erwachsene Männer würden von ihnen nur gekratzt werden, sagte er halb im Scherz.[4]

Mit den Exemplaren von *Il Flobert* in Sichtweite, aber in sicherer Entfernung zu den Journalisten – die bis zum Ende der Präsentation warten mussten, um zu lesen, was Ferrari über jeden von ihnen geschrieben hatte (es gibt keinen grausameren Trick) – erklärte Ferrari kurz die Spielregeln. Er sagte, das Buch bestehe aus »einfachen Anmerkungen, [die] während der langen Wartezeiten an jenen Freitagen und Samstagen, an denen das Telefon und das Telex spät klingelten«, um ihm Nachrichten von den Rennstrecken zu bringen, geschrieben wurden. Scherzhaft sagte er: »Blatt für Blatt ähneln sie jenen Briefen, die Kinder ihren Eltern am Weihnachtsabend unter den Teller legen. Mit 79 Jahren wird man immer noch von einfachen Dingen berührt, von Tatsachen und Situationen, die den meisten unwichtig erscheinen, die aber in ihrer Einfachheit den Duft der Reinheit umhüllen.«[5]

Der Stil der einzelnen Porträts war scharf und prägnant. Ferrari verschwendete nicht viel Zeit mit Vorreden, sondern kam direkt zum Kern der Sache. Nachdem er sich bereits im Vorwort für seine Respektlosigkeit entschuldigt hatte, erwähnte er, dass dies seine Chance sei, sich an seinen Feinden und Freunden so zu rächen, wie sie ihn immer behandelt hätten. Von einigen bissigen Ausnahmen abgesehen, beschränkte sich der zum Autor gewordene Fabrikant auf Einflüsterungen, Anspielungen und Andeutungen, wobei er jedoch niemals sein Ziel verfehlte.

Mitte Dezember würdigte die Zeitung, für die er in seiner Jugend gearbeitet hatte, das Interesse des großen, alten Mannes am Journalismus, indem sie einen der Briefe veröffentlichte, die der 16-jährige Ferrari im November 1914 geschrieben hatte. Es handelte sich um eine Chronik des Fußballspiels zwischen Modena und Inter, die die Sportzeitung als »beredtes und altes Zeugnis von [Ferraris] Berufung zum Journalismus« bezeichnete.

An diesem Tag hatte die *Gazzetta dello Sport* neben Enzos Geschichte von 1914 beiläufig einen Kasten mit etwa 20 Zeilen Inhalt abgedruckt, in dem ein junger Fahrer beschrieben wurde, der gerade kanadischer Meister geworden war. Der Fahrer, der auf den Namen Gilles Villeneuve hörte, behauptete, dass er in der nächsten Saison Teamkollege von James Hunt bei McLaren sein würde.[6] In Anbetracht der Nähe zu seiner Korrespondenz von 1914 hat Enzo Ferrari dies sicherlich gesehen. Und diese Information, dieser Name, sollte sich bald als nützlich erweisen.

Für Enzo Ferrari war das gerade zu Ende gehende 1976 ein sehr merkwürdiges Jahr gewesen. Neben dem Verlust eines scheinbar schon gewonnenen Weltmeistertitels war es vor allem das unerwartete Gefühl der Machtlosigkeit und Frustration, das tiefe Narben hinterließ. Mit 78 Jahren, nachdem er ein Leben lang die Spielregeln diktiert oder anderweitig beeinflusst hatte, war er seit August nicht mehr in der Lage gewesen, eine einzige Entscheidung zu treffen. Das Schicksal und die sture Unnachgiebigkeit seines Weltmeisters hatten ihm brutal vor Augen geführt, dass auch er sterblich war.

Er hatte weiterhin ambivalente Gefühle gegenüber Lauda. Einerseits warf er ihm vor, vor dem Großen Preis von Japan »seine körperlichen und geistigen Ressourcen überfordert« zu haben. Andererseits fühlte er sich ihm »verpflichtet« für das, was er für Ferrari getan hatte – daher »die Verpflichtung, ihm unsere Dankbarkeit zu zeigen«, was bedeutete, Lauda als Teammitglied für die nächste Saison zu bestätigen. Dies, obwohl Enzo aufrichtige Zweifel an der vollständigen Genesung des Österreichers hegte und es ihm – ebenfalls aufrichtig – missfiel, dass er gezwungen war, dank der Komplizenschaft von Fiat eine Reihe von Entscheidungen zu akzeptieren, die von anderen getroffen wurden.[7]

Die immer deutlicher werdende Präsenz von Fiat in Ferraris Entscheidungsfindung wurde Anfang Januar 1977 deutlich, als die neue Formel-1-Saison mit dem Großen Preis von Argentinien begann. An jenem Freitag gingen die 312 T2 von Lauda und Reutemann mit dem blauen, rechteckigen Fiat-Logo auf die Strecke. Es war natürlich nur die Manifestation einer Tatsache, aber es war auch das erste Mal, dass Ferrari gezwungen war, das Abzeichen eines anderen Autoherstellers auf seinen Wagen anzubringen.

Das Rennen in Buenos Aires war eine große Enttäuschung, die durch die hervorragende Leistung der von Alfa-Romeo-Motoren angetriebenen Brabhams noch verschlimmert wurde. Reutemann kam nicht über den dritten Platz hinaus und Lauda schied noch vor der Hälfte des Rennens aus. Lauda wurde nach Maranello gerufen und nahm zwei Tage nach dem Rennen an einem Gipfeltreffen mit Ferrari und Forghieri teil, der nicht mit dem Team nach Argentinien gereist war, sondern in Fiorano blieb, um das neue Auto zu entwickeln. Nach dem Treffen, bei dem Niki zustimmte, einige zusätzliche Tests durchzuführen, zeigte sich Ferrari zufrieden. Und obwohl er wusste, dass seine Techniker nicht nach jedem Test Wunder vollbringen konnten,[8] sagte er, dass er in Lauda endlich dieselbe Entschlossenheit gesehen habe, die er in seinen besten Zeiten gezeigt hatte.[9]

Zwei Wochen später lief es beim nächsten Rennen in Brasilien viel besser: Reutemann gewann und Lauda wurde Dritter. Der Sieg des neuen Fahrers verschärfte jedoch die Spannungen innerhalb des Teams, das zwar nicht unbedingt gespalten war, aber definitiv nicht so geeint wie in der Vergangenheit. Erschwerend kam hinzu, dass Enzo mit einer viralen Lungenentzündung kämpfte, die ihn einen ganzen Monat lang am Betreten seines Büros hindern sollte.

Am ersten Samstag im März konnte Lauda in Südafrika wieder gewinnen. Der Tag wurde durch den tragischen und absurden Tod von Tom Pryce getrübt, der durch den Zusammenprall mit einem über den Kurs laufenden Streckenposten durch dessen Feuerlöscher getötet wurde, mit dem er ein brennendes Fahrzeug löschen wollte. Auch der Streckenposten verstarb an der Unfallstelle.

Am Samstag, dem 19. März 1977, trat Enzo Ferrari als Präsident von Ferrari zurück. Er bleibt Mitglied des Stiftungsrats und stand »jedem zur Verfügung, der mich braucht«. Der Name seines Nachfolgers sollte zu einem späteren Zeitpunkt bekannt gegeben werden. Sein Rücktritt erfolgte in einem Schreiben an alle Vorstandsmitglieder, in dem er ihnen mitteilte, dass er »seine Aufgabe als Präsident erfüllt« habe. Als Gründe für seine Entscheidung nannte er seinen Gesundheitszustand und sein Alter, das »ein notwendiges Opfer nahelegt«.[10] »Er, der Ferrari geschaffen hat und Kontinuität, Entwicklung und Erfolg wünscht«, schrieb er, »fühlt sich heute dazu verpflichtet. Es steht außer Frage, dass die neuen Programme ein Engagement erfordern, das ich nicht so fortsetzen kann, wie [ich es] in der Vergangenheit getan habe.«[11]

Tatsächlich distanzierte sich Ferrari nur von der unternehmerischen Leitung seiner Firma, nicht aber von seinem Rennstall, dem er durch diesen Schritt nun noch mehr Energie widmen würde. Die neuen Programme, die er erwähnte, betrafen die Entwicklung und den Vertrieb neuer Berlinettas für den Straßenbetrieb. Für die Rennabteilung von Ferrari blieb er der oberste und verantwortliche Direktor.

Während die Formel-1-Meisterschaft 1977 in vollem Gange war, schienen die beiden Ferraris nicht so konkurrenzfähig zu sein wie ihre Hauptkonkurrenten – Brabham-Alfa, Lotus-Ford und der brandneue und sehr überzeugende Wolf-Ford. Laudas zweiter Platz in Long Beach hatte die Moral des Teams nicht gestärkt, das von dem Gerücht geplagt wurde, Ferrari wolle den Österreicher am Ende des Jahres entlassen. Auch Reutemann hatte nach seinem Sieg in Brasilien dieses Kunststück nicht wiederholen können. Und so kamen Woche für Woche neue Gerüchte auf, dass entweder Lauda oder Reutemann das Team verlassen und durch Emerson Fittipaldi ersetzt werden sollte – einen Fahrer, den Enzo Ferrari immer gemocht, aber nie eingestellt hatte.

Als die Gerüchte immer lauter wurden, beschloss Enzo Ferrari, dass es an der Zeit war, den sogenannten Experten und Meinungsmachern zu erklären, was er zu diesem Thema zu sagen hatte.

»Ich frage mich, wer ein Interesse daran haben könnte, Unsicherheit und Disharmonie in unserem Team zu verbreiten«, sagte er. »Lauda war und ist unser Champion. Reutemann hat unser Vertrauen verdient.« In der Hoffnung, dass dies die letzten Worte zu diesem Thema waren, fügte er hinzu: »Wir haben nicht den Wunsch, Informationen zu dementieren oder zu korrigieren, die auf Sensationen abzielen oder leere Spalten in Zeitungen füllen müssen.«[12]

Am zweiten Sonntag im Mai wurde Reutemann in Spanien Zweiter hinter dem Lotus von Mario Andretti. Zwei Wochen später belegten Lauda und Reutemann in Monte Carlo die Plätze zwei und drei hinter Jody Scheckters Wolf. Obwohl ihnen der Sieg weiterhin verwehrt blieb, waren die beiden Ferrari-Piloten nun

Zweiter und Dritter in der Meisterschaftswertung. Dennoch war allen klar, dass das Team nicht mehr das war, was es einmal war.

Abgesehen vom geringeren Leistungsniveau des 312 T2 von 1977 fehlte es Ferrari an Harmonie. Die beiden Fahrer hatten sich nie gemocht und verbrachten das Rennwochenende damit, einander zu ignorieren. Außerdem herrschte zwischen Lauda und Forghieri permanenter Kriegszustand. Es fehlte jemand, der den Überblick und die Macht hatte einzugreifen, wo und wann es nötig war. Bald kam die Presse zu dem Schluss, dass bei Ferrari die Rückkehr von Luca di Montezemolo erforderlich wurde.

Ferrari sah sich wieder einmal gezwungen, eine öffentliche Erklärung abzugeben. Der große, alte Mann hatte seinen jungen Assistenten sehr geschätzt, aber in der letzten Saison, die er in Maranello verbracht hatte, war Enzo etwas eifersüchtig auf Montezemolo geworden – ein Zustand, der bei einem Mann wie Ferrari recht selten vorkam. Wohl wissend, dass er es sich nicht leisten konnte, auf jemanden, der noch keine 30 Jahre alt war, eifersüchtig zu sein, versuchte Ferrari, sich aus der peinlichen Situation herauszuwinden, indem er auf Fiat verwies, wo man eineinhalb Jahre zuvor Montezemolos Dienste in Anspruch genommen hatte. Er sagte: »Es wäre absurd, von Fiat jetzt zu verlangen, dass sie ihn mir zurückgeben.«[13]

Ferrari beschloss daraufhin, Reutemann loszuwerden, und wies seine Leute an, einen Vertrag mit Mario Andretti abzuschließen. Enzo hatte Andretti zu Beginn seiner Karriere in seinem Team gehabt und seitdem ein Faible für den in Italien geborenen Amerikaner. Andretti antwortete, dass er jederzeit gern zu Ferrari zurückkehren würde, aber nicht, um die zweite Geige hinter Lauda zu spielen. Als er erfuhr, dass er tatsächlich nur der zweite Fahrer werden sollte, lehnte er ab.[14]

Am Donnerstag, dem 30. Juni, äußerte sich Lauda zum ersten Mal zu den vielen Gerüchten um seine Zukunft. In einer Art Liebeserklärung an seinen zweiten Vater sagte er, dass er Ferrari nicht verlassen werde. Gleichzeitig wünschte er sich »ein kompakteres und engeres Team«.[15] Drei Tage später nahm er jedoch Verhandlungen mit Bernie Ecclestone über einen Wechsel zu Brabham-Alfa auf.[16]

Zwei Wochen später wurde Lauda beim Großen Preis von Großbritannien Zweiter hinter James Hunt. Ein Jahr nach dem schrecklichen Unfall auf dem Nürburgring, am 30. Juli, triumphierte Niki Lauda beim Großen Preis von Deutschland in Hockenheim, der schnelleren, aber kürzeren Strecke, die den alten und veralteten Eifelkurs ersetzt hatte. Beim nächsten Rennen, dem Großen Preis von Österreich in Zeltweg, stand Lauda zum ersten Mal seit 13 Monaten wieder auf der Poleposition. Und mit dem zweiten Platz im Rennen hinter dem überraschend guten Shadow des Australiers Alan Jones führte er nun die Meisterschaftswertung mit 16 Punkten Vorsprung vor Jody Scheckter an.

In der darauffolgenden Woche erschien Lauda jedoch nicht zu den privaten Ferrari-Tests in Monza. Das Team gab bekannt, dass Lauda sich nicht wohlfühlte. Aus Österreich kam die Nachricht, dass Niki sich tatsächlich bester Gesundheit erfreute und zu einer persönlichen Reise aufgebrochen war.[17] Lauda tauchte erst in der folgenden Woche wieder in Fiorano auf.[18] In der Zwischenzeit kam erneut das Gerücht auf, dass Ferrari ernsthaft an Emerson Fittipaldi interessiert sei. Hatte man vor Laudas mysteriöser Abwesenheit in Monza geglaubt, dass Fittipaldi Reutemanns Platz einnehmen könnte, ging man nun davon aus, dass der Brasilianer Lauda ersetzen würde.[19]

Am Sonntag, dem 28. August, holte Niki Lauda beim Großen Preis der Niederlande seinen dritten Saisonsieg. Sein Vorsprung in der Gesamtwertung vergrößerte sich auf 19 Punkte, ein fast uneinholbarer Abstand. Am nächsten Tag kam er schließlich nach Modena, um mit Enzo Ferrari über seine Zukunft zu sprechen.

Der Alte wusste eines: Er müsste die wirtschaftlichen Forderungen erfüllen, die Niki mit Sicherheit stellen würde.[20] Er hatte es nie gemocht, seinen Fahrern absurde Summen zu zahlen, aber er hatte sich in der Vergangenheit immer mit solchen Forderungen abgefunden, wenn er der Meinung war, dass der Fahrer es verdiente. Und Lauda hatte kürzlich bewiesen, dass er wieder der Spitzenfahrer war, der er vor dem Nürburgring-Unfall gewesen war. Trotz einiger Irritationen und gegenseitigem Unverständnis in den vergangenen Monaten war sich Enzo Ferrari einigermaßen sicher, dass Niki ungeachtet der Pressespekulationen nur mehr Geld verlangen würde.[21]

In den Büros der alten Scuderia Ferrari in der Viale Trento Trieste in Modena sprach zuerst Enzo. Bei ihm waren der stellvertretende Ferrari-Geschäftsführer Della Casa sowie Piero Lardi.

»Was wollen Sie mir nach all dem, was gesagt wurde und was ich in den Zeitungen gelesen habe, sagen?«, fragte er Niki scherzhaft.

Lauda war in einer ganz anderen Stimmung und sagte: »Es ist mir peinlich, denn ich habe Ihnen gesagt, dass ich bei Ihnen bleibe, solange Sie bei Ferrari sind. Heute kann ich nicht mehr bleiben, weil ich meine Motivation verloren habe.«[22]

In der Überzeugung, dass Lauda blufft, um den Einsatz zu erhöhen, erklärte Ferrari ihm, dass er bei Fragen des Geldes zu Gesprächen bereit sei. Er sagte Niki, dass er mit jedem Angebot, das er von einem anderen Team erhalten hätte, gleichziehen würde.

Lauda entgegnete, dass es keine Frage des Geldes sei, sondern eine Frage der Motivation. Nach vier Jahren wolle er einfach eine Veränderung. Er wolle nicht noch eine weitere Saison in einem Team bleiben, in dem er sich nicht mehr wohlfühle.[23] Er habe Probleme mit dem technischen Personal gehabt und seit Montezemolos Weggang habe das Team seine Einheit verloren.[24] Um dies zu unterstreichen, hatte Niki Montezemolo gebeten, bei dem Treffen anwesend zu sein. Nachdem Laudas Ankündigung bereits stattgefunden hatte, traf Montezemolo mit einigen Minuten Verspätung ein.[25]

Lauda brach nach den ersten Sätzen ab und sagte, dass er im Italienischen nicht die richtigen Worte finden würde und auf Englisch sprechen wollte. Piero war bereit, als Dolmetscher zu fungieren, aber Enzo sah das anders: Um unangenehme Dinge zu sagen, sei das bisschen Italienisch, das er könne, mehr als ausreichend.

Ferrari war überrumpelt worden. Er war es, der entschied, wann ein Fahrer seinen Aufenthalt in Maranello beendete. Mit Häme sagte er: »Als Sie gesagt haben, Sie blieben bei mir, haben

Sie mein Alter und die Krankheit, die mich seit einiger Zeit plagt, einkalkuliert, oder?« Und ohne Lauda Zeit zur Antwort zu geben, fügte er hinzu: »Denn wenn Sie diese Berechnungen angestellt haben, verstehe ich die Tragweite Ihres Versprechens.«[26]

Das Treffen wurde kurz mit gegenseitigen Anschuldigungen fortgesetzt. Lauda blieb hartnäckig und Ferrari machte kein Gegenangebot. Am Ende wurde eine kurze Pressemitteilung herausgegeben, in der es hieß, es sei »beschlossen worden, dass die 1974 begonnene Arbeitsbeziehung [zwischen Ferrari und Niki Lauda] am 30. Oktober mit dem Ende der laufenden Weltmeisterschaft« enden werde. In der kurzen Mitteilung dankte Ferrari seinem Fahrer »für die unschätzbare Zusammenarbeit« und wünschte ihm »das Beste für die Fortsetzung seiner Karriere«. Ein paar Zeilen weiter dankte Lauda »Ferrari für vier Jahre vorbildlicher Zusammenarbeit« und richtet »einen besonderen Dank an Enzo Ferrari«.[27]

Als sie sich verabschiedeten, vereinbarten Ferrari und Lauda, dass keiner von beiden öffentlich über das Ende ihrer Zusammenarbeit sprechen würde, bis der Vertrag Ende Oktober ausliefe. Aber natürlich sprach in der Welt des Motorsports niemand über etwas anderes. Regazzoni, der immer noch einen Groll gegen Enzo hegte, bemerkte mit unverhohlener Freude, dass »Ferrari von Lauda die Behandlung erhalten hat, die er in der Vergangenheit anderen vorbehielt«.[28]

Niki hatte beim Großen Preis von Italien in Monza den üblichen Beifall und die Zuneigung der italienischen Fans erhalten. Und er begann, die Geschehnisse des Treffens öffentlich zu schildern. Laudas Aussagen machten Ferrari wütend – und ein wütender Ferrari kannte nur einen Weg, um seine Wut zu besänftigen.

Am Dienstag nach dem Rennen in Monza leitete der Alte eine überfüllte Pressekonferenz in den Räumen der alten Scuderia Ferrari. Elegant in einem grauen Anzug, einer Farbe, die er selten trug, »schlank, aber immer noch imposant«[29] und geschützt durch seine traditionelle dunkle Brille, goss er Benzin ins Feuer, das Lauda in der Woche zuvor entfacht hatte: »Wahrheit und Vernunft sind die häufigsten vorgefertigten Materialien der Welt.« Die Presse hatte seiner Meinung nach in den Tagen zuvor Laudas Wahrheit zum Ausdruck gebracht. Seinen Gästen erklärte er: »Jetzt werden Sie *meine* Wahrheit hören.«[30]

Nachdem er die Details des Treffens enthüllt hatte, bei dem Lauda die Trennung bekannt gegeben hatte, startete Ferrari durch: »Meine Mutter hat mir drei Sprichwörter hinterlassen, von denen eines besagt, dass man sich, wenn zwei Menschen sich trennen, nur an die besten Tage erinnern sollte.« Vielleicht um seine Entscheidung zu erklären, hätte Lauda beschlossen, sich nur an die schlechten Tage zu erinnern. Vorwurfsvoll fuhr er fort: »Lauda wirft uns vor, ihn nach Japan nicht geschützt zu haben, aber Sie wissen alle, wie sehr ich ihn verteidigt habe. Lauda sagte, dass Enzo Ferrari sich nicht vorstellen konnte, jemanden in seinem Team zu behalten, der dumm genug war, einen Selbstmord zu riskieren, weil es sich in diesem Fall lohnen würde, einen Affen einzustellen.«[31]

»Ich erinnere mich nur an Nuvolari und Moss, die prozentual gesehen wichtiger waren als das Auto, das sie fuhren«, fuhr er fort, um eine von Laudas Leistungen – Ferrari unschlagbar zu machen – zu dementieren. »In den Jahren 1974 und ,75«, räumte er ein, »hat Lauda bemerkenswerte Beiträge geleistet. Aber danach«, so sein Vorwurf, »stellte er die Suche nach neuen persönlichen Sponsoren über die Interessen des Teams.« Er fügte hinzu: »Und überhaupt muss ich noch einen Fahrer finden, der nicht nur die Probleme eines Autos erkennt, sondern auch die nötige Abhilfe schaffen kann.«[32] Ferrari antwortete Punkt für Punkt auf jeden der Angriffe, die Lauda in den letzten Tagen gegen ihn vorgebracht hatte. Mit einem Hauch von Bosheit beendete er seinen langen verbalen Kreuzzug gegen seinen nunmehr zweifachen Weltmeister mit einem bösen Spruch: »Lauda wird Ferrari nicht so abservieren, wie er Mariella abserviert hat.«[33] Damit bezog er sich auf die langjährige Freundin, die Niki überstürzt verlassen hatte, um Marlene zu heiraten.

Am selben Tag gab Lauda in Deutschland bekannt, dass er 1978 mit Brabham-Alfa Romeo fahren würde. Enzos zweimaliger Weltmeister war zu seinem lebenslangen Erzfeind übergelaufen.

Nach Laudas Abgang beeilte sich Ferrari mit der Auswahl des Fahrers, der ihn ersetzen sollte. Gegenüber der Presse hatte er sich vage ausgedrückt: »Ich ziehe vier oder fünf Namen in Betracht.«[34] In Wahrheit hatten die von ihm gewünschten Fahrer – Fittipaldi, Scheckter und vor allem Andretti – nacheinander angekündigt, dass sie alle bei den Teams bleiben würden, für die sie 1977 gefahren waren.

Da Ferrari nicht in der Lage war, einen großen Namen zu verpflichten, dachte man sich eine andere Lösung aus, »so wie wir es 1973 mit Lauda gemacht haben«, sagte er und gab damit einen klaren Hinweis, den die Presse völlig übersah. Und so wurde mit dem erzwungenen Ende der Verhandlungen mit etablierten Fahrern die »Lösung Lauda 1973«,[35] wie er sie einige Tage später selbst nennen sollte, zur praktikabelsten Alternative, um den österreichischen Meister zu ersetzen.

Ein junger, kanadischer Fahrer, der erst ein einziges Formel-1-Rennen bestritten hatte, hatte Enzos Neugierde geweckt – genau der Fahrer, den die *Gazzetta dello Sport* im Dezember neben Enzos Stück von 1914 genannt hatte. Ferrari hatte ihn beim Großen Preis von Großbritannien im Fernsehen gesehen. Nach seiner Rückkehr aus Silverstone hatte Forghieri, der ihn persönlich hatte fahren sehen, mit großer Begeisterung von ihm gesprochen. Der alte Mann hatte dann mit zwei Leuten gesprochen, die den Kanadier kannten, weil er in ihrem Team in der Can-Am-Meisterschaftsserie fuhr: Walter Wolf und Chris Amon, Besitzer bzw. Teammanager des Teams.[36] Der ehemalige Ferrari-Fahrer Amon hatte die »unglaublichen natürlichen Qualitäten«[37] des jungen Kanadiers gelobt. Zu diesem Zeitpunkt wies Ferrari seine Leute an, heimlich, aber sofort seine Verfügbarkeit zu überprüfen.

Auf Wunsch von Enzo Ferrari war Gilles Villeneuve in den letzten Augusttagen vom Pressesprecher Ennio Mortara kontaktiert worden und am selben Tag nach Modena gekommen, an dem sich Lauda verabschiedet hatte[38] – am Montag, dem 29. August. Lauda hatte sich um 11 Uhr mit Ferrari getroffen, Villeneuve wurde um 19 Uhr empfangen.[39]

Bis zu diesem Morgen handelte es sich nur um ein Sondierungsgespräch, eine jener Diskussionen, die Ferrari gern von Zeit zu Zeit mit vielversprechenden, jungen Fahrern führte, um sich das Recht vorzubehalten, sie in der (mehr oder weniger fernen)

Zukunft zu sprechen, wenn überhaupt. Aber der Abgang von Lauda, der an diesem Morgen auf so stürmische Weise stattgefunden hatte, gab dem Gespräch eine ganz andere Richtung.

Das Gespräch dauerte eine Stunde. Es war freundlich und endete mit der Übereinkunft, dass Gilles bald von Ferrari hören würde. Das einzige Hindernis für eine mögliche Einigung könne der Vertrag sein, den Villeneuve mit McLaren für 1977 unterzeichnet hatte, samt einer Option für 1978. Doch bevor der junge Kanadier abreiste, erklärte ihm Ferrari, dass es viele Möglichkeiten gäbe, aus einem Vertrag herauszukommen.[40]

Am 21. September gab Mario Andretti bekannt, dass er bei Lotus bleiben würde.[41] Einen Tag später verkündete Jody Scheckter, der sich am 7. September in Modena mit Enzo Ferrari getroffen hatte,[42] dass er 1978 bei Wolf bleiben würde.[43] Und während die Presse darauf bestand, dass Ferrari nun entweder Alan Jones oder John Watson im Visier hatte, lud Enzo erneut Villeneuve nach Modena ein.

Der Kanadier unterzeichnete am Dienstag, dem 27. September, um 22 Uhr auf dem Gelände der alten Scuderia Ferrari in der Viale Trento Trieste seinen Vertrag mit Ferrari. Er unterschrieb für eine Saison, mit einer Option für 1979. Aus wirtschaftlicher Sicht hatte Ferrari gute Arbeit geleistet: In seiner ersten Saison würde Villeneuve 75.000 Dollar erhalten, eine Summe, die ihm irrational erschien, aber in der Welt der Formel 1 der späten 1970er-Jahre eher bescheiden war.

Am nächsten Tag gab Ferrari die überraschende Verpflichtung des unbekannten 24-jährigen Kanadiers bekannt. Enzo verglich ihn mit dem jungen und unbekannten Lauda von 1973 und sagte: »Ich habe mich auf der Grundlage von Anzeichen entschieden, die auf einen beruflich reifen und talentierten [Rennfahrer] hindeuten.« Er schloss: »Wir hoffen, dass er sich wie erwartet entwickelt.«[44] Die italienische Presse reagierte wie vier Jahre zuvor bei der Bekanntgabe der Einstellung von Lauda: Sie bejubelte die Wahl nicht.

Nachdem Lauda beschlossen hatte, Ferrari vorzeitig zu verlassen, gab Gilles Villeneuve sein Debüt für Ferrari beim Großen Preis von Kanada in Mosport. Es war alles andere als denkwürdig. Doch was Ferrari dazu veranlasste, über die Weisheit seiner jüngsten Entscheidung nachzudenken, geschah im nächsten Rennen, dem Großen Preis von Japan, der die Saison 1977 beendete.

Villeneuve, von Natur aus eine impulsive Persönlichkeit, stieß in der ersten Rennhälfte mit dem Tyrrell von Ronnie Peterson zusammen. Die beiden Autos kamen von der Strecke ab und landeten in einem Bereich, der für die Öffentlichkeit nicht zugänglich war, in dem sich jedoch Fotografen, Streckenposten und (unerlaubt) Zuschauer aufhielten. Das Ergebnis: zwei Tote, sieben Schwerverletzte und zahlreiche Kontroversen, die sich vor allem gegen Villeneuve richteten – er galt als zu jung, zu unerfahren, zu ungestüm –, aber auch gegen Enzo Ferrari, dem vorgeworfen wurde, einen großen Fehler begangen zu haben, als er einen so unerfahrenen, jungen Fahrer engagierte.

In den Tagen nach dem Rennen in Japan stellte Ferrari sich selbst und seine Leute die Frage, ob seine Wahl richtig war.[45] Einigen befreundeten Journalisten gestand er, dass er, selbst wenn er es gewollt hätte, nicht in der Lage gewesen wäre, Villeneuve durch einen anderen Spitzenfahrer zu ersetzen.[46] Und dann war da noch seine Fehde mit Lauda, wegen der er niemals zugeben würde, dass er bei der Wahl seines Ersatzes einen so gigantischen Fehler gemacht haben könnte.[47] Aus all diesen Gründen beschloss er, dem Kanadier im Hinblick auf den Unfall in Japan einen Vertrauensvorschuss zu gewähren und ihm noch etwas Zeit zu geben, um an seinem natürlichen Talent zu feilen.

Und wieder einmal verletzte ihn die italienische Presse, die ihn wegen seiner Wahl des schmalen Kanadiers verhöhnte. Also kündigte er an, dass er sich »in die ebenso kleine wie laute Einsiedelei von Fiorano zurückziehen und die Ereignisse aufmerksam beobachten« werde.[48]

KAPITEL 42

Das letzte Hurra

Mitte November 1977 stellte Enzo Ferrari den 312 T3 als erstes Auto der Nach-Lauda-Ära und direkten Nachfolger des siegreichen T2 vor. Die eigentliche Neuigkeit waren die Michelin-Radialreifen. Die Wahl eines Reifenherstellers mit sehr wenig Formel-1-Erfahrung war ein Wagnis und Ferrari wusste das. Aber er hatte zu lange unter der besonderen Beziehung gelitten, die Goodyear zu mehreren englischen Teams aufgebaut hatte, und daher beschlossen, einen neuen Weg einzuschlagen. Michelin war seit etwa zehn Jahren Erstausrüster für Ferrari-Straßenfahrzeuge und Enzo glaubte, dass sein Risiko kalkulierbar war.

Für die Vorstellung des neuen Wagens nutzte Enzo das Stadtzentrum von Maranello. Als der Vorhang gelüftet wurde, staunte die Presse nicht schlecht, als auf dem Wagen die Startnummer »1« prangte.[1] In der Formel 1 wurde die Ziffer »1« seit einigen Jahren dem Fahrer zugewiesen, der in der Saison zuvor den Weltmeistertitel gewonnen hatte – rechtmäßig hätte sie also 1978 auf Laudas Brabham-Alfa Romeo stehen müssen. Doch Enzo konnte der Versuchung nicht widerstehen, ein weiteres Mal zu betonen, dass das Auto, mit dem der Österreicher 1977 Weltmeister geworden war, aus seinem Rennstall stammte.

Enzo nutzte die Gelegenheit auch, um der Presse seinen neuen Teamchef vorzustellen. Sein Name war Marco Piccinini und obwohl Enzo dies natürlich nicht so sagte, war er die Antwort auf alle, die die Rückkehr von Montezemolo oder die Ankunft einer Person mit vergleichbaren Eigenschaften erfleht hatten. Wie schon Montezemolo sollte Piccinini bald als Bevollmächtigter auf und abseits der Rennstrecke fungieren und Enzo in Maranello über alles berichten, was im Ferrari-Team und in der F1-Maschine vor sich ging.

Von seinem abgelegenen Rückzugsort Fiorano aus blickte der alte Mann, der bald 80 werden würde, in jenem Winter desillusioniert auf die Saison, die Mitte Januar mit dem Großen Preis von Argentinien eröffnet werden sollte. Nach dem Gewinn des zweiten Weltmeistertitels in drei Jahren und dem Weggang von Lauda wusste er, dass »ein vierjähriger Zyklus, in dem unsere Autos auf dem Höhepunkt des internationalen Motorsports standen«, zu Ende gegangen war. Nun würde ein neuer Zyklus beginnen und obwohl der Verbleib an der Spitze so gut wie sicher war, beschwor er: »Wir werden bereit sein zu kämpfen um unserer Tradition willen.«[2]

Abgesehen von der noch unbewiesenen Qualität des neuen T3 waren es die Fahrer, die ihm Sorgen bereiteten. Obwohl er beide persönlich ausgewählt hatte, wusste er, dass Carlos Reutemann 1977 eine alles andere als großartige Saison hinter sich gebracht hatte und nur wegen Laudas Abgang bestätigt worden war. Und dann war da noch der junge Villeneuve, der in Fiorano eine Testrunde nach der anderen drehte, aber nicht an die Rundenzeiten seines Teamkollegen oder seiner Vorgänger heranreichte.

Die ersten beiden Rennen des Jahres in Argentinien und Brasilien sollten zeigen, was für eine Saison 1978 werden würde – nämlich eine, in der Ferrari damit zu kämpfen hatte, das richtige Gleichgewicht zwischen dem Auto und den neuen Reifen zu finden, aber dann, sobald dieses Gleichgewicht gefunden war, unschlagbar sein würde. In Buenos Aires kamen die T2, die dem noch nicht ausgereiften T3 vorgezogen wurden, beide nicht in die Punkteränge.[3] Doch in Brasilien, auf dem neuen Jacarepaguá-Rennkurs bei Rio de Janeiro, führte Reutemann souverän vom Start bis ins Ziel.

Die von Michelin gelieferten Reifen hatten in beiden Rennen den Unterschied in der Performance ausgemacht. In Argentinien hatten sie sich als unzureichend erwiesen. In Brasilien hingegen brachten sie Reutemanns Ferrari zum Fliegen; Villeneuve beendete sein Rennen in Jacarepaguá nach einer erneuten Berührung mit Peterson, diesmal im Lotus, neben der Strecke. Zwischen dem Großen Preis von Brasilien und dem folgenden Rennen in Südafrika lag ein Monat. In dieser Zeit wurde das Privatleben von Enzo Ferrari von zwei Ereignissen berührt. Am 18. Februar wurde er 80 Jahre alt. Obwohl dies ein bedeutender Meilenstein war, wurden keine großen Feierlichkeiten abgehalten. Der Gesundheitszustand seiner Frau hatte sich ernsthaft verschlechtert. Sie war ans Bett gefesselt und starb neun Tage nach Enzos Geburtstag im Krankenhaus von Modena.[4]

Die Gegensätze zwischen Enzo und Laura waren hart gewesen. Ihr Zusammenleben war nie einfach gewesen, selbst als sie noch jung waren. Aber ihre Wege hatten sich nie völlig getrennt. Was sie weitgehend zusammenhielt, war die Erinnerung an ihren früh verstorbenen Sohn Dino, die nun auch ihr Leben beendet hatte. In den letzten Jahren hatten ihr zunehmendes Alter und Lauras sich verschlimmernde Krankheit die Bitterkeit aus ihren früheren täglichen Auseinandersetzungen genommen: »Ihr Lächeln und ihre immer blauen Augen«, sagte Enzo nach ihrem Tod, als er mit einem Gefühl von aufkommender Zärtlichkeit auf die letzte Zeit seiner schwierigen Ehe zurückblickte, »erzählten mir all ihre Qualen und ihre große Freude.«[5]

Der Tod seiner Frau war ein schwerer Schlag. Auf seine eigene Art und Weise hatte er Laura immer gern gemocht – sicherlich wegen Dino, aber auch aufgrund eines persönlichen, intimen und zeitlosen Gefühls der Dankbarkeit, das Ferrari immer hatte und das nur wenige ahnten. Dem befreundeten Journalisten Gino Rancati, der ihn ein paar Tage nach ihrer Beerdigung besuchte, vertraute er an: »Jetzt, wo sie nicht mehr da ist, vermisse ich einen präzisen Bezugspunkt.«[6] Lauras Tod veranlasste Enzo, zwei wichtige Entscheidungen zu treffen – eine wahrscheinlich schon lange geplante und eine andere längst überfällige. Die erste bestand darin, Lina und Piero zu bitten, ins Haus am

Largo Garibaldi einzuziehen. Piero bezog mit seiner Frau Floriana und seiner Tochter Antonella die geräumige Wohnung über der von Enzo. Lina sollte im dritten Stock wohnen. Keiner seiner vertrauten Freunde – das heißt, die wenigen, die von Lina wussten – war überrascht, dass Enzo Lina nicht einlud, bei ihm einzuziehen.[7] Sie wussten, dass er das nie getan hätte. Dies geschah nicht nur aus Respekt vor Laura oder aus Hingabe an sein Andenken an Dino; mit dem Tod von Laura als letztem Mitglied seiner ersten Familie war Enzo nun frei, mit seiner zweiten Familie zu leben. Aber die Komplexität des Mannes und seine großen, aufgewühlten Gefühle würden es ihm niemals erlauben, ein völlig neues Leben zu beginnen. Sie würden ihm höchstens zubilligen, eine neue Phase desselben Lebens zu beginnen, das er 80 lange und quälende Jahre lang geführt hatte und aus dem nichts und niemand jemals vollständig verschwunden war.

Die zweite Entscheidung war, seinem zweiten Sohn endlich seinen Nachnamen zu geben.

Enzo hatte sich schon lange gewünscht, dem Sohn, den er mit Lina gezeugt hatte und der von allen einfach Piero Lardi genannt wurde, seinen Nachnamen zu geben. Trotz heftiger Auseinandersetzungen mit Laura und bombastischer Aktionen, als er beispielsweise eine Zeit lang in einem Hotel lebte oder als er ihr eine Milliarde Lire als Gegenleistung für eine Scheidung anbot, um Fiamma zu heiraten, oder dieselbe Summe, um Piero den Nachnamen Ferrari geben zu dürfen,[8] hatte die Komplexität ihrer Beziehung ihn immer daran gehindert, sie zu verlassen oder sich in bestimmten Fragen durchzusetzen – Pieros Nachname war die wichtigste. Enzo hatte als Realist bereitwillig kapituliert und seinen Kreuzzug aufgegeben, solange seine Frau noch am Leben war.

Aber auch nach Lauras Tod hatte Enzo sein Ziel noch nicht ganz erreicht. Piero sollte von nun an Piero Lardi Ferrari heißen. Zu Piero Ferrari würde er erst nach Enzos Tod werden, um das Versprechen einzulösen, das er seiner Frau – oder genauer gesagt Dinos Mutter – gegeben hatte, wonach der einzige andere Ferrari auf dieser Welt immer und für immer ihr Kind sein würde.[9]

⌘ ⌘ ⌘

Am 2. April 1978 starteten die 312 T3 von Reutemann und Villeneuve beim Großen Preis der USA in Long Beach aus der ersten Reihe. Villeneuve blieb in Führung, bis er mit dem Shadow von Clay Regazzoni kollidierte – ein weiteres seiner spektakulären Ausweichmanöver, für die ihn die italienische Presse ironisch als »Flieger« bezeichnet hatte. Doch der Sieg war Reutemann nicht mehr zu nehmen, der mit den neun Punkten des Siegers mit Mario Andretti, der Zweiter wurde, an der Spitze der Gesamtwertung gleichzog.

Der Sieg in Long Beach blieb allerdings ein Einzelerfolg. Die Saison ging mit gemischten Ergebnissen durch den Rest des Frühjahrs und für den größten Teil des Sommers weiter, wobei die Ferraris nur konkurrenzfähig waren, wenn die Michelin-Reifen mitspielten. Während sich Andretti in der Gesamtwertung absetzte, wechselten sich bei den beiden Ferraris positive Ergebnisse mit sehr enttäuschenden ab und sie fielen im Kampf um den Weltmeistertitel zurück.

Enzo, der sich in diesem Jahr wirklich komplett nach Fiorano zurückgezogen und wenig mit der Außenwelt kommuniziert hatte, geriet unter Druck, den Reifenhersteller zu wechseln. Seine Beziehung zu den Geschäftsführern aus Clermont-Ferrand, insbesondere zu François Michelin, war persönlich und langjährig und Enzo dachte nie daran, die Franzosen aufzugeben.[10] Seiner Meinung nach war dies eine Erfahrung, die ihm in Zukunft nützlich werden könnte.[11]

Als Reutemann Mitte Juli in Brands Hatch endlich wieder gewann, war der Kampf um den Weltmeistertitel bereits weitgehend gelaufen – ebenso wie die Beziehungen zwischen Ferrari und seinem zweiten Fahrer gefährdet war.

Auch wenn er sein Engagement für Michelin nie infrage gestellt hatte, so hatte Enzo doch schon lange Zweifel an Villeneuve gehegt. Er schätzte zwar seine Schnelligkeit, seine Entschlossenheit und seinen Charakter, war sich aber auch darüber im Klaren, dass sein Wachstumsprozess langsamer verlaufen würde als der von Lauda.[12] Also beschloss er, ihn bei Wolf unterzubringen – obwohl er bereits über Michelin verhandelt hatte, eröffnete er auch mit Renault Verhandlungen [13] –, und es sah so aus, als würde Wolf ihn 1980 höchstwahrscheinlich wieder aufnehmen.[14]

Enzo hatte die Idee, Villeneuve durch Scheckter zu ersetzen und den Südafrikaner, den er schon immer mochte und den er im Jahr zuvor unter Vertrag nehmen wollte, mit Reutemann zusammenarbeiten zu lassen. Doch der Argentinier hatte andere Pläne. Frustriert über die Unzuverlässigkeit seines T3, verärgert über die Gerüchte, dass Scheckter 1979 zu Ferrari wechseln würde, und wissend, dass sich das Duo aus Andretti und Peterson bei Lotus am Ende der Saison trennen würde, schloss Reutemann mitten im Sommer einen Vertrag mit Colin Chapman ab. Also war Enzo Ferrari gezwungen, Gilles Villeneuve auch für 1979 zu verpflichten.

Zwei Tage nach seiner Ankündigung, dass er im nächsten Jahr für Lotus fahren würde, tauchte Reutemann bei Ferrari auf, um Enzo mitzuteilen, was dieser bereits aus der Presse erfahren hatte. Aus Verärgerung über den unerwarteten Abgang von Carlos wartete Ferrari nicht auf den Großen Preis von Italien, wie der Argentinier verlangt hatte, sondern gab der Presse noch am selben Tag seine Fahreraufstellung für die Saison 1979 bekannt.[15]

Unmittelbar nach dem Mittagessen bat er die kleine Schar von Journalisten, die routinemäßig am Werkstor von Maranello oder am Eingang zur Rennstrecke von Fiorano patrouillierten, zu sich in seinen privaten Speisesaal im Cavallino. Nachdem er den Restaurantbesitzer gebeten hatte, zur Feier des Tages eine Flasche Champagner zu öffnen, überreichte er jedem Journalisten persönlich einen maschinengeschriebenen Text, den Gozzi – der zusammen mit Piero und Piccinini bei der improvisierten Pressekonferenz anwesend war – am Morgen vorbereitet hatte und in dem er »entsprechend den Bedürfnissen der Presse«[16] die Namen der beiden Ferrari-Fahrer für die Saison 1979 bekannt gab: Jody Scheckter und Gilles Villeneuve.

An jenem tragischen Tag in Monza, der Ronnie Peterson das Leben kostete, holte sich sein Teamkollege Mario Andretti den Weltmeistertitel. Damit blieben noch zwei Rennen bis zum Ende der Saison. Das erste gewann Reutemann in Watkins Glen. Es war sein vierter Saisonsieg und sicherte ihm den dritten Platz in der WM-Wertung. Am 8. Oktober holte Villeneuve schließlich seinen ersten Formel-1-Sieg beim Großen Preis von Kanada, der erstmals in Montreal ausgetragen wurde. Da Villeneuve wusste, wie viel Geduld sein Arbeitgeber in seiner ersten vollen Saison bewiesen hatte, zollte er Enzo Ferrari am Ende des Rennens Tribut und dankte ihm öffentlich.[17]

Obwohl er den Weltmeistertitel nicht gewonnen hatte, konnte Enzo Ferrari von der gerade zu Ende gegangenen Saison nicht völlig enttäuscht sein. Seine Autos hatten fünf von sechzehn Rennen gewonnen und lediglich der überragende Lotus 79 – sowie die wenigen Höhen und zahlreichen Tiefen der Michelin-Reifen – hatten zumindest einem seiner Fahrer eine faire Chance auf den Titel verwehrt. Ganz zu schweigen von der Tatsache, dass Lauda nur zwei Rennen gewonnen hatte und in der Gesamtwertung auf Platz vier lag.

Am 20. Februar 1979 reisten Vertreter des nationalen Verbandes der Widerstandskämpfer nach Maranello, um Enzo persönlich die Goldmedaille der *Resistenza* zu überreichen.[18] Obwohl er nur selten darüber sprach, war seine Rolle im Widerstand alles andere als unbedeutend gewesen. Die Mitglieder der politischen Parteien und der Gewerkschaften von Modena hatten seinen Beitrag stets anerkannt und nun wurde er auch auf nationaler Ebene gewürdigt.

Die Präsentation des neuen Wagens fand am Montag, dem 15. Januar 1979, am frühen Nachmittag statt. Ferrari entschied sich erneut für das erst kürzlich renovierte Stadtzentrum von Maranello, das mit seinem zentralen, runden Theatersaal eine perfekte Bühne bot. Wie erwartet, wies der neue Ferrari einen »Bodeneffekt« in der Art des Lotus von Chapman auf.

Die Presse war nicht besonders beeindruckt von der Form des neuen T4, der weniger stromlinienförmig wirkte als die meisten anderen Autos. Manche meinten, er sähe aus wie ein Pantoffel, andere erinnerte die Front des Wagens an die Nase eines Nilpferds.[19] In einer Karikatur wies die Motorsportzeitschrift *Autosprint* ironisch darauf hin, dass Forghieri sich bei der Gestaltung des Wagens von einem Sack Kartoffeln inspirieren lassen habe.[20] Ferrari interessierte sich nicht für all diese Witzeleien und sagte: »Hoffen wir, dass der hässliche T4 auf der Rennstrecke eine Schönheit wird!«[21]

Während der T4 in Fiorano seine Runden drehte, um den letzten Schliff zu erhalten, schickte Ferrari den zuverlässigen T3 zu den ersten beiden Rennen der Saison 1979 nach Südamerika. Beide endeten mit einer großen Enttäuschung. Der neue Hauptgegner war jetzt der französische Hersteller Ligier, der mit Jacques Laffite beide Rennen in Argentinien und Brasilien gewann. Forghieri beschleunigte die Entwicklung des neuen Autos und schickte zwei T4 für Scheckter und Villeneuve nach Südafrika, wo sie am 3. März in Kyalami ihr Debüt gaben. Auf dem afrikanischen Hochland wurde die Überlegenheit des T4, der bis zum Vortag wegen seiner unkonventionellen Form verspottet worden war, für alle offensichtlich. Das galt auch für die Entwicklung von Villeneuve. In einem Rennen, das von Regen und zwei Starts geprägt war, erwies sich der Kanadier als schnell und zuverlässig und gewann das Rennen.

Ferrari verfolgte das Rennen wie üblich im Fernsehen und erkannte bald, dass sein Team erfolgreich sein würde. »Die Art und Weise, wie meine Fahrer über die Strecke fuhren, das Kurvenverhalten der Autos und ihre Beschleunigung [hatten von den ersten Runden an] zuversichtliche Erwartung geweckt.«[22] Es wurde ein Triumph für Ferrari, mit Villeneuve als Sieger und Scheckter als Zweiter. Es war Ferraris 22. Doppelsieg in der Formel 1.

Villeneuves erste Worte, als er aus dem Auto stieg, galten wieder einmal seinem Chef: »Ich widme diesen Erfolg Enzo Ferrari, der immer Vertrauen in mich hatte.« Von Fiorano aus antwortete der alte Mann: »Ich freue mich über dieses siegreiche Debüt, das den T4 definitiv schöner gemacht hat und viele Ferrari-Fans erfreuen wird.«[23]

Einen Monat später siegte Villeneuve in Long Beach erneut vor seinem Teamkollegen. Mit diesem zweiten Sieg in Folge übernahm er die Führung in der Weltmeisterschaftswertung mit einem Vorsprung von sieben Punkten auf Scheckter. Zwischen den beiden lag der blaue Ligier von Jacques Laffite.

Enzos Sorgen waren unnötig. Der zweite Sieg in Folge hatten den Kanadier nicht im Geringsten verändert. Er entpuppte sich nicht nur als ein sich rasch verbessernder Fahrer, sondern auch als ein loyaler Mensch. Denjenigen, die ihn in der Hoffnung bedrängten, innerhalb des Teams eine Kontroverse auszulösen, antwortete Gilles: »Es ist gut, in der Gesamtwertung zu führen. Aber Scheckter wird zu gegebener Zeit hervortreten.«[24] Villeneuve war im vergangenen Herbst als Rückendeckung für Scheckter eingestellt worden und nichts sollte zumindest in dieser Phase der Saison seine Meinung oder die Strategie des Teams ändern.

Trotz zweier aufeinanderfolgender Doppelsiege und des offensichtlichen Niedergangs von Ligier blieb Enzo vorsichtig: »Das Ergebnis in Long Beach unter der kalifornischen Sonne bestätigte das Gute, das wir im südafrikanischen Regen in Kyalami gesehen hatten. So weiterzumachen, wird allerdings nicht leicht sein.«[25]

Natürlich wusste er, wovon er sprach. Als die Formel 1 Europa erreichte, kehrte Ligier wieder auf die Erfolgsspur zurück. Mit einem Sieg in Spanien zog Patrick Depailler mit Villeneuve an der Spitze der Gesamtwertung gleich. Aber Enzo war nicht nur wegen der Rennergebnisse in Jarama besorgt.

Wenige Tage später führte Alfa Romeo den ersten öffentlichen Test seines neuen Rennwagens durch, den die Presse Alfa-Alfa genannt hatte, um ihn von Bernie Ecclestones Brabham-Alfa Romeo zu unterscheiden. Der Anlass war ein Test vor dem Rennen in Zolder, dem Schauplatz des Großen Preises von Belgien Mitte Mai, den Alfa Romeo 27 Jahre nach seiner letzten Teilnahme an der Formel 1 für seine Rückkehr ausgewählt hatte. Der Alfa-Alfa des jungen italienischen Talents Bruno Giacomelli fuhr von Beginn an neben anderen Autos die drittschnellste Zeit, gleich hinter dem Ligier von Depailler und dem Ferrari von Scheckter.

Als ob dies nicht bereits genug wäre, ging auch noch ein sehr verärgerter Lauda an die Öffentlichkeit und erklärte, dass er unzufrieden mit seiner derzeitigen Situation bei Brabham sei und einen Wechsel zum Mailänder Alfa-Romeo-Team nicht ausschließe.[26] Für Enzo wäre das der schlimmste aller Albträume: Sein ehemaliger Weltmeister würde für seinen lebenslangen Erzfeind antreten.

Doch dank Jody Scheckter und seinen zwei aufeinanderfolgenden Siegen in Belgien und Monaco im Mai kehrte bald wieder Gelassenheit ein. Der Südafrikaner, der von Enzo mit dem erklärten Ziel angeheuert worden war, den Weltmeistertitel zu gewinnen,[27] erklärte nach dem Rennen in Zolder: »Mehr als für mich freue ich mich für Enzo Ferrari, dem ich zu Dank verpflichtet bin.«[28] Unterstützt durch zwei unglückliche Auftritte von Villeneuve übernahm Scheckter die Führung in der Meisterschaft und gab sie nicht wieder ab.

Am 1. Juli lieferte sich die zweite Geige von Ferrari in den letzten Runden des Großen Preises von Frankreich in Dijon einen anhaltenden Kampf mit René Arnoux im Renault. Enzo verfolgte den Showdown im Fernsehen und war fasziniert.[29] Der kleine Kanadier hatte zweifellos das Talent eines Champions. Gerichtet an seinen alten Freund und Partner Luigi Bazzi, der ihm zwei Tage nach dem Rennen in Dijon ein Glückwunschschreiben mit Bezug auf Villeneuve geschickt hatte, fragte Enzo: »Erinnert er dich nicht an den jungen Nuvolari?!«[30]

Zwei Wochen später kehrte Clay Regazzoni zum Erfolg zurück. Mit 40 Jahren bescherte der Schweizer dem Team von Frank Williams seinen ersten Formel-1-Sieg. Enzo gab keine öffentliche Erklärung ab, aber privat machte er keinen Hehl aus seiner Zufriedenheit über Clays Triumph.[31]

Ende Juli verlieh der italienische Staatspräsident Sandro Pertini Enzo den Ehrentitel eines *Cavaliere di Gran Croce* (Ritters des Großkreuzes). Dies war die höchste Auszeichnung, die die Italienische Republik einem ihrer Bürger erteilen konnte. Der Staatspräsident wollte damit »seine industriellen und sportlichen Verdienste« anerkennen. Enzo freute sich natürlich über die Auszeichnung, lehnte aber die Einladung nach Rom ab, um persönlich zum Ritter geschlagen zu werden.[32]

Niemand war überrascht, als Ferrari ankündigte, dass er nicht in die Hauptstadt reisen würde. Es war bekannt, dass er sich nicht zum Rampenlicht hingezogen fühlte und dass er keine langen Reisen mochte. Aber da war noch mehr.

In jenem Sommer gab es etwas, das Enzo bedrückte, und es war nicht Alan Jones' Williams, der Jody Scheckters Streben nach dem Weltmeistertitel bedrohte. Enzo Ferrari war tatsächlich alt geworden. Er hatte die meiste Zeit des Jahres an der Seitenlinie verbracht und war nun unruhig. Seine Gesundheit war nicht stabil und seine Diät noch strenger als in der Vergangenheit.[33] Er arbeitete mit Gozzi an einer Neuauflage seiner Autobiografie und verspürte den Drang, seiner verstorbenen Frau ein paar Zeilen zu widmen.[34]

Er wusste, dass im Alter von 81 Jahren diese Ausgabe seines berühmten »Notizbuchs eines Lebens«[35] seine letzte sein könnte, und er wollte es richtig machen.[36] Die Worte, die er wählen würde, um die Frau zu beschreiben, mit der er eine lange und turbulente Beziehung geteilt hatte, würden aller Wahrscheinlichkeit nach festlegen, wie Laura der Nachwelt in Erinnerung bleiben würde. Vielleicht vermisste er Laura – trotz ihrer Widersprüchlichkeiten. Hatte er nicht kürzlich zugegeben, dass er mit ihrem Tod einen wichtigen Bezugspunkt verloren hatte?

Am letzten Sonntag im August lag Alan Jones dank seines dritten Sieges in Folge nur noch zehn Punkte hinter Scheckter. Jodys Vorsprung in der Gesamtwertung war bedrohlich geschrumpft. Drei Rennen vor dem Ende der Saison schien die Leistung des 312 T4 die Überlegenheit seines außergewöhnlichen Frühjahrs verloren zu haben.

Doch der Große Preis der Niederlande bot auch Fernsehbilder von Villeneuve, der mit seinem dreirädrigen T4 fast eine ganze Runde fuhr, um trotz eines geplatzten Hinterreifens die Boxen zu erreichen und das Rad zu wechseln. Die Fans waren begeistert, aber nicht jeder im Formel-1-Establishment wusste die Leistung zu schätzen, die je nach Sichtweise als heldenhaft oder töricht angesehen wurde. Und so fand sich der Kanadier nach mehr als einem Jahr erneut im Zentrum einer hitzigen Kontroverse wieder.

Zu Villeneuves Rettung trat unerwartet Enzo Ferrari selbst bei. Nach zwei Tagen meldete sich Ferrari zu Wort und brach damit das öffentliche Schweigen, das seit dem vergangenen April anhielt. Er donnerte aus Maranello: »Ich habe Beispiele zu bieten, nicht um Villeneuve zu verteidigen, sondern weil ich sicherstellen möchte, dass die Realität nicht verzerrt wird.«[37]

Er begann, Nuvolari zu erwähnen, der bei einem Grand Prix in den 1930er-Jahren genau das gemacht hatte, was Villeneuve am Sonntag zuvor getan hatte, nämlich auf drei Rädern die Boxen anzusteuern. »Nuvolari war ein Fahrer, der von der Strecke abkommen konnte, aber dann gewann er wie kein anderer. Sicher, er konnte Fehler machen, aber er hat sie dann wieder wettgemacht. Auch Gilles«, sagte er, indem er dem tapferen Kanadier die charakteristischen Eigenschaften des fliegenden Mantuaners zuschrieb, »ist aus diesem Holz geschnitzt und geht manchmal übermäßige Risiken ein. Aber wenn er das nicht täte, wäre er nicht Villeneuve, so wie Nuvolari nicht Nuvolari wäre, wenn er sich anders verhalten hätte.«[38]

Selten hatte sich Ferrari in der Öffentlichkeit mit einer solchen Wertschätzung zu einem seiner Fahrer geäußert. Aber der kleine Kanadier, der anfangs so große Zweifel geweckt hatte, dass Enzo fast seine Meinung geändert hätte, hatte ihn sowohl mit seinem Fahrstil als auch mit seinem Verhalten überzeugt. »Villeneuve«, so Enzos Fazit, »ist wie Nuvolari und sollte so genommen werden, wie er ist.«[39]

Drei Rennen vor Schluss wurde Alan Jones zu einer echten Bedrohung. Scheckter führte noch immer in der Gesamtwertung, aber Villeneuve konnte rechnerisch den Titel nicht mehr gewinnen. Jody hatte deshalb seinen Teamkollegen um Hilfe gebeten und Gilles hatte sofort zugesagt. Er war die ganze Saison über ein treuer Teamkollege gewesen und versprach, dass er Jody von nun an den Rücken freihalten würde.[40] Was er zwei Wochen später in Monza meisterhaft tat, als er Zweiter wurde – direkt hinter Scheckter, der damit den Weltmeistertitel holte.

Zwei Jahre nach dem Ende der Lauda-Ära hatte Enzo, der das Rennen in seinem Arbeitszimmer in Fiorano neben einem Fernschreiber, über den er mit seinen Männern in den Boxen von Monza kommunizierte[41], im Fernsehen verfolgt hatte, seinen persönlichen Kampf mit Niki Lauda gewonnen und war erneut Weltmeister geworden.

Lauda schickte ihm ganz sportlich ein Glückwunschschreiben. Enzo dachte über seine Antwort nach[42] und diktierte dann einen Text, der Bände über die Wertschätzung sprach, die er dem

Österreicher immer noch entgegenbrachte. Nikis Worte, so sagte er, hätten »ein bitteres Nachdenken ausgelöst: Wäre Lauda bei Ferrari geblieben, hätte er vielleicht schon Fangios Rekord eingestellt«.[43]

KAPITEL 43

Der Patriarch

Als er am Ende des Großen Preises von Italien aus seinem siegreichen 312 T4 kletterte, galten Jody Scheckters erste Gedanken dem großen, alten Mann: »Dieser Titel ist für Enzo Ferrari.«[1]

Aber weder kam an diesem Tag aus Fiorano noch in der darauffolgenden Woche aus Maranello Worte der Anerkennung von Enzo an seinen neuen Weltmeister. Kein Wort, keine Zeile, kein Dankesschreiben. Als die Presse diese Ungereimtheit bemerkte, gingen alle Reporter zum Werkstor, um eine Erklärung zu verlangen. »Es wird keine Erklärung von *Ingegner* Ferrari geben«, sagte Enzos Pressesprecher, »und soweit es mich betrifft, auch keine Pressemitteilung.«[2]

Immer noch im Unklaren über die Gründe für Enzos ungewohntes Verhalten wandte sich die Presse als Nächstes nach Imola, wo am Wochenende nach Monza ein nicht zur Meisterschaft gehörendes Rennen auf der Strecke stattfinden sollte, die nun den Namen von Enzos verstorbenem Sohn Dino trug. Die Presseleute wussten nicht, dass gerade dieses Rennen oder besser gesagt: genau diese Strecke – eine Kluft zwischen Enzo Ferrari und seinem neuen Champion erzeugt hatte.[3]

Ferrari hatte sich seit Langem für die Austragung eines WM-Rennens in Imola eingesetzt. Am 2. August hatte Bernie Ecclestone – der nicht nur Eigentümer von Brabham, sondern auch Vertreter aller Formel-1-Teams war – von der *Formula One Constructors' Association* (FOCA) eine Vereinbarung mit den Automobilclubs von Mailand und Bologna getroffen, wonach der Große Preis von Italien in den folgenden vier Jahren abwechselnd in Monza und in Imola ausgetragen werden sollte. Im September 1979 sollte in Imola eine Probeveranstaltung für den Großen Preis von 1980 stattfinden. Enzo Ferrari hatte eine wichtige Rolle gespielt und Ecclestone hatte ihn im Sommer öffentlich gelobt, indem er sagte, dass »wir es vor allem Enzo Ferrari verdanken, dass die Formel 1 nach Imola gekommen ist«.[4]

Doch es gab ein Problem, das zwar von den Organisatoren, nicht aber von den Fahrern übersehen wurde: Die Strecke von Imola war in erster Linie für Motorräder konzipiert worden. Autos waren auf ihr seit Jahren nicht mehr gefahren und die moderne Formel 1 war hier nie gewesen. Mit anderen Worten: Nach Ansicht der F1-Fahrer war die Strecke in Imola nicht sicher genug, um eine Meisterschaft auszutragen. Jody Scheckter war als Präsident der *Grand Prix Drivers' Association* der Wortführer gegen eine Strecke, die zu seinem Unglück den Namen des verstorbenen Sohnes seines Arbeitgebers trug.[5]

Die Spannungen zwischen Ferrari und Scheckter hatten also lediglich eine emotionale Grundlage, aber keinen wirklichen Grund. Sie sollten noch 45 Tage lang geheim bleiben. Der neue Champion fuhr also in Imola und bei den letzten Rennen der Saison – was den überlebensgroßen Chef seines Teams betraf – als *Persona non grata.*

Ironie des Schicksals: Niki Lauda gewann in Imola und gab wenige Tage später seinen Rücktritt vom Rennsport bekannt.[6]

Obwohl seit Dinos Tod bereits 23 Jahre vergangen waren, war Enzo ständig in Gedanken bei seinem Sohn. Vor einiger Zeit hatte er gesagt: »Jeden Morgen stehe ich mit Gedanken an den Tod auf.«[7]

Ferrari konnte nicht wissen, dass er seinen Sohn bald wiedersehen würde.

Am Mittwoch, dem 9. Oktober, zwei Tage nach Villeneuves Sieg in Watkins Glen im letzten Rennen der Saison 1979, erreichte Enzo kurz nach 9 Uhr eine schreckliche Nachricht. In der Nacht zuvor war jemand in den Friedhof von Modena San Cataldo eingebrochen, hatte die Tür der Ferrari-Kapelle geöffnet und versucht, den Leichnam von Dino zu stehlen.[8]

Enzo bereitete sich auf das Schlimmste vor. Ein Jahr zuvor hatte jemand den Leichnam von Charlie Chaplin gestohlen und ein astronomisches Lösegeld für die Rückgabe verlangt. In seinem Herzen wusste Enzo, dass er jede Summe zahlen würde, sollte jemand Geld für Dinos Überreste verlangen.[9] Er wurde jedoch sofort beruhigt. Dinos Leichnam war nicht entwendet worden. Irgendetwas oder irgendjemand hatte die Grabschänder offenbar gestört, bevor sie ihre grausame Arbeit beenden konnten.

Enzo eilte zum Friedhof und kam gegen 10 Uhr dort an. Als er an der Tür der Kapelle erschien, wurde er allein gelassen und trat schweigend ein, »schockiert vor Trauer, fast sprachlos«.[10] Auf dem Boden sah er einen Meißel und ein paar Plastiktüten neben dem zerbrochenen Grabstein.

Dann schaute er auf und erblickte Dino.

Sein Körper war unversehrt – wahrscheinlich wegen der großen Menge an Medikamenten, die ihm seit seinem siebten Lebensjahr injiziert worden waren, um ihn von seiner Krankheit zu heilen.[11] Sein Gesicht, seine Hände, sein Körper – alles unversehrt, wie am Tag der Beerdigung im Juli 1956. Auch die Blumen, die Laura in die Brusttasche seiner Jacke gesteckt hatte, waren noch da. »Nach all diesen Jahren hätte ich nie gedacht, dass ich meinen Sohn wiedersehen würde«,[12] war alles, was er sagte.

Er stand ein paar Minuten lang da. Dann hielt er seine rechte Hand an die Stirn, um sein Gesicht zu verdecken, und verließ die Kapelle. Mit seinem Chauffeur an seiner Seite ging er zurück zum Auto und fuhr nach Maranello, wo er alle seine Termine für den Tag absagte.

Die Ermittler kamen zu dem Schluss, dass sehr wahrscheinlich jemand die Leiche stehlen und dann ein Lösegeld für ihre Rückgabe verlangen wollte. Es wurde spekuliert, dass die Diebe den Versuch wahrscheinlich abbrachen, als sie feststellten, dass Dinos Leiche unversehrt war und sie statt einiger verstreuter Knochen einen ganzen Körper hätten abtransportieren müssen.[13]

Die Ermittlungen verliefen im Sande und der Fall wurde ohne eine Anklage abgeschlossen.

Enzo hatte immer eine eigene Theorie über den Vorfall. In Modena gab es eine Legende, die besagte, dass ein goldener Leuchter neben Dinos Sarg vergraben worden war. Das stimmte natürlich nicht, aber 23 Jahre nach der Beerdigung kursierte die Geschichte immer noch.

Angelockt von der Möglichkeit, Gold zu finden, waren einige »Narren« – genau das Wort, mit dem Enzo sie beschrieb – wahrscheinlich in der Hoffnung in die Kapelle eingebrochen, mit der Beute davonzukommen.[14]

Noch immer erschüttert von der Schändung an Dinos Grab, aber sich der Notwendigkeit bewusst, schnell zu reagieren, leitete Enzo zehn Tage später die traditionelle Pressekonferenz zum Jahresende. Er lud nur 24 Journalisten ein, die sorgfältig aus den etwa hundert Pressevertretern ausgewählt wurden, die normalerweise an diesen Veranstaltungen teilnahmen. Natürlich waren die Ausgeschlossenen frustriert, aber das war Teil von Enzos Spiel mit der Presse und sie wussten es. Trotz der Vorkommnisse war er in bester Verfassung und bereit, sich mit seinen Gästen zu streiten. »Wie Sie sehen«, sagte er zu einem Journalisten, der ihn die ganze Saison über kritisiert hatte, »hat es diese *Zitronenfabrik* geschafft, zu überleben und dieses Jahr etwas zu gewinnen.«[15]

Er lobte Villeneuve, ignorierte aber fast den Fahrer, der ihm gerade seinen ersten Weltmeistertitel seit Niki Lauda beschert hatte. »Bei ihm«, sagte er über den Kanadier, »bewundere ich den Mut, den Siegeswillen, der sogar manchen Fehler ausgleicht.« Bezeichnenderweise fügte er aber auch hinzu: »Eine weitere Sache, für die ich ihn bewundere, ist seine Ehrlichkeit. Villeneuve hat sich Scheckter gegenüber loyal verhalten, als er merkte, dass er keine Hoffnung mehr auf den Titel hatte.«[16] In seiner Würdigung von Villeneuve steckt natürlich auch eine Komponente der Selbstgefälligkeit, ein »Lotteriespiel«, wie er seinem Publikum erklärte, das er gegen alle Widerstände gewonnen hatte.[17]

Über seinen neuen Weltmeister sagte er nur, dass »Scheckter sich als kluger Verwalter seiner Möglichkeiten erwiesen hatte. Er ging Risiken ein, wenn er musste, und sparte seine Kräfte, wenn er es für richtig hielt«. Schließlich erklärte er seinen Gästen, die lange an der Wahl von Villeneuve gezweifelt hatten, auf polemische Art: »Als wir jemanden brauchten, der die Führung übernimmt, hatten wir den ›Schneemobil-Mann‹, den ›Flieger‹.«[18] Auch hier verwendete er die Worte, die die Presse zur Beschreibung Villeneuves verwendet hatte, um ihnen auf der Nase herumzutanzen. (Die Spitznamen bezogen sich auf Gilles' frühe Tage als Schneemobilfahrer in seiner kanadischen Heimat und auf die Tatsache, dass seine Ferraris zu Beginn seiner F1-Karriere so oft abhoben.)

Angesichts der offensichtlichen Ungleichbehandlung der beiden Fahrer durch Enzo beschlossen die Journalisten, mehr zu erfahren, und begannen hämisch, Fragen über die Kritik an Imola zu stellen, die Scheckter anführte. Enzo beschloss mitzuspielen und versuchte gar nicht, etwas zu verbergen. Er sagte: »Wenn Scheckter etwas getan hat, das über den Vertrag mit unserem Team hinausgeht, werden wir eingreifen.« Dann wurde er lauter: »Wenn Scheckter hingegen als Präsident der GPDA beabsichtigt, einen Krieg gegen Imola zu führen, wird er Gründe vorbringen müssen, die wir im Moment nicht sehen.«[19]

Das hatte gesessen. Enzo hatte sich öffentlich von seinem neuen Weltmeister distanziert. Hatte er sich während der Pressekonferenz noch recht diplomatisch ausgedrückt, so wurde er beim anschließenden Mittagessen direkter. Sein Vorwurf lautete: »Scheckter hat sich gegen eine Rennstrecke gestellt, die den Namen meines armen Sohnes Dino trägt. Das hat mir nicht gefallen, denn es ist, als ob er gegen mich Partei ergreift.«[20]

Das Buch *Ferrari 80* war 1979 Enzos Weihnachtsgeschenk an Freunde, Bekannte und Journalisten. Es handelte sich um die dritte Auflage seiner Memoiren, die in nur eintausend Exemplaren gedruckt wurden und nicht zum Verkauf bestimmt waren.[21] Es war kleiner als sein unmittelbarer Vorgänger *Le Briglie del Successo* und enthielt keine Fotos. Auch die Überschriften der einzelnen Kapitel waren verschwunden, obwohl der Text immer noch in dieselben Abschnitte unterteilt war. Der Anfang war derselbe geblieben: »In diesen Jahren bin ich mehr als einmal aufgefordert worden, meine ›Vorgeschichte‹ zu schreiben, aber ich habe nie zugesagt …«[22]

Im Text gab es nur wenige Unterschiede. Wie immer hatte er einige negative Dinge aufgenommen – er bezeichnete Montezemolo nicht als Teamchef, sondern als »Laudas großen Freund«[23] – und andere aktualisiert, wie das Kapitel über die Rennfahrer, in das er, wie erwartet, die Neulinge aufgenommen hatte, angefangen mit seinem eigenen. Scheckter bezeichnete er als »auserkoren« und »kühnen Kämpfer«, aber auch als »rationalen Berechner von Zwischenergebnissen«.[24] Villeneuve sagte er eine Zukunft als »großer Champion [voraus], wenn er es schafft, sich eine gewisse Naivität abzugewöhnen«.[25]

Die wichtigsten Unterschiede im Text betrafen Laura und Dino – seine Frau, die seit der letzten Ausgabe gestorben war, und seinen Sohn, dessen Grab kürzlich geschändet worden war. Auch wenn die Schändung des Grabes von Dino stattgefunden hatte, als Enzo und Gozzi bereits das fertige Buch überprüften, so hatte Enzo *Ferrari 80* vor allem veröffentlichen wollen, um seine Gedanken über Laura zu überarbeiten.[26]

Im überarbeiteten Text von *Ferrari 80* fehlte immer noch Piero; obwohl er nun Piero Lardi Ferrari hieß, immer aktiver im Unternehmen tätig war und das Vertrauen seines Vaters genoss, blieb er erneut aus Enzos offiziellen Memoiren ausgeschlossen.

Ferrari 80 enthielt auch etwas, das Enzo eine »Parabel« nannte. Die Erzählung hatte keine religiöse, sondern eine mathematische Bedeutung. Es ging um die Fahrer, die ihre Motivation verloren hatten – eine Kategorie, in der Scheckter das letzte Beispiel war und Lauda das vorletzte, obwohl die Parabel direkt nach einem kurzen Profil von James Hunt eingefügt worden war, der sich im Frühjahr aus dem Motorsport zurückgezogen hatte. Diese Parabel verriet Enzos »persönliche Überzeugungen« über das, was er für die »Parabelkurve eines Champions« hielt.[27]

Enzo schrieb: »Der Champion nimmt Gestalt an und wächst, bis der Wunsch nach menschlicher Verbesserung ihn daran hindert, die Risiken und die wirtschaftlichen Vorteile des von ihm gewählten Berufs vollständig zu bewerten. Er ist motiviert und entschlossen zu gewinnen. Er kompensiert sogar eventuelle technische Unzulänglichkeiten durch seinen unbändigen Willen. Er ist nur auf den Sieg aus. Der Beifall des Publikums ist die beste

Belohnung. Wenn er den Höhepunkt seiner Karriere erreicht hat, sieht sich der Champion neuen Lebensnotwendigkeiten, neuen Umgebungen und neuen Interessen gegenüber. Die Metamorphose ist vollzogen: Der Mann der Öffentlichkeitsarbeit ist geboren, der Besitzer von Unternehmen, die nichts mit dem Rennsport zu tun haben, der Gaststar vieler glanzvoller Veranstaltungen. Der Champion gewinnt auf der Rennstrecke nicht mehr so oft wie früher und neigt dazu, anderen Menschen und Situationen die Schuld zu geben, indem er sich selbst freispricht.« Enzos klare und grausame Schlussfolgerung lautet: »Die Wahrheit ist, dass *er* die Hauptursache für den Niedergang ist. Der Kämpfer ist verschwunden. Der Champion ist jetzt ein Nebendarsteller und nur seine Intelligenz kann ihn vor einem erbärmlichen Ende bewahren.«[28]

In Anbetracht dieser Überlegungen war es nicht verwunderlich, dass Enzo Ende Januar 1980, nach nur zwei Rennen der neuen Saison, intensiv nach einem neuen Fahrer suchte, der 1981 mit Villeneuve zusammenarbeiten sollte. Zuerst war Didier Pironi auf seinem Radar erschienen, ein junger Franzose, der beim Großen Preis von Brasilien im Qualifying die zweitschnellste Zeit fuhr. Nach dem Rennen, das Enzo wie üblich im Fernsehen verfolgte, bat er Piccinini, mit Pironi Kontakt aufzunehmen.[29] Der Vertrag sollte eigentlich erst im Sommer unterzeichnet werden, aber am 6. März hatte Pironi bereits einen Vertrag mit Ferrari für 1981 unterschrieben.

Nachdem Enzo den Fahrer für die nächste Saison ausgewählt hatte, war es nun an der Zeit, sich auf das neue Auto zu konzentrieren. Als Antrieb entschied sich Enzo für einen Turbomotor. Der neue Wagen, der die Codenummer 126 trug und damit die sechsjährige Serie der T-Modelle durchbrach, wurde am 10. Juli in Fiorano zum ersten Mal getestet.

Am Steuer saß Villeneuve, der zum Zeitpunkt des Großen Preises von Monaco seinen Vertrag mit Ferrari verlängert hatte und die Zukunft verkörperte.[30] Enzo verfolgte jede Bewegung über die Monitore der Videoüberwachung, die in dem kleinen Büro hinter der Box installiert waren.[31] Obwohl in Teilen der Presse über ein Debüt Mitte August beim Großen Preis von

Österreich spekuliert wurde, wusste Enzo, dass die Saison 1980 gelaufen war und es sich lohnte, auf die neue Saison zu warten.

Eine Woche später gab Jody Scheckter seinen Rücktritt zum Ende der Saison bekannt und bestätigte damit Enzos Intuition aus dem Gleichnis. Drei Tage zuvor war er in Brands Hatch beim Großen Preis von Großbritannien aus der letzten Startreihe ins Rennen gegangen. Zwei Tage später traf er sich mit Enzo in Fiorano, um ihn über seine Entscheidung zu informieren, bevor er sie öffentlich bekannt gab. Das Treffen war sehr herzlich gewesen. Scheckter hatte Enzo mitgeteilt, dass er neue Interessen außerhalb des Motorsports habe, darunter Familie und Geschäfte. Enzo versicherte ihm, dass es das Richtige sei, erwähnte aber nicht, dass er sich seiner Sache so sicher war, dass er bereits einen Ersatz für Jody gefunden hatte.

Als es an der Zeit war, sich zu verabschieden, schüttelte Scheckter Enzo die Hand und sagte, dass er nur bedauere, ein Jahr später als ursprünglich geplant zu Ferrari gekommen zu sein. Hätte er sich an den ursprünglichen Zeitplan gehalten, hätte er zwei Weltmeistertitel gewonnen und nicht nur einen [32] – eine Bemerkung, die Enzo sehr gefreut haben muss, der immer davon überzeugt war, dass der T3 das Potenzial zum Weltmeistertitel hatte und nur der noch unerprobte Villeneuve sowie der »geplagte und gepeinigte« Reutemann ihn hatten ziehen lassen.

In der letzten Juliwoche beugte sich Enzo einer selbst auferlegten Regel und besuchte zum ersten Mal seit fast zehn Jahren wieder eine Rennstrecke, die nicht Fiorano hieß. Diese Ausnahme war die nach seinem Sohn Dino benannte Rennstrecke bei Imola, auf der 1980 der Große Preis von Italien ausgetragen werden sollte. Enzo kam gegen 12:30 Uhr in einem Lancia Delta an, der von Dino Tagliazucchi gefahren wurde. Trotz der Hitze stieg er frisch wie eine Frühlingsrose und sichtlich gut gelaunt aus dem Auto.[33] Villeneuve testete den T5 gemeinsam mit Jabouille und Arnoux, die ihre Renaults ausprobierten. Enzo ging in die Ferrari-Box und als die Tests für die Mittagspause unterbrochen wurden, kam sein kanadischer Fahrer zu ihm. Auf zwei Klappstühlen sitzend, unterhielten sie sich einige Minuten lang auf Französisch. Enzo war gut gelaunt und genoss sichtlich die

Gesellschaft seines geschätzten Champions. Dann traf er die Presse zu einer improvisierten Pressekonferenz.

Er war sichtlich glücklich, in Imola zu sein, und machte keinen Hehl daraus, dass er sich darüber freute, dass auf dieser Strecke der nächste Große Preis von Italien ausrichtet würde. Seine Liebe zu diesem Kurs, der den Namen seines verstorbenen Sohnes trägt, sei »uralt und allen bekannt«.[34] Er wich den Komplimenten derjenigen, die ihm die erfolgreiche Beilegung des Streits um die Austragung des Großen Preises von Italien in Imola zuschrieben, gekonnt aus, sagte aber, dass die Strecke mit den Beiträgen aller zur »schönsten Rennstrecke Europas« werden könne.[35]

Am Samstag, dem 13. September 1980, stellte Gilles Villeneuve den neuen Ferrari 126 mit Turbolader beim Training zum Großen Preis von Italien in Imola vor. Der Wagen erwies sich zwar als schneller als der T5, doch am nächsten Tag saß der Kanadier wieder am Steuer des Wagens, den er die ganze Saison über gefahren hatte. Enzo kehrte weder für das Qualifying noch für den Großen Preis nach Imola zurück.

In der sechsten Runde zerstörte Villeneuve seinen Ferrari bei einem schrecklichen Unfall in der Tosa-Kurve. Unter dem tosenden Beifall einer Menge erleichterter, bewundernder *Ferraristi* (die außerhalb Italiens als *Tifosi* bekannt sind) kam er ohne einen Kratzer davon. Ferrari selbst war zweifellos erleichtert, als er am nächsten Tag seinen geschätzten Champion sah und öffentlich umarmte.[36]

Das Treffen fand bei der Ferrari-Pressekonferenz am 15. September in einem mit Journalisten überfüllten Saal statt. Überraschenderweise kam neben Villeneuve auch ein lächelnder Didier Pironi herein. Nachdem Enzo seinen kanadischen Fahrer vor seinem Publikum umarmt hatte, wurde Pironi von Marco Piccinini bei Ferrari vorgestellt – Enzo hatte den Franzosen, den er sich so sehr gewünscht hatte, bis zu diesem Tag noch nicht persönlich kennengelernt.[37]

Selbstbewusst wie ein Mann, der sein persönliches Glücksspiel gewann, als er drei Jahre zuvor Villeneuve engagierte, hatte Enzo kein Problem damit, seinen Zuhörern zu offenbaren, dass er Pironi nur aufgrund der Emotionen ausgewählt hatte, die er empfunden hatte, als er ihn im Fernsehen Rennen fahren sah. Er sagte: »Ich bin ein emotionaler Mensch und im Leben habe ich erkannt, wie oft wir Entscheidungen nicht auf der Grundlage kalter, rationaler Überlegungen treffen, sondern auf der Grundlage von Gefühlen, die wir empfinden.«[38]

Jemand wies darauf hin, dass er mit der Einstellung von Pironi nun zwei ultraschnelle und temperamentvolle Fahrer hätte, die bald um die Aufmerksamkeit konkurrieren könnten. »Ich mache mir überhaupt keine Sorgen über mögliche Streitigkeiten innerhalb des Teams«, sagte Enzo. Dann fügte er fast prophetisch hinzu: »Wir werden nur eingreifen, wenn der Streit zwischen Villeneuve und Pironi den Interessen des Teams schaden sollte.«[39]

Zwei Tage später, am Mittwoch, dem 17. September 1980, leitete Enzo eine streng geheime Sitzung der *Gestione Sportiva*, in der die Aktivitäten für die nächste Saison besprochen wurden. Er gab den acht Männern, die für die verschiedenen Aspekte des Rennstalls verantwortlich waren, genaue Anweisungen: seinem Sohn Piero, Forghieri, Materazzi, Caruso, Poncini, Marchetti, Tomaini und Gozzi. Die Priorität lag in der Feinabstimmung des Turbomotors, aber »der T5 sollte nicht gleich abgeschafft werden«, denn man hoffte, dass die Michelin-Reifen besser funktionieren würden, wenn man ihn leichter machen würde.[40]

Laut Enzo könnte »ein leichterer T5 ohne die ›Miniröcke‹, mit besserer Aerodynamik und einem besser abgestimmten Saugmotor auf all jenen Strecken konkurrenzfähig sein, auf denen der Turbomotor auf Schwierigkeiten stoßen würde«.[41] Alle waren sich einig, dass die Feinabstimmung des Turboautos Vorrang haben sollte und dass man den T5 noch nicht abschreiben durfte, auch wenn Forghieri realistischerweise darauf hinwies, dass es eine schwierige Aufgabe war, den T5 leichter zu machen. Zudem wussten alle sehr wohl, wie utopisch es war zu glauben, dass man je nach Rennstrecke die Autos wechseln könnte.[42]

Trotz der Überlegungen zum T5 war die Entscheidung für den Turbolader gefallen.

Didier Pironi hatte einen Vertrag für ein Jahr mit einer Option für das nächste Jahr unterschrieben, aber er war noch bis zum Ende der laufenden Saison Ligier-Fahrer. Ende September verpasste Scheckter in Montreal die Qualifikation für den Großen Preis von Kanada. Es war das erste Mal, dass dies einem amtierenden Weltmeister passierte. Es war der Schlusspunkt einer Saison, die Enzo ohne Zögern als katastrophal bezeichnete: »Nicht so lala, sondern völlig negativ.«[43] Nachdem er dies zugegeben hatte, bemerkte er wütend: »Niemand hat das Recht zu schreiben oder im Radio zu sagen, dass Ferrari Schubkarren und keine Autos herstellt. Niemand hat das Recht zu sagen, dass das *Cavallino Rampante* aus Scham rot geworden ist.«[44]

In diesem Winter wurde Enzo Ferrari 83 Jahre alt. Hierzu sagte er: »Ich bin immer noch da, weil ich an das Automobil glaube, eine Eroberung der Freiheit für den Menschen.«[45]

Die Herausforderung, einen erfolgreichen Turbomotor zu entwickeln, ließ ihn mindestens zehn Jahre jünger erscheinen. Er war so aktiv und enthusiastisch wie immer. Er wusste, dass die neue Saison eine gute sein würde und es deshalb keine Zeit zum Ausruhen gebe: »In meinem Alter«, hatte er im Sommer zuvor gesagt, »habe ich nur einen Chef, den lieben Gott. Er allein wird entscheiden, wann ich in Rente gehe.«[46]

Doch bevor die Saison 1981 beginnen konnte, mussten die Spannungen zwischen der *Fédération Internationale du Sport Automobile* (FISA, die von der FIA autorisiert war, die Formel 1 zu leiten) und der Konstrukteursorganisation FOCA, die die Formel 1 zerrissen, ein für alle Mal gelöst werden. Der Herbst war heiß, die der FOCA angeschlossenen Teams sprachen von Abspaltung, die FISA konterte mit einem drohenden Verbot, und die Rennkalender änderten sich mit jeder neuen Woche. Es war klar, dass die Formel 1 keine Zukunft haben würde, wenn nicht irgendeine Form der Einigung erzielt werden konnte. Nach zahllosen Sitzungen, die zu keinem wirklichen Ergebnis geführt hatten, bat Bernie Ecclestone von Brabham im Namen der FOCA den unwahrscheinlichsten aller Verhandlungsführer um Hilfe bei der Vermittlung – einen Mann, der die meiste Zeit seines langen Lebens damit verbracht hatte, sich mit Institutionen und Verbänden zu streiten, der das Streiten zu seinem Lebensstil gemacht hatte, dessen immense Erfahrung nun aber allen zugutekommen könnte.

Am Montagmorgen, dem 19. Januar 1981, trafen sich die Hauptakteure der Formel 1 in Modena, um zu versuchen, sich zu einigen, bevor sie sich Jean-Marie Balestre, dem Vorsitzenden der FIA, zum letzten Showdown gegenüberstellten.

Die FOCA-Front bestand aus Bernie Ecclestone, Colin Chapman, Frank Williams und Alex Hawkridge vom Toleman-Team. Für die Teams, die sich mit der allgemeinen Strategie der FISA arrangieren konnten, waren Carlo Chiti und Pier Luigi Corbari von Alfa Romeo, Enzo Osella und Gianfranco Palazzoli von Osella, Gérard Larrousse und Jean Sage von Renault sowie Gérard Ducarouge für Talbot-Ligier angereist. Als Vertreter von Ferrari saßen Marco Piccinini und Piero Lardi Ferrari am Tisch.[47] Und dann war da noch Enzo Ferrari, der Patriarch des internationalen Motorsports – in der für ihn völlig neuen Rolle des großen Vermittlers.

Das Gipfeltreffen fand in einem der Tagungsräume im Erdgeschoss des alten Gebäudes der Scuderia Ferrari in der Viale Trento Trieste statt. Er begann um 10 Uhr und dauerte mehr als 13 Stunden. Die Teilnehmer wurden mittags mit Sandwiches und um 17 Uhr mit Tee versorgt. Sie blieben bis 23:30 Uhr von der Außenwelt abgeschnitten.[48]

Es war ein lebhaftes und kämpferisches Treffen, das nur durch die Brillanz und das persönliche Charisma von Enzo Ferrari in eine versöhnliche Richtung gelenkt werden konnte. In der Hitze der Debatte, als keine Lösung in Sicht zu sein schien, kam Enzo mit einer Bitte, die vielleicht naiv klang, aber in Wirklichkeit ein taktisches Meisterstück war. Er wandte sich an Ecclestone und Chapman, die beiden Frontmänner des FOCA, und bat einfach um … ein Geburtstagsgeschenk. Er teilte ihnen mit, dass er bald 83 Jahre alt werden würde und dass das größte Geburtstagsgeschenk, das sie ihm machen könnten, darin bestünde, »die noch bestehenden Schwierigkeiten auszugleichen«.[49]

Ecclestone und Chapman stimmten zu und durch die Vermittlung von Alex Hawkridge, dessen Toleman-Team als einziger britischer Rennstall mit den FISA-freundlichen französischen und italienischen Teams verbündet war, wurde schließlich eine Einigung erzielt. Um 23:30 Uhr kamen alle wieder heraus, sichtlich froh, die nötige Einigkeit gefunden zu haben, um Balestre und der FISA gegenübertreten zu können. Die meisten Teilnehmer waren schnell verschwunden und Enzo Ferrari stellte sich der besorgten Presse.

Strahlend und gut gelaunt setzte er sich vor ein Mikrofon und sagte: »Hören Sie, es ist fast Mitternacht und ich habe seit gestern Abend nichts mehr gegessen.«[50] Nach mehr als 13 Stunden hitziger Diskussionen war er jedoch so scharfsinnig wie immer: »Wir haben den sehr wichtigen Grundsatz gebilligt, dass die FISA weiterhin die Regeln verwalten wird, während sich jemand anderes um den wirtschaftlichen Teil kümmern wird.«[51]

Franco Gozzi verlas und verteilte dann eine kurze Pressemitteilung, in der es hieß, dass »eine allgemeine Einigung über die Zukunft der Formel 1« erzielt worden sei und dass ein »Lenkungsausschuss den endgültigen Text einer globalen Lösung für vier Jahre ausarbeitet, der dem internationalen Verband vorgelegt wird«.[52] Renaults Sage, Alfa Romeos Corbari und Ferraris Piccinini sollten einen Lenkungsausschuss bilden, um einen Text zu verfassen, der der FOCA zur Genehmigung vorgelegt werden müsse, bevor er an die FISA zur Bewertung geschickt werde, die bereits für den 30. Januar angesetzt war. »Ich hoffe«, so Enzo, »dass es keine weiteren Komplikationen geben wird und dass die FISA unsere Vorschläge akzeptieren wird.«[53]

Als ob er sich sowohl von den wirtschaftlichen Aspekten der Geschichte als auch von dem unvermeidlichen Seligsprechungsprozess distanzieren wollte, den die italienische Presse bald einleiten würde, lobte er seine wertvolle Rolle in diesem Prozess: »Ich möchte noch einmal sagen, dass alles, was ich getan habe, darin bestand, dafür zu sorgen, dass wir weiter Rennen fahren – alle zusammen. Der Rest ist mir egal.«[54]

Es gab noch eine Sache, die ihm wichtig war, und das war ein zweites Geburtstagsgeschenk von Colin und Bernie – vor allem von Bernie. Er sagte: »Ich bin sehr glücklich, dass der erste Grand Prix von San Marino am 3. Mai in Imola stattfinden wird, auf einer Strecke, die mir sehr am Herzen liegt.«[55]

Das war sein Lohn für die Vermittlung: ein zweites Formel-1-Rennen in Italien, und zwar auf der Strecke, die den Namen seines Sohnes Dino trug. Ebenfalls dank Enzo sollte der gesamte Erlös dieses neuen Rennens der Bevölkerung zugutekommen, die von dem Erdbeben betroffen war, das zwei Monate zuvor Süditalien heimgesucht hatte.

Am 30. Januar lehnte die FISA die in Modena vereinbarten Vorschläge ab. Dies war jedoch nur ein Vorwand, um das Gesicht zu wahren, denn allen, auch Balestre, war klar, dass eine Vereinbarung mit der FOCA die einzig plausible Lösung war. Vor der Unterzeichnung des Abkommens – des berühmten *Concorde-Aggreements*, das am 5. März in Paris verabschiedet wurde – sagten Ferrari und die übrigen Teams, die nicht der FOCA angehörten, beim ersten Rennen des Jahres, dem nicht zur WM zählenden Großen Preis von Südafrika, ab. Die Formel-1-Weltmeisterschaft 1981 begann also am 15. März in Long Beach.

KAPITEL 44

Siebenundzwanzig rot

Am 3. Mai 1981 startete Gilles Villeneuve beim Großen Preis von San Marino aus der Poleposition. Es war das vierte Rennen der Saison 1981. Am Donnerstag zuvor hatte Enzo Ferrari die Strecke besucht. Er war in den Boxen vorbeigegangen und hatte kurz mit seinen Mechanikern gesprochen, bevor er von Forghieri unterrichtet wurde. Nach weniger als einer halben Stunde verließ er die Strecke und begab sich zu einem privaten Mittagessen in einem Restaurant in Imola.[1] Weder zum Qualifying noch zum Rennen kehrte er zurück.

Am Sonntag behielt Villeneuve in den ersten 15 Runden die Führung, bevor er an die Box kam, um seine Regenreifen gegen Slicks zu wechseln. Jetzt übernahm der Ferrari von Pironi die Führung. Doch nach diesem frühen Feuerwerk verlangsamten beide Ferraris ihr Renntempo: Pironi kam als Fünfter ins Ziel, Villeneuve als Siebter.

Auch wenn das Auto noch nicht ganz ausgereift war – der Motor war in Ordnung, aber am Chassis bestand eindeutig noch Abstimmungsbedarf –, konnte Enzo mit der Harmonie zwischen seinen beiden Fahrern zufrieden sein. Villeneuve und Pironi hatten sowohl auf als auch neben der Strecke eine enge Beziehung aufgebaut. Enzos Zweifel an der Möglichkeit einer friedlichen Koexistenz zwischen zwei gleichwertigen Fahrern, die er im Winter trotz seiner öffentlichen Erklärungen gespürt hatte, waren verflogen. Ohne seine Liebe zu Gilles zu verleugnen, schien er Pironi, den er inzwischen liebevoll *Didì* nannte, nun besonders zu mögen.

Am 31. Mai gewann Gilles Villeneuve den Großen Preis von Monaco. Es war der erste Ferrari-Sieg seit fast sechshundert Tagen. Vier Runden vor Schluss überholte Villeneuve den Williams von Alan Jones und holte sich damit den unerwartetsten aller Siege. Als er aus seinem Auto stieg, widmete Villeneuve seinen Sieg Enzo Ferrari.[2]

»Danke an alle Mitglieder der Ferrari-Familie und an alle unsere Fans«, sagte Enzo am nächsten Tag.[3] Er gab ehrlich zu: »Ich hatte nicht mit einem Sieg in Monaco gerechnet. Wir wurden in Imola beim Grand Prix von San Marino besiegt, den wir hätten gewinnen müssen.« Philosophisch schloss er: »Das ist das Gesetz unseres Sports.«[4]

Die Bestätigung, dass der neue Turbomotor gut war und – falls es noch eines Beweises bedurfte – dass Villeneuves Talent selten war, kam drei Wochen später in Spanien, als der kleine Kanadier einen epischen Sieg errang, nachdem er sechsundsechzig scheinbar endlose Runden lang die Angriffe von vier Autos abgewehrt hatte, die sowohl aneinander als auch an seinem Auto zu kleben schienen. Am nächsten Tag sagte Enzo mit Blick auf den größten Fahrer, den er je gekannt hatte: »Letzten Sonntag hat Gilles Villeneuve die Legende von Tazio Nuvolari neu aufleben lassen.«[5]

Bei den folgenden Grand Prix mussten Villeneuve und Pironi jedoch einen Ausfall nach dem anderen hinnehmen. Sein dritter Platz beim vorletzten Rennen in seiner Heimat Kanada trug wenig dazu bei, Villeneuves Moral zu heben. Obwohl er seinen Vertrag mit Ferrari bereits beim Großen Preis von Monaco verlängert hatte, wäre Villeneuve beinahe dem Werben von McLaren erlegen, die eine irrwitzige Summe boten. Doch dann entschied sich Gilles beim Gedanken an Enzos Reaktion, sein Wort zu halten und bei Ferrari zu bleiben.[6]

Am Ende der Saison äußerte Enzo echte Bewunderung für seinen auf dem siebten Platz gelandeten Fahrer. »Sowohl in

Jarama als auch in Monaco«, sagte er mit überraschender Offenheit, »haben wir dank Villeneuves Fähigkeiten gewonnen und aus keinem anderen Grund.«[7] Und zu denen, die Gilles immer noch wegen seiner Neigung zu Rennunfällen angriffen, sagte er: »Ich mag Villeneuve so, wie er ist, mit seinem Übermut und seinen unfassbaren Risiken.«[8] Laut Enzo war 1981, obwohl es bei Weitem nicht die Saison war, die »unsere Fans erwartet hatten«, »gar nicht so schlecht« gelaufen.[9]

Das neue Auto wurde am 6. Januar 1982 vorgestellt. Enzo sagte den in Maranello versammelten Journalisten, dass dieses Auto ein Geschenk an ihn von all seinen Männern sei, angefangen bei Chefdesigner Harvey Postlethwaite.[10]

Villeneuve ging gleich am nächsten Tag damit auf die Strecke und brach augenblicklich den seit über einem Jahr bestehenden Rundenrekord von Fiorano.[11] Postlethwaite war es gelungen, ein Auto zu bauen, dessen Fahrwerk endlich zur Motorleistung passte.

Am 18. Februar 1982 wurde Enzo Ferrari 84 Jahre alt.

Er war immer noch Eigentümer und Herrscher über die Rennabteilung seines Werks, obwohl die Tage der absoluten Monarchie weit zurücklagen. »Es ist geschrieben und gesagt worden, dass ich ein Mann bin, der alle Entscheidungen selbst trifft und auf niemanden hört. Die Wahrheit ist ganz anders. Ich habe die Angewohnheit, mich mit meinen engsten Mitarbeitern zu beraten, ihre Stimmungen kennenzulernen und – dank der Ausmaße meiner Nase – dicke Luft zu riechen. Sobald ich Gleichgültigkeit oder gar Feindseligkeit feststellte, zog ich mich zurück.«[12] Und denjenigen, die nach einem Beispiel dafür fragten, wie Enzo auf seine Helfer hörte, nannte er Alan Jones, den er eigentlich einstellen wollte, dann aber davon abließ, als er feststellte, dass niemand in seinem inneren Kreis ihn haben wollte.

In seinem Heimatland war Enzos Popularität auf einem Allzeithoch. Die Italiener liebten ihn wie nie zuvor. Er wusste, dass ein Teil dieser Zuneigung auf seinen kanadischen Fahrer zurückzuführen war.[13] »Ich bewundere Villeneuve«, sagte er in jenem Winter, »weil er ein Fahrer ist, der für das Publikum fährt.«[14] Das Publikum erwiderte Gilles' Rücksichtnahme und ehrte den Mann, der dem Kanadier die Autos gab, mit denen er siegte.[15]

Der alte Mann war entspannt. Dank Fiat würde sein Unternehmen auch nach seinem Tod eine blühende Zukunft haben. Er war gelassen genug, um sich Provokationen zu gönnen: »Ich habe meine Zeit hinter mir. Wir werden sehen, was als Nächstes passiert.« Es klang so, als sei Enzo unsicher, ob sein Unternehmen nach seinem Tod weiter an der Formel 1 teilnehmen würde: »Ob Ferrari nach meinem Tod noch Rennen fahren wird, kann ich nicht sagen.«[16]

⌘⌘⌘

Wie im Vorjahr sorgte auch 1982 der Streit zwischen der FISA und der FOCA für einen holprigen Start in die Formel-1-Weltmeisterschaft. Beim ersten Rennen am 23. Januar in Südafrika kam Pironi mit sechs Runden Rückstand als Letzter ins Ziel, während Villeneuve bereits nach sechs Runden mit Turboladerschaden ausgefallen war.

Nach der Absage des Großen Preises von Argentinien am 7. März trafen sich die Teams am ersten Frühlingstag in Brasilien. Villeneuve startete in Rio aus der ersten Reihe, doch am Renntag lief es für keinen der beiden Ferrari gut. Der Kanadier beendete seinen Tag mit einem Unfall; Pironi kam nicht über den sechsten Platz hinaus. Trotz der alles andere als erfreulichen Ergebnisse erwies sich der 126 C2 als ein sehr schnelles Auto.

Im April gewann Niki Lauda in Long Beach im McLaren seinen ersten Grand Prix nach seiner zweijährigen Rennpause. »Als er sich [vor drei Jahren] plötzlich zurückzog, sagte ich, er sei ehrlich und mutig gewesen«, sagte Enzo nach dem Rennen. »Jetzt beweist er wieder großen Mut.«[17] Was die Ferrari-Autos betraf, war der Grand Prix der USA ein weiteres unglückliches Rennen: Villeneuve, der als Dritter ins Ziel kam, wurde wegen eines doppelten Heckflügels disqualifiziert.

Als die Formel 1 zum zweiten Grand Prix von San Marino nach Europa kam, war der Streit zwischen der FOCA und der FISA auf dem Höhepunkt. Die britischen Teams, die pro FOCA waren, erschienen zwar an der Strecke, nahmen aber letztlich nicht am Rennen teil. Am Sonntag wurde der Grand Prix nur von den Fahrern in Ferraris, Renaults, Alfa Romeos, Osellas, Tyrrells, Tolemans und A.T.S. bestritten – 14 Autos statt der 26, die normalerweise in der Startaufstellung standen. Trotz der widrigen Umstände kämpften alle Teilnehmer bis zum Schluss gegeneinander und als das Rennen zu Ende war, war das Ferrari-Team irreparabel geschädigt.

In den letzten Runden überholten sich Villeneuve und Pironi mehrmals gegenseitig. Pironi hatte den Kampf begonnen, indem er seinen Teamkollegen überraschend überholte, nachdem beiden Fahrern von der Box aus ein Zeichen gegeben worden war, dass sie ihre Position halten sollten. Zunächst dachte Villeneuve, es handele sich um eine Art Trick, um die Ferrari-Fans auf der Tribüne zu amüsieren. Bald jedoch erkannte er, dass Pironi nicht nur ein Spiel für die Fans spielte, und reagierte heftig auf alle Drohungen seines Teamkollegen, die seine Führung gefährdeten.[18] Letztendlich war es Pironi, der den Grand Prix gewann, und Villeneuve schwor dem Freund, der ihn verraten hatte, ewige Feindschaft.

An diesem Nachmittag war Italien gespalten: Auf der einen Seite stand die Mehrheit, die glaubte, dass Villeneuve angesichts seiner Bilanz bei Ferrari jedes Recht hatte, sich als Teamchef zu betrachten. Auf der anderen Seite standen die wenigen, die sich auf die Seite von Pironi geschlagen hatten, der sehr wahrscheinlich das Chaos, das sein Rennverhalten und sein Sieg ausgelöst hatten, gar nicht erkannt und seinen Sieg treuherzig seiner neuen Ehefrau gewidmet hatte.[19]

In der Mitte stand für die nächsten 48 Stunden Enzo Ferrari, der nicht weniger als fünf Wochen zuvor gesagt hatte: »Bei Ferrari ist der Teamchef der Fahrer, der am Sonntag gewinnt. Es ist die Strecke, die die Hierarchien ausmacht.«[20]

Am Sonntagnachmittag, unmittelbar nach dem Ende des Rennens, gestand Enzo, dass er gegen Ende eine böse Überraschung befürchtet hatte: »Ich bin wirklich zufrieden, auch wenn ich in den letzten Runden Angst hatte, die beiden Fahrer könnten sich gegenseitig schädigen und vielleicht ihr wunderbares Rennen ruinieren.«[21] Am Montag schwieg er. Doch dann, am Dienstag, ergriff er erneut das Wort.

Zum ersten Mal in seinem langen Leben stellte sich Enzo auf die Seite eines seiner Fahrer gegen den anderen – obwohl er privat Zweifel an der Richtigkeit seiner Position hatte, da er wusste, dass Gilles ihn bald verlassen würde, wogegen Pironi auch 1983 für Ferrari fahren sollte.[22] Er sagte: »Als in Imola das Ergebnis des Rennens bereits feststand, unterschätzte Pironi die Aufforderung zu verantwortungsvollem Verhalten, um die die Boxen ständig gebeten hatten und die mit dem Schild ab Runde 45 angezeigt wurde.[23] Ich verstehe Villeneuves berechtigte Enttäuschung und teile seine Frustration über die Risiken, die er eingegangen ist. Ich war selbst Fahrer und ich denke, dass die Gefühle derjenigen, die aus purer Leidenschaft Rennen fahren, auch in der heutigen Zeit unverändert geblieben sind.«[24]

Da war es endlich, was Gilles im Laufe der Jahre bei Enzo so beliebt gemacht hatte: die Leidenschaft, die der Kanadier dem Motorsport entgegenbrachte, eine Leidenschaft, die Enzo selbst 60 Jahre zuvor geteilt hatte. Und natürlich war er genau wie Nuvolari das Vorbild, an dem er immer alle Fahrer aller Generationen gemessen hatte.

In dieser Woche lud Enzo die beiden nach Maranello ein.[25] Er predigte Besonnenheit.[26] Pironi entschuldigte sich bei Gilles, mit dessen Reaktionen er nicht gerechnet hatte – zumindest nicht in diesem Ausmaß –, als er in Imola gegen ihn kämpfte.[27] Aber es war zu spät. Villeneuve sollte seinem Teamkollegen nie verzeihen und von diesem Tag an würde er nur noch fahren, um schneller als Pironi zu sein, sowohl im Qualifying als auch im Rennen am Sonntag.

Am 8. Mai, acht Minuten vor dem Ende des Qualifyings zum Großen Preis von Belgien, war der Kampf um die Poleposition in vollem Gange. Plötzlich erschienen erschreckende Bilder auf dem Fernsehbildschirm. Ein Ferrari berührte mit dem Vorderrad das Hinterrad eines anderen Wagens und schleuderte in eine dramatische Drehung durch die Luft. Er kam wieder auf dem Boden auf und überschlug sich dann noch einige Male. Der Fahrer wurde bei der ersten Drehung aus seinem Auto und gegen einen Mast geschleudert. Er lag auf dem Bauch im Gras, ohne seinen Helm, den er während des schrecklichen Flugs verloren hatte.

Enzo wusste sofort, dass der Fahrer, der regungslos auf dem Rasen lag, Gilles war. Und er wusste instinktiv, dass niemand etwas für ihn tun konnte. »Wenn mein Auto in Zolder ins Schleudern gerät«, hatte Villeneuve am Vortag gesagt, »kann ich nur meine Mutter um Hilfe rufen und mich bekreuzigen.«[28]

Enzo sprang von seinem Stuhl auf und eilte ins Bad. Dort blieb er einige Minuten und als er wieder auftauchte, waren seine Augen von den Tränen errötet.[29] Er sprach kein einziges Wort. Keiner der Anwesenden wagte es zu sprechen. Wenige Augenblicke später wurde Enzo das Telefon gereicht. Von Zolder aus teilten ihm seine Männer mit, was er bereits gewusst hatte: Villeneuve war noch am Leben, würde aber bald sterben.

Enzo befahl seinen Männern, nach Maranello zurückzukehren. Piccinini allein sollte mit Gilles in Belgien bleiben.[30]

Enzos Samstagsgruppe verließ leise den Ort und ließ ihn mit seiner Verzweiflung allein. Er hatte in seinem Leben schon viele solcher Momente erlebt. So sehr er sich auch bemühte, er hatte sich nie mit dieser Situation abfinden können. Und natürlich war Gilles etwas Besonderes gewesen. Nur für Peter Collins, ein Vierteljahrhundert zuvor, hatte er dieselbe Zuneigung empfunden. Nun war auch Gilles verschwunden. Enzo verbarrikadierte sich in der Festung von Fiorano und wartete auf die Nachricht, von der er wusste, dass sie früher oder später kommen würde.[31] Als sie kam, gab er emotionale Worte zu Protokoll, die aus tiefstem Herzen kamen: »Er hat uns aus unverständlichen Gründen verlassen. Das Schicksal hat uns eines großen Champions beraubt, eines Champions, den ich sehr geliebt habe. Meine Vergangenheit ist voller Kummer und trauriger Erinnerungen: mein Vater, meine Mutter, mein Bruder und mein Sohn. Wenn ich mich jetzt umdrehe, sehe ich alle, die ich geliebt habe. Und unter ihnen befindet sich auch dieser große Mann: Gilles Villeneuve.«[32]

Für einen kurzen Moment hoffte er, Gilles durch Mario Andretti ersetzen zu können, aber der aus Istrien stammende Amerikaner antwortete, dass er sich nur für die nordamerikanischen Rennen zur Verfügung stellen könne.[33] Enzo entschied sich daraufhin für Patrick Tambay, einen Pariser, den er seit einiger Zeit beobachtete und den er in den späten 1970er-Jahren in

Betracht gezogen hatte, bevor er Villeneuve engagierte. Tambay hatte sich dann für McLaren entschieden, aber gleichzeitig Enzo gesagt, dass er an dem Tag, an dem er ihn brauche, zur Verfügung stehen würde.[34]

Tambays Debüt in dem Auto, das Villeneuve gehört hatte, fand Anfang Juli beim Großen Preis der Niederlande statt. Pironi wurde Zweiter, nur einen Punkt von der Meisterschaftsführung entfernt, die er zwei Wochen später übernahm. Aber das Schicksal hatte seine eigenen Pläne für Didier: am Morgen des 7. August verunglückte er während des Trainings zum Großen Preis von Deutschland auf ähnliche Weise wie Villeneuve. Er überlebte zwar, brach sich aber beide Beine und konnte für den Rest der Saison keine Rennen mehr fahren – wenn überhaupt jemals wieder.

Enzo, der durch diesen zweiten beängstigenden Unfall zutiefst beunruhigt war, distanzierte sich mit seinen Leuten von alledem. Pironi hatte einen bescheidenen Vorsprung in der Meisterschaft, der verteidigt werden konnte, argumentierte Enzo. Es waren noch vier Rennen bis zum Ende der Serie zu fahren – viele, aber nicht zu viele, und der 126 C2 hatte sich als das schnellste Auto erwiesen. Am Tag nach Pironis Unfall gewann Tambay den Großen Preis von Deutschland und auch er war nun im Kampf um den Titel dabei.

Doch jetzt kam Tambays Vergangenheit mit ihren Rückenproblemen ins Spiel, eine Folge seines eigenen schrecklichen Unfalls in Monza im Jahr 1977. Im glanzvollsten Moment der Saison und seiner Karriere war er gezwungen, ein Rennen auszusetzen und sich ebenso wie Pironi von seinen Weltmeisterschaftshoffnungen zu verabschieden. Zwei Rennen vor Schluss übernahm Keke Rosberg im Williams die WM-Führung von Didier.

An diesem Punkt zog Enzo sein Ass aus dem Ärmel und engagierte für den Großen Preis von Italien in Monza seinen geliebten und nie vergessenen Mario Andretti.[35] Enzo brauchte nur einen einzigen Anruf, um den Formel-1-Weltmeister von 1978 zu überzeugen, in Monza mit einem Ferrari zu fahren. Am nächsten Tag stieg Andretti in ein Linienflugzeug nach Mailand. Um zehn Uhr am nächsten Morgen traf er sich mit Enzo und seinen Ingenieuren in Maranello. Der große, alte Mann lud ihn zum Mittagessen in sein Haus in Fiorano ein und am Nachmittag machte Andretti mit dem 126 C2 eine Spritztour auf Ferraris Heimstrecke.

Am Ende hatte Mario 90 Runden gedreht. Am Samstag startete er unter dem Jubel der Fans, dem Unglauben der Presse und der Zufriedenheit von Enzo[36] auf die Poleposition. Am Rennsonntag wurde er Dritter hinter René Arnoux im Renault und Tambay. Ohne die Probleme mit dem Gaspedal seines Ferrari hätte Tambay gewinnen können.

Andrettis Poleposition und sein dritter Platz in Monza überzeugten Enzo, Mario zu bitten, in Las Vegas noch einen weiteren Grand Prix für Ferrari zu fahren.[37] Mario sagte zu, aber sein zweites und letztes Rennen in der Saison 1982 für Ferrari war weit weniger aufregend als das erste (er fiel nach einem Drittel des Rennens mit Fahrwerkschaden aus). Immerhin holte Enzo dank Marios Beitrag zum siebten Mal den Herstellertitel und Pironi wurde Vizeweltmeister. In einem verfluchten Jahr, so Enzo im Nachhinein, »hätten wir den Titel dreimal gewinnen können«[38] – mit Villeneuve, Pironi und Tambay. So hatte sein Team wenigstens den Trostpreis gewonnen.

KAPITEL 45

Michele

Im Laufe des Jahres 1981 hatte Enzo Ferrari sein Büro nach Fiorano verlegt, als wolle er sein Universum symbolisch aufteilen: in Maranello, wo das Werk für Straßenfahrzeuge untergebracht war, herrschte Fiat, in Fiorano befanden sich Enzo und sein Rennstall. Die Beziehung zu seinen Partnern lief weiterhin ein wenig unrund. Weder mit Giovanni Sguazzini noch mit Eugenio Alzati, dem von Fiat ernannten Präsidenten und Generaldirektor von Ferrari, noch mit ihren Vorgängern hatte Enzo je ein besonderes Problem gehabt. Auch sein persönliches Verhältnis zu Gianni Agnelli war gut: Der Fiat-Boss würdigte ihn öffentlich als eine »Synthese aus Genie, Fantasie und Technologie«.[1] Aber Enzo vermisste ganz einfach die Unabhängigkeit, die er zuvor genossen hatte.

Die Tragödien und Entbehrungen des vergangenen Jahres hatten ihn noch mehr als sonst zum Nachdenken gebracht und die persönliche Selbstbeobachtung hatte ihn dazu veranlasst, einen verbotenen Traum[2] wieder aufleben zu lassen: sich von der großen Mutter Fiat zu lösen und wie in alten Zeiten mit einem kleinen Team, das sich ganz dem Rennsport verschrieben hatte, allein weiterzumachen.[3] Er dachte an eine Art Scuderia Ferrari, die auf magische Weise aus den 1930er-Jahren in die 1980er-Jahre versetzt wurde, mit Fiat im Hintergrund, um die Rolle zu spielen, die damals Alfa Romeo gespielt hatte. Der Traum zerplatzte jedoch bald, weil Fiat ihm nie eine echte Chance gab.[4] Enzo nahm dies zur Kenntnis und zog sich in die selbst auferlegte Abgeschiedenheit seines Kleinstaates Fiorano zurück. Er pendelte zwischen dem neuen Sitz der *Gestione Sportiva* und der kleinen Villa im Herzen der Rennstrecke hin und her, wo er nun meistens sein Mittagessen einnahm, weil dies aus verschiedenen Gründen Vorteile gegenüber seinem privaten und einst geschätzten Speisesaal im Cavallino hatte: Die Lage erlaubte es ihm, neugierige Fans zu meiden, die stundenlang vor dem Werkstor standen, nur um einen Blick auf ihn zu erhaschen, er konnte leichter seine strenge Diät einhalten und es erfüllte seinen Wunsch, so wenige Fiat-Manager wie möglich zu sehen.

Enzos neues Büro war komfortabel, geräumig, hell und schlicht, genau wie sein vorheriges. Hinter seinem Schreibtisch stand das tänzelnde Kristallpferd, das Paul Newman ihm sechs Jahre zuvor geschenkt hatte. Die Wände waren in einem etwas helleren Blau gestrichen und an ihnen hing ein einzelnes Ölgemälde, das einen mit hohem Tempo fahrenden Ferrari zeigte. Wie erwartet war auch das Schwarz-Weiß-Foto von Dino mit der kleinen Lampe und den drei Blumen in den Farben der italienischen Flagge aus dem alten Büro in Maranello hierher umgezogen.[5] Trotz seiner inneren Abneigung gegen Fiat war Enzo mit fast 85 Jahren recht zufrieden. »Hier ist es immer wie in einer Familie. Hier arbeiten die Väter, oft die Mütter, heute die Söhne, Schwiegersöhne, Schwiegertöchter, Onkel. Sie alle fühlen sich hier zu Hause und ihr Leben steht im Mittelpunkt des Lebens der Scuderia«,[6] würde Enzo jedem sagen, der wissen wollte, was Ferrari im 36. Jahr seines Bestehens ausmachte: ein avantgardistisches Unternehmen, ein Spitzenrennstall der Formel 1, aber vor allem eine große Familie, die aus Menschen aus seinem Land bestand, einem Land, in dem das Gefühl der Zugehörigkeit sehr stark spürbar war und durch seine überragende Persönlichkeit gefestigt wurde.

An diesen Tagen wachte Enzo um 7:30 Uhr auf. Nachdem er die üblichen Zeitungen gelesen hatte, ging er zum Barbier, um sich schnell rasieren zu lassen, und dann, wenn es sein Gesundheitszustand zuließ, besuchte er Dinos Grabstätte. Er ging nicht mehr jeden Tag auf den Friedhof wie noch vor einigen Jahren. Er wollte vermeiden, sich eine Erkältung oder gar eine Grippe einzufangen. Wenn es ihm gesundheitlich gut ging, war der Besuch an Dinos Grab sein einziger Halt auf dem Weg nach Maranello.

Die strenge Diät hatte ihn schlanker gemacht und sein Gesicht – »mein ungezogenes, provinzielles Gesicht«[7] – geschärft, einst rund, jetzt knochig, mit Augen, die heller und lebendiger denn je waren. Er trank Gerstenkaffee und bewahrte sich den »echten« Kaffee für das Mittagessen am Samstag auf – vorausgesetzt, die wöchentlichen Blutuntersuchungen waren gut. Der Samstag war auch der Tag, an dem er gewohnheitsmäßig ein kleines Glas Whisky aus einer besonderen Flasche [8] trank, die ihm ein schottischer Bewunderer Jahr für Jahr schickte.[9]

Sein Abendessen war bescheiden, etwas Obst und nicht viel mehr, das er meist zusammen mit Dino Tagliazucchi und seiner Frau, manchmal auch mit Piero, Floriana und Enkelin Antonella einnahm.[10] Nach dem Essen plauderte er mit Lina, sah ein wenig fern oder las ein Buch. Er ging immer noch später ins Bett als die meisten anderen, meist erst nach 1 Uhr.[11] Und obwohl er sich freiwillig vom Rest der Welt abkapselte, blieb er so neugierig wie eh und je auf alles, was jenseits der Getreidefelder passierte, die das fruchtbare Land zwischen Modena und Maranello bedeckten.[12]

Jedes Wort, das er in der Öffentlichkeit sprach, wurde wie ein endgültiges Urteil aufgefasst, jede Erinnerung wie ein Tauchgang in eine unwiederholbare Vergangenheit, aus der Gesichter und Fakten hervorgingen, die bisweilen bis in die Anfänge eines Jahrhunderts zurückreichten, das er in seiner Gesamtheit mit der Leidenschaft, dem Flair, der Liebe und der Feindschaft einiger weniger bereist hatte. »Weil man mich für einen ziemlich schlauen und komplexen Menschen hält«, sagte er gern mit unverhohlenem Vergnügen, »werden meine Worte regelmäßig abgewogen, interpretiert, diskutiert, sodass sie am Ende oft eine Verwirrung stiften, an der ich meine Freude habe.«[13]

Seine Liebe zu Auseinandersetzungen blieb ungebrochen. Wenn er sich mit der FISA, der FOCA, dem ACI oder anderen Formel-1-Teams oft heftig stritt, konnte er auch subtil zubeißen, wie etwa, als er erklärte, Ferrari solle nicht mehr als 2.000 Autos pro Jahr bauen statt der 2.500 Einheiten, die Fiat bauen wollte. »Ein Ferrari«, so wurde er nicht müde zu sagen, »muss begehrt, erträumt und deshalb erwartet werden wie eine Berühmtheit.«[14]

Tambay und sein neuer Teamkollege René Arnoux begannen die neue Saison auf die bestmögliche Weise. Von demselben Startplatz aus, den Villeneuve ein Jahr zuvor eingenommen hatte, gewann Tambay den Großen Preis von San Marino. Das Publikum in Imola war begeistert.

Am Sonntag, dem 29. Mai 1983, erschien um 9:30 Uhr der italienische Staatspräsident vor dem Ferrari-Tor in Fiorano. Sandro Pertini war nicht der erste italienische Staatschef, der Ferrari besuchte, aber seine Ankunft am Hof von König Enzo hatte eine ganz andere Bedeutung als der Besuch von Giovanni Gronchi im Jahr 1957. Pertini war der andere große, alte Mann im Italien der 1980er-Jahre – ein Mann, der einen langen Weg hinter sich hatte, ein Gründungsvater der Republik, der während des Krieges ein Held der Résistance gewesen war und sich danach unbeschadet durch die trüben Gewässer der italienischen Politik navigiert hatte. Er war vielleicht der einzige lebende Mensch, der – zumindest in Italien – beliebter war als Enzo Ferrari. Die beiden waren sich zuvor noch nie begegnet, was nicht weiter verwunderlich war, denn Enzo war zuletzt 1935 in Rom gewesen und Pertini war erst seit 1946 Parlamentsabgeordneter.

Der Besuch begann mit einem kleinen diplomatischen Vorfall. Der Präsident kam in seiner Limousine, die keine gewöhnliche Staatskarosse war, sondern ein viertüriger Maserati – Ferraris Erzfeind. Pertini hatte sich persönlich dafür eingesetzt, dass der schicke Wagen in den Fuhrpark des Präsidenten aufgenommen wurde und war sehr stolz darauf. Er konnte nicht ahnen, welchen emotionalen Aufruhr er bei Enzo auslöste, als er in einem Maserati Quattroporte durch das Ferrari-Tor fuhr. Als die Limousine anhielt, ging Enzo nicht auf das Auto zu, wie er es nach dem Protokoll und den Anweisungen, die er am Vortag erhalten hatte, hätte tun sollen.

Die folgenden Momente waren für den Präsidenten der reinste Horror – ein Schock, den auch Gozzi und Piero, die das Protokoll kannten, teilten. Einige endlose Sekunden lang saß Pertini hinter der geschlossenen Autotür, während Enzo regungslos dastand, ohne die Absicht zu haben, auf seinen illustren Gast zuzugehen. Der Präsident löste die Situation. Pertini, der immer pragmatisch war und merkte, dass nichts passierte, öffnete selbst die Autotür und ging auf seinen Gastgeber zu.[15] »Lieber Ferrari«, sagte er und schüttelte Enzo die Hand, »ich wollte Sie unbedingt kennenlernen und hier bin ich!«

»Herr Präsident«, erwiderte Enzo, »ich fühle mich sehr geehrt für diese Aufmerksamkeit und Ihre Geste.«[16]

Enzo führte den Präsidenten in das Hauptquartier der *Gestione Sportiva* und empfing seinen Gast eine halbe Stunde lang zu einem ausführlichen Besuch seines berühmten Rennstalls. Da der Besuch Pertinis in erster Linie eine Hommage an Enzo Ferrari war, besuchte der Präsident nur die Räumlichkeiten des Rennstalls, in denen Enzo Ferrari noch immer König war, und ging nicht über die Straße zur *Gestione Industriale*, wo Fiat das Sagen hatte.

Enzo und Pertinis unterhielten sich die ganze Zeit über ungestört und sprachen hauptsächlich über Rennfahrer und vor allem über die Asse ihrer Jugend. Pertini wurde 1896 geboren, zwei Jahre vor Ferrari. Sie sprachen über Ettore Bugatti, Gastone Brilli-Peri und Tazio Nuvolari – vor allem über Nuvolari. Aber sie sprachen auch von Lauda und Villeneuve, dessen Tod den Präsidenten tief berührt hatte.[17]

Fünfunddreißig Minuten nach seiner Ankunft verabschiedete sich der Präsident von Enzo mit einem warmen Händedruck, der zu einer Umarmung zweier alter Freunde wurde.

Bevor er abreiste, sagte Pertini zu Enzo: »Dies ist eine Fabrik, die Italien zur Ehre gereicht. Es ist unglaublich, was Sie mit Ihrem Können, Ihrer Fantasie und Ihrer Kreativität erreicht haben.«[18]

Sowohl Gozzi als auch Piero fragten Enzo später, warum er entgegen seiner Anweisung nicht auf die Präsidentenlimousine zugegangen sei. Die Antwort war für beide dieselbe: »Ein Enzo Ferrari kann nicht auf einen Maserati zugehen – egal, wer drin sitzt!«[19]

Tambay hatte am 1. Mai in Imola gewonnen. Arnoux gewann Mitte Juni in Montreal auf der Rennstrecke, die gerade nach Gilles Villeneuve umbenannt worden war, sowie Anfang und

Ende August in Hockenheim und in Zandvoort. Beide Fahrer waren Anwärter auf den Titel, aber Enzo war mit keinem von ihnen ganz zufrieden. Die langsamen Starts von Tambay und das Verhalten von Arnoux im Rennen gefielen ihm nicht besonders und schon bald ließ er seine Frustration zu Wort kommen. Bereits Ende Mai hatte er dem italienischen Staatspräsidenten in Bezug auf seine beiden Fahrer gesagt: »Man muss mit dem auskommen, was man hat.«[20]

Deshalb begann er sich umzusehen und trotz der vielen Fahrer, die ihre Dienste anboten, dachte er im Mai immer mehr an Michele Alboreto.[21] Der Vertrag des Italieners mit Tyrrell lief Ende 1983 aus und Michele hatte Enzo gesagt, dass es ihm eine Ehre wäre, 1984 für Ferrari zu fahren. Am letzten Montag im September lud er Alboreto nach Fiorano ein. Um 19 Uhr trafen sich Enzo, Alboreto, Piccinini und Arnoux. Er sagte Michele, dass er 1984 Ferrari-Fahrer werden könne, wenn er wolle. Alboreto sagte sofort zu.[22] Wie die Anwesenheit von Arnoux bei dem Treffen deutlich zeigte, hatte Enzo seine Wahl getroffen. Gegenüber Tambay war er galant: »Er ist ein großartiger Tester. Er erinnert mich an [Chris] Amon. Er ist ein Mann, der einem alles über ein Auto sagen kann. Ich weiß, was ich verliere, wenn ich seinen Vertrag nicht verlängere.«

Während die Presse die Rückkehr eines italienischen Fahrers zu Ferrari als Anbruch eines neuen Zeitalters bejubelte, bedeutete die Einstellung von Michele für Enzo einen Neuanfang nach den vielen Aufregungen und der verheerenden Trauer der Villeneuve-Zeit. Für Enzo begann die Nach-Villeneuve-Ära erst jetzt, 17 Monate nach dem Tod des Kanadiers. Mit Alboreto startete Enzo eine neue Kampagne: Er wollte zum ersten Mal seit Alberto Ascaris zwei aufeinanderfolgenden Titeln in den Jahren 1952 und 1953 den Formel-1-Weltmeistertitel mit einem italienischen Fahrer gewinnen.[23]

Als er kurz vor einem weiteren Experiment in seinem langen Leben stand, war Enzo Ferrari so kämpferisch wie immer. Mit 85 Jahren hatte er immer noch die Vitalität seiner jungen Jahre. Trotz des Herstellertitels und des dritten und vierten Platzes in der Fahrerwertung hatte ihn die Presse die ganze Saison über hart angegriffen. Das war natürlich nichts Neues. Er war die Scharmützel mit seinen Freund-Feinden in der Presse gewohnt. Auf die Frage eines Reporters, warum er so oft von der Presse verspottet werde, antwortete er: »Ich bin für Sie alle unentbehrlich, denn wenn es mich nicht gäbe, würden Sie mich erfinden. Ihr *braucht* Ferrari. Letztendlich überrascht mich das, was Sie alle tun, nicht, denn die Italiener verzeihen Dieben, Mördern und Entführern alles, aber nicht den Erfolg.«[24]

Das Weihnachtsgeschenk für 1983 von Enzo Ferrari an Freunde und Bekannte war ein neues Buch. Mit einer Auflage von nur 2.500 Exemplaren, die nicht zum Verkauf bestimmt waren, war *Piloti, che gente …* eine brillante Abhandlung über acht Jahrzehnte des Rennsports. Der Titel bedeutete grob übersetzt *Rennfahrer, was für Menschen …* Dieses Buch enthielt den zentralen Teil seiner berühmten Memoiren, die den Rennfahrern gewidmet waren, denen er im Laufe seines langen Lebens begegnet ist.

Neben den Profilen von Fahrern, die für und gegen Ferrari gefahren waren, hatte Enzo die Abschnitte seiner Autobiografie hinzugefügt, die sich mit seiner Leidenschaft für den Rennsport und seiner eigenen Karriere als Fahrer befassten. In den 21 Jahren, die seit der Veröffentlichung von *Le mie gioie terribili* (*Meine schrecklichen Freuden*) vergangen waren, hatte er den ursprünglichen Text mehr als einmal aktualisiert, indem er Profile neuer Fahrer hinzufügte, aber seine Meinung über sein eigenes bescheidenes Talent am Steuer eines Rennwagens hatte er nie geändert. Alles, was er in *Piloti, che gente* über sich selbst zu sagen pflegte, war: »Ich glaube nicht, dass ich als Fahrer ganz schlecht war.«[25]

Er hatte die Fahrer, die er gekannt hatte, in fünf Generationen eingeteilt. In Villeneuves Profil hatte er die heute häufig zitierte Bemerkung über ihre komplexe Beziehung hinzugefügt, die in Wirklichkeit eine postmortale Würdigung war: »Er war ein Meister des Kampfgeistes und hat Ferrari viel Ruhm eingebracht. Ich habe ihn geliebt.«[26]

An seinem ersten Tag in Fiorano stellte Michele Alboreto einen neuen Rundenrekord auf. Beim ersten Grand Prix der Saison 1984 in Brasilien startete er aus der ersten Reihe.

Alboreto führte den Großen Preis von Brasilien in den ersten 14 Runden an, bevor er wegen eines technischen Defekts aufgeben musste. Micheles erster Sieg mit Ferrari wurde nur auf den 29. April und den Großen Preis von Belgien in Zolder verschoben, die Strecke, auf der Villeneuve zwei Jahre zuvor gestorben war. Doch in diesem Moment des Triumphs entdeckte Alboreto die große Komplexität seines monumentalen Arbeitgebers.

Direkt nach der Siegerehrung wurde er noch in der Ferrari-Box zu einem Gespräch aus Fiorano ans Telefon geholt. Michele erwartete, dass man ihm gratulieren würde und sagte: »Nun, Commendatore, was sagen Sie dazu?« Doch Enzo ließ ihn kalt. Ohne den Grand-Prix-Sieg auch nur anzudeuten, sagte er: »Ich sage, dass Sie einen kolossalen Fehler gemacht haben, der Ihnen das Rennen hätte kosten können. Und dann haben Sie am Ende ihr Tempo ohne jeden Grund verlangsamt.«[27] Michele war sprachlos. Denn was er von Enzo Ferrari nicht wusste, war, dass diesen eine Sache wirklich Sorgen bereitete: der Erfolg.

»Ich kenne keine Euphorie«, behauptete Enzo. »Wenn ich einen Grand Prix gewinne, frage ich mich: Was wird jetzt mit mir passieren?« Er war sich nur in einem Punkt sicher: »Im Leben muss man für alles bezahlen.« Und da er der Meinung war, dass »der Erfolg mir immer einen hohen Preis abverlangt«,[28] konnte er keinen der unzähligen Siege seiner Rennwagen in vollen Zügen genießen. Enzo Ferrari würde niemals einen Sieg gegen einen Platz auf dem Podium eintauschen – und doch war in seinen Augen ein zweiter oder dritter Platz ein ermutigendes Erfolgsversprechen.[29]

Arnoux wurde Dritter in Belgien, Zweiter in Imola und Dritter in Monaco. Für Alboreto hingegen begann eine Reihe von Rückschlägen. Dann ließen auch Arnoux' Leistungen nach. Der 126 C4 hatte seinen Schwung verloren.

»Der Rennwagen von heute«, erklärte Enzo seinen gnadenlosen Verleumdern, um seine Männer zu verteidigen, »ist nicht mehr das, was er zu Zeiten von [Vittorio] Jano war – die Frucht eines überlegenen Geistes. Heute ist es das Kompendium vieler Spezialisierungen.« Und er gab zu: »Es ist klar, dass uns in einem solchen Kompendium von Spezialisierungen etwas fehlt.«[30]

Tatsächlich war die Situation noch viel komplexer. Nach und nach wurden die Fiat-Leute in immer wichtigere Positionen innerhalb der *Gestione Sportiva* positioniert. Die meisten von ihnen hatten keinen rennsportlichen Hintergrund, verfügten aber aufgrund ihrer Fiat-Herkunft über Einfluss und gefährdeten so die Macht des Mannes, der allein und wirklich für die *Gestione Sportiva* verantwortlich war: Mauro Forghieri. Oft musste Forghieri nach der Rückkehr von einem Grand-Prix-Wochenende rückgängig machen, was andere in seiner Abwesenheit und gegen seine Anweisung getan hatten. Enzo hatte zumindest teilweise mitbekommen, was vor sich ging, aber er hatte nicht mehr den Mumm, die Energie und vielleicht sogar den Willen einzugreifen.[31]

Ferrari hatte Anfang Juni beim Großen Preis von Monaco beide Fahrer für 1985 bestätigt. Die Fahrer waren nicht das Problem. »Ich bestätige mein Vertrauen und behalte Alboreto, weil er Italiener, ein guter Fahrer und ein guter Mensch ist«, sagte er in jenem Sommer.[32] Und obwohl Fiat Arnoux gern durch Lauda ersetzt hätte,[33] wiederholte Enzo immer wieder, dass er keinen Grund habe, mit seinem französischen Fahrer unzufrieden zu sein.[34]

Während der Weltmeistertitel bereits in den Händen des McLaren-Duos lag, erzielte Alboreto zwei zweite Plätze in Monza und auf dem Nürburgring. Lauda wurde Weltmeister, mit einem halben Punkt Vorsprung vor seinem Teamkollegen Alain Prost. Die Fahrer von Ferrari beendeten die Saison auf den Plätzen vier und sechs.

Am Ende der Saison 1984 trat Mauro Forghieri nach 22 Jahren an der Spitze der technischen Leitung der *Gestione Sportiva* zurück. Enzo Ferrari lehnte seinen Rücktritt ab. Gerührt von dieser Geste – Mauros Vater war seit den glorreichen Tagen der Scuderia bei Ferrari gewesen und für Enzo war Mauro wie ein dritter Sohn –, nahm Forghieri eine Stelle bei Ferrari Engineering an, einer neuen und separaten Abteilung, in der er für die Erforschung von Aluminiumchassis und Allradtechnologie für straßentaugliche Ferraris zuständig sein sollte.

Für Enzo war es ein bitterer Moment. Für Forghieri war es ein harter Schlag, der noch härter durch die Erkenntnis wurde, dass der Tyrannenkönig, dem er mehr als 20 Jahre lang gedient hatte, gar kein Tyrann mehr war – der König hatte seine Krone verloren. Im Herbst 1984 war Enzo Ferrari ein einsamer Riese, ein müder Mann und zudem unbemerkt in die Hände von Fiat-Leuten geraten, die ihn nicht umfassend informierten.[35]

Der erste Winter ohne Forghieri, mit dem er reden, diskutieren und streiten konnte, war für Enzo Ferrari eine surreale Zeit. Der große, alte Mann war für den Vorstand seines Unternehmens zu einer Belastung geworden. Mit Forghieri hatte Enzo nicht nur einen erstklassigen Ingenieur verloren, sondern auch einen der wenigen Männer, die ihm gegenüber noch unzweifelhaft loyal waren. Von nun an konnten die Fiat-Männer tun und lassen, was sie wollten, ohne dass Enzo auch nur den geringsten Verdacht schöpfte, was sie taten.

Nach außen hin blieb er so brillant wie immer. Mit Äußerungen wie »Ich ziehe mich nicht zurück; der Allmächtige wird entscheiden« oder »Duldsam ist jemand, der kurz vor dem Tod steht, aber ich habe vorerst nicht die Absicht zu sterben«[36] zeigte er seinen Kampfeswillen und, was vielleicht noch wichtiger war, er vermittelte das Bild von jemandem, der immer noch das Sagen hatte. In Wirklichkeit stand er nicht mehr im Mittelpunkt und begnügte sich damit, täglich von Piero und Piccinini sowie ab und zu von Postlethwaite informiert zu werden.[37]

Doch als zwei Tage vor seinem 87. Geburtstag das Formel-1-Auto für die Saison 1985 der Presse vorgestellt wurde, kam seine Skepsis gegenüber dem neuen Kurs endgültig zum Vorschein, denn er sagte: »Es ist ein Auto, das aus einem anderen Arbeitsschema entstanden ist. Jetzt erwarte ich, dass es gewinnt.«[38]

Nach einem einzigen Meisterschaftsrennen in der Saison 1985 entließ Enzo einen seiner beiden Fahrer. Die Umstände waren – und blieben – unklar. Die einen sprachen von einem heftigen Streit nach dem Großen Preis von Brasilien, die anderen von Problemen privater Natur.[39] Was auch immer der Grund war, René Arnoux wurde über Nacht entlassen und durch den jungen Schweden Stefan Johansson ersetzt, der Ende April in Imola beim Großen Preis von San Marino Zweiter geworden war, aber über kaum Formel-1-Erfahrungen verfügte.

Die Schwierigkeiten mit den neuen technischen und betrieblichen Fähigkeiten von Ferraris *Gestione Sportiva* wurden im Laufe der Saison deutlich. Der 156/85 war zweifelsohne ein gutes Auto. Dank mehrerer Podiumsplätze und zweier Siege in Kanada und in Deutschland hatte Alboreto die Führung in der Meisterschaftswertung übernommen. Doch dann tauchten zwei verschiedene Probleme auf, die miteinander verbunden waren und mit der neuen geschäftlichen Situation zusammenhingen.

Das erste war eine gehörige Portion Anarchie innerhalb der jetzt ohne Forghieri arbeitenden *Gestione Sportiva*, wo es trotz der erwiesenen Konkurrenzfähigkeit des Wagens einige gab, die beschlossen, ohne die Zustimmung des federführenden Postlethwaite mit neuen Lösungen zu experimentieren –, die letztendlich die Leistung des Wagens beeinträchtigten. Als er erkannte, was vor sich ging, bat der entsetzte Enzo Forghieri um Rat. Zu diesem Zeitpunkt hatte sich Mauro bereits vom Rennteam entfernt und keine genaue Vorstellung davon, was vor sich ging. Eines wusste er jedoch und das sagte er auch zu Enzo: Ein Siegerauto durfte im Laufe einer erfolgreichen Saison niemals angerührt werden.[40]

Das zweite Problem war Enzo selbst, der den falschen Zeitpunkt und das falsche Thema wählte, um zu zeigen, dass er trotz allem immer noch König war.

Als der Frühling in den Sommer überging, traten bei beiden 156/85 Probleme durch Überhitzungen auf.[41] Nach einer gründlichen internen Untersuchung wurde die Ursache des Problems schließlich identifiziert: ein kleines Bauteil eines deutschen Herstellers, der das gleiche Teil für den Porsche-Motor von McLaren produzierte (obwohl McLaren keine ähnlichen Komplikationen hatte). Enzo ordnete eine Untersuchung aller relevanten Einheiten an, die sich bereits im Haus befanden, die belegte, dass die Komponenten nicht fehlerhaft waren; einige Ferrari-Techniker wiesen jedoch darauf hin, dass ihre durchschnittliche Qualität im Laufe des Jahres abgenommen hatte.

Da Alain Prost im McLaren mit Porschemotor der einzige Gegner von Michele Alboreto im Kampf um den Weltmeistertitel 1985 war, beschloss Enzo – ohne Beweise –, dass es sich um eine deutsche Verschwörung gegen Ferrari handele. Wütend erhob er seine Stimme und befahl seinen Mitarbeitern, den Vertrag mit dem deutschen Hersteller zu brechen. Noch immer erregt, verlangte er, dass sie sich sofort mit einem amerikanischen Hersteller in Verbindung setzen sollten, den er persönlich kannte. Er fragte nach der Telefonnummer und öffnete seine Schreibtischschublade, um sein persönliches Scheckbuch herauszuholen, eine Geste, die er mechanisch immer dann vollzog, wenn er wirklich verärgert war und die einzige Lösung darin zu bestehen schien, etwas ohne Kostenzwang zu erledigen.[42]

Piccinini versuchte, ihn zu beruhigen. Er erklärte, dass es zu diesem Zeitpunkt der Saison keinen Sinn ergebe, Komponenten zu verwenden, die noch nicht getestet wurden. Doch die Bemerkungen seines Teamchefs bestärkten Enzo nur in seinem Entschluss.

»Was steht hier?«, rief er Piccinini zu und deutete auf die Anstecknadel, die er an seiner Anzugsjacke trug.

»Nun, *Ingegnere* ... da steht ›Ferrari‹.«

»Richtig«, rief der alte Mann, »da steht ›Ferrari‹. Das bin ich und *ich* entscheide! An dem Tag, an dem ›Piccinini‹ draufsteht, werden Sie entscheiden.«[43] Und so war es.

Ferrari wechselte den Ausrüster – und Alboreto beendete keines der verbliebenen Rennen der Meisterschaft. Alain Prost wurde Weltmeister, Michele Vizeweltmeister. Der Traum vom ersten Weltmeistertitel mit einem italienischen Fahrer seit den Tagen von Alberto Ascari war damit ausgeträumt.

Doch es gab noch einen letzten Traum: das Indianapolis 500. Es war das große Rennen seiner Jugend, das Ereignis, das ihn aufgrund der großartigen Leistung von Ralph DePalma für den Rennsport begeistert hatte. Nachdem er zum Hersteller geworden war, hatte er dem Klassiker in Indiana nie wirklich viel Beachtung geschenkt, abgesehen von der halboffiziellen Teilnahme im Jahr 1952 und dem Motor, den er 1956 zur Verfügung gestellt hatte. Überraschenderweise schien Enzo Ferrari jedoch 30 Jahre später seinen eigenen amerikanischen Traum wieder aufleben zu lassen – auch wenn niemand mit Sicherheit wissen konnte, mit welchem Überzeugungsgrad dies geschah.

Die Entscheidung, einen Ferrari-Monoposto für die *US Championship Auto Racing Teams* (CART oder *Indycar*) zu bauen, fiel im November 1985. Enzo verlangte, dass sofort mit der Konstruktion eines völlig neuen Fahrgestells und Motors gemäß den CART-Homologationsregeln begonnen werden sollte.[44] Die Verantwortung für das Fahrgestell wurde Gustav Brunner anvertraut, der Motor dem Trio aus Renzetti, Caruso und His. Postlethwaite war für das Indycar-Gesamtprojekt verantwortlich.[45]

Bis Weihnachten 1985 hatte ein kleines Team von Ingenieuren und Technikern die Arbeit an dem neuen Projekt aufgenommen, getrennt von dem viel größeren Team, das an dem Formel-1-Auto für 1986 arbeitete. Zu dieser Gruppe gehörten Antonio Bellentani, Scheckters Chefmechaniker von 1979, sowie Angiolino Marchetti, ein alter Schulkamerad von Dino Ferrari.[46]

Der neue Formel-1-Wagen mit der Bezeichnung F1/86 wurde am 10. März 1986 offiziell vorgestellt. An diesem Tag gab Enzo bekannt, dass die Gerüchte ausnahmsweise wahr waren: Es würde einen Ferrari für Indianapolis geben und Andrea de Cesaris könnte der designierte Fahrer sein.

Enzo erklärte: »Was unsere Teilnahme in Amerika betrifft, werden wir nach unserem ersten Rennen entscheiden, ob wir zwei oder drei Autos bauen werden.«[47] Näheres erklärte er zu seinem amerikanischen Traum an diesem Tag nicht.

Der Wagen wurde im Sommer fertig, sodass am 20. Juli 1986 der ›637 Indy‹ – so der Name des Wagens – im Innenbereich der Rennstrecke von Fiorano, direkt vor der roten Eingangstür zu Enzos privatem Refugium, fotografiert wurde. Gozzi ließ das Foto geschickt an die richtigen Journalisten durchsickern, zusammen mit dem Namen des US-Rennstalls Truesports, geführt von Besitzer Jim Trueman sowie dem Fahrer Bobby Rahal. Letzterer war als Berater eingesetzt worden und würde vermutlich das Auto fahren.[48] Das vergangene Jahr war für das Team erfolgreich gewesen, denn Rahal hatte das Indy 500 und die CART-Meisterschaft gewonnen.

Einige Tage später kam die Nachricht aus Amerika, dass das Truesports-Team den 637 Indy für das Rennen am 12. Oktober in Laguna Seca angemeldet hatte – 50 Jahre nach dem Tag, an dem Nuvolari seinen, und Enzos, legendären Sieg beim *Vanderbilt Cup* errungen hatte.

Dann passierte nichts mehr. Ende September gab Enzo bekannt, dass die Teilnahme an der CART-Meisterschaftsserie »keine Priorität mehr« hätte.[49] Was war geschehen?

Zumindest ein paar Dinge. Das erste war eine direkte Intervention von Fiat, die alle auf den Boden der Tatsachen zurückholte und die Tagträumerei beendete. Die Kosten für das Management eines Formel-1-Teams waren zu hoch, um an eine zweite Rennserie zu denken, vor allem auf dem amerikanischen Markt, wohin keine Fiat-Fahrzeuge exportiert wurden.

Der zweite war ein Rückschritt sowohl von Ecclestone, der die FOCA führte, als auch von Balestre, der die FIA leitete, in ihrem Krieg um die Leitung der Formel 1. Da der Funke, der Enzos amerikanischen Traum entzündet hatte, in seinem Bedürfnis bestand, beiden Männern eine kraftvolle Botschaft zu senden (nämlich dass Ferrari die Formel 1 und ihre Politik zum unbestreitbaren Nachteil der F1 aufgeben und stattdessen in der CART antreten könnte), ließ ein zufriedener großer, alter Mann seinen Traum sofort zerplatzen.[50]

KAPITEL 46

Abendrot

Als das neue Auto für die Formel-1-Saison 1986 vorgestellt wurde, war der große, alte Mann zurückhaltend: »Es hat noch kein Wort gesprochen«, sagte er zu denen, die meinten, dass das neue F1-Auto schön sei. Er gestand: »Ich weiß nicht, wie es singen wird. Ich würde mich freuen, wenn wir am Ende der Saison ‚86 wieder Zweiter werden, acht Punkte hinter dem Sieger, wie 1985.«[1]

Für einen Mann, der es gewohnt war, nach vorn zu schauen, war dies eine äußerst zurückhaltende Aussage. Aber vielleicht hatte Ferrari auch nur früher als alle anderen erkannt, dass das Führungschaos, das in sein Team eingedrungen war, zu nichts Gutem führen würde.[2]

Am Samstag vor der Vorstellung des neuen Wagens hatte er mit seinen Männern gespielt wie eine Katze mit Mäusen. Er lud 18 von ihnen zum Mittagessen ein und verteilte vor dem Kaffee Zettel, auf denen er seine Gäste aufforderte, verdeckt den Namen des Fahrers und des Teams zu schreiben, die 1986 den Weltmeistertitel gewinnen würden – und das Dokument zu unterschreiben.

Um fair zu sein, sagte Enzo, würde er dasselbe tun. Dann schaute er zu Gozzi, der um den Tisch herumging, um die Zettel einzusammeln.[3] »Franco Gozzi wird diese Papiere behalten«, sagte er. »Am Ende des Jahres werden wir sehen, wer richtig getippt hat.«[4] Das war natürlich eine außerordentlich subtile Art, seine Männer dazu zu bringen, sich ihrer individuellen Verantwortung zu stellen.[5] Einen Monat zuvor war Enzo Ferrari 88 Jahre alt geworden. Sein Kommentar dazu: »Ich kämpfe immer noch gern, also geht es mir wohl gut.«[6]

Zehn Jahre nach dem Erscheinen des Buchs *Il Flobert*, das er über Journalisten geschrieben hatte, plante Enzo eine Art Nachfolgewerk, »ein weiteres Buch, in dem ich keine Beurteilungen abgeben, sondern einfach die Urteile zusammenstellen werde, die viele Journalisten in den letzten Jahren über mich geschrieben haben.« Und er hatte keinen Zweifel am Endergebnis. Lachend sagte er: »Es wird Spaß machen. Wenn man im Leben die Lust an der Rache verliert, dann ist es vorbei.«[7] Trotz seiner Gebrechen – vor allem der quälenden Rückenschmerzen – ging es ihm für einen Mann seines Alters nicht schlecht. Er war immer noch in die Verwaltung einer automobilen Realität vertieft, die in der Welt ihresgleichen suchte. Er sagte: »Vom Ferrari-Team repräsentiere ich die Vergangenheit, ich leite die Gegenwart und was die Zukunft angeht, so liegt sie in den Händen des Allmächtigen.«[8]

Mit 88 Jahren hatte er auch weniger irdische Themen im Kopf: »Der Glaube ist eine Annehmlichkeit, die der Mensch geschaffen hat.« Er erinnerte sich daran, wie er dasselbe zu einem befreundeten Bischof gesagt hatte, der ihm damals geantwortet hatte: »Wenn der Herr uns diese Bequemlichkeit anbietet, warum sollten wir sie ablehnen? Du, Ferrari, hast mehr Glauben, als du denkst.« Dreißig Jahre später lebte Enzo immer noch in der Hoffnung, diese »Bequemlichkeit«, die man Glauben nennt, zu finden.[9]

»Bei der Arbeit«, bekannte er, »suche ich die Zusammenarbeit mit allen. Im Privatleben bin ich immer ein Einzelgänger gewesen.«[10] Denjenigen, die seinen Einfluss auf die Geschehnisse und seine Entscheidungsgewalt infrage stellten, antwortete er: »Mein Sohn Piero und Piccinini werden, solange ich lebe, nur das tun, wozu ich sie ermächtige.«[11] Und was die Zukunft anging, hatte er klare Vorstellungen: »Mein Sohn Piero wird an dem Tag, an dem ich nicht mehr bin, meinen Platz einnehmen.«[12]

Die Formel-1-Weltmeisterschaft 1986 erwies sich als große Enttäuschung. Der F1/86 wirkte wie eine verblasste Kopie des Vorjahresautos. Der zweite Platz, den Enzo vor Beginn der Saison in Aussicht gestellt hatte, erwies sich als Illusion. Johansson und Alboreto mussten sich mit einigen Podiumsplätzen begnügen und wurden Fünfter bzw. Neunter in der Meisterschaft.

Am Ende der Saison entschied sich Enzo für eine radikale Umstrukturierung, die zwar einerseits bestätigte, dass er immer noch die wichtigen Entscheidungen traf, andererseits aber das Denken und Handeln eines ganzen Lebens verwarf. Ab dem 1. November 1986 sollte der immens talentierte John Barnard – die Schlüsselfigur des Erfolgs von McLaren, den Enzo am 12. September in Maranello getroffen hatte – Ferraris Chefingenieur werden.[13]

»Barnard wird volle Befugnisse haben und dort arbeiten, wo er es für richtig hält«, sagte Enzo Ferrari, als er die Einstellung des britischen Ingenieurs bekannt gab.[14] Barnard würde nicht unbedingt in Maranello arbeiten, sondern die meiste Zeit in England verbringen, wo Ferrari bald eine Art technische Tochtergesellschaft aufbauen würde. Um ihn an Bord zu holen, hatte Enzo sämtliche Bedingungen von Barnard akzeptiert.

Am 19. Juli unterzeichnete Enzo einen Vertrag mit Nigel Mansell, der derzeit für Williams fuhr. Am Ende hatte Mansell jedoch Zweifel und blieb, wo er war. »Sein Verhalten hat uns überrascht«, sagte Enzo, »und unsere Anwälte werden sich um die Angelegenheit kümmern.« An Mansells Stelle wurde Gerhard Berger ausgewählt, der junge Österreicher, der Enzo an Lauda erinnerte, auch wenn er das in der Öffentlichkeit nicht sagte.[15]

Mitte März 1987 begab sich Enzo Ferrari in Begleitung von Dino Tagliazucchi, seinem treuen Chauffeur, der ihn wie sein Vorgänger Peppino Verdelli überall hin begleitete, in die Poliklinik von Modena. Das neue MRT-Gerät, das er kürzlich als Geschenk für das städtische Krankenhaus gekauft hatte, sollte an diesem Tag offiziell vorgestellt werden. Er wusste, dass er um eine Art Zeremonie nicht herumkam, aber er hatte sich etwas sehr Einfaches und Ruhiges gewünscht. Geschützt durch die dunkle Sonnenbrille, die er fast immer trug, wenn er in der Öffentlichkeit auftrat, sagte

Ferrari nur ein paar Worte: »Ich wollte keine Werbung machen, sondern nur dazu beitragen, denjenigen zu helfen, die an Muskeldystrophie leiden, Menschen, die zum Sterben verurteilt sind und für die die Medizin und die Technik so viel tun können.«[16]

Das Gerät, das er ausgewählt und aus eigener Tasche bezahlt hatte, war das leistungsfähigste in Italien; es gab nur ein weiteres vergleichbares Gerät in Mailand. »Ich freue mich«, sagte er mit Blick auf die neue Krankenhausabteilung, in der das MRT-Gerät untergebracht werden sollte, »dass eine vollendete Struktur Modena zu einem der fortschrittlichsten Forschungszentren Italiens macht, und ich möchte all jenen danken, die zur Verwirklichung dieses Werks beigetragen haben.«[17]

31 Jahre zuvor, im Juni 1956, war Dino an Muskeldystrophie gestorben, damals wie heute eine unbarmherzige Krankheit. Seitdem hatte Dinos Vater, fast immer im Stillen, Milliarden von Lire für die Forschung gespendet, um ein Heilmittel zu finden.[18]

Drei Tage später wurde das neue Formel-1-Auto für die Saison 1987 vorgestellt. Es zeigte die Handschrift von John Barnard, auch wenn der britische Ingenieur betonte, dass dies nicht sein erster Ferrari sei – *dieser* würde erst das Modell von 1988 werden.

Im Frühjahr kehrte die Formel 1 nach Europa zurück. Sowohl Alboreto als auch Berger taten sich schwer. In Imola und Spa gab es einige Fortschritte, aber der Große Preis von Frankreich Anfang Juli wurde ein Reinfall. Ferrari rief seine Spitzenleute zusammen und setzte Barnard auf den heißen Stuhl. Er bat seinen Chefingenieur um eine detaillierte Analyse des Desasters in Frankreich und wollte wissen, was er für den nächsten Grand Prix in England unternehmen würde.[19]

Das schlechte Abschneiden der beiden Autos in Frankreich war nicht der einzige Vorwurf an Barnard. Enzo tadelte und beschuldigte ihn auch für den Imageschaden, den einige in einer Londoner Zeitung abgedruckte freimütige Äußerungen dem Image von Ferrari zugefügt hatten. Außerdem machte er ihn für die Zerstörung der Beziehung zu Michele Alboreto verantwortlich, der seinen Vertrag mit Ferrari gerade um ein weiteres Jahr verlängert hatte.[20]

Ferrari verlangte, dass Barnard in dieser Woche nicht in seine prächtige Abgeschiedenheit im englischen Guilford zurückzukehren, sondern in Fiorano arbeiten sollte. Und während dort von Barnard geleitete technische Besprechungen abgehalten wurden, verfiel Ferrari in eines seiner traditionellen und eloquenten Schweigen.[21] Die Leistung der beiden Autos verbesserte sich beim nächsten Rennen nicht: in Silverstone schieden erneut beide Fahrer aus.

Am Dienstagmorgen, dem 21. Juli, begab sich Enzo Ferrari in das neu errichtete Centro Civico im Zentrum von Maranello, um die Premiere des Autos zu feiern, das Ferrari – das Unternehmen, nicht der Mensch – sich gewünscht hatte, um das 40-jährige Bestehen der Firma zu feiern. Niemand ahnte, dass Enzo Ferrari letztmals bei der Vorstellung eines seiner Autos anwesend sein würde.

Der große, alte Mann saß an einem Konferenztisch am Rande eines runden Innenhofs, in dessen Zentrum das neue Auto stand. Das in ein leuchtendes Ferrari-Rot gehüllte neue Modell trat erst aus dem ansonsten abgedunkelten, runden Raum hervor, als es von zwei Scheinwerfern angestrahlt wurde, die in ständiger Bewegung waren wie zwei nervöse Suchscheinwerfer, die den Nachthimmel durchbohrten.

Der Raum war bis auf den letzten Platz gefüllt. Durch die Lautsprecheranlage hallten Enzos langsame Worte aus der Dunkelheit.

Voller Stolz verkündete er: »Dieses Auto ist das Ergebnis der Anstrengungen, die alle bei Ferrari in den [letzten] zwölf Monaten unternommen haben. Dieses Auto ist das Ergebnis eines Jahres des Studierens und Entwerfens.«[22] Obwohl er es nicht aussprach, hatte er persönlich während der Entwicklung des Wagens hier eine Anregung, dort einen Hinweis gegeben. Vielleicht wusste er instinktiv, dass dies das letzte Auto war, das er jemals sehen würde.

Nachdem er seine kurzen Ausführungen beendet hatte, brach das Publikum in ohrenbetäubenden Applaus aus, während die Ferrari-Mitarbeiter das rote Tuch hoben, um ihr neues Kronjuwel zu enthüllen. Er sollte den Namen »F40 Le Mans« tragen. Das »F« stand für Ferrari und die »40« für das Jubiläum, das er feierte. Der Name war Ferrari-Präsident Giovanni Razelli von einem alten Hasen, dem Journalisten Gino Rancati, vorgeschlagen worden: »F-Forty«, hatte Rancati auf Englisch gesagt, wohl wissend, dass der größte Teil dieser Fahrzeuge in die Vereinigten Staaten gehen würde. »Le Mans« war eine Hommage an Enzos ursprünglichen Plan.

Trotz der öffentlich gezeigten Einigkeit verspürte Enzo gegenüber der Fiat-Hierarchie innerhalb und außerhalb seines Unternehmens Ressentiments, die sich mit seinem zunehmendem Alter noch verstärkten. Seine persönliche Beziehung zu Gianni Agnelli blieb auf hohem Niveau – sie teilten gegenseitige Zuneigung und Respekt. Agnelli mischte sich jedoch nie in das Geschehen ein und überließ es in der Regel seinen Männern, die Einzelheiten des Tagesgeschäfts zu regeln, nachdem er die allgemeinen Richtlinien für die Beziehungen zwischen seinem Unternehmen und Ferrari festgelegt hatte. Enzo hatte persönlich nichts gegen Cesare Romiti (den Vorstandsvorsitzenden von Fiat) oder Vittorio Ghidella; er ärgerte sich lediglich darüber, dass die Hälfte seines Unternehmens nicht mehr in seinen Händen lag und dass die einstige völlige Freiheit, die er in seiner eigenen Hälfte genossen hatte, täglich abnahm.

Er hatte seinen engen Freunden oft anvertraut, dass er trotz der unbestreitbaren Hilfe, die Fiat in einer für das Überleben seines Unternehmens entscheidenden Zeit geleistet hatte, die 50 Prozent, die er an Fiat verkauft hatte, zurückkaufen würde, wenn er jemals die Gelegenheit dazu hätte. Im Juni hatte er sich gegenüber Rancati sehr offen zu diesem Thema geäußert: »Wenn ich könnte, würde ich die ganze Fabrik zurückkaufen.« Er erklärte: »Als ich sie 1969 an Fiat verkaufte, tat ich das, weil ich Angst hatte, ich würde sterben. Die Angst hat mich dazu gebracht.«[23]

Am 31. August setzte sich Enzo an seinen Schreibtisch in Fiorano und schrieb einen unmissverständlichen Brief an Cesare Romiti. Der Ton war herzlich, aber bestimmt. In Bezug auf die Zuteilung der Anteile verkündet er: »Ich werde entweder alles verkaufen oder alles zurückkaufen.«[24]

In seinem Tagebuch vom selben Abend reflektiert er diese Mitteilung und kommentiert: »Der Brief an Romiti ist abgeschickt.

Jetzt hängt es von ihm ab: Entweder kaufe ich seine 50 Prozent oder ich verkaufe meine.«[25]

Am 3. Oktober, anlässlich des 40-jährigen Bestehens von Ferrari, trafen sich drei Generationen von Rennfahrern mit Enzo in seinem Büro in Fiorano. Alle, die noch am Leben waren, waren gekommen: Froilán González, der ihm seinen ersten F1-Sieg beschert hatte, Piero Taruffi und Phil Hill, Umberto Maglioli und Andrea de Adamich, Clay Regazzoni, Patrick Tambay sowie der Fahrer, Importeur und Händler Luigi Chinetti, der Enzo 1949 mit seinem Le Mans-Sieg seinen ersten großen internationalen Erfolg beschert hatte. Selbst Juan Manuel Fangio und der zwei Jahre zuvor plötzlich entlassene René Arnoux waren dabei.

Zu den alten Fahrern gesellten sich zwei der aktuellen Fahrer, außerdem war Mietta Ascari anwesend,[26] die Witwe von Alberto, die nicht nur ihren Mann, sondern alle jungen Männer vertrat, die auf der Suche nach der Erfüllung ihrer Rennfahrerträume gestorben waren. Jedem von ihnen schenkte Ferrari ein Exemplar seines Buches *Piloti, che gente* – auch Fangio, über den Enzo immer noch eine negative Meinung hatte, die im Laufe der Jahre weder revidiert noch gemildert worden war.

Der erste Tag im November 1987 brachte den ersten Ferrari-Sieg in der Formel 1 seit 27 Monaten. Achthundert Tage trennten diesen Sieg von Gerhard Berger beim Großen Preis von Japan von dem, den Michele Alboreto am ersten Sonntag im August 1985 auf dem neuen Nürburgring errungen hatte. Wie bei nächtlichen Übertragungen üblich, verfolgte Enzo das Rennen in seinem Haus am Largo Garibaldi mit seinem Sohn Piero. In dem Moment, als Berger die Zielflagge sah, griff Enzo zum Telefon und rief am anderen Ende der Welt an, um das Team zu beglückwünschen. Es war ein langer und harter Weg gewesen, aber endlich war eines seiner Autos wieder an der Spitze. In dieser Saison stand nur noch ein Rennen an, aber ein Erfolg am Ende des Jahres bedeutete normalerweise einen Vorsprung für das neue Jahr.

Die italienischen Pressevertreter, die Enzo in den vergangenen zwei Jahren heftig angegriffen hatten, versuchten nun, ihn zu einer Stellungnahme zu bewegen. Er wollte das nicht, er wollte ihr Spiel nicht mitmachen. Nach all der harschen Kritik, die er in den vergangenen zweieinhalb Rennsaisons einstecken musste, würde er an diesem Tag keine Stellungnahme abgeben. Er wollte sich erst am Ende des Jahres auf seiner traditionellen Pressekonferenz äußern.[27]

Zwei Wochen später siegte Gerhard Berger beim Abschlussrennen des Jahres 1987 in Australien erneut. Bergers Sieg gab Ferrari die Gelegenheit, nicht so sehr den zweiten Sieg des Österreichers in Folge zu kommentieren, sondern ein allgemeineres Thema: »Wenn sie zu mir sagen, du hast ein Rennen gewonnen, begreifen die Leute nicht, dass ich glücklich bin, weil ich eine Schuld gegenüber all jenen beglichen habe, die an mich glauben.«[28]

Einige Tage später gestand er einem Freund: »Alle fragen mich immer wieder, warum ich mich nicht zur Ruhe setze. Aber meine Arbeit ist mein Leben und ich werde bis zum letzten Tag arbeiten, weil ich Angst vor dem Alleinsein habe.«[29]

⌘⌘⌘

In Modena war inzwischen der Herbst eingekehrt. In der Stadt war der Nachhall von Enzos großzügiger Spende des Kernspintomografen an das Krankenhaus, um zur Heilung von Muskeldystrophie beizutragen, noch immer nicht verklungen. Modena hatte ihren Sohn nie wirklich verstanden, der trotz des Neids, den er zwar sehen, aber nicht verstehen konnte, nie seine Liebe zu seiner Heimatstadt verloren hatte. Als er erneut über die Spende sprach, fast genervt von dem unaufhörlichen Interesse, das sie hervorgerufen hatte, war Enzo nun fast brutal zu sich selbst.

»Ich habe einen Sohn durch Muskeldystrophie verloren und habe seitdem mein Leben dieser Krankheit gewidmet«, sagte er und wiederholte damit, was er bereits einige Monate zuvor den örtlichen Behörden und der Presse erzählt hatte. Mit grausamer Ehrlichkeit fügte er hinzu: »Aber ich möchte, dass eines klar ist: Ich habe diese Maschine gekauft, *weil* ich meinen Sohn verloren habe. Das zeigt Ihnen, dass das, was wir tun, immer eine Konsequenz von etwas ist, niemals ein Akt der Großzügigkeit.« Er versuchte, sein Verhalten zu erklären: »Es sei denn, uns trifft ein großer Kummer. Zu oft unterschätzen wir, was die Leidenden wirklich fühlen.«[30]

Einunddreißig Jahre nach Dinos Tod erstickte Enzo noch immer an dem Gefühl der Verantwortung, das er seit dem Auftreten der ersten Anzeichen der tödlichen Krankheit empfunden hatte. Er hatte das Unnatürlichste im Leben erlebt – das Überleben des eigenen Sohnes – und war nie damit fertig geworden. Mit 89 Jahren fühlte er sich einsamer denn je. Er hatte ein Privileg genossen, das seinem Sohn verwehrt geblieben war: Er hatte ein langes und erfülltes Leben gelebt und wollte nun alles richtigstellen. All die Verluste, all die Trauer, all das Leid hatten ihn nicht zu einem besseren Menschen gemacht – nicht besser, als er es zu Dinos Lebzeiten war und das Leben voller Verheißungen war, und auch nicht besser als irgendeiner seiner Mitmenschen. Er wollte nicht gelobt werden für das, was er für die Leidenden getan hatte, und er wollte auch nicht bemitleidet werden für die Lasten, die er getragen hatte.

⌘ ⌘ ⌘

Endlich sprach er mit der Presse.

Das ›Mittagessen der Rache‹ fand am Freitag, dem 11. Dezember 1987, statt. Rache in dem Sinne, dass nur eine Handvoll Journalisten eingeladen war und einige der Abwesenden – absichtlich – zu den Spitzenvertretern der italienischen Motorsportpresse gehörten, darunter der Mann von *La Stampa*, der von Fiat kontrollierten Tageszeitung. Enzo war brillant, scharfsinnig und charmant zu den wenigen glücklichen Anwesenden und unwiderstehlich polemisch zu den vielen, die nicht anwesend waren. Er hatte nur 14 Journalisten eingeladen. Elf davon waren Italiener, nur drei vertraten die internationale Presse. Von den Italienern war einer als friedfertiger »Freund« eingeladen worden, drei kamen von Automobilzeitschriften, sechs von nationalen Tageszeitungen. Der elfte war der Chefredakteur von *La Nuova Gazzetta* aus Modena, der einzigen nicht automobilen Publikation. Sein 90. Geburtstag stand bevor und Enzo hatte auch zu diesem Thema Botschaften zu überbringen.

Enzo und seine 14 Gäste nahmen in dem kleinen Raum neben seinem Büro im Gebäude der *Gestione Sportiva* Platz. Es war fast 30 Jahre her, dass er so wenige Menschen versammelt hatte, um das zu Ende gehende Jahr Revue passieren zu lassen und über das kommende zu sprechen. Um die heftigen Kontroversen, die sich aus den zahlreichen tödlichen Unfällen jener Rennsaison ergeben hatten, offen anzusprechen, hatte er 1958 zum ersten Mal seine Pressekonferenz für eine Schar von hundert oder mehr Journalisten geöffnet, die seitdem Jahr für Jahr nach Modena, Maranello oder Fiorano gekommen waren. Jetzt kehrte er dieses Muster spektakulär um und entschied sich für das kleine Treffen am Mittag, das Gozzi sorgfältig vorbereitet hatte.

Während die Häppchen serviert wurden, kam er auf die gerade zu Ende gegangene Formel-1-Saison zu sprechen: »Wir begannen das Jahr mit einem völlig neuen Auto, ohne die notwendige Abstimmung vorgenommen zu haben, die wir bei jedem Grand Prix durchführen mussten. Das Auto wurde im Laufe des Jahres immer besser. Wir hätten in Mexiko gewinnen können, wenn wir nicht die Tatsache heruntergespielt hätten, dass das Rennen in großer Höhe stattfinden würde, eine Ungenauigkeit, die sich als tödlich für unsere Motoren erwies. Dann haben wir in Portugal verloren, weil unser Fahrer in Führung liegend einen Fehler gemacht hat.« Seinen kurzen Überblick über die letzte Rennsaison, die er bis zum Ende erleben sollte, schloss er mit dem Satz ab: »Aber schließlich haben wir den Sieg errungen.«[31]

Er hatte offensichtlich gemischte Gefühle gegenüber seinen Fahrern, was er vor seinen Gästen nicht zu verbergen versuchte: »Ich mag Berger, weil er den Wunsch hat zu gewinnen.« Auf die Frage, ob der Österreicher ihn an Fahrer früherer Generationen erinnere, worüber er sich normalerweise gefreut hätte, lehnte er es ab, Namen zu nennen, und wählte stattdessen den einfachen Ausweg: »In der Vergangenheit gab es andere Hilfsmittel, andere Autos. Es ist unmöglich, Vergleiche zwischen Menschen anzustellen.«

Über Michele Alboreto äußerte er sich noch weniger wohlwollend: »Ich erinnere mich daran, wie Alboreto 1985 auf dem Nürburgring Prost schlug. Ich hoffe nur, dass er, sobald seine familiären Ängste [die nicht erklärt wurden] überwunden sind, wieder zu diesem Typ Fahrer zurückkehren kann.«[32] Trotz allem verkündete er, dass beide Fahrer für die Saison 1988 bestätigt seien – und fügte hinzu, dass ein dritter Fahrer zu einem späteren Zeitpunkt dazukommen könnte, allerdings nur für Testfahrten.

Er war so leidenschaftlich wie in alten Zeiten. Keiner der Journalisten an seinem Tisch hätte behauptet, dass es sich um einen Mann von fast 90 Jahren handelte. Sein Geist wechselte mit beeindruckender Geschwindigkeit von Thema zu Thema. Seine Scherze waren so scharf wie eh und je.

Während das Risotto mit Trüffeln serviert wurde, kam das Gespräch auf John Barnard. Das englische Genie war seine Wahl gewesen und trotz der ärgerlichen Verzögerung verteidigte Enzo diese weiterhin. Er predigte Geduld – eine Tugend, die er kaum zu würdigen wusste. Wenn Barnard in der Lage war, »nach Indianapolis zu fahren und zu gewinnen, wenn er drei F1-Weltmeisterschaften gewonnen hat, müssen wir geduldig sein. Ich will sehen, was er für mich tun kann«. Er hatte sich für den Mann entschieden, der McLaren unbesiegbar gemacht hatte, in der Überzeugung, dass er dasselbe für seine Autos tun würde. Daher fügte er hinzu: »Bevor wir ihn beurteilen, müssen wir sein neues Auto abwarten.«[33]

Das Mittagessen wurde fortgesetzt, während die Gespräche von Michail Gorbatschow – »um zu ahnen, ob er als großer Reformer glaubwürdig ist oder nicht, muss man wissen, auf welche Schwierigkeiten er zu Hause stößt« – bis hin zu Indianapolis reichten. 1986, inmitten der jüngsten Kontroverse mit der FIA, hatte Enzo gedroht, die Formel 1 zu verlassen und in den Vereinigten Staaten Rennen zu fahren. Er hatte sogar einigen Reportern das Auto für das Indy 500 gezeigt. Nun war dieses Projekt so gut wie aufgegeben. Dennoch sagte er etwas kryptisch: »Das Auto und die Motoren sind bereit. Wenn uns ein höheres Interesse bittet zu fahren, werden wir dort starten.«[34] Er sagte nicht, welches *höhere Interesse* er meinte, und keiner der Journalisten fragte ihn danach. Offensichtlich gab es keine anderen Interessen. Das Projekt hatte den Zweck erfüllt, die richtige Botschaft an die richtigen Leute zu senden und damit war es erledigt. Das Indy-Car war jetzt ein Museumsstück.

Vor dem Abschluss des Essens fand Enzo auch Zeit, über seine Beziehung zu Fiat zu sprechen. Das Thema wurde eingeleitet, indem er über den Windkanal und die dreijährige Verzögerung bei dessen Bau sprach: »Hätten wir ihn früher gehabt, wäre der Sieg sicher schon viel früher gekommen. Ich habe alle Vollmachten, aber selbst ich kann nicht alles allein machen.« Die implizite Frage lautete: Wer oder was hat den Bau des von Renzo Piano entworfenen Windkanals verzögert? Da die implizite Antwort Fiat lautete, führte Enzo seine Gäste nun in die Irre, indem er betonte, dass es in Turin keine Probleme gebe. Er erklärte: »Seit *Ingegner* Ghidella die Nummer zwei bei Fiat geworden ist, habe ich mich immer gut mit ihm verstanden. Ich berate mich mit ihm über alles und wir haben nie irgendwelche Probleme.«[35]

Das Mittagessen endete mit zwei verschiedenen Nachspeisen, die vor dem Kaffee serviert wurden. Enzo hatte die ganze Zeit über einen guten Appetit gezeigt; das Einzige, was er nicht angerührt hatte, war der Wein. Der Chefredakteur der Lokalzeitung von Modena, den Enzo von allen Anwesenden am wenigsten kannte, fragte ihn, ob zu seinem 90. Geburtstag etwas Besonderes geplant sei. Sollte Modena etwas tun, um die Feierlichkeiten zu begehen? Oder noch besser: Sollte Enzo in Modena etwas tun, das seine Mitbürger einbezieht?

Enzos Antwort war so brillant und kunstvoll unverschämt wie die meisten seiner bisherigen Repliken. Wohl wissend, dass sein Verhältnis zu seiner Heimatstadt bisweilen schwierig war, aber vielleicht ahnend, dass der Reporter das nicht wusste, antwortete er sardonisch: »Ich möchte die Schulden, die ich bei meinen Modeneser Mitbürgern bereits habe, nicht noch vergrößern. Sie haben bereits so viel Geduld mit mir bewiesen und mich so geduldet, wie ich bin.«[36] In seinem Kopf nahm bereits eine Idee Gestalt an, die er in wenigen Tagen seinen engsten Vertrauten vorstellen würde.[37]

Ein paar Tage vor Weihnachten wurde Enzo von zwei Vorständen der Ortsgruppe des italienischen Automobilclubs besucht. Sie wussten inzwischen, dass der alte Mann nicht wollte, dass seine Heimatstadt eine besondere Feier zu seinem 90. Geburtstag veranstaltete, und waren nach Fiorano gekommen, um es aus seinem eigenen Mund zu hören. Seit sie in der *Nuova Gazzetta di Modena* zu lesen waren, klangen die abschließenden Bemerkungen seines Presselunches vom 11. Dezember in der Stadt nach. Die beiden Vertreter hofften immer noch, dass sie ihn irgendwie überzeugen konnten. Sie hatten ein großes Programm vorbereitet und waren gekommen, um ihm alle Einzelheiten mitzuteilen. Wie wenig sie ihn doch kannten.[38]

Enzo hörte höflich zu, änderte aber seine Meinung nicht. Je mehr die beiden Vorstände über das Flair und die Extravaganz der geplanten Veranstaltung sprachen, desto weniger Interesse zeigte er. Modena hatte ihn nie geliebt. Seine Heimatstadt hatte ihm nie den monumentalen Erfolg verziehen, den er errungen hatte und auf den ihre Bürger immer ein wenig neidisch gewesen waren. Jetzt war es zu spät. Er bedankte sich höflich, forderte sie aber nachdrücklich auf, das Projekt aufzugeben. Er hatte andere, eher private Pläne.

Wie immer verbrachte Enzo Ferrari Weihnachten mit seiner Familie. Enkeltochter Antonella war im achten Monat schwanger und alle Feierlichkeiten waren von Ruhe geprägt.

Am Donnerstag, dem 14. Januar 1988, begab sich Enzo nach den üblichen frühen Besuchen beim Barbier und anschließend am Grab von Dino morgens in die städtischen Büros in der Via Santi am Stadtrand von Modena. Um 11:30 Uhr sollte er als Stargast an einer Pressekonferenz teilnehmen, die die Bürgermeisterin Alfonsina Rinaldi einberufen hatte, um ein neues Bauprojekt vorzustellen: Die Stadt Modena wollte ihr erstes öffentliches Parkhaus bauen. Enzo war eingeladen worden, weil er das Grundstück gestiftet hatte, auf dem das Parkhaus gebaut werden sollte – kein gewöhnlicher Ort, denn seit 1930 war dort die Scuderia Ferrari zu Hause gewesen. Enzo, der immer nach vorn blickte, hatte beschlossen, ein Gebäude abzureißen, das in seiner unregelmäßigen Form die gequälte, aber ruhmreiche Geschichte seines Unternehmens widerspiegelte. Vielleicht enthielt kein anderes Bauwerk so viel von Ferrari, dem Menschen, wie dieses unansehnliche, gelbe Gebäude in der Viale Trento Trieste. Es war nicht nur die Keimzelle seines Unternehmens, sondern er hatte dort auch 30 Jahre lang im ersten Stock gewohnt. In diesem

Gebäude, in diesen Räumen, war sein geliebter Sohn Dino gestorben. Dennoch hatte Enzo beschlossen, das Gebäude abzureißen, um die Beamten seiner Heimatstadt zufriedenzustellen, und heute war er hier, als die Vertreter von Modena ihre Bürger informierten.

Enzo kam eine Viertelstunde vor der Bürgermeisterin und den meisten anderen Gästen. Während der Pressesprecher seine Chefin anrief und sie bat, sich zu beeilen, saß Enzo in einem kleinen Raum in der Nähe der Haupthalle und schwelgte in Erinnerungen an die alten Zeiten und daran, was das Gebäude für ihn bedeutet hatte. Seine Stimme klang ungewöhnlich sanft, als er sich an Anekdoten von vor 60, 50, 40 Jahren erinnerte. Er sprach von den Anfängen, als die Anstrengungen immens waren und die Zufriedenheit nur schwer zu erreichen war. Stolz gestand er, dass er, wie sein Vater, in diesem Gebäude nicht nur gearbeitet, sondern auch gelebt hatte. Er erklärte sogar, dass er den Namen *Scuderia* für sein Unternehmen gewählt hatte, weil sich in der Nähe echte Ställe befanden.

Dann kam die Bürgermeisterin und Enzo verließ die warme und behütete Welt der Erinnerungen, um in den kalten Januarmorgen und die Brutalität des Lebens mit 90 Jahren zurückzukehren. Bürgermeisterin Rinaldi, die immer noch ihren Pelz trug, scherzte mit Enzo darüber, dass er – als Mann der Schnelligkeit – weit vor allen anderen angekommen war. Ein paar Minuten lang unterhielten sie sich angeregt, wobei die Bürgermeisterin immer noch versuchte, seine Meinung zu der öffentlichen Feier zu ändern, die die Stadt Modena zu seinem Geburtstag veranstalten wollte. Er bedankte sich bei ihr, lehnte das Angebot aber erneut entschlossen ab.

Enzo wandte sich kurz an die Presse und sagte, die Idee, das alte Gebäude abzureißen, um den notwendigen Platz für das öffentliche Parkhaus zu schaffen, sei aus einem Gespräch mit dem früheren Bürgermeister Mario Del Monte über die vielen Herausforderungen entstanden, die der ständig wachsende Verkehr in der Stadt mit sich bringe. Das Projekt wurde unter Del Montes Nachfolgerin fortgesetzt und nun sollte ein vierstöckiges Gebäude gebaut werden, das Platz für mehr als vierhundert

Autos bieten würde. Die Einfahrt sollte über die Viale Trento Trieste erfolgen, die Ausfahrt über die Via Malmusi. 58 Jahre lang waren diese beiden Straßen die westliche und südliche Grenze seiner Scuderia gewesen. Das Unternehmen Ferrari würde weiterhin ein Büro im ersten Stock betreiben, um die historische Adresse Viale Trento Trieste 31 beizubehalten.

Enzo erklärte: »Ich freue mich über die neue Bestimmung dieses Gebiets, in dem Ferrari geboren wurde, und ich hoffe, dass das Gebäude bis Ende des Jahres fertiggestellt sein wird.« Dann erhob er sich und verabschiedete sich von allen: »Ich hoffe, Sie entschuldigen mich, aber ich muss mich um das Geschäft kümmern.«[39]

Als er an diesem Abend über seine kühne Entscheidung nachdachte, das, was einst das pulsierende Herz seines Lebens und der wahre Kern der von ihm gewählten Mission war, mit dem Bulldozer zu zerstören, schrieb Enzo in sein Tagebuch: »Piero ist bei mir und billigt meine Ideen.«[40]

KAPITEL 47

Ferrari 90

Am Montag, dem 1. Februar 1988, dem ersten Tag des Monats, in dem er 90 Jahre alt werden sollte, wurde Enzo Ferrari in der Innenstadt von Modena erwartet, wo sich die akademische Welt – und nicht nur die – zu einem offiziellen Festakt versammelt hatte, mit dem nicht sein bevorstehender Geburtstag, sondern vielmehr die Leistungen eines ganzen Lebens gefeiert werden sollten. Fast drei Jahrzehnte, nachdem ihm die Universität Bologna die Ehrendoktorwürde in Ingenieurwissenschaften verliehen hatte, wollte ihm die Hochschule seiner Heimatstadt einen zweiten Ehrentitel in Physik verleihen. An diesem Morgen hatten die Zeitungen in ganz Italien auf den Titelseiten den Besuch des Papstes bei Ferrari angekündigt. Der Besuch von Papst Johannes Paul II. in Modena war für den 3. und 4. Juni geplant. Am Morgen des zweiten Tages, einem Samstag, sollte er das Ferrari-Werk in Maranello besuchen und Enzo Ferrari treffen. Mehrere Könige und Präsidenten waren schon zu Gast in den Hallen des Ferrari-Werks gewesen, aber der Besuch des Papstes war ein Novum. Dieser wurde nicht nur als Hommage an einen Ort der Exzellenz innerhalb der Grenzen der Diözese Modena gesehen, sondern auch als Hommage an den Mann, der all dies inspiriert hatte. Für Enzo war es auch eine Art persönliche und endgültige Absolution von den schrecklichen Anschuldigungen, die die katholische Kirche in den späten 1950er-Jahren gegen ihn erhoben hatte.

Als Enzo in Begleitung seines Pressechefs Franco Gozzi und seines Fahrers Dino Tagliazucchi um 11:30 Uhr eintraf, war das Auditorium San Carlo in der Innenstadt von Modena voll besetzt. Dort erwarteten ihn Marco Vellani, der Dekan der Universität, und Giovanni Galloni, der eigens aus Rom angereiste italienische Bildungsminister. Scharen von Reportern und Fotografen waren aus ganz Italien nach Modena gekommen, ebenso wie alle Bewohner der Stadt, die das Glück hatten, eine Einladung zum Ereignis des Jahres erhalten zu haben.

Als Enzo den Saal betrat, kam das laufende Programm, das in der letzten Stunde immer wieder durch herumlaufende Fotografen und Kameraleute auf der Suche nach dem besten Blickwinkel gestört worden war, abrupt zum Stillstand. Die Menge raunte und machte den Eindruck, als würde sie sich physisch auf Ferrari zubewegen. Die Menschen brachen in tosenden Beifall aus. Fotografen zückten ihre Kameras und Journalisten machten sich fleißig Notizen, um alles festzuhalten, was sie durch die sich bewegende Menge sehen konnten.

Obwohl er durch seine übliche dunkle Sonnenbrille geschützt war, wirkte Enzo fast erschrocken über dieses auffällige Interesse. Von Gozzi gestützt ging er langsam auf den für ihn reservierten Platz in der ersten Reihe zu. Als er sich setzte, blickte er auf die jahrhundertealte, gelb-blaue Standarte der Universität Modena.

Auf Anraten der Ärzte und der Familie, das Programm zügig abzuwickeln, um den berühmten Gast nicht zu ermüden, begann Dekan Vellani, nachdem der stürmische Beifall abgeklungen war, sofort mit der Verlesung einer Zusammenfassung der Beweggründe für die Verleihung der Ehrendoktorwürde. Gewürdigt wurden die jahrelangen Forschungen, Experimente und Entwicklungen im Bereich der Physik, die Enzo Ferrari und seine Ingenieurteams durchgeführt haben. Besonderes Augenmerk wurde dabei auf die für die Ferrari-Motoren entwickelten Speziallegierungen gelegt.[1]

Nachdem er die offizielle Zusammenfassung vorgelesen hatte, erhoben sich Dekan Vellani und Minister Galloni von ihren

Stühlen und gingen feierlich auf Enzo zu. Der fast zu Tränen gerührte alte Mann war zu schwach, um aufzustehen. Sichtlich verärgert über das Blitzlichtgewitter schüttelte er die Hand des Dekans und nahm das gerollte Diplom entgegen, das er sofort an Gozzi weiterreichte. Enzos Lippen verzogen sich fast unmerklich zu einem versteckten Lächeln. Als er im Juli 1960 seine erste Ehrendoktorwürde entgegennahm, war er 62 Jahre alt und immer noch rüstig. Er hatte bis dahin viel erreicht und sollte in den folgenden Jahren noch viel mehr erreichen. Jetzt, im Jahr 1988, wusste er nur zu gut, dass feierliche Momente wie dieser einer Grabrede in Anwesenheit eines atmenden Leichnams – in diesem Fall seines eigenen – ähnelten.

Anschließend schüttelte Enzo die Hand des italienischen Bildungsministers. Giovanni Galloni sagte dabei feierlich: »Das italienische Volk schuldet Ihnen dies.«[2]

Normalerweise sollte der Empfänger einer Ehrendoktorwürde an dieser Stelle eine Dissertation über das Thema vorlesen, für das er geehrt wurde. Dies war 28 Jahre zuvor der Fall gewesen, als Enzo den Dekan, die Professoren und die Studenten eine gute Stunde lang über seine Autos und die Gründe, warum er mit ihnen Sonntag für Sonntag rund um den Globus Rennen fuhr, unterhielt. Enzos Alter und sein Gesundheitszustand ließen vermuten, dass er dieses Mal auf die traditionelle Rede verzichten würde. Doch nachdem er die Tränen unterdrückt hatte, griff Enzo entschlossen nach dem Mikrofon, das ihm zögerlich angeboten wurde. Trotz seiner angeschlagenen Gesundheit wollte er der Universität Modena für diese Ehre danken.

Mit heiserer und schwacher Stimme reiste er in die Vergangenheit, wobei er sich bezeichnenderweise dafür entschied, darin zu verweilen, anstatt nach vorn zu schauen, wie er es sonst immer getan hatte. In dem vollkommen stillen Auditorium erinnerte er sein Publikum an die Schuldgefühle, die er 28 Jahre zuvor empfunden hatte: »Ich war gezwungen, auf demselben Stuhl Platz zu nehmen, auf dem [der Nobelpreisträger für Physik] Guglielmo Marconi gesessen hatte, und fühlte mich zutiefst beschämt, weil ich die Ehre, die meiner Arbeit und mir zuteilwurde, für unverhältnismäßig halte.« Er fuhr fort: »Heute hat Modena letztendlich beschlossen, mir diese weitere Ehre zu erweisen, die ich für besonders bedeutsam halte, weil sie aus meiner Heimatstadt kommt.«[3] Es lag eine gewisse Betonung in seiner Stimme, als er das Wort *letztendlich* aussprach, als wollte er sagen: »Meine Heimatstadt hat 28 Jahre länger gebraucht als Bologna, um mich zu ehren.« Trotz seiner angeschlagenen Gesundheit konnte er also noch zubeißen.

Er schloss seine kurzen Ausführungen mit einem Dank an »all jene, die sich an einen jungen Mann erinnern wollten, der von der Peripherie Modenas aus in ein neues Jahrhundert der Eroberungen aufbrach – Eroberungen, die niemand verstanden hat außer jenem großen Vorreiter namens Woodrow Wilson, dem Präsidenten der Vereinigten Staaten, der voraussagte, dass das 20. Jahrhundert das Jahrhundert des Automobils sein würde.«[4]

Enzo war 14 Jahre alt gewesen, als Woodrow Wilson zum Präsidenten gewählt wurde. Jetzt, wenige Tage vor seinem 90. Geburtstag, blickte er immer noch auf die prägenden Jahre seines Lebens zurück – die 1910er-Jahre –, in denen sich die meisten seiner Überzeugungen herausgebildet hatten. Und natürlich konnte nur Enzo Ferrari, der sich nicht sonderlich für Geschichte interessierte und die Vereinigten Staaten nie besucht hatte, 1988 bei der Verleihung der Ehrendoktorwürde in Physik durch die Universität Modena einen Mann wie Woodrow Wilson erwähnen.

Das Publikum brach erneut in stürmischen Beifall aus, der erst abebbte, als Enzo den Saal verlassen hatte. An diesem Abend schrieb er über die Art und Weise, wie Modena ihn geehrt hatte, in sein Tagebuch: »Ich habe immer eine besondere Zuneigung zu meiner Heimatstadt empfunden, auch wenn meine Mitbürger nicht immer auf meiner Seite waren; ich war nie ein Freund von lauwarmer Liebe.«[5]

In den folgenden zwei Wochen wurde die Suche nach Möglichkeiten, den 90. Geburtstag von Enzo Ferrari zu feiern, in Italien fast zu einer Obsession. Während Tausende von Geburtstagskarten von Fans und Bewunderern in Maranello eintrafen, kündigte das für das italienische Autobahnnetz zuständige Unternehmen an, dass in Kürze eine Skulptur zu Ehren von Enzo und dem, was er repräsentierte, angefertigt und auf der Autostrada in der Nähe der Mautstelle Modena-Nord aufgestellt werden würde.

Während Fans und Behörden nach Möglichkeiten suchten, ihn zu ehren, verbrachte Ferrari die Tage unmittelbar vor seinem Geburtstag in einer fast selbst auferlegten Abgeschiedenheit. An den meisten Tagen fuhr er immer noch von seinem Haus in Modena zu seinem behüteten Büro auf der Rennstrecke in Fiorano, aber er bekam nur wenige Besucher zu sehen, da sein Tagesablauf absichtlich sehr kurz gehalten wurde. Er lehnte es ab, die ganze Aufregung um ihn herum zu kommentieren. Die einzige offizielle Mitteilung, die die bewundernde Menge erreichte, lautete, dass Enzo Ferrari an keiner öffentlichen Veranstaltung teilnehmen und diese auch nicht unterstützen würde. Die einzige Veranstaltung, an der er teilnehmen würde, sei das private Zusammentreffen im Ferrari-Werk, das er für seine 1.742 Mitarbeiter geplant hatte.

Am Morgen des 15. Februar wurden auf direkte Anweisung der Bürgermeisterin von Modena gelbe Ferrari-Fahnen an zwei Straßenlaternen auf dem Largo Garibaldi, direkt vor dem Haus von Enzo, angebracht. Damit erfüllte die Bürgermeisterin den Traum von Sergio Donnini, einem leidenschaftlichen Ferrari-Enthusiasten, der eine Autowerkstatt in der Via Emilia, etwa 1,5 Kilometer von Enzos Wohnhaus entfernt, besaß und betrieb. Die beiden Flaggen vor Enzos Wohnhaus waren von einem diagonalen Streifen mit den grünen, roten und weißen Farben der italienischen Flagge durchzogen. Auf der einen Fahne waren eine große 90 und die Worte »der schönste Sieg« zu lesen. Auf der anderen stand: »90 Jahre und das Rennen geht weiter.«[6]

Am Mittwoch, dem 17. Februar, hatten sich Dutzende von Journalisten vorübergehend in Modena niedergelassen. Einige hatten sich vor Enzos Wohnhaus mit Blick auf den Largo Garibaldi postiert.

In dieser Woche hatten sie jeden Morgen um 8 Uhr beobachtet, wie Enzos Fahrer Dino Tagliazucchi vor dem Kiosk auf der dem Haus gegenüberliegenden Seite des Platzes vorfuhr. Sie hatten sich nicht getraut, Dino direkt zu fragen, aber sie hatten alle mit Giulietta gesprochen, der Dame, die den Kiosk betrieb. So erfuhren die Leser in ganz Italien, dass Enzo Ferrari jeden Morgen mindestens drei nationale Sportzeitungen las: die Tageszeitung seiner Heimatstadt, *La Nuova Gazzetta di Modena*, *Il Resto del Carlino* aus Bologna, *Il Giornale* aus Mailand sowie *L'Unità*, die offizielle Zeitung der Kommunistischen Partei Italiens. Der große, alte Mann wusste um die Bedeutung der Kommunisten in der Stadtverwaltung von Modena und in den Gewerkschaften, die das Verhalten der meisten seiner Angestellten bestimmten, und wollte daher täglich über den offiziellen Stand der Partei informiert sein, um nicht überrumpelt zu werden.

Am Mittwochnachmittag kam Gianni Agnelli aus Turin, um Enzo persönlich zu ehren. Aus Rom schickte der italienische Staatspräsident ein Telegramm, in dem er Enzo alles Gute zum Geburtstag wünschte. Staatspräsident Francesco Cossiga dankte ihm im Namen einer ganzen Nation für alles, was er »mit so viel Intelligenz und Leidenschaft« für Italien getan habe. Auch der Präsident des Senats, Giovanni Spadolini, übermittelte ein Grußwort, in dem er eine lebenslange »konstante, hartnäckige Hingabe an Ihre Arbeit, ein Leben, in dem Ihr Wille zum Erfolg nur von Ihrer Liebe zu Italien übertroffen wurde«, würdigte. Senator Spadolini fügte hinzu: »Sie waren einer der herausragenden Pioniere der neuen italienischen Gesellschaft und haben selbst in den dunkelsten Tagen Ihren Glauben an das Leben bewahrt.«[7]

Der Donnerstagmorgen, der 18. Februar 1988, der Tag, an dem Enzo Ferrari 90 Jahre alt wurde, begann sonnig und kühl, die winterliche Luft in Modena war etwas kälter als erwartet. Die zahlreichen Journalisten, die sich in der Stadt eingefunden hatten, um über das Ereignis zu berichten, teilten sich zu Beginn dieses Morgens in zwei etwa gleich große Gruppen auf. Die eine Hälfte war vor Enzos Wohnhaus am Largo Garibaldi postiert; die andere Gruppe kampierte vor dem Zaun des Ferrari-Werks in Maranello.

Um 10:30 Uhr ging Enzos persönlicher Barbier Massimo durch den Haupteingang des Gebäudes in den ersten Stock. Wie jeden Morgen in dieser Woche hatte Enzo Massimo gebeten, zu ihm nach Hause zu kommen, anstatt selbst in sein von Reportern belagertes Geschäft zu gehen. Als Enzo Massimo sah, neckte er den Barbier wegen des Interviews, das er am Vortag einem Fernsehteam gegeben hatte. Massimo, der nie gern im Rampenlicht stand, war der Gedanke peinlich, dass sein berühmter Kunde ihm dabei zugesehen hatte, wie er im nationalen Fernsehen über Enzos Tagesablauf sprach, und er hoffte, dass er nichts Unanständiges gesagt hatte. Der große, alte Mann beruhigte ihn.

Mit gestutzten Haaren und frisch rasiert verließ Enzo im dunklen Overall, der ihn vor der Kälte schützen sollte, um 10:45 Uhr zusammen mit seinem Fahrer Dino und seinem privaten Leibwächter Vandelli das große Apartmentgebäude über einen Nebenausgang, der zum Glück nicht bewacht wurde. Die zahlreichen Reporter, die seit vor 8 Uhr morgens auf dem Largo Garibaldi gewartet hatten, waren erfolgreich getäuscht worden. Erst als er bereits an seinem Schreibtisch in Fiorano saß, wurde den Journalisten klar, dass sie vergeblich gewartet hatten.

Viele Schaulustige, die hofften, einen Blick auf das Geburtstagskind zu erhaschen, hatten sich entlang der zwölf Meilen langen Landstraße von Modena nach Maranello verteilt. Um sicherzustellen, dass Enzo in seinem Lancia Thema eine reibungslose Fahrt hatte, patrouillierten Carabinieri an den Kreuzungen der Via Giardini und dann der Via Abetone Inferiore durch die kleinen Dörfer Baggiovara, Formigine und Ubersetto. Dutzende rote Schilder mit der Aufschrift »Herzlichen Glückwunsch, Enzo« waren an Telefonmasten, Ampeln und in Schaufenstern überall entlang der bekannten Strecke zu sehen. An einem Laternenpfahl unweit des Haupteingangs des Ferrari-Geländes hing ein handgeschriebenes Schild mit der vertrauten und liebevollen Aufschrift »*Auguri, Vecchio*« – Glückwunsch, alter Mann.

Nachdem es Enzo gelungen war, unbemerkt durch den Eingang in Fiorano in seine Fabrik zu gelangen, war der Vormittag für ihn sehr geschäftig. Im Büro der *Gestione Sportiva* unterhielt er einen Besucher nach dem anderen.

Unter der Aufsicht von Franco Gozzi und der aufmerksamen Beobachtung von Piero verbrachte Enzo mit jedem einzelnen seiner zahlreichen Gäste ein paar Minuten. Gefühle in der Öffentlichkeit zu zeigen, war immer eines der Dinge, die er am meisten hasste, aber mit 90 Jahren war es schwierig, seine Emotionen so zu beherrschen, wie er es so lange und gut geschafft hatte. Er traf den Präsidenten des Automobilclubs von Italien, Rosario Alessi, den Minister für Sport und Tourismus, Franco Carraro, sowie seinen ehemaligen Teamcheff Luca di Montezemolo – vor allem Luca di Montezemolo.

Enzos Formel-1-Fahrer riefen an. Michele Alboreto war in Portugal, wo er vor der Saison einige Tests durchführte. Das Werk in Maranello würde eine Pause einlegen, wenn auch nur für einen halben Tag, aber für die Männer der *Gestione Sportiva* war nicht einmal der 90. Geburtstag ihres Chefs ein Grund, die Tests zu unterbrechen, zumal McLaren, Lotus, Williams und all die anderen den Geburtstag von Enzo sicher nicht feierten. Gerhard Berger rief seinen Chef aus Österreich an, wo er sich von einer Grippe erholte. Auch Enzos enger Freundeskreis rief an. Da sie nicht auf der Gehaltsliste von Ferrari standen, waren sie auch nicht beim Mittagessen dabei. Dafür sollten sie in ein paar Tagen die Gelegenheit haben, ihren alten Freund bei den rituellen Samstagsbesuchen zu sehen.

Gegen halb eins versammelten sich die Ferrari-Mitarbeiter, die ihre Frühschicht beendet hatten, mit ihren persönlichen Einladungen in der Nähe des Werkstors. Die Kollegen der Nachmittagsschicht gesellten sich zu ihnen und trugen zu diesem Anlass elegante Jacken und Krawatten. Alle hatten den Rest des Tages frei, obwohl die Arbeiter der Nachmittagsschicht die verlorenen Stunden am Samstag nachholen würden. Einige Mitarbeiter der Frühschicht hatten darauf verzichtet, nach Hause zu gehen, um sich umzuziehen, und machten sich stattdessen in ihren hellblauen Arbeitsanzügen mit dem tänzelnden Pferd auf der Brusttasche auf den Weg zum Mittagessen. Die wenigen, die nach Hause gegangen waren, um sich in formellere Kleidung umzuziehen, hatten Probleme, zurückzukehren, weil sich entlang der Fabrikzäune Massen von Journalisten und Fans versammelt hatten.[8]

Langsam setzte sich die Prozession in Bewegung. In weniger als einer Stunde würden sich insgesamt 1.742 Ferrari-Mitarbeiter – Mechaniker, Techniker, Ingenieure, Testfahrer, Angestellte und Führungskräfte – um ihren legendären Chef versammeln, an einem Tag, von dem jeder wusste, dass er einzigartig war. Bei Ferrari zu arbeiten, für ihn zu arbeiten, war etwas Besonderes. Sie hatten es schon immer gewusst – aber noch nie schien es so wahr zu sein wie heute. Einer der dienstältesten Techniker des Rennstalls, der auf dem Weg zu der Veranstaltung in der Schlange stand, fasste zusammen, was es bedeutete, für Enzo Ferrari zu arbeiten: »Er vermittelt immer ein zweifaches Gefühl. Zuerst spürt man, dass er ein einfacher Mann ist, wie jeder von uns, mit derselben Neugierde, die wir vielleicht haben. Aber dann spürt man die stille Kraft seines Charismas. In diesem Sinne ist er selbst für uns ein Mythos.«[9]

Um 13:30 Uhr hatte sich die Werkhalle in einen riesigen Speisesaal verwandelt, um die Veranstaltung zu beherbergen. Der Saal war voll. Seine Mitarbeiter hatten mit großer Begeisterung und sichtbarer Rührung auf seine persönliche Einladung reagiert:

Ich sehe Sie beim Mittagessen
Donnerstag, 18. Februar, um 13:30 Uhr
in der Fabrik in Maranello.[10]

Drei Zeilen, mehr ein Befehl als eine herkömmliche Einladung. Aber ihr Chef war noch nie ein Mann der vielen Worte gewesen, wenn es um bestimmte Dinge ging. Mehr als die Worte, die auf der persönlichen Karte standen, die jeder von ihnen erhalten hatte – das schwarze *Cavallino Rampante* in der oberen, linken Ecke, seine zitternde Unterschrift mit violetter Tinte in der unteren, rechten Ecke –, war die Botschaft der bedingungslosen Zuneigung von seiner hartnäckigen Weigerung ausgegangen, jemand anderen als die Menschen, die mit ihm zusammenarbeiteten, einzuladen. »Meine Mitarbeiter sind wie meine eigene Familie«, hatte er in den letzten Wochen immer wieder gesagt, wenn er einwenden wollte, dass er auch Behörden, Politiker, Fiat-Manager und VIPs einladen sollte. Zusammen mit der Karte, die einige Wochen zuvor mit der internen Post zugestellt worden war, hatten alle eine silberne Medaille mit der Aufschrift *Ferrari 90* auf der einen Seite und dem Emblem des *Cavallino Rampante* auf der anderen Seite erhalten.

Sie saßen, nach Abteilungen geordnet, an Tischen mit gelben Tischdecken und gelben Servietten, an denen jeweils zwölf Personen Platz fanden [11], und warteten gespannt auf die Ankunft ihres überlebensgroßen Chefs. Der Mitarbeiter mit dem höchsten Dienstalter hatte am 1. April 1949 bei Enzo angefangen – vor fast 39 Jahren. Der jüngste war weniger als drei Wochen zuvor eingestellt worden. Alle waren stolz darauf, bei Ferrari zu arbeiten, aber vor allem darauf, für Enzo Ferrari zu arbeiten, denn, so sagte einer von ihnen: »Wenn man für ihn arbeitet, mischt sich Erschöpfung mit Leidenschaft und man kann das eine nicht vom anderen unterscheiden.«[12]

Wie jedes Jahr im Januar hatte Pressechef Franco Gozzi Enzo im Namen einer Handvoll seiner engsten Mitarbeiter gefragt, ob Enzo sich etwas Besonderes zum Geburtstag wünsche. In der Vergangenheit hatte er immer geantwortet, dass es nichts gäbe, was er sich wünschen könnte. Doch diesen Januar war die Antwort anders ausgefallen. Ja, es gab etwas, das er sich wünschte: Er würde gern alle seine Mitarbeiter für eine letzte gemeinsame Mittagspause versammelt sehen.[13] Und da waren sie nun, alle 1.742 von ihnen. Es war allein seine Entscheidung gewesen.

Die meisten der Jüngsten hatten ihn noch nie persönlich gesehen. In den letzten fünf Jahren war er nur selten in der Fabrik gewesen. Bei den Rennfahrern war das natürlich anders, aber seit er sein Büro nach Fiorano verlegt hatte und in dem weißen Bauernhaus in der Mitte der Rennstrecke zu Mittag aß, war er nur noch selten auf die andere Seite gegangen, wo sich das Werk befand und wo die meisten seiner Leute arbeiteten. »Wie wird es sein, sie alle wiederzusehen?«,[14] hatte er Gozzi gefragt, als sie das Gebäude der *Gestione Sportiva* in Fiorano verließen, um mit dem Auto die Straße zu überqueren, die zum Werk in Maranello führte.[15]

Pünktlich um 13:30 Uhr betrat Enzo in Begleitung seines Fahrers Dino und seines persönlichen Leibwächters Valentini den riesigen Speisesaal. Die Geräuschkulisse aus fast achtzehnhundert Männern und Frauen, die sich zwanglos unterhielten, verstummte plötzlich. Die Luft gefror. Als sie ihn sahen, brach ein gewaltiger Beifall aus.[16]

Er trug eine fein karierte, hellbraune Jacke über einem weißen Hemd und eine marineblau-gold gestreifte Krawatte. Die bekannten dunklen Brillengläser schützten seine Augen. Langsam schritt er zum runden Kopfende des Tisches und nahm die Ehrerbietung seiner bewundernden Mitarbeiter entgegen. Er setzte sich dorthin, wo ihn jeder sehen konnte und wo er mit einem Blick den gesamten Essbereich überblicken konnte. Während alle anderen auf weißen Plastikstühlen saßen, nahm er in einem bequemeren, weißen Ledersessel Platz.

Manchmal nahm Enzo seine Brille ab, um seine beiden engsten Tischnachbarn – Sohn Piero zu seiner Rechten und Generaldirektor Razelli zu seiner Linken – anzusprechen. Von dem Mittagessen nach Modeneser Art aß er nur wenig: Tortellini, Roastbeef und Zampone (gefüllte Schweinefüße) – das kulinarische Markenzeichen seiner Heimatstadt. Ihm gegenüber saß Franco Gozzi, links von ihm Teammanager Marco Piccinini und rechts von ihm der ehemalige Generaldirektor Della Casa. Unter der Fabrikbeleuchtung, mit der fernen Musik eines kleinen Orchesters im Hintergrund und dem unaufhörlichen Lärm so vieler Menschen, die sich in einem kleinen Raum versammelt hatten, der für einen ganz anderen Zweck gedacht war, wurde er ziemlich schnell müde. Der Service war glücklicherweise so schnell, wie Beppe Neri vom Restaurant Cavallino versprochen hatte, und in weniger als 50 Minuten war die Zeit für die große Geburtstagstorte gekommen. Nach der Übergabe der Torte und dem feierlichen Trinkspruch konnte der Enzo zurück nach Fiorano fahren und sich ausruhen.

Auf ein Signal hin brachten die Kellner eine große Torte mit einem gelben Ferrari-Schild und einem dunkelbraunen Schokoladenpferd darauf. In der Mitte der Torte stand eine einzige große, rote Kerze. In dem überfüllten Fabrikgebäude herrschte wieder absolute Stille. Diejenigen, die im hinteren Teil der Halle saßen, erhoben sich, um besser sehen zu können.[17]

Enzo nahm all seine Kräfte zusammen und blies die Kerze aus. Erneut brachen alle Mitarbeiter in ohrenbetäubenden Applaus aus. Enzo war sichtlich gerührt. Er gab Piero ein Zeichen, dass er ein paar Worte sagen wollte. Gozzi reichte ihm schnell ein Mikrofon. Enzo machte keine Anstalten, sich zu erheben, sondern nahm seine dunkle Brille ab, als wolle er deutlich machen, dass er aus vollem Herzen spreche – und jeder dieses eine Mal in seine Seele schauen dürfe.

Er sagte nur ein paar Worte. Trotz des Mikrofons war seine Stimme im hinteren Teil des Saals kaum zu hören.[18]

Er sagte: »Ich möchte Ihnen allen danken, dass Sie meine Einladung angenommen haben. Aber ich möchte Ihnen auch dafür danken, dass Sie an mich geglaubt haben.« Die Stille war nun vollkommen. Es war einer dieser seltenen Momente, in denen Menschen mit der Geschichte konfrontiert werden. Dann fuhr er fort: »Wenn ich eines Tages sterben sollte, wird das jetzige Management Sie treu weiterführen.« Es war ein Abschiedsgruß. Diese wenigen Worte waren sein moralisches Testament. Seine Männer und Frauen hatten Tränen in den Augen. Er selbst hatte Tränen in den Augen. Inzwischen zitterte seine Stimme. Er hinterließ ihnen seinen persönlichen Wunsch: »Ferrari als Unternehmen wird niemals sterben.«[19]

Die Vertrauten an seinem Tisch ruckten physisch näher an ihn heran, als wollten sie ihm allein durch ihre Anwesenheit Kraft geben. Er war sichtlich gerührt, seine Lippen waren fest geschlossen, um die Tränen zu unterdrücken. Er hielt die wenigen Minuten durch, die für die feierliche Geburtstagsansprache nötig waren. Achtzehnhundert Menschen erhoben sich und skandierten gemeinsam: »Alles Gute zum Geburtstag, Ferrari«. Er trank zu seiner und ihrer Gesundheit einen kleinen Schluck Champagner – den Wein während des Essens hatte er nicht angerührt.[20]

Mit der Hilfe von Piero erhob sich Enzo. Dann verließ er, wiederum mithilfe von Dino und Valentini, den Raum unter dem tosenden Beifall seiner Leute,[21] von denen die meisten wussten, dass sie ihn zum letzten Mal gesehen hatten.

Enzo zog sich in sein Refugium im Herzen der Rennstrecke von Fiorano zurück, um sich auszuruhen. Die Emotionen des Festes und die Strapazen eines so langen öffentlichen Auftritts forderten bald ihren Tribut. Als er am nebligen Spätnachmittag bereit war, nach Hause zu fahren, fühlte sich Enzo nicht wohl.[22]

Freitag und Samstag ruhte sich Enzo zu Hause aus und wartete auf Nachrichten aus dem Krankenhaus. Am Sonntag kam die Nachricht: Endlich war er Urgroßvater geworden. Um 7:30 Uhr hatte seine geliebte Enkelin Antonella einen zehn Pfund schweren Jungen zur Welt gebracht, den sie Enzo nennen wollten. Der Urgroßvater war zu schwach, um seine Enkelin und seinen Urenkel im Krankenhaus zu besuchen, aber er war angenehm überrascht, als sein Sohn Piero einige Bilder des kleinen Jungen mit nach Hause brachte, die er sich ansehen konnte.[23]

An diesem Abend hielt er die Geburt seines Urenkels pflichtbewusst in seinem Tagebuch fest: »Enzo!«, verdeutlichte er seine Freude mit einem seltenen Ausrufezeichen. Er kommentierte: »Ich hätte nie gedacht, dass ich einmal Urgroßvater werden würde. Antonella hat eine gute Wahl getroffen, als sie beschloss, ihn Enzo zu nennen, denn es ist ein kurzer Name.«[24] Fast zu bescheiden oder verlegen, um zuzugeben, dass seine Enkelin ihn ehren wollte, indem sie dem Jungen seinen Namen gab.

Am nächsten Morgen fing der große, alte Mann wieder in sein Büro.

Am nächsten Tag war die Bürgermeisterin von Modena an der Reihe, nach Fiorano zu fahren und ihm ihre Aufwartung zu machen. Um 11 Uhr kamen zwei päpstliche Gesandte nach Maranello, um die Räumlichkeiten im Vorfeld des Papstbesuches im Juni zu überprüfen. Sie trafen zwar nicht Enzo, besichtigten aber das Werk und sahen sich interessiert das Gelände und die Rennstrecke von Fiorano an, die sie für den perfekten Ort für die Papstmesse hielten.[25]

Am Mittwoch konnte der große, alte Mann sein Glück kaum fassen: Er sollte an diesem Tag seinen neuen Urenkel kennenlernen. Als Massimo ankam, um ihn zu rasieren, fand er Enzo in unglaublich guter Laune vor, ungeduldig, das morgendliche Ritual zu beenden und sich bereitzumachen, den Säugling zu empfangen. Er wiederholte Massimo gegenüber, was er ihm in seinem Tagebuch anvertraut hatte: Enzo war eine gute Wahl, weil es ein kurzer Name war.[26]

Später am Morgen brachten Antonella und ihr Mann Giacomo den kleinen Enzo in die Wohnung am Largo Garibaldi, damit er seinen berühmten Urgroßvater kennenlernen konnte. Als die Familie erschien, bestand Enzo darauf, auf seinen wackeligen Beinen zur Tür zu gehen.[27] Als Mann mit großem Respekt vor der Tradition wollte er das Baby persönlich an der Tür begrüßen und hineinbegleiten.

Am Donnerstag, dem 25. Februar, eine Woche nach seinem Geburtstag, besuchte Enzo überraschend einen seiner größten Bewunderer in der Stadt. Er hatte schon lange von ihm gewusst – Modena war eine kleine Stadt und bestimmte Neuigkeiten verbreiteten sich schnell –, ganz zu schweigen von der Tatsache, dass beide zum selben Barbier gingen und Massimo (und vor ihm Antonio) Enzo immer wieder von den Extravaganzen dieses besonderen Anhängers von ihm erzählt hatte. Sergio Donnini war derjenige, der Enzo an seinem Geburtstag die Ehre erwies und die Bürgermeisterin von Modena davon überzeugt hatte, die beiden gelben Ferrari-Fahnen auf dem Largo Garibaldi zu hissen, direkt vor dem Wohnhaus, in dem sein Held wohnte.

Enzo beschloss, dass es an der Zeit war, Donnini persönlich zu danken. In Begleitung seines Chauffeurs Dino und seines Leibwächters Valentini befahl Enzo gegen 11:30 Uhr auf dem Weg nach Maranello, den Wagen in der Via Emilia direkt vor Donninis Werkstatt anzuhalten. Dino stieg aus dem Auto, überquerte die Straße und ging hinein, um die Räumlichkeiten zu überprüfen. Ohne ihm einen Hinweis auf das zu geben, was folgen würde, teilte er Donnini mit, dass er Besuch habe. Dino kehrte dann zum Auto zurück, aus dem kurz darauf Enzo und Valentini ausstiegen.

Enzo Ferrari überquerte die Straße und betrat Donninis Geschäft. Dort fand er an der Rückwand ein lebensgroßes Bild von sich selbst aus den späten 1970er-Jahren – das Kernstück der Ferrari-Sammlung des Mechanikers. Donnini war fassungslos, als er Enzo sah. Tränen traten ihm in die Augen. Er war Enzo Ferrari noch nie begegnet und hatte sich auch nicht träumen lassen, dass der berühmteste lebende Italiener eines Tages an seinem Arbeitsplatz vorbeikommen würde. Aber da stand er nun und hielt ein Buch in der Hand – ein Exemplar von *Piloti, che gente*, seinem Buch über die verschiedenen Generationen von

Rennfahrern, die er in seinem langen Leben kennengelernt hatte. Es war ein Geschenk, mit dem Enzo sich bei Donnini für dessen Unterstützung und persönliche Danksagung bedanken wollte. Enzo widmete und signierte den Band für ihn[28] und sie standen einige Minuten lang zusammen und unterhielten sich.

Als Ferrari weg war, war Donnini zu aufgeregt, um sich an irgendein Thema ihres Gesprächs zu erinnern. Er erinnerte sich nur an die Freundlichkeit seines überlebensgroßen Besuchers und an die Tatsache, dass Enzo seltsamerweise lebendig noch besser aussah als auf Fotos.

⌘⌘⌘

Als der Winter dem Frühling wich, wurden Enzos Besuche in Fiorano immer unregelmäßiger. An einem der seltenen Vormittage, an denen er ins Büro ging, zeigte Dino auf einige blühende Bäume auf den Feldern am Rande der bekannten Straße.

»Es ist Frühling«, sagte Dino beiläufig.

»Ja, aber für mich ist es Winter«, antwortete Enzo.[29]

Nur wenige Wochen zuvor war seine Stimmung viel heiterer gewesen und seine Antwort in einer Situation wie dieser hatte eher dem Typ Mann entsprochen, der er immer gewesen war. Als der Barbier Massimo die Farbe seines neuen Autos kommentierte, ein wunderschönes, feuriges Rot, das an einen Sonnenuntergang erinnerte, hatte er ihn mutig gefragt, ob Enzo sich dem Sonnenuntergang seines Lebens nähere.

Als Enzo den Gedanken verwarf, dass er sich der Dämmerung seiner Existenz näherte, fragte Massimo scherzhaft weiter, ob er noch am Morgen seines Lebens stehe.

»Übertreiben wir es nicht«, hatte Enzo geantwortet. »Sagen wir einfach, ich fühle mich, als wäre es schon Mittag.«[30]

KAPITEL 48

Der Himmel kann nicht warten

Am Sonntag, dem 3. April 1988, begann die 39. Formel-1-Weltmeisterschaft. Die Monoposti von Enzo Ferrari waren die einzigen, die seit der ersten Auflage im Jahr 1950 an allen Rennen teilgenommen hatten. Im ersten Rennen der Saison, in Brasilien, wurde Gerhard Berger Zweiter, zehn Sekunden hinter dem McLaren von Alain Prost. Michele Albereto kam als Fünfter ins Ziel und holte ebenfalls Punkte.

Das zweite Rennen im Kalender war der Große Preis von San Marino. Bis vor einigen Jahren hatte Ferrari die Strecke anlässlich des Rennens immer mindestens einmal besucht, meist am Tag des freien Trainings. Trotz der geringen Entfernung zwischen Imola und Modena kam ein Besuch in diesem Jahr nicht infrage.

Die wenige Kraft, die Enzo noch hatte, sparte er für den Besuch des Papstes auf.[1] Sein Verhältnis zu Priestern war nie einfach gewesen, aber diesen Papst mochte er besonders, denn er hielt ihn für einen »außergewöhnlichen Mann«.[2] Johannes Paul II. hatte etwas an sich, das Enzos gequältes christliches Gewissen ansprach. »Ihm könnte ich sogar meine Sünden beichten«, hatte Enzo einmal zu seinen Vertrauten gesagt.[3]

Auch Papst Johannes Paul war nicht immun gegen die Anziehungskraft von Enzo Ferrari. Während eines päpstlichen Besuchs in Imola einige Jahre zuvor hatte der Papst in einem Gespräch mit Prälaten ausdrücklich nach Enzo Ferrari gefragt. Als ihm von der päpstlichen Anfrage berichtete wurde, war Enzo sehr beeindruckt.[4] Aus diesem unerwarteten Interesse an dem großen, alten Mann entstand die Idee eines päpstlichen Besuchs im Ferrari-Werk und eines Treffens zwischen Enzo und Papst Johannes Paul. Trotz aller Vorsichtsmaßnahmen und der ständigen Aufmerksamkeit der Ärzte begann sich Enzos Gesundheitszustand in der letzten Maihälfte, als die warme Luft von Modena mit dem intensiven und vertrauten Duft der Linden gesättigt war, ernsthaft zu verschlechtern. Der Presse gegenüber wurde behauptet, Enzo habe einen leichten Grippeanfall erlitten.[5] In Wahrheit erreichte die Nebenniereninsuffizienz, die ihn in den letzten Monaten heimgesucht hatte, einen Punkt, an dem sie kaum noch unter Kontrolle zu halten war.[6]

Am Mittwoch, dem 1. Juni, verbreitete sich das Gerücht, dass bei Ferrari eine tiefgreifende technische und geschäftliche Revolution bevorstehe. Die Gerüchte schafften es bis auf die Titelseiten der Zeitungen in ganz Italien. Diejenigen, die indiskret waren, sprachen von einer Meinungsverschiedenheit zwischen Vater und Sohn. Der Grund für den Streit war die Rolle von John Barnard bei der *Gestione Sportiva*. Während Piero der Meinung war, dass der britische Ingenieur die einmalige Gelegenheit und das noch nie dagewesene Mandat, das ihm erteilt worden war, vergeudet hatte, war Enzo immer noch bereit, ihm mehr Zeit zu gewähren. Um eine kritische Situation noch unvorhersehbarer zu machen, gab es noch den latenten Konflikt zwischen der Fiat- und der Ferrari-Seite des Unternehmens, die beide mit dem sich nähernden Ende bereit waren, die Kontrolle zu übernehmen.

Vielleicht um den Gerüchten Einhalt zu gebieten und allen innerhalb und außerhalb von Ferrari zu zeigen, dass er immer noch der König war, beschloss Enzo, an diesem Tag in sein Büro zu gehen, um zu sehen und gesehen zu werden. Er wurde gesehen, aber eher in Form eines prüfenden Blicks hinsichtlich seiner Gebrechlichkeit. Er wirkte auf jeden, der ihm begegnete, äußerst erschöpft und gebrechlich.[7] Wenn der Plan darin bestanden hatte zu zeigen, dass er immer noch die Kontrolle hatte, war die Mission gescheitert.

Am nächsten Tag ruhte er sich zu Hause aus. Am Freitag, dem 3. Juni, dem Tag vor dem Papstbesuch, ging Enzo zum letzten Mal zu seinem Barbier[8] und fuhr dann nach Fiorano. Er war fest entschlossen, Johannes Paul II. zu treffen, und besprach das Protokoll mit Mitgliedern der Gruppe des Papstes.[9] Das Treffen war für 12:30 Uhr am nächsten Tag in Enzos Privatbüro angesetzt, das sich in der kleinen, weißen Residenz im Zentrum der Rennstrecke befand.

Kurz nach dem Mittagessen begann er sich jedoch, unwohl zu fühlen, und um 16 Uhr war seine Temperatur gefährlich angestiegen. Er bat Dino, ihn nach Hause zu bringen. Dino fuhr ihn zurück nach Modena und half ihm ins Bett. Einer von Enzos Ärzten, Dr. Baldini, kam und befahl ihm, im Bett zu bleiben und sich auszuruhen. Er würde am Morgen wiederkommen und erst dann würde man entscheiden, ob Enzo an dem ersehnten Treffen mit dem Papst teilnehmen könne.[10]

Über Nacht geschah kein Wunder, am Morgen war seine Temperatur nur um einen Bruchteil gesunken. Da Dr. Baldini wusste, wie wichtig das Treffen mit dem Papst für seinen Patienten war, schlug er Enzo vor mitzukommen, solange er seine Aktivitäten auf ein absolutes Minimum beschränkte. Enzo war schon immer ein Realist und daher eher skeptisch. Er versuchte aufzustehen, konnte es aber nicht. Als er erkannte, dass er es trotz aller Anstrengungen nicht schaffen würde, beschloss er bedauernd, zu Hause zu bleiben.[11]

Um 9:45 Uhr – eine Viertelstunde früher als geplant – landete der päpstliche Hubschrauber am Rande der Rennstrecke von Fiorano. Dort erwarteten ihn zwanzigtausend Arbeiter, die trotz der Warnungen der örtlichen kommunistischen Partei aus der ganzen Diözese Modena gekommen waren – darunter auch Vertreter des alten Ferrari-Rivalen Maserati. Vor der Begegnung mit ihnen und vor der Papstmesse drehte Johannes Paul II. zur Freude der Fotografen und Kameraleute zusammen mit dem Bischof von Modena und Piero Ferrari am Steuer in einem roten Ferrari Mondial Cabrio eine Runde auf der Rennstrecke.

Nach der offiziellen Zeremonie wurde der Papst in Enzos Landsitz eingeladen, wo er Piero und Floriana Ferrari sowie

Giacomo und Antonella Mattioli samt ihres drei Monate alten Babys Enzo privat traf.[12] Danach blieb der Papst mit Marco Piccinini, den die italienische Presse bereits Jahre zuvor ironischerweise *Monsignore* genannt hatte, allein im Zimmer.

Enzo lag in seinem Bett in Modena. Als das Telefon in seinem Schlafzimmer klingelte, nahm sein Chauffeur Dino den Hörer ab. In der Leitung war Piccinini, der aus Fiorano anrief.

»Commendatore, ich habe den Papst für Sie.«

Enzo nahm den Hörer an und Piccinini reichte seinerseits etwa 20 Kilometer entfernt den Hörer an Papst Johannes Paul weiter. Piccinini entschuldigte sich dann und ließ Enzo Ferrari mit seinem Anrufer allein.

Als er die Stimme des Papstes am anderen Ende der Leitung hörte, füllten sich Enzos Augen mit Tränen.[13] Er hatte sich immer für einen Sünder gehalten und jetzt telefonierte er mit dem Papst. In seinem Bett sitzend, mit Johannes Paul II. telefonierend, war er umgeben von Symbolen seiner zerrissenen Beziehung zu Religion und Gott: Ein Holzkreuz hing über dem Bett; Bilder der Jungfrau Maria und des Schutzpatrons von Modena, San Geminiano, waren auf dem Nachttisch zu sehen, zusammen mit Fotos seiner geliebten verstorbenen Familienmitglieder: Vater Alfredo, Mutter Adalgisa, sein Bruder – und natürlich sein Sohn Dino.[14]

Das Gespräch dauerte nur ein paar Minuten und war etwas einseitig. Enzo war sichtlich bewegt und konnte seine Tränen kaum zurückhalten.[15] Zum Papst sagte er: »Ich bin kein guter Katholik, und ich habe nie gebetet, aber jeden Abend, bevor ich zu Bett gehe, gehen meine Gedanken zu den Menschen, die mir lieb sind, zu denen, die ich verloren habe, und zu denen, die mir nahestehen. Seit ich Sie nach dem Attentat auf dem Petersplatz am Boden liegend gesehen habe, habe ich an Sie gedacht. Es tut mir leid, dass ich nicht die Gelegenheit hatte, Sie kennenzulernen.«[16]

Zwölf Minuten nach dem Betreten der rustikalen Residenz in Fiorano tauchte der Papst wieder auf. Piero begleitete ihn zum Hubschrauber, der den Papst nach Modena brachte, um seinen zweitägigen Besuch zu beenden.

Am Mittwochmorgen, dem 8. Juni, dem Tag der Ferrari-Vorstandssitzung, machte Ghidella auf dem Weg nach Maranello einen Zwischenstopp in der Wohnung Largo Garibaldi in Modena, um Enzo einen Besuch abzustatten. Der Gesundheitszustand des alten Mannes hatte sich seit dem Wochenende des Papstbesuches nicht wesentlich verbessert, aber er fand dennoch die Kraft, sich mit dem von Fiat gewählten Präsidenten seines Unternehmens zu treffen.

Sie sprachen über die neuesten Entwicklungen und einigten sich auf die Änderungen, die während der Sitzung am späten Vormittag genehmigt und am Ende bekannt gegeben werden sollten. Piero würde tatsächlich, wie in einigen Zeitungen vorhergesagt, die *Gestione Sportiva* verlassen und Vizepräsident des Unternehmens werden – eine Position, die zum ersten Mal in der 41-jährigen Geschichte der Firma Ferrari geschaffen wurde – mit einem eingeschränkten Aktionsradius, der sich lediglich auf die Pkw-Produktion des Unternehmens bezog.

Über Enzo und ihr privates Gipfeltreffen sagte Ghidella: »Er öffnete die Tür zur Zukunft. Er hat uns gebeten, ihm zu helfen, die Probleme zu lösen. Jetzt gibt es eine direkte Verbindung zu Fiat, die ich vertrete.«

Den entscheidenden Schlag ließ Ghidella für das Ende übrig. Mit einem Augenzwinkern sagte er: »Unternehmen müssen weitermachen, auch wenn der Gründer nicht mehr da ist. So ist das Leben.«[17]

Der König hatte abgedankt.

Mitte Juni war Enzos Gesundheitszustand wirklich besorgniserregend geworden. Sein Nierenversagen hatte das Endstadium erreicht. Da er sich hartnäckig weigerte, ins Krankenhaus zu gehen, musste er zu Hause behandelt werden. In seiner Wohnung wurde ein Hämodialysegerät installiert. Die Maschine war so groß, dass sie nicht durch die Tür passte, sondern angehoben und durch das breitere Fenster hineingezogen werden musste.[18] Die Behandlung verursachte einen schmerzhaften Juckreiz, den Enzo stoisch ertrug, ohne sich zu beschweren und ohne sich selbst zu bemitleiden.[19]

Die gesamte Tragweite von Ghidellas Schritten wurde am Mittwoch, dem 22. Juni 1988, deutlich, als sein Schützling Pier Giorgio Cappelli mit der direkten Leitung der *Gestione Sportiva* betraut wurde. Die offizielle Pressemitteilung wählte die richtigen Worte: »Ungeachtet der Aufsicht durch Enzo Ferrari, … wird Dr. Cappelli ihn bei der Leitung unterstützen …«[20]

Die Botschaft war unmissverständlich: Enzo war vom letzten Vorposten seines einstmals monolithischen Reiches verdrängt worden. Der König war nun nackt und ohne sein Reich.

Auch die Rolle von Marco Piccinini war infrage gestellt. Ferrari wusste, dass seine junge rechte Hand kaum von seinen Pflichten entbunden werden konnte, solange er, Enzo, noch lebte. Aber er wusste auch, dass Marcos Zukunft festgelegt war. Im Beisein von Gozzi kritzelte Enzo ein paar Worte auf ein Stück Papier, in so zittriger Handschrift, dass sie auf den ersten Blick fast unleserlich erschien. Er hatte so wenig Kraft in seinem Körper, dass sich die Tinte kaum auf dem Blatt abzeichnete.

Ein paar Worte: »Marco, sie werden dich vermissen …«

Bevor er den Zettel an Gozzi übergab, damit dieser ihn Piccinini bei ihrem ersten Zusammentreffen überreichen konnte, fügte Enzo hinzu: »*Paradiso*, 28. Oktober 1988.«[21]

Bis zu diesem Datum waren es noch vier Monate. Enzo Ferrari wusste, dass er nicht mehr viel Zeit zu leben hatte.

Drei Tage später, am 27. Juni, ging Enzo in sein Büro in Fiorano. Trotz der Hitze trug er an diesem Montagmorgen einen dicken Mantel, der ihn noch dünner aussehen ließ. Die Blutreinigung der Dialyse, die ihn ohnehin schon sehr schwächte, ließ ihn frieren. Mit blassem Gesicht wurde er von seinem Fahrer Dino Tagliazucchi und Pressechef Franco Gozzi begleitet. Ein bereitstehender Fotograf machte ein paar Aufnahmen – es sollten die letzten vom lebenden Enzo Ferrari werden.[22]

In seinem Büro unterhielt er sich hauptsächlich mit Gozzi, vor allem über den Chefingenieur Harvey Postlethwaite, der nach Ghidellas Umstrukturierung erwartungsgemäß angekündigt hatte, Ferrari zu verlassen und zum englischen Rennstall Tyrrell zu wechseln. John Barnard war Enzos Wahl gewesen und trotz der bedauerlichen Verzögerung hatte Enzo weiterhin Vertrauen in ihn. Er hoffte, dass der Wagen von 1989 derjenige sein würde, der den Formel-1-Titel nach Maranello zurückbringen würde, den Ferrari das letzte Mal neun Jahre zuvor gewonnen hatte.

Nach einem zweistündigen Gespräch mit seinem treuesten Berater verließ Enzo den Raum. Es sollte das letzte Mal gewesen sein, dass er an seinem Schreibtisch gesessen hatte.[23] In der ersten Julihälfte verschlechterte sich Enzos Gesundheitszustand weiter. Inzwischen war er größtenteils ans Bett gefesselt.[24] Bezeichnenderweise war es Ghidella und nicht Enzo, der gegenüber John Barnard einen festen Standpunkt einnahm. Aus Frustration über die offensichtliche Unterlegenheit gegenüber McLaren in diesem Jahr (die 15 der 16 Grands Prix 1988 gewannen), gab Ghidella an Barnard den Auftrag, sofort eine Version des Wagens für 1989 mit einem »normalen« Getriebe zu entwickeln, anstelle des revolutionären elektrohydraulischen Mechanismus, den der britische Ingenieur in der folgenden Saison einsetzen wollte.

Barnard weigerte sich.

Am zweiten Juliwochenende bestätigte Nigel Mansell in Silverstone anlässlich des bevorstehenden Großen Preises von Großbritannien gegenüber der Presse, dass er 1989 für Ferrari fahren würde. Aus Maranello und Modena gab es keine Kommentare, aber Mansells Ankunft lag schon seit einiger Zeit in der Luft und niemand war besonders überrascht. Für alle war klar, dass von den derzeitigen Fahrern Michele Alboreto am Ende der Saison gehen würde.

Am Sonntag, dem 10. Juli 1988, erlebte Enzo sein letztes Formel-1-Rennen. Es war derselbe Große Preis von Großbritannien, der ihm 37 Jahre zuvor seinen ersten Formel-1-Sieg auf Kosten von Alfa Romeo beschert hatte. Am Tag zuvor hatten beide Ferraris im Qualifying wahre Wunder vollbracht. Dank der Handlingprobleme von McLaren sicherten sich die beiden Ferraris die erste Startreihe, wobei Gerhard Berger die Poleposition einnahm.

Kurz nach dem Start schlief Enzo ein, da er zu schwach war, um den Bildern auf dem Fernsehbildschirm in seinem Zimmer längere Zeit Aufmerksamkeit zu schenken. Nach etwa der Hälfte der Übertragung wachte er plötzlich auf. Instinktiv wandte er sich an seinen Sohn Piero, der neben seinem Bett das Geschehen verfolgte, und fragte ihn, wie das Rennen verlaufen sei. Piero sagte, dass es für das Ferrari-Team nicht gut aussah. Wie immer in diesem Jahr dominierten die McLarens das Rennen und zu allem Überfluss musste Ferrari heute auch auf den Benzinverbrauch achten.

Enzo frage: »Aber wenigstens sind wir vor den Alfa Romeos, nicht wahr?« Alfa Romeo hatte schon vor Jahrzehnten aufgehört, ein wichtiger Faktor in der Formel 1 zu sein, und war drei Jahre lang nicht mehr bei Grands Prix angetreten. Doch an diesem Nachmittag, auf dem Sterbebett, ging sein erster Gedanke, fast unbewusst, zu Alfa Romeo, seiner verzweifelt bewunderten und heftig gehassten Jugendliebe.

Dies waren die letzten Worte, die Enzo Ferrari im Beisein seines Sohnes Piero über Autos und den Rennsport sprach.[25]

⌘⌘⌘

Die Sommerhitze war in Modena inzwischen unerträglich geworden. Enzo unterzog sich dreimal wöchentlich einer Hämodialyse und erlebte abwechselnd Tage, an denen es ihm einigermaßen gut ging, und andere, an denen er kaum sprechen oder sich aus dem Bett bewegen konnte. Selbst Massimo, sein Barbier, kam nicht mehr jeden Tag.[26] Im Haus konnte Enzo nicht mehr gehen und Dino fuhr ihn im Rollstuhl von Zimmer zu Zimmer. Zweimal brach er während der Behandlung zusammen, die für ihn inzwischen so überlebenswichtig geworden war wie die Luft zum Atmen.[27]

Außer Piero, Floriana, Lina, Dino, dessen Frau, seiner Krankenschwester und den Ärzten durften nur eine Handvoll Personen Enzo besuchen. Carlo Benzi und der Karosseriebauer Sergio Scaglietti, alte Freunde aus seinem inneren Kreis, kamen fast jeden Tag, um ihm Gesellschaft zu leisten. An den Tagen, an denen er sich einigermaßen wohlfühlte, tranken sie sogar gemeinsam Champagner. Enzo bat dann Dino, eine Flasche seiner stets bevorzugten Marke Dom Pérignon zu entkorken. Benzi und Scaglietti, die nur den auch von Enzo beherrschten Modeneser Dialekt sprachen, nicht aber das heutige Italienisch, tranken ein Glas, während Enzo sich auf einen sehr kleinen Schluck beschränkte.[28]

Am späten Nachmittag war Franco Gozzi an der Reihe. Enzo unterhielt sich mit ihm, während er in seinem Bett saß. Manchmal blitzte noch die alte Energie aus seinem geschwächten Körper hervor.

Dann geschah am Montag, dem 25. Juli das Unvorstellbare. An einem schwülen Hochsommernachmittag fuhr Enzo nach Fiorano. Er wollte schon am Vormittag fahren, aber die Ärzte hatten es ihm strikt untersagt. Nach dem Mittagessen jedoch, als die Ärzte nicht da waren, bat Enzo Dino, ihm beim Anziehen zu helfen, und bestand darauf, bis sein seit 22 Jahren treuer Chauffeur sich nicht mehr weigern konnte, ihn ein letztes Mal zum Büro zu fahren.[29] Unter allgemeinem Unverständnis fuhr Dino, nachdem er heimlich die Wohnung auf dem Largo Garibaldi verlassen hatte, den roten Alfa Romeo 164 zwanzig Minuten später die Auffahrt zum Sitz der *Gestione Sportiva* in Fiorano hinunter. Er hielt direkt vor dem Büro an. Als Franco Gozzi und Enzos Sekretärin Giuliana das Auto des Chefs kommen sahen, eilten sie hinaus, um ihn zu begrüßen. Enzo öffnete die Autotür und stellte beide Füße auf den Boden, wobei er immer noch aufrecht auf dem Rücksitz saß. Ungläubig und unsicher, was sie nun tun sollten, standen Gozzi und Giuliana an der offenen Autotür und warteten.

Enzos blasses Gesicht war skelettartig, sein Hals in dem viel zu weiten Hemdkragen versunken. In den ungebundenen Schuhen schienen seine geschwollenen Füße zu explodieren. Seine wenigen, schwachen Worte wurden von seinem Pressesprecher und seiner Sekretärin kaum verstanden. Sie waren stumm vor Erstaunen und Besorgnis und versuchten, das schwache Gemurmel ihres Chefs zu verstehen. Offensichtlich unter Schmerzen sagte er nur ein paar weinerliche, zerstreute Worte – nie einen ganzen Satz.[30] Diese höchst ungewöhnliche Begegnung dauerte einige Minuten an. Dann, mehr zu sich selbst als zu seinen Helfern, sagte Enzo: »Ich gehe zurück nach Modena.«

Dino trocknete die Tränen seines Chefs und zog dessen Beine zurück ins Auto. Enzo gab ihm ein Zeichen loszufahren. Weder Enzo noch Gozzi oder Giuliana konnten sich wirklich verabschieden.[31]

Enzo kehrte nach Hause zurück und sollte es nie wieder verlassen.

Anfang August wusste der große, alte Mann, dass das Ende nahe war. Als er alle Hoffnung verlor, verließ ihn er auch die Lust, seine Ängste zu äußern – und dann trat das Schweigen ein. Er sprach nur noch sehr wenig und zog es vor, das Unvermeidliche stumm hinzunehmen und in Gedanken still zu begleiten. Eingeweihte, die den Klang seines Schweigens wahrnahmen, verstanden, dass das Ende nun bald kommen würde.[32] Enzo kämpfte nicht mehr.

»Ich bin moralisch und materiell unter Druck gesetzt worden, habe Vorladungen erhalten und bin jahrelang ohne Pass geblieben. Ich wurde vor Gericht gestellt, war Gegenstand einer parlamentarischen Untersuchung und die Kirche verglich mich mit einem modernisierten Saturn, der seine eigenen Kinder verschlingt. Immer wieder habe ich zahllose Schlachten geschlagen und gewonnen«,[33] hatte er einige Jahre zuvor dem florentinischen Schriftsteller Giuseppe Prezzolini erzählt. Aber nach 90 Jahren der Kämpfe hatte er jetzt aufgegeben.

Es war die Gebrechlichkeit, die er immer gefürchtet hatte, nicht das Altwerden an sich. Wie so oft in der Vergangenheit, auch in der jüngsten, hatte er sich entschieden, nicht ins Krankenhaus zu gehen, sondern sich zu Hause behandeln zu lassen. Diesmal wusste er, dass er zu Hause bleiben würde, um dort zu sterben. An einem dieser seltenen Morgen, an denen sein Barbier kam, um ihn zu rasieren, gestand er Massimo, dass er es nicht mehr aushalten würde. Er hatte ständig Schmerzen. Nachts konnte er vor lauter Juckreiz nicht schlafen und er musste sich jetzt fast täglich einer Hämodialyse unterziehen. Er erinnerte sich an seinen geliebten Dino und an den Moment, als er jede Hoffnung auf seine Rettung aufgegeben hatte. Zu Massimo sagte er einfach: »In meinem Tagebuch hatte ich damals geschrieben, dass das Spiel verloren sei. Jetzt sollte ich das über mich schreiben.«[34] Trotz der Verschlechterung seines Gesundheitszustands fand er in der ersten Augustwoche die Kraft, Michele Alboreto zu treffen. Ihre Beziehung war schon seit geraumer Zeit nicht mehr so glücklich wie in den ersten Jahren, aber es war unbestreitbar, dass der große, alte Mann eine Schwäche für Michele hatte. Er wollte ihn beruhigen. Inzwischen war allen, auch Alboreto, klar, dass es innerhalb des Teams zwei Fraktionen gab und dass Enzo nicht mehr das Sagen hatte. Aber der alte Löwe brüllte immer noch in seinem Herzen – wenn auch nicht aus voller Kehle – und wollte dem jungen Fahrer, von dem er einst geträumt hatte, ihn in einen neuen Alberto Ascari zu verwandeln, noch so vieles sagen.

In Begleitung von Piero ging Alboreto zu Enzo in die Wohnung am Largo Garibaldi. Sein einst so beeindruckender Chef setzte sich mit Mühe und Not in seinem Bett auf, seine Stimme war schwach, aber sein Verstand intakt. Er sagte seinem Fahrer, dass er wisse, dass die anderen Mansell einstellen wollten, dass er aber immer noch Vertrauen in ihn habe und dass er, wenn Michele es wünschte, immer noch etwas für ihn tun könne. Als Realist wusste Michele, dass Enzo Ferrari trotz seiner persönlichen Zusicherung nichts mehr für ihn tun konnte. Er nahm Enzos Hand in die seine und bedankte sich bei ihm. »Konzentrieren Sie sich jetzt darauf, gesund zu werden«, sagte er zu Enzo, bevor er den Raum verließ.[35]

Da er zu schwach zum Aufstehen war, aß Enzo nicht mehr mit seinen treuen Freunden zu Mittag und zu Abend. Am Mittwoch war Enzo sogar zu schwach, um den Anruf entgegenzunehmen, den der Pfarrer von Maranello, Don Erio Belloi, üblicherweise an jedem 10. August tätigte – dem Tag, an dem die Katholiken den heiligen Lorenzo feierten und den Enzo, weil er seinem Namenstag am nächsten kam, immer genoss. Dino nahm den Anruf entgegen und teilte dem Priester mit, dass es Ferrari nicht gut gehe und dass es besser sei, ihn ruhen zu lassen. Enzos Zustand, so Dino, sei ernst, aber stabil.[36]

Einige Stunden später verschlechterte sich die Situation jedoch plötzlich und Enzo fiel ins Koma. Die Ärzte wurden sofort herbeigerufen. Als sie eintrafen, wurde ihnen klar, dass es nur noch eine Frage von Stunden war.

Am späten Nachmittag schien es, als könne das Ende jederzeit kommen. Piero schickte nach Don Galasso Andreoli, dem Werkskaplan von Ferrari. Don Galasso kam und spendete Enzo, wie es die katholische Kirche vorschreibt, die Letzte Ölung *in articulo mortis*, verbunden mit einer vollständigen Vergebung seiner Sünden. Don Galasso salbte Enzos Stirn mit Öl in Form des Kreuzes.[37] Sein Verhältnis zu Gott war immer ein gequältes gewesen, aber Enzo hatte nie einen Hehl daraus gemacht, dass er sich den Glauben wünschte, den er zugegebenermaßen nicht besaß. In den letzten Momenten seines langen Lebens fand er, wie er es gewünscht hatte,[38] Trost in den Sakramenten der Kirche Gottes.

Enzo schlief die ganze Nacht über friedlich, fiel immer wieder ins Koma und erwachte wieder. Lina war ständig an seinem Bett und hielt seine Hand. Piero und Floriana ließen ihn nicht aus den Augen. Carlo Benzi war da, ebenso wie Sergio Scaglietti und natürlich Dino und seine Frau.

Als der Freitagmorgen anbrach, hatte sich sein Zustand weder verschlechtert noch verbessert. Die Ärzte waren nicht erleichtert; sie wussten, dass er dieses Mal nicht überleben würde. Es könnte heute, morgen oder in der nächsten Woche passieren. Aber dieses Mal würde es passieren. Die nächste kardiale Krise könnte tödlich sein.

Freunde und die Familie leisteten ihm den ganzen Freitag und Samstag über Gesellschaft, während er immer wieder ins Koma fiel. Dino befeuchtete Enzos Lippen mit einem Taschentuch, das vorsichtig in Champagner getränkt worden war und das ihm kurzzeitig Erleichterung zu verschaffen schien. Draußen war die Stadt ruhig. Der normalerweise stark befahrene Largo Garibaldi war still und leer. Es war das zweite Augustwochenende und alle Bewohner der Stadt schienen sich an die Küste begeben zu haben. Am späten Samstagabend warnten die Ärzte Piero und Lina, dass Enzo den Sonnenaufgang am nächsten Morgen nicht mehr erleben würde.[39]

Die ganze Nacht hindurch brannte in Enzos Schlafzimmer das Nachttischlicht. Benzi, Scaglietti, Dino, seine Frau, Piero, Floriana und Lina leisteten ihm abwechselnd Gesellschaft. Die Ärzte Baldini, Mattioli und Carano waren auch da, obwohl sie nichts tun konnten. Ab und zu murmelte Enzo etwas, aber keiner der Anwesenden konnte seine Worte verstehen. Aus irgendeinem Grund deutete er an – oder sie dachten, er hätte es angedeutet –, dass er Marco Piccinini eine Armbanduhr schenken wollte.[40] Sein junger Teamchef war in den letzten zehn Jahren wie ein Sohn für Enzo geworden.

Lina hielt die ganze Nacht hindurch seine Hand, wich nicht von seiner Seite und fand immer Worte, um ihn zu trösten.

Dann geschah das Unvermeidliche. Kurz nach 6:30 Uhr am Sonntag, dem 14. August 1988, starb Enzo Ferrari.[41] Er starb friedlich, Linas Hand haltend, mit einem ruhigen, fast lächelnden Gesichtsausdruck.[42] Endlich war sein »langer und zermürbender Weg« – wie er sein Leben berühmt beschrieben und die Last betont hatte, die er die ganze Zeit über empfunden hatte – zu Ende gegangen.

Carlo Benzi übernahm nun das Kommando. Er hatte zu Enzos Lebzeiten bereits drei Beerdigungen organisiert: Dinos, Adalgisas und Lauras. Die vierte würde die letzte sein. Enzo hatte ihn persönlich gebeten, sich um alles zu kümmern, einschließlich der Einladung der wenigen Menschen, die auf ausdrücklichen Wunsch des großen, alten Mannes an einer Beerdigung teilnehmen sollten, die er so privat wie möglich gestaltet hatte. Enzo hatte Benzi persönlich eine Liste derjenigen übergeben, die zu der Feier zugelassen werden sollten. Er wollte diese Leute bei sich haben – nicht mehr und möglicherweise auch nicht weniger.

Benzi rief sofort Alfonsina Rinaldi, die Bürgermeisterin von Modena, an, um sie über den Tod von Enzo Ferrari zu informieren. Er hatte sie bereits am Donnerstagabend angerufen, nachdem die Letzte Ölung vollzogen worden war. Sie würde dafür sorgen, dass die Nachricht von Enzos Tod nicht nach außen dringt. Enzo hatte nicht nur eine private Feier gewünscht, sondern auch darum gebeten, dass die Welt erst nach der Beerdigung informiert werden solle, wenn er friedlich hinter einem Grabstein ruht,. Das Gesetz schrieb vor, dass bei einem Todesfall sofort das Standesamt der Stadt benachrichtigt werden musste. Nachdem Alfonsina Rinaldi informiert worden war, gewährte sie das besondere Privileg, der Öffentlichkeit die Information bis nach der Trauerfeier vorzuenthalten.

Als Nächstes tätigte Benzi die wenigen Anrufe, die Enzo für nötig gehalten hatte. Er rief Franco Gozzi und Marco Piccinini an, die beide im Urlaub waren, außerdem Sergio Scaglietti, der die vorangegangene Nacht größtenteils in Enzos Schlafzimmer verbracht hatte, aber zum Zeitpunkt seines Todes zu Hause war. Piero rief seine Tochter Antonella an, die mit Ehemann Giacomo und dem kleinen Enzo ebenfalls im Urlaub war. Es wurden nur eine Handvoll weiterer Anrufe getätigt. Selbst die meisten von Enzos engsten Beratern wurden erst nach der Beerdigung informiert.[43]

Das Büro der Bürgermeisterin rief abends beim Bestattungsinstitut Farri an. Der Beamte nannte am Telefon keine Einzelheiten, sondern bat lediglich um einen sofortigen Termin. Innerhalb einer Stunde traf Bürgermeisterin Rinaldi in Begleitung einer kleinen Gruppe im Bestattungsinstitut ein. Sie wurde vom Inhaber Federico Farri und von seinem Schwager Vasco Marinelli empfangen. Mit ihrer Hilfe wählte die Bürgermeisterin persönlich einen hellbraunen Holzsarg aus, der in der Branche als Arche-Modell bekannt war. Die Anweisungen von Benzi an die Bürgermeisterin am Donnerstagabend waren präzise gewesen: nichts Ausgefallenes, etwas Schlichtes, genau so, wie der große, alte Mann es gewollt hätte.

Dann teilte die Bürgermeisterin dem Bestatter mit, wann und wo er den Sarg abliefern müsse. Erst zu diesem Zeitpunkt wurde Farri klar, für wen der Sarg bestimmt war.[44]

Nichts war durchgesickert; alles war in großer und lückenloser Geheimhaltung vorbereitet worden. Der große, alte Mann lag in seinem dunkelbraunen Lieblingsanzug in dem Bett, in dem er gestorben war.[45] In nur drei Stunden würden der Sarg und der Leichenwagen eintreffen. Um 7 Uhr würde die kleine Prozession die Wohnung auf dem Largo Garibaldi verlassen und den Friedhof erreichen, der auf direkte Anweisung der Bürgermeisterin zu dieser Stunde geöffnet würde, um diese ganz besondere Gruppe zu empfangen.

Bei Tagesanbruch um 6 Uhr fuhren der Leichenwagen und das kleine Team des Bestattungsunternehmens in den Innenhof des Largo Garibaldi 11, direkt hinter das Gebäude. So früh an einem Augustmorgen wurden sie von niemandem gesehen. Eine Frau, die aus dem Fenster eines Hauses auf den Hof schaute, bemerkte zwar eine für diese Tageszeit ungewöhnliche Aktivität, erkannte aber nicht, was genau vor sich ging.[46] Oben wurde Enzo in den Sarg gelegt und ein Kreuz aus weißen Blumen darauf platziert.[47]

Dann war es Zeit zu gehen.

Kurz nach 7 Uhr schritt die kleine Prozession die Treppe hinunter. Der einzige Außenstehende war Giovanni Battista Razelli, der von Fiat ernannte Generaldirektor von Ferrari. Der Rest bestand aus der Familie und denjenigen aus dem inneren Kreis, die zum Zeitpunkt von Enzos Tod in Modena waren. Der Sarg wurde in den Leichenwagen gehoben und wenige Augenblicke später wurden die Hoftore geöffnet.

Modena war an diesem Montagmorgen, dem 15. August, menschenleer. Es war der Tag, an dem die Italiener *Ferragosto* feierten, ein katholischer Feiertag, der sich Jahre zuvor in ein heidnisches Sommerfest verwandelt hatte. Ein Dutzend schwarz gekleideter Menschen bestiegen in völliger Stille eine Handvoll Autos, die in dem mit Kieseln gepflasterten Innenhof geparkt waren. Dann fuhren die Autos los, gefolgt von dem Leichenwagen. Innerhalb von zwei Minuten hatten alle das Gelände verlassen.[48] Der Ehemann der Dame am Fenster, der in der Kühle des frühen Morgens die Blumen seines Gartens goss, war der einzige Zeuge der Szene. Als die Gruppe an ihm vorbeikam, bekreuzigte er sich mitfühlend, behielt die Nachricht aber für sich.[49]

Giorgio Ferri, Enzos langjähriger persönlicher Sekretär, war zum Friedhof San Cataldo vorausgefahren. Er war beim Haus des Friedhofskaplans vorbeigekommen, das zur Klosteranlage Madonna del Murazzo in der Nähe des weitläufigen Friedhofs von San Cataldo gehörte, um ihn zu bitten, sofort zur Ferrari-Kapelle zu kommen. So früh am Morgen verstand Pater Pier Paolo Veronesi die Eile nicht. Er wusste genau, dass Enzo Ferrari jedes Jahr im Juni in der Familienkapelle eine Messe für seinen verstorbenen Sohn Dino zelebrieren ließ, und er dachte, dass er aus irgendeinem Grund an diesem Morgen eine Messe feiern wollte. Verärgert über Ferris Beharrlichkeit sagte er dem Sekretär, dass es keinen Grund zur Eile gäbe, da der Friedhof erst um 8 Uhr geöffnet würde.

»Nein, nein, Sie verstehen nicht«, sagte Ferri. »Der Friedhof ist bereits geöffnet.«

Die Bürgermeisterin hatte den Friedhofswärter persönlich um 2 Uhr nachts angerufen und ihn angewiesen, die Tore um 7 Uhr zu öffnen, damit ein Sarg früher eintreffen könne.[50] Wie in der Woche zuvor mit Benzi vereinbart, hatte sie die Identität des Leichnams nicht preisgegeben.

Pater Veronesi nahm alles mit, was er für die Feier einer Messe brauchte, und folgte Ferri zur achteckigen Ferrari-Kapelle. Als er dort ankam und den Sarg sah, verstand er endlich den Grund für die Eile. Piero, der befürchtete, von Frühaufstehern entdeckt zu werden, wollte die Trauerfeier so schnell wie möglich hinter sich bringen. Er bat um eine schnelle Messe. Pater Veronesi lehnte es sanft, aber bestimmt ab, die Dinge weiter zu beschleunigen.[51] Er vollzog den gesamten Ritus so, wie es die katholische Kirche vorschrieb.

Es dauerte 40 Minuten, bis der Sarg hinter einem Marmorstein auf der linken Seite der Kapelle aufgestellt wurde. Enzo wurde neben seinem Vater beigesetzt – erstaunlich weit entfernt von Dino. Seine Ruhestätte sollte die erste links von der Eingangstür sein, hinter einem gewöhnlichen Grabstein, auf dessen rechter Hälfte bereits die Worte »Alfredo Ferrari« und die Daten »1859–1916« eingraviert waren. In wenigen Tagen würde auf der linken Seite »Enzo Ferrari« über den Jahreszahlen »1898–1988« stehen.

Es wurden keine Reden gehalten und keine förmlichen Worte gesprochen.[52] Das war auch nicht nötig. Für das versammelte Dutzend Menschen war es die privateste aller Veranstaltungen. Andere, an anderen Orten, würden bald beginnen, das lange und außergewöhnliche Leben des alten Mannes zu feiern, den sie gerade beerdigt hatten. Für diejenigen, die an diesem Morgen in San Cataldo versammelt waren, war er ein Vater, ein Lebensgefährte, ein Schwiegervater, ein Freund und ein höchst ungewöhnlicher Chef gewesen.

Alle verließen das Grab so lautlos, wie sie gekommen waren. Nur Giorgio Ferri blieb zurück, bis die Steinmetze ihre Arbeit beendet hatten und der dunkelrote Stein in die Ziegelmauer einzementiert war, die das Grab abschloss.

Die Nachricht vom Tod Enzo Ferraris wurde gegen 9 Uhr verkündet.

Als Sergio Scaglietti von der Beerdigung zurückkam, ging er in sein Stammcafé, um einen Espresso zu trinken. In seinem besten dunklen Anzug war er an diesem Augustmorgen eindeutig fehl am Platz und zog die unvermeidliche Frage des Besitzers auf sich. Da sein Freund auf dem Friedhof ruhte, wusste Scaglietti, dass es keinen Grund mehr für eine Geheimhaltung gab. Mit feuchten Augen bestätigte er die Nachricht.

»Ja, Enzo Ferrari ist tot«, sagte er. »Er wurde soeben in San Cataldo beerdigt.«[53]

Eine Viertelstunde später gab Piero Ferrari eine mit Franco Gozzi verfasste Pressemitteilung heraus, in der er der Welt offiziell mitteilte, dass sein überlebensgroßer Vater gestorben war.

Postskriptum

Piero Ferrari ist immer noch stellvertretender Vorsitzender von Ferrari und mit zehn Prozent am Unternehmen beteiligt.

Pieros Mutter Lina starb 2006 und wurde nicht in der Ferrari-Familienkapelle beigesetzt, wo Enzo mit seinem erstgeborenen Sohn Dino, seiner Frau Laura, seinen Eltern und seinem Bruder ruht. Fiamma Breschi hat Enzo nie geheiratet, sie starb 2015.

Luca di Montezemolo kehrte 1991 zu Ferrari zurück und fungierte 23 Jahre lang als Präsident und CEO. Unter seiner Führung gewann Ferrari sechs Fahrer- und acht Herstellerweltmeisterschaften in der Formel 1.

Zu Beginn von Montezemolos Amtszeit kehrte Niki Lauda für eine kurze Zeit als persönlicher Assistent des Präsidenten zu Ferrari zurück.

Ferrari ist nach wie vor der einzige Rennstall, der seit 1950 an allen Formel-1-Saisons teilgenommen hat. Ferrari hält fast alle Rekorde in der Formel 1, darunter die meisten Weltmeistertitel für Fahrer und Hersteller, die Anzahl der gefahrenen und gewonnenen Rennen, Podiumsplätze, Polepositions und schnellste Rennrunden.

Ferrari wurde nach Enzos Tod weitere achtmal Konstrukteursweltmeister, sechsmal holten Ferrari-Fahrer den WM-Pokal

(Michael Schumacher von 2000 bis 2004, Kimi Räikkönen 2007).

Nach dem letzten Sieg bei dem 24-Stunden-Rennen von Le Mans im Jahr 1965 dauerte es 58 Jahre (bis 2023), bis wieder Ferrari-Piloten das berühmte Langstreckenrennen gewannen.

Ferrari verkaufte im Jahr 2023 13.663 Autos – alle werden auf Bestellung in der einzigen Fabrik des Unternehmens in Maranello hergestellt, mit einer durchschnittlichen Warteliste von zwei Jahren. Laut einer Studie von 2018 verdiente Ferrari zu dieser Zeit pro Fahrzeug fast 70.000 Euro und war damit der profitabelste Autobauer der Welt.

Es gibt weltweit zwei Ferrari-Themenparks und fast fünfzig Ferrari-Geschäfte, in denen nicht nur Autos, sondern auch lizenzierte und markengeschützte Ferrari-Artikel verkauft werden: von Uhren bis zu Füllfederhaltern, von Baseballkappen bis zu Schmuck sowie Herren- und Damenbekleidung. Der *Flagship-Store* befindet sich an der Ecke Park Avenue und 55. Straße in Manhattan.

Einige der prestigeträchtigsten Ferrari-Oldtimer werden auf weltweiten Autoauktionen zu Preisen verkauft, die sonst nur für Gemälde von Picasso und van Gogh gezahlt werden.

Aufgrund der endlosen Warteliste ist Ferrari das einzige Unternehmen der Welt, bei dem die Gebrauchtfahrzeuge der meisten neueren Modelle zu einem höheren Preis verkauft werden als fabrikneue Autos.

Heute ist Ferrari an der New Yorker Börse notiert. Ferraris *Cavallino Rampante* ist eines der bekanntesten Logos der Welt.

Anmerkungen

1 Modena

1 Gespräch des Autors mit Franco Gozzi am 19. Mai 2009
2 Enzo Ferrari, *Le mie gioie terribili* (Bologna: Cappelli Editore, 1962), S. 12
3 *La Nuova Gazzetta di Modena vom* 10. März 2012
4 Originaldokument: Enzo Ferraris Geburtsurkunde, 24. Februar 1898, Collection Museo Casa Enzo Ferrari, Modena
5 ebd.
6 Gespräch des Autors mit Don Sergio Mantovani am 19. Februar 2010. Die alte Kirche existiert nicht mehr. Sie wurde zerstört, nachdem Pater Sergio Mantovani versucht hatte, sie gegen die Vorgaben der Stadt auf eigene Kosten abzureißen, um Platz für eine größere Kirche zu schaffen. Der in der Welt des Motorsports bereits als »Kaplan der Fahrer« bekannte Pater Mantovani wurde nach dieser Tat von Enzo Ferrari zum »Pater Caterpillar« ernannt.
7 Enzo Ferrari, *Ferrari 80* (Modena. Arbe Officine Grafiche, 1980), S. 12
8 Ferrari, *Le mie gioie terribili*, S. 12
9 Originaldokument: Totenschein von Alfredo Ferrari, 26. August 1992
10 Oscar Orefici, *Ferrari: Romanzo di una vita* (Mailand: Cairo Publishing, 2006), S. 22
11 Enzo Biagi, *Ferrari: The Drake* (Mailand: BUR Biblioteca Universale Rizzoli, 2001), S. 107. Der berühmte italienische Jornalist Biagi veröffentlichte 1980 ein Buch über Enzo Ferrari. Biagi war kein Motorjournalist und hatte kein Interesse an dieser Welt. Sein Buch ist ein kurioses Mosaik aus Zitaten von Ferrari und zahlreichen Skizzen, die andere von Ferrari angefertigt haben. Es ist aber auch das Ergebnis eines der wahrscheinlich längsten Interviews, die Enzo Ferrari jemals gegeben hat.
12 ebd.
13 Originaldokument: Brief von Alfredo Ferrari vom 10. September 1905, Jacques Swaters Collection, Museo Casa Enzo Ferrari, Modena
14 Ferrari, *Le mie gioie terribili*, S. 13
15 Ferrari, *Ferrari 80*, S. 6
16 Ferrari, *Le mie gioie terribili*, S. 13
17 Biagi, *Ferrari: The Drake*, S. 109
18 Gespräch des Autors mit Franco Gozzi am 19. Mai 2009
19 Originaldokument: Totenschein von Adalgisa Ferrari, 26. August 1992
20 Gespräch des Autors mit Franco Gozzi am 19. Mai 2009
21 Biagi, *Ferrari: The Drake*, S. 108 f.
22 ebd., S. 42

23 Ferrari, *Ferrari 80*, S. 10. In seiner Autobiografie spricht Enzo Ferrari über eine Treppe aus rosa Marmor. Natürlich gibt es keinen rosa Marmor. Die Treppe wurde aus rotem Marmor aus Verona gefertigt. Der Autor sah diese Treppe am 16. Juli 2010 – vor dem Umbau des Hauses – und kann bezeugen, dass der rote Marmor der Stufen tatsächlich rosa aussieht.
24 Ferrari, *Ferrari 80*, S. 8
25 Originaldokument: Cresimati da Mgr. Natale Bruni nella Metropolitana, nella Pentecoste dell'anno 1903, Archiv der Kirche Santa Caterina in Modena. Von den 65 Jungen und Mädchen, die an diesem Tag ihre Erstkommunion empfangen und gefirmt wurden, waren Alfredo (Dino) und Enzo Anselmo mit den Nummern 27 und 28 eingetragen.
26 Ferrari, *Ferrari 80*, S. 13
27 ebd.
28 ebd., S. 10, 12
29 ebd., S. 9
30 Biagi, *Ferrari: The Drake*, S. 107
31 ebd., S. 113
32 Ferrari, *Ferrari 80*, S. 7
33 ebd.
34 ebd., S. 108
35 ebd., S. 13

2 Der Zündfunke

1 Ferrari, *Ferrari 80*, S. 11
2 Biagi, *Ferrari: The Drake*, S. 96
3 Alessandro Simonini und Michele Smargiassi, *Un sogno lungo un miglio* (Modena: Della Casa, 1992), S. 8 (Diese 1992 in Modena gedruckte Broschüre liefert wertvolle Informationen über das zweite Renneereignis im Leben von Enzo Ferrari, den Record del Miglio. Alle Informationen über das Rennen und die Entwicklung der Automobilkultur in Modena in den zwei Jahrzehnten um die vorletzte Jahrhundertwende stammen aus dieser Quelle.)
4 Ferrari, *Ferrari 80*, S. 10
5 ebd., S. 11
6 Simonini und Smargiassi, *Un sogno lungo un miglio*, S. 42
7 ebd., S. 46
8 Biagi, *Ferrari: The Drake*, S. 110
9 Enzo Ferrari auf einer Pressekonferenz, 15. September 1980 (originale Ferrari-Transkription)
10 Ferrari, *Ferrari 80*, S. 13 f. (Mücken müssen im Sommer 1915 eine echte Plage gewesen sein, denn Enzo beginnt seine Lebenserinnerungen in der ersten Ausgabe seiner Autobiografie *Le mie gioie terribbili* [1962] im besten Stil eines Groschenromans: »Die Mücken waren in dieser Nacht wirklich überall …«)
11 Ferrari, *Ferrari 80*, S. 7
12 Biagi, *Ferrari: The Drake*, S. 107 (Enzo Ferrari vertraute Biagi 1980 an, dass sein Gedanke, eines Tages das zu machen, was Ralph DePalma in Indianapolis getan hatte, bestenfalls »naiv« gewesen sei.)
13 Ferrari, *Ferrari 80*, S. 9
14 Biagi, *Ferrari: The Drake*, S. 109
15 Ferrari, *Ferrari 80*, S. 13 f.
16 Biagi, *Ferrari: The Drake*, S. 109
17 Ferrari, *Ferrari 80*, S. 8 f.
18 Originaldokument (Kopie): Fotografie mit handgeschriebenem Text von Enzo Ferrari auf der Rückseite, 19. Juli 1917, Privatsammlung Adolfo Orsi, Modena
19 Ferrari, *Ferrari 80*, S. 14
20 Biagi, *Ferrari: The Drake*, S. 115
21 ebd.
22 Ferrari, *Ferrari 80*, S. 14

3 Ein Traum wird wahr

1 Giulio Schmidt, *Le Corse Ruggenti: La vera storia di Enzo Ferrari pilota* (Milan: Edizioni della Libreria dell'Automobile, 1988), S. 20

2 Gespräch des Autors mit Franco Gozzi am 19. Mai 2009 (44 Jahre später, als er erstmals die Geschichte des Interviews mit Diego Soria in seinen Memoiren erwähnte, sagte Ferrari nichts zu der Rolle, die seine Mutter spielte, sondern bezog sich stattdessen auf ein Empfehlungsschreiben eines Armeeoffiziers, unter dem er im Ersten Weltkrieg gedient hatte. In der letzten Auflage seiner Autobiografie von 1980 hatte er seine Version dieser Geschichte verändert. Auf Seite 14 von *Ferrari 80* ist zu lesen: »Das Militär hat mir zumindest ein Empfehlungsschreiben meines Obersts hinterlassen, das ich bei Fiat einsetzen konnte.«)
3 Schmidt, *Le Corse Ruggenti*, S. 18
4 Ferrari, *Ferrari 80*, S. 10
5 ebd.
6 ebd.
7 Gespräch des Autors mit Franco Gozzi am 19. Mai 2009
8 Ferrari, *Ferrari 80*, S. 15
9 ebd.
10 ebd.
11 ebd., S. 16 (Sich an seine Erfahrungen bei CMN und insbesondere an diesen Motor erinnernd, schrieb Ferrafi vier Jahre später: »Hier ist ein Motor, der in der Menge der Akronyme und Namen, mit denen mein Gehirn gesättigt ist, einen ganz besonderen Platz in meinen Erinnerungen einnimmt.«)
12 ebd.
13 Schmidt, *Le Corse Ruggenti*, S. 24
14 Ferrari, *Ferrari 80*, S. 17 (In seinen Memoiren führt er fort: »Ich sage ›klein‹ im Vergleich zur Berufung Nummer zwei, die mein ganzes Leben in Anspruch, verschlingen oder gar dramatisieren sollte: die des Automobilbauers.«)
15 Schmidt, *Le Corse Ruggenti*, S. 188
16 ebd., S. 25
17 *La Gazzetta dello Sport* vom 4. Oktober 1919
18 ebd.
19 Schmidt, *Le Corse Ruggenti*, S. 29
20 ebd., S. 30
21 Valerio Moretti, *Enzo Ferrari pilota* (Rome: Edizioni di Autocritica, 1987), S. 13
22 Schmidt, *Le Corse Ruggenti*, S. 31
23 Ferrari, *Ferrari 80*, S. 17
24 ebd., S. 18
25 Schmidt, *Le Corse Ruggenti*, S. 32
26 ebd.
27 ebd., S. 34
28 ebd., S. 36
29 Ferrari, *Ferrari 80*, S. 18
30 Schmidt, *Le Corse Ruggenti*, S. 36
31 ebd.
32 Ferrari, *Ferrari 80*, S. 19
33 Schmidt, *Le Corse Ruggenti*, S. 37
34 Ferrari, *Ferrari 80*, S. 18
35 ebd., S. 19
36 ebd.
37 *Paese Sportivo* vom 8. Dezember 1919
38 Enzo Ferrari, *Una vita per l'automobile* (Bologna: Conti Editore, 1998), S. 24
39 Gespräch des Autors mit Franco Gozzi am 19. Mai 2009
40 ebd.
41 Moretti, *Enzo Ferrari pilota*, S. 77
42 Schmidt, *Le Corse Ruggenti*, S. 44
43 ebd., S. 53
44 ebd., S. 44
45 ebd., S. 45
46 ebd., S. 46
47 *La Gazzetta dello Sport* vom 14. Juni 1920
48 ebd. vom 30. Oktober 1920
49 Schmidt, *Le Corse Ruggenti*, S. 46
50 *La Gazzetta dello Sport* vom 14. Juni 1920
51 Schmidt, *Le Corse Ruggenti*, S. 47

4 Erste Liebe

1 Gespräch des Autors mit Franco Gozzi am 19. Mai 2009
2 ebd.
3 Gespräch des Autors mit Piero Ferrari Gozzi am 13. November 2012

4 Adolfo Orsi, *Il ritrovamento archeologico* (Die Existenz der *Carrozzeria Emilia*, eines der bestgehüteten Geheimnisse im Leben von Enzo Ferrari, wurde von Adolfo Orsi, dem Modeneser Historiker und Erben der Familie, der von 1937 bis 1968 die Firma Maserati gehörte, enthüllt.)
5 Adolfo Orsi, *Il ritrovamento archeologico*
6 Originaldokument (Kopie): Carrozzeria Emilia E. Ferrari & C. Charter, Sammlung Adolfo Orsi
7 Schmidt, *Le Corse Ruggenti*, S. 48
8 Biagi, *Ferrari: The Drake*, S. 119
9 Schmidt, *Le Corse Ruggenti*, S. 50
10 ebd.
11 Moretti, *Enzo Ferrari pilota*, S. 20
12 Schmidt, *Le Corse Ruggenti*, S. 50
13 ebd.
14 *AutoMotoCiclio*, 1. – 15. November 1920
15 Schmidt, *Le Corse Ruggenti*, S. 52
16 ebd.
17 *La Gazzetta dello Sport* vom 30. Oktober 1920
18 ebd.
19 Schmidt, *Le Corse Ruggenti*, S. 53
20 ebd.
21 Ferrari, *Ferrari 80*, S. 39 f.
22 Schmidt, *Le Corse Ruggenti*, S. 53
23 ebd., S. 58 f.
24 Moretti, *Enzo Ferrari pilota*, S. 23
25 Ferrari, *Ferrari 80*, S. 215
26 Nunzia Manicardi, *Quel diabolico Ferrari* (Rom: Koinè Nuove Edizioni, 2000), S. 42
27 Ferrari, *Ferrari 80*, S. 215
28 ebd. (Kurioserweise schrieb Enzo Ferrari in seinen Memoiren, dass er 1921 »sehr jung« heiratete. Tatsächlich begann er 1921, mit seiner Freundin zusammenzuleben. Die Hochzeit sollte erst im Frühjahr 1923 stattfinden. In seinem ersten Buch *Le mie gioie terribili* war er sogar noch ungenauer und nannte »um 1920« als Datum seiner Hochzeit.)
29 Ferrari, *Ferrari 80*, S. 215
30 Manicardi, *Quel diabolico Ferrari*, S. 42
31 Schmidt, *Le Corse Ruggenti*, S. 64
32 ebd., S. 65
33 Moretti, *Enzo Ferrari pilota*, S. 28
34 *Il Corriere della Sera* vom 6. August 1921
35 Schmidt, *Le Corse Ruggenti*, S. 70
36 *La Gazzetta dello Sport* vom 16. August 1921
37 Schmidt, *Le Corse Ruggenti*, S. 65
38 ebd., S. 73
39 ebd., S. 73 f.
40 Ferrari, *Una vita per l'automobile*, S. 32
41 Moretti, *Enzo Ferrari pilota*, S. 31

5 Laura

1 Gespräch des Autors mit Jacques Swaters am 4. Oktober 2006 (Zur umfangreichen Sammlung aus Ferrari-Erinnerungsstücken des ehemalige Rennfahrers, der zum Ferrari-Händler und -Importeur für Belgien wurde, gehören zahlreiche außergewöhnliche Dokumente, darunter auch ein Teil der Korrespondenz zwischen Enzo und Laura, die er dem Autor dieses Buches während eines langen Gesprächs zeigte. Während Enzo weiterhin mit einem Füllfederhalter und schwarzer Tinte schrieb, begann er 1922, die Farbe Violett für die Kopfzeile seines persönlichen Briefpapiers, einschließlich der Umschläge, zu verwenden. Er verwendete mindestens zwei Schriftarten: eine mit der Überschrift »Enzo Ferrari – Modena« in kursiver englischer Schrift; eine andere mit der Überschrift ENZO FERRARI in Großbuchstaben und von einem Rechteck umrahmt, ebenfalls violett. Es ist eindeutig der erste Verweis auf die Erinnerung an seinen Vater, der ihn in den späten 1920er-Jahren dazu brachte, für seine gesamte

Korrespondenz violette Tinte zu verwenden.)
2 ebd.
3 Schmidt, *Le Corse Ruggenti*, S. 76
4 ebd.
5 ebd., S. 77
6 ebd., S. 79
7 Gespräch des Autors mit Jacques Swaters am 4. Oktober 2006 (Bei der zitierten Zeitung handelt es sich um die Lokalzeitung von Modena.)
8 Schmidt, *Le Corse Ruggenti*, S. 81
9 Gespräch des Autors mit Jacques Swaters am 4. Oktober 2006
10 ebd.
11 *La Gazzetta dello Sport* vom 26. Juli 1922
12 Gespräch des Autors mit Jacques Swaters am 4. Oktober 2006
13 ebd.
14 Schmidt, *Le Corse Ruggenti*, S. 85
15 *La Gazzetta dello Sport* vom 11. September 1922
16 Ferrari, *Ferrari 80*, S. 21
17 Moretti, *Enzo Ferrari pilota*, S. 33
18 Ferrari, *Ferrari 80*, S. 20
19 ebd.
20 ebd., S. 60
21 ebd., S. 59
22 ebd.
23 ebd. (Als Enzo feststellte, dass er nicht das Talent von Ascari und Campari besaß, ernannte er die beiden zu seinen Vorbildern.)
24 ebd.

6 Sieg!

1 Moretti, *Enzo Ferrari pilota*, S. 32
2 Schmidt, *Le Corse Ruggenti*, S. 88
3 Originaldokument: Pressekonferenz von Enzo Ferrari, Notiz, 15. September 1980, Privatsammlung
4 Moretti, *Enzo Ferrari pilota*, S. 33
5 *La Gazzetta dello Sport* vom 16. April 1923
6 Schmidt, *Le Corse Ruggenti*, S. 90
7 Originaldokument: Hochzeitsurkunde von Ferrari Enzo Anselmo Giuseppe Maria und Garello Domenica detta Laura, 28. April 1923 Sammlung Museo Casa Enzo Ferrari, Modena
8 Ferrari, *Ferrari 80*, S. 215
9 ebd., S. 214
10 *La Gazzetta dello Sport*, Ferrari Racconta, Bd. I, S. 25
11 ebd., S. 37
12 Luigi Fusi, Enzo Ferrari, Griffith Borgeson, *Le Alfa Romeo di Vittorio Jano* (Rom: Edizioni di Autocritica, 1982), S. 25
13 *La Gazzetta dello Sport*, Ferrari Racconta, Bd. I, S. 37
14 ebd.
15 Moretti, *Enzo Ferrari pilota*, S. 37
16 Enzo Ferrari, TV-Interview, 1984
17 *La Gazzetta dello Sport* vom 14. Juni 1923
18 Gespräch des Autors mit Franco Gozzi am 19. Mai 2009
19 ebd.
20 *La Gazzetta dello Sport* vom 18. Juni 1923
21 *La Gazzetta dello Sport*, Ferrari Racconta, Bd. I, S. 37
22 Schmidt, *Le Corse Ruggenti*, S. 94
23 ebd., S. 96
24 ebd.
25 *Il Corriere della Sera* vom 9. September 1923
26 *La Gazzetta dello Sport*, Ferrari Racconta, Bd. I, S. 25
28 ebd.
28 ebd.
29 Enzo Ferrari, *Le briglie del successo* (San Lazzaro di Savena: Poligrafici Il Borgo, 1970), S. 32
30 Gino Rancati, *Ferrari l'unico* (Mailand: Giorgio Nada Editore, 1988), S. 20
31 Ferrari, *Ferrari 80*, S. 20 f.
32 *La Gazzetta dello Sport*, Ferrari Racconta, Bd. I, S. 38
33 Fusi et al., *Le Alfa Romeo di Vittorio Jano*, S. 54
34 ebd.
35 ebd.

36 *La Gazzetta dello Sport*, Ferrari Racconta, Bd. I, S. 38
37 Schmidt, *Le Corse Ruggenti*, S. 98
38 Fusi et al., *Le Alfa Romeo di Vittorio Jano*, S. 25

7 Der Champion

1 Moretti, *Enzo Ferrari pilota*, S. 47
2 Gespräch des Autors mit Franco Gozzi am 19. Mai 2009
3 Ferrari, *Una vita per l'automobile*, S. 51
4 Schmidt, *Le Corse Ruggenti*, S. 103
5 ebd. (Die Episode wird in diesem Buch rekonstruiert, aber die Zitate stammen aus der Zeitschrift *Auto Italiana*.)
6 ebd.
7 Ferrari, *Le mie gioie terribili*, S. 171
8 Schmidt, *Le Corse Ruggenti*, S. 107
9 Moretti, *Enzo Ferrari pilota*, S. 51
10 Gespräch des Autors mit Franco Gozzi am 19. Mai 2009
11 Schmidt, *Le Corse Ruggenti*, S. 107
12 Ferrari, *Una vita per l'automobile*, S. 46
13 Schmidt, *Le Corse Ruggenti*, S. 106
14 Moretti, *Enzo Ferrari pilota*, S. 48
15 Schmidt, *Le Corse Ruggenti*, S. 110
16 ebd., S. 108
17 ebd., S. 110
18 Gespräch des Autors mit Franco Gozzi am 19. Mai 2009
19 Schmidt, *Le Corse Ruggenti*, S. 113
20 *La Gazzetta dello Sport* vom 2. Juni 1924
21 Moretti, *Enzo Ferrari pilota*, S. 50
22 ebd., S. 113
23 Gespräch des Autors mit Franco Gozzi am 19. Mai 2009

8 Lyon

1 *La Gazzetta dello Sport* vom 8. Juli 1924
2 Federico Valeriani, *Coppa Acerbo: Circuito Internazionale degli Abruzzi* (Pescara: Asca-Res Imago, 2008), S. 34
3 *Badische Presse* vom 18. Juli 1924
4 Moretti, *Enzo Ferrari pilota*, S. 20
5 Ferrari, *Ferrari 80*, S. 21
6 *La Gazzetta dello Sport* vom 14. Juli 1924
7 ebd.
8 Valeriani, *Coppa Acerbo*, S. 22
9 Schmidt, *Le Corse Ruggenti*, S. 119
10 *La Gazzetta dello Sport* vom 14. Juli 1924
11 Valeriani, *Coppa Acerbo*, S. 13, Brief von Enzo Ferrari an Federico Valeriani
12 Moretti, *Enzo Ferrari pilota*, S. 57
13 *La Gazzetta dello Sport* vom 19. Juli 1924
14 Schmidt, *Le Corse Ruggenti*, S. 124
15 *La Gazzetta dello Sport* vom 23. Juli 1924
16 Schmidt, *Le Corse Ruggenti*, S. 124
17 *La Gazzetta dello Sport* vom 23. Juli 1924
18 Ferrari, *Ferrari 80*, S. 215 (Ferrari wählte den Beruf des Busfahrers, um einen ungefährlichen und routinierten Beruf zu ergreifen, denn es war der Beruf von Lauras Bruder.)
19 Gespräch des Autors mit Jacques Swaters am 4. Oktober 2006
20 Gespräch des Autors mit Franco Gozzi am 19. Mai 2009
21 Orefici, *Ferrari: Romanzo di una vita*, S. 62
22 Gespräch des Autors mit Franco Gozzi am 19. Mai 2009
23 Gespräch des Autors mit Jacques Swaters am 4. Oktober 2006
24 Ferrari, *Ferrari 80*, S. 22
25 Schmidt, *Le Corse Ruggenti*, S. 124

26 Gespräch des Autors mit Jacques Swaters am 4. Oktober 2006
27 *La Gazzetta dello Sport* vom 4. August 1924
28 Biagi, *Ferrari: The Drake*, S. 119
29 *La Gazzetta dello Sport* vom 19. August 1924
30 Ferrari, *Ferrari 80*, S. 22 f.
31 Moretti, *Enzo Ferrari pilota*, S. 83
32 Schmidt, *Le Corse Ruggenti*, S. 124
33 *La Gazzetta dello Sport*, Ferrari Racconta, Bd. I, S. 54
34 Ferrari, *Le mie gioie terribili*, S. 52 (Es wurde gesagt und geschrieben, dass Gräfin Baracca das tänzelnde Pferd (*Cavallino Rampante*) auf der Rennstrecke von Savio an Enzo Ferrari übergeben hätte. Tatsächlich wurde es ihm im Herbst nach seinem zweiten Sieg in Ravenna außerhalb von Savio überreicht. Auf Seite 52 von *Le mie gioie terribili* erzählt Ferrari zum ersten Mal öffentlich, wie er in den Besitz des *Cavallino Rampante* von Francesco Baracca kam, nachdem er den Moment beschrieben hatte, in dem er den Grafen Baracca kennenlernte. Er schrieb: »Aus dieser Begegnung ergab sich eine weitere mit seiner Mutter, Gräfin Paolina. Sie war es, die eines Tages sagte: ›Ferrari, schmücke dein Auto mit dem tänzelnden Pferd meines Sohnes. Es wird dir Glück bringen.‹«)
35 Cesare De Agostini, *Baracca: L'eroe del Cavallino* (Mailand: Giorgio Nada Editore, 2008), S. 16 f. (Francesco Baracca war nicht der einzige Flieger der italienischen Luftwaffe, der sich ein persönliches Emblem zulegte. In seinem Geschwader gab es Piloten, die einen schwarzen Stern oder einen Totenkopf auf den Rumpf ihres Flugzeugs gemalt hatten. Selbst als das Geschwader im Frühjahr 1918 ein offizielles Gruppenemblem für alle Flugzeuge annahm [ein Hippogryph, also ein schwarzes, geflügeltes Pferd], behielt jeder Pilot sein persönliches Emblem auf seinem Flugzeug.)
36 Ferrari Opera Omnia, Band 6 (Mailand: *La Gazzetta dello Sport*, 2007), S. 34
37 De Agostini, *Baracca: L'eroe del Cavallino*, S 14 f. (Dieses Foto wurde am 10. April 1918 auf dem Flugfeld von Padua aufgenommen und zusammen mit einem seiner Briefe vom 27. April an seine Eltern geschickt. Der Held schrieb regelmäßig an seine Mutter. In diesem Brief erklärt Francesco, dass er das tänzelnde Pferd als sein persönliches Emblem gewählt hat, weil es im Wappen seines Regiments, der piemontesischen Kavallerie, vorkommt: »Ich habe hier mein Pferd und habe mit großem Vergnügen zu reiten begonnen; ich werde dir bald mein Bild auf dem Pferd schicken und in der Zwischenzeit schicke ich dir dies mit dem Flugzeug und darauf das Pferd, das Emblem des königlichen Piemonts.«)
38 Franco Gozzi, *Alla destra del Drake*, (Mailand: Giorgio Nada Editore, 2007), S. 16 (»Cav.« ist die Abkürzung für Cavaliere – Ritter, der Ehrentitel, der Ferrari nach dem Gewinn der *Coppa Acerbo* 1924 verliehen wurde, zwei Monate nach seinem zweiten Sieg in Savio. Und in dieser von Baraccas Mutter mit Tinte geschriebenen Abkürzung liegt die unbeabsich tigte, aber wertvolle Lösung der Frage nach dem Jahr, in dem Ferrari die Nutzung des *Cavallino Rampante* zugesprochen wurde [1924], eine Frage, bei der Ferrari sich selbst mehrmals widersprach.)
39 Gespräch des Autors mit Franco Gozzi am 19. Mai 2009 (Ein weiterer Beweis dafür, dass das *Cavallino Rampante* 1924 und nicht 1923 von der Gräfin Baracca an Ferrari übergeben wurde, stammt von Franco Gozzi, der einzigen Person, die abgesehen von Sohn Piero nach

dem Tod von Ferrari Zugang zu dessen persönlichen Unterlagen hatte. In einem der Interviews, die für die Abfassung dieses Buches gegeben wurden, wies Gozzi auf die Grußkarten hin, die der Graf und die Gräfin Ferrari 1923 und 1924 zu Weihnachten geschickt hatten. Während die Weihnachtskarte von 1923 nur die traditionellen Wünsche enthielt, sprach Gräfin Paolina auf der Karte von 1924 von dem tänzelnden Pferd, das ihrem Sohn gehört hatte, und erinnerte Ferrari daran, es auf sein Auto zu malen.)

40 Gespräch des Autors mit Adolfo Orsi am 19. April 2012 (Unter den Papieren einer außergewöhnlichen Sammlung, die der Welt des Motorsports in Modena gewidmet ist, besitzt Orsi eine Kopie der Gründungsurkunde von *Cav. Enzo Ferrari Agente Generale Emilia e Romagna.*)

9 Exil

1 Gespräch des Autors mit Jacques Swaters am 4. Oktober 2006
2 Gespräch des Autors mit Gianni Rogliatti am 1. Oktober 2009
3 ebd.
4 Ferrari, *Le mie gioie terribili*, S. 77
5 Schmidt, *Le Corse Ruggenti*, S. 127
6 Gespräch des Autors mit Gianni Rogliatti am 1. Oktober 2009
7 Gespräch des Autors mit Franco Gozzi am 21. Juni 2010
8 Schmidt, *Le Corse Ruggenti*, S. 127 u.128
9 Gespräch des Autors mit Franco Gozzi am 21. Juni 2010
10 Schmidt, *Le Corse Ruggenti*, S. 133

10 Die Rückkehr

1 Schmidt, *Le Corse Ruggenti*, S. 132
2 *L'Auto Italiana* vom 30. Mai 1927 in *Le Corse Ruggenti*, S. 132
3 Moretti, *Enzo Ferrari pilota*, S. 60
4 ebd.
5 Schmidt, *Le Corse Ruggenti*, S. 140
6 Gespräch des Autors mit Franco Gozzi am 19. Mai 2009
7 Moretti, *Enzo Ferrari pilota*, S. 60
8 Schmidt, *Le Corse Ruggenti*, S. 144
9 Moretti, *Enzo Ferrari pilota*, S. 60
10 ebd., S. 61
11 Schmidt, *Le Corse Ruggenti*, S. 144
12 *La Gazzetta dello Sport* vom 10. September 1928
13 *Il Littoriale* vom 20. April 1929
14 Schmidt, *Le Corse Ruggenti*, S. 155 (Auf dieser Seite finden Sie eine ursprünglich in der Zeitschrift *L'Auto Italiana* veröffentlichte Tabelle.)
15 *La Gazzetta dello Sport* vom 22. April 1929
16 *Il Littoriale* vom 22. April 1929
17 Gespräch des Autors mit Jacques Swaters am 4. Oktober 2006
18 ebd.
19 Schmidt, *Le Corse Ruggenti*, S. 151
20 ebd.
21 ebd.
22 Adolfo Orsi, *Il ritrovamento archeologico* (Die Beschreibung des typischen Arbeitstages von Enzo Ferrari in jenen Jahren stammt von Enzo Levi, einem befreundeten Anwalt, der bald eine wichtige Rolle in Ferraris Leben spielen sollte.)

11 Die Scuderia

1 *Il Littoriale* vom 3. Oktober 1929
2 *Il Littoriale* vom 7. Oktober 1929
3 Luigi Orsini und Franco Zagari, *La Scuderia Ferrari: 1929 – 1939* (Florenz: Editoriale Olimpia, 1979), S. 14
4 ebd.
5 Schmidt, *Le Corse Ruggenti*, S. 154
6 Ferrari, *Ferrari 80*, S. 33
7 Orefici, *Ferrari: Romanzo di una vita*, S. 36
8 Orsini/Zagari, *La Scuderia Ferrari*, S. 19
9 ebd., S. 23
10 Gozzi, *Alla destra del Drake*, S. 18
11 Franco Gozzi mit Pino Allievi, *Ferrari: La storia di un mito* (Mailand: *La Gazzetta dello Sport*, 1996), S. 12
12 Biagi, *Ferrari: The Drake*, S. 127
13 Gespräch des Autors mit Franco Gozzi am 18. Dezember 2009
14 Orsini/Zagari, *La Scuderia Ferrari*, S. 21
15 Gespräch des Autors mit Franco Gozzi am 18. Dezember 2009
16 Gespräch des Autors mit Franco Gozzi am 19. Mai 2009
17 Ferrari, *Le mie gioie terribili*, S. 152
18 ebd., S. 153
19 Gespräch des Autors mit Franco Gozzi am 19. Mai 2009
20 Gespräch des Autors mit Franco Gozzi am 18. Dezember 2009
21 Gespräch des Autors mit Jacques Swaters am 4. Oktober 2006
22 Orsini/Zagari, *La Scuderia Ferrari*, Foto auf S. 29
23 Gespräch des Autors mit Jacques Swaters am 4. Oktober 2006
24 Orsini/Zagari, *La Scuderia Ferrari*, S. 25 f.
25 Schmidt, *Le Corse Ruggenti*, S. 164
26 Gespräch des Autors mit Jacques Swaters am 4. Oktober 2006
27 Orsini/Zagari, *La Scuderia Ferrari*, S. 30
28 Schmidt, *Le Corse Ruggenti*, S. 164
29 Orsini/Zagari, *La Scuderia Ferrari*, S. 26 f.
30 ebd., S. 33
31 Schmidt, *Le Corse Ruggenti*, S. 164
32 Maurizio Tabucchi, *Nel Segno del Tridente* (Mailand: Giorgio Nada Editore, 2003), S. 94

12 Erfolg

1 *L'Auto Italiana* Nr. 12 vom 30. Juni 1930
2 ebd., Nr. 13 vom 15. Juli 1930
3 Orsini/Zagari, *La Scuderia Ferrari*, S. 39
4 *La Gazzetta dello Sport* vom 11. August 1930
5 Schmidt, *Le Corse Ruggenti*, S. 165
6 ebd., S. 166
7 ebd.
8 *La Gazzetta dello Sport* vom 8. September 1930
9 *L'Auto Italiana* Nr. 17 vom 15. September 1930
10 Gespräch des Autors mit Jacques Swaters am 4. Oktober 2006
11 ebd.
12 ebd.
13 ebd.
14 Schmidt, *Le Corse Ruggenti*, S. 168
15 *Il Littoriale* vom 17. Oktober 1929 (Modena, Bologna und Ferrara, die Städte der drei führenden Mitglieder der Scuderia: Natürlich war der Einzige, der wirklich wichtig war, Enzo Ferrari.)
16 *La Gazzetta dello Sport* vom 11. November 1930
17 ebd.
18 Schmidt, *Le Corse Ruggenti*, S. 168
19 *La Gazzetta dello Sport* vom 11. November 1930

20 Orsini/Zagari, *La Scuderia Ferrari*, S. 61
21 Gozzi, *Alla destra del Drake*, S. 19 – 23 (Seltsamerweise behielt Ferrari, der gewohnheitsmäßig signierte Speisekarten sammelte, ausgerechnet dieses Geschenk, das das Ende der ersten Saison seines Teams markierte, nicht für sich, sondern schenkte es später seinem Arzt Alvaro Magnoni. Magnoni vermachte sie Jahre später seinem Friseur Antonio D'Elia, der auch Ferrari die Haare schnitt. Dieser gab das Kästchens und seinen wertvollen Inhalt an den ursprünglichen Besitzer weiter, weil er es für richtig hielt. Aber Enzo, der diese Geste natürlich zu schätzen wusste, gab es Antonio sofort zurück – diesmal als sein eigenes Geschenk.)
22 Schmidt, *Le Corse Ruggenti*, S. 167

13 Das Cavallino Rampante

1 Gespräch des Autors mit Franco Gozzi am 19. Mai 2009
2 Orsini/Zagari, *La Scuderia Ferrari*, S. 87
3 Gespräch des Autors mit Franco Gozzi am 19. Mai 2009
4 Schmidt, *Le Corse Ruggenti*, S. 176
5 *L'Auto Italiana* Nr. 11 vom 20. April 1931, S. 203
6 *L'Auto Italiana* Nr. 12 vom 30. April 1931, S. 56
7 Orsini/Zagari, *La Scuderia Ferrari*, S. 95
8 *Il Littoriale* vom 15. Juni 1931
9 Gespräch des Autors mit Franco Gozzi am 19. Mai 2009
10 Ferrari, *Ferrari 80*, S. 115 f. (Es ist unklar, ob das Kind, das nach neun Jahren Ehe und elf Jahren des Zusammenlebens kommen sollte, ein Versuch war, die Beziehung zwischen Enzo und Laura zu verbessern. Einige Kommentatoren glaubten, in den Worten, die Ferrari 30 Jahre später und nach dem Tod des Sohnes schrieb, zu erkennen, dass Enzo vor vollendete Tatsachen gestellt wurde, dass also Laura vielleicht schwanger wurde, ohne dass Enzo unbedingt ein Kind wollte. Aber das ist nur eine Hypothese. Alle für dieses Buch befragten Vertrauten von Ferrari zogen es vor, sich nicht zu äußern, wenn sie um einen Kommentar gebeten wurden.)
11 Ferrari, *Ferrari 80*, S. 214 – 215
12 Ferrari, *Le mie gioie terribili*, S. 123
13 ebd.
14 Schmidt, *Le Corse Ruggenti*, S. 176
15 ebd.
16 Orsini/Zagari, *La Scuderia Ferrari*, S. 108
17 ebd., S. 110
18 ebd., S. 149
19 Gespräch des Autors mit Franco Gozzi am 19. Mai 2009
20 *La Gazzetta dello Sport* vom 8. November 1931
21 *La Gazzetta dello Sport* vom 20. November 1931
22 *Il Littoriale* vom 23. November 1931
23 Orsini/Zagari, *La Scuderia Ferrari*, S. 116
24 *La Gazzetta dello Sport* vom 22. November 1931
25 *Il Littoriale* vom 23. November 1931
26 *La Gazzetta dello Sport* vom 22. November 1931
27 *Il Littoriale* vom 23. November 1931
28 ebd.
29 Societa Anonima »Scuderia Ferrari« Modena, *Due anni di corse* (1931), S. 4
30 ebd., S. 18 (Baron Giuseppe Federici di Abriola, Vorsitzender des RACI, schrieb in einem Brief, der auf Seite 18 veröffentlicht wurde: »Sehr geehrter Herr Ferrari: Ihre Bitte um ein Foto, das zusammen

mit dem Bericht über die Rennaktivitäten der Scuderia veröffentlicht werden soll, ›zusammen mit denen anderer Autoritäten der Welt des Sports‹, bringt mich in Verlegenheit, auch weil ich keines besitze.«)
31 *Due anni di corse* (1931), S. 6
32 ebd., S. 4
33 ebd., S. 3
34 ebd.
35 ebd., S. 31
36 ebd., S. 32
37 ebd., Brief von Vincenco Florio an Enzo Ferrari vom 3. November 1931
38 Schmidt, *Le Corse Ruggenti*, S. 176
39 ebd.
40 Interview von Luciano Righi mit Enzo Ferrari am 27. Dezember 1976 in Maranello (Das Zitat stammt von Ferrari.)
41 Ferrari, *Le mie gioie terribili*, S. 123
42 Gespräch des Autors mit Franco Gozzi am 19. Mai 2009
43 Orsini/Zagari, *La Scuderia Ferrari*, S. 163
44 *Due anni di corse* (1931), S. 2
45 Orsini/Zagari, *La Scuderia Ferrari*, S. 149
46 ebd.
47 Societa Anonima »Scuderia Ferrari« Modena, *Il terzo anni di corse* (1932), S. 5
48 Orsini/Zagari, *La Scuderia Ferrari*, S. 116
49 ebd., S. 151
50 Gespräch des Autors mit Franco Gozzi am 19. Mai 2009
51 ebd.
52 Orsini/Zagari, *La Scuderia Ferrari*, S. 175
53 Gespräch des Autors mit Franco Gozzi am 19. Mai 2009
54 *La Gazzetta dello Sport* vom 18. November 1932
55 *La Gazzetta dello Sport* vom 20. November 1932
47 *Il terzo anni di corse* (1932), S. 31

14 Tazio und der Sheriff

1 *Il terzo anni di corse* (1932), S. 31
2 Cesare De Agostini, *L'antileggenda di Nuvolari* (Mailand: Sperling & Kupfer Editori, 1972), S. 76
3 ebd.
4 *Auto Italiana Sport* vom 1. Februar 1960
5 Orsini/Zagari, *La Scuderia Ferrari*, S. 203
6 ebd.
7 *Il Littoriale* vom 22. November 1932
8 Gespräch des Autors mit Ermanno Cozza am 15. Mai 2012
9 Originaldokument: Brief von Prospero Gianferrari an Enzo Ferrari, 28. Februar 1933, Archivio Storico Alfa Romeo
10 Orsini/Zagari, *La Scuderia Ferrari*, S. 208
11 ebd., S. 219
12 ebd., S. 217
13 Valerio Moretti, *Quando corre Nuvolari* (Mailand: Autocritica, 1992), S. 38
14 De Agostini, *L'antileggenda di Nuvolari*, S. 82
15 Gespräch des Autors mit Franco Gozzi am 19. Mai 2009
16 Orsini/Zagari, *La Scuderia Ferrari*, S. 217
17 Gespräch des Autors mit Franco Gozzi am 19. Mai 2009
18 Giovanni Canestrini, *Una vita con le corse* (Bologna: Edizioni Calderini, 1962), S. 132
19 ebd.
20 De Agostini, *L'antileggenda di Nuvolari*, S. 83
21 ebd.
22 *La Gazzetta dello Sport* vom 7. August 1933
23 *Tazio Nuvolari fra storia e leggenda*, Tischgespräch im *Museo Nazionale della Scienza e Tecnologia* in Mailand am 17. Oktober 1992; Protokoll der Rede von Nello Ugolini, S. 24

24 *La Gazzetta dello Sport* vom 10. Juli 1933
25 Orsini/Zagari, *La Scuderia Ferrari*, S. 219 (An jenem Sonntag fuhr in Spa ein Maserati mit dem tanzenden Pferd auf der Motorhaube. Es war ein 1500er, der Ippolito Berrone gehörte, welcher von der Scuderia Ferrari als Privatfahrer eingesetzt und unterstützt wurde.)
26 Gespräch des Autors mit Franco Gozzi am 19. Mai 2009
27 Moretti, *Quando corre Nuvolari*, S. 41
28 De Agostini, *L'antileggenda di Nuvolari*, S. 84
29 Gespräch des Autors mit Ermanno Cozza am 15. Mai 2012
30 *Tazio Nuvolari fra storia e leggenda*, Rede von Nello Ugolini, S. 23
31 De Agostini, *L'antileggenda di Nuvolari*, S. 85
32 *La Gazzetta dello Sport* vom 4. August 1933
33 ebd.
34 *La Gazzetta dello Sport* vom 7. August 1933
35 *La Gazzetta dello Sport* vom 2. August 1933
36 Orsini/Zagari, *La Scuderia Ferrari*, S. 220
37 Orsini/Zagari, *La Scuderia Ferrari Settimanale Illustrato*, 17. Dezember 1935
38 *La Gazzetta dello Sport* vom 4. August 1933
39 *La Gazzetta dello Sport* vom 5. u. 6. August 1933
40 *La Gazzetta dello Sport* vom 7. August 1933
41 ebd.
42 ebd.
43 ebd.
44 ebd.
45 *La Gazzetta dello Sport* vom 8. August 1933
46 ebd.
47 Gespräch des Autors mit Cesare De Agostini am 22. Oktober 2013
48 *La Gazzetta dello Sport* vom 5. u. 6. August 1933
49 Gespräch des Autors mit Franco Gozzi am 18. Dezember 2009
50 *La Gazzetta dello Sport* vom 16. August 1933
51 *Il Littoriale* vom 20. August 1933
52 Moretti, *Quando corre Nuvolari*, S. 176
53 Orsini/Zagari, *La Scuderia Ferrari*, S. 232
54 *Il Littoriale* vom 11. September 1933
55 *Il Littoriale* vom 12. September 1933
56 Orsini/Zagari, *La Scuderia Ferrari*, S. 235
57 Originaldokument: Brief von Enzo Ferrari an Alfa Romeo, 18. Juni 1938, Archivio Storico Alfa Romeo
58 Societa Anonima »Scuderia Ferrari« Modena, *Il quarto anni di corse* (1933), S. 16
59 ebd.
60 Orsini/Zagari, *La Scuderia Ferrari*, S. 238
61 *Il Littoriale* vom 5. Dezember 1933
62 ebd.
63 *Il Littoriale* vom 1. Dezember 1933
64 *Il Littoriale* vom 5. Dezember 1933

15 Die Moll-Affäre

1 *Il Littoriale* vom 21. Dezember 1933
2 ebd.
3 *Il Littoriale* vom 28. November 1933
4 ebd.
5 ebd.
6 *Il Littoriale* vom 2. Dezember 1933
7 *Il Littoriale* vom 21. Dezember 1933
8 Orsini/Zagari, *La Scuderia Ferrari*, S. 241
9 *Il Littoriale* vom 21. Dezember 1933
10 ebd.

11 ebd.
12 ebd.
13 ebd.
14 Gespräch des Autors mit Franco Gozzi am 18. Dezember 2009
15 ebd.
16 ebd.
17 Orsini/Zagari, *La Scuderia Ferrari*, S. 239
18 ebd.
19 *Il Littoriale* vom 28. November 1933
20 Ferrari, *Ferrari 80*, S. 207
21 Orsini/Zagari, *La Scuderia Ferrari*, S. 241
22 Ferrari, *Ferrari 80*, S. 71
23 ebd., S. 70
24 ebd.
25 ebd.
26 Moretti, *Quando corre Nuvolari*, S. 180
27 RACI, Nr. 17 (26. April 1934)
28 De Agostini, *L'antileggenda di Nuvolari*, S. 98
29 Moretti, *Quando corre Nuvolari*, S. 182
30 *Un ricordo di Guy Moll*, Centro di Documentazione del Museo Nazionale dell'Automobile di Torino, 2005
31 MACS, 16. Juli 1934
32 *L'Auto Italiana* vom 30. Juni 1934
33 ebd.
34 ebd.
35 Gespräch des Autors mit Franco Gozzi am 18. Dezember 2009
36 ebd.
37 Gespräch des Autors mit Gianni Rogliatti am 1. Dezember 2009
38 Orsini/Zagari, *La Scuderia Ferrari*, S. 267
39 Ferrari, *Ferrari 80*, S. 72
40 Orsini/Zagari, *La Scuderia Ferrari*, S. 271
41 Ferrari, *Ferrari 80*, S. 72
42 ebd., S. 71
43 *LSF settimanale illustrato*, 7. Februar 1935

16 Kampf gegen die Silberpfeile

1 De Agostini, *L'antileggenda di Nuvolari*, S. 109
2 Chris Nixon, *Racing the Silver Arrows: Mercedes-Benz versus Auto Union 1934-1939* (London: Osprey, 1987), S. 305 (Der Brief wurde vom Leiter der Pressestelle der Auto Union, Richard Voelter, in französischer Sprache verfasst, da Voelter kein Italienisch und Nuvolari kein Deutsch sprach.)
3 De Agostini, *L'antileggenda di Nuvolari*, S. 108 (Cesare De Agostini hat in seiner Sammlung unter anderem einen an Nuvolari gerichteten Brief vom 25. Oktober 1934, der wie folgt lautet: »Ich bin ein Kamerad von dir aus dem Krieg, ein Autorennfahrer; wir haben uns in Suzzara getroffen. Wenn du mich sehen würdest, würdest du mich erkennen. Da ich ein alter Kamerad und ein bescheidener Kollege bin, würden Sie mir bitte sagen, warum Sie zur Deutschen Auto Union übergelaufen sind?«)
4 *La Gazzetta dello Sport* vom 5. Februar 1935
5 De Agostini, *L'antileggenda di Nuvolari*, S. 110
6 *LSF settimanale illustrato* vom 7. Februar 1935
7 Gespräch des Autors mit Franco Gozzi am 19. Mai 2009
8 *La Gazzetta dello Sport* vom 5. Februar 1935
9 *Il Messaggero* vom 2. Februar 1935
10 *LSF settimanale illustrato* vom 7. Februar 1935
11 Ferrari, *Le briglie del successo*, S. 49
12 *LSF settimanale illustrato* vom 11. April 1935
13 Orsini/Zagari, *La Scuderia Ferrari*, S. 322

14 *LSF settimanale illustrato* vom 17. Januar 1935
15 Orsini/Zagari, *La Scuderia Ferrari*, S. 278
16 ebd., S. 279
17 *LSF settimanale illustrato* vom 11. April 1935
18 Gespräch des Autors mit Cesare De Agostini am 22. Oktober 2013
19 *LSF settimanale illustrato* vom 25. April 1935
20 Gespräch des Autors mit Franco Gozzi am 19. Mai 2009
21 *LSF settimanale illustrato* vom 25. April 1935
22 RACI (Rundbrief), 30. Mai 1935
23 *LSF settimanale illustrato* vom 20. Juni 1935
24 Orsini/Zagari, *La Scuderia Ferrari*, S. 300
25 ebd.
26 *LSF settimanale illustrato* vom 20. Juni 1935
27 ebd.
28 ebd.
29 ebd.
30 Orsini/Zagari, *La Scuderia Ferrari*, S. 300
31 *La Gazzetta dello Sport* vom 16. Juni 1935
32 *Corroere del Tirreno* vom 16. Juni 1935
33 *La Nazione* vom 16. Juni 1935
34 *Il Popolo d'Italia* vom 16. Juni 1935
35 *Corroere del Tirreno* vom 16. Juni 1935
36 Gespräch des Autors mit Gianni Rogliatti am 1. Oktober 2009
37 *Tazio Nuvolari fra storia e leggenda*, Tischgespräch im *Museo Nazionale della Scienza e Tecnologia* in Mailand am 17. Oktober 1992, Protokoll der Rede von Nello Ugolini, S. 13
38 Gespräch des Autors mit Gianni Rogliatti am 1. Oktober 2009
39 Orsini/Zagari, *La Scuderia Ferrari*, S. 308
40 ebd.
41 *Il Littoriale* vom 29. Juli 1935
42 Orsini/Zagari, *La Scuderia Ferrari*, S. 310
43 *LSF settimanale illustrato* vom 5. Dezember 1935
44 ebd.
45 ebd.
46 ebd.
47 Originaldokument: Brief von Enzo Ferrari an Ugo Gobbato vom 18. November 1935, Archivio Storico Alfa Romeo
48 De Agostini, *L'antileggenda di Nuvolari*, S. 120
49 Brief von Ferrari an Gobbato vom 18. November 1935
50 ebd.
51 De Agostini, *L'antileggenda di Nuvolari*, S. 120

17 Das Ende der Illusionen

1 *LSF settimanale illustrato* vom 5. Dezember 1935
2 ebd.
3 *LSF settimanale illustrato* vom 2. Januar 1936
4 Ferrari, *Ferrari 80*, S. 75
5 *LSF settimanale illustrato* vom 2. Januar 1936
6 *LSF settimanale illustrato* vom 24. Februar 1936
7 *LSF settimanale illustrato* vom 2. Januar 1936
8 *Tazio Nuvolari fra storia e leggenda*, Rede von Nello Ugolini, S. 13
9 *LSF settimanale illustrato* vom 2. Januar 1936
10 ebd.
11 ebd.
12 *LSF settimanale illustrato* vom 24. Februar 1936
13 RACI (Rundbrief), 19. April 1936
14 Societa Anonima »Scuderia Ferrari« Modena, *Il quarto anni di corse* (1933), S. 16
15 *LSF settimanale illustrato* vom 2. Januar 1936
16 *LSF settimanale illustrato* vom 5. Dezember 1935

17 *LSF settimanale illustrato* vom 2. Januar 1936
18 Orsini/Zagari, *La Scuderia Ferrari*, S. 340
19 ebd., S. 341
20 ebd.
21 *LSF settimanale illustrato* vom 19. Mai 1936
22 ebd.
23 ebd.
24 Orsini/Zagari, *La Scuderia Ferrari*, S. 342
25 Originaldokument: Brief von Ugo Gobbato an Enzo Ferrari vom 19. Juli 1936, Archivio Storico Alfa Romeo
26 De Agostini, *L'antileggenda di Nuvolari*, S. 122
27 Ferrari, *Ferrari 80*, S. 75
28 De Agostini, *L'antileggenda di Nuvolari*, S. 128
29 Orsini/Zagari, *La Scuderia Ferrari*, S. 356
30 *Tazio Nuvolari fra storia e leggenda*, Rede von Nello Ugolini, S. 19
31 De Agostini, *L'antileggenda di Nuvolari*, S. 131
32 ebd.
33 ebd.
34 ebd.
35 Orsini/Zagari, *La Scuderia Ferrari*, S. 356
36 *LSF settimanale illustrato* vom 5. November 1936
37 *LSF settimanale illustrato* vom 10. Oktober 1935

18 Schlechte Gewohnheiten

1 Originaldokument: Einschreibebrief aus dem Büro des Generaldirektors von Alfa Romeo an Enzo Ferrari, 19. Februar 1937, Archivio Storico Alfa Romeo
2 Originaldokument: Konferenz zwischen der S. A. Alfa Romeo und der S. A. Scuderia Ferrari über die gemeinsame Verwaltung der Rennaktivitäten, 19. Februar 1937, Archivio Storico Alfa Romeo
3 Ferrari, *Le briglie del successo*, S. 240
4 Originaldokument: Konferenz zwischen der S. A. Alfa Romeo und der S. A. Scuderia Ferrari, 19. Februar 1937
5 Originaldokument: Brief von Ugo Gobbato und Enzo Ferrari an S. E. Guido Corni, 19. Februar 1937, Archivio Storico Alfa Romeo
6 Originaldokument: Konferenz zwischen der S. A. Alfa Romeo und der S. A. Scuderia Ferrari, 19. Februar 1937
7 ebd.
8 ebd.
9 ebd.
10 Orefici, *Ferrari: Romanzo di una vita*, S. 99
11 Fusi et al., *Le Alfa Romeo di Vittorio Jano*, S. 20
12 Orsini/Zagari, *La Scuderia Ferrari*, S. 392
13 ebd.
14 De Agostini, *L'antileggenda di Nuvolari*, S. 136
15 Orefici, *Ferrari: Romanzo di una vita*, S. 99
16 ebd., S. 101
17 *La Gazzetta dello Sport*, Ferrari Racconta, Bd. I, S. 19
18 Brief des Generaldirektors von Alfa Romeo an Enzo Ferrari, 18. Juni 1938 (Enzo Ferrari war nie ein Angestellter von Alfa Romeo, sondern immer ein externer Berater.)
19 ebd.
20 Orsini/Zagari, *La Scuderia Ferrari*, S. 395
21 Brief des Generaldirektors von Alfa Romeo an Enzo Ferrari, 18. Juni 1938
22 Luigi Fusi, *Le vetture Alfa Romeo dal 1910* (Mailand: Editrice Adiemme, 1965), S. 467
23 De Agostini, *L'antileggenda di Nuvolari*, S. 137
24 Brief des Generaldirektors von Alfa Romeo an Enzo Ferrari, 21. Juli 1938
25 RACI (Rundbrief), 15. September 1938

26 Fusi, *Le vetture Alfa Romeo dal 1910*, S. 461
27 *L'Alfa Romeo di Ugo Gobbato*, Monografie 92, Italienischer Verein für Automobilgeschichte, 2. April 2011, S. 38
28 Fusi, *Le vetture Alfa Romeo dal 1910*, S. 463
29 ebd.
30 Ferrari, *Ferrari 80*, S. 29
31 Orefici, *Ferrari: Romanzo di una vita*, S. 107
32 Ferrari, *Ferrari 80*, S. 29
33 ebd., S. 28
34 ebd.
35 ebd., S. 27
36 ebd., S. 30
37 ebd.
38 ebd.
39 ebd.
40 Originaldokument: Alfa-Romeo-Personalabteilung, internes Memo, 28. August 1939, Archivio Storico Alfa Romeo
41 Originaldokument: Brief des Alfa-Romeo-Generaldirektors an Enzo Ferrari, 6. September 1939, Archivio Storico Alfa Romeo
42 *Il Littoriale* vom 8. September 1939
43 *Il Littoriale* vom 19. September 1939
44 Rancati, *Ferrari l'unico*, S. 40

19 Der 815

1 Ferrari, *Ferrari 80*, S. 25
2 ebd.
3 ebd.
4 ebd.
5 Originaldokument: Brief von Enzo Ferrari an den Alfa Romeo Ingenieur Paratone, 5. September 1939, Archivio Storico Alfa Romeo (Ferraris Brief ist einen Tag vor dem Brief datiert, mit dem Ugo Gobbato ihn über die Beendigung seines Vertrags informiert. Enzo Ferrari schrieb am 5. September wörtlich: »Infolge unserer mündlichen Vereinbarung bestätige ich, dass ich ab heute für vier Jahre jede technische und rennsportliche Tätigkeit aufgebe.«)
6 Manicardi, *Quel diabolico Ferrari*, S. 126
7 Franco Varisco, *L'anteprima Ferrari 815* (Mailand: Ferrari World, 1990), S. 20
8 Ferrari, *Le mie gioie terribili*, S. 48 f. (»Also nannte ich ihn 815, denn ich konnte ihm wegen der Klausel mit Alfa Romeo nicht meinen Namen geben.«)
9 Varisco, *L'anteprima Ferrari 815*, S. 34 f.
10 *La Gazzetta dello Sport* vom 14. Februar 1940
11 *La Gazzetta dello Sport* vom 15. Februar 1940
12 Varisco, *L'anteprima Ferrari 815*, S. 36
13 Gespräch des Autors mit Franco Gozzi am 21. Juli 2010
14 Gian Paolo Maini, *La prima corsa di Enzo Ferrari* (Imprimatur Editore, 2013), S. 130 (Das Zitat stammt aus *L'Auto Italiana*.)
15 ebd.
16 ebd.
17 Varisco, *L'anteprima Ferrari 815*, S. 35
18 Maini, *La prima corsa di Enzo Ferrari*, S. 107
19 Varisco, *L'anteprima Ferrari 815*, S. 35
20 Maini, *La prima corsa di Enzo Ferrari*, S. 124 (Um eine Vorstellung von der Leidenschaft zu bekommen, die damals in der Automobilwelt herrschte, gibt es Bilder von den ersten Tests des 815, die auch Ernesto Maserati, einem der Gründer von Maserati, zeigen, der 1939, nachdem er von Adolfo Orsi abgeworben worden war, seinen Sitz und seine Werkstätten nach Modena verlegt hatte.)
21 Varisco, *L'anteprima Ferrari 815*, S. 35

22 ebd., S. 46, Brief von Enzo Ferrari an Renzo Castagneto vom 14. April 1940
23 Gespräch des Autors mit Gianni Rogliatti am 1. Dezember 2009
24 Maini, *La prima corsa di Enzo Ferrari*, S. 124
25 Gespräch des Autors mit Franco Gozzi am 21. Juli 2010
26 Maini, *La prima corsa di Enzo Ferrari*, S. 129
27 Varisco, *L'anteprima Ferrari 815*, S. 48
28 Maini, *La prima corsa di Enzo Ferrari*, S. 133 f.
29 Varisco, *L'anteprima Ferrari 815*, S. 54
30 Gespräch des Autors mit Franco Gozzi am 21. Juli 2010
31 Maini, *La prima corsa di Enzo Ferrari*, S. 137
32 *La Gazzetta dello Sport*, Ferrari Racconta, Bd. I, S. 44
33 Maini, *La prima corsa di Enzo Ferrari*, S. 140
34 ebd.
35 ebd., S. 140 f.
36 Ferrari, *Le mie gioie terribili*, S. 49 (Ferrari schrieb 1962: »Das Experiment hatte keinen glücklichen Anfang, obgleich nach einem brillanten Start [des Rennens], vor allem wegen der Eile, mit der dieses Auto gebaut worden war«. Obwohl Ferrari nur von einem brillanten Start sprach, blieb der 815 von Rangoni Machiavelli bis zum Beginn der letzten Runde in Führung.)
37 *La Gazzetta dello Sport*, Ferrari Racconta, Bd. I, S. 45
38 Maini, *La prima corsa di Enzo Ferrari*, S. 144
39 *La Gazzetta dello Sport* vom 30. April 1940
40 ebd.
41 ebd.

20 Krieg und Frieden

1 Varisco, *L'anteprima Ferrari 815*, S. 24
2 Ferrari, *Le mie gioie terribili*, S. 49
3 Orefici, *Ferrari: Romanzo di una vita*, S. 77 (Die Geschichte, wie Enzo Ferrari Lina Lardi kennenlernte, wurde von Oscar Orefici aufgezeichnet, einem engen Freund von Ferraris zweitem Sohn Piero. Er hatte 1998, zehn Jahre nach dem Tod von Enzo Ferrari und anlässlich seines hundertsten Geburtstages, die Gelegenheit, Frau Lardi zu interviewen. Das Interview von Orefici ist sehr wertvoll, denn es gibt kein anderes bekanntes Interviews mit der Frau, die seit 1929 an Ferraris Seite lebte.)
4 Manicardi, *Quel diabolico Ferrari*, S. 126
5 ebd.
6 Ferrari, *Le mie gioie terribili*, S. 49
7 Rancati, *Ferrari l'unico*, S. 12 (Der Freund' war Dario Zanasi, Journalist bei *Il Resto del Carlino*, der Ferrari damals als »verschmitzt, geistreich, subtil polemisch, je nach Augenblick abweisend oder freundlich, stur, unnachgiebig, mutig und mit fast prophetischem Geist« beschrieb.)
8 *La Nuova Gazzetta di Modena* vom 18. August 1988
9 Gespräch des Autors mit Franco Gozzi am 21. Juni 2010
10 Gespräch des Autors mit Gianni Rogliatti am 1. Oktober 2009
11 Ferrari, *Ferrari 80*, S. 38
12 Gespräch des Autors mit Franco Gozzi am 21. Juni 2010
13 Ferrari, *Ferrari 80*, S. 38
14 Gespräch des Autors mit Franco Gozzi am 21. Juni 2010
15 Ferrari, *Ferrari 80*, S. 37
16 Eliseo Ferrari, *Il 'padrone' Enzo Ferrari* (Modena: Edizioni Il Fiorino, 1999), S. 26
17 ebd., S. 25
18 ebd., S. 26

19 Franco Gozzi, *Enzo Ferrari: La vita, il mito, le manie, le curiosità* (Bologna: Poligrafici Il Borgo, 2008), S. 53 (Am 20. Februar 1979, dem 81. Geburtstag von Enzo Ferrari, begab sich der Verband der italienischen Partigiani nach Maranello, um Ferrari persönlich die Goldmedaille des Widerstands zu verleihen.)
20 *Il Corriere della Sera* vom 18. Februar 1986 (Die Erinnerung von Enzo Ferrari ist in einem Interview mit Luca Goldoni enthalten, das am Tag von Enzos 88. Geburtstag veröffentlicht wurde.)
21 Stefano Ferrari, *Ricordando ‚Altavilla', l'uomo che salvo la vita a Enzo Ferrari* (Piacenza: Edizioni Pontegobbo, 2000), S. 41 – 44
22 ebd., S. 87 (Der Autor hat den Brief wiedergegeben, den Ferrari ihm am 3. April 1987 als Antwort auf den Brief geschickt hat, der dem Buch mit den Kriegserinnerungen beilag, das Zanarini an Enzo geschickt hatte.)
23 Eliseo Ferrari, *Il 'padrone' Enzo Ferrari*, S. 26
24 ebd., S. 24

21 Der »Ferrari«

1 *La Storia siamo noi*, ‚Passioni', Fernsehserie, Mediaset, 1998
2 Gozzi, *Enzo Ferrari: La vita, il mito, le manie, le curiosità*, S. 54
3 Ferrari, *Ferrari 80*, S. 40
4 Gespräch des Autors mit Gianni Rogliatti am 1. Oktober 2009
5 Gianni Rogliatti und Gianluca Gasparini, *Ferrari 1947–2007. L'opera e il sogno*, Band 1 (Bergamo: Errestampa Srl, 2007), S. 21
6 *La Gazzetta dello Sport* vom 12. Juli 1946
7 ebd.
8 Ferrari, *Le mie gioie terribili*, S. 55
9 Ferrari, *Ferrari 80*, S. 77
10 Gespräch des Autors mit Gianni Rogliatti am 1. Oktober 2009
11 Gespräch des Autors mit Franco Gozzi am 21. Juli 2010
12 ebd.
13 Manicardi, *Quel diabolico Ferrari*, S. 126
14 Gespräch des Autors mit Gianni Rogliatti am 1. Oktober 2009
15 ebd.
16 Ferrari, *Una vita per l'automobile*, S. 136
17 Ferrari, *Ferrari 80*, S. 39
18 Gespräch des Autors mit Gianni Rogliatti am 1. Oktober 2009
19 *La Gazzetta dello Sport* vom 14. Mai 1947 (Am Mittwoch nach dem Rennen verriet Canestrini: »Bis wenige Minuten vor dem Start hofften alle, dass Giuseppe Farina mit dem zweiten in der Werkstatt in Maranello hergestellten Wagen, den er im Training gefahren hatte, an den Start gehen könnte. Der Streit zwischen Ferrari und Farina dauerte fast bis zum Start an!«)
20 *La Gazzetta dello Sport* vom 12. Mai 1947
21 Gespräch des Autors mit Gianni Rogliatti am 1. Oktober 2009
22 *La Gazzetta dello Sport* vom 14. Mai 1947
23 *La Gazzetta dello Sport* vom 12. Mai 1947
24 Ferrari, *Ferrari 80*, S. 42
25 *La Gazzetta dello Sport* vom 14. Mai 1947
26 ebd.
27 *La Gazzetta dello Sport* vom 26. Mai 1947
28 ebd.
29 *La Gazzetta dello Sport*, Ferrari Racconta, Bd. I, S. 48
30 *La Gazzetta dello Sport* vom 22. Juni 1947
31 *La Gazzetta dello Sport* vom 25. August 1947
32 ebd.
33 Gespräch des Autors mit Franco Gozzi am 19. Mai 2009
34 *La Gazzetta dello Sport* vom 11. September 1947

35 *La Gazzetta dello Sport* vom 29. September 1947
36 *La Gazzetta dello Sport* vom 30. September 1947
37 ebd.
38 Manicardi, *Quel diabolico Ferrari*, S. 126
39 *La Gazzetta dello Sport* vom 8. Oktober 1947
40 *La Gazzetta dello Sport* vom 13. Oktober 1947
41 Ferrari, *Ferrari 80*, S. 15

22 Verfolgungsjagd

1 Gespräch des Autors mit Carlo Benzi am 25. November 2008
2 *Ferrari-Bulletin*, Mai 1948
3 *La Gazzetta dello Sport* vom 1. Mai 1948
4 ebd.
5 Gino Rancati, *Ferrari, L'unico* (Mailand, Giorgio Nada Editore, 1988), S. 44
6 ebd., S. 12, Interview mit Sergio Scapinelli
7 *La Gazzetta dello Sport* vom 3. Mai 1948
8 Gozzi/Allievi, *Ferrari: La storia di un mito,* S. 35
9 Gino Rancati und Franco Varisco, *Ferrari, che gente. Un uomo, i suoi uomini* (Mailand: Giorgio Nada Editore, 1996), S. 21, Interview mit Giuseppe Navone
10 Rogliatti/Gasparini, *Ferrari 1947–2007. L'opera e il sogno*, Band 1, S. 20 f.
11 *La Gazzetta dello Sport* vom 4. September 1948
12 *La Gazzetta dello Sport* vom 6. September 1948
13 Gino Rancati, *Ferrari, lui*, (Mailand: Società Editrice Sonzogno, 1977), S. 47
14 ebd., S. 43
15 Arnaud Meunier, *Tutte le Ferrari (1939–2014)* (ThisSideUp, 2014), S. 168
16 Gozzi, *Enzo Ferrari: La vita, il mito, le manie, le curiosità*, S. 57
17 *La Gazzetta dello Sport* vom 25. April 1949
18 Gespräch des Autors mit Dino Tagliazucchi am 2. Dezember 2008
19 Ferrari, *Le mie gioie terribili*, S. 55
20 Ferrari, *Una vita per l'automobile*, S. 140 f.
21 Rogliatti/Gasparini, *Ferrari 1947–2007. L'opera e il sogno*, Band 1, S. 64
22 *La Gazzetta dello Sport* vom 26. April 1949
23 Ferrari, *Le briglie del successo*, S. 64 (Ferrari erwähnt diese Episode nicht in seinen ersten Memoiren *Le mie gioie terribili,* veröffentlicht 1962, spricht aber darüber ab dem zweiten Buch *Le briglie del successo* von 1970.)
24 ebd.
25 ebd. (In der letzten Ausgabe seiner Memoiren, die 1979 unter dem Titel *Ferrari 80* veröffentlicht wurden, war Enzo weniger streng mit sich selbst, strich das Wort Feigling und schrieb nur: »In diesem Moment verstand ich, warum der Mensch ein anderes Wort erfunden hat …«.)
26 Ferrari, *Una vita per l'automobile*, S. 138 f.
27 *La Gazzetta dello Sport* vom 5. Juli 1949
28 *La Gazzetta dello Sport* vom 12. September 1949
29 Rancati/Varisco, *Ferrari, che gente*, S. 17, Interview mit Giuseppe Busso
30 Ferrari, *Una vita per l'automobile*, S. 142
31 ebd., S. 140

23 Revanche

1 Rogliatti/Gasparini, *Ferrari 1947–2007. L'opera e il sogno*, Band 1, S. 69
2 Cesare De Agostini, *La saga dei Marzotto* (Mailand: Giorgio Nada Editore, 2003), S. 54 (Marzottos Co-Ausstatter war sein Freund Marco Crosara.)
3 ebd., S. 41 f.
4 *La Gazzetta dello Sport* vom 3. Mai 1950 (Die Gelehrten haben schon immer darüber spekuliert, warum Ferrari nicht am ersten Rennen der F1-Weltmeisterschaft teilnahm. Es schien eines der vielen Geheimnisse im Leben von Enzo Ferrari zu sein, die ungeklärt bleiben sollten. Gozzi selbst gab gegenüber dem Autor dieses Buches zu, dass er die Gründe nie erfahren habe. Aber wenn man die Chronik jener Tage in der *Gazzetta dello Sport* liest, findet man die Erklärung: »Ferrari hat auf dieses Rennen verzichtet, weil sein GP 1500 noch nicht fertig ist.«)
5 Gespräch des Autors mit Gianni Rogliatti am 1. Oktober 2009
6 Rancati, *Ferrari, lui*, S. 54
7 Gespräch des Autors mit Gianni Rogliatti am 1. Oktober 2009
8 Rancati, *Ferrari, lui*, S. 56
9 ebd., S. 55
10 De Agostini, *La saga dei Marzotto*, S. 62 f. (Der Bildhauer war Sergio Reggiani, der Kunsthandwerker hieß Paolo Fontana.)
11 ebd., S. 63
12 ebd.
13 ebd.
14 ebd., S. 68
15 Rancati/Varisco, *Ferrari, che gente*, S. 37, Interview mit Luigi Villoresi
16 ebd., S. 29, Interview mit Pasquale Cassani
17 Ferrari, *Una vita per l'automobile*, S. 149
18 ebd.
19 Gespräch des Autors mit Franco Gozzi am 19. Mai 2009
20 Tischgespräche *Giovan Battista Pininfarina 1893–1993*, Museo dell'Automobile Biscaretti di Ruffia, Turin, 29. Oktober 1993, Rede von Sergio Pininfarina, Protokoll, S. 16
21 Rogliatti/Gasparini, *Ferrari 1947–2007. L'opera e il sogno*, Band 1, S. 99
22 Gespräch des Autors mit Gianni Rogliatti am 1. Oktober 2009
23 Valerio Castronovo, *Storia della Pininfarina 1930–2005: Un'industria italiana nel mondo* (Rom: Lazerata, 2005), S. 57
24 ebd., S. 58 (Die Zitate sind von Pinin Farina.)
25 Tischgespräche *Giovan Battista Pininfarina 1893–1993*, Museo dell'Automobile Biscaretti di Ruffia, Turin, 29. Oktober 1993, Rede von Sergio Pininfarina, Protokoll, S. 16
26 Rancati, *Ferrari, lui*, S. 59
27 Rogliatti/Gasparini, *Ferrari 1947–2007. L'opera e il sogno*, Band 1, S. 59
28 *La Gazzetta dello Sport* vom 1. Juli 1951
29 ebd.
30 Gespräch des Autors mit Gianni Rogliatti am 1. Oktober 2009
31 Rancati/Varisco, *Ferrari, che gente*, S. 33, Interview mit Froilán González
32 ebd.
33 Ferrari, *Le mie gioie terribili*, S. 41
34 ebd. (Ferrari schrieb: »Ich verließ Alfa, um den Alfa-Leuten zu zeigen, wer ich war: ein ehrgeiziges Projekt, das einen Mann ruinieren kann!«)
35 *La Gazzetta dello Sport* vom 14. Oktober 1951 (Der Satz wurde, wie berichtet, Gianni Brera in einem Interview gesagt, das auf der Titelseite der *Gazzetta dello Sport* unter der Überschrift »Der Teufel unter den Ulmen« veröffentlicht wurde. Aber da er den Ausdruck

geliebt haben muss, schlug Ferrari ihn, leicht abgewandelt, elf Jahre später erneut vor, als er zum ersten Mal seine Memoiren zu schreiben begann. Auf S. 41 von *Le mie gioie terribili* ist zu lesen: »Als Gonzales ,51 in einem Ferrari zum ersten Mal in der Geschichte unserer direkten Konfrontationen den 158 und das gesamte Alfa-Team hinter sich ließ, weinte ich vor Freude, aber ich vermischte Tränen des Glücks mit Tränen des Schmerzes, denn an diesem Tag dachte ich: ›Ich habe meine Mutter *getötet.*‹.«)

36 ebd.

37 Ferrari, *Le mie gioie terribili*, S. 41

38 *La Gazzetta dello Sport* vom 17. September 1951 (Bezeichnenderweise lautet die Überschrift von Canestrinis Geschichte: »Ein Drama und ein Triumph«.)

39 *La Gazzetta dello Sport* vom 14. Oktober 1951

40 Luca Dal Monte, *Il tedesco volante e la leggenda Ferrari* (Mailand: Baldini & Castoldi Dalai, 2003), S. 27 und 28

24 Weltspitze

1 *La Gazzetta dello Sport* vom 12. Oktober 1951

2 *La Gazzetta dello Sport* vom 8. Dezember 1951

3 Gespräch des Autors mit Franco Gozzi am 19. Mai 2009 (Gozzis Frau Gabriella teilte dem Autor die Einzelheiten mit.)

4 Gespräch des Autors mit Franco Gozzi am 18. Dezember 2009

5 *La Gazzetta dello Sport* vom 14. Oktober 1951

6 ebd.

7 Gespräch des Autors mit Gianni Rogliatti am 1. Oktober 2009

8 *La Gazzetta dello Sport* vom 14. Oktober 1951

9 Gespräch des Autors mit Gianni Rogliatti am 1. Oktober 2009

10 *La Gazzetta dello Sport* vom 14. Oktober 1951 (Das Zitat stammt vom Journalisten und Autor Gianni Brera.)

11 ebd.

12 ebd.

13 ebd.

14 Gespräch des Autors mit Gianni Rogliatti am 1. Oktober 2009

15 *La Gazzetta dello Sport* vom 14. Mai 1952

16 Gozzi, *Alla destra del Drake*, S. 49

17 Gespräch des Autors mit Franco Gozzi am 26. Mai 2009

18 Gozzi, *Alla destra del Drake*, S. 49

19 *La Gazzetta dello Sport* vom 23. Mai 1952

20 ebd.

21 *La Gazzetta dello Sport* vom 28. Mai 1952

22 *Ferrari: Mito, racconti, realtà: Sessant'anni dalla prima vittoria in Formula 1*, Monografie AISA 95, S. 15 (Aurelio Lampredi berichtete über die Geschichte.)

23 Gespräch des Autors mit Franco Gozzi am 26. Mai 2009 (Die offizielle Rennzulassung des Wagens mit der Nummer 12 lautete: »Wagenbezeichnung: ferrari spl, Fahrer: alberto ascari, Teilnehmer: enzo ferrari«. ›spl‹ ist die Abkürzung für *special.* [Rogliatti/Gasparini, *Ferrari 1947–2007. L'opera e il sogno*, Bd. 1, S. 114])

24 Gespräch des Autors mit Gianni Rogliatti am 1. Oktober 2009

25 Ferrari, *Le mie gioie terribili*, S. 34

26 ebd., S. 33

27 ebd.

28 ebd.

29 Tischgespräch »Ascari: *Un mito italiano*«. Automobile Club di Milano, Mailand, 28. Mai 2005

30 ebd.

31 Leonardo Acerbi, *Il nuovo Tutto Ferrari* (Mailand: Giorgio Nada Editore, 2015), S. 39

32 Castronovo, *Storia della Pininfarina 1930–2005*, S. 58

33 Gespräch des Autors mit Franco Gozzi am 21. Juni 2010

34 Rancati, *Ferrari, lui*, S. 69
35 Ferrari, *Le mie gioie terribili*, S. 105 f. (Als Hawthorn wegen der Verhandlungen nach Maranello kam, stellte Ferrari fest, dass er den Vater des jungen Fahrers, der seinen Sohn nach Italien begleitet hatte, 30 Jahre zuvor auf der Brooklands-Rennstrecke kennengelernt hatte.)
36 *La Gazzetta dello Sport* vom 12. August 1953
37 ebd.
38 ebd.
39 *La Gazzetta dello Sport* vom 13. August 1953
40 Cesare De Agostini, *Nuvolari: La leggenda rivive* (Mailand: Giorgio Nada Editore, 2003), S. 8
41 Ferrari, *Le mie gioie terribili*, S. 89
42 *La Gazzetta dello Sport* vom 13. August 1953 (Das Zitat stammt vom Journalisten Luigi Gianoli.)
43 Gespräch des Autors mit Cesare De Agostini am 14. Dezember 2015
44 *La Gazzetta dello Sport* vom 21. September 1953
45 *La Gazzetta dello Sport* vom 27. September 1953
46 ebd.
47 Gespräch des Autors mit Franco Gozzi am 21. Juli 2010
48 Gespräch des Autors mit Gianni Rogliatti am 1. Oktober 2009
49 Franco Gozzi, *Enzo Ferrari: La vita, il mito, le manie, le curiosità* (Rom: Autosprint, 2008), S. 62
50 ebd.
51 Rogliatti/Gasparini, *Ferrari 1947–2007. L'opera e il sogno*, Band 1, S. 135
52 ebd., S. 126
53 Rancati, *Ferrari, lui*, S. 73
54 Rogliatti/Gasparini, *Ferrari 1947–2007. L'opera e il sogno*, Band 1, S. 135
55 Gespräch des Autors mit Franco Gozzi am 18. Dezember 2009
56 *La Gazzetta dello Sport* vom 27. August 1953
57 *Ferrari: Mito, racconti, realtà*, Monografie AISA 95, S. 15
58 Rancati/Varisco, *Ferrari, che gente*, S. 131, Interview mit Angiolino Marchetti
59 *Ferrari: Mito, racconti, realtà*, Monografie AISA 95, S. 15

25 Hochverrat

1 Rancati, *Ferrari, lui*, S. 72
2 ebd.
3 *La Gazzetta dello Sport* vom 13. Dezember 1953
4 *La Gazzetta dello Sport* vom 1. Januar 1954
5 ebd.
6 ebd.
7 Gespräch des Autors mit Gianni Rogliatti am 1. Oktober 2009
8 *La Gazzetta dello Sport* vom 22. Januar 1954
9 Rancati, *Ferrari, lui*, S. 71
10 Ferrari, *Le mie gioie terribili*, S. 137
11 Gespräch des Autors mit Franco Gozzi am 21. Juni 2010 (Scaglietti wurde 1920 im kleinen Dorf Tre Olmi am nordwestlichen Rand von Modena geboren.)
12 Dal Monte, *Il tedesco volante e la leggenda Ferrari*, S. 33
13 ebd.
14 *La Gazzetta dello Sport* vom 29. August 1954
15 ebd.
16 Rogliatti/Gasparini, *Ferrari 1947–2007. L'opera e il sogno*, Band 1, S. 156
17 Paolo Marasca, *Ferrari contro Ford* (The V12 Motor Company, 2009), Bd. 1, S. 28
18 Rogliatti/Gasparini, *Ferrari 1947–2007. L'opera e il sogno*, Band 1, S. 155 f.
19 Tischgespräche *Giovan Battista Pininfarina 1893–1993*, Museo dell'Automobile Biscaretti di Ruffia, Turin, 29. Oktober 1993, Rede von Giovanni Agnelli, Protokoll

20 Castronovo, *Storia della Pininfarina 1930–2005*, S. 57
21 Tischgespräche *Giovan Battista Pininfarina 1893–1993*, Museo dell'Automobile Biscaretti di Ruffia, Turin, 29. Oktober 1993, Rede von Gino Rancati, Protokoll
22 Rogliatti/Gasparini, *Ferrari 1947–2007. L'opera e il sogno*, Band 1, S. 151 (Ferraris Worte stammen von der ersten Seite des Jahrbuchs 1954.)
23 Gespräch des Autors mit Franco Gozzi am 19. Mai 2009 (mit freundlicher Genehmigung Franco Gozzis Frau Gabriella, die regelmäßig zu Dino Ferraris Partys eingeladen wurde)
24 Ferrari, *Le mie gioie terribili*, S. 58
25 ebd., S. 56
26 Gespräch des Autors mit Franco Gozzi am 19. Mai 2009 (Franco Gozzis Frau Gabriella bestätigte dem Autor, dass Dino Ferrari oft über seinen Vater sprach, aber nur selten seine Mutter erwähnte.)
27 Ferrari, *Le mie gioie terribili*, S. 58

26 Licht und Schatten

1 Gespräch des Autors mit Don Sergio Mantovani am 19. Februar 2010
2 Ferrari, *Le mie gioie terribili*, S. 202
3 ebd., S. 202 f.
4 Gespräch des Autors mit Gianni Rogliatti am 1. Oktober 2009
5 Rogliatti/Gasparini, *Ferrari 1947–2007. L'opera e il sogno*, Band 1, S. 171
6 Rancati, *Ferrari, lui*, S. 77
7 Gespräch des Autors mit Carlo Benzi am 25. November 2008
8 Ferrari, *Le mie gioie terribili*, S. 56 f.
9 Franco Gozzi, *L'ê Andèda Acsè: Sergio Scaglietti, una leggenda modenese* (Modena: Artioli Editore, 2008), S. 70 f.
10 Gespräch des Autors mit Gianni Rogliatti am 1. Oktober 2009
11 Donatella Biffignandi, *Una vita dai toni forti: la storia di Vittorio Jano*, Centro di documentazione del Museo Nazionale dell'Automobile di Torino, 2005
12 Ferrari, *Le mie gioie terribili*, S. 57
13 Juan Manuel Fangio, *My Twenty Years of Racing* (London: Temple Press Limited, 1962), S. 176
14 ebd., S. 177
15 Rancati, *Ferrari, lui*, S. 83
16 Gespräch des Autors mit Franco Gozzi am 19. Mai 2009 (Wieder einmal hat Gabriella Gozzi die Geschichte dem Autor erzählt.)
17 Originaldokument: Enzo Ferraris aufgezeichnetes Interview für sein erstes Buch *Le mie gioie terribili* vom 27. Oktober 1961, Privatsammlung
18 Ferrari, *Le mie gioie terribili*, S. 58
19 Rancati, *Ferrari, lui*, S. 84
20 *La Gazzetta dello Sport* vom 2. Juli 1956
21 Gespräch des Autors mit Carlo Benzi am 25. November 2008
22 Originaldokument: Todesnachrichtkarte Dino Ferrari vom 30. Juni 1956, Privatsammlung
23 Gespräch des Autors mit Carlo Benzi am 25. November 2008

27 Ein ungleiches Paar

1 Rancati, *Ferrari, lui*, S. 83 (Gino Rancatis Brief ist auf den 16. Juli 1956 datiert.)
2 ebd., S. 83 f.
3 Fangio, *My Twenty Years of Racing*, S. 180
4 ebd.
5 ebd.
6 ebd.
7 ebd., S. 181
8 ebd.
9 ebd.
10 ebd.
11 ebd., S. 182

12 Ferrari, *Le mie gioie terribili*, S. 58
13 ebd., S. 46
14 ebd., S. 114
15 ebd.
16 Gespräch des Autors mit Gianni Rogliatti am 1. Oktober 2009
17 Luca Dal Monte und Umberto Zapelloni, *La Rossa e le altre* (Mailand: Baldini & Castoldi, 2000), S. 53
18 Gespräch des Autors mit Gianni Rogliatti am 1. Oktober 2009
19 Gespräch des Autors mit Carlo Benzi am 25. November 2008
20 Rancati, *Ferrari, lui*, S. 85
21 Ferrari, *Le mie gioie terribili*, S. 57
22 Giuseppe Allievi, *Il secondo è il primo dei perdenti: Enzo Ferrari in parole sue* (Mailand: Rizzoli Libri, 2014), S. 97
23 Fangio, *My Twenty Years of Racing*, S. 183

28 Tragödie

1 Rancati, *Ferrari, lui*, S. 88
2 Ferrari, *Le mie gioie terribili*, S. 101
3 Lorenzo Montagner, *De Portago: Il pianto del Drake* (Mantua: Editoriale Sometti, 2007), S. 46
4 Ferrari, *Le mie gioie terribili*, S. 103
5 Visto, 19. Mai 1957
6 Rancati, *Ferrari, lui*, S. 92
7 Ferrari, *Le mie gioie terribili*, S. 150
8 Montagner, *De Portago: Il pianto del Drake*, S. 72 f.
9 Rancati/Varisco, *Ferrari, che gente*, S. 50, Interview mit Romolo Tavoni
10 *Il Corriere della Sera* vom 16. Dezember 1959
11 Rancati/Varisco, *Ferrari, che gente*, S. 50, Interview mit Romolo Tavoni
12 *Civiltà Cattolica*, Anno 110, Vol. I, 7. März 1959, Quaderno 2609
13 Rancati/Varisco, *Ferrari, che gente*, S. 50, Interview mit Romolo Tavoni
14 Gespräch des Autors mit Franco Gozzi am 21. Juni 2010
15 Enzo Ferrari, *Piloti, che gente* (Rom: Conti Editore, 1985), S. 357
16 Rancati, *Ferrari, lui*, S. 96
17 Rogliatti/Gasparini, *Ferrari 1947–2007. L'opera e il sogno*, Band 1, S. 204
18 Gozzi, *L'ê Andèda Acsè*, S. 96 f. (Ursprünglich wollte Ferrari den 250 California nur auf dem amerikanischen Markt verkaufen, doch der große Erfolg des Modells veranlasste ihn, ihn auch europäischen Kunden anzubieten.)
19 Rogliatti/Gasparini, *Ferrari 1947–2007. L'opera e il sogno*, Band 1, S. 210
20 ebd.
21 ebd., S. 211
22 Gozzi, *L'ê Andèda Acsè*, S. 80
23 ebd.
24 Gespräch des Autors mit Franco Gozzi am 21. Juni 2010
25 Rogliatti/Gasparini, *Ferrari 1947–2007. L'opera e il sogno*, Band 1, S. 209
26 Rancati, *Ferrari, lui*, S. 96
27 Gianni Cancelliere, Luca Dal Monte, Cesare De Agostini und Lorenzo Ramaciotti, *Maserati: Un secolo di storia*, (Mailand: Giorgio Nada Editore, 2013), S. 63
28 Rancati, *Ferrari, lui*, S. 96
29 Gespräch des Autors mit Franco Gozzi am 18. Dezember 2009
30 ebd.
31 ebd.. Laut Gozzi war dies eine Lieblingsgeschichte von Ferrari.
32 Cancelliere, Dal Monte, De Agostini, Ramaciotti, *Maserati: Un secolo di storia*, S. 64
33 Gespräch des Autors mit Franco Gozzi am 18. Dezember 2009

29 Die Kirche vs. Enzo Ferrari

1 Rogliatti/Gasparini, *Ferrari 1947–2007. L'opera e il sogno*, Band 1, S. 209
2 Gespräch des Autors mit Gianni Rogliatti am 1. Oktober 2009
3 Ferrari, *Le mie gioie terribili*, S. 62
4 Gespräch des Autors mit Franco Gozzi am 21. Juli 2010
5 *La Gazzetta dello Sport* vom 7. Juli 1958
6 *La Gazzetta dello Sport* vom 10. Dezember 1958
7 *L'Osservatore Romano*, 9. Juli 1958 (Die zweispaltige Geschichte wurde auf der vierten und letzten Seite mit insgesamt sechsundneunzig Zeilen abgedruckt und hatte keine Verfasserzeile.)
8 ebd.
9 ebd.
10 ebd.
11 *La Gazzetta dello Sport* vom 13. Juli 1958
12 *La Gazzetta dello Sport* vom 4. August 1958
13 Gespräch des Autors mit Franco Gozzi am 21. Juli 2010
14 *Civiltà Cattolica*, Anno 109, Band IV, 4. Oktober 1958, Quaderno 2599
15 ebd.
16 ebd.
17 Mike Hawthorn, *Champion Year* (Harvest Hill: Aston Publications, 1959), S. 181
18 ebd.
19 Ferrari, *Le mie gioie terribili*, S. 106
20 ebd., S. 233
21 *La Gazzetta dello Sport* vom 13. Dezember 1958 (Wie Hawthorn in *Champion Year* anlässlich seines Weltmeistertitels 1958 berichtet, luden ihn Königin Elizabeth und Prinz Philip am 6. November 1958 zu einem Mittagessen in den Buckingham Palace ein [S. 184].)
22 *Civiltà Cattolica*, Anno 110, Band I, 7. März 1959, Quaderno 2609
23 *La Gazzetta dello Sport* vom 13. Dezember 1958
24 ebd.
25 Rancati, *Ferrari, lui*, S. 79
26 ebd.
27 *La Gazzetta dello Sport* vom 10. Dezember 1958
28 ebd.
29 Rancati/Varisco, *Ferrari, che gente*, S. 66
30 Rancati, *Ferrari, lui*, S. 100
31 Cesare De Agostini, *Don Ruspa* (Mailand: Giorgio Nada Editore, 2015), S. 95
32 Ferrari, *Le mie gioie terribili*, S. 232
33 *Civiltà Cattolica*, Anno 110, Band I, 7. März 1959, Quaderno 2609
34 ebd.
35 ebd.
36 ebd.

30 »Ferrarina«

1 Tony Brooks, *Poetry in Motion* (Croydon: Motor Racing Publications Ltd, 2012), S. 175
2 ebd., S. 221
3 ebd., S. 175
4 Montagner, *De Portago: Il pianto del Drake*, S. 86
5 ebd.
6 Gespräch des Autors mit Gianni Rogliatti am 1. Oktober 2009
7 Rogliatti/Gasparini, *Ferrari 1947–2007. L'opera e il sogno*, Band 1, S. 253
8 Montagner, *De Portago: Il pianto del Drake*, S. 90
9 Brooks, *Poetry in Motion*, S. 177
10 Montagner, *De Portago: Il pianto del Drake*, S. 87
11 ebd.
12 Brooks, *Poetry in Motion*, S. 201
13 Montagner, *De Portago: Il pianto del Drake*, S. 89
14 ebd., S. 94
15 Brooks, *Poetry in Motion*, S. 219

16 *Il Corriere della Sera* vom 30. Dezember 1959
17 Originaldokument: Pressekonferenz von Enzo Ferrari, Notiz, 29. Dezember 1959, Privatsammlung
18 ebd.
19 ebd.
20 Rancati, *Ferrari, lui*, S. 104 (Lange vor dem Bau des Dino gelang es Ferrari, die Aufmerksamkeit des italienischen Automobilherstellers Innocenti auf einen kleinen Sportwagen zu lenken, der von einem Ferrari-Motor mit gerintem Hubraum angetrieben wurde. Das Projekt scheiterte am Einspruch von Alfa Romeo.)

31 Freispruch

1 Montagner, *De Portago: Il pianto del Drake*, S. 80 und 81 (Die direkten Zitate stammen aus dem Buch von Lorenzo Montagner, das nach langen Interviews mit dem ehemaligen stellvertretenden Staatsanwalt Mario Luberto geschrieben wurde.)
2 ebd., S. 83
3 Gespräch des Autors mit Carlo Benzi am 25. November 2008
4 Gespräch des Autors mit Ermanno Cozza am 15. Oktober 2008
5 Rancati, *Ferrari, lui*, S. 105
6 Rogliatti/Gasparini, *Ferrari 1947–2007. L'opera e il sogno*, Band 1, S. 275 f.
7 Rancati, *Ferrari, lui*, S. 106
8 Gespräch des Autors mit Franco Gozzi am 21. Juli 2010 (Ferrari hatte Gozzi noch nicht eingestellt.)
9 Ferrari, *Le mie gioie terribili*, S. 67 f.
10 Rancati, *Ferrari, lui*, S. 7
11 Rogliatti/Gasparini, *Ferrari 1947–2007. L'opera e il sogno*, Band 1, S. 276 f.
12 ebd., S. 270 (Von 367 Mitarbeitern wurden 306 Autos produziert.)
13 Rancati, *Ferrari, lui*, S. 109
14 John Lamm, *Phil Hill's 1961 Championship Season in His Own Words* (Anmerkungen, die Herr Lamm dem Autor ausdrücklich für dieses Buch gegeben hat, S. 2)
15 ebd.
16 Montagner, *De Portago: Il pianto del Drake*, S. 96
17 ebd.
18 Rancati, *Ferrari, lui*, S. 7
19 Ferrari, *Le mie gioie terribili*, S. 238
20 Lamm, *Phil Hill's 1961 Championship Season in His Own Words*. S. 4
21 Ferrari, *Le mie gioie terribili*, S. 117
22 Lamm, *Phil Hill's 1961 Championship Season in His Own Words*. S. 5
23 *La Gazzetta dello Sport* vom 1. Dezember 1961
24 Gespräch des Autors mit Giulio Borsari am 16. Februar 2009
25 Gespräch des Autors mit Carlo Benzi am 25. November 2008
26 Rancati/Varisco, *Ferrari, che gente*, S. 80, Interview mit Romolo Tavoni
27 ebd.
28 *La Gazzetta dello Sport* vom 1. Dezember 1961
29 Rancati, *Ferrari, lui*, S. 98
30 Gespräch des Autors mit Franco Gozzi am 21. Juli 2010
31 Gespräch des Autors mit Gianni Rogliatti am 1. Oktober 2009
32 Rancati, *Ferrari, lui*, S. 122

32 »Meine schrecklichen Freuden«

1 Marasca, *Ferrari contro Ford*, S. 43 f., Interview mit Mauro Forghieri
2 Gespräch des Autors mit Carlo Benzi am 25. November 2008

3 Rancati/Varisco, *Ferrari, che gente*, S. 80, Interview mit Romolo Tavoni
4 Gespräch des Autors mit Fiamma Breschi am 6. April 2011
5 ebd.
6 Gespräch des Autors mit Franco Gozzi am 21. Juli 2010
7 Gespräch des Autors mit Gianni Rogliatti am 1. Oktober 2009
8 Rogliatti/Gasparini, *Ferrari 1947–2007. L'opera e il sogno*, Band 1, S. 303
9 Gozzi, *L'ê Andèda Acsè: Sergio Scaglietti una leggenda modenese*, S. 115
10 Ferrari, *Piloti, che gente*, S. 355
11 Gespräch des Autors mit Stirling Moss am 18. Juni 2014
12 Marasca, *Ferrari contro Ford*, S. 61, Interview mit Mauro Forghieri
13 Gespräch des Autors mit Franco Gozzi am 21. Juni 2010
14 Gespräch des Autors mit Fiamma Breschi am 6. April 2011
15 Rogliatti/Gasparini, *Ferrari 1947–2007. L'opera e il sogno*, Band 1, S. 315
16 Originaldokument: Pressekonferenz von Enzo Ferrari, Notiz, 1. Dezember 1962, Privatsammlung
17 ebd.
18 ebd.
19 ebd.
20 Ferrari, *Le mie gioie terribili*, S. 11
21 ebd.
22 ebd., S. 6
23 ebd., S. 7
24 Originaldokument: Pressekonferenz von Enzo Ferrari, Notiz, 1. Dezember 1962, Privatsammlung
25 Gespräch des Autors mit Fiamma Breschi am 6. April 2011
26 Gespräch des Autors mit Franco Gozzi am 19. Mai 2009
27 Gian Paolo Ormezzano, *Pronto, qui Enzo Ferrari* (Mailand: Limina, 2012), S. 21 f.
28 ebd., S. 23 f.
29 ebd., S. 25 f.
30 Marasca, *Ferrari contro Ford*, S. 77
31 Gespräch des Autors mit Franco Gozzi am 19. Mai 2009
32 Ferrari, *Le mie gioie terribili*, S. 7
33 Ferrari, *Le briglie del successo*, S. 2
34 *Le Figaro Litteraire* vom 9. Juli 1964

33 Der amerikanische Traum

1 Originaldokument: Ferrari-Pressemitteilung, 12. Januar 1963, Privatsammlung
2 Gespräch des Autors mit Franco Gozzi am 21. Juli 2010
3 A. J. Baime, *Go Like Hell* (Boston: Mariner Books, 2010), S. 104
4 Gespräch des Autors mit Franco Gozzi am 21. Juli 2010
5 ebd.
6 Ferrari, *Le mie gioie terribili*, S. 205
7 ebd.
8 ebd., S. 205 f.
9 ebd., S. 206
10 ebd.
11 Ferrari, *Le mie gioie terribili*, S. 206
12 Marasca, *Ferrari contro Ford*, S. 61, Interview mit Mauro Forghieri
13 Baime, *Go Like Hell*, S. 107
14 Ferrari, *Le mie gioie terribili*, S. 207
15 ebd., S. 206
16 ebd., S. 207 f.
17 ebd.
18 ebd., S. 208
19 Gozzi, *Alla destra del Drake*, S. 79
20 Ferrari, *Le mie gioie terribili*, S. 208
21 ebd., S. 208 f.
22 Gespräch des Autors mit Franco Gozzi am 21. Juli 2010
23 Ferrari, *Le mie gioie terribili*, S. 209
24 Gozzi, *Alla destra del Drake*, S. 77

25 Gespräch des Autors mit Franco Gozzi am 21. Juli 2010
26 ebd.
27 Ferrari, *Le mie gioie terribili*, S. 209
28 Gozzi, *Alla destra del Drake*, S. 79
29 Marasca, *Ferrari contro Ford*, S. 61, Interview mit Mauro Forghieri (Neben Carlo Chiti waren vier weitere der acht 1961 entlassenen Führungskräfte bei A.T.S. gelandet: Bizzarrini, Gardini, Selmi und Tavoni.)
30 Rogliatti/Gasparini, *Ferrari 1947–2007. L'opera e il sogno*, Band 1, S. 326
31 Originaldokument: Ferrari-Pressekonferenz, Notizen, 11. Januar 1964, Privatsammlung
32 Danilo Castellarin, *Temerari* (Mailand: Giorgio Nada Editore, 2014), S. 265, Interview mit John Surtees
33 Originaldokument Ferrari-Pressekonferenz, Notizen, 12. Dezember 1964, Privatsammlung
34 ebd.
35 ebd.
36 ebd.
37 Ferrari, *Le briglie del successo*, S. 239
38 Originaldokument: Ferrari-Pressekonferenz, Notizen, 12. Dezember 1964, Privatsammlung
39 ebd.
40 ebd.
41 Ferrari, *Le briglie del successo*, S. 240
42 ebd.
43 *Il Corriere della Sera* vom 23. März 2009
44 Ferrari, *Le briglie del successo*, S. 241
45 Marasca, *Ferrari contro Ford*, S. 160
46 Originaldokument: Ferrari-Pressekonferenz, Notizen, 12. Dezember 1964, Privatsammlung

34 David und Goliath

1 Baime, *Go Like Hell*, S. 110
2 Marasca, *Ferrari contro Ford*, S. 149 f.
3 ebd., S. 150 f.
4 Originaldokument: Ferrari-Pressemitteilung, 1. März 1965, Privatsammlung
5 Marasca, *Ferrari contro Ford*, S. 187
6 Gespräch des Autors mit Franco Gozzi am 21. Juni 2010
7 Gespräch des Autors mit Carlo Benzi am 25. November 2008
8 Gespräch des Autors mit Franco Gozzi am 19. Mai 2009
9 Marasca, Ferrari contro Ford, S. 224
10 ebd., S. 239 f.
11 Gespräch des Autors mit Franco Gozzi am 19. Mai 2009
12 Piero Ferrari mit Leo Turrini, *Ferrari, mio padre* (Reggio Emilia: Aliberti Editore, 2007), S. 31
13 Daniele Buzzonetti und Mauro Forghieri, *Mauro Forghieri: 30 anni di Ferrari e oltre* (Florenz: Giunti Editore, 2008), S. 63
14 Rogliatti/Gasparini, *Ferrari 1947–2007. L'opera e il sogno*, Band 1, S. 379
15 Tischgespräch *Giovan Battista Pininfarina 1893–1993*, Museo dell'Automobile Biscaretti di Ruffia, Turin, 29. Oktober 1993, Ansprache von Sergio Pininfarina, Protokoll
16 Castellarin, *Temerari*, S. 272, Interview mit John Surtees
17 ebd., S. 271
18 Gozzi, *Alla destra del Drake*, S. 80 f.
19 Originaldokument: Ferrari-Pressekonferenz, Notizen, 13. Dezember 1966, Privatsammlung
20 Gespräch des Autors mit Franco Gozzi am 21. Juli 2010
21 Gespräch des Autors mit Giulio Borsari am 27. August 2009

22 *La Gazzetta dello Sport* vom 18. Juni 1966
23 Rogliatti/Gasparini, *Ferrari 1947–2007. L'opera e il sogno*, Band 1, S. 391 f.
24 Gespräch des Autors mit Franco Gozzi am 21. Juli 2010
25 Gespräch des Autors mit Franco Gozzi am 18. Dezember 2009
26 *La Gazzetta dello Sport* vom 23. Juni 1966
27 ebd.
28 Allievi, *Il secondo è il primo dei perdenti*, S. 118
29 Ferrari, Entwurf eines Artikels von Giorgio Torelli, 1967
30 ebd.
31 Buzzonetti/Forghieri, *Mauro Forghieri: 30 anni di Ferrari e oltre*, S. 84
32 ebd., S. 84 f.
33 Originaldokument: Ferrari-Pressekonferenz, Notizen, 13. Dezember 1966, Privatsammlung
34 Gespräch des Autors mit Franco Gozzi am 21. Juli 2010
35 Originaldokument: Ferrari-Pressekonferenz, Notizen, 13. Dezember 1966, Privatsammlung

35 Turin

1 Originaldokument: Ferrari-Pressekonferenz, Notizen, 13. Dezember 1966, Privatsammlung
2 Rancati, *Ferrari, lui*, S. 150
3 ebd., Gespräch des Autors mit Dino Tagliazucchi am 2. Dezember 2008
4 Originaldokument: Ferrari-Pressekonferenz, Notizen, 13. Dezember 1966, Privatsammlung
5 Ferrari, *Le mie gioie terribili*, S. 68
6 *La Gazzetta dello Sport* vom 14. Dezember 1966
7 Gespräch des Autors mit Franco Gozzi am 18. Dezember 2009
8 ebd. (Nur wenige wussten es und noch weniger würden sich daran erinnern, aber Lini wollte nicht nur die Überlegenheit von Ferrari, sondern der europäischen Automobilindustrie insgesamt demonstrieren und hatte deshalb den Teamchef von Porsche gebeten, zwei deutsche Autos auf den Plätzen vier und fünf direkt hinter den drei Ferraris aufzustellen.)
9 Originaldokument: Ferrari-Pressekonferenz, Notizen, 13. Dezember 1966, Privatsammlung
10 Ferrari, Entwurf eines Artikels von Giorgio Torelli, 1967
11 Gespräch des Autors mit Giulio Borsari am 27. Dezember 2009
12 Ferrari, Entwurf eines Artikels von Giorgio Torelli, 1967
13 Gespräch des Autors mit Dino Tagliazucchi am 2. Dezember 2008
14 Ferrari, Entwurf eines Artikels von Giorgio Torelli, 1967
15 ebd.
16 ebd.
17 ebd.
18 ebd.
19 Gespräch des Autors mit Dino Tagliazucchi am 2. Dezember 2008
20 Ferrari, *Le briglie del successo*, S. 132
21 Private Unterhaltung zwischen Enzo Ferrari und Pino Allievi am 20. November 1987
22 Acerbi, *Il nuovo Tutto Ferrari*, S. 197
23 Gespräch des Autors mit Gianni Rogliatti am 1. Oktober 2009
24 Ferrari, *Le briglie del successo*, S. 240
25 Rogliatti/Gasparini, *Ferrari 1947–2007. L'opera e il sogno*, Band 1, S. 422
26 ebd., S. 435
27 ebd., S. 437, 439
28 Gespräch des Autors mit Franco Gozzi am 18. Dezember 2009
29 Originaldokument: Ferrari-Pressekonferenz, Notizen, 14. Dezember 1968, Privatsammlung
30 ebd.
31 Buzzonetti/Forghieri, *Mauro Forghieri: 30 anni di Ferrari e oltre*, S. 95 f.

32 Ferrari, *Le briglie del successo*, S. 241
33 ebd.
34 Rogliatti/Gasparini, *Ferrari 1947–2007. L'opera e il sogno*, Band 1, S. 422
35 Gespräch des Autors mit Franco Gozzi am 18. Dezember 2009
36 Buzzonetti/Forghieri, *Mauro Forghieri: 30 anni di Ferrari e oltre*, S. 94
37 ebd., S. 102
38 ebd., S. 111
39 Gespräch des Autors mit Carlo Benzi am 25. November 2008
40 ebd.
41 *La Stampa* vom 30. April 1969
42 Originaldokument: Ferrari-Pressekonferenz, Notizen, 14. Dezember 1968, Privatsammlung
43 ebd.
44 Gespräch des Autors mit Dino Tagliazucchi am 2. Dezember 2008
45 Ferrari, *Le briglie del successo*, S. 245
46 ebd., S. 242
47 Gespräch des Autors mit Franco Gozzi am 21. Juli 2010
48 Ferrari, *Le briglie del successo*, S. 245
49 Rancati, *Ferrari, lui*, S. 148
50 Gespräch des Autors mit Carlo Benzi am 25. November 2008
51 Ferrari, *Le briglie del successo*, S. 245

36 Abendliche Schatten

1 Rancati, *Ferrari, lui*, S. 147
2 ebd.
3 Buzzonetti/Forghieri, *Mauro Forghieri: 30 anni di Ferrari e oltre*, S. 117
4 Acerbi, *Il nuovo Tutto Ferrari*, S. 197
5 Rogliatti/Gasparini, *Ferrari 1947–2007. L'opera e il sogno*, Band 1, S. 457
6 Gespräch des Autors mit Dino Tagliazucchi am 2. Dezember 2008
7 Gespräch des Autors mit Franco Gozzi am 26. Mai 2009
8 ebd.
9 Gespräch des Autors mit Dino Tagliazucchi am 2. Dezember 2008
10 ebd.
11 ebd.
12 Ferrari, Entwurf eines Artikels von Giorgio Torelli, 1967
13 Ferrari, *Le briglie del successo*, S. 249
14 ebd.
15 Gespräch des Autors mit Dino Tagliazucchi am 2. Dezember 2008
16 Ferrari, *Ferrari 80*, S. 105
17 Buzzonetti/Forghieri, *Mauro Forghieri: 30 anni di Ferrari e oltre*, S. 122 f.
18 Gespräch des Autors mit Franco Gozzi am 26. Mai 2009
19 Buzzonetti/Forghieri, *Mauro Forghieri: 30 anni di Ferrari e oltre*, S. 137
20 ebd., S. 125
21 Gespräch des Autors mit Franco Gozzi am 26. Mai 2009
22 Originaldokument: Ferrari-Pressekonferenz, Notizen, 2. Dezember 1972, Privatsammlung
23 Rogliatti/Gasparini, *Ferrari 1947–2007. L'opera e il sogno*, Band 1, S. 531 f.
24 Gespräch des Autors mit Carlo Benzi am 25. November 2008
25 Rogliatti/Gasparini, *Ferrari 1947–2007. L'opera e il sogno*, Band 1, S. 535
26 Gespräch des Autors mit Franco Gozzi am 26. Mai 2009
27 Rogliatti/Gasparini, *Ferrari 1947–2007. L'opera e il sogno*, Band 1, S. 549 f.
28 Gespräch des Autors mit Giulio Borsari am 27. August 2009
29 Buzzonetti/Forghieri, *Mauro Forghieri: 30 anni di Ferrari e oltre*, S. 142
30 Gespräch des Autors mit Carlo Benzi am 25. November 2008
31 *Il Corriere della Sera* vom 9. September 1974

32 *Il Corriere della Sera* vom 11. September 1974
33 *Il Corriere della Sera* vom 18. September 1974
34 Buzzonetti/Forghieri, *Mauro Forghieri: 30 anni di Ferrari e oltre*, S. 145
35 *Il Corriere della Sera* vom 8. Oktober 1974
36 *Il Corriere della Sera* vom 9. September 1974

37 Der große Alte

1 *La Gazzetta dello Sport* vom 4. Januar 1975
2 Dal Monte, *La Rossa e le altre*, S. 166
3 *La Gazzetta dello Sport* vom 31. Januar 1975
4 *La Gazzetta dello Sport* vom 11. Januar 1975
5 ebd.
6 ebd.
7 Dal Monte, *La Rossa e le altre*, S. 168
8 Gespräch des Autors mit Giulio Borsari am 27. August 2009
9 *La Gazzetta dello Sport* vom 11. Mai 1975
10 Gespräch des Autors mit Giulio Borsari am 27. August 2009
11 Gespräch des Autors mit Franco Gozzi am 21. Juli 2010
12 *La Gazzetta dello Sport* vom 27. Mai 1975
13 Dal Monte, *La Rossa e le altre*, S. 168
14 Buzzonetti/Forghieri, *Mauro Forghieri: 30 anni di Ferrari e oltre*, S. 190
15 *Il Corriere della Sera* vom 14. August 1975
16 *Il Corriere della Sera* vom 2. September 1975
17 *Il Corriere della Sera* vom 5. September 1975
18 ebd.
19 *Il Corriere della Sera* vom 7. September 1975
20 *Il Corriere della Sera* vom 8. September 1975
21 *Il Corriere della Sera* vom 9. September 1975
22 Gespräch des Autors mit Franco Gozzi am 21. Juni 2010
23 *Il Corriere della Sera* vom 8. September 1975
24 ebd.
25 ebd.
26 *Il Corriere della Sera* vom 10. September 1975
27 ebd.
28 Gespräch des Autors mit Franco Gozzi am 18. Dezember 2009
29 *Il Corriere della Sera* vom 10. September 1975
30 Gespräch des Autors mit Franco Gozzi am 19. Mai 2009
31 *Il Corriere della Sera* vom 10. September 1975
32 Gespräch des Autors mit Franco Gozzi am 19. Mai 2009
33 *Il Corriere della Sera* vom 10. September 1975
34 ebd.
35 ebd.
36 *Il Corriere della Sera* vom 12. September 1975
37 Gespräch des Autors mit Franco Gozzi am 19. Mai 2009
38 *Il Corriere della Sera* vom 26. Oktober 1975
39 *Il Corriere della Sera* vom 27. Oktober 1975
40 Gespräch des Autors mit Franco Gozzi am 21. Juli 2010
41 *Il Corriere della Sera* vom 26. Oktober 1975
42 *Il Corriere della Sera* vom 14. August 1975
43 *Il Corriere della Sera* vom 26. Oktober 1975
44 ebd.
45 Gespräch des Autors mit Franco Gozzi am 21. Juli 2010
46 *Il Corriere della Sera* vom 20. November 1975
47 *Il Corriere della Sera* vom 21. November 1975

38 Zwischenspiel

1 *Il Corriere della Sera* vom 9. September 1975
2 ebd.
3 *Il Corriere della Sera* vom 9. Dezember 1975
4 ebd.
5 ebd.
6 Gespräch des Autors mit Carlo Benzi am 25. November 2008
7 Gespräch des Autors mit Franco Gozzi am 21. Juli 2010
8 *Il Corriere della Sera* vom 9. Dezember 1975
9 *Il Corriere della Sera* vom 31. Dezember 1975
10 ebd.
11 ebd.
12 ebd.
13 Gespräch des Autors mit Giulio Borsari am 27. August 2009
14 Gespräch des Autors mit Franco Gozzi am 18. Dezember 2009
15 *Il Corriere della Sera* vom 29. April 1976
16 *Il Corriere della Sera* vom 9. Mai 1976
17 ebd.
18 *Il Corriere della Sera* vom 12. Mai 1976
19 ebd.
20 ebd.
21 *Il Corriere della Sera* vom 27. Mai 1976
22 ebd.
23 *Il Corriere della Sera* vom 9. Juni 1976
24 ebd.
25 ebd.
26 Gespräch des Autors mit Carlo Benzi am 25. November 2008
27 *Il Corriere della Sera* vom 9. Juni 1976
28 ebd.
29 ebd.
30 Gespräch des Autors mit Dino Tagliazucchi am 2. Dezember 2008
31 *Il Giornale* vom 10. September 1976
32 Gespräch des Autors mit Franco Gozzi am 18. Dezember 2009
33 Gespräch des Autors mit Dino Tagliazucchi am 2. Dezember 2008
34 ebd.
35 *Il Corriere della Sera* vom 7. Juli 1976
36 *Il Corriere della Sera* vom 20. Juli 1976
37 ebd.
38 ebd. (CSAI war das Schottkomitee des Automobilclubs von Italien.)
39 ebd.
40 ebd.
41 Gespräch des Autors mit Giulio Borsari am 16. Februar 2009
42 *Il Corriere della Sera* vom 20. Juli 1976
43 ebd.
44 ebd.

39 Der lange, heiße Sommer

1 Gespräch des Autors mit Franco Gozzi am 18. Dezember 2009
2 *La Gazzetta dello Sport* vom 27. August 2009
3 *Il Giornale* vom 3. August 1976
4 *La Gazzetta dello Sport* vom 3. August 1976
5 *Il Giornale* vom 3. August 1976
6 *Il Giornale* vom 5. August 1976
7 *Il Giornale* vom 6. August 1976
8 Gespräch des Autors mit Franco Gozzi am 18. Dezember 2009
9 *Il Giornale* vom 6. August 1976
10 ebd.
11 Gespräch des Autors mit Franco Gozzi am 18. Dezember 2009
12 Gespräch des Autors mit Gianni Rogliatti am 1. Oktober 2009
13 *Il Giornale* vom 8. August 1976
14 *Il Giornale* vom 12. August 1976
15 *Il Giornale* vom 8. August 1976
16 *Il Giornale* vom 12. August 1976
17 *Il Giornale* vom 7. August 1976
18 *Il Giornale* vom 11. August 1976
19 Gespräch des Autors mit Franco Gozzi am 18. Dezember 2009

20 *La Gazzetta dello Sport* vom 15. August 1976
21 *Il Giornale* vom 15. August 1976
22 Gespräch des Autors mit Franco Gozzi am 18. Dezember 2009
23 *Il Giornale* vom 15. August 1976
24 *Autosprint*, X-Files. Daniele Audretto
25 *Il Giornale* vom 17. August 1976 (Der Journalist Enrico Benzing schrieb in den Spalten der Mailänder Zeitung: »Es heißt, dass Peterson der Auslöser für die Entscheidung nach dem Nürburgring war und dass er einen so starken Kontrast zwischen Ferrari und den Managern von Fiat schuf, dass dies zu der Entscheidung über den Rückzug führte.« Franco Gozzi bestätigte diese Version der Ereignisse gegenüber dem Autor am 18. Dezember 2009.)
26 *Il Giornale* vom 22. August 1976
27 *La Gazzetta dello Sport* vom 27. August 1976
28 Originaldokument: Ferrari-Pressemitteilung, 23. August 1976
29 Gespräch des Autors mit Franco Gozzi am 18. Dezember 2009
30 Originaldokument: Ferrari-Pressemitteilung, 23. August 1976
31 *La Gazzetta dello Sport* vom 27. August 1976
32 Originaldokument: Ferrari-Pressemitteilung, 1. September 1976
33 *Il Giornale* vom 2. September 1976
34 *Il Corriere della Sera* vom 4. September 1976
35 Gespräch des Autors mit Franco Gozzi am 18. Dezember 2009
36 *Il Corriere della Sera* vom 8. September 1976
37 ebd. (Enzos Verhalten sollte Clay 1977 einen Platz in einem prominenten Team kosten. Ronnie Peterson hatte gerade bei Tyrrell unterschrieben und Jody Scheckter bei Wolf. Zu diesem Zeitpunkt hätte Clay noch den Platz von Reutemann bei Brabham einnehmen können. Doch da dies nicht sicher war, verpflichtete Bernie Ecclestone bald John Watson.)
38 ebd.
39 ebd.
40 ebd.
41 *Il Giornale* vom 8. September 1976
42 *Il Giornale* vom 10. September 1976
36 *Il Corriere della Sera* vom 13. September 1976

40 Strömender Regen

1 *La Gazzetta dello Sport* vom 24. September 1976
2 *Il Corriere della Sera* vom 26. September 1976
3 *Il Corriere della Sera* vom 13. Oktober 1976
4 *Il Corriere della Sera* vom 18. Oktober 1976
5 Gespräch des Autors mit Franco Gozzi am 18. Dezember 2009
6 *Il Corriere della Sera* vom 18. Oktober 1976
7 *Il Corriere della Sera* vom 8. Oktober 1976
8 *Il Corriere della Sera* vom 26. Oktober 1976
9 *La Gazzetta dello Sport* vom 26. Oktober 1976
10 *Il Corriere della Sera* vom 25. Oktober 1976
11 ebd.
12 *La Gazzetta dello Sport* vom 26. Oktober 1976
13 ebd.
14 *La Stampa* vom 27. Oktober 1976
15 ebd.
16 ebd.
17 *Il Giornale* vom 27. Oktober 1976
18 *Il Corriere della Sera* vom 26. Oktober 1976
19 *Il Giornale* vom 27. Oktober 1976
20 ebd.
21 ebd.
22 *Il Giornale* vom 28. Oktober 1976
23 ebd.
24 ebd.

25 ebd.
26 ebd.
27 ebd.
28 ebd.
29 ebd.
30 *La Stampa* vom 27. Oktober 1976
31 ebd.
32 *La Gazzetta dello Sport* vom 30. Oktober 1976
33 *La Gazzetta dello Sport* vom 1. November 1976
34 Niki Lauda, *I miei anni con Ferrari* (Florenz: Editoriale Olimpia, 1979), S. 63 f. (*Protokoll. Meine Jahre mit Ferrari*, Stuttgart: Motorbuch Verlag, 1977)
35 *La Gazzetta dello Sport* vom 1. November 1976
36 *La Gazzetta dello Sport* vom 21. November 1976

41 Das verlorene Paradies

1 *La Gazzetta dello Sport* vom 11. November 1976
2 Gozzi, *Enzo Ferrari: La vita, il mito, le manie, le curiosità*, S. 75–80
3 *Il Corriere della Sera* vom 27. April 1976
4 *La Gazzetta dello Sport* vom 21. November 1976
5 ebd.
6 *La Gazzetta dello Sport* vom 11. Dezember 1976
7 *Il Corriere della Sera* vom 31. Dezember 1976
8 *Il Corriere della Sera* vom 9. Januar 1977
9 *Il Corriere della Sera* vom 12. Januar 1977
10 *Il Corriere della Sera* vom 20. März 1977
11 ebd.
12 *Il Corriere della Sera* vom 8. Mai 1977
13 *Il Corriere della Sera* vom 17. Mai 1977
14 *Il Corriere della Sera* vom 23. September 1977
15 *Il Corriere della Sera* vom 1. Juli 1977
16 *Il Corriere della Sera* vom 30. August 1977
17 *Il Corriere della Sera* vom 19. August 1977
18 *Il Corriere della Sera* vom 23. August 1977
19 *Il Corriere della Sera* vom 28. August 1977
20 Gespräch des Autors mit Piero Ferrari am 13. November 2012
21 ebd.
22 *Il Corriere della Sera* vom 15. September 1977
23 Gespräch des Autors mit Piero Ferrari am 13. November 2012
24 *Il Corriere della Sera* vom 30. August 1977
25 *Il Corriere della Sera* vom 15. September 1977
26 ebd.
27 Originaldokument: Ferrari-Pressemitteilung, 29. August 1977
28 *Il Corriere della Sera* vom 30. August 1977
29 *Il Corriere della Sera* vom 15. September 1977
30 ebd.
31 ebd.
32 ebd.
33 ebd.
34 ebd.
35 *Il Corriere della Sera* vom 28. September 1977
36 Gerald Donaldson, *Gilles Villeneuve: La vita di un pilota leggendario* (Mailand: Giorgio Nada Editore, 1990), S. 115
37 *Il Corriere della Sera* vom 28. September 1977
38 Donaldson, *Gilles Villeneuve*, S. 109 f.
39 Gespräch des Autors mit Franco Gozzi am 26. Mai 2009
40 Donaldson, *Gilles Villeneuve*, S. 110
41 *Il Corriere della Sera* vom 22. September 1977
42 *Il Corriere della Sera* vom 11. Juli 1978

43 *Il Corriere della Sera* vom 23. September 1977
44 *Il Corriere della Sera* vom 29. September 1977
45 *Il Corriere della Sera* vom 25. September 1977
46 ebd. (Als der befreundete Journalist Nestore Morosini nach einem Ersatz für Villeneuve fragte, sagte Ferrari: »Durch wen?«)
47 Gespräch des Autors mit Franco Gozzi am 26. Mai 2009
48 *Il Corriere della Sera* vom 13. November 1977

42 Das letzte Hurra

1 *Il Corriere della Sera* vom 13. November 1977
2 ebd.
3 *La Gazzetta dello Sport* vom 16. Januar 1978
4 *Il Resto del Carlino* vom 1. März 1978
5 Ferrari, *Ferrari 80*, S. 214
6 Rancati, *Ferrari l'unico,* S. 180
7 Gespräch des Autors mit Carlo Benzi am 25. November 2008
8 Rancati, *Ferrari l'unico,* S. 129
9 ebd.
10 *Il Corriere della Sera* vom 19. Juni 1978
11 Gespräch des Autors mit Franco Gozzi am 26. Mai 2009
12 ebd.
13 Rancati/Varisco, *Ferrari, che gente*, S. 199
14 *Il Corriere della Sera* vom 29. August 1978
15 *Il Corriere della Sera* vom 7. September 1978
16 ebd.
17 *Il Corriere della Sera* vom 10. Oktober 1978
18 Gozzi, *Enzo Ferrari: La vita, il mito, le manie, le curiosità*, S. 53
19 Gianni Cancellieri und Cesare De Agostini, *33 anni di Gran Premi iridati* Band 2 (Bologna: Luciano Conti Editore, 1983), S. 277
20 *Autosprint* vom 23. Januar 1979
21 Cancellieri/De Agostini, *33 anni di Gran Premi iridati*, S. 277
22 *La Gazzetta dello Sport* vom 6. März 1979
23 *La Gazzetta dello Sport* vom 4. März 1979
24 *La Gazzetta dello Sport* vom 10. März 1979
25 ebd.
26 *La Gazzetta dello Sport* vom 4. Mai 1979
27 *La Gazzetta dello Sport* vom 11. September 1979
28 *La Gazzetta dello Sport* vom 15. Mai 1979
29 Gespräch des Autors mit Franco Gozzi am 26. Mai 2009
30 Nunzia Manicardi, *Pionieri dell'automobile: Lancia, Bazzi, Ferrari* (Kindle Edition, 2014)
31 Gespräch des Autors mit Franco Gozzi am 26. Mai 2009
32 Rancati, *Ferrari l'unico,* S. 181
33 Gespräch des Autors mit Dino Tagliazucchi am 2. Dezember 2008
34 Gespräch des Autors mit Franco Gozzi am 26. Mai 2009
35 *La Gazzetta dello Sport* vom 1. Dezember 1979
36 Gespräch des Autors mit Franco Gozzi am 26. Mai 2009
37 *La Gazzetta dello Sport* vom 29. August 1979
38 ebd.
39 ebd.
40 *La Gazzetta dello Sport* vom 30. August 1979
41 *La Gazzetta dello Sport* vom 11. September 1979
42 Gespräch des Autors mit Franco Gozzi am 26. Mai 2009
43 *La Gazzetta dello Sport* vom 20. Oktober 1979

43 Der Patriarch

1 *La Gazzetta dello Sport* vom 11. September 1979
2 ebd.
3 Gespräch des Autors mit Franco Gozzi am 26. Mai 2009
4 *La Gazzetta dello Sport* vom 28. August 1979
5 *La Gazzetta dello Sport* vom 20. Oktober 1979
6 *La Gazzetta dello Sport* vom 20. Oktober 1979 (»Ich bin wie ein Maler, der seine Inspiration verloren hat«, sagte Laura. »Ich male nicht mehr.«)
7 Ferrari, *Le mie gioie terribili*, S. 277
8 *Il Resto del Carlino* vom 10. Oktober 1979 (Die Schändung von Dinos Grab wurde von einer Frau entdeckt, die kurz vor 9 Uhr morgens zufällig an der Ferrari-Kapelle vorbeikam.)
9 Gespräch des Autors mit Dino Tagliazucchi am 2. Dezember 2008
10 *Il Resto del Carlino* vom 10. Oktober 1979
11 Gespräch des Autors mit Dino Tagliazucchi am 2. Dezember 2008
12 ebd.
13 *Il Resto del Carlino* (Modena-Ausgabe) vom 10. Oktober 1979
14 Gespräch des Autors mit Carlo Benzi am 25. November 2008
15 *Il Resto del Carlino* vom 20. Oktober 1979
16 *La Gazzetta dello Sport* vom 20. Oktober 1979
17 *Il Resto del Carlino* vom 20. Oktober 1979
18 ebd.
19 *La Gazzetta dello Sport* vom 20. Oktober 1979
20 ebd.
21 Gespräch des Autors mit Franco Gozzi am 18. Dezember 2009
22 Ferrari, *Ferrari 80*, S. 5
23 ebd., S. 108
24 ebd.
25 ebd., S. 109
26 Gespräch des Autors mit Franco Gozzi am 18. Dezember 2009 (Auf der letzten Seite von *Ferrari 80* schrieb Enzo: »Ich hätte mir nicht vorstellen können, dass der Preis für die Berühmtheit, den ich in meinem Leben immer bezahlt habe, auch die Zerstörung des Grabes war, in dem ich vor vierundzwanzig Jahren meinen Sohn Dino beerdigt habe.«)
27 Ferrari, *Ferrari 80*, S. 113
28 ebd.
29 *La Gazzetta dello Sport* vom 16. September 1980
30 ebd.
31 *La Gazzetta dello Sport* vom 10. Juli 1980
32 *La Gazzetta dello Sport* vom 16. Juli 1980
33 *La Gazzetta dello Sport* vom 23. Juli 1980 (Am nächsten Tag schrieb der Journalist Athos Evangelisti, Ferrari sei ein »zweiundachtzig Jahre alter junger Mann«.)
34 ebd.
35 ebd.
36 *La Gazzetta dello Sport* vom 16. September 1980
37 ebd.
38 Originaldokument: Ferrari-Pressekonferenz, Notizen, 15. September 1980, Privatsammlung
39 *La Gazzetta dello Sport* vom 16. September 1980
40 Originaldokument: Niederschrift über eine Sitzung bei Ferrari *Gestione Sportiva* am 17. September 1980 (interne Mitteilung von EF an UD/DT/UT/US/UE/GES/USP, Privatsammlung)
41 ebd.
42 Gespräch des Autors mit Franco Gozzi am 18. Dezember 2009
43 Cancellieri/De Agostini, *33 anni di Gran Premi iridati*, S. 301
44 Originaldokument: Ferrari-Pressekonferenz, Notizen, 15. September 1980, Privatsammlung
45 ebd.
46 *La Gazzetta dello Sport* vom 23. Juli 1980

47 *La Gazzetta dello Sport* vom 20. Januar 1981
48 *La Gazzetta dello Sport* vom 21. Januar 1981
49 ebd.
50 ebd.
51 *La Gazzetta dello Sport* vom 20. Januar 1981
52 gemeinsame Pressemitteilung der FISA und der FOCA vom 19. Januar 1981
53 *La Gazzetta dello Sport* vom 20. Januar 1981
54 *La Gazzetta dello Sport* vom 21. Januar 1981
55 *La Gazzetta dello Sport* vom 20. Januar 1981

44 Siebenundzwanzig rot

1 *La Gazzetta dello Sport* vom 1. Mai 1981
2 *La Gazzetta dello Sport* vom 1. Juni 1981
3 *La Gazzetta dello Sport* vom 2. Juni 1981
4 ebd.
5 *La Gazzetta dello Sport* vom 23. Juni 1981
6 Donaldson, *Gilles Villeneuve*, S. 288 ff.
7 ebd., S. 295
8 Originaldokument: Ferrari-Pressekonferenz, Notizen, 23. Oktober 1981, Privatsammlung
9 ebd.
10 Rogliatti/Gasparini, *Ferrari 1947–2007. L'opera e il sogno*, Band 2, S. 97
11 ebd., S. 98
12 Originaldokument: Ferrari-Pressekonferenz, Notizen, 15. September 1980, Privatsammlung
13 Ferrari, *Piloti, che gente*, S. 323
14 *La Gazzetta dello Sport* vom 19. März 1982
15 Originaldokument: Ferrari-Pressekonferenz, Notizen, 23. Oktober 1981, Privatsammlung
16 *La Gazzetta dello Sport* vom 19. März 1982
17 Originaldokument: Ferrari-Pressekonferenz, Notizen, 23. Oktober 1981, Privatsammlung
18 Rogliatti/Gasparini, *Ferrari 1947–2007. L'opera e il sogno*, Band 2, S. 106
19 *La Gazzetta dello Sport* vom 26. April 1982
20 *La Gazzetta dello Sport* vom 19. März 1982
21 *La Gazzetta dello Sport* vom 26. April 1982
22 Gespräch des Autors mit Piero Ferrari am 13. November 2012
23 *La Gazzetta dello Sport* vom 28. April 1982
24 ebd.
25 *La Gazzetta dello Sport* vom 29. April 1982
26 Gespräch des Autors mit Franco Gozzi am 18. Dezember 2009
27 Donaldson, *Gilles Villeneuve*, S. 314
28 ebd., S. 319
29 Gespräch des Autors mit Carlo Benzi am 25. November 2008
30 Donaldson, *Gilles Villeneuve*, S. 321
31 *Il Corriere della Sera* vom 9. Mai 1982
32 Donaldson, *Gilles Villeneuve*, S. 327
33 Gespräch des Autors mit Franco Gozzi am 18. Dezember 2009
34 Originaldokument: Ferrari-Pressekonferenz, Notizen, 23. Oktober 1981, Privatsammlung
35 Gespräch des Autors mit Franco Gozzi am 18. Dezember 2009
36 ebd.
37 *Autosprint* vom 12. März 2013
38 Originaldokument: Ferrari-Pressekonferenz, Notizen, 29. August 1984, Privatsammlung

45 Michele

1 *La Gazzetta dello Sport* vom 17. Februar 1985
2 Gespräch des Autors mit Franco Gozzi am 18. Dezember 2009
3 Rogliatti/Gasparini, *Ferrari 1947–2007. L'opera e il sogno*, Band 2, S. 111 f.
4 Gespräch des Autors mit Franco Gozzi am 18. Dezember 2009
5 Rancati, *Ferrari l'unico,* S. 189
6 ebd., S. 190 f.
7 *La Gazzetta dello Sport* vom 22. Oktober 1983
8 Rancati, *Ferrari l'unico,* S. 191 f.
9 Gespräch des Autors mit Franco Gozzi am 19. Mai 2009
10 Gespräch des Autors mit Dino Tagliazucchi am 2. Dezember 2008
11 Rancati, *Ferrari l'unico,* S. 191 f.
12 ebd., S. 189 f.
13 *La Gazzetta dello Sport* vom 22. Oktober 1983
14 Rancati, *Ferrari l'unico,* S. 191
15 Gespräch des Autors mit Piero Ferrari am 13. November 2012
16 *La Gazzetta dello Sport* vom 30. Mai 1983
17 ebd.
18 ebd.
19 Gespräche des Autors mit Franco Gozzi am 19. Mai 2009 und mit Piero Ferrari am 13. November 2012
20 *La Gazzetta dello Sport* vom 30. Mai 1983
21 *La Gazzetta dello Sport* vom 22. Oktober 1983
22 ebd.
23 Gespräch des Autors mit Franco Gozzi am 19. Mai 2009
24 Originaldokument: Ferrari-Pressekonferenz, Notizen, 21. Oktober 1983, Privatsammlung
25 Ferrari, *Piloti, che gente*, S. 23
26 ebd., S. 303
27 Paolo Ciccarone, ›*Alboreto: I sogni di un appassionato tra Monza e Ferrari*‹, www.automoto.it, 31. August 2015
28 *Il Corriere della Sera* vom 18. Februar 1986
29 Gespräch des Autors mit Franco Gozzi am 21. Juni 2010
30 Originaldokument: Ferrari-Pressekonferenz, Notizen, 29. August 1984, Privatsammlung
31 Buzzonetti/Forghieri, *Mauro Forghieri: 30 anni di Ferrari e oltre,* S. 201 ff.
32 Originaldokument: Ferrari-Pressekonferenz, Notizen, 29. August 1984, Privatsammlung
33 Rancati, *Ferrari l'unico,* S. 194
34 Originaldokument: Ferrari-Pressekonferenz, Notizen, 29. August 1984, Privatsammlung
35 Buzzonetti/Forghieri, *Mauro Forghieri: 30 anni di Ferrari e oltre,* S. 205 f.
36 Originaldokument: Ferrari-Pressekonferenz, Notizen, 29. August 1984, Privatsammlung
37 Gespräch des Autors mit Franco Gozzi am 19. Mai 2009
38 *La Gazzetta dello Sport* vom 17. Februar 1985
39 Gespräch des Autors mit Franco Gozzi am 19. Mai 2009
40 Buzzonetti/Forghieri, *Mauro Forghieri: 30 anni di Ferrari e oltre,* S. 209 f.
41 Dal Monte, *La Rossa e le altre,* S. 249
42 Rancati/Varisco, *Ferrari, che gente,* S. 191
43 ebd. (Enzos Zitat stammt direkt von Michele Alboreto, der anwesend war.)
44 *La Gazzetta dello Sport* vom 11. März 1986
45 *La Gazzetta dello Sport* vom 24. September 1986
46 *La Gazzetta dello Sport* vom 25. September 1986
47 *La Gazzetta dello Sport* vom 11. März 1986
48 Gespräch des Autors mit Franco Gozzi am 26. Mai 2009
49 *La Gazzetta dello Sport* vom 25. September 1986

50 Gespräch des Autors mit Franco Gozzi am 26. Mai 2009

46 Abendrot

1 *La Gazzetta dello Sport* vom 11. März 1986
2 Gespräch des Autors mit Franco Gozzi am 26. Mai 2009
3 ebd.
4 *La Gazzetta dello Sport* vom 11. März 1986
5 Gespräch des Autors mit Franco Gozzi am 26. Mai 2009
6 *Il Corriere della Sera* vom 18. Februar 1986
7 ebd.
8 *La Gazzetta dello Sport* vom 25. September 1986
9 *Il Corriere della Sera* vom 18. Februar 1986
10 ebd.
11 *La Gazzetta dello Sport* vom 11. März 1986
12 *La Gazzetta dello Sport* vom 25. September 1986
13 ebd.
14 ebd.
15 Gespräche des Autors mit Franco Gozzi am 26. Mai 2009
16 *La Nuova Gazzetta di Modena* vom 14. März 1987
17 ebd.
18 ebd.
19 *Il Corriere della Sera* vom 8. Juli 1987
20 ebd.
21 ebd.
22 *La Nuova Gazzetta di Modena* vom 22. Juli 1987
23 Rancati, *Ferrari l'unico*, S. 195
24 Rogliatti/Gasparini, *Ferrari 1947–2007. L'opera e il sogno*, Band 2, S. 210
25 Ferrari, *Una vita per l'automobile*, S. 354
26 ebd.
27 *La Nuova Gazzetta di Modena* vom 3. November 1987
28 *La Nuova Gazzetta di Modena* vom 17. August 1988
29 Allievi, *Il secondo è il primo dei perdenti*, S. 26
30 *La Nuova Gazzetta di Modena* vom 17. August 1988
31 Gespräche des Autors mit Franco Gozzi am 26. Mai 2009
32 ebd.
33 ebd.
34 ebd.
35 ebd.
36 ebd.
37 Gespräch des Autors mit Franco Gozzi am 19. Mai 2009
38 *La Nuova Gazzetta di Modena* vom 27. Dezember 1987
39 *La Nuova Gazzetta di Modena* vom 15. Januar 1988
40 Ferrari, *Una vita per l'automobile*, S. 354

47 Ferrari 90

1 *La Nuova Gazzetta di Modena* vom 2. Februar 1988
2 ebd.
3 ebd.
4 ebd.
5 Ferrari, *Una vita per l'automobile*, S. 360
6 *La Nuova Gazzetta di Modena* vom 16. Februar 1988
7 *La Nuova Gazzetta di Modena* vom 18. Februar 1988
8 Gespräch des Autors mit Claudio Ricardi am 27. November 2008
9 *La Gazzetta dello Sport* vom 19. Februar 1988
10 Gespräch des Autors mit Claudio Ricardi am 27. November 2008
11 ebd.
12 *La Gazzetta dello Sport* vom 18. Februar 1988
13 Gespräch des Autors mit Franco Gozzi am 19. Mai 2009
14 ebd.
15 *La Nuova Gazzetta di Modena* vom 19. Februar 1988

16 Gespräch des Autors mit Claudio Ricardi am 27. November 2008
17 ebd.
18 ebd.
19 *La Nuova Gazzetta di Modena* vom 19. Februar 1988
20 Gespräch des Autors mit Dino Tagliazucchi am 2. Dezember 2008
21 Gespräch des Autors mit Claudio Ricardi am 27. November 2008
22 Gespräch des Autors mit Dino Tagliazucchi am 2. Dezember 2008
23 *La Nuova Gazzetta di Modena* vom 23. Februar 1988
24 Ferrari, *Una vita per l'automobile*, S. 364
25 *La Nuova Gazzetta di Modena* vom 24. Februar 1988
26 Lycia Mezzacappa, *Il mio Drake* (Modena: Edizioni 11 Fiorino, 1998), S. 92
27 Gespräch des Autors mit Dino Tagliazucchi am 2. Dezember 2008
28 ebd.
29 ebd.
30 Mezzacappa, *Il mio Drake*, S. 60

48 Der Himmel kann nicht warten

1 Gespräch des Autors mit Dino Tagliazucchi am 25. Januar 2011
2 *La Nuova Gazzetta di Modena* vom 4. Juni 1988
3 *La Nuova Gazzetta di Modena* vom 17. August 1988
4 *La Nuova Gazzetta di Modena* vom 4. August 1988
5 ebd.
6 Gespräch des Autors mit Carlo Benzi am 25. November 2008
7 *La Nuova Gazzetta di Modena* vom 4. Juni 1988
8 Mezzacappa, *Il mio Drake*, S. 99
9 Gespräch des Autors mit Dino Tagliazucchi am 2. Dezember 2008
10 ebd.
11 ebd.
12 *La Nuova Gazzetta di Modena* vom 5. Juni 1988
13 Gespräch des Autors mit Dino Tagliazucchi am 2. Dezember 2008
14 ebd.
15 ebd.
16 Ferrari, *Una vita per l'automobile*, S. 373 (Das Zitat von Ferrari stammt aus dem Buch, aber Dino Tagliazucchi, der bei Ferrari war, bestätigt, dass es richtig ist.)
17 *La Nuova Gazzetta di Modena* vom 18. August 1988
18 Gespräch des Autors mit Dino Tagliazucchi am 2. Dezember 2008
19 ebd.
20 *La Gazzetta dello Sport* vom 23. Juni 1988
21 Originaldokument: Enzo Ferraris handschriftliche Notizen, Juni 1984, Privatsammlung
22 Gespräch des Autors mit Franco Gozzi am 19. Mai 2009
23 ebd.
24 Gespräch des Autors mit Dino Tagliazucchi am 2. Dezember 2008
25 Piero Ferrari, *Ferrari, mio padre*, S. 199
26 Mezzacappa, *Il mio Drake*, S. 104
27 Gespräch des Autors mit Dino Tagliazucchi am 2. Dezember 2008
28 Gespräch des Autors mit Carlo Benzi am 25. November 2008
29 Gespräch des Autors mit Dino Tagliazucchi am 2. Dezember 2008
30 Gespräch des Autors mit Franco Gozzi am 19. Mai 2009
31 Gozzi, *Alla destra del Drake*, S. 233
32 Gespräch des Autors mit Dino Tagliazucchi am 2. Dezember 2008
33 Allievi, *Il secondo è il primo dei perdenti*, S. 120
34 Mezzacappa, *Il mio Drake*, S. 104
35 Rancati/Varisco, *Ferrari, che gente*, S. 191
36 Gespräch des Autors mit Dino Tagliazucchi am 2. Dezember 2008
37 ebd.
38 Gespräch des Autors mit Carlo Benzi am 25. November 2008
39 ebd.

40 Orefici, *Ferrari: Romanzo di una vita*, S. 191
41 Gespräch des Autors mit Carlo Benzi am 25. November 2008
42 *La Gazzetta dello Sport* vom 17. August 1988
43 Gespräch des Autors mit Carlo Benzi am 25. November 2008
44 ebd.
45 Gespräch des Autors mit Dino Tagliazucchi am 2. Dezember 2008
46 *La Nuova Gazzetta di Modena* vom 17. August 1988
47 Gespräch des Autors mit Dino Tagliazucchi am 2. Dezember 2008
48 Gespräch des Autors mit Carlo Benzi am 25. November 2008
49 *La Nuova Gazzetta di Modena* vom 17. August 1988
50 *La Gazzetta dello Sport* vom 17. August 1988
51 ebd.
52 Gespräch des Autors mit Carlo Benzi am 25. November 2008
53 *La Gazzetta dello Sport* vom 17. August 1988

Index

A

B

G

H

I

J

K

L

M

N

O

P

R

Der Autor

Luca Dal Monte, geboren 1963 in Cremona, Italien, ist erfolgreicher Autor und hat lange in der Automobilindustrie gearbeitet. Nach seinem Abschluss in amerikanischer Geschichte und Politikwissenschaften war Dal Monte der erste Pressechef der Provinz Cremona. Nach seinem Militärdienst arbeitete er für die Zeitung *La Provincia* in Cremona, bevor er 1991 eine Stelle beim französischen Automobilhersteller Peugeot in Italien antrat. Das war der Beginn einer äußerst erfolgreichen Karriere in der Automobilindustrie, die ihn zu weiteren Positionen bei Toyota, Pirelli, Ferrari und Maserati führte. Seine Erfahrungen in der Automobilbranche und als Schriftsteller verband er in seinem 2009 veröffentlichten Debütroman *La Scuderia*. Sein Herzensprojekt bleibt jedoch *Enzo. Das Leben des Ferrari-Gründers*, das einen einzigartigen Blick auf eine überragende Persönlichkeit des 20. Jahrhunderts ermöglicht.

Die englische Originalausgabe mit dem Titel *Ferrari Rex*
erschien 2022 bei Giorgio Nada Editore.

Bibliografische Information der Deutschen Nationalbibliothek
Die Deutsche Nationalbibliothek verzeichnet diese Publikation
in der Deutschen Nationalbibliografie; detaillierte bibliografische
Daten sind im Internet über http://dnb.dnb.de abrufbar.

1. Auflage
ISBN 978-3-667-12957-4
Die Rechte für die deutsche Ausgabe liegen beim Delius Klasing Verlag GmbH, Bielefeld.

Aus dem Englischen von Udo Stünkel
Lektorat: Hanno Vienken
Korrektorat: omnibooks, Bielefeld
Fotos: Archivio Giorgio Nada Editore
Umschlagabbildung vorn: Getty Images/Universal Archive/Universal Images Group
Umschlaggestaltung: Michael Geisler, Factory Kommunikation, Bielefeld
Satz und Lithografie: Die Werkstatt Medien-Produktion GmbH, Göttingen
Druck: Friedrich Pustet, Regensburg
Printed in Germany 2024

Delius Klasing Verlag GmbH, Siekerwall 21, D - 33602 Bielefeld
Tel.: 0521/559-0, Fax: 0521/559-115
E-Mail: info@delius-klasing.de
www.delius-klasing.de